L'USAGE DE LA RAISON ET DE LA FOY,

OU L'ACCORD DE LA FOY ET DE LA RAISON.

Par PIERRE SYLVAIN REGIS.

A PARIS,

Chez JEAN CUSSON, Imprimeur-Libraire, rue Saint-Jacques, proche la Fontaine S. Severin, à Saint Jean-Baptiste.

M. DCCIV.
AVEC APPROBATION ET PRIVILEGE DU ROY.

A MESSIRE
JEAN-PAUL BIGNON,
ABBÉ DE SAINT-QUENTIN,
CONSEILLER ORDINAIRE DU ROY
en son Conseil d'Etat,

PRESIDENT DES ACADEMIES ROYALES
des Sciences & des Inscriptions.

ONSIEUR,

Un Ouvrage, qui traite de l'Accord de la Raison & de la Foy, Vous appartient naturellement, à Vous

ã ij

EPITRE.

qui êtes si Zelé pour les interêts de la Foy, & qui avez une raison si éclairée. Votre exemple seul seroit toute ma preuve, si elle étoit de nature à pouvoir être faite par des exemples. Du moins je ne puis citer les Ennemis, ou de la Raison ou de la Foy devant un Juge, à qui les droits de l'une & de l'autre soient mieux connus; & si l'on vous recusoit, ce ne seroit que parce que vous vous êtes toujours trop declaré pour toutes les deux. La part que vous avez au rétablissement de l'Academie Royale des Sciences, le soin continuel que vous prenez de la conduire, la nouvelle ardeur que vous lui avez inspirée pour tout ce qui est de son objet, sont en quelque sorte

EPITRE.

autant de faveurs, que Vous avez faites à la Raison, & qui Vous acquitent envers elle; & si la Foy pouvoit devoir quelque chose aux Hommes, on diroit aussi qu'elle vous doit tant de beaux Discours, où Vous avez annoncé ses Mysteres, & soûtenu son Empire. Je suis avec un attachement inviolable & un profond respect,

MONSIEUR,

Votre tres humble, & tres
obeïssant serviteur,
PIERRE-SYLVAIN REGIS.

AVERTISSEMENT.

Out le monde sçait, qu'entre les moyens que Dieu employe ordinairement pour communiquer à l'homme les veritez dont il est capable, il n'y en a point de plus generaux ni de plus assurez que la Foy divine & la Raison naturelle. Ce sont les deux grandes voyes par lesquelles nous recevons toutes nos connoissances, & il ne faut pas douter que Dieu ne soit également l'auteur de l'une & de l'autre. C'est ce que tout le monde reconnoit à l'égard de la Foy, qui n'a point d'autre fondement que la premiere Verité : Mais on a quelque peine à donner cet avantage à la Raison naturelle, d'autant qu'elle est ordinairement accompagnée de tant de defauts, qu'il est presque impossible de concevoir comment une puissance si imparfaite peut tirer son origine de Dieu qui est un Etre souverainement parfait.

Cependant il faut reconnoitre que cette puissance de discerner le vray d'avec le faux, que nous appellons la *Raison*, procede de Dieu, & que ce n'est que le mauvais usage que nous en faisons qui la rend si defectueuse. Il est vray que ce n'est qu'avec peine que nous moderons une certaine impetuosité naturelle qui nous precipite souvent dans l'erreur, en nous faisant faire des jugemens faux, ou du moins temeraires, & que nous avons besoin de regle pour nous servir d'une puissance dont il est si aisé d'abuser: Mais aussi quand nous avons pris les precautions necessaires, on peut faire des jugemens si assurez, que ceux qui voudroient les combatre, attaqueroient la verité même, dont ils empruntent leur certitude, & avec laquelle ils ont une liaison necessaire : Car il ne faut pas s'imaginer que la Foy divine & la Raison naturelle dont on fait un bon usage, estant considerées en elles-mêmes, marchent d'un pas inégal pour atteindre à leur but. La Raison dont on use bien est infaillible dans l'ordre de la nature, comme la Foy est infaillible dans l'ordre de la grace. Il faut avouer pourtant que la Foy divine

AVERTISSEMENT.

a cet avantage sur la Raison naturelle, qu'elle a un objet plus relevé, & qu'on la propose ordinairement d'une maniere plus simple & moins exposée à l'erreur, ainsi qu'il paroîtra dans la suite.

Ceux qui ont écrit sur cette matiere de la Foy & de la Raison, ont eu des sentimens fort differens. Ils ont presque tous supposé que la Raison & la Foy pouvoient enseigner des choses repugnantes; mais ils n'ont pû convenir touchant la maniere dont il les falloit accorder, lors qu'elles paroissoient opposées. Les uns ont crû qu'il falloit soumettre la Foy à la Raison, parce que la Raison est la souveraine loy de l'homme, & que la Foy qui seroit sans raison, seroit une foy déraisonnable. Les autres ont dit qu'il falloit soumettre la Raison à la Foy, parce que la Foy est plus assurée que la Raison. Je soutiens au contraire qu'il ne faut faire ni l'un ni l'autre, parce que la Raison & la Foy ne peuvent avoir rien d'opposé, & que la contradiction ou contrarieté, qui paroit entr'elles, n'est qu'apparente: D'où il s'ensuit qu'elles n'ont jamais besoin d'estre accordées, qu'elles sont toujours infaillibles, l'une dans l'ordre de la nature, & l'autre dans l'ordre de la grace; mais leurs objets sont si disproportionnez, qu'il est impossible d'expliquer les uns par les autres.

Les premiers Chretiens estoient si persuadez de cette verité, qu'ils doutoient si les Fideles pouvoient s'appliquer à la lecture des Livres prophanes. Ils croyoient que leur unique application devoit estre à l'Ecriture sainte, & que les Livres des Gentils, ceux mêmes qui estoient les moins corrompus, inspiroient un certain esprit tout opposé à la simplicité Chretienne. Origene qui fut un des premiers d'entre les Chretiens qui lût les Auteurs prophanes, & qui se servit de leurs armes pour les combattre, fut obligé de rendre raison de sa conduite, qui paroissoit également nouvelle & opposée à la pureté du Christianisme; & malgré tous les soins qu'il apporta, pour justifier cette étude, elle fut encore long-temps assez rare.

Tandis que les Fideles conserverent cette pratique des premiers Chretiens, l'Eglise fut tranquille; mais aussi-tost que les Philosophes voulurent soumettre la Foy à l'examen de la Raison, elle fut attaquée par un grand nombre d'Heretiques. Les uns ne pouvant comprendre qu'il y eût trois Personnes dans une seule nature, nierent la Trinité; d'autres trouvant de la contrarieté entre la pluralité des natures & la singularité de la Personne en Jesus-Christ, rejetterent la verité de l'Incarnation; & d'autres refuse-

AVERTISSEMENT.

rent de croire d'autres Mysteres ; de sorte qu'on peut assurer que toutes les heresies qui se sont élevées dans l'Eglise depuis sa naissance, ont tiré leur origine de la temerité des Philosophes, qui s'étant faussement persuadez qu'on peut, & qu'on doit expliquer les Mysteres, ont crû n'estre pas obligez d'admettre ceux qui ne s'accordoient pas avec les principes de leur raison ou de leur Philosophie.

Personne n'a jamais mieux connu que Tertullien, combien la Dialectique & la Philosophie sont contraires au Christianisme, quand on s'en veut servir pour expliquer ses Mysteres. Voicy comment il en parle dans le Livre des Prescriptions des Heretiques. *C'est la Philosophie*, dit-il, *qui a fait dire à Valentin, que Jesus-Christ avoit esté tiré de ces Divinitez imaginaires qu'il appelloit* Eons, *parce qu'il étoit Platonicien. C'est elle qui a fait dire à Marcion que Dieu fait tout par une necessité fatale, parce qu'il estoit Stoïcien.*

Eusebe confirme la même chose dans son Histoire Ecclesiastique, où parlant de l'heresie d'Artemon, il assure que les Philosophes avoient corrompu le Canon de la Foy, qu'ils avoient ignoré Jesus-Christ ; & qu'au lieu d'examiner ce que les Ecritures disoient de luy, ils ne s'estoient appliquez qu'à chercher par quel espece de syllogisme ils pourroient détruire sa Divinité.

Tous les Philosophes n'ont pas poussé les choses si loin que ceux-là. Il y en a eu, qui ont esté plus retenus, mais qui ne sont pas moins dangereux. Ce sont ceux qui reconnoissent de bonne foy qu'on ne peut penetrer la substance de nos Mysteres, mais qui se persuadent faussement qu'on en peut expliquer le *comment* ou le *mode*, & qui recherchent ensuite ces sortes d'explications, en se servant du secours de la Philosophie & des autres sciences naturelles.

Tout le monde sçait comment la Philosophie d'Aristote a servi à introduire dans les Colleges cette maniere de traiter les choses, qui est aujourd'huy en usage, & qui est fort differente de la methode Platonicienne, que les saints Peres avoient suivie, & qui a esté enseignée dans l'Université de Paris jusqu'au douziéme siecle.

Les premiers qui commencerent à faire du bruit sur cela, furent quelques Religieux qui sortirent de la Grande Bretagne, & qui commencerent à tenir des Ecoles à Paris. On vit encore paroitre quelques semblables Sophistes, comme Jean Erigene, Beranger, Pierre Abaëlard, Gilbert de la Porée, & quelques autres, qui enseignerent

AVERTISSEMENT.

seignerent les Universaux & les Categories d'Aristote.

Les Evêques de ce temps-là tâcherent en vain d'arrêter le cours de cette Philosophie naissante, qui ne servoit alors qu'à remplir les Ecoles de disputes, & à mettre tout en problemes: car les Livres d'Aristote estant devenus plus communs aprés que les Latins eurent pris Constantinople, Albert le Grand, Alexandre de Hales, saint Thomas, saint Bonaventure, & une infinité d'autres acheverent de mettre en credit la Philosophie d'Aristote.

Je n'examineray pas icy si ces Auteurs prirent bien ou mal les pensées de ce Philosophe; il suffit qu'on accorde qu'elles ont formé un certain corps de principes, qui ont contribué à donner la naissance aux opinions qu'on tient communément dans les Ecoles touchant l'explication du mode de nos Mysteres, & que c'est particulierement saint Thomas que nous devons consulter sur ce sujet; parce que s'estant attaché, autant qu'il a pu, aux opinions qu'on faisoit passer pour celles d'Aristote, il semble avoir autorisé la doctrine de ce Philosophe.

Ce saint Docteur ne manqua pas de prendre la disposition d'esprit que donne la Philosophie d'Aristote au sens de ses Commentateurs, qui porte naturellement à réduire la plus grande partie des connoissances physiques, à des notions abstraites & metaphysiques; & ensuite à attribuer aux choses qui sont hors de nous, les manieres de concevoir qui ne sont qu'en nous: ce qui a introduit les universaux *à parte rei*, la distinction réelle de l'essence & de l'existence, de l'entendement & de la volonté, &c. Mais il y a encore une raison plus particuliere qui porta saint Thomas à suivre les opinions d'Aristote, ou pour mieux dire, celles de ses Commentateurs, sur tout des Arabes; c'est que voulant disputer avec eux, il fut obligé de suivre leurs principes; car c'est une loy generale des disputes, de se servir des principes de ceux contre lesquels on veut disputer.

Ce fut par cette raison que la Philosophie d'Aristote n'estant pas connuë dans le quatriéme siecle, saint Augustin se servit de celle de Platon qui estoit seule en usage; & de même la Philosophie Mecanique estant ignorée du temps de saint Thomas, il s'appliqua à examiner les principes de celle d'Aristote qu'on avoit receuë; en sorte que ne pouvant pas prevoir qu'on pourroit changer cette Philosophie, comme les premiers Peres n'avoient pas preveu qu'on changeroit celle de Platon, saint Thomas ne pût raisonner que sur

AVERTISSEMENT.

les principes qui estoient connus de son temps, & qui luy estoient communs avec les Arabes, contre lesquels il vouloit disputer.

Il est donc permis, & même necessaire quelquefois de se servir de la Philosophie, non pour expliquer la nature ou le mode des Mysteres; (car ce sont deux choses également inexplicables,) mais pour disputer contre les Heretiques ou contre les Infideles, comme saint Thomas en a usé. Les Payens ayant refuté fort solidement certaines erreurs des Sectes qui leur étoient opposées, on se sert avantageusement de leurs raisonnemens contre ceux qui ont embrassé ces sectes. C'est ainsi que l'on peut employer utilement les écrits des Stoïciens, pour défendre la Providence contre les Epicuriens. C'est aussi pour cette raison que les anciens Peres preferoient Platon à Aristote, parce qu'ils trouvoient qu'il parloit plus dignement qu'Aristote, de la Providence Divine & de l'immortalité de l'ame.

La Philosophie ne sert pas seulement à combattre les Heretiques & les Infideles les uns par les autres, elle sert encore à les combattre chacun en particulier par ses propres armes. C'est là l'usage que les anciens Peres ont fait de la Philosophie des Payens: ils s'en sont servis, non pas pour prouver la Divinité de Jesus-Christ, qui ne peut estre prouvée que par l'Ecriture & par la Tradition, mais pour combattre les raisonnemens que les Payens faisoient contre cette Divinité. C'est ainsi qu'au rapport de saint Jerome, Origene confirma tous les dogmes de notre Religion par l'autorité de Platon & d'Aristote: ce qui ne veut pas dire qu'il appuya nos Mysteres sur les principes de ces Philosophes, mais seulement qu'il combattit leurs erreurs par leurs propres principes. Cela est confirmé par l'exemple de Dydime, qui excelloit dans toutes les sciences naturelles, mais qui, selon Theodoret, n'avoit pas appris ces sciences pour appuyer les veritez de la foy, mais pour les employer à combattre le mensonge qu'on opposoit à ces veritez.

Ces exemples neanmoins n'ont pas pû empêcher que les Philosophes depuis le douziéme siecle, ne se soient adonnez à expliquer la substance ou le mode des Mysteres; & ils s'y sont appliquez depuis quelque temps avec une curiosité si licentieuse, qu'on regarde à present une partie de leurs explications, comme des choses prejudiciables à la pieté & à la Religion.

Je crois donc ne rien faire contre mon devoir, si j'examine tout cecy dans ce Traité, que je diviseray en quatre Livres. Dans le pre-

AVERTISSEMENT.

mier, je feray voir ce que c'est que la Raison humaine, en quoy consiste sa certitude, & quel est l'usage qu'on en doit faire dans l'ordre de la nature touchant les preuves de l'existence de Dieu, & des questions de la Physique & de la Methaphysique qui ont le plus de rapport à la Foy divine.

Dans le second, j'examineray ce que c'est que la Foy divine; en quoy consiste sa certitude; & quel est l'usage qu'on en doit faire dans l'ordre de la grace pour défendre la Religion Catholique contre les Heretiques, les Juifs, & les Infideles.

Dans le troisiéme; je feray voir que les Mysteres de la Religion Chretienne étant au dessus de la Raison, ils sont impenetrables à la Raison, & par consequent qu'il est inutile, & même dangereux d'entreprendre de les expliquer; car quand on a une fois supposé que la substance des Mysteres peut estre expliquée, on est tres-disposé à ne les pas croire s'ils ne paroissent conformes à la Raison: ce qui conduit infailliblement à l'heresie ou à l'infidelité.

Et parce que l'amour de Dieu est un effet & une suite necessaire du bon usage de la Raison & de la Foy, je traiteray dans le quatriéme Livre de la nature & des proprietez de cet amour : à quoy j'ajouteray une brieve, mais exacte refutation de l'opinion de Spinosa touchant l'Existence & la Nature de Dieu, dans laquelle j'employeray une Metaphysique qui pourra justement passer pour un supplément de celle dont je me suis servi dans mon Systeme general de Philosophie.

TABLE DES CHAPITRES

de la premiere Partie du Premier Livre.

Chapitre. I. De l'esprit & du corps humain considerez en eux-mêmes. 1

Chap. II. Que dans l'homme, l'esprit & le corps sont unis ensemble, & en quoy consiste leur union. 5

Chap. III. Des conditions de l'union de l'ame & du corps dans l'homme. 8

Chap. IV. De l'entendement & de la volonté en general, & de leurs differentes especes en particulier. 10

Chap. V. Comment l'homme connoit par les facultez de sentir, d'imaginer, de concevoir, & de se ressouvenir, qui sont quatre especes d'entendement. 13

Chap. VI. Ce que c'est que la personne dans l'homme, & pourquoy on luy attribuë toutes les fonctions de l'homme. 17

Chap. VII. De l'origine des idées & des sensations de l'homme. 22

Chap. VIII. De la division des idées en leurs especes, & de leur clarté & obscurité. 26

Chap. IX. Comment l'homme se sert de l'intelligence, de la raison, du jugement, de la volonté proprement dite, & du libre-arbitre, qui sont cinq especes de volonté; & à quelle fin il rapporte l'usage de ces facultez. 29

Chap. X. Que les fonctions de toutes les especes de volonté dependent des idées de l'entendement, & comment. 32

Chap. XI. Qu'entre toutes les especes de volonté, il n'y a que le jugement & le libre arbitre, qui agissent avec indifference. 34

TABLE DES CHAPITRES.

CHAP. XII. *Que l'homme ne peut produire nulle idée par sa volonté, mais qu'il peut par des additions & par des soustractions volontaires, diversifier en plusieurs manieres celles qu'il a receuës des objets par les sens.* 36

CHAP. XIII. *Qu'aucune faculté de l'ame ne peut tromper, quand nous en usons bien; & que nous ne pouvons user mal, que du jugement, & du libre arbitre.* 45

CHAP. XIV. *Des causes qui portent l'homme à abuser du jugement & du libre arbitre, & du moyen de les éviter.* 45

CHAP. XV. *Qu'on peut reduire la certitude humaine à trois principes, qui sont les sens, la foy, & la raison.* 47

CHAP. XVI. *Comment on peut s'assurer par la raison que Dieu existe. Premiere demonstration.* 50

CHAP. XVII. *Comment on peut s'assurer de l'existence de Dieu. Seconde demonstration.* 53

CH. XVIII. *Contenant une objection contre la demonstration precedente des Cartesiens touchant l'existence de Dieu.* 56

CHAP. XIX. *Comment on peut s'assurer de l'existence de Dieu. Troisième demonstration.* 58

CHAP. XX. *Contenant une objection contre la demonstration precedente de Mr. Descartes touchant l'existence de Dieu, avec la réponse à cette objection.* 59

CHAP. XXI. *De la nature de Dieu, en quoy elle consiste, & quels sont ses attributs.* 64

CH. XXII. *Qu'il est dangereux de concevoir Dieu sous une autre idée que sous celle de l'Etre parfait, ou de l'Esprit supersubstantiel.* 67

CH. XXIII. *Comment par les choses visibles nous parvenons à connoistre Dieu qui est invisible, & quelle est la plus exacte idée que nous pouvons former de sa nature.* 69

CH. XXIV. *Continuation des attributs de Dieu, de l'entendement & de la volonté de Dieu.* 73

CH. XXV. *De la liberté de Dieu, & en quoy elle differe de celle des hommes.* 77

CH. XXVI. *De l'infinité de Dieu, en quoy elle consiste, & quelles en sont les proprietez.* 80

CH. XXVII. *Que Dieu est tout-puissant, & que sa puissance ne peut estre separée de l'acte.* 83

CH. XXVIII. *Que la possibilité & l'impossibilité des choses depen-*

TABLE DES CHAPITRES.

dent uniquement de la volonté de Dieu comme de leur cause immediate. 85

Ch. XXIX. *Que la nature & la puissance de Dieu sont incomprehensibles, & quelles sont les suites de leur incomprehensibilité.* 90

Ch. XXX. *De l'ordre de la Nature, & de l'ordre de la Grace. Ce qu'ils sont, & en quoy ils different.* 93

TABLE DES CHAPITRES
de la seconde Partie du premier Livre.

Chap. I. *Comment il faut user de la Raison pour découvrir la maniere particuliere dont Dieu connoit les creatures.* 96

Chap. II. *Comment l'homme connoit les choses en general & en particulier.* 102

Chap. III. *Comment on peut dire que tout ce qui est dans l'entendement a passé par les sens.* 105

Chap. IV. *Que nous connoissons les choses qui sont hors de nous, par des idées qui sont en nous, & non par des idées qui sont en Dieu.* 108

Chap. V. *Que toute la certitude humaine est fondée sur ce que les idées dépendent de leurs objets comme de leurs causes exemplaires.* 111

Chap. VI. *Que nous connoissons l'ame par les mêmes voyes que nous connoissons le corps, & pourquoy nous croyons ne la connoitre pas.* 118

Chap. VII. *En quel sens on peut dire que nous connoissons le fini par l'infini.* 121

Chap. VIII. *Que l'idée des substances, suppose leur existence actuelle, & que l'idée des Modes ne suppose que leur possibilité.* 123

Chap. IX. *Des consequences qu'on tire de la difference qui est entre les Substances & les Modes.* 125

Chap. X. *Que nul Etre modal ni substantiel ne peut se modifier soy-même.* 127

Chap. XI. *Que dans l'ordre de la nature, Dieu produit toutes les substances & les essences des choses modales imme-*

TABLE DES CHAPITRES.

diatement par luy-même, & qu'il ne produit l'existence de ces mêmes choses modales, que par des causes secondes. 130

Chap. XII. *Que toutes les veritez immuables qui sont des suites de la nature des choses creées, dépendent de la volonté de Dieu comme de leur vraye & unique cause efficiente immediate.* 132

Chap. XIII. *De la nature & des proprietez du corps, & de la matiere, & de la quantité.* 135

Chap. XIV. *Que l'étenduë prise pour l'essence du corps n'est pas divisible par elle-même, mais par sa quantité.* 139

Chap. XV. *De la nature & des proprietez du mouvement local en general.* 142

Chap. XVI. *Des diverses especes de mouvement local par rapport à la durée des choses modales.* 148

Ch. XVII. *Du mouvement par rapport au temps, & comment on se sert du temps pour mesurer la durée des choses modales.* 150

Ch. XVIII. *Que la durée des choses modales ne differe pas réellement de leur mouvement.* 153

Chap. XIX. *Que le temps ne peut mesurer ni l'existence des substances, ni l'essence des choses modales, mais seulement l'existence ou durée des Etres modaux.* 155

Chap. XX. *Que les substances & les essences des choses modales sont indefectibles, mais seulement d'une indefectibilité participée.* 158

Chap. XXI. *Solution des principales difficultez qu'on propose contre l'indefectibilité des substances.* 161

Ch. XXII. *Que tous les Philosophes sont prevenus de la defectibilité des substances, mais sur differens principes.* 165

Ch. XXIII. *Comment les substances peuvent acquerir une relation de coëxistence au temps.* 166

Ch. XXIV. *De l'eternité de Dieu.* 168

Ch. XXV. *De l'Eviternité des substances, de la durée des Etres modaux, & du temps qui mesure cette durée.* 170

Ch. XXVI. *Que Dieu, quoy qu'éternel, ne laisse pas d'estre souverainement libre.* 173

Ch. XXVII. *Que la souveraine liberté de Dieu n'empêche pas que sa puissance ne soit toujours jointe à l'acte.* 176

TABLE DES CHAPITRES.

Ch. XXVIII. *De l'action de Dieu & de l'action des creatures, & en quoy elles different,* 178

Ch. XXIX. *Comment Dieu concourt avec les corps & avec les ames pour produire leurs effets.* 181

Ch. XXX. *Comment Dieu concourt à nos bonnes & à nos mauvaises actions.* 183

Ch. XXXI. *En quel sens on peut dire que Dieu est l'auteur du mal naturel & du mal physique.* 188

Ch. XXXII. *De la prémotion physique, & du concours simultanée.* 190

Ch. XXXIII. *Que Dieu gouverne les hommes sans blesser leur liberté, & comment.* 193

Ch. XXXIV. *Que le libre arbitre est la plus excellente de toutes les facultez de l'homme, & pourquoy.* 198

Ch. XXXV. *Des causes en general, de leurs differentes especes, & en quoy elles conviennent ou different de leurs effets.* 201

Ch. XXXVI. *Qu'à l'égard de Dieu, il n'y a point de causes occasionnelles, mais seulement des causes instrumentales, qu'on appelle pour l'ordinaire des causes secondes.* 204

Ch. XXXVII. *Qu'il n'est pas de la nature de l'ame considerée selon son être absolu, d'estre unie au corps qu'elle anime.* 209

Ch. XXXVIII. *Que l'ame considerée selon son être absolu est immortelle.* 212

Ch. XXXIX. *Des changemens qui arrivent à l'ame par la mort.* 214

TABLE DES CHAPITRES
de la premiere Partie du second Livre.

Chap. I. *DE l'origine & des progrès de la Foy Divine.* 217

Chap. II. *Ce que c'est que la foy divine, & en quoy elle differe de la foy humaine.* 221

Chap. III. *De l'objet materiel de la foy divine, & de l'obscurité qui en est inseparable.* 224

Chap. IV. *De l'objet formel de la foy, ou de la revelation divine, & comment elle se fait.* 227

TABLE DES CHAPITRES.

CHAP. V. *Que l'Ecriture a besoin d'estre interpretée, & qu'elle ne peut estre interpretée par elle-même.* 230

CHAP. VI. *Que la raison & la Philosophie, ni l'instinct particulier du Saint Esprit ne sont point la regle ni les Interpretes de l'Ecriture.* 234

CHAP. VII. *Que l'Eglise est l'unique regle certaine pour estre asfuré des veritables Ecritures, & de leur veritable sens.* 237

CHAP. VIII. *De l'origine des Traditions, & de l'usage que l'Eglise Catholique en fait pour appliquer la Revelation divine aux Fideles.* 241

CHAP. IX. *De la Tradition non écrite, & de l'usage que l'Eglise Catholique en fait contre les Heretiques.* 245

CHAP. X. *Contenant une objection qu'on fait contre la Tradition, touchant la canonicité des Livres Sacrez; avec la réponse.* 248

CHAP. XI. *Que toutes les veritez de la Religion Chretienne se peuvent reduire en general à trois especes, & à quelles.* 251

CHAP. XII. *En quel sens on peut dire que la foy Divine est plus infaillible que la foy humaine, & que la raison même, & à quels principes on peut reduire sa certitude.* 253

CHAP. XIII. *Que tous les actes de la Foy divine sont surnaturels, & en quel sens on peut dire que leur certitude est aussi surnaturelle.* 256

CHAP. XIV. *En quel sens on peut dire que le nombre des veritez divines Catholiques ne peut estre augmenté ni diminué.* 258

CHAP. XV. *Que les Symboles ont esté dressez pour conserver la pureté & l'integrité des veritez de la foy divine Catholique.* 261

CHAP. XVI. *Que les veritez de la foy divine sont independantes les unes des autres, au moins à nostre égard.* 262

CH. XVII. *Que la foy divine suppose la raison, en quoy, & comment.* 264

ĩ

TABLE DES CHAPITRES.

TABLE DES CHAPITRES
de la seconde Partie du second Livre.

Chap. I. Comment on doit user de la foy touchant l'existence de Dieu. 269
Chap. II. Comment on doit user de la foy touchant la Divinité de Jesus-Christ. 273
Chap. III. Comment on doit user de la foy touchant l'Eucharistie. 277
Chap. IV. Que le Mystere de l'Eucharistie n'a rien d'opposé aux sens ni à la raison. 281
Chap. V. Comment on peut défendre la foy de Jesus-Christ contre les Spinosistes & les Sociniens. 283
Chap. VI. Comment on peut défendre l'autorité des Miracles contre les Sociniens & les Spinosistes. 288
Chap. VII. Comment on peut défendre la foy Catholique contre les Heretiques. 291
Ch. VIII. De l'usage des prejugez legitimes de l'Eglise Catholique contre les Heretiques. 293
Chap. IX. Réponse à l'objection des Protestans contre l'usage des prejugez legitimes de l'Eglise Catholique. 298
Chap. X. Comment on peut défendre la Foy des Chretiens contre les Juifs. 301
Cha. XI. Comment on peut défendre la Foy divine contre les Infideles. 305

TABLE DES CHAPITRES.
du troisiéme Livre.

CHAP. I. Que la raison & la foy n'ont rien d'opposé, mais qu'elles ont des jurisdictions & des bornes distinctes. 311

CHAP. II. Qu'il n'y a nul rapport ni proportion entre les veritez naturelles & les veritez surnaturelles, & pourquoy. 314

CHAP. III. Qu'il est également impossible de demontrer & la possibilité & l'impossibilité des Mysteres de la Religion Chretienne. 318

CHAP. IV. Que les Chretiens sont obligez de rendre raison de leur foy, mais non pas de leurs Mysteres, & pourquoy. 320

CHAP. V. Premier exemple. Comment les Scolastiques ont expliqué le Mystere de l'Eucharistie. 323

CHAP. VI. Quel jugemens on doit faire des explications precedentes. 325

CHAP. VII. Comment quelques Philosophes modernes ont expliqué l'Eucharistie. 328

CH. VIII. Quel jugement on doit faire de l'explication precedente des Philosophes modernes. 331

CHAP. IX. Second exemple. Comment les Scolastiques ont voulu expliquer le Mystere de la Trinité, & en quoy consiste la difficulté de leur explication. 334

CHAP. X. Comment quelques Philosophes modernes ont voulu expliquer le Mystere de la Trinité. 337

CHAP. XI. Quel jugement on doit faire de l'explication precedente de la Trinité. 343

CHAP. XII. Qu'on ne peut démontrer ni même expliquer le Mystere de la Trinité par la raison naturelle. 346

CHAP. XIII. Troisiéme exemple. Comment quelques Philosophes Chretiens ont voulu expliquer le mystere de la grace & de la predestination gratuite. 349

TABLE DES CHAPITRES.

Ch. XIV. *Quel jugement on doit faire des explications precedentes des Mysteres de la grace & de la predestination.* 353

Chap. XV. *Que saint Augustin & saint Thomas ont esté obligez de raisonner comme ils ont fait sur la grace & sur la predestination, & pourquoy.* 356

Ch. XVI. *Des inconveniens qui suivent de ce qu'on veut expliquer la substance & le mode des Mysteres.* 358

Ch. XVII. *Que les Conciles n'ont jamais fondé leurs decisions sur des opinions Philosophiques, & pourquoy.* 366

Ch. XVIII. *De la Theologie Scol*... *ve, & de son bon & mauvais usage.* 369

Ch. XIX. *Comment on pourroit retrancher les questions inutiles qu'on a coutume de faire sur les Anges en particulier.* 372

Chap. XX. *Comment on pourroit retrancher les questions inutiles qu'on fait sur le peché originel.* 380

TABLE DES CHAPITRES
de la premiere Partie du quatriéme Livre, où il est traité de l'Amour de Dieu.

Chap. I. *Qu'il y a trois opinions principales touchant l'Amour de Dieu, & en quoy elles consistent.* 385

Chap. II. *Des Passions de l'ame en general.* 388

Chap. III. *De l'amour en particulier.* 393

Chap. IV. *De l'Admiration.* 398

Chap. V. *De l'amour de nous-mêmes.* 400

Chap. VI. *De l'amour envers le prochain.* 407

Chap. VII. *De l'amour envers Dieu.* 413

Chap. VIII. *Que l'homme par ses seules forces peut aimer Dieu comme Auteur de la nature, & comment.* 422

Chap. IX. *Que l'amour nous unit à Dieu, & comment.* 426

TABLE DES CHAPITRES.

TABLE DES CHAPITRES
de la seconde Partie du quatriéme Livre.

Chapitre I. De la charité en general & en particulier, de la charité envers nous-mêmes. 429

Chap. II. De la charité envers le prochain. 434

Chap. III. De la charité de l'homme envers Dieu, ce qu'elle est, comment elle est produite dans l'ame, & en quoy elle differe de celle des bienheureux dans le Ciel. 439

Chap. IV. Comment il faut entendre que les Chretiens s'unissent à Dieu par la charité en cette vie. 449

Chap. V. De l'objet materiel & formel de la charité des Chretiens en cette vie. 452

Chap. VI. Que la charité de l'homme en cette vie est desinteressée, & en quoy consiste son desinteressement. 456

Chap. VII. De la Crainte & de l'Esperance Chretienne, & qu'elles ne sont pas plus interessées que la Charité. 459

Chap. VIII. Que la vie éternelle prise pour récompense, n'est pas la fin, mais le motif de la charité de l'homme en cette vie. 463

Chap. IX. Que la charité des Chretiens en cette vie ressemble plutôt à une vertu generale qu'à une vertu particuliere, & pourquoy. 465

Chap. X. Que la charité est le souverain bien moral des Chretiens, & la cause immediate de leur felicité en cette vie. 470

Chap. XI. Où l'on fait voir qu'aimer Dieu pour jouir de la beatitude, c'est l'aimer pour sa gloire & pour luy-même. 473

Ch. XII. Contenant la conclusion de ce quatriéme Livre. 477

TABLE DES CHAPITRES.

TABLE DES CHAPITRES
contenus dans la Refutation de l'Opinion de Spinosa, touchant l'existence & la nature de Dieu.

CHAP. I. *Où l'on propose cette Opinion.* 481
CHAP. II. *Contenant les Definitions de Spinosa, avec mes reflexions sur ces definitions.* 482
CHAP. III. *Contenant les Axiomes de Spinosa, & mes reflexions sur ces Axiomes.* 487
CHAP. IV. *Où l'on fait voir que les quinze Propositions sur lesquelles Spinosa fonde l'existence & la nature de Dieu, sont fausses ; & que s'il y en a quelqu'une de vraye, elle ne l'est pas absolument, mais seulement à quelque égard.* 489

Fin de la Table des Chapitres.

Approbation.

JE soussigné Docteur en Theologie de la Faculté de Paris, & Professeur Royal en Philosophie, ay lû, par ordre de Monseigneur le Chancelier, un Ouvrage intitulé, *L'Usage de la Raison & de la Foy*, divisé en quatre Livres, composé par Monsieur Regis, où je n'ay rien trouvé qui ne soit conforme à la bonne Philosophie & à la saine Theologie, & digne d'estre donné au Public. Donné à Paris, ce 28. Fevrier mil sept cens trois.

L. ELLIES DU PIN.

PRIVILEGE DU ROY.

LOUIS, PAR LA GRACE DE DIEU, ROY DE FRANCE ET DE NAVARRE: A nos amez & feaux Conseillers, les gens tenans nos Cours de Parlement, Maîtres des Requêtes ordinaires de notre Hôtel, Grand Conseil, Prevost de Paris, Baillifs, Sénechaux, ou leurs Lieutenans Civils, & autres nos Justiciers qu'il appartiendra, SALUT: Le sieur REGIS de notre Academie Royale des Sciences, Nous ayant fait representer qu'il desireroit faire part au public d'un nouvel Ouvrage de sa composition, intitulé, *L'Usage de la Raison & de la Foy*, s'il nous plaisoit luy accorder nos Lettres de Privilege sur ce necessaires; Nous avons permis & accordé, permettons & accordons par ces Presentes audit SIEUR REGIS de faire imprimer ledit Ouvrage par tel Imprimeur ou Libraire qu'il voudra choisir; en telle forme, maniere, caractere; en un ou plusieurs Volumes, & autant de fois que bon luy semblera, pendant le temps de *dix années* consecutives, A COMPTER DU JOUR DE LA DATTE DES PRESENTES; & de le faire vendre & debiter par tout notre Royaume: Faisons deffenses à tous Imprimeurs, Libraires & autres, d'imprimer, faire imprimer, vendre ni debiter ledit Ouvrage, sous quelque pretexte que ce soit, même d'impression étrangere ou autrement, ni d'en faire aucuns Extraits sans le consentement de l'Exposant ou de ses ayans cause, sur peine de confiscation des Exemplaires contrefaits, de quinze cens livres d'amande contre chacun des contrevenans, applicable, un tiers à Nous, un tiers à l'Hôtel Dieu de Paris, l'autre tiers audit Exposant, & de tous dépens, dommages & interests; à condition que l'impression s'en fera *dans notre Royaume & non ailleurs*; en beau papier & bons caracteres, conformement *aux Reglemens de la Librairie*: Qu'avant que d'exposer le Livre en vente, il en sera mis deux Exemplaires dans notre Bibliotheque Publique, un autre dans le Cabinet des Livres de notre Château du Louvre, & un en celle de notre tres cher & feal Chevalier Chancelier de France le sieur Phelypeaux, Comte de Pontchartrain, Commandeur de nos Ordres; & que ces presentes seront registrées *és Registres de la Communauté des Imprimeurs & Libraires de Paris*, le tout à peine de nullité d'icelles: DU CONTENU DESQUELLES VOUS MANDONS ET ENJOIGNONS de faire jouïr l'Exposant ou ses ayans cause, pleinement & paisiblement; cessant & faisant cesser tous troubles & empeschemens contraires. VOULONS que la copie des presentes qui sera imprimée au commencement ou à la fin dudit Livre, soit tenuë pour deuëment signifiée; & qu'aux copies collationnées par l'un de nos amez & feaux Conseillers & Secretaires soy soit ajoutée comme à l'Original. COMMANDONS au premier notre Huissier ou Sergent, de faire pour l'execution des Presentes, toutes significations, défenses, saisies & autres actes requis & necessaires, sans demander autre permission, & nonobstant Clameur de Haro, Charte Normande, & Lettres à ce contraires : CAR TEL EST NOTRE PLAISIR. Donné à Versailles le dix-septiéme jour de Mars, l'an de grace Mil sept cens trois. Et de notre Regne le soixantiéme. Signé, Par le Roy en son Conseil,

LE COMTE.

Registré sur le Livre de la Communauté des Libraires & Imprimeurs de Paris, numero 20. page 24. Conformément aux Reglemens, & notamment à l'Arrest du Conseil du 13. Aoust dernier. A Paris ce vingt-huitiéme Septembre mil sept cens trois.

Signé, P. TRABOUILLET, Syndic.

Fautes à corrigere.

PAge 109. *ligne* 15. materielles, *lisez* immaterielles. Page 252. *ligne* 29. proposez, *lisez* preposez. Page 313. *ligne* 1. Chapitre IV. *lisez* Chapitre V. Page 325. *ligne* 1. Chap. IV. *lisez* Chap. VI. Page 361. *ligne* 16. naturelles, *ajoutez*, & non pas à l'égard des veritez surnaturelles. Page 390. *ligne* 18. eprits, *lisez* esprits. Page 414. *ligne* 12. troisiéme, *lisez* cinquiéme. Page 415. *ligne* 9. ce qu'il y a, *lisez* ce qu'il a. Page 444. *ligne* 2. genie, *lisez* essence. Ibid. *ligne* 24. charité, *lisez* chasteté. Page 475. *ligne* 15. *lisez* definition.

L'USAGE

L'USAGE DE LA RAISON, ET DE LA FOY.

OU L'ACCORD DE LA FOY ET DE LA RAISON.

LIVRE PREMIER.

Où l'on examine ce que c'est que la Raison humaine, en quoy consiste sa certitude, & quel est l'usage qu'on en doit faire dans l'ordre de la nature.

PREMIERE PARTIE.
Ce que c'est que la Raison humaine, & en quoy consiste sa Certitude.

CHAPITRE I.
De l'Esprit & du Corps humain considerez en eux-mêmes.

POUR peu de reflexion que chacun fasse sur soy-même, il sera obligé de reconnoître, ou qu'il n'a aucune notion de ce qu'on appelle l'Esprit humain, ou s'il en a quelqu'une, *que l'esprit humain est une substance qui pense, instituée de la nature pour estre unie à un corps organisé & mû d'une certaine maniere.*

1. Definition de l'esprit humain.

A

Je dis premierement, que l'esprit humain *est une substance qui pense*, pour marquer ce qu'il a de commun avec tous les esprits créez. En second lieu je dis, *que cette substance est instituée de la nature pour estre unie à un corps*, afin de distinguer l'esprit humain de l'esprit Angelique. J'ajoute enfin, *un corps organisé & mû d'une certaine maniere*, pour faire entendre que si le corps humain n'estoit pas organisé & mû d'une certaine façon, l'esprit ne s'uniroit pas à luy, comme il ne s'unit pas indifferemment à tous les corps.

2. *Premiere propriété de l'esprit humain.*

Or de ce que l'esprit humain est une substance qui pense, c'est une necessité qu'il pense toujours ; car une chose ne peut estre sans son essence ; & parce que l'esprit ne peut penser sans s'appercevoir qu'il pense, (à cause que la pensée se manifeste par elle-même) ni s'appercevoir qu'il pense sans se connoitre : il s'ensuit que l'esprit se connoit toujours, & qu'il se connoit luy-même par sa propre substance.

On dira peut-estre que saint Thomas met cette difference entre l'esprit angelique & l'esprit humain, que l'essence de l'esprit angelique est le premier objet de sa connoissance, au lieu que l'esprit humain n'a pas pour premier objet de sa connoissance, son essence, mais quelque chose d'exterieur, sçavoir la nature d'une chose corporelle & sensible. Mais il est aisé de répondre que dans cet endroit saint Thomas entend parler, non de l'esprit humain consideré en luy-même (duquel seul il s'agit icy,) mais de l'esprit uni au corps humain. Or il y a cette difference entre l'esprit consideré en luy-même, & l'esprit uni au corps humain ; que l'esprit en tant qu'uni au corps humain, ne peut rien connoitre que sous des especes sensibles ; au lieu que l'esprit consideré en luy-même se connoit par luy-même, c'est-à-dire par sa propre substance.

C'est ce que saint Augustin enseigne expressément dans le dixiéme livre de la Trinité, où il dit, qu'*il n'y a rien que l'esprit connoisse mieux que sa propre nature ; car il ne peut estre sans vivre ; & quand il vit, il vit tout entier, & il s'apperçoit qu'il vit*. Et parce qu'on auroit pû soupçonner que la vie de l'esprit n'étoit pas de penser, il ajoute bien-tôt après : *Quand l'esprit cherche à se connoitre, il a déja reconnu qu'il est une chose qui pense*. L'esprit se connoit donc toujours & necessairement, selon saint Augustin.

3. *2. propriété de l'esprit humain.*

Or par la même raison que l'esprit se connoit toujours, il s'aime aussi toujours ; car il ne peut se connoitre sans s'aimer. C'est pourquoy si nous attribuons à l'esprit consideré en luy-même un entendement pour se connoitre, & une volonté pour s'aimer, cet entendement & cette volonté ne sont pas tant de simples puissances de connoitre & d'aimer (telles que nous les reconnoitrons ensuite dans l'ame,) qu'une connoissance & un amour actuels : de sorte que dans l'esprit separé, la chose qui se connoit & qui s'aime, la chose connuë & aimée, & l'action par laquelle elle se connoit & s'aime, sont réellement une même chose.

Saint Augustin enseigne formellement cette doctrine dans le quatriéme chapitre du dixiéme livre de la Trinité, où il dit, que *l'esprit, la connoissance & l'amour*, c'est-à-dire de soy-même, *sont substantiellement une même chose*. En effet si l'esprit ne se connoissoit & ne s'aimoit pas par luy-même, il se connoitroit & s'aimeroit par quelque autre chose, & cette autre chose seroit connuë & aimée par une autre chose, & ainsi de suite jusqu'à l'infini.

L'esprit humain ne connoit pas seulement la pensée qui consti- 3. *propriété* tuë sa nature, il connoit encore la pensée qui constituë la nature *de l'esprit* de Dieu ; dont la raison est, que la pensée qui constituë la nature *humain.* de Dieu, est intimement unie à l'esprit humain, par l'action continuelle par laquelle elle le produit & le conserve. Il faut ajouter que si l'esprit humain ne connoissoit la pensée parfaite, il ne pourroit connoitre la pensée imparfaite, telle qu'est celle qui constituë sa nature : car tout le monde sçait *que les privations ne sont pas connuës par elles-mêmes, mais par les realitez qui leur sont opposées*.

Quant à la nature corporelle, l'esprit humain consideré en luy-même ne la connoit point du tout, car par la supposition il n'a nul rapport avec elle. Il ne connoit pas non plus les corps particuliers; car ces corps ne peuvent nullement agir sur l'esprit consideré en luy-même.

Ce qu'il y a de plus remarquable dans l'esprit consideré en luy- 5. même, c'est qu'il n'est sujet ny au temps ny au lieu. Il n'est pas 4. *propriété* sujet au temps, parce qu'il est incapable de mouvement, & par *de l'esprit* consequent de succession : & il n'est pas sujet au lieu, parce qu'il *humain.* est incapable d'extension, & par consequent d'estre borné ou circonscrit. C'est pourquoy il n'y auroit rien de moins raisonnable que de demander si l'esprit consideré en luy-même peut estre créé plus tôt ou plus tard, s'il est à Paris ou à Rome ; d'autant que ces sortes de questions supposent des proprietez dont les substances en general, ni l'esprit humain consideré en luy-même ne sont pas capables, ainsi qu'il sera démontré dans la suite.

Au reste bien qu'il semble que ce soit une chose inutile de parler de l'esprit humain consideré en luy-même, d'autant que cet esprit n'est jamais un moment de temps avant que d'estre uni au corps humain, cela n'empêche pas neanmoins qu'on ne puisse considerer cet esprit comme s'il n'estoit pas uni, d'autant que son existence precede son union, si non d'une priorité de temps, au moins d'une priorité de nature; ce qui suffit pour pouvoir considerer l'une sans l'autre.

<small>6
Definition du corps humain.</small>

Quant au corps humain consideré sans son union avec l'esprit, il n'est autre chose qu'*un composé de certaines parties organiques muës & disposées de telle sorte, qu'elles rendent ce corps propre à estre uni à l'esprit*. Je dis en premier lieu, que le corps humain avant son union est *composé de parties organiques*, pour marquer son genre. Je dis en second lieu, *que ces parties sont muës & disposées de telle maniere &c.* pour designer ce que le corps humain a de particulier qui le distingue des autres corps.

Il seroit inutile de faire le denombrement des parties exterieures & interieures du corps humain separé de l'esprit. Chacun sçait par experience qu'elles en sont les parties exterieures, & quant aux interieures, il faut supposer qu'elles sont telles qu'on les voit décrites dans les Anatomistes: il n'est pas necessaire d'en sçavoir davantage touchant le sujet present.

<small>7
En quoy l'esprit & le corps humain different principalement.</small>

Ces deux definitions de l'esprit & du corps humain considerez en eux-mêmes estant supposées, il est évident, que l'esprit & le corps different principalement, en ce que l'esprit consideré en luy-même est intelligent & intelligible par sa nature, & que le corps n'est ni l'un ni l'autre par la sienne. Je dis que l'esprit est intelligent, parce que sa nature est de penser; & je dis qu'il est intelligible, parce que son essence & sa substance sont naturellement connuës par elles-mêmes. Le corps au contraire n'est point intelligent, parce que sa nature n'est pas de penser, mais d'estre étendu: il n'est pas non plus intelligible, parce que son essence n'est pas d'estre connu par l'esprit separé. C'est pourquoy si l'esprit uni au corps humain connoit maintenant le corps humain, ou le corps en general, ce n'est pas parce que les corps sont connoissans ou connoissables par leur nature, mais parce qu'ils deviennent tels par l'union que Dieu a voulu qu'ils eussent avec l'esprit.

CHAPITRE II.

Que dans l'homme l'esprit & le corps sont unis ensemble, & en quoy consiste leur union.

Chacun se considerant soy-même, peut reconnoitre par experience, non seulement qu'il a un esprit, mais encore que son esprit est uni à un certain corps, qui quoy que d'une nature totalement differente de celle de l'esprit, ne laisse pas de causer en luy toutes les differentes manieres de penser & de sentir qu'il experimente. Nous sommes donc obligez de regarder un certain corps autrement que tous les autres, tant parce que ce corps ne cesse jamais de nous accompagner, qu'à cause qu'il ne peut avoir de certains mouvemens qu'il n'en resulte dans l'esprit de certaines façons de penser; ni l'esprit avoir de certaines façons de penser, qu'il n'en resulte dans ce corps de certains mouvemens.

<small>1. Pourquoy nous appelons un certain corps humain nostre corps.</small>

Pour donner ensuite un nom qui réponde au tout qui resulte de l'union de l'esprit & du corps, on se sert du mot d'*homme*. Ainsi le mot d'homme ne signifie autre chose qu'un corps & un esprit unis ensemble, ensorte que l'esprit dépend du corps pour penser en plusieurs façons, & le corps dépend réciproquement de l'esprit pour estre mû en plusieurs manieres. Et parce que l'esprit uni a un rapport particulier au corps avec lequel il est uni; pour signifier l'esprit avec ce rapport, on se sert encore du mot d'*ame*: de sorte que par le mot d'ame il ne faut pas entendre l'esprit consideré en luy-même, mais l'esprit consideré entant qu'il est uni au corps organique. D'où vient que saint Augustin a tres bien defini l'ame, en disant qu'elle est *une substance qui pense, propre à gouverner un corps*.

<small>2. Ce que signifient les mots d'homme & d'ame.</small>

C'est donc le sentiment de saint Augustin, que l'ame & l'esprit sont une même substance, mais que l'ame renferme un certain rapport au corps humain qui n'est pas renfermé dans l'esprit. Voicy comment il en parle dans le livre de l'Esprit & de l'Ame, qu'on luy attribuë, chapitre 34. *Quand je l'appelle Ame*, dit-il, *je ne parle pas d'autre chose que quand je la nomme Esprit; mais je luy donne le premier nom par une raison, & le second par une autre. Je l'appelle ame, quand je ne considere en elle autre chose sinon*

<small>3. En quoy l'ame differe de l'esprit.</small>

qu'elle donne la vie à l'homme ; mais quand je regarde simplement de quelle manière elle agit en elle-même, pour lors je la nomme seulement esprit.

Il paroit donc par les principes de saint Augustin, que la forme de l'homme ne consiste pas dans l'ame considerée selon son être absolu, mais dans l'ame considerée selon son être respectif. C'est pourquoy comme l'être respectif de l'ame pris formellement n'est autre chose que l'union de l'esprit & du corps, & que cette union est un veritable mode, nous ne dirons pas que l'homme pris formellement, soit un être substantiel, mais un être modal ; entendant par un être modal, un être dont la raison formelle consiste dans des modes.

Or de ce que l'union de l'esprit & du corps est la raison formelle de l'homme, il s'ensuit que toutes les proprietez de l'homme, entant qu'homme, dépendent aussi essentiellement de l'union de l'esprit & du corps, que toutes les proprietez d'une montre dépendent de l'union du ressort & des roües de cette montre. C'est pourquoy quand l'esprit & le corps sont separez, il n'y a plus d'homme, par la même raison que quand le ressort & les roües sont separées il n'y a plus de montre, c'est-à-dire que l'homme & la montre dépendent également l'un & l'autre de l'union de leurs parties. C'est aussi la raison pour laquelle on n'attribuë pas à l'homme toutes les proprietez du corps & de l'esprit, dont il est composé, mais celles-là seules qui sont des suites & des dépendances de leur union. Par exemple, on n'attribuë pas à l'homme la connoissance qu'il a de son esprit consideré en luy-même ; parce que l'esprit de l'homme consideré en luy-même, se connoit par sa propre substance independamment de son union avec son corps. On ne luy attribuë pas non plus la pesanteur de son corps ni les mouvemens qu'on appelle *naturels*, parce que le corps a ces proprietez avant que d'estre uni à l'esprit. On lui attribuë seulement la connoissance qu'il a de l'ame, les mouvemens qu'on appelle *libres*, avec les sentimens & les imaginations ; parce que l'homme ne peut avoir ces proprietez qu'en vertu de l'union de l'esprit & du corps.

4. En quoy consiste l'union de l'ame & du corps.

Quant à la nature de cette union, l'experience nous apprend qu'elle consiste dans la mutuelle dépendance du corps & de l'esprit, qui est telle, que le corps ne peut se mouvoir en certaines façons sans le secours de l'esprit, ni l'esprit penser de certaine manière sans l'entremise du corps. Je dis que l'experience nous l'enseigne, pour marquer que la raison seule ne sçauroit nous faire comprendre en quoy consiste l'union de l'ame & du corps; car comme cette union est un pur accident de l'esprit & du corps, il est impossible de la déduire de l'idée qu'on a de leur nature par le jugement ou par le raisonnement. Mais quand on sçait par experience que le corps se meut diversement selon le desir de l'esprit, & que l'esprit pense aussi diversement selon les differens mouvemens du corps, on conclud aisément par un raisonnement fondé sur cette experience, que le corps & l'esprit dépendent réciproquement l'un de l'autre, & que c'est dans cette dépendance mutuelle de leurs pensées & de leurs mouvemens, que consiste leur union.

Quant à la cause de l'union de l'esprit & du corps, il est necessaire qu'elle consiste ou dans l'esprit, ou dans le corps, ou dans les deux pris ensemble, ou dans Dieu même. Or elle ne peut consister dans l'esprit seul; car chacun sçait par experience, qu'il n'est pas au pouvoir de son esprit de conserver son union avec le corps; & il est évident que si l'esprit étoit l'auteur de son union, il la conserveroit aussi facilement qu'il l'auroit produite. Elle ne peut aussi consister dans le corps seul; car quelques efforts que le corps fasse pour conserver son union, il ne peut s'empêcher de la perdre. Elle ne peut enfin consister dans l'esprit & dans le corps pris ensemble, parce que cette union étant accidentelle à tous les deux, elle doit necessairement proceder d'une cause étrangere. Elle consiste donc dans Dieu-même, entant qu'il a voulu que l'esprit fût uni au corps organisé d'une certaine façon.

5. *Que Dieu est la cause efficiente de l'union de l'ame & du corps.*

Il y a même lieu de croire que l'union de l'esprit & du corps commence dés que le corps excite des pensées dans l'ame, ou que l'ame cause, ou au moins détermine quelques mouvemens dans le corps, & qu'elle finit aussi dés que le corps & l'ame cessent d'entretenir ce commerce de pensées & de mouvemens. Or il y a apparence que le corps excite des pensées dans l'ame, lors que le cœur, le cerveau, les nerfs, les muscles, &c. sont suffisamment ébauchez pour faire que l'action des objets exterieurs soit portée jusqu'au principal siege de l'ame, qui est le cerveau, & qu'elle finit lors que quelque partie du corps venant à manquer, le cœur ne peut plus pousser le sang, ni faire monter les esprits vers le cerveau, pour les renvoyer par les nerfs dans les muscles. D'où il s'ensuit que ce n'est jamais l'ame qui donne occasion de rompre cette union, & que la cause de cette rupture vient toujours du

6. *Du commencement & de la fin de cette union.*

corps qui souffre quelque dérangement dans ses parties.

Il y a donc quatre actions differentes dans la production de l'homme. Il y a l'action qui produit l'esprit, l'action qui produit le corps, l'action qui unit l'esprit au corps, & l'action qui produit les organes du corps. Les trois premieres actions dépendent immediatement de Dieu, & se font par creation ; & la quatriéme dépend mediatement de Dieu & immediatement des creatures, sçavoir du pere & de la mere, & se fait par generation. Les trois premieres actions n'admettent aucune succession, parce qu'elles sont indépendantes du mouvement ; & la quatriéme en admet, parce qu'elle le suppose, comme il sera expliqué cy-après.

7. Des causes qui concourent à la production de l'homme.

CHAPITRE III.

Des conditions de l'union de l'ame & du corps dans l'homme.

LA même experience qui nous apprend que dans l'homme l'ame est unie au corps, nous enseigne aussi qu'elle y est unie à certaines conditions, dont voicy les principales par rapport au sujet que nous traitons.

La premiere, que l'ame tandis qu'elle sera unie au corps, aura l'idée de l'étenduë, & qu'elle aura cette idée à cause du mouvement du cerveau qui sera excité par l'impression que les corps particuliers feront sur les organes des sens. Suivant cette condition, l'ame a toujours presente l'idée de l'étenduë, comme il paroit de ce qu'elle pense toujours à quelque corps distinctement, ou confusement.

La seconde est que tout mouvement du cerveau qui sera excité par les nerfs, fera naître dans l'ame quelque sensation, & que cette sensation accompagnera toujours ce mouvement sans que l'ame l'en puisse separer. Suivant cette condition nous voyons la lumiere, lors que le soleil meut le nerf optique, & nous entendons du bruit lors que des corps resonnans ébranlent les nerfs des oreilles.

La troisiéme, que l'ame tandis qu'elle sera unie à son corps, aura l'idée d'un corps particulier à cause du mouvement ou de la trace que ce corps particulier excite par sa presence, dans son cerveau par le moyen des organes des sens. Suivant cette condition l'ame connoit les corps qui frappent actuellement les sens. Elle connoit
par

par exemple, le soleil, lors que sa lumiere agit sur ses yeux, & elle connoit une cloche lors que le son frappe ses oreilles.

La quatriéme, que quand l'ame aura reçû les sentimens qu'on appelle *son*, *lumiere* & *couleur*, elle rapportera ces sentimens au dehors vers les objets qui les causent. C'est suivant cette condition que nous voyons la lumiere comme dans le soleil, la couleur comme dans la tapisserie, & que nous entendons le son comme dans la cloche: Au contraire, que l'ame rapportera toutes les autres sensations à l'endroit de son corps auquel seront appliquez les objets qui les causent. C'est ainsi que nous sentons la chaleur comme dans la partie du corps à laquelle le feu s'applique, & la douleur comme dans la partie du corps qu'une épingle ou quelque autre corps déchire.

La cinquiéme, que tout mouvement du cerveau qui renouvellera une trace qui aura été causée par la presence de quelque objet particulier, fera renaître dans l'ame l'idée de cet objet. C'est suivant cette condition que nous nous representons les choses absentes que nous avons déja connuës.

La sixiéme, que par les sens de l'attouchement nous éprouverons du plaisir ou de la douleur selon que les mouvemens qui causeront ces sensations, seront contraires ou conformes à la constitution naturelle du corps. Suivant cette condition, le mouvement d'une plume qu'on passe sur la main, comme pour la chatouiller, excite un sentiment de douleur lors que nous sommes malades; au contraire il excite un sentiment de plaisir lors que nous nous portons bien.

La septiéme, que quand nous aurons l'idée d'un objet, & que cette idée sera accompagnée de plaisir ou de douleur, l'ame sera portée à fuir ou à poursuivre cet objet. De là viennent tous les mouvemens de l'ame qu'on appelle *indeliberez*, par lesquels nous sommes portez comme naturellement vers les choses agreables, & par lesquels nous sommes détournez des choses fâcheuses.

La huitiéme, que quand l'ame aura une idée qui luy representera les rapports d'égalité ou d'inégalité qui sont entre deux ou plusieurs objets qu'elle connoit, cette idée la portera à affirmer ou à nier que ces rapports sont entre ces objets. C'est suivant cette condition que l'ame forme tous les jugemens qu'elle fait touchant les choses qu'elle compare les unes avec les autres, ou avec elle-même.

La neuviéme, que toutes les idées de l'ame qui regardent la

conservation du corps, telles que sont les idées que les passions accompagnent, seront suivies du mouvement des esprits animaux qui est necessaire pour l'execution des desirs de l'ame, & pour le bien du corps. C'est suivant cette condition que la crainte est accompagnée d'un cours d'esprits qui porte à fuir ce qu'on craint, & que le desir est accompagné d'un cours d'esprits tout contraire, qui porte à la recherche de ce qu'on desire.

La dixiéme, que l'esprit, entant qu'il est uni au corps, ne pensera jamais à rien de particulier qu'à cause de quelque mouvement du corps auquel il est uni. Suivant cette loy toutes les idées des corps & des esprits particuliers, & des rapports qui sont entre ces corps & ces esprits, dépendent mediatement, ou immediatement de quelque mouvement du cerveau : d'où vient cette fameuse maxime, *Qu'il n'y a rien dans l'entendement qui n'ait passé par les sens*, laquelle ne signifie autre chose, si ce n'est que l'esprit, entant qu'il est uni au corps, ne connoit rien en particulier ni en general, que dépendamment de quelque mouvement du corps auquel il est uni. Ce qui sera plus amplement expliqué dans la suite.

CHAPITRE IV.

De l'entendement & de la volonté en general, & de leurs differentes especes en particulier.

1. De l'entendement & de la volonté en general.

CEs conditions étant supposées, il est évident que toutes les facultez ou puissances qui resultent en l'homme de ce que l'ame est unie au corps, se reduisent à deux generales ; sçavoir à l'entendement, & à la volonté. J'entens par l'entendement en general, *la puissance que l'homme a de connoitre tout ce qu'il connoit de quelque maniere qu'il le puisse connoitre*. Et j'entens par la volonté, *la puissance que l'homme a de donner ou de refuser son consentement à ce qu'il connoit*.

Ces deux definitions étant ainsi établies, on peut assurer qu'il y a quatre especes d'entendement, sçavoir *le sentiment*, *l'imagination*, *la conception*, *& la memoire*.

2. De la faculté de sentir.

Le Sentiment est la puissance que l'homme a d'appercevoir les sons, la lumiere, la couleur, le chaud, le froid, &c. & de connoitre par ce moyen le rapport de convenance ou de disconvenance que les autres corps ont avec le sien. C'est par cette faculté que l'homme voit, qu'il goute, qu'il flaire, qu'il sent le chaud, le froid, &c. C'est par elle encore qu'il connoit que le feu qui est trop prés de son corps, a un rapport de disconvenance avec luy, parce qu'il sent de la douleur : c'est enfin par cette faculté qu'il connoit que le feu, qui est un peu éloigné de son corps, a un rapport de convenance avec luy, parce qu'il sent du plaisir.

L'Imagination prise pour une faculté de l'homme, est la puissance qu'il a de connoitre les corps particuliers, & le rapport qu'ils ont entr'eux ou avec nous. C'est par cette faculté que nous connoissons, par exemple, le soleil, la lune, la terre, & en general tous les corps particuliers, & le rapport d'égalité ou d'inegalité qui sont entr'eux, & les rapports de convenance ou de disconvenance qu'ils ont avec nous.

La Conception est une faculté de l'hôme par laquelle il connoit tous les esprits particuliers : c'est par cette faculté qu'il connoit son ame & toutes les autres ames : c'est encore par cette faculté qu'il cônoit Dieu, entant que la connoissance de Dieu dépend des creatures sensibles.

Enfin la *Memoire* n'est autre chose que la faculté que l'homme a de reveiller les idées qu'il a déja euës, avec un sentiment qui le convainc en même temps qu'il a eu auparavant ces sortes d'idées.

Je ne croy pas qu'il y ait quelqu'un qui puisse dire que les facultez de concevoir, de sentir, d'imaginer & de se ressouvenir, que je viens de definir, ne soient pas 4. especes d'entendement : au moins si par le mot d'*entendement*, on ne veut signifier autre chose que la puissance que l'homme a de cônoitre tout ce qu'il connoit, de quelque maniere qu'il le puisse connoitre : car je deffie qu'on trouve rien de ce qui peut tomber sous la connoissance humaine, qui ne soit compris mediatement ou immediatement dans l'objet de ces quatre facultez.

L'homme n'a pas seulement la puissance de connoitre les rapports que les corps ou les esprits particuliers ont entr'eux ou avec nous, il a encore celle de donner ou de refuser son consentement à cette connoissance ; & c'est cette derniere puissance qu'on nomme *la volonté en general* ; de sorte que le mot de volonté en general, ne signifie autre chose que la puissance que l'homme a d'acquiescer ou de n'acquiescer pas à la connoissance qu'il a des rapports que les corps ou les esprits particuliers ont entr'eux ou avec nous.

Au reste, comme la volonté en general a pour objet les rapports d'égalité, ou d'inegalité que les choses ont entr'elles, ou les rapports de convenance ou de disconvenance qu'elles ont avec nous, il faut de necessité qu'elle se divise en cinq especes, suivant que les rapports

DE L'USAGE DE LA RAISON ET DE LA FOY.

que les choses ont entr'elles, ou avec nous, sont contingens ou necessaires, & connus par eux-mêmes ou par d'autres. Ces especes sont, *l'Intelligence, la Raison, le Jugement, la Volonté proprement dite, & le Libre-Arbitre.*

6. De l'intelligence.
Quand les rapports que les choses ont entr'elles sont necessaires & connus par eux-mêmes, la puissance que l'hôme a de les affirmer ou les nier s'appelle *Intelligence*. C'est par cette faculté que l'homme assure que 2. & 2. font 4. que le tout est plus grand que sa partie, &c.

7. De la raison.
La puissance que l'homme a d'affirmer ou de nier que deux ou plusieurs choses conviennent ou ne conviennent pas entr'elles, parce qu'elles conviennent ou ne côviennent pas avec une troisiéme, s'appelle *Raison*. C'est par cette faculté que nous assurons que l'ame est immortelle, parce qu'elle est une substance qui pense, & qu'une substance qui pense ne meurt pas : c'est par elle encore que nous assurons que Pierre merite la mort, parce qu'il a tué un homme, d'autant qu'un homme qui en tuë un autre est digne de mort, &c.

8. Du Jugement.
Quand les rapports des choses sont contingens & non necessaires, la puissance que l'hôme a d'affirmer ou de nier ces rapports, se nomme *Jugement*. C'est par cette faculté que l'hôme affirme ou nie qu'une maison est grande ou petite, qu'un cheval est blanc ou noir, &c.

9. De la volonté proprement dite.
La puissance que l'homme a d'aimer ou de haïr les choses qu'il croit luy estre absolument convenables ou disconvenables, se nomme *volonté proprement dite*. C'est par cette faculté que nous aimons tous les biens absolus, comme la vie, la felicité ; & que nous haïssons tous les maux absolus, comme la mort, la misere, &c.

10. Du Libre-Arbitre.
Enfin la puissance que l'homme a d'aimer ou de haïr les biens qui ne sont pas necessaires, mais contingens, s'appelle *Libre-Arbitre*. C'est par cette faculté que nous aimons la chasse, l'étude, &c.

Suivant ces definitions, la volonté en general ne regarde pas seulement les rapports qui se trouvent entre 2. ou plusieurs choses; elle regarde encore les rapports de convenance ou de disconvenance que les choses ont avec nous, avec cette difference pourtant, que comme la bôté des choses nous touche de plus prés que la verité, il n'y a aussi qu'une action de la volonté à l'égard de la verité, qui est d'affirmer ou de nier, au lieu qu'il y a 2. actions au regard de la bôté, une par laquelle l'ame affirme ou nie que les choses sont bonnes, & l'autre par laquelle elle se joint à elle par l'amour, ou s'en separe par la haine.

Cette division de la volonté en ses especes est si necessaire, qu'il seroit impossible sans elle d'expliquer bien nettement tous les effets qui dépendent de cette faculté. C'est elle en effet qui nous fait connoître que *l'intelligence, la raison & le jugement* sont trois especes de volonté, qui ont pour objet les rapports d'égalité ou d'inégalité qui sont entre les objets; & que la volonté proprement dite, & le libre arbitre ont pour objet les rapports de convenance ou de disconvenance que les choses ont avec nous.

Nous allons examiner maintenant comment l'homme se sert des facultez qui sont des especes d'entendement, & nous examinerons ensuite comment il se sert de celles qui sont des especes de volonté.

CHAPITRE V.

Comment l'homme connoit par les facultez de sentir, d'imaginer, de concevoir & de se ressouvenir, qui sont quatre especes d'entendement.

POur découvrir la maniere particuliere dont l'homme sent, il ne faut que rappeller en sa memoire la seconde condition de l'union de l'esprit avec le corps, qui est, *que tout mouvement du cerveau qui sera excité par les nerfs, fera naître dans l'ame quelque sensation*; car selon cette condition, les objets exterieurs ne peuvent tant soit peu ébranler le cerveau par les nerfs, qu'il ne resulte dans l'ame de certaines sensations qui nous servent d'antecedent pour conclure qu'il y a dans le monde differens corps qui existent; car si nous sommes assurez de l'existence de differents corps, ce n'est pas parce que l'étenduë de ces corps nous est representée diversement, car elle est representée de même dans tous les corps; mais parce que les corps par leurs diverses modifications, produisent dans l'ame des sentimens differens. Sans cela nous confondrions ensemble tous les corps particuliers, & nous ne mettrions pas plus de distinction entre les differentes parties du monde *sensible*, que nous en mettons entre les parties du monde qu'on appelle *Imaginaire*.

La maniere particuliere dont l'ame imagine, dépend encore de la troisiéme condition de l'union de l'ame & du corps, qui est, *que l'ame, tandis qu'elle sera unie, aura l'idée d'un certain corps à cause du mouvement particulier que ce corps aura excité dans le cerveau par les organes des sens*: c'est en vertu de cette condition que l'ame

1. Comment l'ame sent.

2. Comment elle imagine.

imagine, c'est-à-dire qu'elle reçoit l'idée des corps particuliers qui agissent sur les organes des sens.

Et parce que les sentimens & les imaginations de l'ame dépendent presque d'un même principe corporel, ils sont aussi tellement liez les uns avec les autres, qu'on les confond aisément en les prenant pour une seule notion de l'ame, bien qu'ils en soient deux differentes. Car il faut remarquer que l'idée que nous avons d'un corps particulier qui agit actuellement sur les yeux par sa couleur, est composée de deux parties, sçavoir d'un sentiment, & d'une imagination; d'une imagination, qui represente l'étenduë de ce corps sous quelque grandeur ou figure déterminée; & d'un sentiment de couleur ou de lumiere qui rend ce corps visible. Par exemple, quand je regarde de loin un cheval, la lumiere qu'il reflechit vers mes yeux, excite un sentiment de couleur que je rapporte suivant l'institution de la nature, dans le lieu où est le cheval, afin que je voye dans ce lieu-là plutôt que dans un autre, le cheval qui étoit auparavant invisible; d'où il s'ensuit que *voir en general*, n'est autre chose qu'avoir un sentiment, & rapporter ce sentiment en un lieu, où il rend visible d'une certaine maniere, un corps qu'on n'y voyoit pas auparavant.

Ce que nous venons de dire de la vûë en particulier, doit estre entendu par proportion de l'ouïe, du toucher, & en general de tous les autres sens, dont il n'est pas un seul qui en même temps qu'il nous fait sentir, ne nous fasse imaginer quelque corps, au moins confusement.

Quand l'objet cesse d'agir sur les organes des sens, il peut arriver que le seul cours des esprits animaux, ébranlera le cerveau de la même maniere qu'il a esté ébranlé par la presence de l'objet que l'ame a auparavant senti & imaginé. D'où il s'ensuit qu'*imaginer en general*, n'est autre chose que recevoir l'idée d'un corps particulier, causée par le seul cours des esprits animaux, qui ébranlent le cerveau de la maniere qu'il a esté ébranlé par la presence de ce corps : d'où il suit qu'il y a deux especes d'imagination; l'une qui regarde les choses presentes, & l'autre les choses absentes. La premiere est tellement confonduë avec le sentiment qui la precede, qu'on ne la distingue pas de luy. Par exemple, quand je regarde un objet qui est proche de moy; au lieu de dire que je vois la lumiere ou les couleurs que cet objet produit en moy, je dis seulement que je vois cet objet; & par ce moyen, j'attribuë au sentiment seul, ce qui appartient encore à l'imagination. La seconde espece d'imagination retient proprement ce nom, parce que l'ame ne sent rien dans les objets absens, elle se souvient seulement de ce qu'elle a senti.

Pour continuer par la maniere particuliere dont l'homme conçoit, il faut remarquer que la faculté qu'il a de concevoir, n'a pour objet que des esprits ; d'où il s'ensuit que l'homme qui se sert de cette faculté, conçoit Dieu & son ame : mais pour connoître en particulier comment il conçoit son ame, il faut considerer qu'il la conçoit en deux manieres ; sçavoir selon son essence, & selon son existence : il la conçoit selon son existence en connoissant qu'il sent, qu'il imagine & qu'il conçoit ; car connoitre cela, & concevoir que l'ame existe, c'est une même chose.

3. Comment l'ame conçoit.

Lors que l'homme a connu l'existence de son ame, cette connoissance le mene facilement à la connoissance de son essence, en la luy faisant concevoir comme une substance qui pense ; estant impossible de separer l'idée d'une chose qui sent, qui imagine & qui conçoit, de l'idée d'une substance qui pense : car en effet sentir, imaginer & concevoir, ne sont que trois manieres particulieres de penser.

Au reste, comme les idées & les sensations nous menent à la connoissance de l'ame, la connoissance de l'ame nous conduit à la connoissance de Dieu, en le faisant concevoir comme une substance qui pense parfaitement. En effet il est impossible de connoitre que l'ame est une substance qui pense imparfaitement, sans connoitre cela par l'idée qu'on a d'une chose qui pense parfaitement ; car (comme il a esté dit,) les privations ne sont pas connuës par elles-mêmes, mais par les realitez qui leur sont opposées. Ainsi l'on peut dire veritablement, que l'homme a toujours l'idée de Dieu, mais que cette idée est toujours confuse, si ce n'est lors que quelque objet sensible oblige l'ame à luy donner une attention particuliere. C'est cette idée de Dieu, entant qu'elle dépend des sens, qui appartient proprement à la conception prise pour une espece d'entendement humain. C'est aussi de cette idée dont parle l'Apostre, lors qu'il dit, *que les choses de Dieu invisibles deviennent connuës par les choses visibles, même sa puissance éternelle & sa Divinité* : Car cela ne veut pas dire, que les choses visibles puissent estre la cause exemplaire de l'idée de Dieu ; cela signifie seulement que les choses sensibles sont la cause efficiente de l'idée de Dieu qui est insensible. Cela posé, on peut assurer que l'homme fait un perpetuel usage de la faculté de concevoir: car comme il n'est jamais sans sentir ou imaginer, & qu'il ne peut sentir ny imaginer, sans sçavoir qu'il a une ame qui sent ou qui imagine, il n'est aussi jamais sans concevoir cette ame; de sorte que s'il croit quelquefois ne la pas concevoir, ce defaut ne vient pas de ce qu'il ne la conçoit pas en effet, mais de ce qu'il s'applique tellement à considerer ses idées & ses sensations par rapport à leurs objets, qu'il n'a pas assez d'attention pour les considerer en elles-mêmes, entant qu'elles sont des modifications de la propre substance de son ame dependantes des mouvemens du corps.

Pour les autres ames, l'homme les conçoit par le rapport qu'elles ont aux corps avec lesquels elles sont unies; car de ce que nous voyons qu'en parlant aux autres hommes, ils répondent en sorte que nous avons lieu de croire qu'ils ont des pensées semblables aux nôtres; lors que nous prononçons ce qu'ils disent, nous sommes obligez de conclure qu'il y a d'autres ames qui ressemblent à la nôtre, & qui pensent comme elle dépendamment de certains corps qu'elles animent.

Que l'ame ne conçoit rien que dépendamment du corps.

Voilà en general comment l'homme conçoit; ce qui fait voir évidemment qu'il ne peut concevoir rien que dépendamment du corps auquel son ame est unie: ce qu'il faut bien remarquer pour éviter l'erreur dans laquelle tombent ceux qui admettent dans l'homme consideré precisément comme homme, une conception, ou intellection qu'ils appellent *pure*, parce qu'ils croyent qu'elle se fait indépendamment du corps: car il est certain que suivant les loix de l'union cy-devant établies, cette prétenduë intellection *pure* ne peut convenir à l'ame, mais seulement à l'esprit, duquel il ne s'agit pas, quand on traite de la conception considerée comme une faculté de l'homme.

Suivant ces principes, il est évident que l'ame ne peut rien connoitre qu'elle ne s'unisse à l'objet de sa connoissance physiquement ou moralement; par exemple, l'ame ne connoit son corps, qu'entant que son corps s'unit physiquement avec elle en la maniere que nous avons dit. Elle ne connoit aussi les autres corps, qu'entant que ces autres corps s'unissent moralement avec le sien par les impressions qu'ils font sur ses organes; d'où vient qu'il est impossible de connoitre un objet qui n'a pas agi sur les sens, si ce n'est qu'on le connoisse par l'idée d'un autre qui y a agi.

Outre les differentes especes d'entendement dont il vient d'estre parlé,

parlé, il y en a une espece particuliere qui consiste en ce que l'ame peut reünir plusieurs estres qu'elle a sentis, conçus ou imaginez sous une même idée, en les dépouillant par ses precisions de toutes les modifications & de toutes les circonstances qui les distinguent. Or c'est de cet entendement dont on entend parler, quand on dit qu'il n'y a rien dans l'entendement qui n'ait passé par les sens. Car en effet l'ame ne peut dépouiller ses idées des circonstances qui les rendent singulieres, sans avoir ces idées; ny avoir ces idées sans les avoir receuës des sens. D'où vient encore qu'on a raison de dire *que les sens regardent les choses singulieres, & que l'entendement a pour objet les choses generales & abstraites.*

Au reste toutes les connoissances particulieres qui viennent à l'ame par les facultez de concevoir & d'imaginer, s'appellent en general *des perceptions* ou *des idées*; & toutes celles qui lui viennent par la faculté de sentir, se nomment *des sentimens* ou *des sensations*: D'où il s'ensuit que les idées & les sensations de l'ame renferment toutes les manieres particulieres dont elle connoit par le moyen du corps auquel elle est unie.

Quant à la maniere particuliere dont l'homme se sert de la memoire, elle dépend de la cinquiéme condition de l'union de l'ame & du corps, qui est *que tout mouvement du cerveau qui renouvelle une trace qui aura été causée par l'action de quelque objet particulier, fera renaitre dans l'ame l'idée de cet objet.* En effet selon cette condition, les esprits animaux ne peuvent renouveller dans le cerveau la trace d'un objet, sans reveiller dans l'ame l'idée de cet objet.

5. *Comment l'ame se ressouvient.*

CHAPITRE VI.

Ce que c'est que la personne dans l'homme, & pourquoy on luy attribuë toutes les fonctions de l'homme.

C'Est une maxime communement receuë parmy les Philosophes, *que les actions procedent des suppôts:* Cependant quand il s'agit des actions de l'homme, au lieu de les attribuer à la personne, la plupart les attribuent à l'ame qui n'en est qu'une partie; ce qui est la source d'un grand nombre de difficultez, qui procedent visiblement de ce qu'on n'a qu'une notion obscure & confuse de ce qu'on appelle *Personne* dans l'homme.

1. *De la personne.*

C

Pour en donner donc une idée plus claire & plus distincte, il faut remarquer que le mot de *Personne* signifie un suppôt intelligent, & qu'un suppôt est un Estre qu'on appelle *complet*, parce qu'il n'est ny la partie ny l'appartenance d'aucun autre Estre. En ce sens une goute d'eau est un suppôt, & l'homme entant que composé de corps & d'ame, est une Personne ; je dis *entant que composé de corps & d'ame*, pour marquer que la personne dans l'homme ne peut consister ny dans l'ame ny dans le corps seul, mais dans l'ame & dans les corps unis ensemble : elle ne peut consister dans l'ame seule, d'autant que la personne est un Estre complet, & par conséquent un tout, dont l'ame n'est qu'une partie : par la même raison la personne ne peut consister dans le corps seul, parce que le corps seul n'est qu'une partie de l'homme. Il faut donc que la personne consiste dans l'ame & dans le corps unis ensemble ; d'où il s'ensuit que dans l'homme la personalité n'est rien de réel & d'intrinseque qui differe de l'ame & du corps unis : elle n'est qu'un mode extrinseque, qui fait que le corps & l'ame unis sont conçus comme faisant un tout complet, c'est-à-dire un tout qui n'entre dans la composition d'aucune autre chose ; car s'il y entroit, il ne seroit pas une personne, mais la partie d'une personne. En effet comme deux goutes d'eau qui sont separées, sont des suppôts, parce qu'elles n'entrent dans la composition d'aucune chose, & que si elles se joignent ensemble, leur suppôt perit, parce qu'estant unies, elles deviennent les parties d'une plus grande goutte ; pareillement Dieu pourroit unir ensemble deux hommes, ou deux purs esprits de telle sorte, que la personalité de chacun periroit, & qu'ils composeroient une troisiéme personne differente des deux premieres.

On dira peut-estre, que si dans l'homme le corps entroit dans la constitution de la personne, l'homme ne seroit jamais deux momens de suite le même homme, parce qu'il n'auroit jamais deux momens de suite le même corps. Mais on peut resoudre cette difficulté, en faisant remarquer que le corps de l'homme peut estre consideré en deux manieres, ou comme une masse composée de plusieurs particules de matiere, de quelque maniere qu'elles soient unies & arrangées, ou comme une masse composée de parties arrangées de la maniere qui est requise pour constituer les particules du corps de l'homme. Le corps de l'homme pris au premier sens change toujours, & le corps de l'homme pris au second sens, est toujours le même; & son indentité consiste visiblement, en ce qu'il possede la même vie continuée par des particules de matiere qui sont dans un flux perpetuel, mais qui dans cette succession sont toujours unies au même corps organisé d'une certaine maniere.

C'est donc une chose assurée, que ce n'est pas l'ame seule qui constituë l'homme; le corps formé de telle ou telle maniere, qui est joint à l'ame, y contribuë aussi; & si c'est là la vraye idée de l'homme, il est évident que le même corps formé des particules successives qui ne se dissipent pas toutes à la fois, doit concourir aussi-bien que la même ame, à faire le même homme. C'est pourquoi si nous supposons (comme nous le devons faire) que l'ame unie à un corps configuré d'une certaine maniere, constitue un homme; l'homme sera le même tandis que l'ame restera unie à cette configuration des parties, quoy que continuée dans un corps dont les particules se succedent les unes aux autres dans un flux perpetuel.

Nous sçavons donc maintenant ce que c'est que la Personne dans l'homme, & en quoy consiste son identité; il reste à examiner pourquoy selon la maxime des Philosophes de laquelle il s'agit, on attribuë à l'homme les idées & les sensations qui sont dans l'ame, plutôt qu'à l'ame même ny au corps: ce qui vient sans doute de ce que les idées & les sensations n'appartiennent qu'en partie à l'ame & au corps, & qu'elles appartiennent totalement à l'homme. Elles n'appartiennent qu'en partie à l'ame; car en effet l'ame en est le sujet, mais elle n'en est pas la cause efficiente; c'est le corps qui les produit. Elles n'appartiennent aussi qu'en partie au corps; car le corps en est la cause efficiente, mais il n'en est pas la cause materielle, car c'est l'ame qui est cette cause: L'homme seul est tout ensemble la cause efficiente & la cause materielle des idées & des sensations de l'ame, entant qu'il comprend le corps & l'ame.

Ce que je dis de l'homme en particulier, doit estre entendu en general de tout autre suppôt. Par exemple, dans une Montre on attribuë les mouvemens qui s'y font, non aux rouës ny au ressort, mais à la Montre même; dont la raison est, que ces mouvemens n'appartiennent aux rouës que comme à leur sujet, ny au ressort que comme à leur cause efficiente; au lieu qu'ils appartiennent à la Montre en l'une & l'autre maniere: C'est pourquoy s'il arrive dans la suite que nous attribuyons à l'ame des actions ou des pastions, pour lors nous regarderons l'ame comme unie au corps, & en ce sens elle ne sera pas differente de l'homme.

2. Que l'ame n'est pas une table rase.

Suivant cette doctrine, nous ne dirons pas en premier lieu, que l'ame soit ce qu'on appelle *une table rase*, car elle ne peut l'estre ny devant ny aprés son union: Elle ne peut l'estre avant son union, car une table rase est susceptible de toutes les impressions qu'on luy veut donner, & l'ame avant son union est incapable d'en recevoir aucune: Elle ne l'est pas non plus aprés son union; car l'ame aprés son union, n'est jamais sans avoir quelque sensation ou quelque idée; dont la raison est, que l'ame n'est ame que par l'union qu'elle a avec le corps; & l'ame n'est unie avec le corps que parce qu'elle pense actuellement par l'entremise du corps.

Les mêmes raisons qui prouvent que l'ame n'est pas une table rase, prouvent aussi qu'elle pense toujours; de sorte que demander si l'ame pense toujours pendant qu'elle est unie au corps, c'est le même que demander si les rouës d'une Montre se meuvent toujours, tandis qu'elles sont unies au ressort.

3. En quel sens l'ame a des idées innées.

Nous ne dirons pas en second lieu, que l'ame a des idées *innées*, du moins si par des idées innées on entend des idées qui sont creées avec l'ame, & indépendantes du corps, car l'ame n'a point de telles idées: toutes les idées de l'ame viennent de son union avec le corps, & par consequent elles ne sont point creées avec l'ame; mais nous pouvons bien dire que l'homme a des idées innées, c'est à dire, des idées qui sont produites avec luy, & qui n'en peuvent estre separées. Telles sont les idées de Dieu, de l'ame, & du corps.

Je dis, 1. Que l'idée de l'ame est innée, c'est à dire produite avec l'homme, parce que l'homme n'est jamais un seul moment sans cette idée. En effet, l'homme n'est jamais sans sentir, sans imaginer, ou sans concevoir; & il ne peut sentir, imaginer, ny concevoir sans s'appercevoir qu'il sent, qu'il imagine, ou qu'il conçoit; ny s'appercevoir qu'il sent, qu'il imagine, ou qu'il conçoit, sans reconnoitre qu'il y a en luy une substance qui pense, qui est le sujet de la sensation, de l'imagination, ou de la conception qu'il experimente en luy-même. Je dis, 2. Que l'idée de Dieu est innée, & que l'homme n'est jamais un seul moment sans avoir cette idée; dont la raison est, que l'homme a toujours l'idée de l'ame comme d'une substance qui pense imparfaitement; & il ne peut avoir cette idée, sans avoir celle d'une substance *qui pense* parfaitement, qu'on appelle *Dieu* (car tout le monde sçait que les privations ne sont pas connuës par elles-mêmes, mais par les realitez qui leur font opposées.) Je dis, 3. Que l'idée du corps est innée, c'est à dire, qu'elle est toujours dans l'homme. En effet l'homme ne peut estre homme sans sentir ou imaginer, & il ne peut sentir ny imaginer sans avoir l'idée d'une substance étenduë, qu'on appelle *corps*; d'où il s'ensuit que l'idée de Dieu, l'idée de l'ame, & l'idée du corps sont trois idées produites avec l'homme & essentielles à l'homme ; d'où vient que quand on demande pourquoi l'homme a ces trois idées, il faut répondre, Parce que telle est sa nature ; au lieu que si l'on demande pourquoy il a d'autres idées, il faut répondre que s'il les a, parce qu'il est déterminé à les avoir par les objets particuliers de ces idées.

Il semble à la verité que si l'homme avoit des idées innées, ces idées devroient estre continuellement presentes à son entendement. Cependant l'experience fait voir que l'homme ne pense pas toujours à Dieu, ny à l'ame, ny au corps ; ce qui fait voir que les idées de Dieu, de l'ame & du corps ne sont pas des idées innées, mais des idées acquises. Toutefois on peut répondre à cette difficulté, en faisant remarquer que les idées sont presentes à l'ame en deux manieres ; ou entant que leur objet frappe actuellement nos sens, ou entant que leurs traces sont gravées dans la memoire de telle sorte, que le cours seul des esprits animaux suffit pour les réveiller. Si les idées innées ne sont pas continuellement presentes à l'ame au premier sens, on peut asseurer qu'elles y sont continuellement presentes au second. Il faut ajouter qu'une idée est censée presente, lors que nous ne manquons pas de l'avoir si nous y faisons reflexion.

Nous ne dirons pas en troisiéme lieu, qu'il y a des idées qui ne viennent que par reflexion ; nous dirons au contraire que toutes les idées viennent par sensation, avec cette difference, que les unes en viennent immediatement, & les autres n'en viennent que mediatement, sçavoir par reflexion. Par exemple, l'idée du Soleil vient immediatement par sensation, parce qu'elle resulte dans l'ame de l'impression que le Soleil fait sur les organes de la vuë. L'idée de l'ame vient aussi par sensation ; mais elle n'en vient que mediatement, sçavoir par la reflexion que nous faisons que l'idée du Soleil estant une modification spirituelle, elle a besoin pour exister, d'estre dans un sujet intelligent, tel qu'est l'ame.

Pareillement l'idée de Dieu vient par sensation (comme nous l'avons fait voir cy-devant, *ch.* 5.) mais elle n'en vient que media-

4. Que toutes les idées viennent originairement des sens.

tement, sçavoir par la reflexion que nous faisons que nous ne pourrions pas concevoir que le Soleil & l'ame sont des Estres imparfaits, si nous n'avions connu auparavant qu'il y a un Estre parfait, qu'on appelle *Dieu*. La reflexion peut bien nous rendre attentifs aux idées que nous avons reçuës par les sens, mais elle n'en sçauroit produire aucune. En effet comment la reflexion produiroit-elle des idées, puisque les idées dépendent des impressions que les objets exterieurs font sur les organes des sens, & que la reflexion bien loin d'estre la cause de cette impression, n'en est que l'effet.

<small>5. Que nous connoissons les substances.</small>

Nous ne [nions] pas en dernier lieu, que nous ne puissions connoitre les [substances]; car nous les connoissons non seulement selon leur gen[re], mais encore selon leur espece, & selon leur individu. Nous les connoissons selon leur genre, en les connoissant comme des choses qui existent en elles-mêmes. Nous les connoissons selon leur espece, en les connoissant comme des choses qui pensent, ou qui sont étenduës; & nous les connoissons selon leur individu, en les connoissant comme des choses qui pensent, ou qui sont étenduës de telle ou telle maniere.

CHAPITRE VII.

De l'origine des idées & des sensations de l'homme.

<small>1. Des causes des sensations.</small>

POur peu de reflexion qu'on fasse sur les conditions particulieres de l'union de l'ame & du corps qui regardent les sensations, on appercevra aisément qu'elles dépendent de trois causes, de Dieu, de l'ame, & de l'action des objets qui agissent sur les organes du corps. Elles dépendent de Dieu comme de leur cause efficiente premiere, car c'est Dieu qui fait que l'ame sent. Elles dépendent de l'action des objets sur les organes, comme de leur cause seconde, car c'est cette action qui fait que nous sentons de telle ou telle maniere. Enfin elles dépendent de l'ame comme de leur cause materielle, car c'est l'ame qui est le sujet de toutes les sensations.

<small>2. Des causes des idées.</small>

Quant aux idées de l'ame, bien que Dieu en soit l'auteur, il ne faut pas s'imaginer pourtant que les objets qu'elles representent, ne contribuent rien à les produire; il faut penser au contraire qu'ils y contribuent en deux manieres. 1. En ce qu'ils font que chaque idée represente une chose plutost qu'une autre. 2. En ce que l'action des objets sur les organes du corps fait que les idées sont produites dans un temps plutôt que dans un autre. Par exemple, quand je regarde le Soleil, c'est le Soleil qui fait que je le vois, luy plutôt qu'une autre chose ; & c'est l'action de la lumiere sur mes yeux, qui fait que je le vois plûtôt le jour que la nuit. Ainsi l'on peut asseurer que toutes les idées des choses particulieres dépendent de quatre causes ; sçavoir de l'ame comme de leur cause materielle, de Dieu comme de leur cause efficiente premiere, qui fait qu'elles sont en general des manieres de penser ; des objets comme de leurs causes exemplaires, qui font qu'elles representent une chose plutôt qu'une autre ; & de l'action des objets comme de leur cause seconde, qui fait qu'elles sont produites dans un temps déterminé. C'est pourquoy l'on peut justement comparer les idées à des tableaux, & dire que comme les tableaux dépendent de plusieurs causes, d'une toile, d'un Peintre, d'un original & d'un pinceau ; les idées dépendent aussi de Dieu, de l'ame, des objets, & de l'action des objets sur les organes du corps.

Cependant quand je dis que les idées peuvent estre justement comparées à des tableaux, je n'entens pas qu'elles leur puissent estre comparées en tout sens, mais seulement entant qu'elles dépendent des causes semblables. Car en effet les idées ont comme les tableaux des causes efficientes & des causes exemplaires ; mais les idées ne ressemblent point aux tableaux quant à la maniere dont elles font connoitre leurs objets ; les idées ne representent point les objets comme les tableaux, elles les font simplement connoitre ; au contraire les tableaux ne les font pas simplement connoitre, ils les representent : Cela veut dire qu'ils les font connoitre pour la seconde fois, entant que les traits dont ils sont formez réveillent dans l'esprit l'idée de l'objet auquel ils se rapportent. Ainsi la connoissance qui se fait par des idées, s'accomplit par une seule action de l'esprit, au lieu que celle qui se fait par des tableaux s'accomplit par deux, sçavoir par l'idée de l'objet, & par celle du tableau, entant que celle-cy sert à réveiller l'autre, d'où vient que les tableaux ne peuvent representer que ce que nous avons déja veu. C'est pourquoy quand nous dirons dans la suite que les idées representent leurs objets, cela ne signifiera pas qu'elles les representent, comme les tableaux representent les leurs ; cela signifiera seulement qu'elles font que nous les connoissons immediatement.

Ce qui semble prouver que les objets ne peuvent rien contribuer à produire les idées, est que les objets des idées sont la pluspart materiels, & on ne conçoit pas comment des objets materiels peuvent produire des idées spirituelles, veu qu'il n'y a aucun rapport entre le corps & l'esprit. Mais on peut répondre qu'il est vray que si l'on considere le corps & l'esprit en eux-mêmes, on ne peut concevoir comment ils agissent l'un sur l'autre pour se modifier reciproquement, mais on ne laisse pas d'estre convaincu par l'experience, qu'ils se modifient ainsi ensuite de leur union.

Pour découvrir encore comment & en quelle qualité les causes des idées agissent, il faut remarquer que quand un objet sensible meut les organes du corps, il produit par ce mouvement son idée dans l'ame, à peu prés comme un Peintre par le mouvement de son pinceau, produit son portrait sur la toile, & comme quand un Peintre peint une autre personne, il produit bien le portrait de cette personne en qualité de cause efficiente, mais non pas en qualité de cause exemplaire : de même quand un objet sensible produit l'idée d'un autre objet, il la produit cette idée en qualité de cause efficiente, mais non pas en qualité de cause exemplaire ; car la cause exemplaire consiste toujours dans l'objet même de l'idée : Or est-il que chaque objet particulier qui produit son idée, produit en même temps l'idée de Dieu & de l'ame, d'autant que toutes les idées des objets particuliers, ont une liaison necessaire avec ces deux idées-là : Donc tous les objets sensibles produisent l'idée de Dieu & l'idée de l'ame en qualité de causes efficientes, & Dieu & l'ame les produisent en qualité de causes exemplaires.

3. *De l'Estre formel, & de l'Estre objectif des idées.*

Le different rapport que les idées ont avec leur cause exemplaire & avec leur cause subjective, fait que quoy que leur Estre soit tres-simple, on le divise comme en deux parties, dont l'une s'appelle l'*Estre formel* des idées, & l'autre se nomme l'*Estre objectif* : Ainsi par l'Estre formel des idées, on n'entend autre chose que le rapport qu'elles ont à l'ame comme à leur sujet; & par leur Estre objectif, on n'entend aussi autre chose que le rapport qu'elles ont aux objets qu'elles representent comme à leurs causes exemplaires. C'est pourquoy l'on peut dire en general, que *les idées sont des modalitez de l'ame, qui representent quelque objet, soit qu'elles le representent comme estant actuellement existant, ou comme estant seulement possible.*

Je dis, 1. Que *les idées de l'ame sont des modalitez*; pour signifier

fier ce qu'elles ont de commun avec les sensations, qui sont aussi des modalitez de l'ame. Je dis, 2. Que *ces modalitez representent quelque objet* ; pour marquer ce que les idées ont de particulier qui les distingue des sensations ; car les sensations ne representent pas les objets, mais le rapport que les objets ont avec nous. Je dis, 3. *Soit qu'elles representent un objet comme actuellement existant, soit qu'elles le representent comme seulement possible* ; pour signifier que les idées representent des objets qui existent actuellement, ou qui peuvent seulement exister.

De ce qu'il vient d'estre dit de la nature & de l'origine des idées, il s'ensuit, 1. que l'homme commence à avoir des idées, lors qu'il commence à avoir quelque sensation ; dont la raison est, que la sensation est une perception de l'ame qui resulte en nous de l'impression que les objets exterieurs font sur les organes des sens, & qui estant communiquée au cerveau, y produit la trace à laquelle la nature a attaché l'idée de ces objets.

Il s'ensuit 2. que les idées sont toutes tirées des choses mêmes qu'elles representent, & que nous n'en pouvons avoir d'autres que celles qui nous sont communiquées par les sens : mais lors que nous avons une fois acquis des idées par cette voye, nous pouvons par notre propre puissance joindre ensemble les idées que nous avons acquises, & en faire des idées complexes, dont il sera parlé ensuite.

Il s'ensuit 3. que toutes les causes des idées se reduisent principalement à trois especes, sçavoir à la cause efficiente, à la cause materielle, & à la cause exemplaire. L'ame est la cause materielle de de toutes nos idées : les objets exterieurs, entant que representez, en sont la cause exemplaire : & ces mêmes objets entant qu'ils agissent sur les organes des sens, en sont la cause efficiente.

Il s'ensuit 4. que les idées sont dans l'ame en deux manieres, ou explicitement, ou implicitement. Elles y sont explicitement, lors que les objets agissent actuellement sur les organes du corps, ou lors que la memoire réveille les traces que ces objets ont imprimées ; & elles y sont implicitement lors qu'elles peuvent estre réveillées en nous sans l'entremise des objets qui les ont premierement produites ; ainsi, par exemple, l'idée que j'ay du soleil lors que je le vois, ou que je l'imagine, est une idée explicite ; au contraire, l'idée que j'ay du soleil lors que je ne pense pas actuellement à luy, est une idée implicite.

Il s'ensuit 5. que tout objet sensible qui agit actuellement sur les organes, produit en même temps son idée, l'idée de Dieu, & l'idée de l'ame; mais avec cette difference, que son idée est claire, & que les idées de Dieu & de l'ame sont obscures, jusqu'à ce que par nos reflexions, nous les ayons renduës claires. C'est par cette raison que tous les hommes ont l'idée de Dieu & de l'ame; mais cette idée n'est pas également claire dans tous les hommes, parce que tous les hommes n'usent pas d'une égale reflexion à son égard.

CHAPITRE VIII.
De la division des idées en leurs especes, & de leur clarté & obscurité.

La nature & l'origine des idées estant ainsi établie, on peut assurer que toutes les idées sont *simples* ou *composées*, *explicites* ou *implicites*, *innées* ou *acquises*, *naturelles* ou *artificielles*, *completes* ou *incompletes*, *absoluës* ou *relatives*, & *generales* ou *singulieres*.

Les idées simples sont celles dont les objets n'ont rien que d'uniforme: telles sont les idées de la substance étenduë & de la substance qui pense. Et les idées composées sont celles dont les objets ont des diversitez: telles sont les idées du ciel & de la terre, qui outre la substance étenduë, renferment divers modes.

Les idées implicites sont des idées qui sont envelopées dans plusieurs autres idées: telles sont les idées de Dieu & de l'ame, tandis que nous ne les separons pas par des reflexions des idées des choses sensibles avec lesquelles elles sont liées. Et les idées explicites sont des idées separées de toute autre idée étrangere.

Les idées *Innées*, sont celles qui resultent en l'ame à raison de son union avec le corps; c'est à dire, qui sont produites avec l'homme, & qui sont inseparables de l'homme: telles sont, par exemple, l'idée de Dieu, l'idée de l'ame, & l'idée du corps.

Les idées *Acquises*, sont des idées qui ne sont pas produites avec nous, & qui peuvent estre separées de nous, c'est à dire sans lesquelles nous pouvons nous connoitre nous-mêmes: telles sont les idées du ciel, de la terre, de la mer, &c.

Je ne m'arréteray pas à prouver que les idées de Dieu, de l'ame & du corps, entant qu'elles dépendent des choses sensibles, sont des idées innées, car cela a esté cy-devant fait; & il seroit inutile d'objecter que si l'homme avoit des idées innées, ces idées seroient indépendantes du corps; car il est aisé de concevoir qu'une idée peut dépendre du corps, & être innée. En effet, comme l'ame n'est ame que par l'union qu'elle a avec le corps, & que cette union ne consiste pas en ce que l'ame peut penser, mais en ce qu'elle pense actuellement dépendamment du corps; rien n'empêche qu'il y ait de certaines choses ausquelles l'ame pense toûjours, bien qu'elle y pense dépendamment du corps auquel elle est unie : c'est pourquoy quand je dis que les idées de Dieu, de l'ame & du corps sont innées, je n'entens pas pour cela qu'elles sont indépendantes du corps; je veux dire seulement que ces idées sont toujours dans l'ame explicitement ou implicitement ; au lieu que l'idée de chaque corps particulier n'y est que lors que ce corps agit actuellement sur les organes des sens.

Et il ne serviroit encore de rien de dire, que si l'homme avoit des idées innées, il penseroit toujours; ce qui n'arrive pas, car nous ne pensons point en dormant : mais on peut répondre qu'il n'y a nulle raison de croire que nous ne pensions pas en dormant; car comme il nous souvient quelquefois d'avoir pensé, & que nous sçavons d'ailleurs par experience que nous ne pouvons pas rappeller toutes les idées que nous avons eües en veillant, ce n'est pas merveille si nous ne nous souvenons pas de tout ce à quoy nous avons pensé en dormant.

Les idées *naturelles* sont celles qui dépendent immediatement de l'action des objets exterieurs sur les organes du corps, & à l'égard desquelles l'ame est purement passive. Telles sont les idées du ciel & de la terre, & en general de toutes les choses qui frappent les sens. Et les idées *artificielles* sont celles qui dépendent immediatement de la volonté, & à l'égard desquelles l'ame est active. Telles sont les idées d'un Satyre & d'un Centaure.

Les idées *completes* sont celles qui representent leur objet tout entier : les idées incompletes sont celles qui n'en representent qu'une partie. Il y a peu d'idées completes.

Les idées *absoluës* sont celles qui representent leur objet sans le secours d'aucune autre idée : telles sont les idées du soleil, de la lune, &c. Et les idées relatives sont celles qui ne peuvent representer leur objet sans le secours de quelque autre idée : telles sont les idées de maître, de valet, &c.

Enfin les idées *generales* sont celles qui representent plusieurs choses comme n'en faisant qu'une, à cause que la volonté fait abstraction de tout ce qu'elles ont de particulier : telles sont les idées du corps, de la figure, & du mouvement en general ; & les idées *singulieres* sont celles qui ne representent qu'un seul objet. Au reste comme les idées innées & les idées naturelles sont également opposées aux idées artificielles, à cet égard on les confond aisément, & l'on prend les idées innées pour des idées naturelles.

Quant à la clarté des idées, presque tous les Philosophes demeurent d'accord qu'elle est la plus seure marque de la verité ; mais la plupart ne sçavent pas en quoy consiste precisément cette clarté, ni de quelle cause elle dépend.

Pour l'intelligence de quoi il faut remarquer que toutes les idées simples sont claires, parce qu'elles sont conformes à leurs objets : il est même visible que la cause de cette clarté, consiste en ce que les traces du cerveau d'où les idées simples dépendent, contiennent justement autant de proprietez differentes qu'il y a de circonstances particulieres dans les objets qui sont representez par les idées. Ainsi, par exemple, la clarté de l'idée de l'étenduë consiste d'un côté dans la proprieté qu'elle a de representer l'étenduë telle qu'elle est ; & de l'autre en ce qu'elle fait connoitre que l'étenduë est telle que cette idée la represente.

Quant aux idées *composées*, mais composées de peu d'idées, elles sont claires, lors que les idées qui en font partie, le sont aussi : telles sont les idées d'un triangle & d'un quarré, & en general les idées de toutes les figures qui sont composées de peu de côtez. Au contraire les idées composées d'un grand nombre d'autres idées, sont obscures, si non de tous les côtez, au moins de quelque endroit : Telle est, par exemple, l'idée d'une figure de mille côtez ; car il est certain que cette idée est fort obscure dans l'esprit, quoy que celle du nombre y soit fort claire. En effet, on peut faire des demonstrations sur la partie de cette idée qui regarde le nombre de mille ; mais on ne sçauroit avoir aucune idée claire & precise de mille côtez, de telle sorte qu'on puisse distinguer cette figure d'une autre qui n'a que 999. côtez.

Pareillement l'idée d'*eternité* est obscure, parce qu'elle est composée d'un grand nombre d'idées des parties de la durée. Il est vray que celuy qui pense à l'eternité peut avoir une idée claire de la durée, & d'une fort grande étenduë de durée ; mais il ne peut se former une idée claire de l'eternité, parce qu'il ne peut enfermer tout à la fois dans son idée de la durée (quelque vaste qu'elle soit) toute l'étenduë d'une durée qu'il suppose sans bornes : & cette partie de durée qui est toujours au delà de la vaste étenduë de durée qu'il se represente à lui même, est toujours fort obscure & fort indeterminée.

Par la même raison, quand il s'agit de la divisibilité de la matiere à l'infini, nous pouvons bien avoir des idées claires de *division*, & de *divisibilité*; mais nous n'avons pas des idées claires des parties qui resultent de cette division & de cette divisibilité, lors que ces parties sont beaucoup au delà de la perception de nos sens. Tout ce que nous concevons clairement, c'est *la division en general*, & le rapport de *tout* & de *partie*; mais nous ne concevons point clairement la grosseur des particules qui resultent de ce que la matiere est divisée : De là vient que dans les raisonnemens que nous faisons qui regardent l'éternité, & la divisibilité de la matiere à l'infini, nous sommes sujets à nous embrouiller nous mêmes.

CHAPITRE IX.

Comment l'homme se sert de l'Intelligence, de la Raison, du Jugement, de la Volonté proprement dite, & du libre Arbitre, qui sont cinq especes de volonté; & à quelle fin il rapporte l'usage de ces facultez.

L'Homme se sert de l'intelligence en particulier, lors qu'ayant comparé deux idées, & ayant apperceu qu'elles ont des rapports de convenance ou de disconvenance évidens & necessaires, il assure que ces idées conviennent ou ne conviennent pas. C'est ainsi que l'homme forme toutes les propositions generales, telles que sont ces propositions : *deux & deux font quatre, deux & trois font cinq, le tout est plus grand que sa partie.*

1. De l'usage de l'intelligence.

L'Intelligence n'embrasse pas seulement les propositions generales & abstraites, dont les attributs essentiels ont des rapports de convenance ou de disconvenance évidens & necessaires; elle comprend encore les propositions particulieres, dont les attributs essentiels ont de semblables rapports. Telles sont ces deux propositions particulieres, *le bleu est bleu, le bleu n'est pas rouge*; car il est certain que les attributs essentiels de la premiere ont un rapport de convenance évident & necessaire, & que les attributs essentiels de la seconde ont un rapport de disconvenance aussi évident & necessaire.

D iij

30 L'USAGE DE LA RAISON ET DE LA FOY.

2. De la Raison.

L'Homme use de la raison, lors qu'ayant comparé deux idées, & n'ayant pû appercevoir aucun rapport de convenance ni de disconvenance entr'elles, il a recours à une troisiéme idée pour découvrir par son moyen, la convenance ou la disconvenance qui est entre les deux premieres idées. Par exemple, j'use de la raison, quand ayant comparé l'idée de Pierre, & l'idée de meriter la mort, & n'ayant pû trouver aucun rapport entre ces deux idées, j'ay recours à une troisiéme idée, qui est de tuer un homme, par laquelle je découvre le rapport qui est entre les deux idées precedentes. En effet, quand je compare l'idée de Pierre avec l'idée de tuer un homme, je conçois que ces deux idées conviennent (car je suppose qu'il est vray que Pierre a tué un homme.) Et d'ailleurs quand je compare l'idée de tuer un homme avec l'idée de meriter la mort, je découvre encore que Pierre merite de mourir.

3. Du Jugement.

Quand on compare deux idées dont les objets ont des rapports de convenance ou de disconvenance évidens, mais non necessaires, l'acte de la volonté par lequel on affirme que ces deux objets conviennent ou ne conviennent pas, est une fonction du jugement : d'où il s'ensuit que l'homme se sert du jugement toutes les fois qu'il forme des propositions dont les attributs essentiels n'ont que des rapports de convenance ou de disconvenance contingens & non necessaires : telles que sont ces propositions, *Le soleil existe, la terre est ronde, la mer est salée,* &c.

Non seulement l'homme se sert du jugement lors qu'il compare des idées dont les objets ont des rapports de convenance ou de disconvenance évidens, mais non necessaires ; il s'en sert encore lors qu'il compare des idées dont les rapports de convenance ou de disconvenance ne sont ni évidens ni necessaires, mais seulement probables ; ainsi *juger en general*, consiste à joindre des idées dans l'esprit, ou à les separer l'une de l'autre lors qu'on voit qu'il y a entre elles une certaine convenance ou disconvenance evidente & non necessaire : ou bien il consiste à joindre ou à separer des idées dont les rapports de convenance ou de disconvenance ne sont ni évidens ni necessaires, mais seulement probables.

4. De la Volonté proprement dite.

Lors que l'homme contemple des idées dont l'objet a avec luy des rapports de convenance évidens & necessaires, l'acte de la volonté par lequel il affirme que cet objet luy convient ou ne luy convient pas, & par lequel il s'unit à luy par l'amour, ou s'en separe par la haine, est un acte de la volonté proprement dite : ainsi nous usons de cette volonté lors que nous desirons d'estre heureux, ou lors que nous craignons d'estre miserables, &c.

Enfin lors que l'homme compare des idées dont les objets n'ont avec luy que des rapports de convenance & de disconvenance contingens & non necessaires, l'acte de la volonté par lequel il affirme que ces objets luy conviennent ou ne luy conviennent pas, & par lequel il s'y unit ou s'en separe, cet acte, dis-je, est une fonction du libre Arbitre; de sorte qu'user du libre arbitre n'est autre chose que s'unir ou se separer de certains objets, suivant que nous jugeons qu'ils nous conviennent ou ne nous conviennent pas.

Du libre Arbitre.

Ce n'est pas assez d'avoir connu comment l'homme se sert de differentes especes de volonté, il faut encore tâcher de découvrir pourquoy il s'en sert, & à quelle fin il en rapporte l'usage. Or il paroit par l'experience, que nous nous servons de l'intelligence pour former de certaines propositions generales qui servent, ou de fondement à toutes les sciences, ou de regle & de mesure à toutes les veritez.

Nous usons de la Raison non seulement pour étendre nos connoissances, mais encore pour regler nos opinions. Par la raison nous trouvons des idées moyennes, & par la raison nous arrangeons ces idées de telle maniere, que nous découvrons par ce moyen, si le sujet & l'attribut de la proposition qui est en question, conviennent ou ne conviennent pas : soit que cette convenance ou disconvenance soit evidente, comme dans la demonstration; soit qu'elle soit seulement probable, comme dans l'opinion.

L'usage du Jugement, sur tout du jugement de la seconde espece, est utile pour suppleer au deffaut des connoissances claires & certaines, dans des cas où on ne peut les obtenir. Celuy qui ne voudroit manger qu'aprés avoir veu demonstrativement qu'une telle viande ne luy nuira pas, pourroit conter de mourir bientost de faim. Pour lors il faut supposer qu'une proposition est vraye ou fausse, sans qu'il soit évident qu'elle est telle. L'homme use toujours bien de ce jugement, soit qu'il en use par necessité, & dans des rencontres où il ne peut avoir des preuves demonstratives, & il en use toujours mal, lors qu'il en use sans necessité, & lors même qu'il pourroit avoir des preuves évidentes.

L'usage de la volonté proprement dite, sert à nous attacher invariablement à la recherche de la felicité qui est notre plus grand bien : or plus nous sommes attachez à cette recherche, plus nous sommes portez à choisir les vrais moyens qui servent à nous rendre heureux.

Enfin l'usage du libre arbitre sert à suspendre notre choix touchant les biens particuliers, jusqu'à ce que nous ayons reconnu si celuy qui nous est proposé, peut effectivement nous conduire à notre principale fin.

CHAPITRE X.

Que les fonctions de toutes les especes de volonté, dépendent des idées de l'Entendement, & comment.

Que les Idées de l'entendement, sont les causes de determination de la volonté.

PAr tout ce qui a esté dit cy-devant de differentes especes de volonté, il est évident que toutes les fonctions qui en dépendent renferment comme deux parties, sçavoir, les idées qui appartiennent à l'entendement, & les affirmations ou negations qui procedent de la volonté : de sorte qu'*entendre*, *juger*, *raisonner*, *aimer* ou *haïr* ne sont autre chose du côté de l'entendement, qu'appercevoir des objets, & des rapports qu'ils ont entre eux ou avec nous : comme aussi *entendre*, *juger*, *raisonner*, *aimer* ou *haïr*, ne sont autre chose du côté de la volonté, qu'affirmer ou nier que les objets ont entr'eux ou avec nous les rapports que nous y connoissons : d'où il s'ensuit que les idées de l'entendement sont à proprement parler, la cause des affirmations & des negations de la volonté : car il est certain que l'homme ne peut affirmer ou nier par sa volonté, que ce qu'il connoit, ou qu'il croit connoitre par son entendement.

Par exemple, quand j'apperçois deux fois deux, & quatre, & le rapport d'égalité qui est entre deux & deux, & quatre, ce n'est qu'une idée de l'entendement. De même quand je connois un tout & une partie, & le rapport d'inégalité qui est entre le tout & la partie, ce n'est encore qu'une simple veuë de l'ame : mais quand j'ajoute à cela une action de la volonté par laquelle j'acquiesce à cette connoissance, & j'affirme que deux fois deux, sont quatre, & que le tout est plus grand que sa partie; alors je me sers de cette espece de volonté que j'ay appellée *Intelligence*.

Or ce que je dis de l'intelligence doit estre entendu par proportion de toutes les autres especes de volonté; c'est à dire, que tout ce qu'il y a d'affirmation ou de negation dans la Raison, dans le Jugement, & dans le libre Arbitre, appartient à la volonté en general.

Suivant

Suivant ce principe, l'entendement ne fait qu'appercevoir, & c'est proprement la volonté qui juge & qui raisonne, de sorte que si nous avons cru que l'entendement jugeoit ou raisonnoit, ce deffaut est venu de ce que nous avons faussement supposé que la volonté agissoit toujours librement & avec indifference ; car ayant veu d'ailleurs des veritez si évidentes que nous n'avons pû leur refuser notre consentement, nous avons conclu que ce consentement ne procedoit pas de la volonté, mais de l'entendement ; en quoy nous avons esté trompez : car nous consentons tres volontairement à toutes les propositions qui sont necessaires & évidentes d'elles-mêmes, bien que nous y consentions necessairement & sans aucune indifference. Par exemple, nous consentons tres volontairement à ces propositions : *Deux & deux font quatre : le tout est plus grand que sa partie*, bien que nous ne puissions pas juger autrement : Ce qui fait voir que l'ame n'agit pas seulement en se servant du jugement & du libre arbitre, qui ont pour objet des rapports contingens & non necessaires, mais encore en se servant de l'intelligence, de la raison, & de la volonté proprement dite, qui ont pour objet des rapports necessaires & connus par eux mêmes, ou par d'autres.

Je dis que l'ame agit en se servant de toutes les especes de volonté, pour marquer que la volonté en general, est une faculté active : car comme on nomme action toutes les fonctions qui procedent d'un principe qui est intrinseque à la chose qui agit, c'est avec raison qu'on a donné le nom d'*action* à toutes les fonctions de la volonté, parce qu'elles procedent immediatement des idées de l'entendement qui sont dans l'ame. C'est pourquoy si l'on veut comparer les fonctions de la volonté avec celles de l'entendement, on peut assurer que celles-cy sont des veritables passions de l'ame, à cause qu'elles dépendent immediatement des objets qui sont hors d'elle ; & que celles-là sont des actions, parce qu'elles dependent immediatement des idées qui sont dans l'ame.

2. Que la volonté est une faculté active.

Il y a donc dans les jugemens deux choses ; l'une qui tient lieu de matiere, & l'autre de forme. La matiere des jugemens consiste dans les idées qui representent les choses dont nous jugeons, & leurs rapports ; & la forme consiste dans l'action par laquelle la volonté affirme, ou nie, que les objets ont entr'eux, ou avec nous, tels ou tels rapports. D'où il faut conclure que l'entendement ne fait qu'appercevoir, & que c'est la seule volonté qui juge ou qui raisonne : c'est aussi pour cela seul que nous sommes responsables de nos erreurs, c'est à dire, qu'on nous louë ou qu'on nous blâme pour avoir bien ou mal jugé, ou raisonné.

Ce qui trompe en ceci les plus fins, c'est qu'il y a de certains jugemens qu'on appelle *indeliberez*, qui suivent de si prés les idées du bien ou du mal qui sont dans l'entendement, qu'on les confond d'ordinaire ensemble. Ce qui fait qu'on attribuë ces jugemens à l'entendement, bien qu'ils appartiennent à la volonté, aussi bien que ceux qu'on appelle *deliberez*. En effet les jugemens deliberez ne different des jugemens indeliberez, qu'en ce que ceux-cy procedent de la volonté avec necessité, & que ceux-là en procedent avec indifference.

CHAPITRE XI.
Qu'entre toutes les especes de volonté, il n'y a que le Jugement & le libre Arbitre, qui agissent avec indifference.

L'Intelligence, la raison, & la volonté proprement dite agissent necessairement, parce qu'elles ont pour objet des rapports necessaires & connus par eux-mêmes ou par d'autres. Ainsi, par exemple, l'ame assure necessairement par l'intelligence, que deux & deux, sont quatre ; elle conclut necessairement par la raison, que Pierre merite la mort, parce qu'il a tué un homme ; & enfin elle aime necessairement la felicité par la volonté proprement dite, parce que la felicité est un bien necessaire, car c'est toujours un bien pour l'ame que d'estre heureuse.

Au contraire parce que le jugement & le libre Arbitre ont pour objet, des rapports contingens & non necessaires, il faut qu'ils agissent avec indifference, c'est à dire, qu'ils agissent toujours de telle sorte, qu'ils retiennent la puissance de ne pas agir dans le sens qu'on appelle *divisé*. Ainsi par exemple, quand je vois qu'un corps est quarré, bien que j'assure qu'il est tel, je ne l'assure pas neanmoins necessairement d'une necessité absoluë, car comme ce corps peut cesser d'estre quarré, je retiens aussi la puissance d'assurer qu'il ne l'est plus. De même quand je sens que la chaleur du feu me fait du plaisir, bien que je ne manque pas alors d'assurer que le feu est bon, je ne l'assure pas neanmoins necessairement d'une necessité absoluë, mais seulement d'une necessité de supposition ; car comme la chaleur peut cesser de me convenir, je puis cesser aussi d'assurer que le feu est bon ; ce que je ne pourrois pas faire si le feu estoit

1. Qu'est-ce qu'agir avec indifference.

bon necessairement d'une necessité absoluë.

Or de quelque maniere que la volonté agisse, soit qu'elle agisse necessairement ou avec indifference, elle agit toujours sans contrainte ; car qui ne sçait par experience, que la volonté n'agit qu'en affirmant ou en niant, ou qu'en aimant ou en haïssant, & qu'elle ne peut affirmer ou nier, aimer ou haïr, qu'en donnant ou refusant son consentement aux choses que l'entendement luy represente. Or qu'est-ce que donner ou refuser son consentement à une chose, si ce n'est vouloir ou ne pas vouloir cette chose ? Mais si vouloir ou ne pas vouloir, est toute l'action de la volonté, qui ne voit qu'il est impossible, que la volonté soit contrainte, c'est à dire, qu'elle soit forcée à vouloir, puis qu'il repugne qu'elle puisse vouloir & ne pas vouloir une même chose, en même temps ? C'est pourquoy si agir sans contrainte & avec indifference est proprement ce qu'on appelle agir librement, le jugement & le libre arbitre agissent toujours avec liberté.

Pour découvrir ensuite en quoy consiste precisément la liberté du jugement, il faut remarquer qu'elle peut estre considerée ou dans la faculté même de juger, avant qu'elle se soit déterminée à agir, ou dans son action même. Quand on la considere de la premiere maniere, elle n'est autre chose que la puissance que l'ame a d'affirmer ou de nier que deux ou plusieurs choses conviennent selon que l'entendement luy representera qu'elles conviennent en effet, ou ne conviennent pas : Et quand on la considere de la seconde façon, elle ne peut consister qu'en ce que lors que l'ame affirme ou nie que deux ou plusieurs choses conviennent ou ne conviennent pas, elle retient la puissance de ne le pas affirmer ou nier dans le sens qu'on appelle *divisé*, c'est à dire qu'elle l'affirme ou le nie avec indifference.

Ce qui vient d'estre dit du jugement doit estre entendu par proportion du libre arbitre, c'est à dire, que la liberté de celuy-cy, avant qu'il agisse, n'est autre chose que la puissance que l'ame a d'aimer ou de haïr les choses, selon que l'entendement les representera comme bonnes ou comme mauvaises. Au contraire la liberté des actions du libre arbitre consiste en ce que quand l'ame aime ou hait quelque chose, elle l'aime ou la hait de telle sorte qu'elle retient toujours la puissance de ne la pas aimer, ou de la haïr en sens divisé.

Ces définitions de la liberté du jugement & du libre arbitre sont si simples & si claires, que je ne crois pas qu'on les puisse revoquer en doute : car chacun sçait par experience, que quand l'ame affir-

2.
En quoi consiste la liberté de l'homme.

me ou nie par le jugement, & qu'elle aime ou haït par le libre arbitre, elle fait tout cela sans contrainte. On sçait aussi que quand le jugement & le libre arbitre se déterminent, ils se déterminent de telle sorte, qu'ils retiennent la puissance de ne se pas déterminer à la chose à laquelle ils se déterminent : ce qu'on appelle se déterminer avec indifférence.

Il y a donc deux choses qui sont essentielles à la liberté des actions de l'homme, quand il agit par le jugement ou par le libre arbitre, sçavoir *la non-contrainte*, & *l'indifférence*. La non-contrainte est comme le genre de la liberté des actions du jugement & du libre arbitre. En effet c'est en cela qu'elles conviennent avec les actions de toutes les autres especes de volonté ; car il n'y en a aucune qui n'agisse sans contrainte. L'indifference au contraire, est comme la difference de la liberté des actions du jugement & du libre arbitre ; car c'est par là qu'elles different des actions de l'intelligence, de la raison, & de la volonté proprement dite. Celles-cy agissent toujours necessairement d'une necessité absoluë, au lieu que le jugement & le libre arbitre n'agissent jamais necessairement que d'une necessité hypotetique ou de supposition, qui suppose de l'indifference prise au sens que nous venons de dire.

CHAPITRE XII.

Que l'homme ne peut produire nulle idée par sa volonté, mais qu'il peut par des additions & par des soustractions volontaires diversifier en plusieurs manieres celles qu'il a reçuës des objets par les sens.

Bien que l'homme agisse par toutes les especes de volonté, il ne faut pas s'imaginer pourtant qu'il puisse produire aucune idée ; car il a esté prouvé que l'homme est purement passif à l'égard des idées. Toutefois si l'homme ne peut produire aucune idée, il a au moins la puissance de diversifier en plusieurs manieres, celles qu'il a reçuës des objets, & d'en faire par ce moyen des idées que nous appellons *artificielles*, parce qu'elles dépendent de l'artifice de la volonté.

Or la volonté forme des idées artificielles en deux manieres ; ou avec connoissance de cause, ou par erreur. Les idées artificielles formées avec connoissance de cause, sont celles qui dépendent de quelques additions ou souftractions volontaires, que l'ame fait aux idées qui sont nées avec elle, ou à celles qui sont produites immediatement par les objets. L'idée d'un triangle geometrique est, par exemple, une idée artificielle produite avec connoissance, parce que l'ame forme cette idée en supposant volontairement dans l'étenduë trois lignes droites, quoy qu'elle sçache bien que trois lignes droites ne sont pas dans l'étenduë. Les idées artificielles formées par erreur, sont celles que l'ame forme des choses dont elle juge mal ; les idées de la chaleur & de la froideur prises au sens des Scolastiques, sont des idées artificielles formées par erreur, qu'on appelle fausses, parce que l'ame les forme en jugeant faussement qu'il y a dans les objets exterieurs, quelque chose de semblable aux sentimens de chaleur & de froideur qu'elle experimente en elle-même, lorsque le feu ou la glace agissent sur les organes du corps, auquel elle est unie. Entre les idées artificielles faites avec connoissance, les unes s'appellent *des idées abstraites* : telles sont toutes les idées generales que nous tirons des idées singulieres par des abstractions d'esprit ; les autres se nomment *des idées feintes & inventées* : telles sont les idées que nous nous formons d'un Geant, d'un Pygmée, & en general les idées que nous nous formons de toutes les chimeres.

 Les idées abstraites sont aussi claires que les idées naturelles mêmes ; la raison est, qu'elles sont formées des idées naturelles, desquelles l'ame retranche quelque chose qui leur convient. Mais parce que l'ame connoit tout cela, de là vient qu'elle ne s'y trompe point. L'idée de l'étenduë en general est faite par soustraction, parce que l'ame se forme cette idée en retranchant de chaque corps particulier les modifications qui le déterminent à estre tel corps, bien qu'elle sçache tres certainement que ces modifications sont dans ce corps. Ce que je dis de l'idée de l'étenduë en general, doit estre entendu de toutes les autres idées artificielles faites avec connoissance soit par abstraction, soit par addition, c'est à dire, que toutes ces idées sont aussi claires que les idées naturelles mêmes.

 Quant aux idées fausses, elles se font aussi par des additions & par des soustractions, mais avec cette difference, que quand elles sont faites par addition, l'ame suppose dans les choses des proprietez qui n'y sont pas, & qu'elle croit y estre ; & quand elles sont faites par soustraction, l'ame retranche des choses des attri-

2. D. la clarté des idées abstraites.

3. Comment l'ame forme des idées fausses.

buts qui leur conviennent, & qu'elle croit ne leur pas convenir. Par exemple, l'idée de la pesanteur prise au sens des Scolastiques, est faite par addition; parce que l'ame suppose dans le corps pesant, un principe interieur qui le fait descendre, lequel n'y est point, & qu'elle y croit estre. Au contraire, l'idée du vuide est formée par soustraction, parce que l'ame retranche de l'espace les trois dimensions qui y sont effectivement, & qu'elle croit n'y estre pas.

C'est donc une chose asseurée que si l'on separoit des idées artificielles tout ce qui dépend des additions ou des soustractions que la volonté fait, ce qui en resteroit seroit une vraye idée naturelle, c'est à dire, une idée dépendante de quelque objet actuellement existant. Par exemple, lors que l'ame forme l'idée d'un triangle geometrique, qui est une idée artificielle, si elle vouloit ensuite separer de cette idée les trois lignes droites qu'elle a supposées dans ce triangle, il luy resteroit l'idée d'une étenduë qui seroit une idée naturelle, & par consequent tres-conforme à son objet. Par la même raison quand l'ame a formé l'idée de trois lignes droites, si elle vouloit ajouter à leur longueur, la largeur & la profondeur qu'elle en a separées, il luy resteroit encore une idée de trois dimensions, c'est à dire, du corps, laquelle seroit naturelle. Ce que je dis du triangle & de la ligne geometrique, doit estre entendu par proportion de toutes les autres choses, dont les idées ont esté formées, par des additions ou par des soustractions de la volonté.

La puissance que l'ame a d'augmenter ou de diminuer ses idées estant supposée, il est aisé de voir qu'ayant imaginé certains objets, elle peut aisément en imaginer d'autres en quatre manieres differentes, sçavoir *par composition, par ampliation, par diminution, ou par accommodation*. L'ame imagine par composition, lors qu'elle joint ensemble des choses dont elle a des idées separées : c'est ainsi qu'elle imagine les Satyres, les Centaures, les Palais de crystal, les montagnes d'or, &c. Elle imagine par ampliation, lors que de l'idée d'un homme d'une grandeur ordinaire, elle en forme l'idée d'un geant. Elle imagine par diminution, lors que de l'idée d'un geant elle en fait l'idée d'un pygmée. Enfin elle imagine par accommodation, lors qu'elle se sert de l'idée d'une chose qu'elle a vuë, pour s'en representer une autre qui n'est pas tombée sous ses sens.

Nous sommes si accoutumez à connoitre par accommodation, que non seulement nous nous servons de l'idée des corps que nous

Comment on connoit par composition, par ampliation, par diminution, & par accommodation.

LIVRE I. PARTIE I.

avons vûs, pour nous en representer d'autres que nous n'avons pas vûs, mais nous nous servons encore de l'idée des corps pour nous representer les esprits. C'est ainsi que nous avons accoutumé de concevoir l'ame comme un air tres-subtil, & Dieu même comme un venerable Vieillard; ce qui est une source d'erreur, pour ceux qui veulent prendre ces idées d'accommodation, d'ampliation, de composition, ou de diminution, pour des veritables idées naturelles.

Cela posé nous ne dirons pas avec le vulgaire des Philosophes, qu'il y a des idées qui n'ont point d'objet, & que telles sont, toutes les idées des choses que l'ame imagine sous des formes ou des figures qu'elles n'ont pas; car nous sçavons maintenant que bien que ces idées n'ayent point d'objet à l'égard de ces formes & de ces figures, elles en ont un tres reel & tres veritable à l'égard des sujets auquel l'ame attribuë ces formes ou ces figures. Par exemple, l'idée d'un triangle rectiligne n'a point d'objet à l'égard de trois lignes droites que l'ame suppose dans l'étenduë dont elle forme le triangle, (car il n'y a point dans toute la nature trois lignes droites telles qu'elle les suppose;) mais elle a un veritable objet à l'égard de l'étenduë dans laquelle l'ame suppose ces trois lignes. Par la même raison l'idée d'une montagne d'or n'a point d'objet à l'égard de l'union que l'ame suppose entre une montagne & l'or, (car cette union n'est point,) mais elle a un objet tres reel & tres veritable à l'égard de la montagne & de l'or separez. C'est seulement en ce sens qu'on peut assurer que toutes les idées qui dependent de la volonté, & qui sont faites par composition, par ampliation, par diminution ou par accommodation, ont de veritables objets, sçavoir les choses dont l'ame amplifie ou diminuë les idées.

Qu'il n'y a point d'idée sans objet.

Ce qui vient d'estre dit des idées, s'étend jusques aux sensations, c'est à dire que les sensations separées des jugemens sont aussi claires que les idées : car outre qu'il est impossible d'avoir des sensations sans s'appercevoir qu'on les a, (comme il a esté remarqué,) elles font toujours connoitre fort clairement, qu'elles dependent de quelques objets exterieurs, & que ces objets different entre eux selon les varietez que nous experimentons dans nos sensations de même espece. La clarté des sensations ne va pas plus loin, mais elles sont infaillibles jusques-là. C'est aussi par ce moyen que nous sommes assurez du nombre & de la pluralité des corps qui composent ce monde, lequel on appelle monde sensible, par cette seule

Que toutes les sensations sont claires d'elles mêmes.

raison que la certitude que nous avons de son existence, est fondée sur la seule experience des sens. C'est pourquoy s'il y a des sensations qui paroissent obscures, ce n'est que parce qu'elles sont jointes à de faux jugemens, par lesquels l'ame leur ôte quelque chose, qui leur appartient; ou leur ajoute quelque chose, qui ne leur appartient pas.

De cette doctrine il s'ensuit, 1. qu'il n'y a que les idées naturelles qui soient proprement des idées. C'est aussi d'elles seules qu'on dit, que du sens ideal au sens reel la consequence est bonne; car elle seroit manifestement fausse, si cela estoit entendu des idées artificielles. Ainsi, par exemple, de ce que je vois le soleil, je puis assurer qu'il existe, parce que l'idée que j'en ay dépend de ce qu'il m'éclaire actuellement. Mais de ce que j'ay l'idée d'une montagne d'or, je ne puis pas assurer que cette montagne existe; parce que l'idée que j'en ay ne dépend pas de cette montagne, mais de ma volonté qui unit l'or & la montagne qui sont separez.

En quel sens on peut dire que du sens ideal au sens reel, la consequence est bonne.

Il s'ensuit 2. que dans toutes les idées artificielles, il y a quelque chose qui appartient à l'entendement, & quelque chose qui appartient à la volonté. Ce qui appartient à l'entendement est une vraye idée naturelle, au lieu que ce qui appartient à la volonté n'est proprement qu'une addition ou soustraction que l'ame fait aux idées naturelles.

Il s'ensuit 3. que l'ame ne se peut donner aucune idée naturelle, mais qu'elle peut seulement des idées naturelles qu'elle a, en faire des idées artificielles, par la puissance qu'elle a de les unir, de les separer, de les comparer, & de les étendre, qui sont quatre operations de la volonté, qui comprennent tout le pouvoir que l'ame a sur ses idées naturelles, qui sont seules de vrayes idées acquises.

Que l'ame ne se peut donner aucune idée naturelle.

Il s'ensuit 4. que toutes les idées generales ou universelles sont abstraites, c'est à dire, tirées des idées individuelles; car il faut remarquer que la volonté forme toutes les idées generales des idées individuelles, desquelles elle soustrait ce qu'elles ont de particulier. Par exemple, l'idée que j'ay de la nature humaine, n'est autre chose que l'idée même de Pierre ou de Paul, de laquelle j'ay soustrait ce qu'elle a de particulier, pour ne retenir que ce qu'elle a de commun à tous les hommes; d'où vient qu'on appelle les idées generales, des idées *abstraites*. Au reste ce que je viens de dire des idées naturelles, & des idées artificielles est si necessaire à sçavoir, qu'il seroit impossible sans cela de pouvoir distinguer si une chose n'existe n'exiſte que dans l'entendement; ou ſi elle exiſte hors de l'entendement, au lieu qu'on le découvre facilement par le ſecours des idées naturelles & artificielles; car il eſt conſtant qu'une idée naturelle repreſente toujours une choſe qui exiſte hors de l'entendement; & qu'une idée artificielle en repreſente une autre qui n'exiſte que dans l'entendement. Ce qui eſt d'un grand uſage dans toutes les demonſtrations, & ſur tout dans la demonſtration de l'exiſtence de Dieu, dont il ſera parlé enſuite.

CHAPITRE XIII.

Qu'aucune faculté de l'ame ne nous peut tromper, quand nous en uſons bien; & que nous ne pouvons uſer mal, que du jugement, & du libre arbitre.

SI l'ame ne jugeoit jamais que lors qu'elle a des idées claires, elle jugeroit toujours exactement, parce qu'elle conformeroit ſes jugemens à ſes idées, & ſes idées ſeroient toujours conformes à leurs objets. Mais parce que l'ame juge ſouvent des choſes dont elle n'a que des idées obſcures, cela fait qu'elle ſe trompe quelquefois, & que ſon erreur vient de ce qu'elle ſuppoſe dans les objets, des proprietez, & des rapports, qui n'y ſont pas, & qu'elle y croit eſtre. Car il faut remarquer, que bien que le jugement ne puiſſe rien affirmer ni nier, dont l'entendement n'ait quelque connoiſſance, il eſt neanmoins vray que l'ame peut en jugeant attribuer à un ſujet, plus de proprietez que l'idée qu'elle a de ce ſujet ne luy en repreſente; ce qui eſt la vraye origine de l'erreur qui procede neceſſairement de ce que le jugement eſtant plus ample & plus étendu que n'eſt l'entendement, l'ame ne le retient pas dans les mêmes limites; ce qui fait qu'il s'égare, c'eſt à dire qu'il tombe dans l'erreur, ou en affirmant qu'il y a dans les objets des proprietez qui n'y ſont pas, & que nous croyons y eſtre, ou en affirmant qu'il n'y a pas dans les objets des proprietez qui y ſont, & que nous croyons n'y eſtre pas.

L'Ame ne ſe tromperoit donc jamais ſi elle ne jugeoit que quand elle a des idées claires, ou, ce qui eſt la même choſe, que quand elle a des idées naturelles, & ſi elle ſuſpendoit ſon jugement quand elle n'a que des idées artificielles faites ſans connoiſſance; au lieu que ſi elle ſe détermine à juger ſur de telles idées, elle abuſe de ſon ju-

1. *Comment l'ame abuſe du jugement.*

gement; car si elle assure ce qui n'est pas, elle se trompe; & quand même elle jugeroit selon la verité, parce que cela n'arrive que par hazard, elle ne laisseroit pas de faillir, à cause que la lumiere naturelle lui fait voir que la perception de l'entendement doit preceder la détermination de la volonté, & que la détermination de la volonté se doit conformer à la perception de l'entendement.

<small>2. En quoy consiste la verité ou la fausseté d'un jugement.</small>

Quand les jugemens sont conformes aux perceptions de l'entendement, ils sont veritables; & quand ils n'y sont pas conformes, ils sont faux; d'où il s'ensuit *que la verité & la fausseté formelles*, ne sont autre chose que la conformité ou la non-conformité de nos jugemens avec nos idées naturelles, ou acquises. Je dis la verité, & la fausseté formelles, pour distinguer la verité, & la fausseté qui consistent dans la conformité ou non-conformité de nos jugemens avec nos idées, de celle qui consiste dans la conformité ou non-conformité de nos idées avec leurs objets, qui s'appelle *verité* ou *fausseté objective*.

<small>3. Que nous ne pouvons abuser de l'entendement.</small>

Suivant ces principes, l'entendement en general, ni ses especes en particulier ne peuvent nous tromper; car en effet, par la conception, par les sens & par l'imagination qui sont les 3. principales especes d'entendement, nous n'affirmons, ni ne nions rien, mais nous connoissons simplement ce que nous pouvons affirmer ou nier, & si nous nous arrêtons à cette seule connoissance, nous ne sommes point trompez; car l'erreur, comme il vient d'estre dit, consiste en ce que l'ame ne conforme pas ses jugemens aux idées de son entendement, & dans le cas proposé nous ne jugeons point.

<small>4. Ni de l'intelligence ni de la raison.</small>

L'intelligence, la raison & la volonté proprement dite, ne peuvent aussi nous tromper. Car comme ces trois facultez supposent des idées qui ont pour objet des proprietez necessaires & connuës par elles-mêmes ou par d'autres, l'acquiescement que l'ame y donne, est infaillible, c'est à dire que l'ame ne peut s'y tromper.

<small>5. Abus du jugement & du libre arbitre.</small>

L'erreur ne peut donc se trouver que dans le jugement & dans le libre arbitre: Ceux-cy même ne peuvent nous tromper, quand nous en usons bien; car si l'ame a des idées naturelles, ou acquises de ce qu'elle doit affirmer ou nier par le jugement, ou de ce qu'elle doit fuir ou poursuivre par le libre arbitre, le consentement qu'elle donne, ne peut estre faux, parce que les idées acquises sont toujours conformes aux objets, & par la supposition l'ame conforme ses jugemens à ses idées.

Lors que l'ame n'a point d'idées naturelles ou d'idées acquises, elle peut suspendre son jugement, & par ce moyen elle ne tombe point dans l'erreur; au lieu que si elle vient à affirmer ou à nier ce que l'entendement ne conçoit pas, mais que la volonté suppose, il est necessaire qu'elle s'égare, c'est à dire qu'elle affirme ce qui doit estre nié, ou qu'elle nie ce qui doit estre affirmé : Mais alors l'erreur ne vient pas tant de la faculté de juger, qui n'a pour objet que les choses dont l'ame a des idées naturelles ou acquises, que de l'ame même qui veut juger de ce qu'elle ne connoit pas, ou qu'elle connoit seulement par des idées supposées.

Quand j'ay dit que le jugement & le libre arbitre ne nous peuvent tromper, j'ay ajouté, *lors que nous en usons bien*, pour faire entendre qu'il y a cette difference entre l'intelligence, la raison & la volonté proprement dite, & entre le jugement, & le libre arbitre, que l'ame ne peut abuser des trois premieres facultez, & qu'elle abuse souvent des deux dernieres. La raison de cette difference est, que l'intelligence, la raison & la volonté proprement dite, ont pour objet des proprietez & des rapports necessaires & connus par eux-mêmes ou par d'autres, au lieu que le jugement & le libre arbitre n'ont pour objet, que des proprietez contingentes; ce qui fait que l'ame se peut tromper à leur égard, & qu'elle s'y trompe en effet toutes les fois qu'elle affirme, que les choses ont de certains rapports qu'elles n'ont pas, ou qu'elles n'ont pas de certains rapports qu'elles ont.

C'est pourquoy il ne faut pas dire que la raison nous trompe; car la raison ne peut nous tromper : nous ne pouvons pas même abuser de la raison, au moins si par la raison nous voulons entendre (comme nous le devons faire) cette espece de volonté, par laquelle nous assurons que deux choses conviennent entr'elles, parce qu'elles conviennent avec une troisiéme; car cela est toujours vrai & ne peut estre faux. Mais si par la raison on veut entendre le jugement & le libre arbitre, comme on l'entend d'ordinaire, pour lors la raison nous peut tromper, ou pour mieux dire, nous pouvons abuser de la raison.

6. *D'où vient qu'on dit que les sens nous trompent.*

Quoi que l'ame ne puisse abuser que du jugement & du libre arbitre, cela n'empêche pas qu'on ne dise souvent que les sens nous trompent; ce qui vient de ce que quand l'ame abuse du jugement & du libre arbitre, c'est d'ordinaire à l'occasion des sens, entant qu'elle suppose dans les choses sensibles, des rapports qui n'y sont pas; ou qu'elle en retranche de ceux qui y sont. Car si l'ame ne jugeoit que de ce qu'elle sent, elle ne se tromperoit jamais, & jamais on n'imputeroit aucune erreur aux sens. Par exemple, quand je vois du jaune, je puis assurer que je vois cette couleur; je puis assurer même, que cette couleur que je vois, dépend de quelque objet qui est hors de mon ame, car cela est connu par luy-même : Mais si je veux juger au delà, & assurer que le jaune que je vois, dépend d'un certain objet que je regarde, je puis facilement me tromper ; & je me trompe en effet lors que j'ay la jaunisse ; car ce n'est pas pour lors l'objet que je regarde qui produit en moy cette couleur jaune, mais c'est une certaine humeur qui s'est répanduë dans la substance de mes yeux. Je me tromperois encore à plus forte raison, si je poussois mes jugemens plus loin, & si je voulois assurer, par exemple, que l'objet que je regarde, est de telle ou telle nature, parce qu'il me paroit de telle ou telle couleur.

Ce n'est donc que par erreur qu'on dit que les sens nous trompent, car les sens ne nous trompent jamais ; il est seulement vrai de dire, que l'ame abuse du jugement principalement à l'égard des sensations ; ce qui arrive par plusieurs raisons, dont voici les trois principales. La premiere, parce que nous sommes portez naturellement à juger que dans les objets, qui nous font sentir, il y a quelque chose de semblable à nos sensations ; ce qui est une erreur extrême. La 2. parce que nous regardons presque toujours comme un bien ce qui nous cause du plaisir, & comme un mal ce qui nous cause de la douleur ; en quoi nous nous trompons fort souvent. La 3. parce que nous rapportons souvent nos sensations à des objets exterieurs, bien qu'elles ne viennent que des objets interieurs. Ceux qui croyent qu'il y a dans le feu une chaleur semblable à celle qu'ils sentent, se trompent de la premiere façon. Les hydropiques qui regardent le boire comme un bien, parce qu'ils sentent du plaisir en beuvant, se trompent de la seconde ; & ceux qui rapportent aux objets de dehors la couleur jaune qui ne vient que d'une bile répanduë dans leurs yeux, se trompent de la troisiéme.

Cependant comme tous les hommes sont naturellement portez à faire les mêmes jugemens touchant leurs sensations, il est presque impossible qu'ils ne tombent dans l'erreur, si avant que de juger, ils ne consultent la raison, c'est à dire, si par de serieuses reflexions, ils ne tâchent de découvrir, par exemple, si le boire est un veritable bien à l'égard des hydropiques, s'il y a quelque chose dans les objets qui ressemble aux sensations, & si la couleur jaune procede d'un objet exterieur ou interieur.

CHAPITRE XIV.

Des causes qui portent l'homme à abuser du jugement & du libre arbitre; & du moyen de les éviter.

Puis que l'erreur n'est autre chose, que le mauvais usage que l'ame fait du jugement, & que l'ame n'use mal du jugement qu'entant qu'elle suppose dans les objets de ses idées, des proprietez & des rapports qui n'y sont pas, ou qu'elle retranche ceux qui y sont; il ne reste plus pour éviter l'erreur, qu'à découvrir, quelles sont les causes qui portent l'ame à faire ces suppositions, ou ces retranchemens.

Il semble que ces causes sont en grand nombre, mais voicy les principales. La premiere est le long usage & la coutume: car quand nous sommes en possession de juger d'une certaine maniere, nous continuons de juger ainsi, sans nous mettre en peine d'examiner si nos jugemens sont exacts. *1. Premiere cause.*

La seconde est la nouveauté; car sçachant que ceux qui l'affectent passent pour habiles, nous voulons aussi passer pour tels, & pour cet effet nous embrassons tout ce qu'il y a de nouveau sans nous donner la peine de l'examiner. *2. Seconde cause.*

La troisiéme est l'estime que nous avons pour nos maîtres; car nous sommes tellement prevenus en leur faveur, que nous croirions passer pour temeraires, si nous avions remis leur opinion à l'examen. *3. Troisiéme cause.*

La quatriéme est l'antiquité; car l'ame trouve beaucoup mieux son compte à supposer que les Anciens ont raison, qu'à se fatiguer l'esprit pour découvrir si leurs jugemens ont esté exacts. *4. Quatriéme cause.*

Ces quatre causes, qui tirent leur origine de l'amour propre, & de la pente naturelle que l'ame a à s'exempter de la peine qu'il y a d'examiner les choses, se reduisent à deux vices qui corrompent entierement l'ame, sçavoir *à la précipitation* & *à la prévention*.

La précipitation est un defaut de l'ame, qui fait que sans examiner ce qui se presente à son jugement, elle affirme ou nie ce qu'elle ne connoit pas. Ce vice qui se tourne en habitude, corrompt entierement le jugement. Dés qu'il a pris racine dans l'ame nous ne cherchons plus la verité, nous prononçons hardiment sur toutes choses selon la passion qui nous possede. Ce defaut *5. Qu'est-ce que la precipitation.*

est neanmoins d'autant plus aisé à corriger, qu'on a moins de peine à s'en appercevoir; car pour peu qu'un homme travaille à connoitre pourquoy il est tombé dans l'erreur, il verra aisément que c'est pour n'avoir pas prémedité ce qu'il devoit juger.

<small>6.
La prevention.</small>

La prévention, qu'on nomme aussi *prejugé*, ou *preoccupation*, est un autre vice de l'ame qui ne nous convainc pas moins des opinions qu'il nous fait recevoir, bien qu'elles ne procedent d'aucun veritable principe, que si nous les avions tirées d'une verité incontestable. C'est pourquoy pour découvrir si la verité que nous supposons dans nos jugemens, ne vient point de la précipitation ou de la prévention, il faut considerer quatre choses. La premiere, s'il n'est pas vrai que nous n'acquiesçons à la verité dont il s'agit, que parce que nos maîtres nous l'ont enseignée, ou parce qu'elle est approuvée par un grand nombre de personnes habiles. La seconde, s'il n'est pas vrai que nous ne la recevons qu'à cause que nous sommes en possession de la croire, depuis notre enfance. La troisiéme, s'il n'est pas vrai que c'est la seule nouveauté qui nous la fait admettre : & la quatriéme, s'il n'est pas vrai que c'est le seul respect que nous avons pour les Anciens qui nous fait juger comme nous faisons.

Si aprés avoir bien examiné les choses, nous sommes assurez que leur verité ne dépend d'aucune des causes precedentes, nous pouvons juger & tenir pour assuré que nos jugemens sont exacts, c'est à dire, qu'ils sont conformes à nos idées naturelles ou acquises.

<small>7.
L'évidence.</small>

Le temoignage que la conscience nous rend d'avoir bien premedité nos jugemens, produit en nous ce sentiment interieur, qu'on appelle *évidence*, & que nous prenons pour le *Criterium* de la verité, c'est à dire, pour la regle infaillible de nos jugemens ; sans qu'il serve de rien de dire que la conscience de ceux qui jugent avec précipitation, ne les rend pas moins assurez que fait la conscience de ceux qui ne jugent qu'aprés avoir bien deliberé : car il y a cette difference entre ces deux consciences, que la premiere s'évanouït, & se dissipe dés qu'elle s'examine elle-même ; au lieu que la seconde s'augmente & se fortifie à mesure qu'on delibere. C'est pourquoy prenant la conscience ou le sentiment interieur qu'elle produit dans l'ame, pour l'évidence, on peut assurer que l'évidence est l'unique Regle de la verité ; estant impossible de supposer qu'un jugement fait avec les precautions precedentes, ne soit pas conforme aux idées naturelles ou acquises, qui en font le sujet ;

& s'il est conforme à ces idées, qu'il ne produise pas dans l'ame une certitude inebranlable.

CHAPITRE XV.
Qu'on peut reduire la certitude humaine à trois principes, qui sont les Sens, la Foy, & la Raison.

POur découvrir les veritables principes de la certitude humaine, il faut remarquer que toutes les veritez que nous connoissons, sont necessaires ou contingentes. Les veritez necessaires sont celles qui suivent de la nature des choses, car la nature des choses entant que separée de leur existence, est de soy permanente & immuable. Telles sont, par exemple, toutes les proprietez essentielles des choses, & en general toutes les veritez qui sont l'objet des sciences naturelles. Au contraire les veritez contingentes sont celles qui ne conviennent aux choses que par accident : telles sont, par exemple, à l'égard des Estres modaux, l'existence, le nombre, la durée, le lieu, la situation, &c. car outre que ces proprietez sont muables & successives, elles peuvent estre separées de leurs sujets, sans que l'essence de ces sujets soit détruite.

1. Qu'il y a des veritez necessaires, & des veritez contingentes.

Cela posé, il est évident que nous connoissons les veritez necessaires par des idées abstraites, c'est à dire, par des idées que nous avons rendu generales par des abstractions d'esprit. C'est pourquoy puisque les jugemens que nous faisons sur les veritez necessaires, sont attribuez à la raison, nous pouvons établir pour regle, que la certitude de la raison est fondée sur des idées abstraites. Ainsi, par exemple, si je suis assuré que deux & deux sont quatre, cette certitude vient de ce que les rapports d'égalité qui sont entre deux & deux, & quatre, sont necessaires & connus par des idées abstraites, c'est à dire, par des idées separées de tout sujet particulier. De même si je suis assuré que les trois angles d'un triangle sont égaux à deux droits, c'est parce que je déduis cela fort évidemment de l'idée abstraite que j'ay de la nature du triangle ; car je sçais tres certainement que toutes les idées abstraites, quant à la proprieté de representer, dépendent de leurs objets comme de leurs causes exemplaires.

Que les veritez necessaires sont fondées sur des idées abstraites.

Quant aux veritez contingentes, l'experience fait voir que nous ne les connoissons que par des sentimens qu'elles produisent en nous, ou par des relations qu'on nous en fait. Quand nous les connoissons par des sentimens, les jugemens que nous formons ensuite sont attribuez aux sens : ainsi la certitude des sens est uniquement fondée sur ce que nous sentons, & que nos sensations dépendent des objets exterieurs qui nous font sentir. Ainsi, par exemple, si je suis assuré que le soleil existe lors que je le vois, cette certitude vient de ce que je sens de la lumiere, & que je ne la sentirois pas si le soleil ne me la faisoit sentir. Par la même raison si je suis assuré que la ville de Paris existe parce que je la vois, cette certitude vient encore de ce que j'ay des sensations que je n'aurois pas si la ville de Paris ne les excitoit en moy, & ainsi de toutes les autres choses qui tombent sous les sens.

Lors que nous connoissons des veritez contingentes par les seules relations qu'on nous en fait, les jugemens que nous formons touchant ces veritez, sont attribuez à la foy ; j'entens parler de la foy humaine, (car il ne s'agit pas encore de la foy divine.) C'est pourquoy la certitude de la foy humaine est uniquement fondée sur le témoignage des hommes lors que ce témoignage est suffisant, comme il l'est toujours quand des personnes de differens temps, de diverses nations, & de differens interests nous assurent la même chose. C'est là le seul & vrai fondement de la certitude des faits que nous ne pouvons sçavoir que par des relations. C'est par ce moyen que nous sçavons, par exemple, qu'Alexandre a conquis la Perse, que Cesar a vaincu Pompée, &c.

On peut donc reduire toute la certitude humaine à trois principes, qui sont la raison, les sens, & la foy. La certitude de la raison est une certitude metaphysique fondée sur des idées abstraites, qui ont pour objet des veritez necessaires & immuables : d'où vient que cette certitude ne peut souffrir aucune exception de temps, ni de lieu, ni des personnes ; car il sera vray en tout temps, en tout lieu, & à l'égard de toutes personnes, que deux & deux sont quatre, que le tout est plus grand que sa partie, &c.

La certitude des sens qui dépend de l'experience, est une certitude physique fondée sur des idées individuelles qui ont pour objet des veritez changeantes & muables : d'où vient que cette certitude souffre des exceptions de temps, de lieu & de personnes. Il n'est pas vrai en tout temps que nous voyons le soleil, car nous ne le voyons pas la nuit. Il n'est pas vrai en tout lieu qu'un corps droit paroisse tel qu'il est ; car un bâton droit paroit courbé dans l'eau.

l'eau. Enfin il n'est pas vrai à l'égard de tous les hommes, qu'un corps blanc paroisse tel qu'il est; car il paroit d'une autre couleur à ceux qui ont la jaunisse.

La certitude des sens qui dépend du témoignage des hommes, est une certitude seulement morale, fondée sur l'autorité des hommes qui n'est pas absolument infaillible.

Or comme la certitude est un effet de la demonstration, & que la demonstration suppose l'évidence, nous devons établir autant d'especes de demonstration ou d'évidence, qu'il y a d'especes de certitude. C'est pourquoy nous dirons qu'il y a une demonstration ou évidence metaphysique, par laquelle nous sçavons tout ce que nous avons appris par des idées abstraites; qu'il y a une demonstration ou évidence physique, par laquelle nous sçavons tout ce que nous avons appris par l'experience des sens; & enfin qu'il y a une demonstration & évidence morale, par laquelle nous sommes assurez de tout ce que nous avons appris par des relations exactes.

4. Qu'il y a une demonstration metaphysique, & en quoy elle consiste.

Quoyque la demonstration qui sert de fondement à la foy humaine, ne soit que morale, elle ne laisse pas d'estre tres convaincante, parce qu'elle dépend du témoignage d'un si grand nombre de personnes sages, qu'il est moralement impossible qu'elles se trompent, ou qu'elles ayent concerté de nous tromper touchant les faits qu'elles nous rapportent. Cette demonstration merite si bien ce nom, qu'on n'en demande pas de plus grande dans l'usage du monde. Toute la politique, tout le commerce, & les choses les plus importantes de la vie ne roulent que sur cette espece de demonstration; car elle est si forte, qu'il n'y a personne qui vive aujourd'huy qui ne soit aussi convaincu que Cesar & Alexandre ont esté, qu'il l'est que deux & deux sont quatre.

Quant à la demonstration physique & metaphysique, bien qu'elles soient fort differentes, on ne laisse pas de les attribuer au même principe, & de dire que la même raison qui nous demontre que deux & deux sont quatre, la même nous assure aussi que l'arc-en-ciel existe lors qu'il paroit sur notre horison: ce qui rend le mot de *raison* tres equivoque; car on le prend tantôt pour signifier une puissance ou faculté que l'ame a de juger des veritez necessaires & abstraites, & tantôt pour designer la puissance ou faculté que nous avons de juger des veritez contingentes & individuelles. La raison prise au premier sens ne differe pas de l'intelligence, & el-

G

le ne peut nous tromper ; & la raison prise au second sens, ne differe pas du jugement, & par consequent elle peut nous tromper :
mais elle ne nous trompe jamais quand nous en usons bien ; &
nous en usons toujours bien, lors que nous en usons selon les regles qui ont esté cy devant prescrites.

Chap. 14.

CHAPITRE XVI.

Comment on peut s'assurer par la raison, que Dieu existe.

Premiere Demonstration.

Puisque la raison est toujours infaillible lors que nous en usons bien, il faut maintenant s'en servir pour étendre nos connoissances sur les choses qui la regardent, & sur tout sur l'existence de Dieu, qui en est le principal objet.

Mais parce qu'il seroit inutile d'examiner si Dieu existe, supposé que nous n'eussions aucune notion de sa nature, (car il est impossible d'examiner ce qu'on ne connoit point du tout) il faut avant toutes choses faire voir que nous connoissons Dieu, & que nous le connoissons *comme l'Etre parfait, comme l'Etre qui existe par luy même,* & enfin *comme l'Etre qui a toutes les perfections qu'on peut concevoir* ; & qu'il les a, non par supposition, mais reellement & essentiellement.

Pour nous assurer que nous connoissons Dieu de cette sorte, il faut remarquer que nous sçavons par experience que nous avons l'idée de l'Etre parfait ; & quand nous ne le sçaurions pas ainsi, nous pourions facilement nous en convaincre par ce raisonnement.

1.
Que nous connoissons naturellement l'Etre parfait.

Nous ne connoissons que des corps ou des esprits, ou des modes du corps & de l'esprit : nous connoissons tous les modes comme imparfaits, parce que nous les connoissons comme dependans des substances : nous connoissons toutes les substances comme imparfaites, parce que nous les connoissons comme capables de recevoir de nouveaux modes ; & en particulier nous connoissons que le corps est essentiellement dependant, parce qu'il est essentiellement divisible & mobile par sa quantité, & il ne peut estre actuellement divisé ni mû que par une cause étrangere.

Quant à l'esprit, nous ne sçavons que trop par experience, qu'il est imparfait & dependant, puis qu'il conçoit de la tristesse, du

LIVRE I. PARTIE I.

desir, de la crainte, de l'esperance, &c. qui sont des qualitez qui marquent du defaut & de la dépendance que l'esprit n'auroit pas s'il estoit tres parfait. Or puis que nous appercevons du defaut, de l'imperfection & de la dependance dans le corps, dans l'esprit & dans tous leurs modes, je demande où est la perfection par laquelle nous connoissons ce defaut, cette imperfection & cette dependance; car c'est une maxime constante, *Que nous ne connoissons pas les privations par elles-mêmes, mais par les realitez qui leur sont opposées.* Or nous ne pouvons pas dire que cette perfection se trouve dans un corps d'une nature differente de celuy dont nous avons l'idée; car outre que nous ne connoissons pas un tel corps, nous concevons clairement que tout corps est essentiellement imparfait, parce qu'il est essentiellement dépendant. Nous ne pouvons pas dire non plus que nous connoissons cette perfection dans un esprit qui est semblable à celuy qui constituë notre nature, parce que ce dernier seroit aussi imparfait que l'autre. Nous sommes donc obligez de conclure que nous connoissons cette perfection dans une chose qui est beaucoup plus excellente que le corps & l'esprit; nous ne pouvons pas même douter que cette chose ne soit absolument parfaite, puis que ce n'est que par l'idée que nous avons de sa perfection, que nous connoissons le defaut, c'est à dire, la privation ou la negation qui se rencontre dans toutes les autres choses.

Nous sommes donc assurez que nous avons l'idée *de l'Etre parfait*, & que c'est par cette idée que nous connoissons le defaut qui se trouve dans toutes les choses imparfaites; mais nous ne sçavons point encore si de ce que nous avons cette idée, nous pouvons necessairement conclure que l'Etre parfait existe. Mais voicy comment on le peut prouver.

L'idée que nous avons *de l'Etre parfait* doit avoir une cause exemplaire, & cette cause exemplaire doit contenir formellement toutes les perfections que l'idée de l'Etre parfait represente (car telle est la nature de la cause exemplaire:) mais nous ne pouvons pas concevoir que cette cause soit autre chose que le corps ou l'esprit, ou l'Etre parfait luy-même; car nous ne connoissons rien au delà. Or ce n'est pas le corps ni l'esprit; car le corps ni l'esprit ne contiennent pas formellement toutes les perfections que l'idée de l'Etre parfait represente. C'est donc l'Etre parfait luy-même qui est la cause exemplaire de cette idée: mais l'Etre parfait ne peut estre cet-

2. Que l'idée de l'Etre parfait suppose qu'il existe.

te cause sans exister : Donc l'Etre parfait existe.

3. Et comment. Cette demonstration est si naturelle, & en même temps si convaincante, que s'il estoit permis de la contester, nous pourrions revoquer en doute les veritez les plus constantes. En effet si nous sommes assurez que le soleil est different de la terre, ce n'est que parce que nous en avons l'idée, & que nous sçavons que cette idée doit avoir une cause exemplaire qui contient formellement toutes les proprietez que notre idée represente. Sans cela nous serions bien assurez que nous avons l'idée du soleil, mais nous ne pourrions pas conclure de là que le soleil differe de la terre, parce que nous ne connoitrions aucune liaison necessaire entre notre idée & sa nature. Ce que je dis de la nature du soleil, se doit entendre de toutes les autres veritez de quelque nature qu'elles puissent estre, estant impossible d'en trouver une seule que nous ne puissions revoquer en doute, s'il nous est permis de supposer que l'idée que nous en avons ne dépend pas de son objet comme de sa cause exemplaire.

4. Object.on. Mais, dira-t-on, si toute idée claire suppose une cause exemplaire qui existe & qui contient formellement toutes les proprietez que son idée represente, il s'ensuivra que l'idée claire d'un cheval ailé, par exemple, aura aussi une cause exemplaire qui existe, & qui contient formellement toutes les proprietez que cette idée represente, & par consequent qu'il y a un cheval ailé qui existe dans la nature. Ce qui est contraire à la raison & à l'experience : à l'experience, qui n'a jamais fait voir un cheval ailé ; & à la raison, qui enseigne qu'il n'y en peut avoir aucun.

5. Reponse. Pour répondre à cette difficulté qui est considerable, & qui tombe naturellement dans l'esprit du vulgaire des Philosophes, il faut remarquer qu'un cheval ailé contient comme deux parties ; une partie materielle, & une partie formelle. La partie materielle d'un cheval ailé consiste dans le cheval & dans les aisles considerez en eux-mêmes comme deux Etres que la nature a separez, & même rendu incompatibles ; & la partie formelle consiste dans l'union arbitraire que l'esprit fait du cheval avec les ailes : d'où il s'ensuit qu'un cheval ailé dépend absolument de l'esprit selon sa partie formelle, & qu'il n'en dépend nullement selon sa partie materielle, ce qui fait aussi qu'il existe hors de l'entendement selon cette partie : En effet quand même il n'y auroit aucun esprit, il y auroit un cheval & des ailes.

Il reste maintenant à sçavoir si l'idée de Dieu consideré comme l'*Etre parfait*, ressemble à l'idée d'un cheval ailé ; car si elle luy ressemble, l'Etre parfait, ainsi que le cheval ailé, aura quelque chose de feint & d'inventé, à raison de quoy il n'existera que dans l'entendement. Mais il est aisé de faire voir qu'il n'y a rien de feint ny d'inventé dans l'idée de l'Etre parfait : car s'il y avoit quelque chose de tel, ce ne pourroit estre que l'union arbitraire que l'esprit feroit de l'Etre avec toutes les perfections imaginables ; ce qui ne se peut dire ; car l'esprit n'unit point arbitrairement l'être avec toutes les perfections imaginables : cette union est naturelle, reelle & absolument independante de la volonté. Car en effet si elle en dépendoit, il seroit au pouvoir de l'esprit de separer l'être de toutes les perfections imaginables, comme il est en son pouvoir de separer le cheval des aîles ; ce qui est pourtant impossible, d'autant qu'après cette separation, l'être seroit parfait & imparfait : Imparfait par la supposition, & parfait parce que tout être imparfait suppose un être parfait duquel il dépend, & par lequel il est produit.

CHAPITRE XVII.

Comment on peut s'assurer de l'Existence de Dieu.

SECONDE DEMONSTRATION.

Les disciples de M. Descartes proposent le même argument que nous venons d'établir ; mais ils le proposent d'une maniere un peu differente. Voicy comme ils raisonnent.

On entend par le nom de Dieu, un *Etre qui a toutes les perfections imaginables*.

Or est-il qu'*un Etre qui a toutes les perfections imaginables, existe* ; car tout ce qui est renfermé dans l'idée claire & distincte d'une chose, luy convient effectivement.

Or est-il qu'*il est renfermé dans l'idée claire & distincte d'une chose qui a toutes les perfections imaginables, qu'elle existe* :

Donc *un Etre qui a toutes les perfections imaginables, existe* : donc *Dieu existe*.

Cette demonstration est exacte, mais elle n'est pas assez developpée, ce qui fait qu'elle donne occasion à une difficulté qui sera proposée & resoluë dans le Chapitre qui suit. Voicy cependant com-

1. Comment les disciples de M. Descartes demontrent l'existence de Dieu.

2. Comment on peut rendre cette demonstration plus parfaite.

me on pourroit l'éclaircir & la rendre convaincante, en suppleant ce qui est sous-entendu.

On entend par le nom de Dieu, un Etre qui a toutes les perfections imaginables, & *qui les a par sa propre nature independamment de toute operation de l'esprit.*

Or est-il qu'un Etre qui a toutes les perfections imaginables, & *qui les a par sa propre nature & independamment de toute operation de l'esprit*, existe actuellement, c'est à dire, hors de l'entendement ; car tout ce qui est renfermé dans l'idée claire & distincte d'une chose luy convient effectivement.

Donc Dieu *existe actuellement hors de l'entendement.*

Que niera-t-on dans cet argument ? Dira-t-on que par le mot de *Dieu*, on entend à la verité un Etre qui a toutes les perfections imaginables, mais qu'il ne les a que par supposition & par une fiction de notre esprit. Cela est insoutenable ; car tout le monde convient que le nom de *Dieu* signifie ce que nous pouvons concevoir de plus parfait, & il est certain que nous pouvons concevoir quelque chose de plus parfait qu'un Etre qui a toutes les perfections imaginables, mais qui ne les a que par supposition & par une fiction de notre esprit, car nous pouvons concevoir l'Etre qui est essentiellement parfait.

Si aprés cela quelqu'un vouloit sçavoir la vraye raison pourquoy on peut assurer d'une chose tout ce qui est compris dans son idée claire & distincte ; je pourrois luy dire, que c'est parce que cette idée doit avoir une cause exemplaire, car sans cela pourquoy representeroit-elle une chose plutôt qu'une autre. Or la cause exemplaire d'une idée doit contenir formellement toutes les perfections que cette idée represente, car telle est la nature de la cause exemplaire.

3. *Que l'idée de l'Estre parfait n'est pas quelque chose de feint ni d'inventé.*

Il n'y a rien de tout ce qui vient d'estre dit de l'existence de Dieu qui ne soit aisé à connoitre par la seule lumiere naturelle, lors qu'on y veut bien penser : car en premier lieu, on ne doit pas croire que l'idée de l'Etre parfait soit quelque chose de feint & d'inventé dependant seulement de la volonté ; car on est convaincu tres certainement que cette idée est la representation d'une vraye & immuable nature, par deux raisons qui paroissent invincibles. La premiere est, qu'il ne dépend pas de nous de concevoir deux ou plusieurs Etres parfaits, d'autant que ces Etres estant distincts, l'un n'auroit pas la perfection de l'autre, & par consequent tous deux seroient imparfaits. La seconde est, que si l'on suppose qu'il y a un Etre parfait qui existe maintenant, il est d'une consequence necessaire qu'il existe éternellement, parce que s'il n'avoit pas toujours esté, ou s'il venoit à cesser d'estre, il seroit privé de la perfection d'avoir esté de toute éternité, ou de durer éternellement : ce qui repugne également à l'idée d'un Etre parfait.

En second lieu, il n'y a nulle raison de croire que l'idée que nous avons de l'Etre parfait soit un mêlange des idées que nous avons des corps & des esprits qui sont dans le monde, ausquels nous attribuons plus de perfections qu'ils n'en ont : car si cela estoit, l'idée que nous avons de l'Etre parfait, tireroit du neant la proprieté qu'elle auroit de nous representer les perfections que nous concevrions par dessus celles qui sont effectivement dans les esprits & dans les corps : ce qui est impossible ; car le neant n'a aucune proprieté.

En troisiéme lieu, nous ne devons pas croire que l'idée que nous avons de l'Etre parfait, soit acquise, nous devons penser au contraire qu'elle est naturellement empreinte dans l'homme ; d'autant qu'il est de la nature de l'homme de penser à luy-même, & de se considerer comme un être imparfait. Or l'homme ne peut se considerer ainsi sans avoir l'idée de l'Etre parfait : L'idée de l'Etre parfait n'est donc point acquise mais née avec nous, c'est à dire produite avec l'homme.

4. Que l'idée de l'Etre parfait n'est pas une idée acquise mais une idée innée.

Mais, dira-t-on, si l'idée de Dieu estoit née avec nous, elle se trouveroit également dans tous les hommes ; cependant la plupart assurent qu'ils ne l'ont pas : elle n'est donc pas née avec nous, mais acquise. A quoy je répons, que s'il y a des hommes qui croyent n'avoir pas l'idée de Dieu, ce defaut ne vient pas tant de ce qu'ils ne l'ont pas en effet, que de ce qu'ils n'y font point de reflexion ; & ce qui les empêche d'y faire reflexion, c'est qu'estant parmi les corps, l'affection qui les y attache & l'habitude qu'ils ont avec eux, fait qu'ils y pensent continuellement, & qu'ils ne peuvent se retirer chez eux pour y contempler attentivement l'idée de l'Etre parfait. Cela n'empêche pas neanmoins que cette idée ne soit née avec eux, c'est à dire, qu'elle ne soit naturellement empreinte dans tous les hommes ; mais tous les hommes n'y font pas également reflexion. D'où vient qu'elle est explicite dans les uns, & seulement implicite dans les autres : elle est explicite dans ceux qui ont soin de la developper, & de la separer des idées étrangeres ; & implicite dans ceux qui ne prennent pas cette peine.

5. D'où vient qu'elle ne se trouve pas également dans tous les hommes.

CHAPITRE XVIII.

Contenant une objection contre la Demonstration precedente des Cartesiens touchant l'Existence de Dieu.

1. Objection.

IL y a des Philosophes qui demeurent d'accord qu'on peut démontrer l'existence de Dieu par l'idée qu'on a de sa nature, c'est à dire, qu'on peut prouver invinciblement Dieu par la nature de Dieu même ; mais ils se gardent bien de rien entreprendre sur ce sujet : ils se contentent de soutenir que les Disciples de M. Descartes, qui ont entrepris de prouver que Dieu existe parce qu'il est l'Etre parfait, n'ont sceu y parvenir, & que l'argument qu'ils ont apporté pour cela dans le Chapitre precedent, bien loin d'estre une demonstration, n'est qu'un paralogisme.

Pour nous convaincre de ce qu'ils disent, ils font remarquer qu'*autre chose est de dire qu'un Etre parfait, existe, & de dire qu'effectivement il existe un Etre parfait*, comme autre chose est, par exemple, de dire *qu'un arbre qui a cent toises de haut, existe*, & de dire *qu'il existe effectivement un arbre qui a cent toises de haut*. Ils disent que la premiere proposition, sçavoir qu'un arbre qui a cent toises de haut, existe, est vraye hypothetiquement, & qu'elle ressemble à celle-cy : *Un homme qui parle ouvre la bouche* ; ce qui est si evident, disent-ils, que personne ne doute de la verité de cette proposition ; mais aussi pretendent-ils qu'il n'en fut jamais question dans la dispute de l'Existence de Dieu.

Quant à la seconde Proposition, *qu'il existe effectivement un Etre parfait*, ils l'appellent *absoluë*, & disent qu'elle est de la nature de celle-cy : *Il y a des Estoiles fixes au firmament* : c'est à dire, que c'est une proposition à prouver ; qui n'est evidente ni par supposition, ni sans supposition ; & que c'est d'elle seule qu'il s'agit dans la question de l'existence de Dieu. Cela posé, ces Philosophes concluent en premier lieu, que la Demonstration des Cartesiens qui est en question, prouve bien cette proposition hypothetique, que *l'Etre parfait existe*, mais ils soutiennent en même temps que cette Demonstration ne prouve nullement cette proposition absoluë : *qu'il existe effectivement dans la nature un Etre parfait*.

Ils concluent en second lieu, que l'état de la question de l'existence de Dieu, n'est pas de sçavoir si un Etre parfait existe, mais qu'il

LIVRE I. PARTIE I.

qu'il s'agit de sçavoir s'il existe effectivement un Etre qui est parfait : ce que les Cartesiens, disent-ils, n'ont sceu démontrer

Ceux-cy soutiennent au contraire qu'ils l'ont démontré, & que les raisons qu'on apporte contre leurs preuves n'ont rien de solide. Ils disent, par exemple, qu'il est vray que cette proposition, *Un arbre qui a cent toises de haut existe*, est hypothetique, c'est à dire, telle qu'elle n'est vraye que par supposition : mais ils soutiennent que cette proposition, *L'Etre parfait existe*, n'est point hypothetique, & qu'elle est vraye absolument & sans supposition : La raison de cette difference est, que l'arbre ne comprend l'existence dans son idée qu'autant qu'on suppose qu'il a cent toises de haut, au lieu que l'être qui constituë la nature de Dieu, renferme l'existence dans la sienne, sans qu'il faille supposer qu'il est parfait ; car il est parfait de luy-même & par sa nature sans aucune supposition.

Les Cartesiens reconnoissent encore que cette proposition, *Il y a des étoiles fixes au firmament*, est absoluë en ce sens, qu'elle n'est evidente ny par supposition, ni sans supposition ; mais ils assurent qu'elle n'a nul rapport avec cette autre proposition, *Il existe effectivement un Etre parfait*. La raison de cette difference est que les étoiles fixes ne renferment point dans leur idée qu'elles existent au firmament, mais seulement qu'elles y peuvent exister ; au contraire l'être qui constituë la nature de Dieu, renferme dans la sienne qu'il existe effectivement dans la nature. Ils confirment tout cela par ce raisonnement : *Il existe effectivement un Etre qui est parfait*, ou, *Il n'existe effectivement aucun Etre qui soit parfait*. Si c'est le le premier, nous avons gagné (disent les Cartesiens.) Et si c'est le second, *donc tous les êtres qui existent, sont effectivement imparfaits* : Or est-il qu'*un être imparfait ne peut exister que dépendamment d'un Etre parfait : il existe donc effectivement un Etre qui est parfait*. Ce qu'il falloit prouver.

Cela estant ainsi, les Cartesiens croyent avoir raison de dire que les preuves de leurs adversaires ne donnent aucune atteinte à leur demonstration ; qu'elle subsiste toute entiere, qu'elle prouve également que l'Etre parfait existe ; & qu'il existe effectivement un être parfait : que ces deux propositions sont absolument vrayes, & totalement differentes de celles avec lesquelles on les compare. Ils disent enfin, que leurs adversaires prennent pour une supposition arbitraire, ce qui fait le caractere propre, essentiel & necessaire de l'Etre de Dieu, qui est l'Etre essentiellement parfait.

3. Confirmation de la réponse.

On peut ajouter en faveur des Cartesiens, que l'erreur de ceux qui croyent que leur demonstration est fausse, vient principalement de ce qu'ils regardent l'être comme quelque chose de commun, c'est à dire, comme un genre dont l'être parfait & l'être imparfait sont deux especes differentes : ce qui est impossible selon Aristote ; car si l'être estoit un genre, il faudroit prendre hors de luy ses differences : Or il n'y a rien hors de l'être que le neant, & le neant ne peut estre une difference : Donc selon Aristote, l'être n'est pas quelque chose de commun, il est donc quelque chose de particulier à Dieu : c'est donc *l'être qui existe par luy-même, c'est l'être qui est infiniment être, c'est enfin l'être independant duquel tous les autres dépendent essentiellement, que nous appellons* Dieu.

CHAPITRE XIX.

Comment on peut s'assurer de l'Existence de Dieu.

Troisiéme Demonstration.

1. Demonstration de l'existence de Dieu proposée par M. Descartes.

Monsieur Descartes dans la Réponse aux secondes objections, prouve l'existence de Dieu par ce troisiéme argument, qui revient aux deux precedens :

Tout ce que je conçois clairement & distinctement estre contenu dans l'idée de quelque chose, doit estre attribué à cette chose.

Or je conçois clairement & distinctement que l'existence necessaire est contenuë dans l'idée de Dieu.

Donc je dois attribuer à Dieu une existence necessaire.

Donc *Dieu existe necessairement.*

C'est à dire, si estre animal appartient à l'essence ou à la nature de l'homme, on peut assurer que l'homme est animal : si avoir les trois angles égaux à deux droits appartient à la nature du triangle rectiligne, on peut assurer que le triangle rectiligne a ses trois angles égaux à deux droits : si exister reellement & necessairement appartient à la nature de Dieu, on peut assurer que Dieu existe reellement & necessairement.

CHAPITRE XX.

Contenant une objection contre la Demonstration precedente de M. Descartes touchant l'Existence de Dieu; avec la Réponse à cette objection.

L'Auteur qui fait cette objection demeure d'accord que les trois premieres propositions de ce syllogisme sont veritables; mais il pretend que la quatriéme est fausse, & que de ce que M. Descartes doit attribuer à Dieu l'existence reelle & necessaire, il ne s'ensuit pas que Dieu existe reellement & necessairement.

Objection proposée par un Religieux Minime de Bourges.

Pour soutenir ce paradoxe, il commence par diviser l'existence en *possible* & en *actuelle*, & avertit en même temps qu'il ne parle point de l'existence possible, parce que cela ne merite aucune explication; & quant à l'existence actuelle, il la divise en *contingente* & en *necessaire*, c'est à dire, que l'existence contingente, & l'existence necessaire, sont selon luy, comme deux especes d'existence par rapport à l'existence actuelle en general: & quant à celle-cy, il la définit en disant, *que c'est un attribut à raison duquel nous concevons qu'une chose est hors du neant.*

Il explique ensuite les termes équivoques, ou trop vagues, qui se trouvent dans la demonstration de M. Descartes, pretendant faire voir que c'est de là d'où dépend le denouement de la difficulté. Il dit que le mot *chose*, est synonime à cet autre mot, *Etre*: Qu'on appelle *Etre* & par consequent aussi *Chose*, tout ce qui est de quelque maniere qu'il soit: de là naissent, dit-il, tant de sortes d'êtres, & de choses, dont les unes sont physiques, les autres metaphysiques; les unes reelles, & les autres imaginaires; les unes substantielles, & les autres accidentelles: aprés quoy il entre dans le détail.

Tout ce qui est, de quelque maniere qu'il soit, s'appelle, dit-il, un *Etre*, ou une *Chose*. Il y a des choses qui ne sont que possibles, & il y en a qui sont actuelles: celles cy sont physiques ou metaphysiques: il appelle *chose physique ou reelle*, celle qui est independamment des operations de l'esprit; & il appelle *chose metaphysique ou arbitraire*, celle qui est dependamment de ces operations. Selon luy, les choses physiques ou reelles, sont substantielles ou accidentelles. Une substance c'est ce qui subsiste en soy-même sans l'appuy & le secours de quoy que ce soit, comme du bois, une pierre ; & un accident est ce qui ne subsiste que dans quelque substance, comme dureté, bonté, &c.

Ces definitions estant supposées, il passe à l'examen des propositions de l'argument de M. Descartes : il reconnoit que la premiere est veritable en toute son étenduë, qu'il est tres certain que tout ce que nous concevons clairement & distinctement estre renfermé dans l'idée d'une chose physique ou metaphysique, substantielle ou accidentelle, reelle ou imaginaire, doit estre attribué à cette chose.

Il ajoute, que la seconde proposition revient à celle-cy : *Or Dieu est une chose dans l'idée de laquelle je conçois clairement & distinctement que l'existence necessaire est contenuë*, d'où il conclut que cette seconde Proposition est veritable en toute son étenduë aussi bien que la premiere, dont elle fait partie ; c'est à dire, que quelque chose que soit Dieu, que ce soit une chose reelle ou imaginaire, physique ou metaphysique, la Proposition n'en sera pas moins veritable : mais il s'agit, dit l'Auteur de l'Objection, de déterminer la signification vague du mot de *chose* qu'on veut appliquer à Dieu : Un Payen, ajoute-t-il, conviendra bien que Dieu est une chose physique, reelle & substantielle : il ne s'agira plus avec luy que de prouver la seconde partie, qui dit, *Je conçois clairement que l'existence necessaire est renfermée dans l'idée de cette chose que j'appelle Dieu*; mais l'Athée, dit-il, ne laissera pas venir M. Descartes jusques là ; il l'arretera dés ces premieres mots, *Or Dieu est une chose* : Il conviendra que Dieu est une chose metaphysique ou arbitraire, mais il n'accordera jamais qu'il soit une chose physique, reelle & substantielle ; il dira qu'on le suppose sans raison : & comme l'existence va du pair avec la chose dont elle est l'attribut, il avouera bien que l'existence necessaire est contenuë dans l'idée de cette chose que nous appellons *Dieu* ; mais il soutiendra en même temps que cette existence necessaire n'est qu'imaginaire, non plus que la chose dont elle est l'existence ; d'où vient qu'il faudra prouver tout de nouveau, que Dieu est quelque chose de reel : & c'est ce qu'on ne sçauroit plus faire, dit l'Auteur de l'Objection, par l'argument de M. Descartes.

2. *Réponse.*
Pour répondre le plus precisément qu'il sera possible à cette objection, je commencerai par demander à l'Auteur, pourquoy il a divisé l'existence en general, sans l'avoir auparavant definie ; &

pourquoy aprés l'avoir divisée en existence possible & en existence actuelle, il declare qu'il ne parlera pas de l'existence possible, parce que cela ne merite aucune explication. Je soutiens au contraire que cela en demande une tres grande; mais sur tout il falloit dire à quels sujets cette existence possible convient; car il ne semble pas que selon les principes de l'Auteur, elle puisse convenir à aucun, d'autant que, selon luy, l'existence actuelle comprend tous les Etres en general, tant ceux qui dépendent des operations de l'esprit, que ceux qui n'en dépendent pas.

En second lieu, je demande à l'Auteur d'où vient qu'il attribuë à l'existence actuelle, qui selon luy, n'est qu'une espece particuliere d'existence, la definition de l'existence en general; ce qui répand une si grande obscurité sur cette matiere, qu'il seroit impossible de l'éclaircir, si l'on n'en venoit à une nouvelle definition de l'existence en general, & si après l'avoir definie, on ne la divisoit tout de nouveau en ses veritables especes.

Pour cet effet, nous dirons que l'existence en general, *est un attribut à raison duquel nous concevons qu'une chose est*: & parce qu'entre les choses qui sont, les unes sont seulement dans l'entendement, & les autres sont hors de l'entendement, nous dirons que celles qui sont seulement dans l'entendement, ont l'existence qu'on appelle *objective*, parce qu'elles ne subsistent que dans l'idée: telle est, par exemple, l'existence de tous les êtres metaphysiques & imaginaires, comme d'un Satyre, d'un Centaure, &c. Nous dirons au contraire que les choses qui sont hors de l'entendement, ont une existence actuelle ou possible; actuelle, si elles sont actuellement, comme les substances; & possible, si elles ne sont qu'en puissance, comme les modes des substances: & parce que entre les choses qui sont actuellement, les unes sont sans necessité & les autres sont avec necessité, nous dirons enfin que celles qui sont sans necessité, ont une existence *contingente*, telle qu'est l'existence du corps & de l'esprit; & que celles qui sont avec necessité, ont une existence necessaire, telle qu'est l'existence de l'Etre parfait, que nous appelons *Dieu*.

Par ce moyen nous fixerons tellement le mot *d'existence*, qu'on ne confondra plus l'existence d'une espece avec l'existence d'une autre espece: par exemple, on ne confondra plus l'existence objective, avec l'existence possible, ni l'existence possible avec l'existence actuelle: chaque espece d'existence demeurera essentielle-

3. *L'existence en general.*

ment attachée au sujet à qui elle convient; de sorte que quand on aura une fois prouvé qu'une chose existe actuellement, il ne sera plus permis de demander si c'est un être reel & physique : pareillement quand on aura prouvé qu'une chose n'existe qu'objectivement, on ne sera plus en droit de demander si c'est une chose methaphysique ou imaginaire, car cela ne peut être autrement.

<small>4. Que les mots d'Etre ou de Chose sont synonimes, & qu'il y a des êtres physiques & des êtres metaphysiques.</small>

Quant à la definition que l'Auteur donne des mots d'*Etre* & de *Chose*, je reconnois qu'elle est tres exacte : je veux qu'il appelle *un Etre*, & par consequent aussi *une chose*, tout ce qui est de quelque maniere qu'il soit : je veux encore que ce soit de là que naissent tant de sortes d'êtres, dont les uns sont physiques, & les autres metaphysiques ; les uns réels, & les autres imaginaires. Je veux enfin qu'il appelle *metaphysique* ou *imaginaire* une chose qui n'est que dépendamment de l'esprit ; & qu'il appelle *physique* ou *réelle*, une chose qui est independamment de l'esprit : mais par cette même raison je ne veux pas qu'il attribuë aux choses physiques & réelles, la même espece d'existence qu'il attribuë aux choses metaphysiques & imaginaires : Je veux qu'il attribuë l'existence actuelle aux êtres réels & physiques, & qu'il ne donne que l'existence objective aux êtres metaphysiques & imaginaires.

C'est de cela seul que dépend le denoüement de la difficulté que l'Auteur propose contre la demonstration de M. Descartes : car en effet si les êtres metaphysiques & imaginaires sont aussi actuels que les êtres physiques & réels, l'argument de M. Descartes prouvera bien que Dieu est une chose actuelle physique ou metaphysique, réelle ou imaginaire ; mais il ne prouvera pas qu'il soit precisément une chose physique ou réelle : Si au contraire les choses metaphysiques & imaginaires ne sont pas actuelles, & si elles n'ont qu'une existence objective, l'argument de M. Descartes est decisif pour la réalité de l'existence de Dieu, parce qu'il prouve évidemment que Dieu est un être réel & physique, c'est à dire, un être qui est independamment de l'esprit, & qui par consequent existe hors de l'entendement.

L'Auteur reconnoit ensuite que la premiere proposition de l'argument de M. Descartes est veritable en toute son étenduë, & qu'il est tres vray que tout ce que nous concevons clairement & distinctement estre renfermé dans l'idée d'une chose physique ou metaphysique, doit estre attribué à cette chose. Il avouë encore que la seconde Proposition de M. Descartes revient à celle-cy. Or *Dieu est une chose dans l'idée de laquelle je conçois clairement & distinctement que l'ex stence necessaire est comprise.* Enfin il reçoit pour veritable cette premiere consequence : *Donc je dois attribuer à Dieu une existence necessaire* : mais il ne veut pas qu'on puisse tirer de là cette seconde consequence : *Donc Dieu existe necessairement.* Cependant cela suit infailliblement des trois Propositions precedentes : car il y auroit de la contradiction à dire d'un côté, que l'existence necessaire appartient à l'essence de Dieu, & à assurer de l'autre, que Dieu n'existe pas necessairement.

Et il ne sert de rien de dire qu'un Athée accordera que l'existence necessaire est contenuë dans l'idée de cette chose que nous appellons *Dieu*, mais qu'il soutiendra en même temps que cette existence necessaire n'est qu'imaginaire, non plus que la chose dont elle est existence : Car on peut répondre à l'Athée, qu'on conçoit bien une existence necessaire dans une chose physique & réelle, mais qu'on ne peut concevoir une existence necessaire dans une chose imaginaire & chimerique ; les choses imaginaires & chimeriques non seulement n'ont pas une existence necessaire, elles n'ont pas même une existence actuelle : l'existence des choses imaginaires & chimeriques est une existence purement objective, c'est à dire, une existence qui ne subsiste qu'en idée.

Ainsi c'est un abus de croire que Dieu n'existe que dans notre entendement : nous ne concluons pas l'existence de Dieu de la nature de notre idée, mais de la chose même qu'elle represente ; & comme il est vray que le tout est plus grand que sa partie, quand il n'y auroit aucune idée de tout, ni de partie, de même aussi il est vray que l'existence actuelle appartient necessairement à Dieu, quand même il n'y auroit aucune idée de Dieu.

Concluons donc que l'argument de M. Descartes est bon en toutes ses parties, & que ses disciples ont raison de s'en servir comme ils font, soit contre les Athées, soit contre les Idolatres : Contre ceux-cy, en leur prouvant que l'existence necessaire convient à Dieu ; & contre ceux-là, en leur faisant voir que l'existence actuelle luy convient aussi : d'où il s'ensuit que Dieu est un Etre non seulement réel & physique, mais encore necessaire : Ce que M. Descartes s'estoit proposé de démontrer, & ce que ses disciples soutiennent qu'il a démontré effectivement.

CHAPITRE XXI.

De la nature de Dieu, en quoy elle consiste, & quels sont ses Attributs.

1. Que Dieu est l'esprit parfait & supersubstantiel.

Aprés avoir reconnu que l'Etre Parfait existe, il faut tâcher de découvrir quelle est sa nature ; & pour y parvenir, il faut remarquer que nous sçavons par experience que la nature de notre esprit est telle que nous ne pouvons rien connoitre que des corps & des esprits, ou des modes des corps & des esprits. Nous sommes donc obligez de reconnoitre, ou que nous n'avons aucune notion de la nature de Dieu ; ou si nous en avons quelqu'une, que sa nature consiste dans une de ces trois choses. Or nous ne pouvons pas dire qu'elle consiste dans les modes du corps & de l'esprit, d'autant que tous les modes sont essentiellement dépendans des substances, & par consequent essentiellement imparfaits. Nous ne dirons pas non plus qu'elle consiste dans le corps ; d'autant que le corps est encore imparfait, parce qu'il dépend de plusieurs causes étrangeres. Il faut donc conclure que la nature de Dieu consiste dans l'esprit : mais elle ne consiste pas dans l'esprit qui ressemble à celuy qui constituë notre nature ; car nous sçavons par experience que l'esprit qui constituë notre nature, est imparfait & dépendant. Elle consiste donc dans un esprit plus excellent & d'un ordre superieur au nôtre, sçavoir dans l'esprit parfait & supersubstantiel.

Il faut avouer pourtant qu'il y a de la peine à comprendre pourquoy la nature de Dieu doit consister dans l'esprit plutôt que dans le corps, car il ne semble pas que le corps soit moins excellent que l'esprit. En effet si le corps a le defaut de n'avoir pas les perfections de l'esprit, l'esprit a aussi le defaut de n'avoir pas les perfections du corps : ce qui semble rendre ces deux choses également imparfaites, & par consequent également incapables de constituer la nature Divine. Neanmoins si nous y faisons reflexion, nous trouverons qu'il y a cette difference entre le corps & l'esprit, que toutes les perfections du corps sont mêlées de quelque defaut qui marque leur dépendance, & que celles de l'esprit consideré en lui-même & sans restriction, n'en ont aucun. En effet le corps ne peut estre consideré que comme quelque chose de general, ou comme quelque chose de particulier : s'il est consideré comme quelque chose de general, il a le defaut de ne pouvoir exister que dans l'entendement qui le conçoit ;

çoit ; & s'il est consideré comme quelque chose de particulier, il est divisible & mobile, & par consequent il dépend d'une cause qui le divise & qui le meut ; au lieu que l'esprit consideré en lui-même & sans restriction, est un être singulier existant par luy-même, qui n'est divisible ni mobile, & qui par consequent ne dépend d'aucune cause étrangere : d'où il faut conclure que Dieu est l'Esprit parfait, & supersubstantiel.

Or il est évident que l'esprit parfait & supersubstantiel, est *Un, simple, incapable de changement, absolument infini, complet, éternel, necessaire, incomprehensible, tout-puissant, & duquel toutes choses dépendent, non seulement quant à leur nature, mais encore quant à leur existence, leur ordre, & leur possibilité.*

2. Quels sont les attr. buts de l'esprit parfait.

Je dis 1. Que Dieu (que je ne distingue pas de l'Esprit parfait,) est *Un*, pour marquer que s'il y avoit deux ou plusieurs Dieux, nul ne seroit un Etre parfait ; parce que chacun manqueroit des perfections de l'autre : ce qui fait voir que quand je dis que Dieu est *Un*, je n'entens pas qu'il soit un de l'unité, qui est un principe de nombre, & par consequent une espece de quantité, car cette unité rendroit Dieu capable de multiplication : j'entens qu'il est *un*, d'une unité d'être & d'essence, qui rend chaque chose indivisible & incommunicable.

Je dis 2. Que Dieu est *Simple*, pour faire entendre qu'il est exempt de toutes sortes de composition. En effet il n'est pas composé de genre ni de difference, parce que le mot de genre porte de soy l'idée d'une chose commune & generale ; & tout ce qui est commun & general, repugne à la nature de Dieu. Il n'est pas non plus composé d'essence & d'existence ; car bien que ces deux termes signifient des attributs qui peuvent estre separez dans les êtres imparfaits, ils sont neanmoins toujours la même chose dans l'être parfait. Enfin Dieu n'est point composé de substances, ni de modes, ni de sujets, ni d'accidens ; parce que le sujet & la substance marquent la puissance de recevoir quelques modes ou accidens, & les modes & les accidens dénotent celle d'estre reçus dans quelque sujet ou dans quelque substance ; ce qui ne peut convenir à Dieu, qui n'est ni substance, ni mode, ni accident : comme il sera plus amplement expliqué dans la suite.

Je dis 3. Que *Dieu est incapable de changement*, pour marquer qu'il n'y a rien en luy, ni hors de luy qui ait la puissance de le faire changer ; car s'il y avoit quelque chose de tel, Dieu dépendroit de ce qui auroit cette puissance: ce qui repugne.

Je dis 4. Que Dieu *est Complet*, pour signifier qu'il ne peut s'unir à un autre être pour composer avec luy un Tout plus parfait qu'il n'est.

Je dis 5. Que Dieu est *Eternel & necessaire*, pour faire entendre que s'il y avoit eu un seul instant de temps auquel il n'eût pas existé, il ne se seroit jamais trouvé aucune cause pour le produire.

Metaph. l. 3.

Je dis 6. Que Dieu est *absolument Infini*, pour marquer qu'il n'est compris sous aucun genre, ni dans aucune espece: car s'il étoit compris sous un genre, ce genre seroit l'être; & selon Aristote, l'être ne peut estre un genre, car le genre suppose des differences qui sont hors de luy; & il n'y a point de differences qui soient hors de l'être: car le non-être ne peut estre une difference. Dieu ne peut donc estre sous un genre. Il ne peut estre non plus dans une espece; car l'espece est composée de genre & de difference. Or il vient d'estre dit que Dieu n'est pas sous un genre, il n'est pas par consequent dans une espece. De plus, Dieu n'est pas un individu, car l'individu suppose l'espece, comme l'espece suppose le genre: Or Dieu ne suppose ni l'un ni l'autre: il n'est donc pas un individu: il n'a donc aucune détermination particuliere, si ce n'est celle de n'en pouvoir avoir aucune. Dieu est donc absolument infini selon sa nature.

Je dis 7. Que Dieu *est Incomprehensible*, pour signifier que ses perfections sont si élevées & en si grand nombre, qu'elles surpassent notre connoissance. En effet si nous pouvions les connoitre, nous comprendrions Dieu; ce qui est impossible.

Je dis 8. Que Dieu est *tout-puissant & que toutes choses dépendent de luy*, pour marquer qu'il repugne à la nature de Dieu qu'il y ait quelque chose qui n'en dépende pas, non seulement quant à sa nature & à son existence, mais encore quant à son ordre & à sa possibilité.

3. Que Dieu ne peut estre proprement ny défini ny décrit.

Cependant il ne faut pas s'imaginer que ce que je viens de dire soit une vraye definition de Dieu. Toute vraye definition suppose un genre & une difference, & il vient d'estre prouvé qu'il n'y a ni genre ni difference à l'égard de Dieu. Il ne faut pas même penser que ce que j'ay dit, soit une description de la nature divine: La raison est, que la description fait connoitre les choses par les accidens qui leur sont propres, & qui les designent assez pour en donner quelque notion. Or la nature divine n'a point d'accidens qui luy soient propres; elle ne peut donc estre décrite. Mais par la même raison que la nature divine ne peut estre definie ni décrite, elle ne peut aussi estre démontrée, d'autant que la demonstration suppose la definition, comme la definition suppose le genre & la difference. C'est pourquoy tout ce que nous appellons demonstration à l'égard de l'existence & de la nature de Dieu, n'est pas une vraye demonstration, mais une simple explication, & un developpement de ce qui est enfermé dans la comprehension de l'idée de l'Etre parfait. Ainsi quand nous disons que Dieu est un Etre qui pense parfaitement, nous sommes convaincus de la verité de cette proposition non par un veritable raisonnement, mais par une connoissance simple & interieure qui precede toutes les connoissances acquises. En effet quand je dis l'*Etre*, je dis l'Etre parfait; & quand je dis l'Etre parfait, je dis l'Etre intelligent, estant impossible que l'Etre soit parfait, & qu'il ne soit pas intelligent.

Au reste comme Dieu ne peut estre ni defini, ni décrit, il ne peut estre aussi, ni substance, ni mode. Il ne peut estre mode, parce que les modes dénotent la puissance d'estre receus dans une substance; & il ne peut estre substance, parce que la substance dénote la puissance de recevoir quelques modes. Or Dieu ne peut ni recevoir quelque chose, ni estre receu en quelque sujet; Dieu est donc quelque chose de plus excellent que la substance. C'est pourquoy pour luy donner un nom qui réponde au supreme degré de sa perfection, il faut dire que Dieu est *une intelligence souveraine & supersubstantielle*: Ainsi quand nous dirons dans la suite, que Dieu est une substance qui pense parfaitement, nous ne prendrons pas le mot de substance à la rigueur comme pour signifier une chose qui existe en elle-même; nous le prendrons pour signifier une chose qui existe par elle-même, & qui par consequent est plus excellente que toutes les substances.

4.
Qu'il n'est ni substance ni mode.

CHAPITRE XXII.

Qu'il est dangereux de concevoir Dieu sous une autre idée que sous celle de l'Etre parfait, ou de l'Esprit supersubstantiel.

BIen que l'idée de l'Etre parfait soit la vraye idée de Dieu, & qu'elle se trouve dans tous les hommes, il y a neanmoins deux raisons principales qui font que la pluspart ne conçoivent pas Dieu, ou du moins qu'ils croyent ne le pas concevoir. La premiere est, qu'ils meslent avec cette idée tant d'autres idées corporelles, qu'ils composent par ce moyen l'idée d'un Dieu chimerique, dans la nature duquel il y a des choses contraires. La seconde est, qu'ils veulent concevoir Dieu, comme la *Raison universelle*, comme la *Verité éternelle*, comme l'*Etre en general*, ou comme *Tout-être*; bien qu'à parler proprement, Dieu ne soit rien de tout cela.

Premierement on ne doit pas dire que Dieu *est la Raison universelle*, parce que la raison universelle ne peut exister que dans l'entendement qui la conçoit, & Dieu existe en lui-même, &, comme on dit, *à parte rei*. De plus, si Dieu estoit la Raison universelle, cette raison seroit commune à tous les hommes; d'où il s'ensuivroit que tous les hommes participeroient univoquement à la raison divine, comme tous les individus d'une espece participent univoquement à la nature de cette espece : ce qui ne se peut dire, d'autant que la raison de l'homme n'a rien de commun avec celle de Dieu.

Il ne faut pas dire en second lieu, que Dieu *est la Verité souveraine & éternelle*; car on demandera si cette verité est une substance ou un mode. Si c'est un mode, Dieu n'est pas cette verité, car tout mode est imparfait; & si c'est une substance, Dieu est un corps ou un esprit : Or il n'est pas un corps, car il a été prouvé que le corps est essentiellement imparfait : il n'est pas non plus un esprit qui ressemble au nôtre : il est donc l'esprit qui pense parfaitement, ou l'esprit *supersubstantiel*.

On ne peut pas dire en troisiéme lieu, que Dieu est *Tout-être*, car par *Tout-être* on ne peut entendre autre chose, si ce n'est ou que Dieu est la cause de tous les êtres, ou qu'il contient tous les êtres eminemment, ou qu'il les contient formellement. Si ces mots signifient seulement que Dieu est la cause de tous les êtres, leur signification est tres exacte, car il est constant que Dieu produit tous les êtres mediatement ou immediatement : mais alors ces mots réveillent bien l'idée de ce que Dieu fait, mais ils ne nous donnent pas l'idée de ce qu'il est, car il reste encore à sçavoir si Dieu est un corps, ou un esprit. Que si par ces mots *Tout-être*, on veut entendre que Dieu contient éminemment tous les êtres, nous demeurerons encore d'accord de cette signification; mais il restera toujours à sçavoir s'il est un corps ou un esprit. Enfin si par *Tout-être* on veut entendre que Dieu contient formellement tous les êtres, on concevra Dieu comme une substance qui a pour attributs essentiels l'étenduë & la pensée, & qui par consequent n'est autre chose que l'assemblage de tous les corps & de tous les esprits : ce qui repugne à la simplicité de l'idée de Dieu.

En quatriéme lieu, on ne doit pas dire que Dieu est l'*Etre en general*, ou l'*Etre universel* ; car ce ne seroit pas un moindre defaut en Dieu d'estre l'Etre en general, que d'estre Tout-être : Car si Dieu en qualité de Tout-être est composé de tous les êtres comme des parties integrantes, en qualité de l'Etre en general, il est composé de tous les êtres comme de parties subjectives : ce qui est également opposé à la simplicité de la nature divine.

5. Ni l'Etre en general.

Les deux premieres significations des mots *Tout-être*, n'ont d'autre defaut, que celuy de ne pas exprimer assez nettement l'idée de Dieu ; mais la derniere détruit entierement cette idée, en faisant concevoir Dieu comme un meslange de tous les corps & de tous les esprits. C'est cette derniere signification que Spinosa & ses disciples ont adoptée, & qui leur fait dire que Dieu est une pensée & une étenduë, de sorte que si cette pensée & cette étenduë sont quelque chose d'universel, Dieu sera aussi quelque chose de general ; & si cette pensée & cette étenduë sont quelque chose de reel & de positif, Dieu sera un assemblage de tous les corps & de tous les esprits, c'est à dire, que comme il n'y aura point d'esprit qui ne soit une portion de la pensée de Dieu, il n'y aura aussi point de corps qui ne soit une portion de son étenduë : ce qui repugne encore à la simplicité de la nature de Dieu.

Pour éviter ces difficultez, qui conduisent infailliblement à l'erreur, nous nous sommes bien gardez d'exprimer l'idée de Dieu par des termes generaux : nous avons tâché au contraire de la designer par des termes tres singuliers & tres positifs, en disant que Dieu est l'Esprit parfait & supersubstantiel.

CHAPITRE XXIII.

Comment par les choses visibles, nous parvenons à connoitre Dieu qui est Invisible, & quelle est la plus exacte Idée que nous pouvons former de sa Nature.

TOut le monde tombe d'accord que les choses visibles nous conduisent à la connoissance de Dieu, mais tout le monde ne convient pas de la maniere dont elles nous y conduisent. Les

2. Que les choses visibles produisent l'idée de Dieu.

uns disent qu'elles nous y conduisent en produisant dans l'ame l'idée de Dieu en qualité de causes exemplaires. Les autres croyent au contraire qu'elles nous y conduisent en produisant en nous l'idée de Dieu en qualité de causes efficientes. La premiere maniere paroit insoutenable par plusieurs raisons, mais sur tout parce qu'il n'y a que Dieu qui puisse estre la cause exemplaire de l'idée que nous avons de luy, d'autant qu'il n'y a que Dieu qui contienne formellement toutes les perfections que son idée represente. Il reste donc que les choses visibles ne nous font connoitre Dieu qu'entant qu'elles sont les causes efficientes de l'idée que nous avons de l'Esprit parfait.

Pour concevoir ensuite comment les choses visibles sont les causes efficientes de l'idée de Dieu, il faut remarquer icy comme nous l'avons déja fait cy-dessus, *chapitre* 7. que l'idée de Dieu a une liaison necessaire avec toutes les idées des choses sensibles ; en sorte qu'il n'y a pas un seul objet sensible qui en produisant son idée en nous, n'y réveille en même temps l'idée de Dieu en le faisant connoitre, ou comme *l'Etre parfait* ou comme *la Cause premiere*, ou comme *le premier Moteur*, ainsi que nous l'allons faire voir.

Et il seroit inutile d'objecter, que les choses sensibles ne peuvent rendre l'ame attentive à l'idée de Dieu, puisque selon mes principes, ces mêmes choses détournent l'ame de cette attention : car il faut remarquer que les objets sensibles peuvent estre considerez en deux manieres ; ou par rapport à nous, entant qu'ils produisent dans l'ame des sentimens agreables ; ou par rapport à leurs causes, entant qu'ils nous conduisent à leur connoissance. Si on les considere de la premiere façon, ils nous empêchent de faire attention à l'idée de Dieu, d'autant qu'ils remplissent presque toute la capacité de l'ame par des sensations agreables ou desagreables qu'ils produisent en nous. Si au contraire on les considere par rapport à leurs causes, ils sont comme autant de degrez par lesquels nous remontons jusqu'à la connoissance de ces causes. Par exemple, quand un corps se meut, ce mouvement nous conduit à la connoissance d'un premier Moteur. Car voicy comment nous raisonnons : Ou le corps mû se donne luy-même le mouvement qu'il a, ou il le reçoit d'une cause exterieure. Or il ne se le donne pas luy-même, car nous ferons voir que son mouvement consiste dans une application successive à d'autres corps, laquelle luy est accidentelle. Il la reçoit donc de quelque chose qui est hors de luy. Or il n'y

2.
Et comment.

a rien hors de ce corps mû que Dieu, que d'autres corps, ou des esprits semblables au nôtre. Ce sera donc Dieu, les corps, ou les esprits qui mouvront le corps qui est en mouvement. Mais ce ne seront pas les corps qui le mouvront ; car si un corps en mouvoit un autre, le progrez iroit à l'infini. Ce ne sont pas non plus les esprits qui ressemblent au nôtre ; car je sçay par experience, que mon esprit ne peut produire le mouvement. Il y a donc quelque chose de different des corps & des esprits, sçavoir *Dieu*, qui meut ce corps : Dieu est donc le premier Moteur.

Non seulement le mouvement qui paroit dans les choses sensibles nous conduit à la connoissance d'un premier Moteur, l'ordre que nous observons dans les causes efficientes sensibles, nous conduit aussi à la connoissance d'une Cause Premiere, de laquelle toutes les autres causes dépendent. En effet de ce qu'il y a des causes sensibles qui existent & qui pourroient n'exister pas, sçachant d'ailleurs que le neant ne peut produire rien de réel, nous sommes obligez de reconnoitre qu'il y a quelque chose d'éternel, dont la raison est que ce qui n'est pas éternel a eu commencement, & ce qui a eu commencement, doit avoir été produit par quelque chose qui existe actuellement ; & c'est ce que nous connoissons sous l'idée abstraite de *Cause Premiere*.

Mais ce n'est pas assez d'avoir connu Dieu comme premier Moteur & comme Cause premiere ; connoitre Dieu ainsi, c'est bien connoitre ce qu'il fait hors de luy, mais ce n'est pas connoitre ce qu'il est en luy-même. Pour connoitre ce qu'il est en luy-même, il faut pousser ses reflexions encore plus loin, & considerer que nous ne connoissons que trois choses ; la substance étenduë, la substance qui pense parfaitement, & la substance qui pense imparfaitement : tout ce qui ne participe pas de ces trois choses, est à l'égard de notre connoissance, comme s'il n'estoit point. Or le Premier Moteur & la Cause Premiere ne peuvent estre ni un corps, ni un esprit imparfaits ; ils sont donc la substance qui pense parfaitement.

Il faut ajouter que les choses sensibles nous conduisent à la connoissance de Dieu, non seulement entant qu'elles sont des effets de la Cause premiere, mais encore entant qu'elles sont des signes ausquels nous avons attaché l'idée de Dieu ; car il arrive rarement qu'ensuite de cette liaison ces signes frappent nos sens, sçavoir nos yeux ou nos oreilles, sans que l'ame rentre aussi-tôt en elle même, pour y contempler l'idée de Dieu qui y est naturellement empreinte, soit qu'elle considere Dieu comme l'Esprit qui pense parfaitement, soit qu'elle le considere comme premier Moteur, ou comme Cause premiere.

Les choses sensibles considerées comme des effets, nous menent à la connoissance de Dieu par le raisonnement ; & les choses sensibles considerées comme des signes, nous y menent par une institution arbitraire. Les premieres ne nous font connoitre Dieu que tel qu'il est par rapport aux effets qu'il produit, & les dernieres nous le font connoitre tel qu'il est en luy-même. Voila le vrai sens où l'on peut dire avec saint Paul (*aux Romains chap. 1. v. 10.*) que *par la connoissance que les creatures de ce monde ont des choses qui ont esté faites, ce qui est invisible en Dieu, leur devient visible, même sa puissance & sa Divinité.*

Ce qui vient d'estre dit fait voir qu'il y a plusieurs idées de Dieu qui sont toutes vrayes, mais dont les unes sont plus exactes que les autres. Dans le chap. 16. nous avons conçu Dieu sous l'idée de *l'Etre Parfait*, & nous avons déduit de là assez facilement la necessité de son existence : mais parce que l'Etre Parfait semble avoir quelque chose de commun avec le corps & avec l'esprit ; pour marquer que Dieu n'est pas un corps mais un esprit, dans le Chap. 21. nous avons conçu Dieu sous l'idée de *l'Esprit Parfait* : mais ayant consideré d'ailleurs qu'on pourroit soupçonner que l'Esprit parfait qui constituë la nature de Dieu, ne ressemblât en quelque chose à l'esprit imparfait qui constituë notre nature ; pour éviter ce soupçon, & pour faire voir que l'Esprit parfait qui constituë la nature de Dieu, est d'un ordre superieur à toute substance spirituelle, dans ce Chap. 23. nous concevons Dieu sous l'idée la plus exacte sous laquelle il peut estre conçu, sçavoir *sous l'idée de l'Esprit parfait & de l'Etre supersubstantiel.* Ce qui revient au *Summum intelligere* de saint Thomas.

*3.
Que l'idée la plus exacte de Dieu est celle d: l'Esprit parfait & supersubstantiel.*

CHAP.

CHAPITRE XXIV.

CONTINUATION DES ATTRIBUTS DE DIEU.
De l'entendement & de la volonté de Dieu.

DE ce que Dieu est une pensée parfaite & supersubstantielle, il s'ensuit 1. Qu'il a un entendement & une volonté ; mais il ne faut pas s'imaginer que l'entendement & la volonté de Dieu ressemblent à l'entendement & à la volonté des hommes. L'entendement & la volonté des hommes sont de veritables puissances qui ont besoin pour agir, d'estre déterminées par des causes exterieures, & dans Dieu l'entendement & la volonté agissent par eux-mêmes. Dans les hommes l'action de l'entendement precede toujours celle de la volonté, si non d'une priorité de temps, au moins d'une priorité de nature ; & dans Dieu, sa simplicité demande que son entendement & sa volonté agissent ensemble, sans aucune priorité de temps ni de nature.

1. Que l'entendement & la volonté de Dieu ne sont pas de simples puissances, mais des actes.

Il s'ensuit 2. Que l'entendement & la volonté de Dieu ne sont pas deux facultez reellement ou modalement distinctes l'une de l'autre, d'autant que cette distinction reelle ou modale marqueroit en Dieu une composition, qui seroit contraire à la simplicité de sa nature.

Il s'ensuit 3. Que la volonté de Dieu differe totalement de la nôtre, c'est à dire, qu'elle n'a rien de commun avec elle que le nom, dont la raison est que l'effet doit differer de sa cause en tout ce qu'il reçoit d'elle ; & il est certain que notre volonté reçoit son essence & son existence de la volonté de Dieu : donc notre volonté doit differer totalement de la volonté de Dieu, c'est à dire, n'avoir rien de commun avec elle que le nom.

2. Qu'ils n'ont rien de commun avec l'entendement & la volonté des hommes.

Il s'ensuit 4. Qu'il y a une grande difference entre dire que Dieu se determine par sa nature, ou qu'il se determine par sa volonté. Dire le premier, c'est assurer que Dieu se determine de telle sorte, que sa nature seroit moins parfaite s'il ne se determinoit pas ; & dire le second, c'est assurer que Dieu se determine de telle sorte, que sa nature ne seroit pas moins parfaite, bien qu'il ne se determinât pas. Par exemple, Dieu par sa nature se determine à s'aimer, parce que s'il ne s'aimoit pas, il seroit moins parfait qu'il n'est : Au con-

3. Que Dieu se determine par sa volonté, ou par sa nature.

K

traire Dieu se determine par sa volonté à aimer le monde, parce qu'il ne seroit pas moins parfait s'il ne l'aimoit pas : d'où vient que l'amour que Dieu a pour luy-même, est un amour necessaire d'une necessité absoluë, fondée sur sa propre nature ; au lieu que l'amour qu'il a pour le monde n'est necessaire que d'une necessité hypotetique, fondée sur sa volonté.

Il s'ensuit 5. Que la volonté de Dieu se détermine d'elle-même & par elle-même pour agir au dehors : d'où il faut conclure qu'à l'égard des creatures elle ne peut estre indifferente d'une indifference intrinseque qui consiste à demeurer en suspens, mais cela n'empeche pas qu'elle ne puisse estre indifferente d'une indifference extrinseque, qui consiste en ce qu'il n'y a rien hors de Dieu, qui puisse déterminer sa volonté à agir : ce qui le rend souverainement independant, & par consequent souverainement libre.

<small>4. Que Dieu voit les creatures dans sa volonté.</small>

Il s'ensuit 6. Que Dieu ne voit pas les creatures dans ses perfections, car il vient d'estre prouvé que les perfections de Dieu n'ont rien de commun avec les creatures, & par consequent qu'elles ne peuvent les representer : nous devons dire seulement que Dieu voit les creatures dans sa volonté, d'autant que c'est par son decret qu'il les produit & qu'il les conserve.

<small>5. Que Dieu ne produit pas les choses nouvelles par de nouvelles volontez.</small>

Il s'ensuit 7. Que ce n'est point par de nouvelles volontez que Dieu produit les effets nouveaux : La volonté par laquelle Dieu produit tous les effets qui n'existent que successivement & dans le temps, est simple & éternelle ; & si ces effets ne sont pas produits plutôt, ce n'est pas parce que la volonté de Dieu est sans action, (car elle est toujours agissante,) mais c'est parce que son action pour produire les effets doit estre modifiée d'une certaine maniere par les creatures ; & les creatures ne la modifient de cette maniere que successivement ; ce qui a fait dire à S. Thomas que Dieu par une volonté immuable, veut tous les changemens qui arrivent aux creatures.

<small>1. p. q 19. art. 7.</small>

<small>6. Que Dieu n'agit pas par des volontez generales, ni particulieres.</small>

Il s'ensuit 8. Que Dieu n'agit pas par des volontez generales ni par des volontez singulieres, parce que ces deux sortes de volontez ne peuvent convenir à un Etre parfait. Si Dieu agissoit par des volontez generales, ces volontez consisteroient, ou en ce qu'il ne voudroit les choses qu'au regard du general sans descendre au particulier ; comme un Roy gouverne un Royaume par des loix generales n'ayant pas la puissance de conduire luy-même chaque sujet ; ou elles consisteroient en ce qu'il ne voudroit aucune chose qu'il n'y fût déterminé par quelque agent particulier. Or Dieu ne peut

LIVRE I. PARTIE I.

avoir de volontez generales au premier sens, parce que ces volontez supposeroient en Dieu une impuissance que nous ne pouvons luy attribuer. Il ne peut pas non plus en avoir au second sens, parce que ces volontez generales seroient de soy indéterminées: ce qui repugne à la simplicité & actualité de la nature divine.

Les volontez particulieres ne sont pas moins repugnantes à Dieu que les volontez generales: la raison est, que si Dieu avoit des volontez particulieres, ces volontez seroient distinctes & indépendantes les unes des autres; d'où il s'ensuivroit que la nature de Dieu seroit composée d'autant de volontez differentes qu'il y auroit des choses particulieres que Dieu voudroit; ce qui repugne à sa simplicité.

Il s'ensuit 9. Que Dieu n'agit pas par des volontez antecedentes, ni par des volontez consequentes. Il n'agit pas premierement par des volontez antecedentes, parce que ces volontez ne considerent les choses qu'en general, & qu'en cette qualité elles ne sont pas tant des volontez que des velléitez que nous n'oserions attribuer à Dieu. Il n'agit pas secondement par des volontez consequentes, parce que les volontez consequentes supposent des volontez antecedentes, qui ne peuvent se rencontrer en Dieu, comme il vient d'estre prouvé. Il reste donc que Dieu agit par une volonté simple, éternelle & immuable, laquelle embrasse indivisiblement & par un seul acte, tout ce qui est, & qui sera à l'avenir. Ainsi, par exemple, nous ne dirons pas que Dieu veuille la pluye & le beau temps, par deux volontez particulieres; nous penserons au contraire que la pluye & le beau temps (quelque opposition qu'il y ait entr'eux) sont deux effets d'une seule & même volonté, par laquelle Dieu veut que la pluye succede au beau temps, & le beau temps à la pluye.

7 Ni par des volontez antecedentes ni consequentes.

Suivant ce principe, il n'y a rien qui puisse déterminer Dieu à agir hors de luy, il n'y a point d'autres perfections ni d'autres veritez necessaires & indépendantes que luy: c'est sa volonté libre qui fait la perfection de chaque chose. Il n'y a point de connoissance en luy ni d'esprit ni de corps, qui précede sa volonté, & qui luy dicte, que supposé qu'il agisse, il faut qu'il produise necessairement l'esprit comme une substance qui pense, & le corps comme une substance étenduë. Il n'y a point d'étenduë intelligible formelle en luy qui devance ses pensées, & qui l'oblige à connoitre chaque chose comme indépendante de sa volonté. Ce seroit aussi une chose ridicule de demander quel a esté le modele de l'étenduë, & comment Dieu l'a pû faire sans en avoir veu l'archetype:

8. Qu'il n'y a rien hors de Dieu qui puisse le déterminer à agir.

K ij

on ne peut accorder ces imaginations avec la grande simplicité qui appartient à Dieu : nous devons penser au contraire que tous les êtres que Dieu connoit, ne sont & n'ont de realité, d'essence ou d'existence que parce qu'il veut la leur donner tres librement. En effet quand on consulte l'idée qu'on a de Dieu comme d'une pensée souverainement parfaite, on ne sçauroit se persuader qu'il ne soit de sa souveraine perfection de n'y avoir rien de tout ce qui peut estre produit, qui ne soit dépendant de sa volonté.

Toutefois bien que la connoissance que Dieu a des choses qui sont hors de luy, suppose un decret de sa volonté, cela n'empêche pas neanmoins que nous ne puissions assurer avec saint Augustin, qu'il y auroit de la temerité à dire que Dieu a fait le monde sans raison & sans connoissance ; car il a esté prouvé que si l'action de l'entendement de Dieu ne precede pas l'action de sa volonté d'une priorité de temps ni de nature, elle la précede au moins d'une priorité de raison, c'est à dire, d'une priorité fondée sur notre maniere de concevoir, laquelle suffit pour pouvoir dire avec saint Augustin, *que Dieu ne fait rien qu'avec connoissance.*

Au reste il ne s'agit pas icy de la volonté de Dieu qu'on appelle *signifiée*. Il est seulement question de la volonté de Dieu absoluë : car il y a cette difference entre ces deux volontez, que la volonté absoluë de Dieu n'est connuë que par les effets, & comme l'on dit, *à posteriori* : & la volonté signifiée est déclarée par Dieu même, par les Prophetes ou par les Apôtres. La volonté de Dieu absoluë est immuable, & la volonté de Dieu signifiée est sujette à changement. La volonté de Dieu signifiée doit servir de regle à notre conduite, & nous ne sommes pas obligez de nous regler par la volonté de Dieu absoluë. La volonté de Dieu absoluë se fait obeïr par necessité, & nous n'obeïssons à la volonté signifiée qu'avec choix & deliberation. Enfin rien ne resiste à la volonté de Dieu absoluë, & la volonté humaine resiste souvent à sa volonté signifiée ; ce qu'il faut bien remarquer pour éviter la confusion de ces deux volontez, qui est une *source infinie d'erreurs & de difficultez.*

CHAPITRE XXV.
De la liberté de Dieu, & en quoy elle differe de celle des hommes.

CE qui vient d'estre dit de l'entendement & de la volonté de Dieu, nous conduit facilement à la connoissance de sa liberté: car nous sçavons en premier lieu, que la volonté de Dieu est souverainement indifferente à l'égard de toutes les choses exterieures, c'est à dire, qu'elle est absolument indépendante de ces choses, de telle sorte qu'il repugne que Dieu connoisse la bonté ou la verité d'un objet avant qu'il ait produit cet objet mediatement ou immediatement par sa volonté. En effet ce n'est pas pour avoir vû qu'il estoit de l'essence de l'homme qu'il fût composé de corps & d'esprit, que Dieu a voulu qu'il fût ainsi composé. Ce n'est pas aussi pour avoir connu que les trois angles d'un triangle devoient estre égaux à deux droits, qu'il a voulu qu'ils fussent tels: mais au contraire parce qu'il a voulu que l'homme fût composé de corps & d'esprit, c'est pour cela qu'il est de l'essence de l'homme d'estre ainsi composé; & parce qu'il a voulu que les trois angles d'un triangle fussent égaux à deux droits, c'est pour cette seule raison que cela est vrai maintenant, & qu'il ne peut estre autrement.

1. Que Dieu est absolument indépendant des choses exterieures.

Nous sçavons en second lieu, que bien que Dieu soit absolument indépendant de tous les êtres créez, & que par consequent il ne puisse estre déterminé à agir par aucune cause exterieure, il ne laisse pas neanmoins d'estre tres déterminé à agir par luy-même, c'est à dire, par sa volonté; car comme Dieu est un être tres simple & tres necessaire, il ne peut avoir rien de soy, ni en soy, qui soit indifferent ou indéterminé; dont la raison est que l'indifference & l'indétermination supposent de la dépendance, & que la dépendance est un defaut qui ne peut compatir avec la volonté d'un Etre parfait.

2. Qu'il est tres determiné à agir par luy-même.

Nous sçavons en troisiéme lieu, que quand Dieu agit par sa volonté, bien qu'il agisse necessairement, il agit neanmoins de telle sorte, qu'il ne sent aucune force exterieure qui le contraigne à agir: car en effet d'où viendroit cette force, puis qu'il a esté prouvé que l'action de la volonté de Dieu precede non seulement l'existence, mais encore la possibilité de tous les êtres.

3. Qu'il agit sans contrainte.

Ces trois veritez étant supposées, pour donner une idée exacte de la liberté de Dieu, on peut dire qu'elle *consiste dans la proprieté que*

4. Ce que c'est que la liberté de Dieu.

Dieu a d'agir au dehors sans contrainte, & avec une indifference telle qu'il ne peut estre déterminé à agir par aucune cause exterieure, quoy qu'il soit tres déterminé à agir par luy-même, & par sa propre volonté.

Je dis 1. *que la liberté de Dieu n'est autre chose que la proprieté qu'il a d'agir au dehors sans contrainte*; pour marquer que Dieu est absolument independant des creatures.

Je dis 2. *que Dieu agit avec une telle indifference, qu'il ne peut estre déterminé à agir par aucune cause exterieure*; pour faire connoitre que l'indifference qui se trouve dans la liberté de Dieu, est entierement différente de celle qui se rencontre dans la liberté des hommes.

Je dis 3. *que Dieu est tres déterminé à agir par luy-meme*, & j'ajoute, *C'est à dire par sa propre volonté*, pour faire entendre qu'il y a une grande difference entre dire, que Dieu est tres déterminé à agir par luy-même & par sa nature, & entre dire, qu'il est tres déterminé à agir par luy-même & par sa volonté, ainsi qu'il a esté cy-devant remarqué. Ce qui fait voir, qu'il n'y a rien de plus équivoque que le mot de *liberté* quand on l'attribuë à Dieu & aux creatures ; car en effet, la liberté de Dieu suppose une indifference purement exterieure, qui consiste en ce qu'il n'y a rien hors de luy qui puisse déterminer sa volonté ; ce qui rend la liberté de Dieu indépendante & absoluë, au lieu que la liberté de l'homme suppose une indifference interieure, qui consiste en ce que le libre arbitre dépend pour agir, des idées de l'entendement, & en ce que les idées de l'entendement dépendent des objets exterieurs ; ce qui rend la liberté humaine, dépendante, & fort differente de la liberté divine.

Cependant il n'est rien que les Philosophes confondent plus souvent que ces deux sortes de liberté : ils sont si accoutumez à parler de la liberté de Dieu comme de celle des hommes, qu'ils ne feignent pas de dire que Dieu & l'homme ont cela de commun, que quand ils agissent librement, ils agissent sans necessité & avec indifference : ce qui est vrai de la liberté humaine dont toutes les déterminations dépendent d'une cause étrangere : mais cela ne se peut dire de la liberté divine, dont tous les actes dépendent d'elle-même. Or selon Saint Thomas, la volonté divine est d'elle-même une cause necessaire, cela veut dire, que la volonté de Dieu se détermine d'elle-même & par elle-même : d'où il s'ensuit que si elle

5. Que la liberté de Dieu & de l'homme n'ont rien de commun.

1 p. q. 19. n. 3.

est indifferente, ce n'est que d'une indifference extrinseque, ainsi que nous l'avons déja dit.

Et il ne serviroit de rien de dire que nous donnons à Dieu la même liberté que Spinosa luy attribuë, lorsqu'il dit dans sa septiéme définition qu'il appelle libre, *cet Etre seul qui existe par la necessité de sa nature, & qui se détermine à agir par luy-même*: car de ce que Dieu existe par la necessité de sa nature, il ne s'ensuit pas qu'il se détermine à agir hors de luy par la necessité de la même nature; car il vient d'estre prouvé qu'il s'y détermine seulement par la necessité de sa volonté, laquelle n'exclut pas l'indifference extrinseque.

Il y a des Philosophes qui disent que Dieu est libre d'une parfaite liberté d'indifference pour créer ou ne créer pas: pour créer peu ou beaucoup, pour créer un ouvrage plus ou moins durable, &c. Mais je crois que ces propositions sont insoutenables, d'autant que les differences extremes qui se rencontrent entre la liberté de Dieu dans la production des êtres & la liberté des hommes, ne laissent pas lieu de douter que ce ne soit fort improprement & abusivement que l'on attribuë à Dieu une liberté d'indifference semblable à celle des hommes: car en premier lieu l'indifference de la liberté humaine marque necessairement un état d'indétermination, de suspension, & de mutabilité, comme on l'a remarqué; & rien de tout cela ne se rencontre dans Dieu.

En second lieu, l'indifference de la liberté humaine procede de ce que les objets de la volonté ont avec elle des rapports de convenance seulement contingens; au lieu que rien d'exterieur, soit contingent, soit necessaire, n'a rapport avec la volonté de Dieu pour la déterminer à agir.

En troisiéme lieu, l'indifference de la liberté humaine suppose une détermination non necessaire, & contingente, au lieu que Dieu agissant au dehors est tres déterminé par luy-même & par sa propre volonté à agir, & qu'il repugne qu'il y ait quelque chose de contingent en Dieu.

En quatriéme lieu, l'indifference de la liberté humaine consiste non à n'estre point déterminée par les objets, mais en ce que la détermination n'est pas fixe; & tout au contraire la liberté de Dieu agissant au dehors, consiste à n'estre aucunement déterminée par les objets, c'est à dire par aucune cause distincte de sa volonté, & à se déterminer d'une maniere tellement fixe, que la détermination de la volonté de Dieu ne peut jamais changer.

En cinquième lieu, l'indifference de la liberté humaine trouve sa perfection dans la liberté de contradiction & de contrarieté ; & la liberté de Dieu est si parfaite, qu'elle exclut toute liberté de contradiction & de contrarieté.

En sixième lieu l'indifference de la liberté humaine est compatible avec une necessité hypotetique prise dans le sens composé, laquelle necessité procede d'un principe distingué de la volonté, sçavoir des idées de l'entendement qui la tiennent dans cette necessité tant qu'elles ne changent point ; au lieu que la liberté de Dieu est incompatible avec une necessité hypotetique procedante d'un principe distingué de la volonté de Dieu.

6. Que l'indifference intrinseque ne peut convenir à Dieu.

Il s'ensuit de tout cela, qu'en quelque maniere qu'on considere l'indifference de la liberté humaine, elle ne peut jamais convenir à la liberté de Dieu ; & qu'il n'y a rien de plus indigne de la liberté de Dieu que l'idée d'une liberté d'indifference, qui ne doit estre employée que pour marquer l'imperfection de la liberté des hommes. Que si malgré tout ce qui vient d'estre dit, on veut encore se servir du mot d'*indifference* pour specifier la liberté de Dieu dans ses actions au dehors, j'y consens ; pourveu qu'au mot d'*indifference* on ajoute celuy d'*extrinseque* ; parce qu'alors l'indifference extrinseque ne peut convenir qu'à Dieu, comme l'indifference intrinseque ne convient qu'à l'homme.

CHAPITRE XXVI.

De l'infinité de Dieu : En quoy elle consiste, & quelles en sont les proprietez.

IL paroît par le troisiéme livre de la Physique d'Aristote, que tous les anciens Philosophes ont attribué l'infinité au premier Principe : & c'est avec raison qu'ils l'ont fait, d'autant qu'ils ont vû que les effets qui sortoient de ce Principe, estoient infinis, si non actuellement, au moins en puissance : Mais parce que la pluspart se sont trompez touchant la nature du premier Principe, il a esté necessaire qu'ils se soient trompez aussi touchant son Infinité : c'est pourquoi comme ils ont pris la Matiere pour le premier Principe, ils ont attribué au premier Principe une Infinité materielle, qui consiste dans une étenduë sans bornes ni limites.

Cependant il est aisé de prouver qu'il n'y a point d'étenduë actuellement

tuellement existante qui soit sans bornes : toute étenduë actuelle est bornée & finie en grandeur & en nature : elle est finie en grandeur, parce qu'elle est circonscripte par quelque figure ; & finie en nature, parce qu'elle est déterminée par sa forme à une espece particuliere d'être.

La substance qui pense, qui constituë la nature de l'esprit, n'est pas moins finie que la substance étenduë qui constituë la nature du corps : Il est vray qu'elle n'est pas finie en grandeur, (car la substance qui pense n'est ni grande, ni petite,) mais elle est finie en nature, d'autant qu'elle est déterminée à une certaine espece d'être, & que tout ce qui est ainsi déterminé est fini & borné.

Quant à Dieu, il n'est fini ni en grandeur ni en nature : Il n'est pas fini en grandeur, car Dieu n'est grand ni petit ; & il n'est pas fini en nature, parce que sa nature n'est comprise sous aucun genre, ni déterminée à aucune espece particuliere d'être. Il s'ensuit donc que Dieu est absolument Infini ; c'est pourquoy comme il y a une distance infinie du neant à l'être, il n'y a que Dieu qui puisse faire passer quelque chose de l'un à l'autre, c'est à dire qu'il n'y a que Dieu qui puisse faire exister ce qui n'existoit pas, parce qu'il est seul Infini : Mais Dieu ne peut produire l'Infini, car l'Infini est luy-même, & il ne peut y avoir deux Infinis : d'où il s'ensuit que Dieu ne peut rien produire que de borné & d'imparfait, au sens qu'il est parfait.

Mais si Dieu ne produit aucun être qui ne soit borné, & si tout être borné demeure à une distance infinie de Dieu, il s'ensuit que Dieu doit estre en soy-même tres indifferent entre produire & ne pas produire des êtres bornez. Mais remarquez que par cette indifference de Dieu, il ne faut pas entendre une indifference intrinseque semblable à celle dont il a esté parlé dans le Chapitre précedent, qui a besoin pour se déterminer d'une cause étrangere, (car Dieu n'est pas susceptible d'une telle indifference,) mais il faut entendre une indifference extrinseque, qui consiste en ce qu'il n'y a rien hors de Dieu qui puisse l'obliger à produire une chose plutôt qu'une autre.

Il faut ajouter que comme Dieu n'a aucune borne en aucun sens, il ne peut avoir aussi en aucun sens ni degrez ni difference soit essentielle, soit accidentelle, ni maniere precise d'être : d'où il s'ensuit que tout ce qui est borné & modifié, n'est point Dieu ; car qui dit *Dieu*, dit *Infini*, & qui dit Infini modifié, dit en même temps fini & infini ; infini par la supposition ; fi & ni, parce que la modification n'est qu'une borne de l'être.

5.
Que Dieu est infini en degrez de perfection, & non pas en parties.

Il faut remarquer encore que comme Dieu est infini en degrez de perfection, & non pas en parties, quand il produit quelque chose hors de luy, il n'ajoute rien à son Infini, puis qu'il n'ajoute en creant un nouvel être, aucun nouveau degré de perfection aux degrez infinis qu'il possede : la multiplication des êtres dans la creation de l'univers, n'ajoute rien à ces degrez mais seulement elle augmente les êtres en nombre ; &, comme l'a remarqué un grand Archevêque, tout se reduit à ce principe évident, Qu'il y a une difference essentielle entre *être infiniment*, *& être une collection d'êtres infinis*.

M. de Cambray.

6.
En quel sens on peut dire que tous les êtres que Dieu a produit, sont parfaits & imparfaits.

De plus, comme tout ce que Dieu peut produire a des degrez de possibilité qui remontent à l'infini, aucun de ces degrez n'est infini ; d'où il s'ensuit encore que tous les êtres que Dieu produit, sont des êtres imparfaits & dépendans. Ce qui trompe en cecy les plus fins, c'est qu'ils se persuadent que Dieu estant parfait ne peut produire rien d'imparfait ; d'où ils concluent que toutes les creatures sont parfaites : ce qui est vrai aussi, mais non pas au sens qu'ils l'entendent ; car ils entendent qu'elles sont parfaites absolument, & elles ne sont parfaites que dans leur genre : Par exemple, l'étenduë & la pensée sont parfaites chacune dans son genre, parce que chacune est ce qu'elle est aussi parfaitement qu'elle le peut estre ; mais elles ne sont pas parfaites absolument : Car il y a cette difference entre les choses qui sont parfaites absolument, & celles qui ne le sont que dans leur genre, que les premieres excluent toutes sortes de negation & de privation, & que les dernieres en admettent un grand nombre. Ainsi, par exemple, bien que le corps & l'esprit soient parfaits chacun dans son genre, ils ne le sont pas absolument, parce que l'un est privé des perfections de l'autre. Au contraire Dieu est l'Etre absolument parfait & l'Etre Infini ; parce qu'il n'est privé ni des perfections du corps, ni des perfections de l'esprit, d'autant qu'il n'est dans leur genre ni dans leur espece. Or puisque Dieu est infini, il est aussi indivisible ; car tout Infini divisible est impossible ; mais si Dieu est indivisible, il est *Un* d'une unité supreme qui consiste en ce qu'il est indivisible en soy, & tellement divisé de toutes les creatures, qu'il n'a rien de commun avec elles.

7.
Que l'unité de Dieu

Cette unité de Dieu dit plus que le plus grand nombre : car tout nombre est fini, & l'Unité de Dieu est infinie: c'est pourquoy quand on dit d'un côté que Dieu est *un*, & de l'autre que le Ciel est *un*, ces deux unitez ensemble ne font pas le nombre *deux*, parce que le nombre *deux* est composé d'unitez numeriques, qui sont des especes de quantité, ce qui ne peut convenir à Dieu, dont l'unité estant supreme & infinie, ne peut estre le principe d'aucun nombre: d'où il s'ensuit que les creatures sont des unitez qui composent des nombres lors qu'on les ajoute les unes aux autres, mais qui n'ajoutent rien à l'unité de Dieu qui est infiniment un; car on ne peut rien concevoir qui soit plus *un*, que ce qui l'est infiniment.

dit plus que le plus grand nombre.

CHAPITRE XXVII.

Que Dieu est Tout-puissant, & que sa puissance peut estre separée de l'acte.

Quand on considere que la liberté de Dieu n'exclut pas la necessité de sa volonté, & qu'on sçait d'ailleurs que Dieu n'agit hors de luy, que par sa volonté, il semble que nous soyons obligez de conclure que Dieu est tout acte, & qu'il n'y a en luy aucune puissance de faire ce qu'il ne fait pas.

1. *Que Dieu est un acte pur.*

Il faut donc reconnoitre que la puissance de Dieu differe de celle de l'homme, en ce que l'homme peut faire ce qu'il ne fait pas, au lieu que Dieu estant un être simple, ou pour mieux dire, un acte pur, il ne peut avoir aucune puissance qui soit ni qui puisse estre separée de l'acte. Ainsi quand nous disons que Dieu a la puissance d'agir, ce n'est pas au même sens que nous disons que nous avons cette puissance: car nous sçavons par experience que nostre puissance est souvent separée de l'acte, & la raison nous enseigne clairement qu'en Dieu la puissance & l'acte sont toujours une même chose: C'est pourquoy quand nous dirons dans la suite, que Dieu peut faire des choses, qu'il ne veut pas faire, nous ne parlerons pas à la rigueur, comme on doit faire dans un Traité Philosophique, mais seulement comme nous avons accoutumé de parler de nous mêmes, lors qu'il s'agit de nostre puissance & de nostre volonté.

2. *En quoy la puissance de Dieu differe de celle des hommes.*

J'avouë pourtant que j'ay encore beaucoup de penchant à croire, qu'en Dieu la puissance est separée de l'acte, lors que je considere qu'il y a une infinité de choses que Dieu ne fait pas, & qu'il fera

3. *Que Dieu ne cesse jamais d'agir.*

L ij

dans le temps à venir; car après cela je ne vois pas que je puisse luy ôter la puissance de faire ces choses, ni feindre que cette puissance ne soit pas separée de l'acte. Neanmoins lors que j'y fais reflexion de plus prés, je conçois facilement qu'en disant que Dieu ne fait pas à present, des choses qu'il fera à l'avenir, cela ne signifie pas que sa volonté soit maintenant sans action, (car elle est éternellement agissante,) mais cela veut dire seulement que les creatures qui doivent servir d'instrumens à Dieu pour faire les choses à venir, ne sont pas encore disposées de la maniere qu'elles doivent l'estre pour contribuer à la production de ces effets futurs.

Pour concevoir cecy plus facilement, il faut remarquer que dans toutes les choses modales il y a comme deux parties; la substance, & les modifications de la substance. Quant à la substance, Dieu seul la produit immediatement, & il la produit par une action éternelle & immuable, & par consequent par une action inseparable de l'acte: mais il n'en est pas de même des modifications de la substance; Dieu ne les produit pas immediatement par luy-même, mais toujours à propos de quelque chose: c'est pourquoy l'on peut dire à cet égard, que la puissance de Dieu est separée de l'acte; mais au fond cette puissance separée de l'acte n'est pas tant une puissance de Dieu, qu'une puissance des substances creées: ce qui est la vraie raison pourquoy les Philosophes attribuent toujours les effets aux causes secondes plutôt qu'à la Cause premiere.

Non seulement la puissance de Dieu ne differe pas de son acte, elle ne differe pas même de sa science ni de sa volonté, (j'entens de sa volonté absoluë,) si ce n'est peut-estre d'une distinction de raison, entant que la puissance de Dieu est consideree comme un principe qui execute ce que la volonté ordonne & ce que la science dirige, bien que ces trois choses soient reellement les mêmes en Dieu.

Que la volonté de Dieu est la mesure de sa puissance.

Il est même visible que comme Dieu ne fait rien hors de luy que ce qu'il veut faire, sa volonté est à cet égard, la mesure de sa puissance, c'est à dire, qu'il ne peut faire que ce qu'il veut. En effet, s'il avoit la puissance de faire quelque autre chose, en quoy cette puissance consisteroit-elle ? Car il faut remarquer que selon saint Thomas, (*1. p. q. 25. art. 3.*) la puissance, n'est puissance, que par rapport aux choses possibles. Or il est certain qu'il n'y a rien de possible ni d'impossible que ce que Dieu a rendu tel par sa volonté, ainsi que nous l'allons faire voir dans le Chapitre qui suit. Il faut donc conclure que Dieu ne peut faire que ce qu'il veut, &

que s'il avoit la puissance de faire quelque autre chose, cette puissance seroit une puissance de rien.

CHAPITRE XXVIII.
Que la possibilité & l'impossibilité des choses dépendent uniquement de la volonté de Dieu, comme de leur cause immediate.

Puis que les êtres modaux ne sont autre chose que les substances mêmes modifiées d'une certaine façon, nous ne devons pas faire difficulté de reconnoitre qu'il y a autant de differens êtres modaux, que nous connoissons de substances qui sont diversement modifiées. Nous concevons même que la possibilité des êtres modaux doit preceder leur existence; car comme les substances ne sont pas capables d'avoir en même temps tous les modes qu'elles peuvent recevoir successivement, il est necessaire que nous regardions comme simplement possibles, tous les êtres modaux qui dépendent des modifications que les substances n'ont pas encore reçûës, & qu'elles doivent recevoir ensuite.

1. Que la possibilité des êtres modaux doit preceder leur existence.

Et comme la possibilité de êtres modaux consiste dans les substances considerées comme capables de recevoir certains modes; par la regle des contraires leur impossibilité doit consister aussi dans les mêmes substances considerées comme incapables de recevoir quelques autres modes. Ainsi, par exemple, un corps qui se peut mouvoir, & un esprit qui peut desirer sont deux êtres modaux possibles, parce que l'étenduë est capable de mouvement, & la pensée de desir, au lieu qu'un corps amoureux & un esprit figuré sont des êtres modaux impossibles, parce que le corps est de sa nature incapable d'amour, & l'esprit de figure.

2. En quoy consiste la possibilité & l'impossibilité des choses.

Que si nous voulons remonter jusqu'à l'origine de la possibilité & de l'impossibilité des choses modales, nous appercevrons aisément que Dieu en est la seule & unique cause, & qu'il a rendu tous les êtres modaux possibles ou impossibles par la même action par laquelle il a creé le corps & l'esprit capables ou incapables de recevoir certains modes; ce qui fait voir combien s'éloignent de la raison, ceux qui croyent que la possibilité & l'impossibilité des choses modales sont independantes de la volonté de Dieu, & qu'elles precedent son decret. En effet, que seroit-ce que la possibilité des

3. Que Dieu seul en est l'Auteur.

êtres modaux avant le decret de la volonté de Dieu ? Seroit-elle un pur neant ? Cela ne se peut dire, parce que le neant n'a aucune proprieté, & cette possibilité auroit la proprieté de preceder le decret de Dieu. Seroit-elle une simple non-répugnance de la chose qui est dite possible ? Cela ne se peut dire encore, parce que toute non-répugnance suppose un sujet non-répugnant, & il implique contradiction qu'il y ait un sujet non-répugnant qui précede le decret de Dieu : il faut donc dire qu'avant le decret de Dieu il n'y a rien de possible.

Mais par la même raison qu'il n'y a rien de possible avant le decret de Dieu, il n'y a aussi rien d'impossible avant le même decret ; car en effet, que seroit-ce que cette impossibilité ? Ce ne seroit pas un neant, puis qu'elle a des proprietez dont le neant n'est pas capable : ce ne seroit pas non plus une répugnance de la chose impossible, parce que cette répugnance supposeroit un sujet répugnant. Il reste donc qu'il n'y a point d'impossibilité avant le decret de Dieu, de sorte que quand je dis qu'*il est impossible qu'une chose soit & ne soit pas en même temps, qu'il est impossible qu'un bâton n'ait pas deux bouts, que le tout ne soit pas plus grand que sa partie*, &c. cela ne signifie autre chose si ce n'est que Dieu a voulu immediatement qu'une chose qui seroit, fût tandis qu'elle seroit ; qu'un bâton eût deux bouts, & que le tout fût plus grand que sa partie, &c. d'où il faut conclure que ces choses ne peuvent estre à present d'une autre façon, parce que si elles l'estoient, la volonté de Dieu seroit changeante ou répugnante à elle-même : ce qui est également impossible.

4. Que les choses impossibles ne sont pas tant des êtres réels que des chimeres.

Il faut remarquer aussi avec saint Thomas, que les choses impossibles ne sont pas tant des êtres réels que des chimeres, lesquelles Dieu ne peut faire bien qu'il soit tout-puissant ; & c'est pour cela même que ne le pouvant faire il est tout-puissant, parce que si c'est une veritable puissance de faire des choses reelles, la puissance d'en faire qui ne le sont pas, ne peut estre qu'une puissance chimerique, ou une puissance de rien, laquelle ne peut convenir à Dieu.

5. Que la contradiction est la marque des choses impossibles.

Or la marque la plus asseurée des choses impossibles, est la contradiction qu'elles renferment, qui consiste en ce qu'elles sont énoncées par des propositions composées de termes incompatibles, c'est à dire, de termes par lesquels nous asseurons par le moyen de l'affirmation, qu'un sujet & un attribut sont une même chose, bien que Dieu ait voulu qu'ils soient differens ; ou bien par lesquels nous assurons par le moyen de la negation, qu'un sujet & un attribut sont differens, quoy que Dieu ait voulu qu'ils soient les mêmes.

Suivant ce principe, il faut dire qu'il y a des choses qui sont possibles dans leur cause materielle & dans leur cause prochaine, lesquelles sont impossibles dans leur cause premiere. Par exemple, il estoit possible qu'une Legion d'Anges vint au secours de Jesus-Christ lors qu'il fut arrêté par les Juifs, & cela se pouvoit non seulement du côté de Jesus-Christ qui estoit capable d'estre secouru, mais encore du côté des Anges qui estoient capables de le secourir: toutefois cela estoit impossible du côté de la cause premiere, parce que Dieu ne vouloit pas que Jesus-Christ fût secouru par les Anges. Par une raison semblable, il y a des choses qui sont possibles dans la cause premiere, & qui sont impossibles dans la cause prochaine & materielle : Telles sont les substances creées ; car il est certain que Dieu peut produire ces substances, puis qu'en effet il les produit ; mais il est impossible qu'elles soient produites d'un sujet & par une cause prochaine, parce que Dieu a voulu les produire immediatement par luy-même.

Outre l'impossibilité absoluë dont je viens de parler, qui renferme une contradiction, il y a une autre impossibilité qui n'en renferme aucune & qu'on appelle simplement *impossibilité naturelle*, parce que les choses à qui elle convient, ne sont dites impossibles qu'entant qu'elles surpassent les forces de la nature, c'est à dire, qu'elles ne peuvent se faire selon l'ordre de la nature qui nous est connu. Je dis, *selon l'ordre de la nature qui nous est connu*, pour faire entendre que les miracles ne sont point contre la nature, mais contre ce qui nous est connu de la nature. Nous avons accoutumé de croire, dit saint Augustin, que les miracles sont contre la nature ; mais cela n'est pas vrai, car la volonté du Createur estant la nature de chacune des creatures, comment ce qui se fait par la volonté de Dieu, seroit-il contraire à la nature ?

Il y a donc une grande difference entre l'impossibilité absoluë & l'impossibilité naturelle : il est absolument impossible que je sois & que je ne sois pas en même temps, & il n'est que naturellement impossible que je naisse ou que je ressuscite. Dieu peut faire toutes les choses qui ne sont que naturellement impossibles, parce qu'elles ne renferment pas le neant dans leur essence : mais il ne peut faire en aucune façon ce qui est absolument impossible, à cause, comme il a esté dit, que ce qui est ainsi impossible, n'est pas tant

6.
Qu'il y a une impossibilité naturelle & une impossibilité absoluë

un être reel qu'une chimere, qui ne peut estre l'objet de l'action de Dieu.

Nous dirons donc que toutes les choses qui ne renferment point de contradiction dans leur idée, sont possibles à Dieu; mais avec cette difference, qu'il y en a qui sont telles par rapport à sa puissance ordinaire, & d'autres qui ne sont telles que par rapport à sa puissance extraordinaire & surnaturelle. Les choses possibles de la premiere sorte, sont celles que Dieu produit d'une maniere que je puis concevoir; & celles qui sont possibles de la seconde, sont les choses que Dieu produit d'une façon que je ne sçaurois comprendre. Ainsi, par exemple, la production d'un serpent par un autre, sera une chose possible à la puissance de Dieu ordinaire, parce que je puis comprendre les rapports qui sont entre le serpent qui produit & celuy qui est produit : au contraire le changement d'une verge en serpent sera une chose possible à la seule puissance de Dieu extraordinaire, parce que je ne puis comprendre les rapports qui sont entre le serpent & la verge, dont il est produit immediatement.

C'est pourquoy quand nous dirons dans la suite, que Dieu peut changer la nature des choses, nous n'entendrons pas par le mot de Nature, leur essence, mais seulement leur estat ordinaire; & cela ne signifiera autre chose si ce n'est, par exemple, que si le feu brule d'ordinaire, si le soleil se meut, si la terre est fertile, Dieu peut absolument changer cet ordre, & faire que le feu ne brule pas, que le soleil s'arrête & que la terre ne soit pas fertile.

7. Qu'en morale il est permis de parler de Dieu metaphoriquement.

Au reste nous avons parlé jusqu'icy de Dieu & de ses perfections à la rigueur & dans un sens propre, comme on en doit parler dans un Traité de Metaphysique, où l'on ne cherche que l'instruction de l'esprit : mais cela n'empêche pas qu'on n'en puisse parler plus librement & dans un sens metaphorique dans les Traitez de Morale, où l'on ne cherche qu'à regler les mœurs. On peut dire dans ces Traitez, *que Dieu s'est repenti d'avoir créé l'homme, qu'il s'est mis en colere contre son peuple, qu'il l'a retiré d'Egypte par la force de son bras*; enfin on peut attribuer à Dieu plusieurs autres perfections, qui ne conviennent qu'à des êtres finis & limitez; dont la raison est, que les hommes sont bien plus portez à craindre & à aimer Dieu, lors qu'il leur est representé comme sujet à l'amour, à la haine, au repentir, &c. que s'il leur estoit representé tel qu'il est en luy-même, c'est à dire, comme incapable de ces passions.

De plus, comme le propre de l'homme est de connoitre les choses insensibles par les choses sensibles, il est tres convenable qu'on nous propose les choses spirituelles de Dieu sous les metaphores des choses corporelles. C'est pourquoy comme nous avons des volontez antecedentes & consequentes, des volontez generales & particulieres, des volontez efficaces & inefficaces; comme nous avons de la bonté, de la justice, & de la misericorde; bien que rien de tout cela ne convienne proprement à Dieu, la sainte Ecriture ne laisse pas de les luy attribuer par metaphore, afin, dit saint Thomas, (*1. p. q. 1. art. 9.*) qu'elle se conforme à notre estat present où nous ne connoissons rien que dépendamment des sens.

Il faut ajouter que comme nous allons à la connoissance des perfections invisibles de Dieu, par les perfections visibles des creatures, il est tres convenable de parler dans le langage ordinaire, des perfections de Dieu, comme de celles des creatures; pourveu toutefois qu'on ne s'imagine pas que les perfections de Dieu conviennent ni en genre, ni en espece avec les perfections des creatures: il faut penser au contraire que les perfections divines n'ont aucun rapport avec les perfections des creatures que celuy qui est entre la cause & son effet. Ainsi, par exemple, quand par notre justice nous parvenons à connoitre la justice de Dieu, il ne faut pas penser que notre justice nous represente la justice de Dieu en elle-même; elle ne nous la fait connoitre que comme sa cause. En effet, comment nous la representeroit-elle en elle-même, puisqu'elles sont totalement differentes?

Et il ne serviroit de rien de dire, qu'il y a une justice en Dieu comme dans l'homme, avec cette seule difference, que la justice qui est en Dieu, est plus excellente que celle qui est dans l'homme: car je demande si la justice qui est en Dieu, est de même genre & de même espece, que notre justice, ou si elle est d'un genre & d'une espece differente? Si elle est de même genre & de même espece, notre justice a donc quelque chose d'univoque avec la justice de Dieu, ce qui ne se peut dire: & si elles ne sont, ni dans le même genre ni dans la même espece, la justice de Dieu ne peut estre plus excellente que la nôtre qu'entant qu'elle la produit & qu'elle en est la cause. Ce qui a fait dire à saint Augustin, (*l. 2. de Doctrina Christ. cap. 32.*) *Que nous sommes & que nous existons, parce que Dieu est bon*; c'est à dire, parce que sa bonté est la cause de notre existence.

8.
Que les attributs de Dieu n'ont rien de commun avec ceux des hommes.

CHAPITRE XXIX.

Que la nature & la puissance de Dieu sont incomprehensibles, & quelles sont les suites de leur incomprehensibilité.

<small>1. En quoy consiste la comprehension.</small>

Comme la comprehension consiste en ce que la puissance qui connoit a autant d'étenduë que l'objet connu, il est visible qu'il n'y a que Dieu qui se puisse comprendre luy-même, parce qu'il n'y a que luy, dont la puissance de connoitre, égale l'étenduë des perfections qu'il possede. Mais si Dieu seul se peut comprendre, il est donc incomprehensible à notre égard, c'est à dire, qu'il est tel que la connoissance que nous en avons, est beaucoup au dessous de celle que nous en aurions si nous le connoissions de la maniere la plus excellente dont il peut estre connu.

La puissance de Dieu n'est pas moins incomprehensible que sa nature ; c'est pourquoy, quand il s'agit de l'existence de quelque perfection qui est en Dieu, nous nous devons bien garder de dire que Dieu ne possede pas cette perfection, parce que nous ne pouvons pas la concevoir clairement, au contraire nous devons croire tres fermement que cette perfection est en Dieu, quand il nous a révelé qu'il la possede : d'où il s'ensuit qu'outre les attributs qu'on découvre évidemment dans la nature de Dieu, il y en a d'autres qui sont au dessus de la portée de notre esprit, lesquels nous devons admettre comme tres veritables quand Dieu nous les révele. De même, quand il s'agit de quelque chose qui est hors de Dieu, nous n'avons pas raison de dire que cette chose n'est point, parce que nous ne pouvons concevoir clairement sa nature, sa maniere d'exister, ou la façon dont elle est faite : nous devons au contraire estre tres persuadez que cette chose est, lors que Dieu a révelé qu'il l'a produite, car nous sçavons tres certainement que sa puissance est aussi incomprehensible que sa nature.

<small>2. En quoy consistent les veritez naturelles & les veritez surnaturelles.</small>

Il y a donc en Dieu & hors de Dieu des choses que nous pouvons concevoir clairement, & il y en a d'autres que nous ne pouvons concevoir qu'obscurement. Les choses que nous pouvons concevoir clairement s'appellent *des veritez naturelles*, & les choses que nous ne pouvons concevoir qu'obscurement se nomment *des veritez surnaturelles* : d'où il s'ensuit qu'il y a trois sortes de veritez surnaturelles. Les unes sont surnaturelles quant à leur nature, les autres sont surnaturelles quant à leur maniere d'exister, & les autres sont surnaturelles quant à la maniere dont elles sont faites. Par exemple, la Trinité & l'Incarnation sont des veritez surnaturelles de la premiere sorte, parce que leur nature est d'elle-même inconcevable, car il n'est pas possible de concevoir clairement, ni que deux natures subsistent par une seule personne, ni qu'une seule nature subsiste par trois personnes. La presence réelle du corps de notre Seigneur dans l'Eucharistie est une verité surnaturelle de la seconde sorte, car nous ne pouvons pas concevoir clairement comment ce corps existe dans ce Sacrement. Enfin le serpent qui fut produit de la verge d'Aaron, est une verité surnaturelle de la troisiéme sorte ; car bien qu'on puisse connoitre clairement la nature & la maniere d'exister de ce serpent, on ne peut pas neanmoins concevoir de quelle maniere il a esté fait, & c'est seulement à cet égard que ce serpent est une verité surnaturelle.

Les veritez surnaturelles de la premiere & de la seconde sorte, sont ce qu'on appelle proprement *des Mysteres* ; & les veritez surnaturelles de la troisiéme sorte, sont ce qu'on nomme *des Miracles*. Ainsi les Mysteres & les Miracles sont des choses inconcevables, mais diversement inconcevables ; car les Mysteres sont inconcevables quant à leur nature, ou quant à leur maniere d'exister, au lieu que les Miracles ne sont inconcevables que quant à la maniere dont ils sont faits.

Ce que sont les Mysteres & les Miracles.

Quoyque les mysteres & les miracles soient inconcevables chacun en sa maniere, il ne faut pourtant pas croire qu'ils répugnent ou qu'ils puissent répugner à la raison ; parce que s'ils y répugnoient, les mysteres & les miracles seroient des choses impossibles, & non pas des choses simplement inconcevables : il faut dire seulement que les mysteres & les miracles sont au dessus de la raison, c'est à dire, qu'ils sont de telle nature, qu'on ne peut connoitre clairement par le raisonnement si leurs attributs essentiels répugnent entr'eux ou non. C'est pourquoy il y a une fort grande difference entre dire qu'une chose est au dessus de la raison, ou assurer qu'elle répugne à la raison. Dire le premier, c'est assurer qu'on ne sçait clairement si les attributs essentiels de cette chose, sont compatibles ou non ; & assurer le second, c'est dire positivement qu'on sçait clairement que ces attributs ne peuvent compatir ensemble, & par consequent que la chose est impossible. C'est pourquoy quand nous dirons dans la suite que Dieu peut faire des choses impossibles, nous n'entendrons pas par le mot d'*impoſſibles*, des choſes qui repugnent à la raiſon, mais des choſes qui ſont au deſſus de la raiſon, c'eſt à dire, des choſes qui ne peuvent eſtre conçuës clairement.

Nous ſommes donc obligez de reconnoitre qu'il y a en Dieu deux ſortes de puiſſance ; l'une par laquelle il produit hors de luy les choſes que nous pouvons concevoir clairement, & l'autre par laquelle il produit celles que nous ne pouvons concevoir qu'obſcurement. La premiere ſe nomme *puiſſance ordinaire*, & la ſeconde s'appelle *puiſſance extraordinaire* ou *abſoluë*. Par la premiere Dieu produit le ciel, la terre, &c. & par la ſeconde il produit l'Incarnation, la Reſurrection, la Tranſubſtantiation, & en general tous les myſteres & tous les miracles.

Tous les attributs dont il vient d'eſtre parlé, & pluſieurs autres que nous paſſons ſous ſilence, ſe deduiſent ſi neceſſairement de l'idée de la penſée parfaite, qu'il eſt impoſſible d'avoir l'idée de cette penſée & de ne pas connoitre que les attributs que nous venons d'expliquer, en dépendent comme de leur cauſe formelle ; je dis, *comme de leur cauſe formelle*, & non pas comme de leur cauſe efficiente, pour faire entendre que les attributs de Dieu ne ſont pas diſtincts de la nature divine par une diſtinction reelle, ni modale ou formelle, mais ſeulement par une diſtinction de raiſon.

Il y en a qui diviſent les attributs de Dieu *en Poſitifs & en Negatifs* ; mais cette diviſion n'eſt que de nom, car il n'y a rien de plus poſitif que les attributs de Dieu qu'on nomme Negatifs : par exemple, eſtre *immenſe, incomprehenſible, indépendant, infini*, &c. ſont des termes qui ſignifient quelque choſe de tres poſitif dans les choſes auſquelles on les attribuë, qui ne ſe rencontre pas dans les choſes bornées, finies, comprehenſibles, dépendantes, &c. Ainſi ces termes quoy que negatifs, ont une ſignification tres poſitive, comme il arrive lorſque pour exprimer une choſe grande, on dit qu'elle n'eſt pas petite ; ce qui peut tromper les ignorans, mais qui ne trompe jamais ceux qui ſont plus attentifs aux choſes qu'aux mots.

La diviſion des attributs de Dieu en Abſolus & en Reſpectifs, eſt bien plus exacte que la precedente. On appelle, *Attributs abſolus*, ceux qui appartiennent à Dieu conſideré en luy-même ; & l'on nomme *Attributs reſpectifs*, ceux qui ſe rapportent aux creatures : par exemple, l'éternité, l'immutabilité, la ſimplicité, l'infinité, &c. sont des attributs absolus, parce qu'ils ne regardent que Dieu même. Au contraire la bonté, la puissance, la justice, la misericorde, &c. sont des Attributs respectifs, parce qu'ils supposent des creatures existantes ou possibles, ausquelles ils se rapportent.

CHAPITRE XXX.

De l'ordre de la Nature, & de l'ordre de la Grace. Ce qu'ils sont, & en quoy ils different.

LA difference qui se trouve entre les veritez naturelles & les veritez surnaturelles a paru si grande aux Philosophes, qu'ils ont esté obligez de les mettre dans deux diverses classes : & parce que presque toutes les veritez naturelles se rapportent à la conservation temporelle des hommes, & que la plupart des veritez surnaturelles regardent leur salut éternel ; sçachant d'ailleurs que le salut éternel des hommes est une chose purement gratuite, entant qu'il dépend de la pure misericorde de Dieu & de la grace de notre Seigneur Jesus-Christ ; par ces raisons on a appellé l'assemblage des veritez naturelles, *l'Ordre de la Nature*, & on a nommé l'assemblage des veritez surnaturelles, *l'Ordre de la Grace.*

C'est pourquoy puisque l'ordre de la nature n'est autre chose que l'assemblage de toutes les choses ou veritez naturelles, nous sommes obligez de reconnoitre que cet ordre comprend toutes les substances créées, tous les modes qu'elles sont capables de recevoir, tout le mouvement que Dieu a imprimé à la matiere en la creant, & toutes les loix de ce mouvement suivant lesquelles il produit tout ce que nous pouvons concevoir. C'est pourquoy quand il s'agit d'un effet ordinaire qui est une suite de ce que Dieu a voulu qui arrivât dans le monde, suivant les loix qu'il a établies, il ne faut pas s'imaginer qu'il suffise d'avoir prouvé que Dieu en est l'Auteur, pour prétendre que cet effet ne dépend que de luy ; car c'est une maxime constante, que quand Dieu agit selon le cours ordinaire de la nature, il agit toujours par le mouvement, & par consequent par le moyen de quelque corps mû. Par exemple, quand il produit & fait croître les plantes, il les produit & les fait croître par le moyen des pluyes qui arrosent la terre, & par le moyen du soleil qui l'échauffe.

1. Ce que c'est que l'ordre de la nature & l'ordre de la grace.

2. Que quand D. en agit selon le cours ordinaire de la nature, il agit toujours à propos de quelque chose.

Ce que je dis des effets corporels, est encore vrai des effets spirituels, car il est constant que Dieu est l'Auteur de toutes les sensations & de toutes les connoissances de l'ame : mais il faut reconnoitre aussi qu'il ne les produit pas par luy-même immediatement, mais par un ordre tres reglé en suivant les desseins qu'il a eu en joignant l'esprit au corps, de faire que l'ame connoitroit ou sentiroit d'une certaine maniere, toutes les fois que les organes de son corps seroient mûs d'une certaine façon.

3. Et comment.

Il seroit fort aisé de faire voir comment Dieu produit tous les Etres particuliers qui se succedent les uns aux autres, dans l'ordre de la nature, & comment il se sert des creatures pour cette production ; car de ce que Dieu conserve dans la matiere la même quantité de mouvement qu'il y a imprimée dés le commencement, il s'ensuit visiblement qu'à mesure que differens corps se meuvent, le mouvement se modifie diversement, & devient par consequent capable de produire differentes choses. Ainsi, par exemple, le mouvement qui produira l'Antechrist à la fin du monde, est en substance le même qui aura produit tous les Etres particuliers qui auront précedé l'Antechrist depuis le commencement, & qui auront contribué à le produire, en agissant diversement les uns sur les autres selon la diversité de leur nature.

Quant à l'ordre de la grace, puis qu'il n'est autre chose que l'assemblage des veritez surnaturelles, il faut qu'il soit fort different de l'ordre de la nature. Voicy en quoy ces deux ordres different principalement.

4. En quoy l'ordre de la nature, & l'ordre de la grace different.

Dans l'ordre de la nature, nous deduisons les veritez necessaires, les unes des autres, par des consequences aussi necessaires ; & dans l'ordre de la grace, il ne nous est pas permis de tirer des consequences des veritez surnaturelles ; ou si nous en tirons, elles ne peuvent passer que pour des veritez naturelles. La raison de cette difference est, que les veritez naturelles dependent les unes des autres, au lieu que les veritez surnaturelles n'ont aucune liaison entr'elles, ou au moins si elles en ont quelqu'une, nous ne la connoissons pas, ni ne pouvons la connoitre.

Dans l'ordre de la nature, nous connoissons les veritez contingentes, par la seule experience des sens, ou par le témoignage des hommes ; & dans l'ordre de la grace, toutes les veritez sont connuës par le seul témoignage de Dieu.

Dans l'ordre de la nature, nous n'admettons les veritez, que parce qu'elles sont évidentes ; & dans l'ordre de la grace, nous ne les recevons que parce qu'elles sont révelées.

Dans l'ordre de la nature, Dieu rapporte tout à notre salut temporel ; & dans l'ordre de la grace, il semble n'avoir égard qu'à notre salut éternel.

Enfin dans l'ordre de la nature Dieu renferme tout le bien ou tout le mal de l'homme dans le peu d'années qui composent sa vie ; & dans l'ordre de la grace Dieu promet à l'homme des felicitez ou des peines éternelles.

Aprés avoir établi ces deux ordres, nous allons faire voir dans la seconde Partie de ce premier Livre, quel est l'usage qu'on doit faire de la Raison dans l'ordre de la nature touchant les plus importantes veritez de la Metaphysique ; & nous ferons voir dans le second Livre quel est l'usage qu'on doit faire de la foy dans l'ordre de la grace touchant les veritez revelées.

FIN DE LA PREMIERE PARTIE
du Premier Livre.

L'USAGE DE LA RAISON, ET DE LA FOY.

OU L'ACCORD DE LA FOY ET DE LA RAISON.

LIVRE PREMIER.

Où l'on fait voir ce que c'est que la Raison humaine, en quoy consiste sa certitude, & quel est l'usage qu'on en doit faire dans l'ordre de la nature.

SECONDE PARTIE.

De l'usage qu'on doit faire de la Raison dans l'ordre de la nature touchant les principales veritez qui appartiennent à cet ordre.

CHAPITRE I.

Comment il faut user de la Raison, pour découvrir la maniere particuliere dont Dieu connoit les Creatures.

Comment Dieu connoit les creatures selon les Platoniciens.

LEs Philosophes sont partagez sur ce sujet. Les Disciples de Platon disent, que comme Dieu ne peut rien apprendre des Creatures, & qu'il a dû les connoitre avant que de les produire, il est visible qu'il n'a pû découvrir leur nature que dans son essence, & partant qu'il faut que cette

cette divine essence luy represente la diversité de tous les êtres : mais il n'est pas moins clair, selon eux, qu'elle ne peut la luy representer que par la diversité des degrez de perfection qui ont rapport à ces divers êtres, & sur le modele desquels ces êtres ont été creez ; car s'il n'y avoit en Dieu nulle difference, par exemple, entre le degré de perfection qui represente un esprit, & celuy qui represente un corps, il est clair que Dieu ne pourroit sçavoir la difference qu'il y a entre un esprit & un corps, puis qu'il ne peut découvrir les differences des creatures, que par les differences qui se trouvent entre les idées que son essence luy fournit par ses perfections : C'est pour cela, disent les Platoniciens, que les diverses perfections de Dieu qui ont rapport aux Creatures, s'appellent du nom d'*Idées*, d'*Exemplaires*, ou d'*Originaux*.

2. Selon les Peripateticiens.

Les disciples d'Aristote enseignent au contraire, que quoy que Dieu n'ait qu'une seule pensée, on peut dire neanmoins qu'il a plusieurs idées, pourveu que par le mot d'idée, on n'entende autre chose que la nature même de Dieu entant qu'elle est participée par les creatures, selon tel degré de ressemblance qu'il veut leur donner : Je dis, *qu'il veut leur donner*, pour faire connoitre que selon les disciples d'Aristote, il n'y a que la volonté de Dieu qui puisse faire que sa nature soit participée par les creatures de telle ou telle maniere. C'est ce que saint Thomas enseigne expressément dans la premiere partie quest. 14 art. 8. où il dit, *que l'essence divine pouvant estre participée par differentes creatures, ne seroit participée par aucune en particulier, si elle n'y est déterminée par sa volonté*: d'où il conclut dans l'art. 9. *que les idées de Dieu qui sont jointes à sa volonté, sont la vraie cause des choses*, non seulement de celles qui existent actuellement ou qui existeront un jour, mais encore de celles qui n'existeront jamais. Voicy comment il parle dans cet Article : *Dieu connoit tout ce qui est, de quelque maniere qu'il soit. Or rien n'empêche que les choses qui ne sont pas simplement, ne soient en quelque façon ; car une chose est simplement lors qu'elle est actuellement existante ; & une chose qui n'est pas actuellement existante, n'est qu'en puissance, soit qu'elle soit dans la puissance active de Dieu, soit qu'elle soit dans la puissance passive de la matiere, à raison de quoy on peut assurer que Dieu connoit & qu'il veut les choses mêmes qui ne sont point, mais de telle sorte, qu'entre les choses qui ne sont pas, les unes ont esté par le passé ou seront à l'avenir, & les autres n'ont jamais esté, ni ne doivent estre.*

Dieu est dit connoître les premieres, par une science de vision; & il est dit connoître les secondes, par une science de simple intelligence: Ce qui fait voir que selon saint Thomas, toute science de Dieu, soit de vision, soit de simple intelligence, suppose les decrets divins; car, comme il vient d'estre prouvé par saint Thomas, bien que la nature divine soit participable par des creatures, elle ne peut estre neanmoins participée par aucune en particulier, que par le decret de sa volonté, par lequel Dieu a déterminé, que cette creature sera actuelle ou simplement possible. D'où il s'ensuit que la science de Dieu est toujours practique, c'est à dire, jointe à la volonté qu'il a de produire l'essence ou l'existence des choses; car une creature qui n'auroit point d'essence ni d'existence, ne differeroit pas du pur neant, & par consequent elle ne pourroit estre l'objet d'aucune science ni d'aucune idée de Dieu.

<small>Refutation de l'opinion des Platoniciens.</small>

Il n'y a rien qui s'accorde moins avec la notion que nous avons de Dieu consideré comme une pensée parfaite, que la maniere de connoître les choses que les disciples de Platon luy attribuent. Je demeure bien d'accord avec eux, que Dieu ne peut rien apprendre des creatures, mais il ne s'ensuit pas que Dieu doive connoître les creatures avant que de les vouloir produire; car il a esté prouvé qu'en Dieu, la connoissance ne precede point la volonté. En effet, comment Dieu peut-il connoître les choses avant que de les vouloir produire, si elles ne sont qu'entant qu'il les produit; & si celles qu'il ne produit pas selon leur essence ni selon leur existence, ne different pas du pur neant?

De plus, comment conçoit-on que l'essence divine puisse representer la diversité des êtres? Sera-ce par la diversité des degrez de perfection qui ont rapport à ces êtres? Cela ne se peut dire pour plusieurs raisons. 1. Parce qu'il repugne à l'idée d'un être parfait de luy donner des perfections diverses qui soient plus grandes & plus petites, car il est certain que le plus & le moins denotent du defaut dans le sujet qui est capable de les recevoir. 2. Parce qu'il n'est pas concevable que des perfections spirituelles representent des corps, ni que des perfections permanentes representent le mouvement, qui est dans un perpetuel changement. 3. Parce que si Dieu ne connoit la difference qui est entre un esprit & un corps, que par la difference qui se trouve entre les idées que son essence luy fournit, il faut que les perfections de Dieu different autant entre elles que le corps differe de l'esprit : ce qui est absurde. Il faut ajouter que si les perfections divines representoient les creatures, elles ne seroient pas des exemplaires ni des originaux, comme les Platoniciens le supposent, mais de simples idées ; dont la raison est, que les idées sont faites pour representer, au lieu que les exemplaires & les originaux ne sont faits que pour estre representez.

L'opinion des Disciples d'Aristote est beaucoup plus vrai-semblable, que celle des Disciples de Platon ; cependant elle renferme encore une difficulté insurmontable, qui est que l'essence divine est si relevée par dessus celle des creatures, qu'elle n'en peut estre participée selon aucun degré de vray-semblance : car, 1. elle ne peut pas estre participée selon le degré d'être, d'autant que l'être de Dieu & celuy de la creature n'ont rien de commun : l'être de Dieu est par luy-même, & l'être de la creature est par un autre. 2. Elle ne peut estre participée selon le degré de substance, car il a été prouvé que Dieu n'est pas une substance ; l'essence de Dieu ne peut donc estre participée par aucun être créé, ni par consequent representer aucune creature. Cela est si vrai, que saint Thomas est obligé luy-même de reconnoître que les creatures ne ressemblent à Dieu ni selon leur genre, ni selon leur espece, mais seulement selon quelque analogie telle quelle. Voicy comment il parle dans la premiere part. quest. 4. art. 3. *Comme la cause agit par sa forme, il est necessaire que l'effet luy ressemble aussi par sa forme : c'est pourquoy si la cause est de même espece que l'effet, la forme de l'effet sera semblable à celle de la cause. C'est ainsi qu'un homme engendre un autre homme qui luy ressemble en espece. Que si la cause est de differente espece de l'effet, elle ressemblera à l'effet, mais ce ne sera qu'en genre : Telles sont toutes les choses que le soleil engendre, lesquelles different du soleil en espece. Que s'il y a une cause qui ne soit pas de même genre que son effet, son effet luy ressemblera, non en genre ni en espece, mais seulement dans une analogie telle quelle.* Voila comment saint Thomas parle.

De plus, qu'est-ce que participer à la nature de Dieu ? Est-ce prendre une portion de cette nature ? Cela ne peut estre, car la nature de Dieu est indivisible, & par consequent incapable d'estre communiquée par parties, comme Spinosa l'a prétendu. Dira-t-on que participer à la nature divine, c'est avoir avec elle quelque chose de commun, comme l'individu a quelque chose de commun avec l'espece, ou l'espece avec le genre ? Cela ne peut estre encore, car la nature divine n'est point une nature universelle, avec

4.
Et des Peripateticiens.

laquelle les creatures ayent quelque chose de commun.

5.
Que Dieu ne voit les choses que dans sa volonté.

C'est donc une chose assurée, que Dieu ne voit les creatures ni dans son essence ni dans ses perfections, mais dans sa volonté entant que sa volonté donne l'être à toutes choses : & il ne sert de rien de dire que Dieu agit raisonnablement, & par consequent avec connoissance ; car cela ne veut pas dire que la connoissance de Dieu precede de quelque priorité de temps ou de nature la détermination de sa volonté ; cela signifie seulement que la détermination de la volonté de Dieu, n'est jamais sans la connoissance, ni la connoissance sans la détermination de la volonté.

6.
Qu'il n'y a que la science de Vision qui soit propre à Dieu.

Il n'y a donc que la science qu'on appelle de Vision, qui soit propre à Dieu, parce qu'il n'y a qu'elle qui suppose ses decrets : la science de simple intelligence, & la science qu'on nomme *conditionnelle*, prises à la rigueur pour des connoissances qui precedent tout decret de Dieu, ne sont pas tant de veritables sciences en Dieu que des sciences chimeriques. En effet, Dieu ne peut connoitre hors de luy, que ce qui y est ; & il est certain qu'à notre égard il n'y a hors de Dieu que des substances & des modes. Or s'il connoit les substances, il les connoit comme existantes selon leur être d'essence, & selon leur être d'existence ; d'autant qu'il sera prouvé dans la suite, que dans les substances ces deux êtres sont inseparables. Il les connoit donc dans son decret ; car s'il les connoissoit hors de son decret, l'existence des substances seroit independante de sa volonté : ce qui repugne. Si au contraire Dieu connoit les êtres modaux ; ou ces êtres sont actuels, ou ils sont possibles. S'ils sont actuels, sa connoissance suppose un decret touchant leur existence, & c'est par consequent une science de vision. Si les êtres modaux sont possibles ; ou ils existeront un jour, ou ils n'existeront jamais. S'ils existent un jour, la connoissance de Dieu suppose deux decrets ; l'un touchant l'être d'essence, & l'autre touchant l'être d'existence ; & s'ils n'existent jamais, la connoissance de Dieu ne suppose pas un decret touchant l'être d'existence, (car cet être ne sera jamais,) mais elle en suppose un touchant l'être d'essence ou de pure possibilité ; ce qui suffit pour rendre cette connoissance une science de vision à cet égard. Il n'y a donc rien de plus indigne de Dieu que la science de simple intelligence, ou la science conditionnelle prises à la rigueur pour des connoissances de Dieu qui ne supposent aucun decret.

7.
Que Dieu doit penser

Cela posé, il est évident que la nature de Dieu étant de penser

& de vouloir parfaitement, Dieu doit penser & vouloir toutes choses, tant celles qui sont en luy que celles qui sont hors de luy, avec cette difference pourtant que Dieu pense & veut les choses qui sont en luy par la necessité de sa nature, & qu'il ne pense & ne veut les choses qui sont hors de luy que par la necessité de sa volonté. Mais soit qu'il pense ou veuille par la necessité de sa nature, soit qu'il pense ou veuille par la necessité de sa volonté, il pense & veut toujours toutes choses, & tout à la fois, parce qu'il est de sa nature de penser & de vouloir tout, & de penser & vouloir sans succession. Mais si la pensée de toutes choses est la propre substance de Dieu, cette pensée ne suppose rien qui la devance & qui luy donne une nouvelle modification ; car si Dieu pense toujours à toutes choses, & tout à la fois, il ne doit point recevoir de nouvelles modifications pour penser, mais son seul être, entant que pensant, luy doit faire connoitre toutes les choses actuelles & possibles. La pensée de toutes choses ne vient donc point à Dieu par succession, mais il la possede, parce qu'il est de sa nature de penser à tout. Cela n'empêche pas neanmoins que Dieu n'apperçoive chaque chose tres distinctement, & avec la même netteté que s'il n'en appercevoit qu'une seule ; parce qu'il est de sa nature de penser à tout, avec distinction.

& vouloir toutes choses, & pourquoy.

Au reste, comme Dieu connoit les creatures selon tous les caracteres essentiels qui les distinguent les unes des autres, il connoit aussi tous les rapports qu'elles ont les unes avec les autres, & il connoit tous ces rapports, non pas distributivement les uns après les autres ; mais étant pris d'une certaine maniere collective. Par exemple, en appercevant le nombre de cent mille, il apperçoit tous les rapports corporels ou spirituels ramassez dans ce nombre ; d'où vient qu'il n'y a rien d'abstrait dans les nombres tels que Dieu les connoit, & de la maniere dont il les connoit : car nous ferons voir que ce n'est que la connoissance confuse ou abstraite que nous avons des choses, qui nous fait concevoir les dixaines & les centaines, sans appercevoir en même temps les êtres corporels ou spirituels qui sont dix ou cent.

8. Que Dieu connoit tout à la fois tous les rapports des choses.

Ce qui vient d'estre dit des nombres, se doit entendre par proportion des figures : car comme Dieu connoit l'étenduë divisible, bien qu'il n'y ait rien d'étendu ni de divisible en luy, il connoit aussi toutes les manieres dont elle est circonscrite exterieurement : il connoit les differentes façons dont on peut terminer les parties,

9. Toutes les figures.

N iij

il connoit aussi tous les états dans lesquels les parties interieures & insensibles de la matiere sont arrangées; il connoit enfin les situations qu'elles ont : & c'est ce que nous appellons connoistre les figures.

10. Toutes les qualitez sensibles.

Il est encore aisé de comprendre comment Dieu connoit les êtres sensibles, car nous ne devons entendre par êtres sensibles, que de certaines parties de la matiere ou de l'étenduë diversement arrangées, qui selon les diverses modifications & mouvemens qu'elles reçoivent, sont capables d'exciter en nous differentes sensations : ce qui étant ainsi, Dieu connoit tres clairement tous les corps sensibles, sans qu'ils excitent en luy aucune sensation ni changement ; car il connoit toutes les directions de mouvement qu'ils doivent avoir pour communiquer leurs actions à nos organes afin de nous faire sentir, & il connoit tout cela dans sa volonté.

11. Et le mouvement.

Par la même raison que Dieu connoit les nombres, les figures & les qualitez sensibles des corps, il connoit aussi leur mouvement, bien qu'il n'y ait rien de mobile dans son être : car parmi tous les corps imaginables, Dieu connoit tout à la fois toutes les situations qu'ils ont successivement par rapport les uns aux autres. Or c'est cette succession continuelle de situations, que nous appellons *le mouvement*. Dieu connoit donc le mouvement, bien que de sa nature, il soit immuable.

CHAPITRE II.

Comment l'homme connoit les choses en general & en particulier.

IL seroit inutile de repeter icy comment l'homme connoit les choses en particulier, car cela a esté cy-devant expliqué; nous dirons seulement comment il connoit les choses en general : ce qu'il sera aisé de faire entendre, pourveu qu'on se souvienne du pouvoir que l'ame a sur ses idées, qui consiste principalement à separer ce qu'elles ont de commun, à raison de quoy, elles deviennent generales. D'où vient cette fameuse Maxime : *Universalia sunt tantùm in mente* : Il n'y a rien d'universel que dans l'ame. En effet tout ce qui existe est individuel, & tout ce qui est individuel, ne peut estre rendu general que par des abstractions dont l'ame seule est capable, car Dieu ne connoit rien en general, ni par abstraction.

1. Que l'ame se forme par abstraction l'idée des choses generales.

Je dis, *Tout ce qui est individuel*, & non pas, Tout ce qui est singulier, pour marquer qu'il y a une grande difference entre les choses individuelles & les choses singulieres. Celles-cy ne sont comprises sous aucune notion commune, & celles-là sont contenuës sous la même espece. C'est par cette raison, que Dieu est un être singulier, parce qu'il n'a rien de commun avec les creatures, & que Pierre, Paul, Jean & Jacques sont des êtres individuels, parce qu'ils sont compris sous la même nature humaine.

2. En quoy les choses singulieres different des choses individuelles.

Par la même raison que l'ame se forme par des abstractions l'idée des choses generales, elle se forme aussi par des abstractions l'idée des nombres qu'on appelle *nombres nombrans*: car quand l'ame compare ensemble selon l'unité plusieurs êtres & qu'elle les a ramassez comme en une somme, elle peut dépouiller cette somme de toute sorte de sujets, & la rendre si universelle, qu'elle soit capable d'être appliquée à tous les êtres imaginables; comme le nombre de cent, par exemple, à cent hommes, à cent soleils, à cent chevaux, &c. D'où vient qu'on a divisé les nombres en nombres nombrans & en nombres nombrez, entendant par nombres nombrans, ceux qui supposent de certaines abstractions d'esprit, & par nombres nombrez, ceux qui consistent dans les choses mêmes nombrées, qui sont comme la matiere des nombres nombrans & abstraits.

3. Des nombres nombrans & des nombres nombrez.

Suivant ce principe toutes ces propositions: *Deux & deux font quatre*: *Le tout est plus grand que sa partie*: *Les choses égales à une même sont égales entre elles*; & en general toutes les veritez, qu'on appelle veritez éternelles, ou notions communes, sont des idées generales, c'est à dire des idées qui sont formées par abstraction de quelques idées individuelles. Par exemple, cette verité generale: *Deux & deux font quatre*, suppose cette verité individuelle, ou quelque autre semblable: Deux hommes & deux hommes font quatre hommes. Cette verité generale, *Le tout est plus grand que sa partie*, suppose cette verité individuelle, ou quelque autre semblable: Toute la maison est plus grande qu'une de ses chambres; & ainsi du reste. D'où il s'ensuit évidemment que tout ce qu'il y a de general, ne peut exister que dans l'entendement, suivant cette commune Maxime: *Universalia sunt tantùm in mente*.

4. Que les choses generales ne peuvent exister que dans l'esprit.

La connoissance des figures en general, dépend du même principe que celle des nombres nombrans; car en effet, la figure en

5. Comment l'ame connoit

general n'est autre chose que la maniere dont les parties de la matiere sont bornées. Or rien n'empêche que l'ame, quand elle a apperçu plusieurs figures attachées à leur sujet, ne dépouille ces figures de toute matiere sensible, & qu'elle ne rende par ce moyen l'idée, qu'elle en a, generale & commune. Ce que je dis de la figure se doit entendre par proportion du mouvement, c'est à dire que l'idée de chaque mouvement individuel, peut estre renduë generale & universelle par des abstractions.

les figures en general.

6. *En quoy les idées innées different des idées abstraites.*

Tout le monde ne demeure pas d'accord que les idées individuelles deviennent generales par des abstractions. Il y a des Philosophes qui croyent que toutes les idées generales sont innées, c'est à dire creées avec l'ame; mais je ne sçaurois estre de leur sentiment. Je trouve trop de difference entre les idées generales & les idées innées, pour les confondre. Les idées innées sont produites avec l'ame; & c'est l'ame qui produit les idées generales. Les idées innées sont naturelles, & les idées generales sont artificielles: les idées innées sont continuellement dans l'ame malgré l'ame même, & les idées generales n'y sont que quand il luy plait. Enfin les idées generales dépendent des abstractions d'esprit, & les idées innées n'en dépendent pas. Je dis que les idées generales dépendent des abstractions, & c'est là le sentiment des anciens Philosophes, & de plusieurs modernes : Mais parce que les Anciens ont crû que les abstractions dépendoient non de la volonté, mais de l'entendement, cela a fait qu'ils ont attribué toutes les idées individuelles aux sens, & qu'ils ont donné toutes les idées generales à l'entendement seul, au lieu de les donner à l'entendement & à la volonté : d'où est venuë cette Maxime : *Intellectus est universalium, & sensus particularium.*

7. *Pourquoy on attribuë aux sens les idées individuelles & les idées generales à l'entendement.*

8. *Combien il importe de sçavoir comment l'ame connoit les choses generales.*

Au reste il importe plus qu'on ne pense, de sçavoir comment l'ame connoit les choses generales, car faute de cette connoissance, la plupart des hommes mêlent leurs façons de penser, avec la nature des choses mêmes. Ainsi parce que des êtres quoy que tres simples, peuvent selon divers égards fonder diverses pensées, il y en a qui transportent ces diverses pensées dans l'être même des choses, & qui veulent que dans cet être il y ait autant de petites entitez reellement distinctes, qu'ils ont de pensées diverses. C'est l'illusion dans laquelle tombent ceux qui distinguent reellement l'entendement de la chose qui entend, & la volonté de la chose qui veut, & qui en general prennent pour des realitez ce qui n'est qu'une maniere de penser.

Au contraire, parce que par une vertu differente la volonté peut réünir plusieurs êtres sous une même idée, en les dépouillant par des abstractions de toutes les modifications & circonstances qui les distinguent, il y en a qui transportent cette maniere de penser dans les choses mêmes, & qui par là introduisent ce qu'on appelle l'Universel, *à parte rei*. Ainsi, par exemple, l'ame peut concevoir tous les corps par une même idée, en les dépouillant par la pensée de toutes les modifications & circonstances qui les peuvent distinguer; & alors l'ame n'apperçoit plus dans les corps aucune distinction; elle ne voit plus ni ciel, ni terre, ni aucun corps particulier. Il n'y a donc pas alors plusieurs corps dans la nature, & par consequent il n'y en a qu'un seul dans cet estat d'abstraction, & celuy-là même n'existe que dans l'entendement, c'est à dire dans la faculté que l'ame a de connoitre les choses en general; car il ne faut pas penser qu'il y ait un corps en general qui existe actuellement.

CHAPITRE III.

Comment on peut dire que tout ce qui est dans l'Entendement a passé par les Sens.

CE que nous venons de dire de la maniere dont nous connoissons les choses en general, nous conduit insensiblement à la connoissance de la verité de cette maxime si celebre parmi les anciens Philosophes, *Qu'il n'y a rien dans l'entendement qui n'ait passé par les sens mediatement ou immediatement*. En effet, puis que l'entendement, entant qu'il est opposé aux sens, n'est autre chose que la faculté que nous avons de connoitre les choses en general; si les choses en general sont necessairement abstraites des choses singulieres, & si nous ne connoissons les choses singulieres que par les sens, il est évident que la connoissance des choses generales dépend aussi des sens, avec cette seule difference, que les idées des choses particulieres en dépendent immediatement, & que les idées des choses generales n'en dépendent que mediatement.

Les Philosophes sont partagez sur ce sujet. Les Anciens ont crû que cette maxime estoit vraie absolument, & les Modernes soutiennent qu'elle n'est vraie qu'à quelque égard.

Pour juger solidement entre deux opinions si opposées, il faut remarquer en premier lieu, que les anciens Philosophes ont admis

1. Selon les anciens Phi-

deux sortes d'entendement ; sçavoir un entendement *agent*, & un entendement *patient*. L'entendement *agent* n'est autre chose, selon eux, qu'une puissance de l'ame qui reçoit immediatement des sens les especes des choses materielles & sensibles, & qui les ayant reçuës & dépoüillées de tout ce qu'elles ont de materiel, les renvoye dans l'entendement qu'ils appellent *patient*, à cause qu'il reçoit simplement ces idées spirituelles, par lesquelles l'ame devient formellement connoissante. Cette doctrine est enseignée expressément par Aristote dans son troisiéme Livre de l'Ame, où il dit, qu'il faut necessairement que celuy qui entend ou qui connoit, se tourne vers les phantômes, c'est à dire, vers les especes des choses materielles. Ce qui n'est pas seulement vrai à l'égard des choses corporelles, mais encore à l'égard des choses spirituelles, ainsi que saint Thomas l'enseigne dans sa Somme, où il dit, *Que nous ne pouvons connoitre les substances spirituelles dans l'état de la vie presente, si ce n'est par quelque comparaison des choses corporelles* ; d'où s'ensuit que quand nous concevons quelque chose de spirituel, il faut, selon luy, que nous nous tournions vers les images des corps, bien que ce que nous concevons n'ait point de pareilles images ou especes corporelles.

Il faut remarquer en second lieu, que la plupart des modernes admettent aussi deux entendemens ; l'un qu'ils appellent simplement *imagination*, & l'autre qu'ils nomment *entendement pur*. Selon eux le premier entendement dépend des sens, & le second n'en dépend point du tout. Le premier est une faculté de l'ame qui agit dépendamment du corps, & le second est une faculté de l'ame qui agit indépendamment du corps.

Or il y a cette difference entre ces deux hypotheses, que la premiere, quoy que proposée d'une maniere fort abstraite & fort obscure, peut neanmoins se reduire à un sens tres clair & tres raisonnable. Car qui ne voit que par l'entendement agent des Philosophes anciens, on peut entendre la puissance que l'ame a de separer de ses idées ce qu'elles ont de particulier & d'individuel, pour n'en retenir que ce qu'elles ont de general & de commun, c'est à dire, de rendre ses idées d'individuelles, generales ? Qui ne voit aussi que par l'entendement qu'ils ont appellé *patient*, on peut entendre la puissance ou faculté que l'ame a de recevoir les idées generales & communes, par lesquelles elle est renduë formellement connoissante ? Au contraire l'hypothese des Philosophes modernes, qui admet un entendement pur, c'est à dire un entendement qui agit indépendamment du corps, ne peut avoir aucun fondement solide. Car que seroit-ce que cet entendement pur ? Seroit-ce une faculté de l'ame ou de l'esprit ? Ce ne seroit pas une faculté de l'ame, car l'ame ne peut agir comme ame que dépendamment du corps, & l'entendement pur n'en dépend pas, par la supposition. Ce ne seroit point non plus une faculté de l'esprit, car toute faculté suppose de la succession dans son operation, & toute succession suppose du mouvement : Or l'esprit, comme tel, n'est point sujet au mouvement. Il est donc incapable d'un entendement pur, si ce n'est qu'on veuille entendre par entendement pur, la faculté ou puissance que l'ame a de recevoir des idées generales ; ce qui viendroit au sentiment des anciens Philosophes.

Je sçai bien qu'on a coutume d'objecter que l'homme a l'idée de Dieu & l'idée du corps indépendamment des sens, & qu'on conclut de là que les sens ne sont pas l'origine de toutes les connoissances de l'homme. Mais on peut répondre que l'idée de Dieu & l'idée du corps sont à la verité dans l'entendement, mais qu'elles y sont dépendamment des sens : car, selon saint Paul, ce sont les choses sensibles qui font que l'ame rentre en elle même pour y contempler l'idée de Dieu, c'est à dire, pour se rendre plus attentive à cette idée. Quant à l'idée du corps, elle est generale ou individuelle : si elle est generale, elle dépend mediatement de quelque mouvement des organes ; & si elle est individuelle, elle en dépend immediatement.

On objecte en second lieu, que l'affirmation & la negation sont dans l'entendement, & que cependant elles n'ont jamais passé par les sens. A quoy l'on répond, que l'affirmation & la negation peuvent estre considerées materiellement ou formellement : que quand on les considere formellement, elles ne sont point dans l'entendement, mais dans la volonté qui affirme & qui nie : au contraire lors qu'on les considere materiellement & qu'on les prend pour de simples idées touchant lesquelles l'ame affirme ou nie, alors elles appartiennent veritablement à l'entendement, mais aussi elles dépendent des sens : elles en dépendent immediatement, si elles sont particulieres ; & mediatement seulement, si elles sont generales.

C'est donc sans fondement que les Philosophes modernes assurent qu'il y a des choses dans l'entendement qui n'ont pas passé par les sens, puis qu'il n'y a rien non seulement dans l'entendement,

Objection des Philosophes modernes, & la réponse des anciens.

mais même dans l'ame, qui n'ait paſſé par les ſens mediatement ou immediatement. Je n'en excepte pas même les idées innées; car il faut remarquer que les idées innées ne different pas des idées acquiſes, en ce que celles-cy dépendent des ſens & que les autres n'en dépendent pas, mais en ce que les idées innées ſont continuellement dans l'ame, & que les idées acquiſes n'y ſont que ſucceſſivement. Par exemple, je ne vois que ſucceſſivement les figures particulieres, dont les idées ſont acquiſes, parce que l'idée d'une figure n'enferme pas l'idée de l'autre; au lieu que j'apperçois continuellement l'étenduë, parce que l'idée de l'étenduë qui eſt une idée innée, eſt renfermée dans l'idée de chaque figure particuliere : ce qu'il faut bien remarquer.

Concluons donc que les anciens Philoſophes ont eu raiſon de dire qu'il n'y a rien dans l'entendement, qui n'ait paſſé par les ſens; car ſelon leurs principes l'entendement patient ſuppoſe l'entendement agent; l'entendement agent ſuppoſe les ſens, & les ſens ſuppoſent quelque mouvement particulier dans les organes du corps : D'où il s'enſuit en general, que les mouvemens particuliers des organes du corps ſont la veritable origine de toutes les connoiſſances particulieres de l'ame.

CHAPITRE IV.

Que nous connoiſſons les choſes qui ſont hors de nous par des idées qui ſont en nous, & non pas par des idées qui ſont en Dieu.

LEs premiers Philoſophes qui ont examiné la nature des choſes, ont crû qu'il n'y avoit rien dans le monde que des corps, & parce que tous les corps leur ont paru dans le mouvement, ils ſe ſont perſuadez que l'ame ne pouvoit avoir aucune connoiſſance de la verité des choſes, d'autant que ce qui coule par parties ne peut eſtre apperçû tout entier, parce qu'il eſt paſſé avant que l'eſprit en puiſſe juger.

1. Des idées ou des eſpeces de Platon.

Platon, pour faire voir que l'ame pouvoit avoir une connoiſſance certaine de la verité par l'entendement, a ſuppoſé qu'outre les choſes corporelles il y avoit un autre genre d'être diſtinct de la matiere & du mouvement. Il a appellé ce genre d'être *eſpeces* ou *idées*, par la participation deſquelles chaque choſe particuliere & ſensible a d'estre telle ou telle : Par exemple, d'estre homme ou cheval. D'où il a conclu que les sciences, les definitions & tout ce qui appartient à l'entendement, ne se rapporte pas aux choses materielles & sensibles, mais à ces idées immaterielles & separées ; ce qui fait que l'ame ne connoit pas les choses materielles & sensibles, mais seulement les especes separées de ces choses.

Saint Augustin persuadé qu'il répugnoit à la foy de dire qu'il y avoit des especes ou idées qui subsistoient par elles-mêmes, & qui estoient hors de Dieu, crût qu'il falloit à la place des idées de Platon qui estoient hors de Dieu, mettre en Dieu de certaines similitudes des choses, qu'il appelle *des raisons éternelles*, selon lesquelles Dieu produit toutes les creatures, & selon lesquelles l'ame connoit tout ce qu'elle connoit. C'est pour cela qu'il a enseigné que les figures que les Geometres contemplent, habitent en Dieu, & que c'est en effet en Dieu que les Geometres voyent ces figures.

2. *Des Raisons éternelles de saint Augustin.*

Quelques Philosophes, aprés saint Augustin, ont poussé cette matiere encore plus loin. Ils ont soutenu que l'ame ne voit pas seulement en Dieu les veritez generales qu'on appelle *éternelles*; mais qu'elle y voit encore les corps particuliers, *& qu'elle les y voit dans une étenduë prétenduë intelligible, qu'ils mettent en Dieu, & qui n'est pas differente de la substance, même divine.*

Saint Thomas répondant à Platon, luy prouve que son sentiment est faux par plusieurs raisons, dont voicy les deux principales. La premiere, que les especes que Platon suppose, estant materielles & immobiles, elles ne peuvent donner aucune connoissance certaine du mouvement, ni de la matiere, ni de tout ce qui est démontré par les causes mouvantes & materielles. La seconde, qu'il paroit ridicule de dire, que tandis que nous examinons la nature des choses qui sont présentes à nos sens, on nous apporte d'autres êtres qui different substantiellement de ceux-là, & dont la connoissance ne peut servir de rien pour découvrir la nature des choses materielles, sensibles & mobiles.

1 p. q. 84, art. 1.
3. *Réponse de saint Thomas à saint Augustin.*

Le même saint Thomas expliquant l'opinion de saint Augustin, qui veut que les figures que les Geometres contemplent, habitent en Dieu, dit qu'une chose peut estre connuë dans une autre en « deux manieres, 1. comme dans un sujet connu, ainsi que l'ame « voit dans un miroir les choses dont les images s'y sont formées. « Or de cette façon l'ame, dans l'état present de cette vie, ne peut « connoitre toutes choses dans les raisons éternelles : c'est un pri- «

O iij

» vilege qui est reservé aux Bienheureux dans le ciel en voyant
» Dieu, de voir toutes choses en Dieu. 2. Une chose peut estre con-
» nuë dans une autre comme dans un principe de connoissance,
» comme si nous disions qu'on voit dans le soleil ce qu'on voit par
» le soleil ; & de cette maniere il faut dire que l'ame connoit toutes
» choses dans les raisons éternelles, par la participation desquelles
» elle connoit tout ce qu'elle connoit : car la lumiere intellectuelle
» de l'ame n'est autre chose qu'une ressemblance participée de la
» lumiere increée dans laquelle sont contenuës les raisons éternel-
» les. D'où vient qu'il est dit dans le Pseaume : *Plusieurs deman-*
dent, Qui nous montre le bien ? A quoy le Psalmiste répond : *Sei-*
gneur, votre lumiere a esté imprimée dans notre esprit ; comme s'il
» disoit, que par l'impression qui se fait en nous de la lumiere di-
» vine nous connoissons tout ce que nous connoissons. Neanmoins
» parce que la lumiere intellectuelle ne suffit pas pour connoitre les
» choses naturelles, & que nous avons encore besoin de recevoir les
» especes sensibles des objets, ce n'est pas par la seule participation
» des raisons éternelles que nous connoissons les choses muables,
» comme les Platoniciens le supposent. Ce sont les propres termes
de saint Thomas.

Ce saint Docteur ajoute encore, que ce qui fait voir que saint
Augustin n'a pas entendu que l'ame voye toutes choses dans les
raisons éternelles & dans la verité immuable, en sorte qu'elle voye
aussi ces raisons & cette verité, c'est qu'il enseigne dans le livre
des 83. questions, que ce n'est pas toute ame indifferemment, mais
celle-là seule qui est pure & sainte, (telle qu'est l'ame des Bienheureux,) qui est propre à voir ces raisons éternelles, & cette verité immuable.

Les mêmes raisons de saint Thomas qui servent à détruire l'o-
pinion de Platon & à expliquer celle de saint Augustin, servent
également à faire voir le peu de solidité de celle des Philosophes
qui ont entendu saint Augustin dans un sens different de celuy que
saint Thomas luy a donné, & qui croyent *que l'ame voit tous les*
corps dans une pretenduë étenduë intelligible qu'ils mettent en Dieu,
& qu'ils supposent estre éternelle & immuable.

Ainsi, selon la doctrine de saint Thomas, nous ne voyons point
les choses materielles dans des especes séparées, comme l'ont enseigné les Platoniciens ; ni dans les raisons éternelles, comme saint
Augustin semble l'avoir dit ; ni dans l'idée que Dieu en a, com-

LIVRE I. PARTIE II.

me quelques Philosophes le pretendent : mais nous voyons les choses materielles en elles-mêmes par des idées qui sont des modalitez de l'ame que Dieu produit en elle, comme cause efficiente premiere, & que les objets produisent comme causes secondes efficientes & exemplaires, ainsi qu'il a esté cy-devant expliqué.

Il y a donc cette difference entre les connoissances de l'ame & celles de Dieu, que les connoissances de l'ame ne sont jamais completes, c'est à dire telles qu'elles fassent connoitre toutes les proprietez de leurs objets, & les connoissances de Dieu representent toujours tout ce qu'il y a d'intelligible dans chaque chose. Les connoissances de l'ame sont de simples modalitez de sa substance, & les connoissances de Dieu sont la substance même divine. Les idées de l'ame sont successives, c'est à dire telles qu'elles nous font connoitre une chose ensuite d'une autre, & Dieu au contraire, connoit tout à la fois. Les idées de l'ame supposent les objets comme des causes exemplaires, & les idées de Dieu sont comme des exemplaires à l'égard des objets. Enfin les idées de l'ame supposent un objet qui est produit, & les idées de Dieu produisent le leur en vertu de son decret, comme il a esté dit.

4. En quoy les connoissances de Dieu different de celles de l'homme.

CHAPITRE V.

Que toute la certitude humaine est fondée sur ce que les idées dépendent de leurs objets comme de leurs causes exemplaires.

TOus ceux qui reconnoissent que l'ame connoit par des idées qui luy sont propres, sont obligez de demeurer d'accord que toutes les idées de l'ame peuvent estre considerées en trois manieres; ou entant qu'elles sont des manieres de penser de l'ame, ou entant qu'elles font connoitre leurs objets comme tels ou tels, ou entant qu'elles les representent en un temps plutôt qu'en un autre. Les idées prises au premier sens, dépendent uniquement de Dieu, comme de leur cause efficiente immediate; car il n'y a que Dieu qui puisse faire que l'ame pense. Les idées prises au second sens, dépendent de leurs objets, comme de leurs causes exemplaires; car il n'y a que les objets qui puissent faire qu'une idée represente une chose plutôt qu'une autre. Enfin les idées prises au troisiéme sens, dépendent de l'action des objets sur les organes des sens, comme de leur cause efficiente seconde; car il n'y a, par exemple, que la

1. Que les idées dépendent de plusieurs causes & de quelles.

présence du soleil, qui puisse faire que je le voye le jour plutôt que la nuit.

2. D'où vient que les objets sont toujours tels que les idées les representent.

Or de ce que les idées dépendent de leurs objets, comme de leurs causes exemplaires, & de ce que le propre des causes exemplaires est de contenir formellement toutes les proprietez que les idées font connoitre, il est évident que les idées ne peuvent rien faire connoitre qui ne soit contenu formellement dans leurs objets : d'où il s'ensuit que les objets sont toujours tels, que les idées les representent.

3. Combien il importe de connoître la cause exemplaire des idées.

Il est d'autant plus necessaire d'avoir une vraye notion de la cause exemplaire des idées, que ceux qui ne l'ont pas, tombent comme par necessité dans des égaremens épouvantables : car outre qu'ils ne sçavent sur quoy fonder la certitude de leurs connoissances, ils ne peuvent dire pourquoy une idée leur represente une chose, plutôt qu'une autre, ni enfin pourquoy les idées representent la nature des choses, plutôt que leur existence. Au contraire ceux qui ont cette notion, sont assurez que les objets sont toujours tels que les idées les representent. C'est aussi sur ce principe qu'est établi cet Axiome general de Metaphysique, qui passe chez tous les Philosophes pour le premier fondement de la certitude humaine, *Que l'on peut assurer d'une chose, tout ce qu'on conçoit clairement estre renfermé dans l'idée qui la represente.* Ainsi de ce que l'on voit clairement qu'il y a plus de grandeur dans l'idée qu'on a du tout, que dans l'idée qu'on a de la partie ; que l'existence possible est contenuë dans l'idée de l'Ante-Christ, & que l'impossible est renfermée dans l'idée d'une montagne sans valée ; on peut conclure infailliblement *que le tout est plus grand que sa partie, que l'Ante-Christ peut exister ; & qu'il est impossible qu'il y ait une montagne sans valée.*

4. Combien il importe de connoître la cause efficiente des sensations.

Au reste, quand j'ay dit que toute la certitude humaine consiste en ce que les idées dépendent de leurs objets comme de leurs causes exemplaires, je n'ay pas prétendu exclure la certitude humaine, qui consiste en ce que les sensations dépendent en general de leurs objets comme de leurs causes efficientes. Ces deux certitudes ont une égale force & une même étenduë. Elles ont une égale force ; car il n'est pas moins vrai, que quand j'ay une sensation, elle dépend d'une cause qui la produit en moy, qu'il est vrai que quand j'ay une idée, il y a un objet qui fait que cette idée me represente une chose, plutôt qu'une autre : & elles ont la même étenduë, entant que l'une ni l'autre ne souffrent aucune exception de temps ni de lieu, comme il a esté remarqué.

Tous

LIVRE I. PARTIE II.

Tous les Philosophes demeurent d'accord que la certitude humaine est fondée sur le principe que nous venons d'établir, *qui est qu'on peut assurer d'une chose tout ce qu'on conçoit estre renfermé dans l'idée qui la represente*: Mais ils ne conviennent pas touchant la maniere dont elle y est fondée. Les uns disent que ce fondement consiste en ce que les idées dépendent de leurs objets comme de leurs causes exemplaires. Les autres disent qu'il consiste en ce que les idées dépendent de leurs objets comme de leurs causes efficientes; & d'autres disent enfin qu'il consiste en ce que les idées sont des êtres representatifs unis à l'ame & distincts de sa perception.

5. Principe general de la certitude humaine.

La premiere opinion est celle que nous venons d'expliquer, & c'est celle que nous suivons. La seconde paroit insoutenable par plusieurs raisons, dont la principale est, que les causes efficientes ne contiennent qu'éminemment les perfections de leurs effets. D'où il s'ensuit que de ce qu'on auroit l'idée d'une chose, on pourroit bien conclure que cette chose contiendroit éminemment, ce que cette idée represente; mais il ne s'ensuivroit pas qu'elle le contînt formellement, ni par consequent que la chose fût telle que l'idée la representeroit. Par exemple, de ce que l'idée d'une montre, representeroit la montre, comme un corps composé de plusieurs rouës, il s'ensuivroit bien que la montre contiendroit éminemment plusieurs rouës, mais il ne s'ensuivroit pas qu'elle les contînt formellement; ce qui est absurde. Quant à la troisiéme opinion, il est aisé de prouver à ceux qui l'embrassent, que l'idée estant prise pour un être representatif distinct de la perception; ce principe, *On peut assurer d'une chose tout ce qu'on conçoit dans l'idée qui la represente*, devient tres-faux & tres-inutile, non seulement pour démontrer l'existence des substances creées, mais encore pour démontrer l'existence de Dieu. Pour prouver qu'il devient inutile pour démontrer l'existence de Dieu, il n'y a qu'à examiner l'argument dont ces Philosophes se servent pour établir cette existence. Le voicy en forme.

6. Que l'idée n'est pas un être representatif distinct de la perception.

L'on peut asseurer d'une chose ce que l'on conçoit estre renfermé dans l'idée qui la represente. Or est-il que l'existence necessaire est renfermée dans l'idée qui represente Dieu. Donc &c. Je réponds en accordant la premiere proposition, & en niant la seconde. Voicy comment ces Philosophes la prouvent. *L'idée qui represente Dieu, n'est autre chose que Dieu même, entant qu'il est uni à notre esprit, & qu'il sert d'estre representatif à l'égard de luy-même.* Or Dieu,

P

entant qu'il est uni à l'esprit & qu'il luy sert d'être representatif, renferme en soy une existence necessaire. Donc *Dieu existe necessairement.*

Réponse. J'accorde la majeure & la mineure de ce syllogisme, mais je nie la consequence, c'est à dire, que ce raisonnement est un Paralogisme, qui consiste en ce qu'on suppose dans la mineure que Dieu, que l'on veut qui renferme l'existence necessaire, est intimement uni à l'ame; car Dieu ne peut estre intimement uni à l'ame, qu'il n'existe, & par consequent c'est avoir supposé que Dieu existe, avant que de conclure qu'il existe: ce qui est proprement supposer le sujet de la question.

Ceux, au contraire, qui prennent l'idée de Dieu, non pour Dieu même, entant qu'il est uni à l'esprit, mais pour une perception ou modalité de l'ame, ceux-là, dis-je, peuvent s'assurer de l'existence de Dieu; car voicy leur mineure: *Or l'existence necessaire est renfermée dans la perception que nous avons de Dieu*; & il est visible que cette mineure ne veut dire autre chose si ce n'est que quand nous faisons reflexion sur ce que nous concevons, lors que nous entendons prononcer ce mot *Dieu*, nous trouvons que l'existence necessaire est renfermée, non réellement, mais objectivement dans la perception de la pensée parfaite, que ce mot réveille en nous: & c'est de là que nous concluons en vertu du principe general, qui fait la majeure de l'argument, que Dieu existe necessairement.

On dira peut-estre que si l'idée de Dieu estoit une modalité de l'ame, elle seroit finie, & par consequent qu'elle ne pourroit pas representer Dieu qui est infini. Je répons qu'il n'est pas necessaire que l'idée qui represente Dieu, le represente comme infini; il suffit qu'elle le represente *comme l'Etre le plus parfait que nous pouvons concevoir.* En effet, si l'idée de Dieu estoit infinie, elle representeroit Dieu infiniment; & si elle representoit Dieu infiniment, nous le pourrions comprendre; ce qui est impossible: car il a esté prouvé que Dieu est incomprehensible.

Mais ce qui fait voir encore plus clairement le peu de solidité de la derniere opinion, est que ses partisans ayant admis ce principe, *Tout ce que nous concevons clairement, est vrai*, pour le premier de tous les principes de connoissance, ils l'abandonnent à l'égard de l'existence du corps; car bien loin de dire que le corps existe, parce que son idée renferme l'existence, ils soutiennent au contraire que nous pouvons avoir l'idée du corps, sans qu'il y ait aucun corps qui existe. C'est ce qu'ils tâchent de prouver par plusieurs raisons, dont voicy les quatre principales.

Premiere raison. Comme il n'y a que Dieu qui connoisse par luy-même ses volontez, lesquelles produisent tous les êtres, il nous est impossible de sçavoir d'autre que de luy s'il y a effectivement hors de nous un monde materiel semblable à celuy que nous voyons; parce que le monde materiel n'est ni visible ni intelligible par luy-même. Ainsi pour estre pleinement convaincu qu'il y a des corps, il faut qu'on nous démontre non seulement, qu'il y a un Dieu, ou que Dieu n'est point trompeur, mais encore que Dieu nous a assurez par sa revelation, qu'il a créé des corps.

Réponse. Il n'est point necessaire de recourir à la revelation divine, pour sçavoir qu'il y a un monde materiel, il n'est pas même necessaire pour cela d'estre assurez que Dieu existe & qu'il n'est point trompeur; il suffit de sçavoir par notre premier axiome, *que tout ce que nous concevons clairement, est vrai*, ou pour dire la même chose en d'autres termes, *que les idées dépendent de leurs objets comme de leurs causes exemplaires*, pour estre convaincu que nous ne pourrions pas avoir l'idée d'un monde materiel, si ce monde n'existoit effectivement : & il ne sert de rien de dire, que le monde materiel n'est ni visible ni intelligible par luy-même, car cela n'empêche pas que nous ne soyons assurez de son existence. En effet, si la substance materielle n'est pas intelligible par elle-même, elle l'est par l'idée de l'étenduë ; & si ses modes ne sont pas visibles par eux-mêmes, ils le sont par les differentes couleurs qu'ils produisent. Ce qui suffit pour connoitre l'existence du monde materiel, & quant à sa substance, & quant à ses modes.

Seconde raison. La foy nous oblige à croire qu'il y a des corps; mais pour l'évidence, il est certain qu'elle n'est pas entiere, & que nous ne sommes point invinciblement portez à croire qu'il y ait quelque autre chose que Dieu & notre esprit. Il est vrai que nous avons un penchant extrême à croire qu'il y a des corps qui nous environnent, mais ce penchant, tout naturel qu'il est, ne nous y force point par évidence. Or nous ne devons suivre dans nos jugemens libres que la lumiere & l'évidence ; & si nous nous laissons conduire à l'impression sensible, nous nous trompons presque toujours.

Réponse. Ce n'est pas seulement par impression & par un penchant naturel que nous sommes portez à croire que le corps existe, nous y sommes encore portez par l'évidence, qui consiste dans le sentiment que nous avons que nos idées sont conformes à leurs objets. Or comme ce sentiment nous porte invinciblement à croire, que Dieu & notre esprit existent, parce que nous en avons l'idée, il nous porte aussi invinciblement à croire, que le corps existe, parce que nous avons l'idée de l'étenduë : & si à l'idée de l'étenduë nous ajoutons quelque sensation, alors nous avons une idée qui nous represente quelque corps particulier comme actuellement existant, & qui existe effectivement.

„ *Troisiéme raison.* Certainement il n'y a que la foy qui puisse
„ nous convaincre qu'il y a en effet des corps : on ne peut avoir de
„ demonstration exacte d'un autre être que de celuy qui est neces-
„ saire ; & si l'on y prend garde de prés, on verra bien qu'il n'est
„ pas même possible de connoitre avec une entiere évidence, si
„ Dieu est, ou n'est pas veritablement, createur du monde mate-
„ riel & sensible ; car une telle évidence ne se rencontre que dans
„ les rapports necessaires ; & il n'y a point de rapports necessaires en-
„ tre Dieu & un tel monde : Il a pû ne le pas créer ; & s'il l'a fait,
„ c'est qu'il l'a voulu, & qu'il l'a voulu librement.

Réponse. Je demeure d'accord que Dieu a créé le monde tres librement, & par consequent qu'il n'y a point entre luy & le monde materiel des rapports necessaires d'une necessité absoluë, tels que sont les rapports qui se trouvent entre Dieu & son éternité ou son immensité : mais il suffit qu'il y ait entre Dieu & le monde materiel des rapports necessaires d'une necessité hypotetique dépendante de la volonté de Dieu. Or supposé que Dieu ait voulu creer le monde materiel, il y a un rapport tres necessaire entre le monde materiel que Dieu a voulu creer, & l'idée que nous avons de l'étenduë de ce monde, c'est à dire, que cette idée suppose necessairement que ce monde materiel existe ; car s'il n'existoit pas, avoir l'idée de ce monde, ne seroit autre chose, qu'avoir l'idée de rien : ce qui répugne.

„ *Quatriéme raison.* Il est vrai qu'il semble d'abord que la preu-
„ ve ou le principe de notre foy, suppose qu'il y ait des corps, *Fi-*
„ *des ex auditu* ; il semble qu'elle suppose des Prophetes, des Apô-
„ tres, une Ecriture sainte, des Miracles ; mais si on y prend gar-
„ de de prés, on reconnoitra que quoy qu'on ne suppose que des

apparences d'hommes, de Prophetes, d'Apôtres, d'Ecriture sain-« te & de Miracles, ce que nous avons appris par ces prétenduës ap-« parences est absolument incontestable, puis qu'il n'y a que Dieu » qui puisse representer à l'esprit ces prétenduës apparences, & que « Dieu n'est point trompeur, car la foy même suppose tout cecy. « Or dans l'apparence de l'Ecriture sainte & par les apparences des « miracles, nous apprenons que Dieu a creé un ciel & une terre, « que le Verbe s'est fait chair, &c. Donc il est certain par la foy » qu'il y a des corps, & toutes ces apparences deviennent par el-« le, des réalitez. «

Reponse. Il est vrai que Dieu n'est pas trompeur : Mais quoy, si Dieu ne nous presente que des apparences de Prophetes, d'Apôtres, d'Ecriture sainte, &c. ne sommes-nous pas trompez ? puis que nous sommes portez naturellement à croire que ces apparences sont des realitez ? De plus, n'est-il pas vray que si la foy n'est fondée que sur des apparences, elle ne peut nous assurer que des apparences, & par consequent que nous ne sçaurions rien par la foy, si ce n'est qu'il y a des apparences, qu'il y a, par exemple, des apparences d'Incarnation, de Resurrection, de Transubstantiation, &c. Et il ne sert de rien de dire, qu'il n'y a que Dieu qui puisse representer à l'esprit ces prétenduës apparences ; car ce n'est pas dire que Dieu ne nous trompe point, mais c'est dire seulement que Dieu est seul capable de nous tromper.

Il seroit mal-aisé de mettre des bornes aux consequences que l'on pourroit tirer de cette doctrine : car on en pourroit tirer, jusqu'à supposer non seulement que tous les Mysteres de la Religion Chretienne qui dépendent de l'existence du corps, ne sont que de pures illusions de l'esprit, mais encore que ce monde materiel n'est qu'une image trompeuse, sans pouvoir jamais assurer, s'il a jamais esté autrement qu'en apparence, si tout ce que nous voyons ne se passe pas comme un songe, s'il y a de vrais hommes, une vraye Religion, &c. Ce qui semble nous méner trop loin.

Il y a des Philosophes qui fondent l'existence du corps sur ce que Dieu n'est pas trompeur, & qui se persuadent qu'il le seroit, si nous ayant donné un si grand penchant à croire que le corps existe, il n'existoit pas. Mais quoy qu'on accorde à ces Philosophes que Dieu ne peut tromper en aucun sens, cela ne prouveroit qu'indirectement & par une raison purement extrinseque, que le corps existe : au lieu que son existence est prouvée tres directement de ce que nous

7. *Que la certitude de l'existence du corps n'est pas fondée sur ce que Dieu n'est point trompeur.*

en avons l'idée, & que nous supposons comme un principe infaillible, que toute idée simple & naturelle, telle qu'est l'idée du corps, a une cause exemplaire, qui existe actuellement hors de l'entendement.

CHAPITRE VI.
Que nous connoissons l'ame par les mêmes voyes que nous connoissons le corps; & pourquoy nous croyons ne la connoitre pas.

Tout le monde convient que nous connoissons l'existence & la nature du corps, mais tout le monde ne convient pas que nous connoissons l'existence & la nature de l'ame. Il y a trois differentes opinions sur ce sujet. Les uns prétendent que nous ne connoissons ni l'existence ni la nature de l'ame. Les autres disent que nous en connoissons l'existence, mais que nous en ignorons la nature. Et nous soutenons au contraire, que nous en connoissons l'existence & la nature, & que nous les connoissons par la même voye que nous connoissons l'existence & la nature du corps.

1. Comment nous connoissons l'existence du corps, & son essence.

Il s'agit donc de sçavoir comment nous connoissons l'existence & la nature du corps. Quant à l'existence, je ne crois pas que personne me dispute que nous la connoissons, lorsque nous voyons actuellement quelque mode corporel, comme, par exemple, la figure quarrée, ronde ou ovale; car nous ne pouvons pas concevoir cette figure comme actuellement existante, sans concevoir en même temps qu'elle reside dans un sujet qui existe actuellement, & que nous appellons le *Corps*, bien que nous ne sçachions pas encore ce que c'est que ce corps. Voila donc comment nous connoissons l'existence du corps. Or est-il que l'existence du corps nous conduit necessairement à la connoissance de sa nature; car nous devons prendre pour la nature du corps, ce sans quoy nous ne pouvons concevoir la figure quarrée, ronde ou ovale que nous appercevons. Or il est impossible de concevoir cette figure sans concevoir l'étenduë comme le sujet dans lequel elle reside. L'étenduë est donc l'essence & la nature du corps.

2. Comment nous connoissons l'existence & l'essence de l'ame.

Si nous appliquons ce que je viens de dire de l'existence & de la nature du corps, à ce qu'il faut penser de l'existence & de la nature de l'ame, nous trouverons que nous connoissons cette existence & cette nature par la même voye que nous connoissons l'existence & la nature du corps. En effet, nous connoissons que l'ame existe en appercevant en nous quelque mode spirituel, comme, par exemple, le desir, la crainte, ou l'esperance : car nous ne pouvons concevoir nul de ces modes, sans concevoir qu'il reside dans un sujet qui existe, & que nous appellons *Ame*, bien que nous ne sçachions pas encore ce que c'est que cette Ame. Nous sçavons donc que l'ame existe, parce qu'elle est le sujet d'un mode spirituel actuellement existant. Mais par la même raison qu'un mode spirituel que nous appercevons, nous fait connoitre l'existence de l'ame, il nous fait aussi connoitre sa nature, car nous devons prendre pour la nature de l'ame, ce sans quoy nous ne pouvons concevoir le mode spirituel que nous appercevons. Or il est impossible de concevoir ce mode hors de la pensée : La pensée qui est le sujet de ce mode spirituel, est donc la nature de l'ame. Ce qu'il falloit prouver contre ceux qui nient que nous puissions connoitre ni l'existence ni la nature de l'ame.

Quant à ceux qui enseignent, qu'on peut connoitre l'existence de l'ame, mais non pas sa nature, il est aisé de refuter leur opinion, en faisant voir qu'elle implique contradiction. En effet, c'est se contredire que d'assurer d'un côté que nous appercevons des proprietez qui ne peuvent convenir au corps, & de dire de l'autre, que nous ne sçavons pas si elles conviennent à l'ame : car comme toute proprieté renferme dans son idée le sujet dont elle est proprieté, puis que toute proprieté a pour sujet l'étenduë ou la pensée, il faut conclure que quand l'idée d'une proprieté ne renferme pas l'idée de l'étenduë, elle renferme necessairement l'idée de la pensée : c'est à dire, que nous connoissons, tout ce que nous connoissons, comme corps ou comme esprit ; comme substance qui pense, ou comme substance étenduë.

Pour découvrir en suite si le corps & l'ame sont de même ou de differente nature, il faut observer si les mêmes modes qui conviennent à l'étenduë, conviennent à la pensée : car s'ils y conviennent, l'étenduë & la pensée sont de même nature ; & s'ils n'y conviennent pas, elles sont de nature differente : Or il est évident que la figure, le mouvement & le repos, qui sont des modes corporels, ne peuvent convenir à la pensée ; car la pensée ne peut estre ni ronde ni ovale, ni en mouvement ni en repos. Pareillement le desir, la crainte & l'esperance, qui sont des modes spirituels, ne peuvent convenir à l'étenduë ; car l'étenduë ne desire, ne craint ni n'es-

3. *Comment nous connoissons que deux choses sont de même ou de differente nature.*

pere : l'étenduë peut bien estre cause pourquoy la pensée desire, craint ou espere ; mais elle ne peut estre le sujet du desir, de la crainte ni de l'esperance. D'où il faut conclure que le corps & l'ame sont non seulement reellement distincts, mais encore qu'ils different en nature ; de sorte que si ces deux substances ont maintenant quelque dépendance l'une de l'autre, ce n'est pas à raison de leur nature, mais à raison de leurs operations, qui sont des suites & des effets de leur union.

<small>4. Que nous connoissons le corps & l'ame avec la même évidence.</small>

Aprés avoir formé deux idées si distinctes du corps & de l'esprit, il seroit inutile de demander lequel nous connoissons plus clairement ; car il est certain que nous les connoissons l'un & l'autre avec la même évidence : & il ne serviroit de rien de dire que nous avons une idée du corps, & que nous n'en avons aucune de l'ame ; car cela dépend de ce qu'on veut entendre par le mot *d'idée*. En effet, si par ce mot on entend une modalité de l'ame par laquelle elle connoit les objets qui sont hors d'elle, il est vrai de dire que l'ame ne se connoit pas par une idée : Mais si par *Idée*, on entend une modalité de l'ame par laquelle elle se connoit elle-même comme le sujet de cette modalité, alors l'ame se connoit par idée. Il est vray que pour mettre quelque difference entre ces deux manieres de se connoitre, on a coutume de dire que l'ame connoit le corps par idée, & qu'elle se connoit elle-même par *conscience* ou *par sentiment interieur*. Mais cela ne veut pas dire que l'ame se connoisse moins clairement qu'elle ne connoit le corps.

Mais, dira-t-on, si nous connoissons l'ame si clairement, d'où vient que la pluspart des hommes croyent la méconnoitre. Cela vient sans doute de ce qu'ils sont si occupez à considerer les objets materiels que les sens leur offrent sans cesse, qu'ils n'ont plus le loisir de contempler leur ame : ce qui n'est pas un si grand defaut qu'on pense ; au contraire la nature a sagement ordonné que cela se feroit ainsi, parce qu'il importe bien plus à l'homme, dont l'intelligence est bornée, de faire attention aux objets exterieurs que d'en faire à son ame, d'autant qu'il ne luy reviendroit aucun avantage de l'attention qu'il auroit à son ame ; au lieu que sa conservation en qualité d'homme, dépend de celle qu'il a aux objets exterieurs ausquels il a besoin d'estre continuellement appliqué, afin de discerner les bons d'avec les mauvais, pour retenir les uns, & pour rejetter les autres.

Au reste, il paroit par tout ce qui vient d'estre dit de la maniere particuliere dont nous connoissons l'existence & la nature du corps & de l'ame, que nous connoissons plutôt les substances modifiées que nous ne connoissons les substances sans modification; dont la raison est, que toutes les substances sont actuellement modifiées, & que si nous en connoissons quelqu'une sans modification, ce n'est qu'en tant que par une abstraction volontaire nous la separons des modes dont elle est actuellement revétuë.

CHAPITRE VII.

En quel sens on peut dire que nous connoissons le Fini par l'Infini.

Les Philosophes modernes enseignent communement que nous ne connoissons pas le fini par luy-même, mais par l'infini ; & ils fondent la certitude de leur opinion sur cette fameuse maxime de l'Ecole : *Que les privations ne sont pas connuës par elles-mêmes, mais par les realitez qui leur sont opposées* : D'où ils concluent, que puis que l'infini contient une realité dont la privation est dans le fini, le fini ne peut estre connu que par l'infini.

Quoy que ce raisonnement soit juste, il n'a pourtant pas les effets d'une veritable démonstration : on ne s'y appuye qu'avec crainte, on y entrevoit toujours quelque chose d'obscur, & le consentement qu'on y donne, n'est point entier : ce qui vient sans doute, de ce que les mots, de *fini* & d'*infini* ont quelque chose d'obscur ou d'équivoque, qui en empêche l'intelligence ; c'est pourquoy il les faut definir tout de nouveau.

Pour cet effet, il faut remarquer qu'il y a deux sortes de Fini & d'Infini : il y a un fini & un infini en grandeur ; & un fini & un infini en nature. Nous dirons donc que l'infini en grandeur, *est une étenduë qui n'a nulles bornes*, & que le fini en grandeur, *est une étenduë bornée par une autre étenduë de même nature*. Pareillement nous dirons que l'infini en nature *est une chose qui n'a ni genre ni difference, & qui n'est bornée à aucune espece particuliere d'être* ; & que le fini en nature est une chose *qui a un genre & une difference, & qui par consequent est déterminée à une espece particuliere d'être*.

Cela posé, il est évident que le fini en grandeur n'est pas con-

1. *Qu'il y a deux sortes de fini & d'infini.*

2. *Le fini en*

nu par luy-même, mais par l'infini en grandeur; dont la raison est, que l'infini en grandeur diffère du fini par une réalité qu'il a, dont la privation se trouve dans le fini. Or une réalité peut estre connuë par elle-même; mais une privation ne peut estre connuë que par la realité qui luy est opposée; ainsi la lumiere peut estre connuë par elle-même sans les tenebres, mais les tenebres ne peuvent estre connuës que par la lumiere, d'où vient que les aveugles-nez, qui ne sçauroient connoitre la lumiere, ne peuvent connoitre les tenebres.

3. Le fini en nature est connu par l'infini en nature.

Suivant le même principe il est évident que l'être fini en nature, est connu par l'être infini en nature. Mais, dira-t-on, en quoy consiste la réalité de l'infini qui est opposé à la privation du fini en nature ? Consiste-t-elle en ce que l'infini en nature n'est déterminé à aucune espece particuliere d'être ? Cela ne se peut dire; car n'estre déterminé à aucune espece d'être, c'est plutôt une privation qu'une realité. Mais cela ne fera aucune difficulté à qui voudra considerer que les termes negatifs ont souvent des significations tres positives, ce qui convient particulierement au terme d'*infini*, car ce terme signifie proprement une chose qui n'est ni finie, ni limitée, & qui a par consequent plus de realité que celles qui le sont.

Il faut ajouter, qu'on peut exprimer l'infini en nature par des termes tres positifs, comme par ceux d'*Etre parfait*, d'*Etre par soy*, d'*Etre absolu*, d'*Etre supersubstantiel*, &c.

Concluons donc que les Philosophes modernes ont raison de dire, que le fini consideré comme tel, n'est pas connu par luy-même, mais par l'infini au sens que nous venons de dire.

Au reste, l'infini en nature est tellement propre à Dieu, qu'il ne peut convenir à aucune creature. Dieu est infini en nature, parce qu'il n'est compris sous aucun genre, ni enfermé dans aucune espece; au lieu qu'il n'y a point de creature qui ne soit déterminée par sa forme à quelque espece particuliere d'être; ce qui rend sa nature bornée & limitée. Or de ce que Dieu est l'Etre infini en nature, il est un, simple, sans composition, & par consequent il n'est pas des êtres infinis, comme le pretend Spinosa, mais un Etre qui est infiniment être, comme nous l'avons déja dit.

CHAPITRE VIII.

Que l'idée des Substances suppose leur existence actuelle, & que l'idée des Modes ne suppose que leur possibilité.

Il n'y a personne qui n'experimente qu'il a en soi une idée tres claire des modes de la matiere, & de toutes les choses qui en resultent, & qui ne sçache que cette connoissance est également évidente, soit que ces modes ne soient pas encore dans la matiere, & qu'ils n'y doivent estre que dans un temps qui n'est pas encore arrivé : telles sont toutes les choses qui se feront dans l'avenir ; soit enfin que ces modes ne soient contenus dans la matiere qu'en puissance avec exclusion de toute actualité ; ce qui peut arriver à l'égard d'une infinité de choses possibles qui n'existeront jamais ; ou parce qu'il n'y a point de cause efficiente determinée à les produire, ou parce qu'il n'est pas necessaire que les substances reçoivent actuellement tous les modes dont elles sont capables.

Cette doctrine est fondée sur la notion particuliere du mode, lequel, selon saint Thomas, aprés Aristote, n'est pas proprement un être, mais une maniere de l'être, *Non ens, sed entis ens*, c'est à dire, que le mode n'est autre chose que le sujet, ou la substance même, entant qu'elle contient en puissance toutes les façons & les états qui la peuvent diversifier : car quoy que la matiere, par exemple, ne puisse avoir en même temps qu'une façon déterminée d'être, neanmoins elle peut recevoir successivement toutes les façons & tous les états possibles, à cause que de sa nature, elle est une chose étenduë, & par consequent une chose divisible par sa quantité, en des parties qui se peuvent mouvoir, figurer, arranger, & disposer en des façons infinies. D'où l'on peut tirer cette maxime infaillible, Que tous les modes de la matiere & toutes leurs combinaisons, c'est à dire, tous les corps particuliers, entant qu'ils different les uns des autres, ont une veritable possibilité & une réalité d'essence, de verité & de nominabilité, qui n'enferme pas necessairement l'existence actuelle.

C'est pourquoy il est également certain que toutes les machines imaginables, toutes les inventions des arts & des sciences, toutes les figures que les Geometres peuvent considerer, toutes les pro-

1. *Qu'est ce que mode, ou façon d'être.*

2. *Que le mode peut avoir dans son sujet une possibilité separée de l'existence.*

ductions de la nature sont des choses qui ont une essence, une verité & une realité tres concevables : D'où l'on peut démontrer une infinité de proprietez que l'on y apperçoit, & que cependant la plupart de tout cela demeurera éternellement, ou du moins peut demeurer dans le degré de pure possibilité, sans avoir d'existence actuelle.

C'est donc une chose assurée, qu'estre mode, ou chose modale, & avoir dans son sujet une possibilité reelle distinguée & separable de l'existence actuelle, sont absolument la même chose. En effet, la matiere estant absolument divisible à l'infini par sa quantité, & le mode possible n'estant autre chose que cette divisibilité inépuisable de la matiere, il est impossible de separer de l'essence du mode, entant que tel, cette possibilité actuelle qui luy convient, lors même qu'il n'existe pas actuellement.

3.
Que l'idée des substances les represente toujours comme actuellement existantes.

Il n'en est pas de même des substances que des modes. L'idée des modes peut les representer comme possibles, parce que les modes, lors même qu'ils n'existent pas, sont contenus dans la puissance des substances : au contraire l'idée des substances ne peut jamais les representer comme possibles, & elle les represente toujours comme actuellement existantes ; dont la raison est, que les substances estant comme tirées du neant par creation, elles ne sont contenuës dans la puissance d'aucun sujet : Car il ne serviroit de rien de dire, qu'elles sont contenuës dans la puissance de Dieu, d'autant qu'il ne s'agit pas icy de la possibilité active qui se tient du côté de la cause efficiente, qui est Dieu, mais de la possibilité passive ou formelle qui se tient du côté de la cause materielle, qui est le corps ou l'esprit ; outre qu'on ne sçauroit dire comment les substances possibles entant que possibles sont contenuës dans la puissance active de Dieu ; d'autant que Dieu estant éternel & immuable, on ne peut supposer en luy aucune puissance qui soit separée de l'acte.

Pour parler donc clairement des substances, il faut dire qu'elles n'ont rien de reel, de concevable, ou de nominable, que ce que Dieu leur a donné en les produisant avec une souveraine indifference, & une parfaite liberté ; & qu'il est impossible de concevoir que l'action libre de Dieu ait eu pour objet une substance, & qu'elle ne luy ait pas donné l'existence actuelle, parce que dans la substance (qui est un être tres simple par rapport aux êtres modaux) l'essence & l'existence sont une même chose : d'où il s'ensuit qu'on ne peut pas attribuer à une substance un degré de possibilité qui soit distingué de celuy d'actualité.

Or si l'idée que nous avons des substances, ne peut les representer comme possibles, elle les represente donc, comme actuelles ; & si elle les represente comme actuelles, les substances existent donc actuellement, selon le principe general que nous avons établi, *qu'on peut assurer d'une chose tout ce qu'on conçoit clairement renfermé dans l'idée qui la represente.* D'où l'on peut tirer cette consequence fondamentale, qui pourra tenir lieu d'un grand principe ; Que tout aussi-tost qu'on pense à une substance, il est absolument necessaire que Dieu luy ait donné par creation, ce qu'on y apperçoit, & qu'il suffit de la connoitre pour estre assuré de son existence actuelle. En effet si quelque substance n'avoit pas reçû de Dieu l'existence, il en faudroit parler comme d'une chose qui ne seroit en aucune façon, & en ce cas, ce discours ne pourroit estre autre chose qu'une idée chimerique qui n'auroit point d'objet.

Il est donc visible que c'est dans les choses modales que l'on trouve le fameux degré d'essence separé de l'existence, que les discours vagues des Metaphysiciens obscurcissent infiniment, bien que sa realité ne leur paroisse pas moins clairement que la lumiere du soleil, quand ils donnent leur attention aux choses modales ; mais quand ils la donnent à leurs pretenduës substances purement possibles, ils n'y rencontrent que des tenebres : ce qui leur fait dire tantôt que les substances purement possibles ne sont que Dieu même, tantôt qu'elles ont dés l'éternité un certain être d'essence & de possibilité independant même de Dieu, & tantôt qu'elles ne sont rien du tout, comme si ce n'estoit que des êtres de raison.

4. Ce n'est que dans les choses modales qu'on trouve le degré d'essence separé de l'existence.

CHAPITRE IX.
Des consequences qu'on tire de la difference qui est entre les Substances & les Modes.

LA premiere est, qu'autant de fois qu'on parle de certaines choses modales qui n'existent point, & qui n'existeront que dans le temps à venir, on ne dit rien qui ne soit déja concevable : car il est aisé de reconnoitre que les modes dans lesquels consiste l'essence de ces choses, sont déja en puissance dans le corps ou dans l'esprit considerez en eux-mêmes, & qu'ils pourront y avoir un

1. Premiere consequence.

jour une vraye & actuelle existence.

2. Conséquence.

La seconde, que tous les modes qui perissent par les changemens qui se font dans leurs sujets, y conservent toujours leur être d'essence & de verité immuable, à raison de laquelle ils sont l'objet de toutes les sciences naturelles. Par exemple, quoy que les modes dans lesquels consistoit l'existence de Cesar, soient peris depuis long-temps, Cesar ne laisse pas de conserver son être d'essence, duquel on peut deduire un si grand nombre de veritez necessaires.

3. Conséquence.

La troisiéme, que pour avoir une parfaite demonstration de l'existence de Dieu, il suffit de le concevoir & d'en parler, puis qu'une chose n'est concevable ni nominable qu'ensuite de ce qu'elle a déja le degré d'être que nous y concevons. Or les plus grands Athées estant parfaitement d'accord avec nous de la signification du mot *Dieu*, & y ayant moins d'apparence d'incompatibilité entre les termes de pensée necessaire & parfaite, qu'entre aucuns autres qu'on puisse supposer; on peut dire que l'idée de Dieu est infiniment plus éloignée de l'être de raison, que toute autre idée; & par consequent qu'on ne peut mettre en question si Dieu est, qu'en renversant tous les fondemens de la raison ou du discours humain.

4. Conséquence.

La quatriéme, que pour avoir une preuve demonstrative de l'existence du corps & de l'esprit, il suffit de les concevoir & de les nommer: dont la raison est, que l'esprit & le corps ne peuvent estre conçus ni nommez qu'ensuite de ce qu'ils ont déja le degré d'être que nous y concevons. Or nous y concevons l'existence actuelle; car il a esté prouvé, que la possibilité ne peut convenir aux substances: Il s'ensuit donc que le corps & l'esprit existent actuellement. Il y a pourtant cette difference entre l'existence de Dieu & celle du corps & de l'esprit, que l'existence de Dieu est necessaire d'une necessité absoluë, & que l'existence du corps & de l'esprit n'est necessaire que d'une necessité de supposition, c'est à dire, d'une necessité dépendante de la volonté de Dieu & de son immutabilité.

5. Conséquence.

La cinquiéme, que ce que nous venons de dire, est cela même que les Metaphysiciens enseignent, lors qu'ils assurent, que la verité transcendentale ou la conceptibilité, est une proprieté de l'être, & qu'elle le suppose necessairement, & par consequent qu'il est impossible de penser à ce qui n'auroit aucun degré d'être, d'essence, ou d'existence.

LIVRE I. PARTIE II.

La sixiéme, que ce qu'on dit communément, que l'objet des sciences est necessaire & immuable, est tres solide & tres certain; parce que toute essence est necessaire en sens composé, c'est à dire, entant que Dieu l'a déterminée par une volonté tres libre, mais immuable. Or les sciences ne considerent point precisément l'être d'existence actuelle des choses modales : parce que cet être estant purement successif (comme il paroîtra dans la suite,) il ne peut être connu que par l'experience des sens, & par consequent d'une maniere continuellement changeante : elles considerent seulement l'être d'essence, qui est necessaire & immuable en sens composé. *Je dis en sens composé*, pour marquer que les essences dépendent de la volonté de Dieu, qui les produit tres librement, mais tres immuablement, comme il sera prouvé.

La septiéme, que toutes les substances sont indefectibles, c'est à dire, qu'elles ne sont jamais aneanties selon l'ordre de la nature, pour deux raisons : 1. Parce qu'elles dépendent immediatement de la volonté de Dieu, comme de leur seul & unique principe, & que la volonté de Dieu ne peut changer. 2. Parce que tout aussi-tôt que les substances sont creées, elles sont concevables sans qu'elles puissent jamais devenir inconcevables ; & par consequent la connoissance qu'on en a, suppose la realité de son objet ; autrement on concevroit le neant, si on pensoit à une substance aneantie.

6. 6. *Consequence.*

7. 7. *Consequence.*

CHAPITRE X.
Que nul être modal ni substantiel, ne peut se modifier luy-même.

DE ce que chaque chose persiste d'elle-même autant qu'elle peut à demeurer dans l'estat où elle est, il s'ensuit necessairement que tous les changemens qui arrivent à un sujet particulier, procedent d'une cause exterieure. C'est pourquoy quand nous voyons qu'un corps, qui estoit rond, devient quarré, nous devons penser que cette figure quarrée est produite en luy, par quelque cause qui est hors de luy. Or nous ne connoissons rien qui soit hors de ce corps que Dieu, des esprits, d'autres corps, du mouvement ou des manieres de mouvement. C'est dont quelqu'une de ces causes en particulier, ou plusieurs ensemble qui produisent immediatement cette figure quarrée. 1. Ce n'est pas Dieu qui la produit immediatement, car cette figure est changeante, & tout ce que Dieu produit immediatement est immuable comme luy. 2. Ce ne sont pas les esprits qui la produisent immediatement, car les esprits qui ressemblent aux nôtres, n'agissent que par leur volonté, & nous sçavons par experience qu'un corps rond ne devient pas quarré par cela seul que nous le voulons. 3. Ce ne sont pas les autres corps considerez en eux-mêmes qui la produisent; car s'ils la produisoient, il n'y auroit nulle raison de dire, pourquoy un corps deviendroit quarré plutôt qu'un autre. 4. Ce n'est pas le mouvement, car le mouvement consideré en luy-même ne produit pas immediatement une figure plutôt qu'une autre. Il reste donc que la vraye cause immediate de la figure quarrée de ce corps, est la maniere particuliere du mouvement des corps qui l'environnent.

C'est donc la maniere particuliere dont les corps sont mûs, qui est la vraye & unique cause immediate de toutes les modifications particulieres qui leur arrivent. C'est, par exemple, la maniere particuliere du mouvement de l'eau ou du vent qui produit la farine dans un moulin. C'est la maniere particuliere du mouvement du sang qui produit la nourriture dans les animaux. C'est la maniere particuliere du mouvement des astres qui produit la diversité des saisons, & ainsi du reste.

La maniere particuliere du mouvement des corps n'est pas seulement la cause des modifications qui arrivent à la substance corporelle, elle produit encore celles qui arrivent à la substance spirituelle; car l'experience fait voir qu'il n'y a point de modifications particulieres dans l'ame qui ne dépendent de quelques manieres particulieres du mouvement du corps auquel elle est unie. Je dis, De quelques manieres particulieres du mouvement du corps auquel elle est unie, pour faire entendre que les modifications de l'ame ne dépendent pas indifferemment de toutes les manieres du mouvement des corps, mais seulement des manieres du mouvement du corps, auquel l'ame est unie; ce qui vient d'une destination particuliere de Dieu, qui a voulu que l'ame fût modifiée, non par le mouvement particulier de chaque corps, mais par le mouvement particulier du sien. C'est au contraire par un ordre tres naturel que Dieu a voulu que les modifications de l'ame dépendissent des mouvemens particuliers des corps; car comme ces modifications sont changeantes, elles supposent aussi une cause qui change; & l'experience fait voir qu'il n'y a rien dans la nature qui change que les manieres du mouvement.

1. Que les differentes modifications des corps dépendent des differentes manieres dont ils sont mûs.

2. Les diverses modifications de l'ame dépendent de celles du corps.

Nous

Nous pouvons donc aſſurer que les modifications de l'ame dépendent immediatement des manieres du mouvement de ſon corps. Outre que l'experience nous l'apprend, nous en ſommes convaincus par la raiſon, qui fait voir que les modifications de l'ame eſtant ſucceſſives, elles ne peuvent proceder que d'une cauſe auſſi ſucceſſive, telle qu'eſt la maniere du mouvement des corps : mais ce que nous ne pouvons ni comprendre ni expliquer, c'eſt comment les manieres du mouvement, qui ſont quelque choſe de corporel, peuvent modifier l'ame, qui eſt ſpirituelle. Cependant nous ſçavons par experience que cela ſe fait.

Quoy que nous ayons dit que les modifications des ſubſtances, ſoit de la ſubſtance corporelle, ſoit de la ſubſtance ſpirituelle, dépendent immediatement des manieres du mouvement, cela n'empêche pas que nous ne puiſſions aſſurer que Dieu, les eſprits, les corps & le mouvement ſont les cauſes mediates de ces mêmes modifications, avec cette difference, que Dieu en eſt la cauſe premiere, d'autant qu'il produit les ſubſtances & le mouvement; & les corps & les eſprits en ſont les cauſes ſecondes, entant qu'ils modifient le mouvement que Dieu produit.

Et il n'importe de dire que les mouvemens particuliers du corps ne peuvent produire les modifications de l'ame, parce qu'il n'y a nul rapport ni proportion entr'eux; car on peut répondre qu'il eſt vray qu'il n'y a nul rapport ni proportion entre les mouvemens particuliers du corps & les modifications de l'ame conſiderez en eux-mêmes, mais qu'il y en a un tres reel & tres poſitif enſuite du decret par lequel Dieu a voulu que le corps & l'ame fuſſent unis aux conditions qui ont eſté cy-devant marquées, ſuivant leſquelles les modifications de l'ame ſuivent ſi neceſſairement des mouvemens du corps, que ceux-cy doivent paſſer pour la veritable cauſe de celles-là, du moins ſi par veritable cauſe on entend, (comme on le doit entendre) ce ſans quoy un effet ne peut eſtre, bien qu'on ne ſçache pas comment cet effet eſt produit.

CHAPITRE XI.

Que dans l'ordre de la nature, Dieu produit toutes les substances & les essences des choses modales immediatement par luy-même, & qu'il ne produit l'existence de ces mêmes choses modales que par des causes secondes.

<small>1. Que les choses modales tiennent leur possibilité de Dieu.

2. Comment il la leur a donnée.</small>

C'Est une verité qui n'est pas moins constante que les precedentes, que toutes les choses modales possibles n'ont pas d'elles-mêmes leur possibilité, & qu'elles l'ont reçuë de Dieu comme de l'Auteur universel de tout ce qui a quelque raison de bonté, ou de verité.

Il est même visible que Dieu a donné la possibilité aux choses modales, par la même action par laquelle il a creé les substances du corps & de l'esprit, capables d'estre diversement modifiées; car il suffit de sçavoir que les essences des choses modales consistent dans la puissance que les substances ont de recevoir certains modes, pour estre convaincus que Dieu a produit immediatement toutes les essences des choses modales, & qu'il les a produites par la même action par laquelle il a creé les substances capables de recevoir successivement differens modes.

Or par la même raison que Dieu est l'Auteur de l'essence ou possibilité des choses modales, il est aussi l'Auteur de leur impossibilité; car en effet une chose n'est impossible que parce que ses attributs essentiels sont incompatibles, & il est certain que les attributs essentiels d'une chose ne sont incompatibles que parce que Dieu les a rendu tels par sa volonté. Par exemple, les attributs essentiels d'un tout qui n'est pas plus grand que sa partie, sont incompatibles, parce que Dieu a voulu qu'un tout fût plus grand que sa partie, & que l'ayant voulu il est impossible que sa volonté ne s'accomplisse pas, & par consequent que le tout ne soit pas plus grand que sa partie. Par la même raison, si un esprit figuré, & un corps pensant sont des choses impossibles, ce n'est que parce que Dieu a voulu faire l'esprit & le corps de telle nature que l'esprit ne fût pas susceptible de figure, ni le corps de pensée, & ainsi du reste.

Il n'en est pas de même de l'existence des choses modales, que de leur essence. Il vient d'estre prouvé que leur essence dépend immediatement de la volonté de Dieu; l'existence au contraire des choses qui arrivent dans le monde selon les loix du mouvement, ne dépend pas seulement de Dieu, elle dépend encore & immediatement des causes secondes: car il ne faut pas s'imaginer que Dieu produise jamais rien de successif par luy-même immediatement. C'est une maxime incontestable, selon saint Thomas, que quand Dieu agit selon les loix ordinaires du mouvement, il agit toujours à propos de quelque chose, & à propos de quelque chose qui est en mouvement.

3. *Que l'existence des choses modales dépend immediatement des causes secondes.*

Or de ce que Dieu agissant selon les loix du mouvement agit toujours à propos de quelque chose, il est évident qu'il ne produit immediatement aucun mode dans le corps ni dans l'ame en particulier. Il n'en produit pas dans le corps; car tous les modes des corps se peuvent reduire à des figures ou à des mouvemens particuliers : Et Dieu ne produit pas dans les corps leur figure ni leur mouvement particulier, car leur figure particuliere dépend des corps qui les bornent, & leur mouvement dépend pour estre tel ou tel, de leur propre nature, ou de celle des corps qui les font mouvoir. Quant à l'ame, tous ses modes se reduisent à des pensées ou à des sensations. Or il est certain que Dieu ne produit dans l'ame immediatement aucune pensée, ni aucune sensation particuliere. Les pensées particulieres de l'ame dépendent immediatement de leurs objets, & les sensations dépendent encore de l'action de ces mêmes objets sur les organes des sens.

Il y a donc cette difference entre l'essence des choses modales & leur existence qui consiste dans des modes actuels, que la premiere dépend uniquement de la volonté de Dieu qui la produit immediatement par luy-même, & que la seconde dépend non seulement de la volonté de Dieu, mais encore des creatures dont Dieu se sert comme de causes prochaines pour produire les choses modales. Car il faut remarquer que Dieu a tellement disposé tous les êtres, qu'en faisant passer son operation, qui est le mouvement, des uns aux autres, tout ce qu'il a prédefini arrive dans le même ordre & dans le même temps qu'il a voulu qu'il arrivât; à raison de quoy il a établi les creatures pour causes secondes & prochaines de tout ce qu'il produit.

Il y a donc seulement cecy à considerer, que bien que Dieu comme cause premiere, produise tous les êtres modaux par les

4. *Qu'il y a des êtres par-*

R ij

ticuliers que Dieu produit immediatement. causes secondes dans l'ordre de la nature, il en produit neanmoins plusieurs par luy-même dans l'ordre de la grace. C'est ainsi, par exemple, qu'il a produit la resurrection du Lazare, la conversion de l'eau en vin, la multiplication des pains : car en regardant les causes secondes, on pouvoit dire que le Lazare ne ressusciteroit pas, que l'eau ne seroit pas changée en vin, que les pains ne seroient pas multipliez, &c. & en regardant la seule cause premiere, on pouvoit assurer que tout cela arriveroit. Les effets particuliers qui dépendent des causes secondes appartiennent à l'ordre de la nature, duquel il s'agit maintenant ; & les effets particuliers qui dépendent uniquement de Dieu, appartiennent à l'ordre de la grace dont il sera parlé dans la suite.

On dira peut-estre, que l'impossibilité est quelque chose d'absolu & d'indépendant de la volonté de Dieu, comme il paroit de ce qu'il n'a jamais esté en son pouvoir de faire qu'il ne fût pas parfait, éternel, immense, &c. Mais on peut répondre, qu'il ne s'agit pas icy de l'impossibilité qui regarde l'être de Dieu, qui est un Etre absolu & necessaire d'une necessité absoluë, mais de l'impossibilité qui regarde les choses modales, dont l'être n'est ni absolu ni necessaire, sinon d'une necessité hypotetique ou de supposition, dépendante de la volonté de Dieu qui ne veut rien au dehors que tres librement, comme il sera prouvé dans la suite.

CHAPITRE XII.

Que toutes les veritez immuables, qui sont des suites de la nature des choses creées, dépendent de la volonté de Dieu comme de leur vraye & unique cause efficiente immediate.

1. *Que Dieu connoit necessairement les veritez qui sont des suites necessaires de sa nature.*

QUand on dit que Dieu est éternel, qu'il est immense, incomprehensible, &c. on voit bien que quoy qu'il n'y ait rien en luy qui represente ces veritez, il ne peut pas neanmoins se dispenser de les connoitre ; parce que ces veritez ne sont que son être propre qui se connoit & qui se comprend-luy-même. En effet, si Dieu pouvoit se dispenser de connoitre les veritez qui sont les suites de sa nature, il pourroit estre autre qu'infiniment parfait, & il pourroit n'estre pas par luy-même : & ainsi de ce qu'il peut tout, il pourroit devenir fort impuissant, & s'arracher ses propres perfections : ce qui est impossible.

LIVRE I. PARTIE II.

Au contraire, quand il s'agit des veritez qui ne sont pas des suites de la nature divine, comme quand on dit, par exemple, que *deux & deux sont quatre*, que *le tout est plus grand que sa partie*, que *l'homme est un animal raisonnable*, &c. il est visible que rien ne peut obliger Dieu à connoitre ces veritez, parce que ces veritez ne sont pas son être propre, mais des suites & des effets tres libres de sa volonté; car il faut remarquer qu'il n'y a rien qui puisse déterminer Dieu à operer hors de luy. Il n'y a point d'autre perfection, d'autre realité, & d'autre bonté necessaire, & indépendante de la volonté de Dieu, que luy-même. C'est sa volonté libre qui fait la perfection de chaque creature : Il n'y a rien hors de luy qui luy dicte que supposé qu'il agisse, il faut qu'il fasse que deux & deux soient quatre, que le tout soit plus grand que sa partie, que l'homme soit un animal raisonnable, &c. Il produit tout cela tres librement. Chaque être n'a de perfection ni de realité d'essence, ou d'existence, que parce que Dieu a voulu la luy donner.

Les veritez qui sont des suites de la nature divine, sont immuables & necessaires d'une necessité & immutabilité absoluë ; les veritez au contraire qui émanent de la nature des choses creées, & qui sont des suites de la volonté divine, sont aussi immuables & necessaires ; mais elles ne sont telles que d'une necessité & immutabilité hypotetiques : ce qui fait que Dieu est obligé de s'assujettir aux premieres veritez, parce qu'elles sont indépendantes de sa volonté, & qu'il ne doit aucunement s'assujettir aux secondes, parce qu'elles supposent ses decrets.

Il y a des Philosophes qui croyent que les veritez qui sont des suites de la nature des choses creées, sont aussi immuables que celles qui suivent de la nature de Dieu. Ils soutiennent, par exemple, que ces veritez, *Deux & deux sont quatre*, *Le tout est plus grand que sa partie*, &c. sont aussi immuables que celles-cy : *Dieu est éternel*, *Dieu est immense*, &c. Toutefois il est évident que cela ne peut estre; car Dieu est éternel & immense par luy-même & par sa propre nature, au lieu que si deux & deux sont quatre, & si le tout est plus grand que sa partie, ce n'est que parce que Dieu a voulu que cela fût ainsi.

Que si l'on vouloit objecter avec saint Augustin, qu'il n'y a rien de plus éternel que *la nature du triangle*, & cette verité, *Deux & deux sont quatre* ; nous répondrions avec saint Thomas, que la nature du triangle & celle de cette verité, *Deux & deux sont qua-*

2.
Qu'il connoit librement toutes les autres veritez.

tre, sont à la verité éternelles, mais qu'elles ne sont éternelles que d'une éternité participée, entant qu'elles sont dans la volonté de Dieu qui les produit, & qui est éternelle.

Il seroit encore inutile de dire, que si ces veritez, *Deux & deux font quatre*, *Le tout est plus grand que sa partie*, &c. estoient dépendantes de la volonté de Dieu, tout seroit renversé dans les sciences naturelles qui dépendent de ces veritez; car il est certain que si les sciences naturelles supposoient des veritez necessaires d'une necessité absoluë, nous n'aurions de sciences naturelles, que touchant les Attributs de Dieu; car il n'y a rien d'absolument necessaire que ces attributs. C'est pourquoy puis que nous avons des sciences qui ne regardent pas les Attributs de Dieu, telles que sont toutes les sciences Mathematiques, c'est une marque infaillible qu'il suffit pour les sciences naturelles, que les objets de ces sciences soient immuables & necessaires d'une necessité & immutabilité hypotetiques, c'est à dire, d'une necessité & immutabilité dépendantes de la volonté de Dieu.

Rien ne paroit si digne de Dieu, que cette puissance souveraine qui le rend maitre absolu de toutes les choses qui sont hors de luy, de quelque maniere qu'elles y soient; car comme elles n'ont de realité, que parce qu'il veut qu'elles soient, elles ne sont que ce qu'il veut, & de la maniere dont il veut; elles n'ont rien dans luy qui devance sa volonté, & qui soit l'archetype de ce qu'il veut faire. Si Dieu avant que de vouloir chaque creature, consultoit certaines regles qui le déterminassent à vouloir quelque chose, & si sa volonté présupposoit quelque realité objective dans les êtres qu'il veut, Dieu ne seroit pas entierement libre, car il ne luy seroit pas indifferent de vouloir ce qu'il veut: Il pourroit bien donner aux choses modales l'être d'existence quand il voudroit, mais il ne pourroit pas leur donner l'être d'essence, parce que cet être seroit indépendant de sa volonté. Dieu seroit donc un agent, partie necessaire, & partie libre à l'égard des choses modales: necessaire, par rapport à leur essence; & libre, par rapport à leur existence: au lieu qu'il seroit un agent absolument necessaire à l'égard des substances, dont l'essence ne differe pas de l'existence. De plus, il y auroit des regles qui contraindroient Dieu, à faire ce qu'il ne voudroit pas faire. Par exemple, la simplicité des loix du mouvement l'obligeroit à produire, malgré luy-même, des monstres & d'autres choses semblables: ce qui répugne à l'idée de Dieu.

Ayant déja fait voir, que l'essence des choses modales, entant que separée de l'existence, consiste dans la possibilité de certains modes, & sçachant d'ailleurs que les modes qui sont possibles, ne deviennent actuels que par le mouvement, il faut avant que de traiter de l'existence des choses modales, avoir connu quelque chose de la nature & des proprietez du mouvement ; & parce que le mouvement suppose le corps, la matiere & la quantité, il est encore necessaire de commencer cet examen par la nature & par les proprietez du corps, de la matiere, & de la quantité.

CHAPITRE XIII.
De la Nature & des proprietez du Corps, de la Matiere & de la Quantité.

Tout le monde ne convient pas que l'étenduë soit l'essence du Corps ; ce qu'on peut neanmoins démontrer par ce raisonnement. *Le Corps est étendu : Donc il est étendu par sa nature.* Je prouve cette consequence. *Personne ne sçauroit expliquer comment un corps qui ne seroit pas étendu par sa nature, pourroit devenir étendu : car il ne pourroit devenir étendu, sans acquerir de l'extension : mais comment acquerroit-il cette extension ? Sans doute parce que Dieu, ou quelque autre agent produiroit de l'extension, & l'uniroit au corps. Or je demande si cette extension seroit étenduë ou non. Elle seroit assurément étenduë ; car pourquoy l'appelleroit-on extension, si elle n'estoit pas étenduë ? Si au contraire elle n'estoit pas étenduë, rendroit-elle le corps étendu ? Que si elle estoit étenduë, je demande derechef si elle l'estoit par elle-même, ou par quelque autre chose. Si par une autre chose, il y aura un progrez à l'infini : si par elle-même, il y a donc quelque chose qui est étendu par soy. Pourquoy donc ne dirons-nous pas que c'est le Corps, pour ne pas multiplier les Etres sans necessité ? Donc le Corps est étendu par sa nature.* Ce qu'il falloit prouver.

1. *Que le corps est naturellement étendu.*

Or la substance étenduë qui est l'essence du corps, peut estre consideréc en trois manieres ; ou en elle-même, ou par rapport aux modifications qu'elle reçoit, ou par rapport à quelque grandeur particuliere qui la détermine. L'étendue considerée de la premiere sorte, s'appelle *Corps* : l'étendue considerée de la seconde maniere, se nomme *Matiere Premiere* ; & l'étendue considerée de la troisié-

2. *Que le corps, la quantité & la matiere premiere ne different pas reellement.*

me façon, s'appelle *Quantité*. La matiere premiere differe donc de la quantité, en ce que la quantité est une étenduë considerée comme ayant quelque grandeur déterminée; au lieu que la matiere premiere est cette même étenduë considerée comme capable de recevoir des modifications qui font qu'elle est un corps de telle ou telle espece. Ainsi, par exemple, dans un morceau de cire, l'étenduë considerée en elle-même, est ce qu'on appelle *Corps*; l'étenduë considerée comme telle ou telle selon la grandeur, est ce qu'on nomme *Quantité*; & cette même étenduë considerée comme le sujet des modes qui constituent la forme de la cire, est ce qu'on appelle *Matiere Premiere*.

<small>3. Que la divisibilité n'appartient qu'à la quantité.</small>

Suivant cette doctrine, on peut assurer que la divisibilité est une proprieté qui n'appartient nullement à l'étenduë, qui est l'essence du corps; car en effet, si cette étenduë estoit divisible de sa nature; comme toute division apporte du changement à la chose divisée, quand on diviseroit le corps, son essence seroit changée: ce qui n'arrive pas, car la raison fait voir que quelque division qu'on suppose dans la quantité, l'essence du corps est toujours la même, & qu'on peut dire de chaque partie de la quantité aprés la division, qu'elle a toute l'essence du corps. La quantité au contraire est toujours divisible; car il est impossible de concevoir qu'un corps soit de telle ou telle grandeur, sans concevoir en même temps, qu'il peut estre divisé par un autre corps plus petit, en autant de parties qu'il contient de fois cet autre corps. Il est même visible que dans toute quantité la division sera finie, si elle se fait en parties aliquotes ou aliquantes, & qu'au contraire elle sera infinie, ou plutôt indéfinie, si elle se fait en parties proportionnelles.

<small>4. Que le corps consideré en luy-même est l'objet de la Metaphysique, & la quantité celuy de la Geometrie.</small>

L'étenduë considerée en elle-même, est le vrai objet de la Metaphysique, à laquelle seule appartient d'examiner l'essence & la nature des choses. L'étenduë considerée par rapport aux formes est l'objet de la Physique: au contraire l'étenduë considerée par rapport à quelque grandeur particuliere, est le vrai objet des Mathematiques. En effet les Mathematiciens ne considerent pas l'étenduë en elle-même ni par rapport à ses formes, mais entant qu'elle peut estre mesurée par une autre étenduë. Quand une étenduë est mesurée par une autre étenduë plus petite, ils l'appellent *Tout*; quand elle peut mesurer une autre étenduë plus grande, ils la nomment *partie*; quand les parties mesurent le tout exactement, ils les appellent *parties aliquotes*; quand elles ne les mesurent pas exactement

tement, ils les nomment *parties aliquantes*; & enfin ils appellent *parties proportionnelles* celles qui diminuent avec proportion dans chaque division. C'est pourquoy nous n'entendrons pas par l'étenduë qui est l'objet de la science des Geometres, l'étenduë qui constituë l'essence du corps, mais celle qui constituë l'essence de la quantité: Nous ne dirons pas aussi que l'étenduë qui est l'objet de la Mathematique, est une étenduë infinie; car si elle l'estoit, elle ne pourroit estre considerée ni comme un Tout, ni comme une Partie. Elle ne pourroit estre considerée comme un Tout, car elle ne pourroit estre mesurée par une grandeur plus petite; & elle ne pourroit estre considerée comme une Partie, parce qu'elle ne pourroit mesurer une quantité plus grande. La quantité qui est l'objet de la Geometrie, est donc une grandeur finie. Et il n'importe de dire que les Geometres supposent des lignes infinies, car les lignes que les Geometres supposent ne sont point infinies, mais plutôt finies; comme il paroit de ce qu'ils supposent ces lignes pour en retrancher des parties égales plus grandes ou plus petites que d'autres lignes avec lesquelles ils les comparent; ce qu'ils ne pourroient faire, si les lignes qu'ils supposent, estoient infinies en grandeur, car de telles lignes ne pourroient estre ni augmentées ni diminuées.

Il faut ajouter que comme il n'y a point de quantitez infinies en grandeur, il n'y a point aussi de quantitez infinies en petitesse: car s'il y avoit des quantitez infinies en petitesse, elles ne pourroient devenir plus petites; & il vient d'estre prouvé que toute quantité, pour petite qu'elle soit, peut estre continuellement divisée en parties proportionnelles.

C'est donc une chose assurée qu'il n'y a point de Quantité qui soit infinie: En effet, s'il y en avoit une qui fût telle, elle seroit essentiellement divisible. Supposons, par exemple, qu'elle soit divisée par la moitié: cela estant, je demande si chaque moitié est finie, ou infinie: Si elle est finie, les deux moitiez unies ensemble ne feront pas une quantité infinie; parce que deux neants d'infinité ne peuvent faire rien d'infini: & si elles sont infinies, il y aura un infini double de deux infinis. Ce qui repugne à l'idée de l'Infini.

Saint Thomas prouve la même chose, c'est à dire, qu'il n'y a point de quantité qui soit infinie, par ce raisonnement: *Il est impossible*, dit-il, *de trouver dans un genre ce qui n'est dans aucune espece*: Or, *l'infinité ne se trouve dans aucune espece particuliere de quantité*:

5.
Que toute quantité est finie.

S

Donc, *elle ne peut se trouver dans le genre de grandeur, lorsque la grandeur est prise pour la quantité.*

Mais par la même raison qu'il n'y a point de quantité infinie en grandeur, il n'y a point aussi de quantité infinie en petitesse. Car en effet, s'il y avoit une telle quantité, elle seroit indivisible, & par consequent, incapable de devenir plus petite ; car rien ne peut estre plus petit que ce qui l'est infiniment : Ce qui repugne à l'idée de la quantité.

Mais, dira-t-on, s'il n'y a point de quantité infinie en grandeur ni en petitesse, qu'entendez-vous par les mots *d'Infini* & *d'Indefini* dont vous vous servez si souvent. Je répons que par le mot *d'Infini* j'entens une grandeur qui est sans bornes, mais qui n'est telle que par abstraction, d'où vient qu'elle n'existe que dans l'entendement, & qu'elle doit estre prise plutôt pour l'essence du corps que pour sa quantité ; & par le mot *d'Indefini*, j'entens une grandeur qui est bornée, mais dont les bornes peuvent estre augmentées & diminuées sans fin.

<small>6. Que la question de l'infini a paru toujours difficile, & pourquoy.</small>

La question de l'infini a paru toujours tres difficile, & la difficulté est venuë en premier lieu, de ce qu'on n'a pas distingué ce qui est Infini en nature, d'avec ce qui est Infini en grandeur. Elle est venuë en second lieu, de ce qu'on n'a pas distingué ce qui est infini en grandeur, d'avec ce qui est Indefini en grandeur. Dieu est infini en nature, d'autant qu'il existe par luy-même, & qu'il n'est sous aucun genre, ni dans aucune espece. L'étenduë du monde prise abstractivement, est infinie en grandeur, parce que nous la concevons sans aucune borne ; & la même étenduë est indefinie en grandeur, parce qu'elle a des bornes, mais des bornes qui peuvent estre augmentées ou diminuées sans fin. Non seulement les grandeurs finies n'ont nulle proportion avec les grandeurs infinies, elles n'en ont pas même avec les grandeurs indefinies : car en effet, celuy qui ajoute quatre pieds d'étenduë à quatre pieds, & avance de cette maniere, arrivera aussi tôt à une grandeur indefinie, que celuy qui ajoute quatre mille pieds à quatre mille pieds, ce qui fait voir qu'il n'y a nulle proportion entre les quantitez finies & les quantitez indefinies, & par consequent que la quantité qui est l'objet des Geometres, n'est pas la quantité infinie, ni la quantité indefinie ; mais la quantité finie, qui est seule susceptible du plus ou du moins.

Pour finir ce Chapitre par où nous l'avons commencé, c'est à dire par la consideration de l'étenduë, il faut remarquer qu'il y a des Philosophes qui nous veulent persuader qu'il y a une étenduë pure, & une étenduë solide, qui sont deux étenduës actuellement existantes & reellement distinctes: mais il est aisé de prouver qu'entre l'étenduë pure & l'étenduë solide, il n'y a point de distinction reelle ni modale, mais une simple distinction de raison, telle qui se trouve entre l'essence & l'existence des substances. En effet l'étenduë pure n'est autre chose que le corps consideré selon son essence, ni l'étenduë solide autre chose que le corps consideré *selon son essence & selon son existence.*

CHAPITRE XIV.

Que l'étenduë prise pour l'essence du corps, n'est pas divisible par elle-même, mais par sa quantité.

Tout le monde demeure d'accord que l'étenduë n'est pas divisible par elle-même comme substance, autrement toute substance seroit divisible, & on pourroit diviser les substances intelligentes; ce qui ne se peut dire. Mais tout le monde ne convient pas que l'étenduë considerée precisément comme étenduë, soit divisible. Les sentimens sont partagez sur ce sujet. Il y a des Philosophes qui soutiennent que l'étendue considerée en elle-même & sans rapport à aucune grandeur particuliere, est capable d'estre divisée; d'autres disent au contraire, & avec plus de raison, que l'étenduë n'est divisible qu'autant qu'elle se rapporte à quelque grandeur particuliere, c'est à dire qu'autant qu'elle est une quantité : car il faut remarquer que l'étendue qui est l'essence du corps, differe de l'étendue qui est une quantité, en ce que celle-cy est déterminée à quelque grandeur, & que l'autre ne l'est pas; d'où vient que l'étendue qui est une quantité, existe actuellement, & que l'étendue qui est l'essence du corps, n'existe que dans la pensée, & par abstraction.

Ceux qui disent que l'étendue est divisible par elle-même, en apportent trois raisons principales. La premiere est, que l'idée de la divisibilité & celle de l'étendue sont si étroitement liées, que quoy qu'il soit possible de penser à l'étendue, sans penser distinctement à la divisibilité, il n'est pas possible de retenir l'idée de l'étendue en excluant la divisibilité, & en niant qu'elle puisse estre divisée;

1. *Que le corps n'est pas divisible par son essence, mais par sa quantité.*

2. *Objection.*

de même qu'il n'est pas possible de conserver l'idée de la divisibilité en excluant toute étendue.

La seconde raison est, que bien qu'on ne puisse distinguer des parties actuelles dans l'étendue qu'autant qu'elle est une grandeur particuliere, on peut neanmoins y distinguer des parties possibles ; il suffit pour cela que l'étendue puisse estre bornée : Or l'étendue peut estre bornée de ce qu'elle peut estre divisée, puis que la division luy donne diverses figures, & elle peut estre divisée de ce qu'elle est étendue. Ainsi c'est assez qu'elle soit étendue pour estre divisible, pour pouvoir avoir des parties & des figures, & pour estre susceptible de divers changemens.

La troisiéme raison est, qu'il y a de la contradiction à dire que l'étendue n'est divisible que comme substance bornée, d'autant que l'étendue bornée suppose qu'elle est divisée ; car ses principales modifications sont le mouvement & la figure ; & de ce que le mouvement & la figure sont dans l'étendue, elle est divisée ; & si après cela chacune de ses parties sont divisibles, ce n'est pas parce qu'elles sont bornées, mais parce qu'elles sont encore étenduës.

Avant que de répondre à ces trois raisons, il faut remarquer 1. Qu'il y a cette difference entre l'étendue qui est bornée & déterminée à quelque grandeur particuliere & celle qui ne l'est pas, que la premiere est une étendue singuliere & actuellement existante, & que la seconde est une étendue generale & universelle, qui n'existe que dans la pensée.

Il faut remarquer 2. Que l'étenduë singuliere & existante, est divisible en parties actuelles, & que l'étendue universelle n'est divisible, ni en parties actuelles, ni en parties possibles ; dont la raison est, que les natures universelles n'ont que des parties subjectives ausquelles elles se communiquent, non par parties, mais selon leur nature toute entiere, ainsi que la nature humaine se communique toute entiere à chacun de ses individus.

3. Réponse.

Cela supposé, je répons à la premiere raison, qu'il est vrai que l'idée de la divisibilité & celle de l'étendue sont inseparables, & qu'il n'est pas possible de conserver l'idée de la divisibilité en excluant toute étenduë : mais je soutiens que cela ne s'entend pas de l'étendue qui est l'essence du corps, mais de l'étendue qui est une quantité. Or ces deux étendues different selon la premiere remarque, en ce que l'une est bornée, & que l'autre ne l'est pas ; ce qui fait que l'étendue qui n'est pas bornée, est une étendue universelle qui n'existe que dans la pensée, & qui n'a par consequent aucune partie ni actuelle ni possible, au lieu que l'étendue qui est bornée, est une étendue qui existe actuellement, & qui a par consequent des parties tres réelles & tres positives.

Je répons à la seconde raison, que quand il s'agit de la divisibilité de l'étendue, il n'est pas question de sa divisibilité en parties possibles, mais de sa divisibilité en parties actuelles. La divisibilité en parties possibles n'est pas tant une vraye divisibilité qu'une divisibilité imaginaire ; dont la raison est, que toute vraye divisibilité suppose un sujet divisible, qui est actuellement existant, au lieu que l'étendue qui est prise pour l'attribut du corps, n'existe que dans la pensée, & elle n'est par consequent qu'une nature universelle, qui selon la seconde remarque, n'a aucune partie actuelle ni possible, mais seulement des parties subjectives ausquelles elle se communique toute entiere, comme nous venons de dire que la nature humaine se communique toute entiere à chacun de ses individus. Et il est inutile d'ajouter, que pour distinguer des parties possibles dans l'étendue, il suffit qu'elle puisse estre bornée ; qu'elle peut estre bornée de ce qu'elle peut estre divisée ; & enfin qu'elle peut estre divisée de ce qu'elle est étendue ; car on peut répondre que tout cela convient à la verité à l'étendue, qui est une quantité, mais qu'il ne convient nullement à l'étendue qui constitue l'essence du corps.

Je répons à la troisiéme raison, qu'il n'y a nulle contradiction à dire que l'étendue n'est divisible qu'autant qu'elle est bornée ; dont la raison est, que l'étenduë qui n'est pas bornée n'existe que dans l'entendement, & l'étendue qui n'existe que dans l'entendement, ne peut estre divisée.

Il est si necessaire de distinguer l'étendue qui est l'essence du corps, d'avec l'étendue qui est une quantité, que sans cela il est impossible de s'empêcher de tomber dans plusieurs contradictions. Saint Thomas dit en un endroit qu'il n'y a rien qui puisse estre actuellement infini selon la grandeur, & il dit ailleurs que l'infinité ne repugne pas à la nature de la grandeur en general : en quoy il semble se contredire ; & il se contrediroit en effet, si dans ces deux endroits la grandeur estoit prise pour une même chose ; au lieu que cela s'accorde parfaitement en prenant le mot de grandeur tantôt pour signifier l'essence du corps, & tantôt pour signifier sa quantité.

1. p. q. 7. a. 3.
Ibid. ad 1.

Concluons donc que l'étendue n'est divisible que par sa quantité; & que l'erreur de ceux qui croyent qu'elle est divisible par elle-même, procede principalement de ce qu'ils attribuent à l'étenduë qui constitue l'essence du corps, la divisibilité qui n'appartient qu'à l'étenduë qui est une quantité, telle qu'est l'étenduë du Ciel, de la terre, de la mer, & en general celle de tous les corps particuliers.

CHAPITRE XV.
De la nature & des proprietez du Mouvement local en general.

Bien que Dieu soit la seule & unique cause de tout le mouvement qui est au monde, entant qu'il fait luy seul que les corps s'appliquent successivement les uns aux autres, il ne faut pas s'imaginer pourtant qu'il soit la cause pourquoy ils s'y appliquent si diversement. Les differentes manieres dont les corps s'appliquent les uns aux autres, dépendent visiblement de la differente forme & figure des corps qui sont mûs, & de ceux autour desquels ils se meuvent.

1. Que le mouvement peut estre consideré dans le moteur & dans le mobile.

Ainsi le mouvement peut estre consideré en deux manieres, ou dans le premier moteur, ou dans le mobile. Le mouvement consideré dans le premier moteur, n'est autre chose que la volonté par laquelle Dieu produit l'application successive des corps; & le mouvement consideré dans le mobile, n'est autre chose que les differentes manieres dont les corps s'appliquent les uns aux autres. Le mouvement qui est dans le mobile, s'appelle le mouvement *formel*; & le mouvement qui est dans le moteur, s'appelle le mouvement *efficient* ou *la force mouvante*.

2. Que tout ce qu'il y a de permanent dans le mouvement, dépend de Dieu immediatement, & que tout ce qui est successif depend des causes secondes.

Et il ne serviroit de rien de dire que la volonté de Dieu estant immuable, elle ne peut produire immediatement le mouvement, d'autant que le mouvement est quelque chose de successif & de changeant : car il est aisé de répondre, que quoy que le mouvement formel soit quelque chose de successif & de changeant quant à ses modes, il est neanmoins immuable quant à sa substance. Or Dieu ne produit immediatement que la substance du mouvement formel; car pour les modes de ce mouvement, ils dependent immediatement des creatures. En effet, un corps rond modifie le mouvement d'une certaine maniere, & un corps quarré le modifie d'une autre : ce qui fait qu'on peut considerer comme deux parties dans le mouvement formel ; l'une permanente, selon laquelle il dépend de Dieu immediatement ; & l'autre passagere, selon laquelle il dépend des creatures : ce qu'il faut bien remarquer.

Or si le mouvement est passager entant qu'il dépend des creatures, & si Dieu ne produit jamais une chose modale que par le mouvement d'une autre chose modale, comme l'experience l'enseigne, il est d'une consequence necessaire que toutes les choses modales soient passageres, c'est à dire, qu'elles soient telles que toutes les parties de leur durée coulent les unes après les autres, jusques à ce qu'elles ayent entierement cessé d'estre : d'où vient qu'on appelle les êtres modaux *des êtres passagers*, c'est à dire, des êtres dont l'existence coule par parties, qui se succedent les unes aux autres, à la difference des substances qu'on nomme *des êtres permanens*, à cause qu'elles perseverent toujours dans leur être substantiel.

On dira peut-être, qu'on conçoit bien que les substances sont des êtres permanens, parce qu'elles subsistent en elles-mêmes, mais qu'on ne conçoit pas que le mouvement formel qui est un mode, puisse estre consideré comme une substance. Toutefois on peut répondre, que comme les substances ne sont dites des êtres permanens qu'entant qu'elles procedent immediatement de la volonté de Dieu qui est immuable ; par la même raison le mouvement formel pris substantiellement doit estre consideré comme une substance, parce qu'il procede immediatement de la même volonté. C'est pour cette raison que le mouvement formel ne peut jamais changer quant à sa nature, ni quant à sa quantité. Il ne peut changer quant à sa nature, car il est toujours de sa nature une application successive des corps. Il ne peut changer non plus quant à sa quantité, car 1. il ne peut estre augmenté, parce que tout corps qui commence à se mouvoir, est choqué par un autre qui luy communique de son mouvement à proportion de sa masse ; ce qui fait que la quantité du mouvement reste la même, puisque le corps choqué gagne justement autant de mouvement que le corps choquant en perd. 2. Le mouvement ne peut aussi estre diminué par la même raison.

Il ne faut pas donc mettre en Dieu autant de volontez qu'il y a de mouvemens particuliers, car nous sçavons que cette multitude de volontez repugneroit à la simplicité de la nature divine : ou si nous mettons en Dieu plusieurs volontez, il faut concevoir qu'elles ne sont distinguées ni reellement ni formellement, mais par une diftinction de raison, fondée sur ce que notre esprit ne pouvant comprendre l'étendue infinie de la volonté par laquelle Dieu meut les corps, il la divise en autant de parties qu'il y a de corps particuliers que Dieu fait mouvoir ; ce qui ne s'accorde pas avec l'idée d'un Etre parfait, dont l'extrême simplicité exclut toute sorte de composition réelle & formelle, & n'admet que la composition de raison qui est la seule qu'on peut attribuer à Dieu. Ainsi, par exemple, nous ne dirons pas que Dieu veuille la pluye & le beau temps par deux volontez particulieres, nous penserons au contraire que la pluye & le beau temps, quelque opposition qu'ils ayent entr'eux, sont deux effets d'une seule & même volonté par laquelle Dieu veut mouvoir la matiere. Car il faut remarquer que le monde étant plein & la matiere impenetrable, il est impossible que Dieu veuille mouvoir les corps sans qu'il resulte dans leur mouvement des varietez infinies capables de produire des effets tout contraires ; d'où il s'ensuit que tout ce qu'il y a d'immuable dans la production des effets, doit estre attribué à Dieu comme à la cause premiere, au lieu que tout ce qu'il y a de changeant, doit estre attribué aux corps, comme à la cause seconde. Ainsi nous ne dirons pas que les corps sont les causes occasionnelles du mouvement, entant qu'ils donnent occasion à Dieu de mouvoir des corps qu'il ne mouvroit pas ; car outre qu'il sera prouvé dans la suite, qu'il n'y a point de causes occasionnelles à l'égard de Dieu ; s'il y en avoit, elles le détermineroient ou à produire la substance du mouvement, ou à produire ses modifications. Or ce n'est pas le premier, car la substance du mouvement est ingenerable & incorruptible, comme la volonté de Dieu qui en est la cause immediate. Ce n'est pas aussi le second, parce que Dieu ne modifie point le mouvement par luy-même immediatement, car tout ce que Dieu produit immediatement est immuable comme luy. Il reste donc que les corps ne sont la cause du mouvement qu'entant qu'ils le modifient.

3. *Deux regles generales du mouvement.*

Par une raison semblable, quand nous dirons qu'un corps communique son mouvement à un autre corps, nous n'entendrons pas que le mouvement d'un corps passe réellement dans un autre, car un tel passage est impossible ; mais nous entendrons que quand deux corps se rencontrent, le mouvement qui se faisoit en un seul d'une certaine maniere avant leur rencontre, se fait ensuite dans tous les deux d'une autre maniere ; & cela suivant certaines regles, qu'on appelle les loix *du mouvement*, dont voicy les deux principales.

LIVRE I. PARTIE II.

pales. La premiere est, qu'un corps qui se meut & qui en rencontre un autre qui est en repos, uy communique du mouvement à proportion de sa masse. La seconde, qui est une suite de la premiere, est qu'un corps, pour petit qu'il soit, en fera mouvoir un autre plus grand, s'il est poussé contre luy.

La raison de la premiere regle se deduit évidemment de ce que chaque chose persiste autant qu'elle peut, à demeurer dans l'estat où elle est; car il est certain qu'un corps qui se meut, retient bien plus l'estat où il est, lors qu'il communique aux corps qu'il rencontre, du mouvement à proportion de leur grandeur, que s'il leur en communiquoit dans toute autre proportion.

La raison de la seconde regle est encore évidente. La voicy. Comme la matiere (que je ne distingue pas icy de la quantité) est divisible à l'infini, le mouvement l'est aussi; c'est pourquoy comme il n'y a point de partie dans une table, par exemple, pour petite qu'elle soit, qu'on n'en puisse donner une plus petite; il n'y a point aussi de mouvement qui soit necessaire à parcourir chaque partie de la table, pour petit qu'il soit, qu'il n'y en puisse avoir un plus petit. Par exemple, si vous supposez qu'un corps a besoin de quatre degrez de mouvement pour parcourir toute la table, il est évident qu'un seul degré suffira pour parcourir la quatriéme partie, qu'un demi degré suffira pour parcourir la huitiéme partie, & ainsi de suite; en sorte que le mouvement décroîtra toujours dans la même proportion que décroît l'espace. Il n'y a donc point de corps en repos, pour grand qu'il soit, dont la resistance ne soit surmontée par l'effort d'un corps qui le choquera. Supposons qu'un corps de fer qui pese quatre livres, & qui a quatre degrez de mouvement, choque une enclume qui pese mille livres: nous avons prouvé que les quatre degrez de mouvement du corps de fer peuvent estre divisez à l'infini; ils peuvent donc estre divisez en mille quatre parties égales. Supposant donc qu'ils sont divisez en mille quatre parties égales, le corps de fer en conservera quatre & en communiquera mille à l'enclume; & cette distribution estant faite de cette sorte, il est visible que l'enclume & le corps de fer se mouveront également vite; ce qui est le principal but que la nature se propose touchant la communication des mouvemens.

On dira sans doute que l'experience ne s'accorde pas avec ce que *Objection.* nous venons de dire des deux regles du mouvement, & qu'elle fait voir tout le contraire. Car en effet quand deux corps sont égaux

& de même matiere, celuy qui se meut ne communique pas seulement la moitié de son mouvement à celuy qui est en repos, (comme il le devroit faire selon la premiere regle,) mais il le luy communique tout, & cesse luy-même de se mouvoir. L'experience fait voir encore que quand le corps de fer qui pese quatre livres, vient à choquer l'enclume qui en pese mille, ce corps de fer n'avance pas avec l'enclume (comme il devroit arriver suivant la seconde regle,) mais il retourne en arriere, c'est à dire qu'il se reflechit. Toutefois quoy que cela arrive effectivement ainsi, nous ne laissons pas de soutenir que nos deux regles sont tres veritables, & que si elles paroissent contraires à l'experience, ce n'est que parce que celle-cy regarde les corps comme revêtus de leurs qualitez sensibles, & que les regles du mouvement dont il s'agit, les regardent comme dépouillez de ces qualitez : ce qui cause cette grande difference qui paroit dans leur mouvement.

Réponse.

Quant à la continuation du mouvement, il ne faut pas demander quelle en est la cause, parce que le mouvement une fois commencé, continue de soy-même jusqu'à ce qu'il soit détruit par une cause étrangere.

Le principe sur lequel je soutiens que le mouvement une fois commencé continue toujours, à moins qu'il ne soit détruit par une cause exterieure, est, *que rien ne tend de soy-même à sa destruction*, & que c'est une loy de la Nature, *que les choses doivent toujours demeurer dans un même état*, si ce n'est que quelque cause exterieure le change.

Personne ne conteste ce principe, tout le monde veut qu'il soit évident : mais bien loin d'en inferer comme moy, que le mouvement une fois commencé doit continuer de soy-même, il y a des Philosophes qui en concluent tout le contraire, disant *que si c'est une loy de la nature que les choses doivent toujours demeurer dans le même état*, il s'ensuit que le changement d'état doit estre regardé comme quelque chose de violent, qui non seulement ne peut commencer qu'il ne soit produit par une cause exterieure, mais qui ne peut pas non plus subsister s'il n'est pareillement continué par une cause exterieure. Si donc le mouvement local n'est pas un état mais un changement d'état, il est évident qu'il faudra une cause exterieure non seulement pour commencer, mais encore pour continuer le mouvement local. Reste donc à examiner si en effet le mouvement local est un état du corps ou un changement d'état.

Ceux qui tiennent que le mouvement local est un changement d'état, disent que tout état renferme essentiellement quelque chose de fixe & de permanent. Par exemple, avoir une figure déterminée c'est estre dans un état, parce que c'est avoir une maniere d'être stable & fixe, que le corps ne quitte point à moins qu'il n'y soit obligé par une cause exterieure. Ils ajoutent que le mouvement local ne dit rien de semblable; au contraire il renferme essentiellement un changement continu; d'où il s'ensuit qu'on ne peut raisonnablement l'appeller *un état*.

Je répons qu'il est vray que le mouvement local renferme essentiellement un changement continu de lieu, mais non pas un changement continu d'état; car le lieu n'est pas un état; un état est une maniere d'être fixe & pemanente, & le lieu au contraire est une maniere d'être qui de soy n'a rien de fixe ni de stable : ainsi le mouvement local n'est point un changement d'état, mais plutôt il est un état luy-même; pour l'intelligence de quoy il faut remarquer, que tout corps est necessairement present dans un lieu; mais cela n'empêche pas que de soy il ne soit indifferent pour perseverer dans le même lieu, ou pour changer de place; de sorte que quand le corps persevere dans le même lieu, *c'est l'état du repos*; & quand il change de place, *c'est l'état du mouvement*. Quand on est une fois convaincu que le mouvement & le repos sont deux états, on conçoit facilement que pour commencer & pour continuer, ils ont besoin de quelque cause exterieure : mais la difficulté est de sçavoir si pour commencer & pour continuer le mouvement, par exemple, il faut autant de causes exterieures, qu'il y a de changemens de lieu dans le mouvement; & pareillement si pour commencer & pour continuer le repos, il faut autant de causes exterieures qu'il y a de momens pendant lesquels le corps demeure en repos.

Les partisans de l'opinion contraire à la nôtre tiennent l'affirmative : Ils disent que quand un corps a esté chassé du lieu qu'il occupoit, & qu'une cause exterieure l'a poussé dans un autre, il semble qu'il doit demeurer dans le lieu où il a esté poussé, jusqu'à ce que une nouvelle action d'une cause exterieure, l'oblige de passer dans un troisiéme, du troisiéme dans un quatriéme, & ainsi pendant toute l'éternité. Je tiens au contraire la negative, & je suis persuadé que la même force qui a commencé à faire mouvoir ou à faire reposer un corps, suffit pour le faire mouvoir ou reposer éternellement, si (comme je le suppose) rien ne l'empêche d'agir.

CHAPITRE XVI.

Des diverses especes de Mouvement local, par rapport à la durée des choses modales.

1. Qu'il y a quatre especes de mouvement par rapport à ses effets, & quelles elles sont.

TOut le monde sçait que le mouvement est le principe de toutes les generations, mais on ne sçait pas si toutes les generations dépendent mediatement ou immediatement du mouvement ou des manieres du mouvement. Or je dis qu'elles dépendent immediatement des manieres du mouvement, & non pas du mouvement même; car l'experience fait voir que le mouvement de l'eau d'une riviere ne produit jamais de la farine, s'il n'est modifié d'une certaine façon par les rouës d'un moulin. Elle fait voir que le mouvement du sang d'une mere ne produiroit jamais le corps d'un enfant dans son ventre, s'il n'estoit modifié par ses organes. Elle fait voir enfin que le mouvement des pierres ne produiroit jamais une maison, s'il n'estoit modifié par la main & par la regle d'un Masson, & ainsi du reste. C'est pourquoy on peut diviser le mouvement à raison de ses effets, en quatre especes. La premiere consiste dans le mouvement par lequel un corps passe d'un lieu en un autre, & ce mouvement s'appelle mouvement *local*, *Motus ad locum*, auquel le repos est opposé. La seconde consiste dans le mouvement par lequel les parties insensibles de la matiere se joignent ou se separent d'un corps, & par ce moyen augmentent ou diminuent la masse. Ce mouvement se nomme *Motus ad quantitatem*. La troisiéme consiste dans le mouvement par lequel les parties insensibles d'un corps sont tellement transposées, que ce corps change d'état sans changer de nature. Ce mouvement s'appelle *Motus ad qualitatem*. La quatriéme & derniere consiste en ce que les parties insensibles d'un corps sont tellement transposées, que ce corps n'est plus le même qu'il estoit auparavant. Ce mouvement se nomme *Motus ad formam*, ou *Motus ad generationem*.

Ces quatre especes de mouvement se peuvent trouver dans le même sujet, au moins successivement. Par exemple, la premiere se trouve dans un œuf qui est transporté d'un lieu en un autre: la seconde se trouve dans le même œuf, lors qu'il croît dans la poule: la troisiéme se trouve encore dans cet œuf, lors que la poule commence à le couver; & la quatriéme s'y trouve enfin, lors qu'il est entierement couvé & changé en poulet.

Il n'y a point d'être modal dont l'existence actuelle ne dépende d'une ou de plusieurs de ces especes de mouvement; ce qui est si vrai, que si Dieu cessoit pour un moment de mouvoir la matiere, tous les êtres modaux periroient, & la matiere ne seroit plus pendant ce moment qu'une étendue homogene, & par tout semblable à elle-même, sans aucune distinction réelle & actuelle des parties; c'est à dire, que la matiere retourneroit au même estat où nous supposons qu'elle estoit avant qu'elle fût muë. Je dis où nous supposons qu'elle estoit avant qu'elle fût muë, pour faire entendre que la matiere n'a jamais esté un seul instant de temps sans mouvement, & que si nous l'y supposons, ce n'est que par abstraction.

L'existence des êtres modaux spirituels ne dépend pas moins de certaines manieres de mouvement, que celle des êtres modaux corporels; (j'entens par êtres modaux spirituels, l'ame avec ses pensées, entant qu'elles dépendent de quelques manieres du mouvement du corps, auquel elle est unie,) car il est constant que si les manieres du mouvement du corps ne sont pas la cause formelle des pensées de l'ame, elles en sont au moins la cause efficiente seconde ou instrumentelle: Ce qui fait que les pensées de l'ame ne sont pas moins passageres, que les manieres du mouvement desquelles elles dépendent. A chaque moment que l'ame pense, tout son être s'épuise, non pas tout son être substantiel, mais tout son être modal, ses modes naissans & perissans en un même instant; ou s'ils perseverent dans l'être, ce n'est qu'en passant par des reproductions continuelles, ainsi que les êtres modaux corporels. Ce sont ces reproductions continuelles des êtres modaux tant corporels que spirituels, qu'on nomme la *durée des êtres modaux*.

C'est donc une chose assurée que la durée de chaque être modal peut estre divisée en un grand nombre de parties, qui ne dépendent aucunement les unes des autres, parce qu'elles supposent des manieres de mouvement differentes; de sorte que de ce qu'un être modal a esté auparavant, il ne s'ensuit nullement qu'il doive être après, si ce n'est que quelque nouvelle maniere de mouvement le reproduise. C'est pourquoy comme les manieres du mouvement changent toujours, on peut assurer que l'existence des êtres modaux est dans un flux continuel, ou pour dire la même chose, en d'autres termes, que les êtres modaux tandis qu'ils exi-

2. Qu'il n'y a point d'être modal dont l'existence ne dépende d'une ou de plusieurs de ces especes de mouvement.

3. Ce que c'est que la durée des êtres modaux.

4. Qu'il n'y a point de durée sans succession, ni de succession sans mouvement.

stent, ne sont jamais deux momens de suite dans le même état: d'où vient qu'on peut dire en general, que la durée des êtres modaux n'est autre chose *que l'existence de ces mêmes êtres entant qu'elle coule par parties qui se suivent l'une l'autre*: ce qui fait voir qu'il n'y a point de durée sans succession, ni de succession sans mouvement: cela fait voir encore que la vraye durée ne peut s'étendre au delà de l'existence des êtres modaux: & que toute durée qui s'étend au delà de cette existence, est une durée feinte & imaginaire, qui n'existe que dans l'esprit de celuy qui la conçoit. Telle est la durée qu'on appelle vulgairement *Eternité*.

5. Comment nous formons l'idée de l'Eternité prise pour une durée.

En effet, nous nous formons l'idée de cette éternité, lors qu'ayant acquis par les revolutions du soleil, les idées de certaines longueurs de durée, nous ajoutons dans notre esprit ces sortes de longueurs les unes aux autres aussi souvent qu'il nous plait, & aprés les avoir ainsi ajoutées, nous les appliquons à des durées passées & à venir, sans jamais arriver à aucun bout; ce qui n'est qu'une pure fiction de notre esprit; d'où vient que l'éternité de Dieu est totalement differente de l'éternité qui est une espece de durée: En effet celle-cy a des parties qui coulent successivement, & l'éternité de Dieu n'a point de parties; ou si elle en a, elles sont toutes à la fois, comme il sera prouvé dans la suite.

CHAPITRE XVII.

Du Mouvement par rapport au temps, & comment on se sert du temps pour mesurer la durée des choses modales.

1. Qu'on se sert des revolutions du soleil pour mesurer la durée des choses modales, & comment.

Quand on sçait que les êtres modaux durent, & que leur durée est successive, pour sçavoir ensuite combien ils ont duré, on a pris pour mesure ce qu'on a trouvé de plus simple dans le genre des choses successives; & comme les revolutions diurnes & annuelles du soleil ont esté depuis le commencement du monde constantes, regulieres, & supposées égales, on s'en est servi à mesurer la durée des choses modales. Par exemple, quand une chose modale a coexisté à la vingt-quatriéme partie d'une revolution entiere du soleil autour de la terre, on dit qu'elle a duré une heure: quand elle a coëxisté à vingt-quatre parties, qu'elle a duré un jour: quand elle a coexisté à sept jours, qu'elle a duré une semaine, & ainsi du reste. L'existence qui consiste dans le mouvement par le-

LIVRE I. PARTIE II.

quel les choses modales changent continuellement d'être, s'appelle *la durée des choses modales* ; & le mouvement du soleil entant qu'il sert à mesurer cette durée, se nomme *le Temps*.

D'où il s'ensuit que le temps n'est autre chose *que le mouvement periodique du soleil, entant qu'il sert de mesure à la durée des choses modales*.

2. Ce que c'est que le temps.

Suivant cette definition le temps peut estre consideré en deux manieres, sçavoir formellement ou materiellement. Quand on le considere materiellement, il n'est autre chose que le cours du soleil. Et quand on le considere formellement, il consiste dans la comparaison que l'esprit fait de quelques parties du cours du soleil avec quelques parties de la durée des êtres modaux.

Suivant la même definition, il n'y a rien qui puisse servir de regle propre à bien mesurer la durée que le temps pris materiellement, parce qu'il n'y a rien que le temps pris materiellement, dont la longueur puisse estre divisée en parties égales par des periodes qui se suivent constamment ; sans qu'il serve de rien de dire que toute autre apparence periodique qui seroit constante & universellement observée, serviroit aussi bien à mesurer la durée des choses modales, que le mouvement ; car comme l'étendue ne peut estre mesurée que par l'étendue, la durée qui est une espece de mouvement, ne peut estre mesurée que par un mouvement, ny par autre mouvement que par celuy du soleil, qui est de tous les mouvemens que nous connoissons, le plus regulier & le plus periodique.

Cependant il ne faut pas s'imaginer que parmi les mesures que nous employons pour déterminer les parties de la durée d'une chose modale, il y en ait aucune qu'on puisse démontrer être parfaitement exacte : La durée en elle-même doit estre considerée comme allant toujours également ; mais nous ne pouvons pas sçavoir si le mouvement du soleil, qui en est la mesure, a la même proprieté, ni estre assurez que les parties ou periodes qu'on luy donne, soient égales en durée l'une à l'autre. Tout ce que nous sçavons certainement, c'est que la durée ne peut estre mesurée que par le mouvement, & que nous ne connoissons pas de mouvement plus regulier ni plus periodique que celuy du soleil.

Le temps a donc ses parties coulantes & divisibles à l'infini, il a ses instans, qui sont autant de divisions qui le partagent en ses parties. On y considere le present, le passé & le futur, comme trois

6. Qu'est-ce qu'il faut entendre par

parties dont le seul present est actuellement existant. Mais il faut prendre garde que quand il est question du temps present & du *Nunc*, dont on parle souvent, on entend communement un instant indivisible pris dans le temps, & on le conçoit faussement comme la fin du passé & le commencement du futur: car il est vrai qu'outre le passé & le futur, il y a le temps present, qui est étendu & divisible à l'infini, & qui coule par parties qui se succedent l'une à l'autre, lesquelles sont proprement le temps existant.

le temps present.

Quant aux instans qui sont comme autant de parties qu'on considere dans le temps, ils ne marquent autre chose que le commencement ou la fin d'un temps, quand il arrive que le mouvement commence ou finit effectivement; ou bien cela marque des divisions extrinseques & arbitraires que nous assignons dans le temps, comme lorsque nous le partageons en heures, en jours & en semaines, quoy qu'il soit vray que le soleil marche toujours, & que le temps ne soit pas interrompu.

7. *Par les instans du temps.*

Il y a des personnes qui ne peuvent comprendre ce que c'est que le temps present, parce qu'ils ne prennent pas garde qu'on ne peut dire qu'il soit long ni court, si on ne détermine la partie precise dont on entend parler. Par exemple, dans la vie des hommes qui sont actuellement existans, on y peut choisir une minute, une heure, une année, &c. C'est par cette raison que quand on demande, où est celuy qui va à Rome, on ne sçauroit répondre autre chose si ce n'est qu'il est en chemin, à moins qu'on ne demande où il est à tel jour & à telle heure.

Au reste de ce que chaque partie prise dans le temps est toujours divisible en parties proportionnelles, il s'ensuit qu'elle est conçuë comme indefinie; & si l'on croit la concevoir comme finie, cela vient de ce qu'après l'avoir conçuë comme indefinie, on en raisonne de même que des choses finies, en y considerant des bornes, des moitiez, des égalitez, des inegalitez, du plus ou du moins. Cependant il ne faut pas que nous pensions que les choses les plus grandes appartiennent davantage à l'indefini que les plus petites; car toutes ces notions ne sont propres que pour expliquer les proprietez des choses finies; & elles deviennent trompeuses quand on les applique à ce qui est indefini. En effet, tout ainsi que le point & l'instant sont des appartenances du temps & du continu, & que neanmoins quelque grand nombre de points ou d'instans qu'on imagine dans le temps & dans le continu, on ne fera jamais le moindre

8. *Que toute partie prise dans le temps est indefinie.*

moindre temps ni le moindre continu, parce que le point & l'instant sont des neants de temps & d'étenduë. De même les choses finies prises dans l'indefini sont tres certainement de ses appartenances, & neanmoins ce ne sont que des neants d'indefinité qui ne peuvent servir à nous faire connoitre l'indefini, parce que ce ne sont pas proprement ses parties. Les parties du temps & du continu sont necessairement d'autres temps & d'autres continus, qui ne sont pas moins divisibles ni moins indefinis en nombre de parties proportionnelles que le tout qu'ils composent : de sorte que pour composer une armée qui fût indefinie comme le temps & l'étendue, il faudroit que les compagnies & les regimens fussent indefinis en nombre de soldats ; parce qu'à moins que cela ne soit, les nombres finis, quelque grands qu'on les suppose, n'estant à l'indefini que comme le point à la ligne, ou l'instant au temps, il est impossible que tout cela produise autre chose qu'un nombre fini.

Enfin quand on dit que le temps coule par parties, il ne faut pas entendre qu'il coule par parties proportionnelles, mais par parties aliquotes ou aliquantes. En effet, s'il couloit par parties proportionnelles, on ne pourroit jamais comprendre comment une heure peut passer : car pour qu'une heure passe, il est necessaire que sa moitié passe premierement, & puis la moitié de cette moitié, & ensuite la moitié de cette moitié qui reste : & si vous soustraiez ainsi la moitié de la moitié infiniment, vous ne parviendrez jamais à la fin de l'heure ; c'est pourquoy plusieurs qui ne sont pas accoutumez à distinguer les realitez d'avec les êtres de raison, assurent que la durée est composée d'instans : en quoy ils se trompent, car composer la durée d'instans est la même chose que *composer un nombre de nullitez*.

CHAPITRE XVIII.
Que la durée des choses modales ne differe pas réellement de leur mouvement.

Ceux qui ont étudié la matiere de la durée & du mouvement, sçavent qu'il n'y a point d'autre difference entre l'un & l'autre, sinon que le mouvement est employé principalement pour raisonner sur le passage d'un lieu à un autre, & que la durée sert à connoitre comment nous passons d'une partie du mouvement à une autre partie,

1.
En quoy le mouvement & la durée different.

Il est si vrai que tout mouvement enferme essentiellement une suite de parties qui se succedent les unes aux autres, qu'on ne peut pas douter que tout mouvement ne soit une durée particuliere: mais si le mouvement est proprement ce qu'il y a d'intrinseque & d'essentiel dans la durée, il est absolument impossible que la durée & ses dépendances se rencontrent dans des sujets qui sont incapables de mouvement.

_{2.
Comment en forme l'idée de la durée en general.}

Cependant quoy que la durée de chaque chose modale ne soit pas distinguée de son mouvement particulier, neanmoins parce qu'il n'est pas necessaire de penser à un mouvement particulier pour penser à la durée, nous nous contentons ordinairement de former l'idée d'une durée en general, & à force de la détacher par la pensée des mouvemens particuliers, nous nous imaginons qu'il y a une durée détachée de tout mouvement, & nous l'appellons fort bien *une durée imaginaire*, que quelques-uns supposent comme infiniment étendue avant la creation du monde, de même qu'ils imaginent des espaces hors du monde. C'est encore pour avoir consideré l'étendue ou l'espace en general comme détaché de tous les corps particuliers, qu'on a introduit le vuide étendu, & les espaces imaginaires.

_{3.
Qu'il n'y a point de durée avant le mouvement.}

Or autant qu'il est necessaire de concevoir un vrai espace & des vraies dimensions au delà de toutes les bornes pretenduës du monde, autant il est chimerique d'imaginer de la durée avant la creation du monde, & avant le mouvement de ses parties, qui est la vraie durée sans qu'il puisse y en avoir d'autre. Mais par je ne sçay quelle fatalité les Philosophes ayant détaché le vrai espace de tout corps particulier, ils ont voulu que tout ce qui est au delà de leur boule (car c'est ainsi qu'ils conçoivent le monde,) soit un pur neant. Pareillement ayant regardé la durée comme détachée de tout mouvement particulier, ils ont voulu qu'il y ait eu de la durée avant le mouvement, & avant le monde même, & ont crû par ce moyen qu'il y avoit effectivement un monde éternel, incréé & indépendant de Dieu, avant la creation de celuy-cy. Car tout homme de bon sens ne pourra jamais s'empêcher de reconnoitre qu'une vraie durée, où l'on trouve un temps étendu (comme ils le disent) par siecles infinis, par années, par semaines, &c. où l'on peut se déterminer à agir plus tôt ou plus tard, de même que dans notre temps, &c. ne peut estre autre chose qu'un vrai mouvement qui n'a jamais eu de commencement, & qui a necessairement pour sujet un vrai

LIVRE I. *PARTIE II.*

mobile réel & existant, c'est à dire, un vrai monde corporel, non moins réel que le nôtre.

Il est impossible de se tirer de là, qu'en disant que tout cela n'est qu'une durée imaginaire, quoy qu'il ressemble parfaitement à une vraye durée. Mais combien est-il plus raisonnable de s'élever au dessus des pensées du vulgaire, en bannissant ces mots si trompeurs, *Hors du monde*, *Avant le temps*, &c. Qui dit Avant le temps, dit qu'il y a eu du temps avant le temps ; & qui dit Hors du monde, donne à croire qu'il y a de vrais lieux répandus au delà de ceux que Dieu a faits. Voila les dispositions d'esprit que donne une Philosophie trop Metaphysique, qui fait regarder les choses abstraites comme si elles pouvoient exister hors de nous dans cet estat d'abstraction.

Au reste, quand je dis que la durée ne diffère pas réellement du mouvement, je n'entens pas parler seulement du mouvement local, mais encore du mouvement d'alteration, d'accroissement, de diminution, & en general de toutes les espèces de mouvement qui ont esté déterminées dans le Chap. 16. par rapport à la durée des choses modales.

CHAPITRE XIX.

Que le Temps ne peut mesurer ni l'existence des substances, ni l'essence des choses modales, mais seulement l'existence ou durée des Estres modaux.

LA pluspart des Philosophes attribuent aux choses permanentes, à celles-là même qui sont absolument séparées du temps & du mouvement, une durée intrinseque & un écoulement d'existence, avec les denominations de *plus tôt*, & de *plus tard*, de *devant* & *d'après*, de *plus* & *de moins*, &c. C'est ainsi qu'ils raisonnent de l'existence des choses permanentes entant que séparées du temps, lequel ils ne considerent que comme une mesure exterieure propre à nous faire connoitre la quantité de cette durée intrinseque qu'on attribue aux choses permanentes, quoy qu'on ne laisse pas d'assurer qu'elles sont toujours les mêmes purement & simplement pendant tout le cours de cette durée pretenduë intrinseque.

Pour refuter cette opinion, il faut faire remarquer d'abord la contradiction qu'il y a dans ce discours, en ce qu'on veut qu'une

1. Que les choses separées du temps & du mouvement, n'ont point de durée intrinseque.

chose tres simple & qui n'a rien de successif, passe neanmoins du premier temps de sa durée intrinseque, aux heures & aux années qui s'y succedent les unes aux autres sans que rien luy arrive de nouveau : Car il est visible que si celuy qui va de Paris à Rome est le même qu'auparavant quant à sa personne, il est au moins changé extrinsequement, & n'est pas le même quant au lieu : car il y auroit de la contradiction à parler autrement, en ce que si c'estoit précisément une même chose à une substance d'exister pendant la premiere heure de sa durée prétendue intrinseque, que d'exister pendant la seconde, on ne pourroit y distinguer une heure premiere & seconde, ni par consequent luy attribuer une durée.

C'est donc une contradiction fort claire, de dire que les choses permanentes prises absolument, ont de la durée qui passe & qui s'écoule même dans le fond de leur substance, & que neanmoins il ne s'y fait aucun changement. C'est justement comme si on disoit, que les choses permanentes entant qu'elles demeurent en même état, ne demeurent pas en même état, & qu'elles sont tout ensemble fixes & coulantes.

Pour rendre cecy plus intelligible, supposons que rien d'exterieur ni d'interieur n'arrive à un certain corps, qu'il ne perde rien de ce que Dieu luy a donné entant qu'il est simplement une substance étenduë, qu'il ne soit ni en repos ni en mouvement, parce qu'on ne le considere en aucun lieu ; dans cet état on n'apperçoit rien qu'on puisse prendre pour la durée de ce corps plus longue ou plus courte, non plus que pour les années qui se sont écoulées depuis sa creation ; d'autant que cela suppose du temps & des mouvemens que nous avons retranchez de ce corps, en nous attachant à son être substantiel absolument uniforme dans son existence. Mais aprés avoir consideré ce seul corps, donnons-luy un compagnon, & supposons que Dieu en a produit un second, sur lequel on peut former plusieurs questions ausquelles il est fort difficile de répondre.

On peut demander 1. S'il est concevable que la production de ce premier corps precede ou puisse preceder celle de l'autre, en sorte que l'un ait en effet une plus longue existence ; & sur quoy l'on fonde cette priorité de durée en un cas où l'on ne voit rien du tout qui puisse tenir lieu de devant & d'aprés. Je demande 2. Si Dieu a pu attendre plus ou moins long-temps à produire le second corps, en sorte qu'on puisse concevoir que l'état de solitude du premier soit allongé ou accourci ; & qu'on explique clairement ce que c'est que cette prétenduë durée dans laquelle on trouve toute sorte de mesures, bien qu'on en ait retranché toute étenduë & succession d'existence. Je demande en dernier lieu, si Dieu en produisant le premier corps, a fait cette action plutôt en un temps qu'en un autre; s'il pouvoit se déterminer plutôt ou attendre plus tard, & quel est le fondement de cette diversité de l'action de Dieu. S'il est impossible de répondre solidement à ces difficultez, nous devons conclure que le temps se peut fort bien separer de toutes les choses permanentes, telles que sont les substances & les essences des choses modales, puis que même il n'y auroit jamais eu de temps dans le monde, si la matiere qui est de soy indifferente au mouvement & au repos, n'avoit jamais esté dans le mouvement, & ensuite dans les jours, dans les années & dans les siecles.

Cette doctrine, qui est tres simple & tres vraye, peut servir à corriger le raisonnement d'un Philosophe tres considerable, qui a pris occasion de la nature de la durée dont les parties coulent successivement, de dire que Dieu est l'Auteur de son esprit, en supposant que la durée de son esprit peut estre divisée en plusieurs instans, & que de ce qu'il est dans l'instant present, il ne s'ensuit pas qu'il doive estre dans l'instant qui suit, si Dieu ne le reproduit dans chaque instant, c'est à dire, s'il ne le conserve, comme nous avons dit qu'il conserve les choses modales. Mais ce raisonnement est visiblement faux, du moins à l'égard de l'esprit consideré comme une simple substance : car comme l'existence des substances est simple & indivisible, il n'y faut pas chercher de conservation successive, telle qui se trouve dans l'existence des choses modales; mais la simple creation, dont toute l'action est renfermée dans un seul point indivisible : D'où il faut conclure que le raisonnement de ce Philosophe n'est veritable qu'à l'égard de l'ame qui est un être modal. *M. Descartes*

Il n'en est pas des modes comme des substances & des essences. On peut considerer les modes dans trois états : Dans le premier, on les regarde comme existans dans le temps present : Dans le second, on les considere comme passez, ou comme futurs ; & dans le troisiéme, on les apperçoit comme simplement contenus dans les substances, sans estre dans aucun temps present, passé, ou à venir. Quand on les considere de cette derniere maniere, on ne les regarde que comme contenus dans les substances sans lesquelles il

158 L'USAGE DE LA RAISON ET DE LA FOY.
est impossible de les concevoir ; & alors ils ne sont pas plus sujets au temps que les essences mêmes avec lesquelles ils sont réellement une même chose. Mais si nous regardons les modes, ou les choses modales, comme existantes dans un certain temps, quel qu'il soit, pour lors, outre le degré d'être que les modes ont dans leurs substances où ils sont contenus en puissance, on y voit un degré d'existence en vertu duquel ils coexistent à de certaines parties du temps, par rapport ausquelles on dit qu'ils ont tant ou tant duré, ou qu'ils dureront tant ou tant.

2. *Que le temps de la durée ne convient proprement qu'aux êtres modaux.*

Concluons donc qu'à proprement parler, le temps ne convient qu'aux êtres modaux. Comme il n'y a que les modes qui commencent & cessent d'être, ce n'est que d'eux aussi dont on demande combien ils ont duré, ou combien ils dureront. Comme les modes sont produits par le mouvement, & que tout mouvement particulier a quelque rapport au temps, on a raison de parler de l'existence des modes comme leur donnant formellement l'être dans un certain temps plutôt que dans un autre ; ce qui ne peut convenir aux substances ni aux essences des choses modales.

CHAPITRE XX.
Que les substances & les essences des choses modales sont indefectibles, mais seulement d'une indefectibilité participée.

1. *Que toute l'action de la création est renfermée dans un point indivisible.*

PUis que l'existence des substances est simple & indivisible, il n'y faut point chercher de conservation successive, mais la simple création dont toute l'action est renfermée dans un point indivisible : ce qui est tres propre à établir l'indefectibilité des substances créées, car leur existence ne se peut partager pour en donner une partie & ôter l'autre ; ce qui n'a lieu que dans les choses qui dépendent du mouvement, telle qu'est notre vie mortelle, le renouvellement des saisons, la production des choses particulieres, & même des pensées de l'ame, entant qu'elles dépendent du mouvement du corps.

2. *Que les Philosophes ont des sentimens differens touchant l'indefectibi-*

Tous les Philosophes ont parlé de l'indefectibilité des substances, mais d'une maniere differente. Les Anciens qui n'avoient que la raison corrompuë pour guide, ont donné plus qu'ils ne devoient aux substances créées, en ce qu'ils les ont supposées tellement indefectibles quant à leur nature, que Dieu même n'en estoit pas le creature. Au contraire, le vulgaire des Philosophes d'aujourd'huy enseigne que Dieu est non seulement le createur des substances, mais aussi qu'il leur ôtera peut-estre l'existence qu'il leur a donnée en les aneantissant absolument.

Pour demeurer dans le milieu de ces opinions extrêmes, nous disons qu'il est vray que Dieu a donné l'être aux substances creées, & qu'il retient la puissance de les détruire entant qu'il n'y a rien qui puisse l'obliger à les conserver ; mais qu'il ne les détruira jamais, parce que la volonté par laquelle il les a creées, est immuable. Comment se peut-il faire, dit saint Augustin, que celuy par « lequel toutes choses sont, soit ensuite la cause pourquoy elles ne « sont pas ? «

Il faut ajouter qu'il n'est pas possible de partager une existence qui est de soy indivisible, ni d'aneantir par soustraction de concours, ou par defaut de conservation, une chose qui n'a pas besoin d'estre conservée en la maniere que le vulgaire l'imagine, sçavoir comme une chose successive ; car, comme il a esté dit, l'existence des substances est ramassée comme dans un seul point. On pourroit rendre cette preuve plus sensible en disant, que ce qui fait que les substances sont indefectibles, c'est que la même cause qui fait qu'elles existent dans le moment de leur creation, fait aussi qu'elles existent dans tout autre moment donné. En effet, comme cette cause est uniforme & toujours la même, son effet immediat doit subsister toujours, & ne changer jamais.

Ce sentiment a un avantage fort considerable, & qui ne peut luy estre contesté sur les autres ; c'est qu'il tient le milieu entre deux opinions extrêmes, dont l'une est déja démontrée fausse par tout ce qui a esté dit de la dépendance absoluë que les creatures ont de Dieu ; & il est aisé de faire voir qu'il y a grande raison de douter de l'autre, en l'examinant même par les principes de ceux qui l'enseignent. Car on sçait que la plupart n'ont pû s'empêcher de donner aux creatures un certain être immuable & indefectible, non pas à la verité un être d'existence, mais un être d'essence qui n'est pas un pur neant, puis qu'il contient tous les attributs des choses touchant lesquels on fait des propositions d'une verité éternelle, (ainsi qu'on parle dans l'Ecole.) Ce qui fait voir clairement que c'est l'indefectibilité même des substances, & des essences, qui a déterminé l'esprit de ces Philosophes à leur attribuer malgré eux-mêmes, une existence indivisible & indépendante du temps, quoy qu'après ils se soient laissez entrainer par le torrent de l'opinion commune, & qu'ils ayent crû comme le vulgaire, non seulement que Dieu peut aneantir en sens divisé, mais même qu'il aneantira peut-estre les substances & les essences des choses modales.

L'opinion de l'indefectibilité des substances est d'autant plus recevable, qu'on ne voit pas comment on pourroit donner sans elle un sens raisonnable à ce que l'Ecole de saint Thomas enseigne touchant la distinction de l'Essence & de l'Existence : car nous ne voyons pas jusqu'à present, que cette Ecole ait pû faire entrer ce sentiment dans l'esprit de ceux qui n'ont pas interest à défendre cette doctrine. Mais si l'on suppose l'indefectibilité des substances & des essences, cette opinion n'aura rien que de tres intelligible : car l'essence des choses modales ne sera rien que la substance actuellement existante, comme capable de recevoir certains modes sans aucun rapport au temps ni au lieu, qu'on ne considere point quand on regarde les choses dans un simple degré d'essence. L'existence des choses modales sera au contraire cette même substance actuellement existante consideréc entant qu'elle est engagée dans l'univers, & assujettie au temps ou au lieu, à raison de quelques modes dont elle est revêtuë, qui luy donnent non l'être absolument, mais l'être d'une certaine maniere, & dans un certain temps ou lieu ; ce qui ajoute quelque chose de réel quoy qu'extrinseque, à la substance prise separement.

Tout ce qu'on peut dire de l'indefectibilité des substances & de l'essence des choses modales, se reduit donc à cet unique point, qu'il implique contradiction que Dieu ait creé des substances & des essences defectibles, parce qu'il repugne que dans le même instant il ait voulu creer & détruire ; ce qu'il auroit pourtant fait, s'il avoit creé les substances & les essences defectibles ; parce qu'il n'y a point d'instant divisible dans l'action immediate de Dieu, telle qu'est l'action par laquelle il creé les substances & les essences des êtres modaux. C'est pourquoy dire que les substances & les essences sont indefectibles, c'est assurer que l'action de la volonté de Dieu est indivisible & immuable : d'où vient que l'indefectibilité des substances n'est pas une indefectibilité absoluë & independante, mais une indefectibilité participée & dépendante de la volonté de Dieu.

CHAP.

CHAPITRE XXI.
Solution des principales difficultez qu'on propose contre l'indefectibilité des substances.

Ceux qui croyent que les substances sont défectibles, disent que Dieu crée tous les jours de nouvelles ames, & par consequent que les ames d'Adam & de l'Ante-Christ se precedent l'une l'autre; d'où ils concluent qu'il y a de l'ordre & de la suite dans la creation des ames & dans leur existence *à parte ante*. Mais s'il y a de l'ordre & de la suite dans la creation des ames *à parte ante*, pourquoy n'y en aura-t-il pas *à parte post*? Et s'il y en a *à parte post*, les ames qui sont des substances, seront donc défectibles.

On peut répondre à cette objection, qu'elle semble prouver trop; car si elle avoit quelque force, il faudroit non seulement renverser l'indefectibilité des substances, mais encore abandonner les principes les plus évidens que nous ayons. Il faudroit, par exemple, que l'ordre & la suite du temps ne dépendît plus du mouvement. Il faudroit que les choses permanentes & incorruptibles comme les substances, reçussent leur existence par parties qui se succedassent les unes aux autres, comme font celles des mouvemens particuliers. Il faudroit que sans aucun temps une chose permanente pût estre plus tôt ou plus tard, & que de plusieurs choses separées de toute durée, l'une pût preceder l'autre. Il faudroit que saint Augustin & saint Thomas, & plusieurs autres qui se sont mocquez de ceux qui cherchent le temps auquel le monde a esté creé, & qui demandent ce que Dieu faisoit avant la creation du monde, se fussent trompez grossierement. Enfin il faudroit que l'éternité de Dieu se vît en danger de tomber dans un état de mutabilité attachée à la durée qu'on luy donne, comme aux substances creées.

On peut éviter toutes ces difficultez, & resoudre le fond de l'objection, en faisant considerer que les substances n'ont d'elles-mêmes aucun rapport au temps ni au lieu, & que si l'action par laquelle Dieu les produit, precede celle par laquelle il produit les modes, ce n'est pas d'une priorité de temps, mais d'une simple priorité de nature. C'est ainsi que parlant de la generation de l'homme, nous disons que le pere & la mere sont la vraye cause physique

1. Les objections qu'on fait contre l'indefectibilité des substances.

X

de l'enfant, entant qu'ils produisent dans le fœtus les dispositions qui sont necessaires à l'union de l'esprit & du corps, & qu'ils les produisent par cette sorte d'action qu'on appelle *Generation*. Mais nous ne laissons pas de considerer une autre action qui a pour terme la substance même de l'ame & de la matiere, qui appartient à Dieu seul entant que createur, & qu'on appelle pour cela *Creation*. La generation est sujette au temps, parce qu'elle est successive, & qu'elle donne commencement à cette dépendance reciproque des mouvemens du corps & des pensées de l'ame, dans laquelle consiste leur union. Mais la creation n'a rien de successif, parce qu'elle n'a aucun rapport au temps ni au lieu. Ce qui a fait dire à saint Thomas que touchant les choses qui se font sans mouvement, c'est la même chose de se faire & d'estre faites.

1. p. q. 45. art. 2. ad. 3.

Il semble neanmoins qu'on a droit de demander si l'ame estant de sa nature une pensée substantielle, elle n'a pas été creée avec quelque pensée modale particuliere. On peut encore demander à quoy elle pense depuis le moment de sa creation ; si entre ses pensées modales, il n'y en a pas une premiere, une seconde, une troisiéme, & ainsi des autres ; s'il n'y a pas une suite, un ordre & une vraye succession entre ses pensées modales, dont les unes sont passées, les autres presentes, & les autres futures ; si cet ordre & cette suite de pensées ne passe pas jusques à la substance même de l'ame pour la faire coexister au temps : & si tout cela estant accordé, il ne s'ensuit pas que l'ame a eu le commencement & la continuation de son existence, non seulement quant à son être modal, mais encore quant à sa substance ; & qu'elle en pourra avoir la fin, si Dieu veut luy ôter l'être substantiel qu'il luy a donné.

2. Réponse à ces objections.

Pour répondre par ordre à toutes ces questions, on peut dire premierement, qu'il n'y a aucun inconvenient d'accorder que l'ame, entant qu'elle n'est precisement qu'une pensée substantielle, est creée sans aucune pensée modale, & par consequent qu'au moment de sa creation elle ne pense qu'à Dieu & à soy-même, & qu'elle pense à ces deux choses par sa propre substance, ainsi qu'il a esté demontré. Mais il est inutile de demander si l'ame considerée selon son être substantiel, a des pensées qui succedent les unes aux autres, puis qu'il a esté prouvé que tout ce qui appartient essentiellement à l'être substantiel de l'ame, & en general à toutes les choses permanentes, n'a qu'un point indivisible d'existence. Mais si l'on veut considerer l'ame non selon son être absolu, mais selon

3. p. ch. 1.

LIVRE I. *PARTIE II.*

son être respectif entant qu'elle est un esprit uni au corps, rien n'empêche de dire que l'ame a des pensées modales premieres, secondes, & troisiémes; que ces pensées commencent & finissent de même que les mouvemens dont elles dépendent, sans pour cela qu'on puisse dire que la substance de l'ame soit aucunement assujettie à cette succession.

On objecte encore, que si les substances estoient indefectibles, Dieu n'en pourroit pas créer de nouvelles, ni aneantir celles qu'il a créées, & que par consequent il faudroit dire qu'il n'y a plus rien à créer; que tout ce qui peut estre créé est déja existant quant à sa substance, que la puissance de Dieu est épuisée, & qu'enfin nous serions reduits à soutenir que tous les discours qu'on fait des substances possibles, n'ont aucun fondement.

Réponse. De ce que les substances sont indefectibles, mais seulement d'une indefectibilité participée & dépendante de la volonté de Dieu, il ne s'ensuit pas que Dieu ne les puisse aneantir, entant qu'il n'y a rien hors de luy qui puisse l'obliger à les conserver; il s'ensuit seulement qu'il ne les aneantira pas, parce que sa volonté, par laquelle il les a créées, est immuable. Il ne s'ensuit pas non plus que Dieu ne puisse créer de nouvelles substances, car rien ne l'en peut empêcher, mais seulement qu'il n'en créera point par la même raison; ou que s'il en crée, ce n'est point par une action qui ait rapport au temps. On ne peut pas dire pour cela que sa puissance soit épuisée; car une puissance n'est veritablement épuisée, que lors que quelque agent exterieur met des bornes à son action. Or cela n'arrive point lors que son action n'est bornée que par sa volonté; ce qui est propre à la puissance de Dieu.

Si ce discours est veritable, comme il n'en faut pas douter, il s'ensuit 1. que Dieu s'estant déterminé d'une maniere tres simple & tres libre à créer toutes les substances qu'il a voulu produire, & s'y estant déterminé par une action de sa volonté qui ne peut avoir aucune étenduë ni aucun rapport au temps, on ne peut pas dire que les substances mêmes existent dans le temps, comme on ne peut pas dire que la substance des Anges soit dans le lieu, parce que comme le lieu n'a point de rapport à l'esprit, consideré comme esprit, de même le temps n'a point de rapport à la creation ni à la substance considerée comme substance, mais seulement entant que Mode ou Etre modal.

Il s'ensuit 2. que la creation des substances se terminant à leur être

3. Autre objection.

4. Réponse à la derniere objection.

pris absolument, lors qu'on dit que Dieu peut créer presentement & tous les jours de nouvelles substances, on ne dit pas davantage que si l'on disoit simplement, que Dieu peut produire ce qu'il veut produire; & si l'on pensoit dire quelque chose de plus, on se formeroit une idée chimerique, de même que si on croyoit que c'est quelque chose d'intrinseque à un Ange de voir Dieu plutôt sur une montagne que dans une valée.

<small>§.
Que la creation & la conservation different, & en quoy.</small>

Ce qui vient d'estre dit de la succession des modes & de l'indefectibilité des substances, fait voir qu'il y a une grande difference entre la creation & la conservation prises au vrai sens, & prises au sens du vulgaire. La creation prise au vrai sens, n'est autre chose que l'action indivisible de Dieu par laquelle il produit l'être absolu des substances, qui est telle que non seulement on ne luy donne aucune succession, mais on ne la conçoit pas même comme un commencement indivisible d'une action successive.

Quant à la conservation prise au vrai sens, elle n'est autre chose que l'action de Dieu, qui se termine non pas à l'être de la substance consideree absolument, mais aux modes qui diversifient la substance par le mouvement, & qui luy donnent des nouvelles formes, telles que sont celles de la pierre, du bois, &c. C'est pourquoy comme il y a de la durée & de la succession de parties dans l'existence de ces formes, & que d'ailleurs Dieu concourt à toute cette suite de parties, on a eu raison d'appeller *Conservation*, l'action de Dieu entant qu'elle suppose les parties de cette existence qui sont passées.

La creation & la conservation sont prises dans un sens tout different par les Scolastiques. Ils supposent que l'existence des substances, entant que telles, n'a pas moins de durée, & n'est pas moins successive que l'existence d'une plante, ou d'une riviere : ce qui fait qu'ils donnent le nom de *Creation* au commencement prétendu de l'action par laquelle les substances sont produites; & ils donnent le nom de *Conservation* à la continuation de la même action, en sorte qu'ils croyent que la conservation est la même action en substance que la creation; celle-cy n'ayant rapport qu'au premier instant de l'existence, & la conservation se rapportant à toute la durée qu'on attribue aux substances & aux modes. D'où il s'ensuit que selon les Scolastiques, la creation & la conservation se rapportent à l'existence des substances; au lieu que selon nous, la creation est propre à l'existence des substances, & la conservation n'est propre qu'à celle des êtres modaux.

CHAPITRE XXII.

Que tous les Philosophes sont prevenus de la defectibilité des substances, mais sur differens principes.

Bien que saint Thomas & saint Bonaventure ayent esté également persuadez de la pretenduë defectibilité des substances, ils n'ont pas laissé de l'établir sur des principes tout contraires. S. Bonaventure, & ceux qui l'ont suivi, ont enseigné que les choses incorruptibles, telles que sont les substances, ne peuvent estre aneanties, si elles n'ont une durée successive dont les parties coulent & s'entresuivent réellement, de même que celles du temps. En effet, si l'on supposoit que les substances existent indivisiblement, & qu'elles possedent ensemble, comme dans un point, toutes les parties qu'on imagine dans leur durée, ou plutôt qu'elles n'en ont aucune, il seroit fort difficile de répondre aux raisons par lesquelles ce Docteur prouve qu'en ce cas elles ne pourroient estre aneanties.

Mais saint Thomas, & ses Disciples, s'estant pleinement convaincus que les choses qui sont incorruptibles de leur nature, telles que sont les substances, ne peuvent avoir une suite de parties de durée que saint Bonaventure leur attribuë, ils ne laissent pas de donner *du plus & du moins, du plus tôt & du plus tard*, du *commencement & de la fin* à une pretenduë durée indivisible qu'ils leur attribuent, afin de se precautionner par ce moyen, contre l'indefectibilité qu'ils ne veulent pas accorder aux substances, parce qu'ils ont formé leur jugement touchant cela, sur les prejugez communs. Mais il est comme impossible de ne pas reconnoitre qu'ils se contredisent en cela, & que malgré eux ils retombent au fond dans le sentiment de saint Bonaventure.

Cependant notre opinion estant supposée, on voit clairement la raison que saint Bonaventure a euë de donner une vraye succession à la durée qu'on attribue communement aux substances, au cas qu'on ne veuille pas dire qu'elles sont indefectibles. Et il ne paroit pas moins clairement que saint Thomas & ses Disciples, ayant bien reconnu que cette durée des parties successives est contraire à la nature des substances, ils n'ont pû neanmoins leur refuser l'indefectibilité, qu'en tombant effectivement dans l'opinion de saint Bona-

1. Opinion de S. Bonaventure touchant l'indefectibilité des substances.

2. Opinion de S. Thomas touchant la même indefectibilité.

venture, d'où ils veulent paroitre si éloignez. Ce qui nous oblige à persister dans ce que nous avons dit, sçavoir que la vraye idée de la durée estant prise de celle du mouvement dont les parties s'entresuivent, il ne peut y avoir aucune vraye durée dans l'existence des substances, qui est de soy & de sa nature indivisible.

Toutefois quand je dis que l'existence des substances est de soy & de sa nature indivisible, je n'entens pas qu'elle soit telle indépendamment de la volonté de Dieu; car il a esté prouvé que les substances ne sont indefectibles que parce que l'action par laquelle Dieu les produit, est tres simple; au lieu que le mouvement par lequel les êtres modaux sont produits, est divisible & successif. Par ce moyen on évite la contradiction où tombent ceux qui s'imaginent qu'on peut prendre dans l'Eternité de Dieu, de certaines parties pour les mesurer par le temps, & pour dire, par exemple, que Dieu a coexisté pendant tant ou tant de siecles, ou d'années : Car comme l'existence de Dieu est comprise dans un seul point indivisible, il est aussi impossible de la mesurer par le temps qui est divisible & successif, qu'il l'est de mesurer un point par une ligne, ou une ligne par une surface ; car, comme tout le monde sçait, les quantitez de differentes especes ne peuvent estre mesurées les unes par les autres.

CHAPITRE XXIII.

Comment les Substances peuvent acquerir une relation de coexistence au Temps.

1. Que les substances peuvent coexister au temps selon leur estre modal.

Bien que les Substances considerées sans mouvement soient incapables de ces denominations, *devant & aprés*, *plus tôt & plus tard*, autrement que par metaphore, il n'y a neanmoins aucune substance creée qui ne puisse acquerir une relation de coexistence au temps. Pour concevoir comment cela se peut faire, il faut remarquer que l'existence de tous les modes qui diversifient les substances, dépend de quelque mouvement particulier : C'est pourquoy, puis qu'il n'est point de mouvement particulier, dont la durée ne puisse estre mesurée par le temps, qui est le cours du soleil, il n'y a point aussi de substance, qui ne puisse coexister au temps, non selon son être absolu, mais selon son être modal.

Au reste comme toutes les choses modales sont produites, conservées & détruites quant à leur être formel & particulier, par quelque mouvement, & que le temps suppose le mouvement particulier qui produit, qui conserve & qui détruit chaque être modal, on a raison de dire que c'est le temps qui fait tout, & qui consume tout. Les Philosophes mêmes sont si persuadez que toutes les choses sont effectivement sujettes au temps, qu'ils admettent dans chaque substance considerée absolument, une durée essentiellement successive, & un principe intrinseque qui la fait passer d'une partie de son existence dans une autre par une suite de jours & d'années ; ce qui est inconcevable.

2. En qu'el sens on dit que le temps fait tout, & qu'il consume tout.

Cela posé, il est évident que toute durée ou succession de temps, ou toute nouveauté d'existence estant un effet de quelque mouvement particulier, il est impossible que là où il n'y a point de mouvement, il y ait aucune durée, & par consequent aucun commencement, ni continuation, ni fin d'existence. Il paroit encore que ne pouvant pas nier que ce qui a esté, n'ait pû estre, & d'ailleurs estant tres certain que dans les choses simples, telles que sont les substances, avoir esté, estre, & devoir estre sont formellement la même chose : on ne peut pas ôter l'un aprés avoir donné l'autre ; au lieu que les mouvemens & les êtres modaux qui en dépendent, peuvent cesser d'estre, parce qu'ils sont dans un écoulement continuel, & que c'est autre chose à leur égard d'estre presentement, & de devoir estre à l'avenir.

3. Qu'il n'y a point de durée sans mouvement.

Ce qui trompe icy les plus fins, & qui leur fait croire que les choses permanentes ont dans le fond de leur être une durée successive, c'est qu'ils considerent le temps, qui est le mouvement du soleil, comme une mesure également propre à mesurer la durée du repos & celle du mouvement, quoy que le repos semble estre une chose permanente ; n'y ayant personne qui ne croye qu'on doit parler de même du temps qu'on a employé pour aller de Paris à Rome, que du temps qu'on a demeuré couché & en repos dans son lit. Mais de ce que le temps mesure également le mouvement des corps particuliers & leur repos, il ne s'ensuit pas qu'il puisse mesurer la durée des substances : car il y a cette difference entre l'existence des substances & celle du repos, que l'existence du repos est veritablement successive à cause que le repos n'est qu'un moindre mouvement qui commence & qui finit dans le temps, au lieu que l'existence des substances n'admet aucune succession. De plus, l'existence du repos dépend d'une action successive, sçavoir du mouve-

4. Que le temps mesure également la durée du repos & celle du mouvement.

ment des corps environnans, qui produit, qui conserve, & qui détruit le repos du corps environné; d'où vient que le repos commence & finit dans le temps. L'existence des substances au contraire dépend d'une action permanente & indivisible qui n'est sujette à aucun changement; ce qui fait que les substances ne commencent ni ne finissent dans aucun temps.

CHAPITRE XXIV.
De l'Eternité de Dieu.

1. Que Dieu a tout à la fois tout ce qu'il est capable d'avoir.

SI le temps ne convient pas aux substances creées, il doit convenir encore moins à Dieu; car il y a cette difference entre les substances creées & Dieu, que Dieu ne dépend de rien pour exister, qu'il n'a aucun commencement ni fin, & qu'il a tout à la fois tout ce qu'il est capable d'avoir; au lieu que les substances creées dépendent de Dieu pour exister; & bien qu'elles ne commencent ni ne finissent dans le temps, elles ont neanmoins un principe de production & une cause efficiente.

2. Ce que c'est que l'éternité de Dieu.

Pour marquer cette difference, on nomme l'existence de Dieu, *Eternité*, & on appelle l'existence des substances creées *Eviternité*: d'où il s'ensuit qu'à parler exactement, on peut dire que l'éternité n'est autre chose que l'*existence d'un Etre indépendant qui n'a jamais commencé, qui ne finira jamais, & qui a tout à la fois tout ce qu'il est capable d'avoir*.

Je dis 1. que l'Eternité est *l'existence d'un Etre indépendant*, pour marquer que Dieu ne suppose aucun principe de production. Je dis 2. *Qui n'a jamais commencé & qui ne finira jamais*, pour signifier que l'éternité n'a aucun rapport au temps present, passé, ni à venir. Je dis 3. *Et qui a tout à la fois tout ce qu'il est capable d'avoir*, pour faire entendre que l'Etre Eternel est incapable de toute sorte de changement & de succession.

3. Que l'éternité de Dieu renferme deux proprietez principales, & quelles. Premiere proprieté.

Suivant cette definition l'éternité renferme deux proprietez principales: La premiere est, qu'on ne doit considerer dans l'existence de Dieu qu'un point d'être absolument indivisible, sans aucun cours ni succession de temps; ce qui est directement contraire à l'opinion de ceux qui ont coutume de considerer l'existence de Dieu comme une durée qui le fait coexister à tous les temps; car il faut reconnoitre que cette pensée, outre qu'elle n'a aucun fondement

dement raisonnable, nous porte à attribuer à Dieu une existence successive semblable à celle des choses que nous voyons rouler dans le temps, qui mesure la durée des choses modales, & qui marque leur commencement & leur fin : & quoy que personne ne soit capable de donner à Dieu un commencement & une fin d'existence, on est neanmoins disposé, selon cette pensée, à concevoir son existence à peu prés comme une durée imaginaire que l'on regarde comme infiniment étenduë, même avant la creation du monde. Cette imagination est sans doute peu conforme à la perfection de Dieu ; & elle renverse ce qu'il y a de plus simple dans l'idée de son être, qui est incapable d'exister successivement par parties qui coulent l'une aprés l'autre.

Il y en a qui prétendent éviter l'inconvenient qui se trouve dans cette doctrine, en disant qu'elle n'établit en Dieu qu'une durée & une succession virtuelle. Mais cela ne satisfait pas les personnes exactes, qui voyent bien, qu'aprés qu'on a donné à Dieu tout ce qu'il y a dans une idée composée de parties, on ne luy ôte cette imperfection qu'en apparence, par une distinction qui ne consiste que dans les mots.

<small>4. Que Dieu n'a point une durée virtuelle.</small>

La seconde proprieté qu'on doit considerer dans l'existence de Dieu, est que quand Dieu produit les creatures, cette action les luy rend toutes presentes actuellement, en telle sorte que les choses modales qui se font dans le temps, & qui observent entr'elles un ordre de succession & de durée qui les fait paroitre les unes devant les autres, existent neanmoins à l'égard de l'éternité souverainement indivisible, toutes ensemble comme dans un point dans lequel elles n'observent aucun ordre, & n'ont ni commencement ni fin, mais elles sont simplement presentes à Dieu, sans qu'on puisse dire que par rapport à son éternité il y ait du passé ou de l'avenir. Ce que Boece a merveilleusement bien exprimé en disant, *que l'éternité de Dieu est la possession entiere & parfaite & tout à la fois d'une vie sans fin.* Mais quand on n'auroit pas le témoignage d'un si grand Philosophe, nous ne laisserions pas de concevoir que toutes les choses modales sont réellement presentes à l'éternité de Dieu ; car de ce que Dieu ne produit les creatures que par sa volonté, & que l'action de sa volonté est indivisible & sans succession de parties, il s'ensuit que les creatures sont aussi tout à la fois à l'égard de cette volonté ; de sorte que si elles observent quelque ordre, & si elles ont un commencement & une fin, ce n'est pas par

<small>5. Seconde proprieté de l'existence de Dieu.</small>

rapport à elle, mais par rapport aux mouvemens particuliers de la matiere desquels elles dépendent pour exister.

6. *Objection avec la réponse.*

On dira peut-estre que les choses futures sont à la verité presentes à Dieu objectivement selon leur être d'essence, mais non pas réellement selon leur être d'existence, lequel elles n'ont que dans le temps. On ajoutera que l'avenir n'est rien à l'égard de Dieu, à cause que son éternité embrasse tous les temps, mais que cela ne fait pas que ce que Dieu voit comme present, existe actuellement; car Dieu voit cela en luy-même, & quand les choses sont produites, il ne les voit pas ailleurs. Mais on peut répondre, que Dieu voit toutes choses en luy-même, c'est à dire, dans sa volonté, non seulement selon leur essence, mais même selon leur existence. On peut accorder encore qu'il n'y a point de futur à l'égard de Dieu, mais seulement par rapport à nous ; ce qui fait que si l'éternité de Dieu embrasse tous les temps, comme l'objection le porte, elle les embrasse comme presens, & par consequent ce qui est futur en luy-même & à notre égard, est veritablement present à l'égard de Dieu. Mais il faut nier qu'il s'ensuive de là que les choses futures ne sont presentes à Dieu que selon leur degré d'essence : on doit soutenir au contraire qu'elles y sont presentes réellement selon l'être d'existence qu'elles ont dans le temps. Ce qui s'accorde parfaitement avec la doctrine de saint Thomas, qui enseigne expressément que toutes les choses passées & futures sont réellement presentes à l'éternité, & que Dieu les voit non seulement selon ce qu'elles sont dans son entendement & dans sa volonté, mais encore selon ce qu'elles sont en elles-mêmes.

1. *p. q. 14. art. 13.*

CHAPITRE XXV.

De l'Eviternité des substances ; de la durée des êtres modaux, & du temps qui mesure cette durée.

2. *Qu'il n'y a qu'un point d'existence dans les choses permanentes.*

LA plupart des Philosophes aiment mieux avoir recours à une certaine durée imaginaire dans laquelle ils considerent des parties infinies, que de reconnoitre qu'il n'y a qu'un point d'existence dans les choses permanentes ; sçavoir dans les substances creées, & dans les essences separées de l'existence ; & ils en usent ainsi afin de pouvoir en quelque façon que ce soit, trouver un fondement pour appuyer les denominations de *plus tôt*, & de *plus tard*, de *devant* & *d'après*, & d'autres semblables qu'ils veulent attribuer aux substances & aux essences des choses modales.

Quant à nous, qui sommes persuadez qu'il n'y a rien dans les choses permanentes & indivisibles dans leur existence, qui puisse être mesuré par le temps, nous appellons avec saint Thomas l'existence de ces choses, *Eviternité* : D'où il s'ensuit que l'Eviternité sera *l'existence des êtres qui sont indépendans du mouvement, mais qui dépendent d'une cause efficiente, & qui changent si non d'être, au moins de maniere d'être.*

Je dis 1. que l'Eviternité est *l'existence des Etres qui sont independans du mouvement*, pour faire entendre que les substances ni les essences ne commencent ni ne finissent dans le temps. Je dis 2. *Mais qui dépendent d'une cause efficiente*, pour signifier qu'elles ont un principe de creation qui est Dieu. Je dis 3. *Et qui changent si non d'Etre, au moins de maniere d'Etre*, pour marquer que les choses éviternelles ne peuvent changer quant à leur nature, mais seulement quant à leurs modes.

Quoy que l'idée que nous venons de donner de l'Eviternité, soit tres claire, il est cependant arrivé que les Scolastiques ayant regardé la durée comme détachée de tout mouvement particulier, ont voulu qu'il y eût de la durée avant le mouvement, & avant le monde même. Il est vrai qu'ils disent que cette durée n'est qu'imaginaire ; mais cela n'empêche pas qu'ils ne soient obligez d'admettre effectivement un monde qui est éternel, increé & indépendant de Dieu, avant la creation de celuy-cy. Car comment peuvent-ils s'empêcher de reconnoitre qu'une vraye durée, où l'on trouve un temps étendu (comme ils disent,) par heures, par jours, & par années, soit autre chose qu'un vrai mouvement qui n'a jamais eu de commencement & qui a necessairement pour sujet un vrai mobile réel & existant, c'est-à-dire, un vrai monde corporel, non moins réel que le nôtre, ainsi qu'il a esté cy-devant remarqué.

Ce que nous venons de dire de l'éternité de Dieu, & de l'éviternité des substances, nous meine insensiblement à la connoissance de la durée des choses modales ; car il est évident par tout ce qui vient d'estre dit, que cette durée n'est autre chose que *l'existence successive des choses modales*, c'est à dire, *l'existence successive des choses qui commencent & qui finissent dans le temps ; qui ont un principe de production, & qui changent d'Etre & de maniere d'Etre.*

Je dis 1. que la durée est *l'existence successive des choses qui com-*

2. Ce que c'est que l'éviternité des substances.

3. Qu'il n'y a point de durée avant le mouvement.

4. Ce que c'est que la durée des choses modales.

mencent & *qui finissent dans le temps*, pour marquer que les êtres modaux se rapportent au temps qui precede & qui suit leur existence. Je dis 2. *Qui ont un principe de production*, pour donner à entendre que les êtres modaux ne dépendent pas seulement du temps, mais encore d'une cause efficiente. Je dis 3. *Qui changent d'être & de maniere d'être*, pour designer que l'existence des choses modales est dans un flux continuel : sans qu'il serve de rien de dire, qu'il y a des êtres modaux dont l'existence ne consiste pas dans le mouvement, comme il se voit dans les metaux, dans les diamans & autres semblables corps durs ; car on peut répondre que quoy qu'on n'apperçoive pas les mouvemens qui se font dans ces corps, il ne laisse pas de s'y en faire d'infinis, par le cours continuel d'une matiere fort subtile qui passe au travers de leurs pores, & qui bien qu'elle contribue pendant quelque temps à leur conservation, elle derange enfin leurs parties insensibles, & cause leur destruction, conformement à cette grande maxime, *Tempus edax rerum*.

<small>Ce que c'est que le temps</small>

Quant au temps, il n'est autre chose que le mouvement du soleil, entant qu'il sert de mesure à la durée successive des choses modales : ce qui revient à cette fameuse definition d'Aristote : *Le temps est la mesure du mouvement*, c'est à dire, de la durée, selon l'anteriorité & la posteriorité. Et il ne faut pas s'imaginer, comme font quelques uns, que cette definition d'Aristote soit defectueuse, parce qu'elle ne comprend pas le repos ; car elle le comprend aussi-bien que le mouvement, puis que, comme il a esté dit, le repos n'est qu'un moindre mouvement.

<small>1. p. q. 10. art. 5.</small>

Saint Thomas explique merveilleusement bien la difference qui se trouve entre l'éternité, l'eviternité, & la durée, laquelle il confond d'ordinaire avec le temps. Il dit que *l'éternité étant la mesure de l'être permanent, selon qu'une chose s'éloigne de cet être, elle s'éloigne de l'éternité. Or les choses selon luy, s'éloignent en deux manieres de l'être permanent ; les unes s'en éloignent entant que leur existence est sujette au mouvement, ou entant qu'elle consiste dans le mouvement même, & celles-là sont mesurées par le temps : ainsi le temps mesure la durée de toutes les choses qui sont sujettes au mouvement. D'autres s'éloignent moins de l'être permanent, & ce sont celles dont l'existence, bien qu'elle ne consiste dans le mouvement, ni ne soit sujette au mouvement, peut neanmoins estre jointe avec le mouvement, soit actuellement soit en puissance : tels sont les cieux, qui bien qu'ils ne changent jamais d'être, changent continuellement de lieu ; tels sont* encore les Anges, qui bien qu'ils ne changent point quant à leur nature, peuvent neanmoins changer de volonté, & ces êtres sont mesurez par l'éviternité. Ainsi la durée coule par parties, l'éviternité n'a point de succession, mais elle peut estre jointe à des choses qui en ont, & l'éternité n'a aucun flux de parties, ni ne peut compatir avec les choses qui en ont. Voila le sentiment de saint Thomas, qui ne differe en rien du nôtre, & qui fait voir manifestement que l'éviternité tient le milieu entre l'éternité & la durée laquelle est mesurée par le temps.

CHAPITRE XXVI.
Que Dieu, quoy qu'éternel, ne laisse pas d'estre soverainement libre.

Quoy que l'éternité de Dieu le rende incapable de changer de resolution, & qu'elle fixe son être & ses operations de sorte que Dieu ne puisse jamais demeurer en suspens & irresolu à l'égard de quoy que ce soit, cela n'empêche pas neanmoins de dire que Dieu agit au dehors avec une souveraine indifference, qui consiste en ce que quand Dieu agit au dehors, il ne peut estre déterminé à agir par aucune cause exterieure, mais seulement par luy-même & par sa propre volonté.

<small>1. En quoy consiste la souveraine liberté de Dieu.</small>

Je dis 1. *que quand Dieu agit au dehors, il ne peut estre déterminé à agir par aucune cause exterieure*, pour marquer que la liberté de Dieu est absolument independante de tout ce qui est hors de luy. Je dis 2. *Mais seulement par luy-même*, pour signifier que Dieu est luy-même le principe de sa determination ; & j'ajoute immediatement après, *& par sa propre volonté*, pour faire entendre que quand Dieu se détermine à agir au dehors, il ne se détermine pas par sa nature, mais par sa volonté : car il y a une grande difference entre dire que Dieu est tres déterminé par luy-même & par sa volonté, & dire qu'il est déterminé par sa nature. Le premier suppose une détermination qui vient de la volonté de Dieu qui agit toujours au dehors avec une indifference extrinseque ; & le second suppose une détermination qui vient de la nature divine, qui agit toujours avec necessité. Or que la volonté de Dieu agisse toujours avec indifference au dehors, c'est ce que saint Thomas enseigne expressement, en disant *que quoy que la volonté de Dieu*

<small>1. p. q. 19. a. 3.</small>

soit une cause necessaire, elle n'a pourtant aucun rapport necessaire aux effets qu'elle produit : ce qui vient non du defaut de cette volonté, mais du defaut de son objet, qui est tel que Dieu peut estre souverainement bon & parfait sans luy. Ce qui fait voir que l'indifference qui est essentielle à la liberté de Dieu, n'est pas une indifference intrinseque qui vienne de la part de sa volonté, mais une indifference extrinseque qui vient du côté des objets.

<small>2. Premiere objection, avec la réponse.</small>

On dira peut-être que si Dieu se détermine à agir au dehors par luy-même & par sa volonté, il sera déterminé de toute éternité à produire le monde : ce qui est contraire à la foy qui enseigne qu'il n'y a que Dieu qui soit éternel. Mais on peut répondre que selon la doctrine precedente de saint Thomas, bien que Dieu se soit déterminé de toute éternité à produire le monde, il ne s'ensuit pas que le monde soit éternel, d'autant que ce qui est éternel n'a point de commencement ni de principe ; & la raison & la foy nous enseignent que le monde a commencé dans le temps selon son être modal, & qu'il a un principe de creation selon son être substantiel. C'est pour cela que saint Thomas dit que le monde est éviternel à raison des substances, & temporel à raison des modes.

<small>3. Seconde objection, avec la réponse.</small>

On dira encore que cette doctrine de la liberté de Dieu est dangereuse, & que si Dieu se détermine par luy-même & par sa volonté à agir au dehors, il ne pourra estre flechi par nos prieres, & si cela est, que nos prieres seront inutiles ; ce qui repugne à la foy qui recommande leur usage. Mais il est aisé de prouver que de ce que Dieu se détermine par luy-même, il ne s'ensuit pas que nos prieres soient inutiles ; c'est au contraire pour cela qu'elles sont tres utiles & necessaires ; car comme Dieu est déterminé par sa volonté à nous faire prier, il est aussi déterminé à nous accorder ce que nous luy demandons, & à nous l'accorder en consequence de nos prieres : car il faut sçavoir que dans le même decret par lequel Dieu a resolu de nous accorder ce que nous luy demandons, il a renfermé les prieres comme des moyens propres & necessaires pour nous faire obtenir les effets de sa bonté. C'est pourquoy bien que la volonté de Dieu soit immuable dans toutes ses circonstances, nous ne laissons pas d'estre obligez de demander à Dieu ce qui nous est necessaire, parce qu'il veut bien l'accorder à nos vœux & à nos prieres.

<small>4. Troisiême objection, avec la réponse.</small>

On dira encore, que si Dieu accordoit à nos prieres ce que nous luy demandons, il y auroit de la succession dans ses propres actions, en ce qu'il faudroit qu'il eût resolu de nous accorder ce que nous luy demandons, avant que de s'estre déterminé à nous faire prier pour l'obtenir ; mais nous pouvons asseurer qu'en tout cela il n'y a point d'autre ordre ni d'autre succession, que celle que nous y concevons en considerant plusieurs instans de raison fondez sur la perfection de la pensée & de la volonté de Dieu, lesquelles estant tres simples, sont équivalentes à un nombre infini de pensées & de volontez des hommes. Ainsi pour parler dignement de Dieu, il faut dire qu'il n'y a jamais eu en luy plusieurs états reellement distinguez l'un de l'autre, parce que dans Dieu la puissance d'agir n'a jamais precedé l'operation actuelle, si ce n'est selon l'ordre des instans que nous avons appellez de raison, de sorte qu'être & agir en Dieu se rencontrent precisément ensemble.

Il ne faut pas non plus mettre aucune durée entre la connoissance de Dieu & sa determination volontaire, ni s'imaginer qu'il ait eu besoin de temps pour deliberer s'il nous accordera ce que nous luy avons demandé, d'autant que toute cette suite d'operations ne peut proceder que de l'union de l'esprit avec un corps engagé dans les mouvemens ; d'où il s'ensuit que la liberté ou l'indifference de Dieu ne l'ont pas empêché de se resoudre dans l'instant de son éternité, sans que nous croyons qu'il ait esté un seul moment dans l'irresolution, ni que l'état d'indifference & de détermination actuelle soient en luy deux états distinguez réellement.

Que l'indifference & la determination de la volonté de Dieu, ne sont pas deux états distinguês réellement.

Saint Thomas explique merveilleusement tout ce mystere. Il dit *que si quelqu'un vouloit la fin & le moyen par deux actes differens, la volonté de la fin seroit la cause de celle du moyen; mais que cela ne seroit plus vrai s'il vouloit la fin & le moyen par un même acte,* car il repugne que la même chose soit cause d'elle-même : Il est cependant vrai de dire que cette personne veut rapporter le moyen à la fin ; d'où saint Thomas conclut, que comme Dieu connoit tout & voit tout par un même acte, il ne connoit pas l'effet par la cause, mais dans la cause. Ainsi la volonté de la fin ne fait pas que Dieu veut les moyens, mais il veut les moyens par rapport à la fin. *Vult ergo hoc esse propter hoc, sed non propter hoc vult hoc.*

1. p. 4. 19. 1.

Concluons donc que Dieu quoy qu'éternel, ne laisse pas d'estre souverainement libre, & d'une liberté bien plus excellente que la liberté humaine ; en ce que la liberté humaine consiste dans une indifference intrinseque qui procede de ce que la volonté ne peut se déterminer sans le secours des idées de l'entendement, ni l'entendement avoir des idées que dépendamment des objets ; ce qui dénote du defaut. Au contraire l'indifference de la liberté de Dieu est purement extrinseque, en ce que Dieu se détermine par sa seule volonté sans aucun besoin des objets, à raison de quoy il est absolument maitre de ses actions, & par consequent souverainement libre : ce qu'il faut bien remarquer.

CHAPITRE XXVII.
Que la souveraine liberté de Dieu n'empêche pas que sa puissance ne soit toujours jointe à l'acte.

1. Que Dieu n'a pas besoin de temps pour deliberer.

Bien que Dieu soit tres libre, comme nous venons de le faire voir, il ne laisse pas de produire les substances & les essences des choses modales par une puissance qui n'a jamais esté anterieure à son acte : car il vient d'estre prouvé dans le Chapitre precedent, que l'indifference & la détermination de la volonté de Dieu ne sont pas deux états distinguez réellement, en sorte qu'il faille s'imaginer que Dieu a eu besoin de temps pour deliberer touchant la creation des substances & des essences, d'autant que toute la suite d'operations qui est necessaire à deliberer, ne peut proceder que d'un esprit qui dépend des mouvemens de la matiere : ce qui ne peut convenir à Dieu, qui dans ses operations est absolument indépendant de ces mouvemens.

2. Premiere objection avec la réponse.

On dira peut-estre que si la puissance de Dieu ne pouvoit estre separée de l'acte, il n'y auroit aucune liberté en Dieu à l'égard de la creation des substances, car cette liberté suppose que Dieu a pû s'abstenir de les créer, & par consequent qu'il a eu la puissance de les créer avant que de les avoir créées. Je demeure d'accord que la liberté de Dieu suppose qu'il a pû s'abstenir de créer les substances, mais cela ne veut pas dire que sa puissance ait esté separée de l'acte ; cela signifie seulement qu'il n'y a eu aucun objet exterieur qui ait pû obliger Dieu à produire les substances : d'où vient qu'il les a produites avec une parfaite indifference, non intrinseque, mais extrinseque, & par consequent avec une souveraine liberté. Ce qui s'accorde parfaitement avec la doctrine de saint Thomas qui dit

1. p. q. 41. art 2 ad 3.

expressément, *que dans les effets qui sont independans du mouvement, telle qu'est la creation des substances, la puissance de se faire, & estre fait, sont une même chose.*

On

On dira en second lieu, qu'il y a cette différence entre la puissance de Dieu qui agit au dehors, & celle qui agit au dedans, que celle-cy ne peut estre separée de l'acte, & que l'autre le peut estre. Par exemple, dans la Trinité le Pere ne peut pas s'empêcher d'engendrer le Fils, ni le Pere & le Fils s'empêcher de produire le saint Esprit ; mais Dieu peut s'empêcher de produire les substances : ce qui a fait dire aux Scolastiques, que Dieu est libre *in actionibus transeuntibus*, & qu'il ne peut l'estre *in actionibus immanentibus*. Je demeure d'accord que dans la Trinité le Pere ne peut s'empêcher d'engendrer le Fils, ni le Pere & le Fils s'empêcher de produire le S. Esprit, & que Dieu est tres-libre à créer les substances ; mais cela ne veut pas dire qu'à l'égard des substances sa puissance soit separée de l'acte ; cela signifie seulement (comme il vient d'être dit,) que Dieu n'a pû estre déterminé par aucune cause exterieure à produire les substances : ce qui suffit pour conserver la liberté à Dieu à leur égard.

3. Seconde objection, avec la réponse.

Quant aux actions *immanentes & passageres* que les Scholastiques mettent en Dieu, elles ne servent de rien pour prouver que la puissance est separée de l'acte. En effet, si par des actions passageres ils entendent des actions qui sont en Dieu, mais qui sont successives, il n'y a point de telles actions en Dieu, car Dieu qui est éternel, n'admet aucune succession : & si par les actions passageres ils entendent les actions de Dieu qui sont hors de Dieu, ces actions ne peuvent consister que dans le mouvement que Dieu a produit, & qu'il conserve. Or ce mouvement consideré en luy-même est invariable & toujours le même : la puissance que Dieu a de le produire, est donc inseparable de l'acte par lequel il le produit & le conserve.

On dira en dernier lieu, que si la puissance de Dieu n'est pas separée de l'acte à l'égard de la creation des substances & du mouvement, elle l'est au moins à l'égard de la production des êtres modaux que Dieu produit par le mouvement. Je répons enfin, que la puissance de Dieu n'est pas separée de l'acte à l'égard même des êtres modaux ; ce qui se concevra aisément si l'on considere que la production des êtres modaux ne dépend pas immediatement du mouvement que Dieu produit, mais de la maniere dont les creatures modifient ce mouvement. Ce qui fait que comme il n'y a point de succession dans la substance du mouvement, mais seulement dans ses modifications, on ne peut aussi concevoir de puissance se-

4. Troisième objection, avec la réponse.

parée de l'acte que dans les creatures qui produisent ces modifications ; car quant à Dieu qui produit la substance du mouvement, on ne peut pas dire qu'il soit tantôt en acte, & tantôt en puissance, puis qu'il agit & meut toujours.

<small>5. Que Dieu par une action immuable produit tous les êtres successifs.</small>

Cette réponse sert merveilleusement à expliquer comment Dieu par une action immuable, peut produire tous les êtres successifs qui arrivent dans le temps ; & cette explication est bien plus simple & plus aisée à entendre que n'est celle que proposent les Scolastiques, lors qu'ils disent que Dieu produit dans le temps les êtres modaux par des actions nouvelles ; car outre qu'ils ne sçauroient dire ce que sont ces nouvelles actions de Dieu, ils ne peuvent encore faire concevoir que Dieu agisse de nouveau sans recevoir quelque changement ; car l'action n'est autre chose que la cause même qui agit, considerée entant qu'elle agit.

Tout cela ne peut estre entendu, si ce n'est qu'on le reduise à nostre explication, en prenant le mouvement même pour l'action immuable de Dieu, & la maniere du mouvement pour l'action nouvelle des creatures par laquelle les êtres modaux sont produits immediatement ; ce qui est tres aisé à concevoir. C'est pourquoy il ne faut pas mettre en Dieu autant d'actions qu'il y a d'êtres modaux ; car nous sçavons que cette multitude d'actions repugneroit à sa simplicité, ou si nous mettons en Dieu plusieurs actions, il faut concevoir qu'elles ne sont pas differentes d'une distinction réelle ni modale, mais d'une distinction de raison, fondée seulement sur ce que nostre esprit ne pouvant comprendre l'étenduë infinie de l'action de Dieu prise pour le mouvement, il la divise en autant de parties qu'il y a de sujets particuliers qui sont mûs, ainsi qu'il a esté dit.

CHAPITRE XXVIII.
De l'action de Dieu, & de l'action des creatures, & en quoy elles different.

<small>1. Que Dieu agit par sa volonté & par le mouvement.</small>

IL paroit par ce qui vient d'estre dit dans le Chapitre precedent, que Dieu agit au dehors par deux sortes d'actions, dont l'une est immediate, & l'autre mediate. L'action immediate de Dieu est sa volonté par laquelle il produit immediatement les substances & le mouvement ; & l'action mediate de Dieu est le mouvement même par lequel il produit tous les modes qui diversifient les substances, entant que ces modes dépendent mediatement du mouvement, & immediatement des manieres du mouvement, ainsi qu'il a esté dit.

Pareillement l'ame agit par deux sortes d'actions, dont l'une est immediate, & l'autre mediate. L'action de l'ame immediate est sa volonté, par laquelle elle détermine immediatement quelques mouvemens du corps auquel elle est unie ; & l'action de l'ame mediate sont ces mêmes mouvemens de son corps par lesquels elle détermine tous les mouvemens des autres corps sur lesquels elle peut agir.

2.
Que l'ame agit aussi par sa volonté & par le mouvement qu'elle détermine.

Toutefois, bien que l'action immediate de Dieu & celle de l'ame consistent également dans leur volonté, elles ne laissent pas d'estre fort differentes, non seulement quant aux effets qu'elles produisent, mais encore quant à la maniere dont elles se déterminent à agir : car il faut remarquer que la volonté de Dieu se détermine à agir d'elle-même & par elle-même, au lieu que la volonté de l'ame se détermine bien d'elle-même, mais non pas par elle-même : ce qui fait que si l'on veut comparer l'action de l'ame avec celle de Dieu, il faut dire que l'action de l'ame n'est pas absolument une action, mais seulement une action à quelque égard. C'est aussi par cette raison qu'elle est souvent sans effet, parce qu'il y a plusieurs causes qui peuvent l'empêcher d'agir, comme il arrive lors que l'ame veut mouvoir quelques membres dont les organes sont corrompus ; car de ce qu'elle a la volonté de mouvoir ces membres, il ne s'ensuit pas qu'ils soient mûs, ainsi que l'experience le fait voir.

3.
En quoy l'action immediate de Dieu differe de celle de l'ame.

Je sçai neanmoins qu'on regarde communément l'ame comme une chose qui se détermine d'elle-même & par elle-même, & par consequent comme une chose qui est agissante par sa propre nature. Mais au fonds cette efficacité prétenduë de l'ame n'est appuyée que sur un simple préjugé, qui fait qu'on attribuë à l'ame, & en general à toutes les causes secondes libres, des actions absoluës, bien qu'elles n'en puissent produire aucune ; car pour produire des actions absoluës il faut agir de soy-même & par soy-même, c'est à dire, par sa propre vertu ; ce qui ne peut convenir qu'à Dieu : il n'y a aussi que Dieu qui soit une cause absoluë. C'est pourquoy quand nous disons que la volonté humaine est une puissance active, nous entendons parler d'une activité dépendante de Dieu, &

soumise à sa puissance, & non pas d'une activité absoluë, telle qu'est l'action de Dieu; car rien n'empêche que la volonté humaine ne puisse agir par une vertu intrinseque que Dieu luy communique, & qu'elle ne soit active à cet égard, bien qu'elle ne puisse pas agir par une vertu intrinseque propre & indépendante de Dieu.

<small>4. Que les corps n'agissent qu'en modifiant le mouvement que Dieu produit.</small>

Quant aux corps, ou ils n'agissent point du tout, ou s'ils agissent, ce n'est qu'en modifiant le mouvement; mais ils modifient le mouvement par leurs differentes formes, sçavoir par leur figure, par leur situation, par leur dureté ou liquidité, par leur flexibilité à ressort ou sans ressort, &c. car l'experience fait voir que le mouvement que Dieu a produit & qu'il conserve, est diversement modifié par les corps qui le reçoivent ou le communiquent selon que les proprietez de ces corps sont differentes. D'où il s'ensuit que l'ame ne seroit pas plus active que le corps, si par l'activité de l'ame on entendoit la seule puissance qu'elle a d'agir par une forme intrinseque, car le corps agit aussi par des formes intrinseques. Mais il y a cette difference entre le corps & l'ame, que la volonté, qui est la forme intrinseque par laquelle l'ame agit, est déterminée à agir par un principe qui est aussi intrinseque, sçavoir par les idées de l'entendement, au lieu que la forme intrinseque par laquelle les corps agissent, est toujours déterminée à agir par un principe qui est extrinseque. Il faut ajouter que la forme par laquelle l'ame agit, peut estre déterminée à produire des effets opposez, au lieu que la forme par laquelle chaque corps agit, ne peut produire que des effets d'une espece déterminée.

<small>5. Que le mot d'action est fort équivoque entre Dieu & les creatures.</small>

Ce qui fait voir qu'il n'y a rien de plus équivoque que le mot d'*Action*, quand on l'applique à Dieu & aux creatures. Quand on l'applique à Dieu, il signifie sa volonté par laquelle il produit immediatement les substances & le mouvement, & par le mouvement tous les modes qui diversifient les substances. Quand on l'applique à l'ame, il signifie sa volonté par laquelle elle détermine quelques mouvemens de ses membres, & par ces mouvemens tous les autres mouvemens qui luy sont soumis: & quand on l'applique aux corps, il signifie la maniere dont les corps modifient le mouvement que Dieu a produit dans la matiere. Je dis qu'il signifie la maniere dont les corps modifient le mouvement que Dieu a produit, pour faire remarquer qu'il y a cette difference entre le mouvement & les modifications du mouvement, que les corps sont comme actifs à l'égard des modifications du mouvement, & qu'ils font purement paſſifs à l'égard du mouvement même; dont la raiſon eſt, que le mouvement procede toujours d'un principe extrinſeque, qui eſt Dieu; car il a eſté prouvé que les corps ne ſe meuvent que parce que Dieu les fait mouvoir. C'eſt pourquoy ſi nous regardons le mouvement comme une action dans le corps mouvant, & comme une paſſion dans le corps mû, ce n'eſt pas que le mouvement ne ſoit également une paſſion à l'égard de ces deux corps, mais c'eſt ſeulement pour marquer l'ordre & la ſuite que nous ſuppoſons entre deux manieres de mouvement, dont l'une dépend de l'autre.

CHAPITRE XXIX.
Comment Dieu concourt avec les corps & avec les ames pour produire leurs effets.

CE qui vient d'eſtre dit dans le Chapitre precedent étant ſuppoſé, il eſt aiſé à entendre comment Dieu concourt avec l'ame en particulier; car puis que l'action de l'ame conſiſte à déterminer quelque mouvement, il eſt évident que Dieu concourt avec l'ame en produiſant le mouvement qu'elle détermine. Par la même raiſon auſſi Dieu concourt avec le corps en produiſant le mouvement que le corps modifie. Ainſi, par exemple, Dieu concourt à bâtir une maiſon en produiſant le mouvement que le Maſſon modifie; & le Maſſon y concourt en modifiant le mouvement que Dieu produit, & ainſi du reſte.

Or on peut conſiderer l'action de Dieu à l'égard de celle d'un corps, en deux manieres; ou entant qu'elle précede l'action de ce corps, ou au moment de cette action. Si on la conſidere de la premiere maniere, l'action de Dieu (que je ne diſtingue pas du mouvement,) eſt une veritable prémotion phyſique, parce qu'elle précede réellement & phyſiquement l'action du corps, au moins d'une priorité de nature: Si au contraire on conſidere l'action de Dieu au moment de celle du corps, elle ne la précede point, & il faut reconnoître que Dieu & le corps doivent paſſer pour une ſeule & ſimple cauſe complete de l'effet qui eſt produit; de ſorte qu'il eſt vrai de dire, que cet effet tient ſon exiſtence également de Dieu & du corps; de Dieu, comme de celuy qui meut; & du corps, comme de celuy qui modifie le mouvement. C'eſt ainſi, par exem-

1. *Que Dieu concourt avec l'ame & avec le corps en produiſant le mouvement qu'ils modifient.*

2. *En quel ſens on peut dire que l'action de Dieu eſt une prémotion phyſique.*

ple, que Dieu concourt avec un corps touchant tous les effets que ce corps produit sur les autres corps.

Dieu ne concourt pas seulement avec un corps touchant les effets qu'il produit sur les autres corps, il concourt encore avec luy touchant les effets que ce corps produit dans l'ame. Par exemple, quand l'ame voit la lumiere du soleil, ou les couleurs d'une tapisserie, Dieu concourt à cet effet en produisant le mouvement duquel il dépend, & le soleil & la tapisserie y concourent en modifiant ce mouvement de la maniere qui est requise pour exciter dans l'ame ces sensations. Ce qui fait voir la raison pourquoy on dit plutôt que Dieu concourt avec le corps ou avec l'ame, qu'on ne dit que le corps ou l'ame concourent avec Dieu; car cela vient sans doute de ce que les effets qui sont produits, dépendent plus immediatement du corps ou de l'ame que de Dieu, & qu'on a coutume d'attribuer les effets aux causes prochaines & immediates plutôt qu'aux causes éloignées.

3. Comment Dieu agit avec l'ame pour produire les déterminations de sa volonté.

Au reste, comme l'ame n'agit pas seulement hors d'elle en déterminant les mouvemens de quelques corps, mais qu'elle agit encore en elle-même en se déterminant par sa volonté à aimer ou haïr certains objets; pour découvrir ensuite comment Dieu concourt avec l'ame pour produire ses déterminations, il faut remarquer qu'il y a comme deux parties dans chaque détermination particuliere de la volonté; l'une qui est permanente & immuable, & l'autre qui est changeante & successive. La partie immuable qui se trouve dans toutes les déterminations de la volonté, c'est d'affirmer ou de nier, & d'aimer ou de haïr; & la partie changeante & successive, est celle d'affirmer ou de nier telle ou telle chose, & d'aimer ou de haïr tel ou tel objet. Or il est visible que la premiere partie dépend immediatement de Dieu seul, car il n'y a que Dieu qui puisse faire que l'ame affirme ou nie, & qu'elle aime ou haïsse. Quant à la seconde partie, elle dépend immediatement de l'ame, ou plutôt de ses idées, qui font qu'elle affirme ou nie telle ou telle chose, ou qu'elle aime ou hait tel ou tel objet.

4. Comment Dieu concourt avec les objets pour produire des idées dans l'ame.

Que si l'on veut remonter plus haut, pour découvrir comment Dieu concourt avec les objets pour produire les idées dans l'ame, il faut encore remarquer qu'il y a deux parties dans chaque idée particuliere: l'une immuable, & l'autre changeante. La partie immuable est commune à toutes les idées, & c'est d'estre des pensées; & la partie changeante est propre à chacune, & c'est d'être une pensée de telle ou telle chose. Or la premiere appartient uniquement à Dieu, qui seul peut faire que les idées soient des pensées; & la seconde appartient aux objets des idées, qui seuls font que les idées sont des pensées de telle ou telle chose. C'est pourquoy si l'on considere l'action de Dieu entant qu'elle précede celle des objets, elle sera une veritable prémotion physique; mais si on la considere au même moment que l'action des objets, il faut reconnoitre que Dieu & les objets doivent passer pour une seule & simple cause complete de l'idée qui est produite, ainsi qu'il a esté cy-devant remarqué touchant le concours de Dieu avec les corps.

Cette doctrine est fort differente de l'opinion des Scolastiques, qui s'imaginent que Dieu & l'ame doivent estre considerez comme des causes separées qui peuvent concourir à la production d'un même effet, à peu prés comme l'on voit que deux chevaux peuvent concourir à tirer un même carrosse. Ce qui donne lieu à cette grande difficulté qu'on fait icy, Si ce sera Dieu qui appliquera les objets à la production d'une idée, par exemple, ou si ce seront les objets qui appliqueront Dieu, ou bien si ce sera le hazard qui les fera agir en même temps.

CHAPITRE XXX.

Comment Dieu concourt à nos bonnes & à nos mauvaises actions.

POur l'intelligence de ce Chapitre, il faut remarquer 1. que quand l'ame se détermine à aimer quelque objet, son affection est bonne ou mauvaise moralement, selon qu'elle est conforme ou contraire à quelques loix. Quand elle y est conforme, elle retient le nom de *bonne action*; & quand elle y est contraire, elle s'appelle *mauvaise action*, ou *peché*: d'où vient qu'on peut dire en general, *que le peché n'est autre chose qu'une action, qu'un discours, ou qu'un desir qui est contraire à la loy, soit naturelle, soit evangelique.*

Il faut remarquer 2. que dans tout peché de commission, comme dans l'homicide, il y a deux choses à considerer: La premiere est l'être de l'action, par exemple, le mouvement avec lequel l'homme pousse son épée au travers du corps d'un autre:

1. *Ce que c'est que le peché.*

2. *Que dans le peché il y a deux choses à considerer, & quelles.*

la seconde est la malice, le déreglement & la difformité de l'action, c'est à dire, son opposition à la loy. L'être & le mouvement de l'action sont des êtres créez, qui dépendent par consequent du premier Etre & de la cause premiere : mais ce n'est pas en ce mouvement que le peché consiste ; ce mouvement n'a pas même une liaison necessaire avec le peché, car une semblable action ne seroit pas un peché, estant faite dans une guerre juste : C'est dans l'opposition à la loy que le peché consiste. Ainsi ce seroit mal raisonner de conclure que Dieu ne peut estre l'auteur de l'être & du mouvement de cette action mauvaise sans estre l'auteur du peché, & sans déterminer la volonté à sa malice. L'action du peché considerée en elle-même, s'appelle *le materiel* du peché, & son opposition à la loy se nomme *le formel*.

3. Que Dieu ne peut concourir au formel du peché, & pourquoy.

Cela posé, il est évident que Dieu ne peut concourir au formel du peché ; dont la raison est, que le formel du peché consiste dans une contrarieté aux loix, laquelle ne peut avoir lieu à l'égard de Dieu qui n'est sujet à aucune loy. Ce qui fait que nos actions, nos discours & nos desirs n'ont rien de mauvais entant qu'ils procedent de Dieu ; ils sont au contraire tres bons, si non d'une bonté morale, au moins d'une bonté physique, qui consiste en ce qu'ils sont des êtres participez qui dépendent de Dieu comme de la cause premiere.

Nos affections ne sont pas non plus contraires aux loix entant qu'elles dépendent des objets que nous aimons, car nous n'aimons point d'objet qui ne puisse estre aimé legitimement. Il reste donc que les affections humaines ne sont contraires aux loix qu'entant qu'elles procedent de l'homme, & entant que l'homme aime quelque chose que la loi luy défend d'aimer. Par exemple, lors que j'aime la femme de mon prochain, cette affection n'est point mauvaise en elle-même, car il n'y a point de loix qui défendent d'aimer absolument. Elle n'est pas non plus mauvaise en qualité d'affection pour une femme, car il n'y a point de femme qui ne puisse estre aimée legitimement. Mon affection n'est donc mauvaise qu'entant qu'elle m'appartient, & que je l'ay malgré la loy qui me défend de l'avoir.

4. Que toutes nos actions sont bonnes en elles-mêmes.

C'est donc une chose assurée que toutes nos affections sont bonnes en elles-mêmes entant qu'elles procedent de Dieu & des objets. Et en effet, d'où viendroit leur defaut, si elles étoient mauvaises ? Il ne leur viendroit pas en premier lieu de ce qu'elles procedent de de Dieu comme de leur cause premiere, car Dieu en cette qualité ne les produit qu'entant qu'elles sont simplement des affections, & il vient d'estre dit qu'à cet égard elles n'ont rien de mauvais. Ce defaut ne viendroit pas en second lieu, de ce qu'elles procedent de leurs objets comme de leur cause seconde specificative, parce que les objets en cette qualité ne font que rendre nos affections de telle ou telle espece ; & ce n'est pas l'espece de nos affections qui les rend mauvaises. Il reste donc que nos affections ne sont mauvaises qu'entant qu'elles procedent de nous, & entant que nous les avons lors que la loi nous défend de les avoir. Ainsi nous pouvons dire avec l'Ecole, que Dieu concourt au materiel du peché, si par le materiel du peché on entend (comme on le doit entendre) nos affections entant qu'elles procedent de Dieu & des objets : mais il ne peut concourir au formel du peché ; car comme le formel du peché n'est autre chose que la contrarieté de nos affections à la loy, & que cette contrarieté de nos affections à la loy n'est qu'un mauvais usage que nous faisons de notre liberté en aimant des objets défendus, il est évident que Dieu ne peut produire le formel du peché, parce que tout ce que Dieu produit est réel & positif, & nous sçavons tres certainement que le mauvais usage de notre liberté, qui consiste dans la contrarieté de nos affections avec la loy, n'est qu'une simple privation qui ne peut dépendre d'aucune cause efficiente mediate ni immediate, mais seulement (comme parle saint Thomas) d'une cause defaillante, tel qu'est l'homme qui peche.

Cependant lors que je dis que l'homme qui peche est une cause defaillante, je ne veux pas faire entendre par là que l'homme qui peche ne fait rien absolument, car il fait quelque chose ; mais je dis qu'il ne fait rien entant qu'il fait autre chose que ce qu'il a intention de faire : En quoy je trouve qu'un homme qui peche, ressemble beaucoup à un Potier qui s'écarte des regles de son art. Car comme ce Potier au lieu de faire une cruche, ainsi qu'il l'avoit resolu, fait, par exemple, un pot de chambre ; il arrive aussi que l'homme qui peche, au lieu d'aimer un veritable bien, comme il le prétend, n'aime qu'un bien apparent. De plus, comme le defaut du Potier ne consiste pas en ce que l'effet qu'il produit est mauvais de soy, mais en ce qu'il ne répond pas à l'intention qu'il a euë en le produisant ; de même le defaut de l'homme qui peche en aimant, ne consiste pas en ce que l'amour qu'il a est mauvais de soy,

§.
En quel sens on dit qu'un homme qui peche est une cause defaillante.

mais en ce qu'il ne répond pas à l'intention qu'il a eu̇ aimant ; car il pretend aimer un veritable bien, & il n'aime qu'un bien apparent : Ce qui a donné lieu à cette celebre Maxime des Philosophes: *Que tout pecheur est ignorant.*

Au reste par la même raison que l'homme est le seul auteur du formel du peché, il est aussi l'auteur du formel de ses bonnes actions; d'autant que le formel de ses bonnes actions consiste non dans ses affections considerées en elles-mêmes, mais dans ses affections considerées selon la conformité qu'elles ont avec les loix. Or les affections de l'homme ne sont conformes aux loix qu'entant qu'elles procedent de luy ; car entant qu'elles procedent de Dieu & des objets, elles n'y peuvent estre ni conformes ni contraires, d'autant qu'elles ne sont sujettes à aucunes loix.

6. *Objection, avec la réponse.*

On dira peut-estre, que puis que selon nos principes Dieu produit toutes nos affections, il ne peut produire nos affections mauvaises sans avoir part à leur defaut : mais il a esté déja répondu que toutes nos affections sont bonnes en elles-mêmes : & en effet, d'où viendroit leur defaut si elles estoient mauvaises ? 1. Il ne viendroit pas de ce qu'elles procedent de Dieu comme de leur cause premiere, car Dieu en cette qualité ne les produit qu'entant qu'elles sont de simples affections, & à cet égard elles n'ont rien de mauvais. 2. Il ne viendroit pas de ce qu'elles procedent de leurs objets comme de leurs causes secondes, parce que les objets en cette qualité ne font que rendre nos affections de telle ou de telle espece, & ce n'est pas l'espece de nos affections qui les rend mauvaises. Il reste donc que nos affections ne sont mauvaises qu'entant qu'elles procedent de l'ame, qui est la seule cause qu'elles s'écartent de la regle, comme il a esté remarqué.

C'est pourquoy nous pouvons considerer Dieu & l'ame comme deux causes qui produisent le même effet en même temps, mais par des vuës differentes, c'est à dire, que Dieu qui agit en qualité de cause premiere, produit nos affections en vuë de rendre plus parfait l'univers, avec lequel elles ont un rapport necessaire ; & que l'ame qui agit en qualité de cause seconde, les produit en vuë de son propre bien, auquel neanmoins elles ne se rapportent pas toujours comme elle le pretend ; ce qui n'interesse que l'ame & point du tout l'univers, qui au contraire reçoit de l'avantage des propres defauts de l'ame, comme il paroit par la mauvaise action que Judas commit en trahissant Jesus-Christ ; car il est certain que cette action quoy que mauvaise, a contribué quelque chose à la redemption du genre humain.

Ceux qui ne distinguent pas ce qu'il y a dans nos affections qui dépend immediatement de Dieu, d'avec ce qui dépend immediatement de l'homme, sont bien embarrassez d'expliquer comment le concours de Dieu & le nôtre, quoy que differens, peuvent produire la même affection : car outre qu'on ne sçauroit dire ce que c'est que ce concours, il est impossible de concevoir comment il s'allie avec le nôtre pour produire indivisiblement le même effet. Cette difficulté a paru si grande à saint Augustin, qu'il avouë dans sa lettre quarante-septiéme, que cette question est tres difficile & connuë de peu de personnes : Ce qui est si vrai, qu'il n'y a qu'à faire reflexion sur la maniere particuliere dont les Scolastiques disent que Dieu & l'homme concourent à nos actions, pour se convaincre qu'ils en ont une idée fort confuse. Ils disent, par exemple, que l'affection qui commence par le concours divin, s'acheve indistinctement par le concours divin & par le concours humain. Ils disent encore que le concours de Dieu ne fait pas une partie de notre affection & notre concours l'autre, mais que chacun produit notre affection toute entiere de sorte neanmoins que comme toute notre affection est dans nous, elle procede aussi toute entiere de Dieu.

Or qui ne voit que ces paroles seroient inintelligibles, si elles n'étoient expliquées selon nos principes ? C'est pourquoy quand on dit que Dieu concourt avec nous lorsque nous aimons, cela signifie qu'il produit la substance de nos affections. Quand on ajoute que l'amour qui commence par le concours divin, s'acheve par le concours divin & par le concours humain, il faut entendre que le concours de Dieu produit la substance de nos affections, & que notre concours en produit la maniere. De plus, quand on dit que toute notre affection est dans nous, cela signifie qu'elle y est selon sa substance & selon sa maniere. Enfin quand on dit que toute notre affection procede de Dieu, cela veut dire que toute sa substance en procede ; car sa maniere n'en peut proceder, d'autant qu'elle est changeante, & que Dieu agit immuablement, comme il a esté dit.

CHAPITRE XXX.

En quel sens on peut dire que Dieu est l'auteur du mal Naturel, & du mal Physique.

Outre le mal Moral dont il vient d'estre parlé dans le Chapitre precedent, il y a un autre mal qu'on appelle *Physique*, qui differe du mal Moral en ce que celuy-cy consiste dans le defaut d'une action, & que l'autre consiste dans la corruption ou destruction de quelque sujet. Nous avons déja prouvé que Dieu ne peut estre l'auteur du mal Moral, & nous allons faire voir maintenant qu'il est la vraye cause premiere du mal Physique.

Pour l'intelligence dequoy il faut remarquer, que c'est une loy de la nature & une maxime constante parmi les Philosophes, *Que la generation d'une chose est la corruption d'une autre*; d'où il s'ensuit visiblement que quand on a fait voir que Dieu est l'auteur de la generation de certains êtres, on a suffisamment prouvé qu'il est la cause de la destruction de quelques autres, avec cette difference, que quand Dieu produit des êtres, son action tend directement à la chose qui est produite, au lieu que quand il en détruit, son action ne tend qu'indirectement à la chose qui est détruite. C'est en ce sens qu'il est dit dans l'Ecriture, *qu'il n'est point de mal dans la cité que Dieu n'ait fait*: C'est encore à cela que se rapportent ces paroles d'Isaïe, *Que Dieu mortifie & vivifie*; de sorte que si nous apprenons dans la Sagesse que Dieu n'a pas fait la mort, cela ne veut pas dire qu'il ne l'a point faite du tout, mais seulement qu'il ne l'a pas faite directement.

On dira peut-estre, que puisque Dieu produit le mal Physique indirectement, il peut aussi produire indirectement le mal Moral. Mais il est aisé de lever cette difficulté, en faisant considerer qu'il y a cette difference entre le mal Moral & le mal Physique, que le mal Physique qui consiste dans la corruption, suit necessairement de l'action par laquelle Dieu produit certains êtres; au lieu que le mal Moral, qui consiste dans le déreglement de nos affections, ne suit pas necessairement de l'action par laquelle Dieu nous fait aimer. En effet, il n'y a aucun cas où Dieu puisse produire un être modal sans qu'un autre soit corrompu, au lieu qu'il y a des cas où Dieu nous peut faire aimer sans que nos affections soient déreglées:

Ce qui met une si grande différence entre le mal Moral & le mal Physique, qu'il faudroit dire que Dieu produit le mal Physique & qu'il permet le mal Moral : Cependant on dit également de ces deux maux, que Dieu les permet ; ce qui rend le mot de permettre fort equivoque ; car dire que Dieu permet le mal Physique, c'est dire qu'il ne le produit qu'indirectement ; & dire qu'il permet le mal Moral, c'est assurer qu'il ne le produit ni directement ni indirectement. Mais en quelque sens qu'on prenne le mot de Permettre, il est vrai de dire que Dieu ne permet aucun mal que pour un plus grand bien. Ce qui a fait dire à saint Augustin dans son Enchiridion, *que Dieu tout-puissant ne permettroit pas qu'il arrivât du mal dans ses ouvrages, s'il n'avoit assez de puissance pour tirer de ce mal un plus grand bien.*

Il faut raisonner du mal Naturel à peu prés comme du mal Physique : En effet, ces maux ne different qu'en ce que le mal Physique consiste dans des sujets considerez entant qu'ils se corrompent, & le mal Naturel consiste dans des sujets considerez entant qu'ils sont contraires à notre nature independemment de notre choix : Or Dieu est également auteur des uns & des autres.

Suivant ces principes, il faut conclure que ce monde est le plus parfait qu'il puisse estre ; car comment pourroit-il estre plus parfait qu'il n'est, puis que cela même qu'on appelle *mal* en luy, contribuë à sa perfection ? Il faut ajouter que chaque chose estant parfaite dans sa nature, le monde le doit estre dans la sienne ; d'où vient qu'il est aussi impossible d'ajouter une nouvelle perfection à cet univers sans détruire sa nature, qu'il est impossible d'ajouter une unité au nombre Quatre sans détruire ce nombre. Et il ne serviroit de rien de dire, que le monde est parfait selon son essence, mais qu'il n'est pas parfait selon ses accidens ; car il faut remarquer qu'il n'y a point d'accidens à l'égard du monde. Les accidens regardent seulement les parties de l'univers, mais non pas l'univers entier ; à peu prés comme la pesanteur regarde les parties de la terre, mais non pas la terre entiere.

C'est donc une chose constante que le monde est parfait dans sa nature, & que s'il y a des choses qui passent pour imparfaites, ce n'est pas à l'égard du monde, mais à l'égard des parties du monde, & dans le sens qu'on appelle divisé ; car dans le sens composé, la plus grande perfection de chaque chose est d'estre ce qu'elle est, & ce que les loix de la nature exigent qu'elle soit par rapport à la perfection de l'univers.

CHAPITRE XXXII.

De la prémotion Physique, & du concours Simultanée.

1. *Que les Philosophes sont partagez sur la prémotion physique & sur le concours simultanée.*

TOus les Scolastiques tombent d'accord que les creatures sont tellement soumises à la puissance de Dieu, que son concours est absolument necessaire à toutes leurs actions ; mais ils sont partagez touchant la nature & les proprietez de ce concours. Les uns enseignent qu'il est prédeterminant, & les autres soutiennent qu'il est seulement simultanée.

Ce n'est pas icy le lieu de rapporter tout ce que les premiers disent de la prémotion physique. Je me contenteray de remarquer en un mot, les principales qualitez de cette prémotion, afin de ne rien omettre de tout ce qui peut servir à faire connoitre sa nature.

2. *Quelles sont les qualitez qu'on attribuë à la prémotion physique.*

Je dis donc que bien que les partisans de la prémotion physique ne soient pas bien d'accord touchant ce qu'elle est, on peut neanmoins la considerer comme une qualité active, & comme une impression de la toute-puissance de Dieu sur les agens créez, à laquelle ils attribuent communement ces trois qualitez considerables : La premiere, qu'elle est absolument necessaire pour toute action de la creature à cause de sa dépendance essentielle de Dieu comme premier principe. La seconde, qu'elle previent les agens, & qu'elle les applique d'une maniere invincible & toute-puissante ; en sorte qu'il y a contradiction à dire qu'elle manque d'avoir son effet. La troisiéme, que Dieu en est tellement le maitre, qu'il ne la donne que selon son bon plaisir, & avec une souveraine indifference.

3. *Que le concours de Dieu sur les corps & sur les ames peut estre consideré ou comme premotion ou comme simple concours simultanée.*

Pour connoitre ce qu'il y a de vrai & de faux dans cette doctrine & pour en porter un jugement solide, il est necessaire de se souvenir de ce que nous avons dit cy-dessus de l'action des corps & des ames, & du concours de Dieu : car en premier lieu, si nous supposons ce que nous avons dit de l'action des corps & du concours de Dieu, il n'y a rien de plus aisé que de reduire ce que disent les Auteurs de la prémotion physique, à une doctrine tres vraye & tres-raisonnable. Il ne faut pour cela que mettre à la place d'une qualité qu'on ne connoit pas, & que Dieu produit toujours à propos de rien, le mouvement que Dieu produit dans la matiere ; car il est certain que ce mouvement précede d'une priorité de nature tous les mouvemens particuliers, & que dans ce sens il renferme toutes les qualitez qu'on a coutume d'attribuer à la prémotion physique, si on en excepte cette impression prétenduë que Dieu produit à propos de rien. En effet, le concours de Dieu sur les corps peut estre consideré ou comme prémotion, ou comme simple concours simultanée. Il est consideré de la premiere sorte, lors qu'il consiste dans le mouvement que Dieu produit; & il retient seulement le nom de concours simultanée, lors qu'on le considere dans le moment du mouvement actuel des corps particuliers, parce qu'à cet égard Dieu & ces corps concourent ensemble; Dieu en produisant le mouvement, & ces corps en le modifiant.

Ce que nous venons de dire du concours de Dieu avec les corps, est encore vrai du concours de Dieu avec les ames, c'est à dire que ce concours est prévenant ou simultanée à divers égards. Par exemple, dans les determinations de la volonté humaine le concours de Dieu est prévenant, entant qu'il consiste dans l'affirmation ou la negation, dans l'amour ou la haine, car c'est Dieu qui fait que l'ame affirme ou nie, qu'elle aime ou qu'elle hait; & il est simultanée, quand on le considere au même moment que l'ame affirme ou nie telle ou telle chose, & qu'elle aime ou hait tel ou tel objet.

Il y a encore une autre maniere de considerer le concours de Dieu ou comme prévenant ou comme simultanée. On le peut considerer comme prévenant, en mettant à la place de cette qualité qu'on ne connoit pas, les connoissances & les sentimens interieurs & indeliberez de l'ame : car comme ces connoissances & ces sentimens préviennent la volonté, rien n'empêche qu'on ne leur donne le nom de prémotion; & comme nous avons fait voir cy-devant, que les idées & les sentimens concourent physiquement à la production de nos actes volontaires, on peut avec raison leur donner le nom de prémotion physique. En effet, on y trouve toutes les qualitez qu'on a coutume d'attribuer à cette prémotion, si on en excepte cette impression prétenduë dont on ne connoit que le nom.

Si l'on veut s'en tenir à cette doctrine, qui paroit si claire & si raisonnable, les partisans de la prémotion physique y trouveront parfaitement leur compte, en ce que les idées & les sentimens indeliberez nous préviennent, & les plus zelez deffenseurs de la liberté ne trouveront rien qui luy donne la moindre atteinte; car

4. Autre maniere de considerer le concours de Dieu, ou comme prévenant en comme simultanée.

quoy que les idées & les sentimens indeliberez précedent notre détermination, neanmoins ce n'est qu'en demandant notre consentement, & en nous mettant en état d'agir avec connoissance de cause, sans que cela nous empêche de demeurer les maitres de nos actions, comme il paroit de ce que les hommes peuvent estre prévenus par leurs valets ou par leurs amis, & apprendre d'eux plusieurs choses necessaires pour se déterminer librement, sans en estre maîtrisez.

Le concours de Dieu peut estre consideré comme un simple concours simultanée, lors qu'on ne regarde les connoissances & les sentimens de l'ame qu'au moment de la détermination actuelle de la volonté, car alors il faut reconnoitre que Dieu & l'ame doivent passer pour une seule & unique cause complete, & en ce sens il est évident que le concours de Dieu retient proprement le nom de concours simultanée, & qu'on ne peut dire qu'il précede en aucune façon celuy de l'ame.

Les partisans du concours simultanée ne diroient rien que de raisonnable, s'ils prenoient ce nom au même sens que nous venons de le prendre: mais ils le prennent dans une signification toute contraire. Ils croyent que Dieu & l'homme peuvent estre considerez comme deux causes separées qui doivent concourir à la détermination de la volonté, à peu prés comme l'on voit que deux chevaux concourent à tirer un carrosse; auquel cas il n'y a pas de doute que le raisonnement des partisans de la prémotion physique, est assez fort pour en prouver la necessité; parce qu'afin que deux causes produisent conjointement un même effet, il faut que l'une détermine & précede l'autre par une impression réelle, ou que toutes deux soient déterminées à agir par une troisiéme, comme il arrive lors qu'un cocher fait marcher ses chevaux; ou que ce soit purement par hazard que l'une des causes venant à agir, l'autre vienne aussi à se déterminer.

Mais toutes ces difficultez s'évanouïssent, si l'on considere qu'il n'y a rien dans nos déterminations qui se puisse rapporter au concours de Dieu agissant par nos idées & par nos sentimens indeliberez, qui ne se rapporte aussi à l'ame agissant par sa volonté; & d'ailleurs tout estant fait avec connoissance, il n'y a rien qui se puisse rapporter à l'ame qui ne se rapporte aussi à nos connoissances, c'est à dire, au concours de Dieu, parce que les idées & la volonté ne sont qu'un même agent simple & complet, tel que

seroit

seroit un cheval auquel on auroit donné à manger, & dont l'aliment seroit devenu sa force & son courage. En effet, s'il estoit vrai que le concours de Dieu & de l'ame se précedassent l'un l'autre dans le moment de la détermination actuelle de la volonté, il s'ensuivroit ou qu'il y auroit quelque chose dans les déterminations de la volonté qui seroit l'action de Dieu seul, & qui se rapporteroit à luy, entant qu'il devanceroit la volonté ; ou bien il y auroit quelque chose qui se rapporteroit à la volonté seulement, entant qu'elle donneroit le branle à Dieu, qui attendroit qu'elle se penchât, afin qu'il pût se pencher avec elle : ce qui implique contradiction.

CHAPITRE XXXIII.
Que Dieu gouverne les hommes sans blesser leur liberté, & comment.

Nous supposons avec les Auteurs de la prémotion physique, que les creatures libres sont entierement soumises à Dieu, & que son concours actuel est necessaire, non seulement pour toutes leurs actions, mais encore qu'elles ont besoin d'estre déterminées de Dieu, en telle sorte neanmoins que cette détermination n'a rien d'incompatible avec leur liberté.

Pour accorder ces deux choses, qui ont paru jusqu'à present fort opposées l'une à l'autre, je demande qu'estant question de nos actes libres, on nous permette de consulter premierement notre experience interieure, qui est la chose du monde la plus claire, ou plutôt qui est intuitive & infaillible, pourveu qu'on s'en tienne à ce qu'elle nous fait appercevoir touchant la nature de ces actes qui sont des manieres de penser qu'on connoit immediatement par elles-mêmes.

Or cette experience nous apprend qu'il y a en nous diverses sortes de connoissances & de sentimens interieurs que nous ne produisons pas nous-mêmes, puis que nous ne les avons pas quand nous voudrions, & qu'ordinairement nous ne pouvons pas nous empêcher de les avoir, au moins directement : ce qui nous doit faire juger tres certainement que les connoissances & les sentimens qui ne sont pas libres, sont de pures passions de l'ame qui luy viennent par le concours de Dieu, & par l'action des objets qui sont hors d'elle.

13 Qu'il y a en nous diverses sortes de connoissances & de sentimens interieurs qui viennent de dehors.

C'est donc une chose assurée que nos connoissances & nos sentimens interieurs viennent de dehors ; mais il n'est pas moins certain qu'ils déterminent le libre arbitre à produire ses actes libres. Cela ne souffre aucune difficulté. En effet, nous n'appercevons point en nous d'autres causes de nos déterminations, que les connoissances & les sentimens qui se joignent au libre arbitre par forme d'illustration ; & neanmoins s'il y en avoit quelque autre, nous devrions l'appercevoir, parce qu'il est question des choses qui se passent en nous, & qui sont connuës par elles-mêmes. C'est pourquoy, comme il ne s'agit icy que des actions naturelles, nous pouvons dire que Dieu estant originairement la cause de toutes nos connoissances & de tous nos sentimens indeliberez, agreables ou desagreables, il est aussi la vraye cause physique de tout ce que nous faisons dans l'ordre de la nature, en nous déterminant par leur moyen à produire tous nos actes libres.

2. Que ces connoissances & ces sentimens déterminent le libre arbitre à produire ses actes libres.

Si les partisans de la prémotion physique se fussent attachez comme nous, aux connoissances & aux sentimens interieurs sans avoir recours à de certaines qualitez inconnuës, qu'ils ont employées pour expliquer la maniere particuliere dont Dieu nous détermine, ils auroient évité les difficultez si choquantes de leurs systêmes, & ils s'en seroient tenus au sentiment de saint Augustin, qui se sert en toutes occasions de la force qu'ont sur nous nos connoissances & nos sentimens interieurs pour nous faire agir.

Aprés avoir reconnu que les connoissances & les sentimens interieurs déterminent les causes libres à agir, il sera aisé de découvrir comment Dieu gouverne souverainement ces causes sans blesser leur liberté. Il ne faut pour cela que considerer la nature particuliere du libre arbitre, qui est telle, qu'il ne se détermine jamais à quelque chose qu'avec connoissance de cause, c'est à dire, que les agens libres n'agissent que quand ils voyent & qu'ils sentent qu'il faut agir. C'est pourquoy ayant fait voir que Dieu détermine les causes libres par des connoissances & par des sentimens dont il est originairement le maitre, il est aisé de conclure qu'il est non seulement tres possible, mais même qu'il luy est tres facile de tourner l'homme & de le gouverner comme il luy plaist, sans blesser sa liberté.

3. Que c'est par leur moyen que Dieu gouverne les hommes sans blesser leur liberté.

Pour concevoir cela encore plus facilement, il ne faut que consulter l'experience, qui nous oblige de reconnoitre que quoy qu'il n'y ait rien de plus ordinaire dans la vie que ces manieres de faire tourner infailliblement le libre arbitre plutôt d'un côté que d'un autre, neanmoins personne ne s'est jamais avisé de se plaindre qu'on luy a fait en cela violence, & qu'on l'a empêché de produire des actes libres. Par exemple, on ne se plaint point que les loix de la bienseance ôtent la liberté de paroitre en public sans habits. L'amour de la vie ne fait violence à personne, & il n'ôte pas le pouvoir qu'ont tous les hommes de se tuer s'ils veulent. Je dis même que si l'on veut écouter la voix de la nature, non seulement la liberté n'est nullement interessée, mais on est même persuadé qu'on agit avec une indifference tres réelle & tres positive, laquelle est la marque la plus propre que nous ayons pour reconnoitre si une action est libre : car on remarque que dans le temps qu'on se détermine plus librement, on sent en soy-même le pouvoir de faire le contraire de ce qu'on fait actuellement : ce qui doit passer pour un témoignage preferable à toutes les raisons qu'on pourroit tirer d'autres considerations que de celles qui viennent de notre propre experience.

Mais d'autant que cette indifference n'empêche pas que nous ne nous laissions gouverner en la maniere que nous avons dit, il faut faire voir comment cela se fait, en employant icy la distinction fameuse du sens composé & du sens divisé, afin qu'on sçache, comment on peut dire que quand on se détermine avec plus de force & avec la plus grande soumission à la volonté d'un autre, l'on agit avec indifference, & l'on a le pouvoir de faire le contraire, si l'on veut, pourveu que ce pouvoir se prenne en sens divisé & non pas en sens composé. Car quoy qu'il soit tres raisonnable de dire que toutes les choses qui nous portent à nous déterminer à une action particuliere, ne combattent & ne diminuent aucunement le pouvoir radical de faire le contraire, & que même la détermination actuelle n'empêche aucunement ce pouvoir (ce qu'on appelle pouvoir agir en sens divisé ;) neanmoins il est impossible de concevoir qu'on ait le pouvoir de faire le contraire en sens composé, c'est à dire, de n'agir pas en agissant.

Ce seroit aussi renverser la nature du libre arbitre, de dire qu'on puisse supposer que l'homme, par exemple, qui a l'amour qu'on doit avoir pour la vie, vienne à se poignarder luy-même sans changer auparavant cette disposition, qui luy donne l'inclination que nous avons naturellement pour la vie, & qui est incompatible avec la haine de la vie : & comme ces dispositions sont la cause de

4. *Comment on peut dire que quand on se détermine avec plus de soumission à la volonté d'un autre, on agit avec indifference.*

nos actions libres qu'elles nous font faire, aussi les actions libres sont des marques assurées de ces dispositions ; car il n'est pas moins certain qu'un miserable qui s'est étranglé, l'a fait par desespoir, qu'il est certain que c'est le desespoir, qui luy a fait prendre cette étrange resolution. Ce qui suffit pour faire voir comment on peut conserver pendant toute la vie un pouvoir de faire certaines actions qu'on ne fera jamais, parce qu'on ne se rencontrera pas dans les dispositions qui sont necessaires pour nous y déterminer.

5. Qu'on peut comparer le libre arbitre à une balance, & comment.

Toute cette doctrine se peut expliquer assez clairement par la comparaison d'une balance, pourveu qu'on se donne de garde d'attribuer à cette balance aucune puissance active dépendante d'un principe de connoissance, & qu'on la considere simplement comme un instrument dont toute la nature & l'usage consiste à se laisser pancher de part & d'autre selon l'impression qu'elle reçoit des poids dont on la charge. Car tout ainsi que la balance a une indifference radicale à se laisser pancher du côté qu'elle est la moins chargée, & que cette indifference ne luy est point ôtée, lors même qu'elle se laisse pancher actuellement du côté opposé ; de même l'agent libre est tel de sa nature, que lors qu'il produit un acte, il n'est pas privé de faire le contraire en sens divisé. L'indifference de la balance n'empêche pas qu'il ne luy soit impossible en sens composé de se laisser pancher à gauche, quand elle se laisse pancher actuellement à droite, parce que ces deux passions sont contraires & incompatibles. Cela se rencontre aussi dans les actions du libre arbitre ; car son indifference n'empêche pas qu'il ne luy soit impossible en sens composé, de haïr un objet quand il l'aime. Le panchement d'une balance luy est tellement propre, qu'il ne convient à aucun autre instrument ; & neanmoins il ne dépend pas d'elle d'avoir des poids qui la font pancher, quoy qu'il dépende d'elle uniquement de se laisser pancher, & que ce panchement soit incommunicable à toute autre : de même quoy que l'acte libre ne puisse proceder que d'une cause intelligente, neanmoins les raisons d'agir de cette cause peuvent venir de dehors, avec cette difference, qu'en estant une fois venuës elle s'en sert comme d'un principe intrinseque pour produire ses actes libres.

Si on veut pousser cette comparaison plus loin, on pourra faire voir fort clairement la difference qu'il y a entre les divers états de la liberté ; car une balance vuide de poids represente un homme qui n'a que de simples idées touchant les objets, sans aucune affection qui le détermine à agir. Quand la balance est également chargée des deux côtez, elle represente une personne qui est en suspens entre des raisons contraires, qui ont une même force. L'impression d'un grand poids qui fait que la balance se laisse mouvoir promptement, marque la maniere dont on se détermine sans deliberer, lors qu'on a de fortes raisons d'agir. Enfin un poids qui seroit attaché à une balance avec un cordon, representeroit un homme maîtrisé par de fortes habitudes. D'où il faut conclure *que la liberté des actions humaines consiste en ce que quand nos connoissances nous ont déterminez à aimer, nous aimons sans contrainte, & de telle sorte, qu'en aimant nous retenons toujours la puissance de ne pas aimer, ou d'aimer le contraire de ce que nous aimons, dans le sens qu'on appelle divisé.*

Ce qui vient d'estre dit en passant du sens composé & du sens divisé, me donne lieu d'expliquer icy la nature & les proprietez de ces deux sens, dont la connoissance est si necessaire pour l'intelligence de plusieurs choses qui regardent la liberté des actions humaines, que sans elle il seroit presqu'impossible de les comprendre.

Or je dis qu'on fait un sens composé, toutes les fois que dans une proposition modale, c'est à dire qui contient deux modes opposez, on compare ensemble ces deux modes. Par exemple, quand je dis *qu'un homme qui pleure, ne sçauroit rire*, si cette proposition est prise dans un sens composé, elle doit estre entenduë de telle sorte, qu'elle signifie qu'un homme ne peut pas joindre en même temps en soy les deux actions de rire & de pleurer, parce qu'elles sont opposées.

Je dis au contraire, qu'on fait un sens divisé, lors que dans une proposition modale, on prend un des modes opposez, non pas pour le comparer avec l'autre, mais seulement pour le comparer avec leur sujet. Par exemple, si cette proposition, *un homme qui pleure, peut rire*, est prise dans un sens divisé, le rire, qui est un des modes opposez, n'est pas comparé avec le pleurer, mais avec l'homme même ; & le sens divisé de cette proposition est, que l'homme qui pleure maintenant, peut rire, non pas entant qu'il pleure, mais entant qu'il est un homme capable de rire & de pleurer. Au lieu que si la proposition estoit prise au sens composé, le rire devroit estre comparé avec le pleurer, & le sens seroit qu'un homme qui pleure pourroit rire, non pas entant precisément qu'il est homme, mais entant qu'il pleure : ce qui est impossible.

6. *Du sens composé & du sens divisé.*

Cela est confirmé par Aristote, qui dans le livre qu'il a fait, où il traite du sophisme de *composition*, parle ainsi du sens composé & du sens divisé. *Cette proposition*, dit-il, *Il est impossible qu'un homme écrive n'écrivant pas*, ne signifie pas la même chose, si on la fait en composant, ou en divisant ; car en composant on joint ensemble écrire & ne pas écrire dans un même sujet, & en divisant on joint seulement ne pas écrire avec la puissance d'écrire ; Or c'est cela même que je viens d'établir touchant le sens composé & le sens divisé.

Cela supposé, quand on dit que le libre arbitre qui aime une chose, la peut haïr, cette proposition se prend dans le sens divisé, c'est à dire, qu'on compare la haine, qui est un des modes opposez de la proposition, non pas avec l'amour qui est l'autre mode, (car on feroit un sens composé qui rendroit la composition fausse) mais avec le libre arbitre même, qui est de soy capable d'aimer ou de haïr, ce qui fait un sens divisé, qui rend la proposition vraye ; ainsi le libre arbitre peut bien aimer necessairement d'une necessité hypotetique ou de supposition, c'est à dire, dans le sens composé ; mais il ne peut aimer necessairement d'une necessité absoluë dans le sens divisé. Ce qui fait voir que les actions du jugement & du libre arbitre sont parfaitement libres, si par le mot de *libres*, on entend (comme on le doit faire) des actions qui procedent d'une faculté intelligente, qui agit sans contrainte, & qui retient toujours la puissance de ne pas agir dans le sens divisé : mais si par le mot de *libres*, on veut entendre des actions qui procedent d'une faculté qui se détermine d'elle même, & par elle même, comme fait la volonté de Dieu, les actions du jugement & du libre arbitre ne sont pas libres : car il a esté prouvé qu'il n'y a rien dans le monde, non seulement de ce qui existe, mais encore qu'il n'y a ordre, ni raison de bonté & de verité, qui ne dépende de Dieu comme de sa cause efficiente, mediate ou immediate.

CHAPITRE XXXIV.

Que le Libre Arbitre est la plus excellente de toutes les facultez de l'homme, & pourquoy.

1.
Que le libre arbitre

LA definition que je viens de donner de la liberté des actions humaines, est si claire, que je ne crois pas qu'on la puisse revoquer en doute : car qui ne sçait par experience que la volonté n'agit qu'en aimant ou qu'en haïssant, & qu'elle ne peut aimer ni haïr qu'en donnant ou refusant son consentement aux choses que l'entendement luy represente comme bonnes ou comme mauvaises? Or qu'est-ce que donner ou refuser son consentement à une chose que l'entendement represente comme bonne ou comme mauvaise, si ce n'est vouloir ou ne pas vouloir cette chose? Mais si vouloir ou ne pas vouloir sont toute l'action du libre arbitre, qui ne voit qu'il est impossible que le libre arbitre soit contraint, puis qu'il repugne qu'il puisse vouloir & ne pas vouloir une même chose en même temps?

ne peut estre contraint, & pourquoy.

Qui ne sçait encore que quand le libre arbitre aime une chose, il l'aime de telle sorte, qu'il retient la puissance de la haïr, & qu'il la haïra en effet si l'entendement vient à la luy representer comme mauvaise ; comme il peut arriver, puis que par la supposition les rapports de convenance, qui sont l'objet du libre arbitre, ne sont pas necessaires, mais contingens. C'est pourquoy puis que l'entendement est de telle nature, qu'il peut representer comme mauvais les objets du libre arbitre qu'il a representez comme bons, c'est une necessité que quand le libre arbitre aime une chose, il retienne toujours la puissance de la haïr, & qu'il la haïsse en effet lors qu'elle luy sera representée comme mauvaise : d'où il s'ensuit que le libre arbitre peut bien agir necessairement d'une necessité de supposition, mais non pas agir necessairement d'un necessité absoluë.

2. Que le libre arbitre agit toujours avec indifference.

S'il y a encore quelqu'un qui ne soit pas content de ce que nous venons de dire de la liberté des actions humaines, qu'il nous dise donc en quoy consiste cette liberté? Dira-t-il qu'elle consiste en ce que la volonté se détermine par elle-même? Cela ne peut estre, car il a esté prouvé, & l'experience l'enseigne, que la connoissance de l'entendement precede toujours la détermination de la volonté. Dira-t-il qu'elle consiste en ce que le libre arbitre agit sans necessité? Cela ne peut estre encore, car il est impossible qu'il y ait une action qui ne soit pas necessaire d'une necessité au moins hypotetique. Et il n'importe de dire que tandis que les idées sont dans l'entendement, elles déterminent necessairement d'une necessité absoluë le libre arbitre ; car il repugne que le libre arbitre soit déterminé absolument, & qu'il ne le soit pas pour toujours. Or il ne l'est pas pour toujours, puis que les idées qui representent les objets du libre arbitre, peuvent changer à tout moment & representer comme mauvais ce qu'elles ont representé comme bon.

3. Qu'il y a des causes necessaires & des causes non necessaires.

Il y a donc des causes necessaires & des causes non necessaires. Les causes necessaires sont celles qui n'ont pas la puissance de ne pas agir, & les causes non necessaires sont celles qui ont cette puissance. Par exemple, le feu est une cause necessaire, parce qu'il n'a pas la puissance de ne pas bruler : au contraire une coignée est une cause non necessaire, parce que lors qu'elle coupe du bois, elle retient la puissance de n'en pas couper.

4. Qu'il y a des causes contingentes & des causes libres, & en quoy elles different.

Les causes non necessaires sont encore de deux sortes. Les unes dépendent pour agir de la presence des objets qui les appliquent à l'action, & les autres n'en dépendent pas. Celles qui en dépendent, s'appellent des causes *contingentes*, & celles qui n'en dépendent pas se nomment des causes *libres*. Ainsi une coignée sera une cause contingente, parce qu'elle ne peut agir qu'en la presence de celuy qui l'applique à couper ; & la volonté sera une cause libre, parce qu'elle peut agir hors la presence de l'objet qui la fait vouloir.

Il y a donc cette difference entre les causes contingentes & les causes libres, que les causes contingentes ne peuvent agir qu'à la presence des objets exterieurs, au lieu que les causes libres peuvent agir en l'absence des objets. Ce qui rend les causes libres beaucoup plus indépendantes que les causes contingentes. Car en effet, si la volonté avoit besoin pour agir de la presence des objets exterieurs, il faudroit pour la détourner du meurtre, par exemple, pendre continuellement des hommes en sa presence ; il faudroit pour la détourner du vice luy prêcher continuellement la vertu, au lieu qu'elle n'a besoin pour agir, que des connoissances & des sentimens interieurs qu'elle peut avoir hors même la presence des objets : ce qui a fait dire à Aristote que les puissances raisonnables peuvent se porter à plusieurs choses parce qu'elles sont raisonnables ; & à saint Thomas aprés Aristote, que la volonté se peut porter à diverses choses, parce que l'entendement peut avoir diverses idées. Ce qui fait que le libre arbitre est la plus excellente de toutes les facultez que Dieu nous a données ; car quelle faculté peut estre plus excellente que celle qui nous unit à ce qui nous convient, & qui nous separe de ce qui nous est contraire ? Or c'est le libre arbitre qui a cette proprieté ; c'est pour cela que notre plus grand bien & notre plus grand mal consistent dans le bon ou dans le mauvais usage que nous faisons de cette faculté.

Metaph. 5.

1. p. q 83 art. 1.

CHAP.

CHAPITRE XXXV.

Des causes en general, de leurs differentes especes, & en quoy elles conviennent ou different de leurs effets.

CE qui vient d'estre dit des causes contingentes & necessaires, nous donne lieu de parler en passant des causes en general. Or par le mot *de causes en general* nous entendons tout ce qui contribue à produire une chose de quelque maniere qu'il y puisse contribuer. Ce qui se peut reduire en general à quatre especes, sçavoir à la cause *materielle*, à la cause *formelle*, à la cause *finale*, & à la cause *efficiente*.

<small>1. Que la cause se reduit en general à quatre especes, & à quelles.</small>

La cause *materielle* est ce dont les choses sont faites, ou ce qui est le sujet de quelque autre chose. Par exemple, l'or & l'argent sont la cause materielle des vases qui en sont faits, & l'attribut des substances est la cause materielle ou subjective des modes qui appartiennent aux substances.

La cause *formelle* est ce qui rend une chose telle ou telle, c'est à dire, ce qui la distingue de toutes les autres choses, & qui est la source & l'origine de toutes les proprietez qui luy sont particulieres, soit que cette cause formelle soit un être reellement distinct de la matiere, soit qu'elle consiste dans une simple combinaison de plusieurs modes.

Nous appellons cause *finale* la fin pour laquelle une chose est faite ; d'où vient qu'il y a des fins principales & des fins accessoires. Les fins principales sont celles que nous regardons particulierement, & les fins accessoires sont celles que nous ne considerons que par occasion. La cause finale n'a gueres de lieu que dans la Morale.

Nous nommons cause *efficiente* celle qui agit, soit qu'elle agisse par une vertu étrangere, soit qu'elle agisse par elle-même & par sa propre vertu. La cause efficiente qui agit par sa propre vertu, s'appelle cause efficiente *premiere*, & les causes qui agissent par une vertu étrangere, se nomment des causes efficientes *secondes*. En ce sens Dieu seul est la cause efficiente premiere, & les creatures sont des causes efficientes secondes.

Il y a donc diverses especes de causes efficientes en general. Par exemple, Dieu est la cause efficiente totale du corps & de l'esprit, parce qu'il n'y a que luy qui puisse contribuer à les produire. Le pere & la mere sont des causes partielles de leurs enfans, parce que selon l'ordre établi dans la nature, les enfans ne peuvent estre produits que dépendamment du pere & de la mere.

Le soleil est une cause efficiente propre de la lumiere, parce que la lumiere est une suite necessaire du soleil, & il n'est que la cause efficiente accidentelle de la mort d'un homme que sa chaleur a tué à cause qu'il étoit mal disposé, d'autant que le soleil ne produit cette mort que par accident.

Le pere est la cause efficiente prochaine de son fils, parce qu'il le produit immediatement; l'ayeul n'en est que la cause efficiente éloignée, parce qu'il ne le produit que par le moyen du pere. La mere est une cause efficiente productive, parce qu'elle donne l'être à son fils, & la nourrice n'est que la cause efficiente conservatrice, parce qu'elle ne fait que le conserver.

Un ouvrier est la cause efficiente principale de son ouvrage, & ses instrumens n'en sont que la cause instrumentale.

L'air qui entre dans les orgues, est une cause efficiente universelle, & la disposition particuliere de chaque tuyau & celuy qui en joüe, sont des causes particulieres qui déterminent l'universelle à produire de certains sons.

Le soleil est une cause efficiente naturelle, parce qu'il agit sans connoissance, & l'homme est une cause efficiente intellectuelle à l'égard de ce qu'il fait avec raison.

Le feu qui brûle est une cause efficiente necessaire, & un homme qui marche est une cause efficiente libre.

Le soleil éclairant une chambre est une cause efficiente propre de la clarté de cette chambre, & l'ouverture de la fenestre n'en est qu'une cause conditionnelle, c'est à dire, une condition sans laquelle la clarté n'y seroit pas produite.

Le feu brûlant une maison, est une cause efficiente physique de l'embrasement; & l'homme qui met le feu à la maison, est une cause morale entant qu'il donne au feu l'occasion d'agir.

La cause occasionnelle est celle qui détermine un sujet intelligent à agir, mais qui d'ailleurs ne contribuë rien à son action; en quoy elle differe de la cause instrumentale, laquelle contribuë à l'action de l'agent principal: par exemple, une maison qui brûle est une cause occasionnelle, parce qu'elle détermine les voisins à se remuer pour éteindre le feu, mais elle ne contribuë rien à leur mouvement, au contraire une plume dont on se sert pour écrire, est une cause instrumentale, d'autant qu'elle modifie le mouvement de la main de celuy qui écrit.

Nous rapportons encore à la cause efficiente la cause exemplaire qui est le modele qu'on se propose en faisant un ouvrage. Tel est le plan d'un bastiment par lequel un Architecte se conduit, & tels sont en general tous les objets sur lesquels sont formées les idées de l'ame, comme il a esté cy-devant remarqué.

Au reste comme nous avons reduit les causes en general à quatre especes, nous pouvons reduire les causes efficientes en particulier à trois : sçavoir aux causes univoques, aux causes équivoques, & aux causes analogues. Les causes univoques sont des causes efficientes qui produisent des effets qui leur ressemblent en genre & en difference. Les causes équivoques sont des causes efficientes qui produisent des effets qui leur ressemblent en genre seulement ; & les causes analogues sont des causes efficientes qui produisent des effets qui ne leur ressemblent ni en genre ni en difference. En ce sens le pere est une cause univoque à l'égard de ses enfans, parce que ses enfans luy ressemblent en genre & en espece. Le soleil est une cause équivoque des plantes, parce que les plantes ne conviennent qu'en genre avec le soleil ; & Dieu est une cause efficiente analogue des creatures, parce que les creatures ne conviennent avec Dieu ni en genre ni en difference.

2. Que la cause effic. en particulier se reduit à trois especes.

Cela posé, il est évident 1. que la cause univoque convient avec son effet en nature seulement, & qu'elle en differe en existence. Par exemple, la qualité d'animal raisonnable qui est l'essence de l'homme, convient également au pere & au fils, car si elle perissoit en l'un, elle seroit détruite dans l'autre, au lieu que l'existence convient à l'un indépendamment de l'autre.

3. En quoy les causes efficientes conviennent ou disconviennent avec leurs effets.

Il est évident 2. que la cause équivoque convient avec son effet selon le genre, & qu'elle en differe selon l'existence. Par exemple, la qualité de substance étenduë convient également au soleil & aux plantes, mais le soleil & les plantes existent indépendamment les uns des autres.

Il est évident 3. que la cause analogue est totalement differente de son effet, parce qu'elle ne convient avec luy, ni en essence ni en existence ; d'où vient que Dieu & les creatures n'ont rien de commun que le nom.

De cette doctrine on peut conclure deux veritez importantes, qui passent pour des principes parmi les Philosophes. La premiere est, que les effets ne different de leurs causes qu'en ce qu'ils reçoivent d'elles : d'où vient que les effets qui ne reçoivent de leur cause que l'existence, ne different aussi de leur cause qu'en existence, & que ceux qui en reçoivent l'essence & l'existence en different totalement. La seconde est, que les causes efficientes contiennent éminemment les perfections de leurs effets, entant qu'elles en contiennent & le genre & la difference, ou le genre seulement : Ce qui doit s'entendre des causes univoques & équivoques; car pour les causes analogues, elles ne contiennent les perfections de leurs effets ni formellement, ni éminemment.

CHAPITRE XXXVI.

Qu'à l'égard de Dieu il n'y a point de causes occasionelles, mais seulement des causes instrumentales, qu'on appelle pour l'ordinaire, des Causes Secondes.

Avant le Christianisme tout le monde presque estoit dans cette erreur, que Dieu avoit tres peu de part à ce qui se faisoit dans la nature : Il pouvoit bien avoir donné, disoit-on, le premier branle aux causes inferieures dés le commencement du monde ; mais ce branle une fois donné, il laissoit faire tout le reste sans s'en mêler.

Cette opinion a esté assez refutée par tout ce qui a esté dit cy-devant du pouvoir absolu de Dieu sur ses creatures, & de la necessité de son concours pour les faire agir : C'est pourquoy nous ne nous y arresterons pas davantage.

Depuis le Christianisme, les Philosophes ont esté partagez sur ce sujet. Les uns ont voulu que Dieu fist tout dans la nature, & que les creatures ne fussent que de simples causes occasionnelles ; & les autres ont reconnu que les creatures avoient une veritable efficacité, & que Dieu s'en servoit comme d'instrumens pour produire toutes les choses changeantes & successives.

Les partisans des causes occasionnelles ne nient pas que les effets qui sont produits, ne suivent de l'assemblage de quantité de causes que la Providence de Dieu a ajustées pour les produire : mais ils disent que pourveu qu'on examine la chose sans prévention, on verra que tout cet appareil de causes n'a aucune part à ces effets, & que c'est la seule puissance de Dieu qui leur donne l'existence.

LIVRE I. PARTIE II.

Ils ajoutent que sous ombre que la cause premiere employe les agens naturels à la production de ces effets, on leur donne des qualitez réelles & des vertus par lesquelles ils puissent agir ; mais qu'il n'y a point d'autre puissance dans l'univers que celle de Dieu. Ils disent enfin qu'à voir de quelle maniere les effets procedent des causes secondes, on jugeroit qu'elles en sont des causes réelles, & qu'elles employent quelque efficacité dans leur production ; mais qu'on se trompe, qu'elles n'y contribuent rien du tout, & qu'elles ne sont que des causes occasionnelles, qui déterminent simplement l'Auteur de la nature à agir de telle ou telle maniere, en telle ou telle rencontre.

Pour refuter cette opinion, il suffit de faire voir quelle est la difference qui se trouve entre la cause occasionnelle & la cause instrumentale. Or elle consiste cette difference, en ce qu'on appelle cause *occasionnelle* celle qui détermine un agent libre à agir, mais qui ne contribue rien à son action ; & on appelle au contraire *cause instrumentale*, celle qui est déterminée à agir par une cause principale, mais de telle sorte qu'elle modifie elle-même l'action de cette cause principale. Ainsi, par exemple, si je trouve par hazard un ami qui m'amene quelque part où je n'avois pas dessein d'aller, cet ami est alors une vraye cause occasionnelle, parce qu'il me détermine simplement à agir, sans contribuer rien à mon action. Au contraire si je prens une plume pour écrire, cette plume est une cause instrumentale, parce que d'un côté je la détermine à agir, & de l'autre elle modifie l'action ou le mouvement par lequel j'écris. Or cela posé, il sera aisé de faire voir que toutes les causes secondes sont des causes instrumentales à l'égard de la cause premiere.

Pour commencer par les corps, c'est une verité incontestable qu'ils ne peuvent agir s'ils n'ont de certaines dispositions. Si le feu, par exemple, ne s'insinuë dans le bois, s'il n'en écarte les parties, s'il ne leur imprime un mouvement pareil au sien, jamais il ne convertira ce bois en flamme. Il en est de même de tous les autres agens naturels : Si vous leur ôtez leur forme, leur figure, leur situation, leur pesanteur, leur legereté, leur liquidité, &c. vous renversez tout, ils ne produiront plus aucun effet. Ce qui est une preuve indubitable que ces qualitez contribuent physiquement à la production de leurs effets.

De nous dire que le feu & tous les autres agens naturels n'ont cette diversité innombrable de qualitez, ces vertus si differentes, &

1. *En quoy la cause occasionnelle differe de la cause instrumentale.*

2. *Que les corps sont des causes instrumentales à l'égard de Dieu.*

en même temps si proportionnées à leurs effets, que pour servir d'occasion à la premiere cause de varier ses productions, cela n'a nulle apparence : car il vient d'estre prouvé qu'il est de la nature des causes occasionnelles de déterminer le principal agent sans contribuer rien à son action, au lieu que le feu & tous les autres agens naturels modifient l'action de la cause premiere, en modifiant le mouvement que Dieu produit.

Que les agens naturels modifient l'action par laquelle Dieu produit tous les effets corporels, cela paroîtra évident si l'on considere que Dieu n'agit sur les corps que par le mouvement. Or le mouvement consideré en luy-même ne produit rien ; il a besoin d'estre modifié pour estre efficace. Ce qui modifie le mouvement est donc une cause physique tres réelle & tres positive. Or est-il que le mouvement est modifié par la forme & par les qualitez des agens naturels. Donc les agens naturels sont de veritables causes physiques. C'est par cette raison aussi qu'on leur attribuë tous les effets, & non pas à la cause premiere.

Au reste les modifications du mouvement sont si essentiellement dépendantes de la forme & des qualitez des agens naturels, qu'il est impossible qu'elles dépendent immediatement de Dieu ; dont la raison est, que Dieu estant immuable, il ne peut produire immediatement rien de successif. Or les manieres du mouvement sont dans un flux continuel ; elles ne peuvent donc dépendre de Dieu immediatement.

Il y a donc cette difference entre le mouvement & ses manieres d'estre, que le mouvement n'ayant qu'un point indivisible d'existence, peut dépendre immediatement de Dieu, au lieu que les manieres d'estre du mouvement estant successives & changeantes, elles ne peuvent dépendre immediatement que des causes secondes. D'où vient qu'il est naturellement aussi impossible de concevoir que Dieu modifie le mouvement, qu'il est impossible de concevoir que les agens naturels le produisent.

Qu'on ne dise donc pas que la matiere estant de soy une chose brute, elle ne se peut mouvoir, s'il n'y a quelque principe étranger qui la meuve ; car nous demeurons d'accord de cela, mais ce n'est pas de quoy il s'agit. Il n'est pas question si les corps se peuvent mouvoir d'eux-mêmes, car il a esté prouvé que le mouvement dépend de Dieu seul. Il s'agit seulement de sçavoir s'ils modifient le mouvement que Dieu leur communique.

Quant à l'ame, ce qui prouve encore qu'elle agit physiquement sur le corps, & non pas moralement comme une simple cause occasionnelle, c'est que toute l'action de l'ame sur le corps consiste à déterminer quelques mouvemens de ses membres. Or toute détermination particuliere de mouvement est une modification du mouvement, & toute modification de mouvement est successive & changeante: elle ne peut donc dépendre de Dieu immediatement: elle dépend donc de l'ame comme de sa cause prochaine & immediate.

3. Que l'ame agit physiquement sur le corps.

Il seroit inutile d'objecter, que bien que l'ame pût agir physiquement sur le corps, il ne s'ensuivroit pas que le corps peut agir physiquement sur l'ame; car s'il y agissoit, il y produiroit des modifications qui seroient plus excellentes que leur principe, ce qui repugne à cette maxime communement reçuë parmi les Philosophes, *que l'effet ne peut estre plus parfait que sa cause*: Mais si l'on regarde la chose de prés, on trouvera que l'effet ne peut estre à la verité plus parfait que sa cause, mais que cela s'entend seulement de la cause totale. Or il est évident que les modifications du corps ne sont pas la cause totale, mais la cause partielle des modifications de l'ame: Car il faut remarquer que les modifications de l'ame peuvent estre considerées en deux manieres: ou comme des pensées, ou comme des simples manieres de penser. Si on les regarde de la premiere sorte, elles procedent immediatement de Dieu comme de leur cause effectrice: car il n'y a que Dieu qui puisse faire que l'ame pense; & si on les regarde de la seconde maniere, elles procedent immediatement des modifications du corps: car il n'y a que les modifications du corps qui puissent faire que l'ame pense de telle ou de telle façon: ainsi rien n'empêche que les modifications du corps ne produisent les modifications de l'ame, bien que les modifications de l'ame soient plus parfaites que celles du corps, de même que rien n'empêche que le soleil ne produise un homme, comme cause partielle, bien que l'homme soit plus parfait que le soleil. Il faut ajouter que rien ne nous oblige de dire que les modifications de l'ame sont plus parfaites que celles du corps, il semble au contraire qu'elles le sont moins, parce qu'elles sont plus dépendantes: car en effet, toutes les modifications de l'ame dépendent de quelques modifications du corps, & il y a beaucoup de modifications du corps qui sont indépendantes de celles de l'ame: ce qu'il faut bien remarquer.

4. Que le corps agit physiquement sur l'ame.

On dira peut-estre, que quelque attention qu'on fasse, on ne trouve point de liaison entre la volonté que nous avons de remuer notre bras, par exemple, & le mouvement de ce bras. Il est vrai qu'on n'y trouve point de liaison naturelle, en sorte que l'un s'ensuive essentiellement de l'autre; & la raison en est, que le corps n'est pas essentiellement soumis à l'ame, mais seulement par une volonté libre de Dieu qui l'a ainsi arresté. Cependant cette volonté libre de Dieu estant supposée, il y en a une tres reelle & tres sensible fondée sur l'experience, qui fait voir que l'ame ne veut point que le bras se meuve, qu'il ne le fasse s'il est bien disposé. Qu'il y ait de la proportion entre la volonté de nos ames & les mouvemens de nos corps, ou qu'il n'y en ait pas, que l'un soit different de l'autre, ou qu'il ne le soit pas, il nous importe tres peu, pourveu qu'il se trouve entre les deux de la liaison & de la suite, & que les déterminations du mouvement de nos corps procedent veritablement des voluntez de l'ame, de quelque maniere qu'elles en puissent proceder.

Quant à la source de l'efficacité des causes secondes, nous demeurons d'accord qu'elle consiste dans les facultez que Dieu leur a départies telles qu'il a voulu; mais parce que ces facultez sont quelque chose de tres réel & de tres positif qui n'est pas dans Dieu, mais dans les creatures mêmes, nous disons, qu'outre la puissance de Dieu qui s'étend à tout, il faut reconnoitre dans les creatures une efficacité propre & particuliere qui réponde aux effets que Dieu produit par leur moyen.

Qu'on ne dise donc pas qu'on ne voit point de liaison necessaire entre les causes secondes & les effets qu'on leur attribuë, comme l'on en voit entre la cause premiere & ses effets; car à moins de renoncer aux sens & à la raison, on y en voit une manifeste. On voit, par exemple, que la production de la farine est aussi necessairement liée avec la maniere dont le moulin modifie le mouvement de l'eau ou du vent, qu'elle est liée avec le mouvement même de l'eau ou du vent qui vient immediatement de Dieu. On voit encore qu'une maison qu'on bâtit, est liée aussi necessairement avec la maniere dont se modifie le mouvement des pierres, qu'elle est liée avec ce même mouvement; & ainsi de tous les autres effets que Dieu produit par les causes secondes, comme par des causes instrumentales.

Il y a deux raisons principales qui trompent les partisans de l'inefficacité

ficacité des causes secondes. La premiere est, qu'ils prennent la volonté de Dieu pour le mouvement même, au lieu qu'ils la doivent prendre pour la simple cause du mouvement: la seconde est, qu'ils confondent le mouvement avec les manieres du mouvement. La premiere raison leur fait juger qu'il n'y a d'autre force dans le monde que la volonté de Dieu; & la seconde leur fait conclure que comme Dieu produit le mouvement, il produit aussi la maniere du mouvement: ce qui est inconcevable.

ses trompent les part sans d'causes occasionnelles, & quelles.

Voicy comment saint Thomas parle en faveur des causes instrumentales. *La cause seconde instrumentale*, dit-il, *n'a part à l'action de la cause principale qu'entant qu'elle contribue par quelque chose qui luy est propre à la production de l'effet du principal agent; car si elle ne contribuoit rien qui luy fût propre, son concours deviendroit inutile, & il ne seroit pas necessaire d'avoir des instrumens differens pour produire des actions déterminées.*

1. p. q. 45 art. 3.

Il y a donc, selon saint Thomas, des causes principales & des causes instrumentales. Les causes principales sont celles qui déterminent les instrumentales à agir, & les causes instrumentales sont celles qui modifient l'action des causes principales. Dans ce sens toutes les creatures sont des causes instrumentales à l'égard de Dieu, & Dieu est une cause principale à l'égard de toutes les creatures: mais cela n'empêche pas de dire que parmi les creatures il y a des causes principales & des causes instrumentales: On peut dire encore que la même cause est principale & instrumentale à divers égards.

CHAPITRE XXXVII.

Qu'il n'est pas de la nature de l'ame considerée selon son être absolu, d'estre unie au corps qu'elle anime.

Il y a des Auteurs tres considerables qui enseignent premierement, que la difficulté qu'il y a de concevoir comment l'ame peut estre unie au corps qu'elle anime, ne vient que de ce qu'on considere l'ame simplement comme une substance qui pense, & qu'on demeure dans ce degré generique d'esprit, sans penetrer le fond de sa nature particuliere, qui est de recevoir d'elle-même, ou par sa propre nature, les impressions du corps qu'elle anime, & de faire reciproquement impression sur luy, en sorte que quand ses fonctions sont empêchées, l'ame est dans un état violent & contraire à sa nature.

1. Premiere raison par laquelle on prouve qu'il est de la nature de l'ame d'estre unie au corps.

D d

2.
Seconde raison.

Ils enseignent en second lieu, qu'il y a beaucoup plus de difficulté à concevoir comment une ame peut estre separée de son corps par la mort, qu'à concevoir comment elle y peut estre unie; parce qu'il n'y a rien dans la nature de l'ame & dans celle du corps organisé, qui ne nous y découvre une exigence invincible & reciproque de leur union.

3.
Troisiéme raison.

Ils disent en troisiéme lieu, que l'ame & le corps sont unis ensemble d'une maniere qui est évidente, puis qu'il paroit tres clairement qu'ils sont faits l'un pour l'autre, non pas par une destination arbitraire, comme nous le supposons, en vertu de laquelle l'Auteur de la nature unit des choses tres disproportionnées, mais parce que leur essence & leur nature est d'estre l'un pour l'autre.

4.
Réponse à la 1. raison.

Pour répondre à la premiere proposition, on peut dire que si par le mot *d'ame* on entend l'esprit entant qu'il est uni au corps, il est vrai que la nature de l'ame est de recevoir d'elle-même & par son essence, les impressions du corps, & de faire reciproquement impression sur luy : Mais il n'en est pas de même si l'on prend le mot *d'ame* pour signifier l'esprit consideré sans rapport au corps qu'il anime, comme nous le considerons icy. La raison de cette difference est, qu'il n'y a rien dans l'ame prise pour l'esprit separé, qui prouve qu'elle est faite pour le corps, ni rien dans le corps qui prouve qu'il est fait pour l'ame. Cependant s'il y avoit quelque chose de tel, au moins dans l'ame, nous devrions l'appercevoir, (car tout ce qui est dans l'ame est connu par luy-même) ce que ne faisant pas, nous avons raison de conclure que la dépendance mutuelle qui est à present entre les pensées de l'ame & les mouvemens du corps, (j'entens du corps organisé,) n'est pas une suite necessaire de la nature de l'ame & du corps, mais un effet de l'union de ces deux substances; de sorte que si l'ame, lors qu'elle est separée du corps, nous paroit dans un état violent & contraire à sa nature, cela ne vient pas du côté de l'ame, mais du nôtre, entant que ne la voyant plus unie au corps, nous croyons faussement qu'elle reçoit dans cet état de separation, la même contrainte que nous sçavons qu'elle souffroit pendant son union, lors que la dépendance reciproque de ses pensées & des mouvemens de son corps estoit empêchée.

5.
Réponse à la 2. raison.

On peut répondre à la seconde proposition, que si l'on prend encore ce mot *d'ame* pour signifier l'esprit entant qu'uni au corps, non seulement il y a beaucoup plus de difficulté à concevoir comment l'ame peut estre separée de son corps par la mort, qu'il n'y en a à concevoir comment elle y peut estre unie ; mais même il est impossible de concevoir qu'elle en soit separée : car dire que l'ame prise pour l'esprit uni au corps, est separée du corps, c'est la même chose qu'assurer que l'ame est en même temps unie & separée du corps; ce qui repugne. Au contraire si l'on prend le mot d'*ame* pour signifier simplement l'esprit, alors il y a bien moins de difficulté à concevoir comment l'ame peut estre separée de son corps par la mort, qu'à concevoir comment elle peut y estre unie ; dont la raison est, que nous sçavons tres certainement que l'ame & le corps estant distinguez par leur nature, sont tres separables ; au lieu que nous ne sçavons que par l'experience qu'ils peuvent estre unis.

Quant à l'exigence invincible d'union qu'on suppose dans l'ame & dans le corps organisé, elle y est effectivement : mais bien loin que cette exigence precede l'union actuelle de l'ame & du corps organisé, elle n'en est qu'une suite & un effet, de sorte que si nous voyons que l'ame exige d'estre unie au corps organisé, ce n'est pas avant ni aprés son union qu'elle l'exige, mais seulement pendant qu'elle est unie ; car devant & aprés elle est entierement indifferente à s'unir ou à ne s'unir pas : elle ne sçait pas même s'il y a un corps organisé.

On peut répondre à la derniere proposition, qu'il paroit à la verité clairement que l'ame & le corps sont faits l'un pour l'autre, mais que cela ne nous paroit qu'ensuite de leur union, sans laquelle nous n'en connoîtrions rien. En effet, d'où nous viendroit cette connoissance ? Car elle ne viendroit pas de la nature de l'ame consideréé comme esprit ; car comme l'esprit n'est qu'une substance qui pense, s'il étoit fait pour le corps, il ne pourroit exister sans le corps; ce qui repugne à l'esprit consideré entant que substance : Elle ne viendroit pas non plus de la nature du corps organisé, car si le corps estoit fait effectivement pour l'ame, le corps organisé ne pourroit exister sans l'ame ; ce qui est contraire à l'experience, qui fait voir que le corps organisé existe avant que d'estre uni à l'esprit.

6.
Réponse à la 3. raison.

Il seroit inutile de dire que le corps peut à la verité estre sans l'ame, quand on le considere simplement comme corps, mais non pas quand on le regarde comme un corps organisé ; car cela ne signifie autre chose, si ce n'est, que le corps organisé ne peut estre sans l'ame dans le sens composé, c'est-à-dire, en supposant que Dieu a voulu absolument que le corps organisé entant que tel, fût uni à l'esprit : mais cela n'empêche pas de dire que le corps organisé ne puisse de luy-même & par sa nature exister sans l'ame en

Dd ij

sens divisé, c'est à dire, en supposant que le corps organisé est de soy-même & par sa nature, indifferent à estre uni ou separé de l'esprit. Ce qui fait voir que l'exigence pretenduë d'union qui est dans le corps & dans l'ame, n'est pas une proprieté absoluë du corps & de l'ame considerez selon leur être absolu, mais une proprieté respective dépendante de la volonté de Dieu, qui par une destination purement arbitraire, a ordonné que l'ame seroit unie au corps organisé, & qu'elle y seroit unie aux conditions qui ont esté cy-devant rapportées.

Concluons donc qu'il n'est pas de la nature de l'esprit, d'estre uni au corps qu'il anime, & que s'il l'étoit, il seroit absolument necessaire que l'esprit perist avec ce corps : ce qui n'arrive pas, car l'esprit est immortel, comme nous allons le faire voir.

CHAPITRE XXXVIII.

Que l'ame considerée selon son être absolu, est immortelle.

1. *En quel sens on peut dire que l'ame est immortelle.*

Quand nous disons que l'ame est immortelle, nous n'entendons pas par le mot d'*ame*, le simple rapport que l'esprit a avec le corps auquel il est uni ; car alors l'ame seroit mortelle. En effet, comme ce rapport dépend essentiellement de l'union de l'esprit & du corps, & que cette union cesse quand l'homme meurt ; il est necessaire que ce rapport periste aussi, & par consequent que l'ame meure, c'est à dire, qu'elle cesse d'animer le corps qu'elle animoit : Mais on entend par le mot d'*ame*, l'ame considerée selon son être absolu entant qu'elle est un esprit propre à estre uni à un corps ; & à cet égard on demande si l'ame est immortelle, c'est à dire, si elle est telle de sa nature que Dieu ne puisse la détruire, & qu'elle ne puisse se détruire elle-même, ni estre détruite par des agens naturels.

2. *En quel sens on peut dire que Dieu ne détruira pas l'ame.*

Or je dis premierement, que nous ne concevons pas que Dieu puisse détruire l'ame ; car il y a de la contradiction à dire que Dieu, dont l'action est éternelle & indivisible, aneantisse les substances qu'il a creées, parce qu'en les aneantissant, son action seroit & ne seroit pas, tout ensemble. Elle seroit par la supposition, & elle ne seroit pas parce que Dieu cesseroit d'agir ; ce qui repugne, car il est impossible de nier que ce qui a esté creé, n'ait pas esté creé : & d'ailleurs il est tres constant que dans les choses simples, telles que sont les êtres permanens, avoir esté, estre & devoir estre, sont tres formellement la même chose : C'est pourquoy il est impossible de concevoir que Dieu ôte l'un ayant supposé l'autre,

Et il ne faut pas craindre que l'immortalité de l'ame prejudicie au souverain pouvoir de Dieu ; elle l'établit au contraire avec beaucoup de force, en faisant voir que si l'ame est incorruptible, elle n'est pas telle par sa propre nature, mais par l'immutabilité de la volonté de Dieu ; de sorte que dire que l'ame selon son être substantiel est immortelle, c'est la même chose que dire, que Dieu est immuable. C'est pourquoy nous devons penser que Dieu a creé l'Etre substantiel de l'ame tel qu'il a voulu ; mais qu'ayant creé cet être substantiel indivisible en son existence, il implique contradiction que s'il existe, il n'existe pas, n'estant pas possible de partager une existence qui n'a aucune succession, & d'aneantir par soustraction de concours une chose qui n'a pas besoin d'estre conservée en la maniere que le vulgaire l'imagine ; parce qu'elle possede tout son être ramassé dans un point d'existence indivisible, comme il a esté dit cy-devant.

Secondement l'ame ne peut pas estre détruite par elle-même ni par d'autres substances creées. Elle ne peut pas l'estre par elle-même, car rien ne tend de soy à sa destruction. Elle ne peut l'estre aussi par d'autres substances creées, car il est de l'essence de l'ame en qualité de substance qui pense, d'exister indépendamment de toute autre substance creée. L'ame est donc immortelle.

Ces raisons de l'immortalité de l'ame sont si naturelles, & avec cela si évidentes, qu'il y a lieu de s'étonner que Mr. Descartes, qui nous a donné les principes sur lesquels elles sont fondées, nous ait renvoyez à la foy pour apprendre que l'ame est immortelle. Voicy comment il parle dans la Réponse aux secondes Objections. On luy a dit que quand il auroit prouvé que l'ame est réellement distincte du corps, il ne s'ensuivroit pas pour cela qu'elle fût immortelle, à cause que peut-estre Dieu l'a faite de telle nature, que sa durée finit avec celle du corps. *Je confesse*, dit-il, *que je ne sçaurois répondre à cette difficulté. Je ne suis pas si temeraire que d'entreprendre par un raisonnement humain de déterminer ce qui dépend de la libre volonté de Dieu, l'ame estant une substance distincte du corps, il n'y a point d'apparence qu'une cause si legere que le changement de figure dans le corps auquel elle est unie, soit capable de l'aneantir, puis que d'ailleurs il n'y a aucune raison ni exemple qui prouve qu'une substance peut perir : Mais nonobstant cela, si l'on demande si Dieu agissant par sa puissance absoluë, n'a pas peut-estre déterminé que les ames perdront l'être absolument au même temps que leurs corps seront détruits, c'est Dieu seul qui peut répondre à cette question : mais nous*

3.
Qu'il ne faut pas recourir à la foy pour croire que l'ame est immortelle.

ayant revelé que cela n'arrivera pas, il n'y a pas le moindre sujet d'en douter. Tout ce discours de Mr. Descartes ne satisfait point à la question. Il avoit entrepris de prouver l'immortalité de l'ame par des raisonnemens purement humains ; & au lieu de cela il nous renvoye à la foy pour nous apprendre que Dieu n'aneantira pas l'ame. Il falloit prouver, comme nous avons fait, qu'il repugne que l'ame soit aneantie selon son être absolu, & faire voir que bien loin que cela prejudicie aux droits de Dieu, c'est au contraire ce qui établit sa souveraine liberté & son domaine absolu sur l'ame & sur toutes les substances creées.

CHAPITRE XXXIX.
Des changemens qui arrivent à l'ame par la mort.

1.
Qu'il y a lieu de douter si l'ame aprés la mort retiendra l'entedement & la volonté.

Bien que l'ame ne meure point avec le corps, cela n'empêche pas neanmoins qu'elle ne reçoive beaucoup de changemens après la mort ; car en effet elle est privée de toutes les fonctions qu'elle exerçoit dépendamment du corps auquel elle estoit unie. Par exemple, elle ne se sert plus de l'entendement, c'est à dire, des facultez de sentir, d'imaginer & de concevoir, qui sont des especes d'entendement. Elle ne se sert pas non plus de la volonté en la maniere qu'on prend ce terme pendant l'union de l'ame & du corps ; car comme toutes les fonctions de cette faculté supposent celles de l'entendement, il faut de necessité que quand l'ame est privée de l'entendement, elle le soit aussi de la volonté & de toutes les facultez qui en sont des especes.

Il y a même lieu de douter en parlant philosophiquement, si l'ame separée du corps connoitra les autres ames qui y sont unies ; car comme l'usage de la parole luy est necessaire pour cela pendant cette vie, nous ne pouvons point sçavoir avec une certitude philosophique, si après la mort notre ame connoitra celles des autres hommes, parce qu'alors il n'y aura plus aucun signe sensible qui soit connu, par lequel notre ame puisse estre déterminée à connoitre ces ames.

2.
Si elle connoitra les choses materielles.

Il y a encore lieu de douter de même si l'ame separée connoitra les choses materielles, & si elle retiendra la puissance de mouvoir les corps ; car laissant à part ce que la foy nous enseigne, quelques conjectures que nous puissions faire à notre avantage sur ce sujet, il y a raison de croire que l'ame separée ne pourra connoitre ni mouvoir les corps. Nous ne pouvons pas dire en premier lieu qu'elle pourra les connoitre, parce que nous sçavons par experience qu'elle ne les connoit presentement que par les sens & par l'imagination, & nous sommes persuadez que l'ame separée sera privée de ces deux facultez. 2. Nous ne pouvons pas dire que l'ame separée retiendra la puissance de mouvoir les corps, parce que cette puissance n'est pas une suite necessaire de la nature de l'esprit, & que l'ame ne l'a durant cette vie qu'entant qu'il a plu à Dieu de la luy accorder en vertu de son union avec le corps.

Il faut ajouter que si l'ame separée pouvoit mouvoir les corps, elle pourroit produire une infinité d'effets surprenans dont nous n'avons cependant aucune connoissance: Elle pourroit, par exemple, transmuer les metaux, transporter les corps d'un lieu en un autre, leur donner la figure, le mouvement ou le repos qui seroient convenables à ses desseins: elle pourroit enfin se joüer de nos sens, & nous faire avoir des pensées telles qu'elle voudroit, en mouvant les esprits, les nerfs & le cerveau de la maniere qu'ils ont coutume d'être mûs par les objets de ces pensées; ce qui n'arrivant point du tout, il faut conclure que ces avantages sont fort incertains. Cela est confirmé, parce que si l'ame separée conservoit quelques facultez, ces facultez devroient estre determinées à agir ou par l'ame même, ou par Dieu, ou par les corps, ou par les autres ames. Or elles ne pourroient estre déterminées à agir par l'ame même, parce que tout changement qui arrive à un sujet, procede d'une cause exterieure. Elles ne pourroient l'estre par Dieu même, parce que Dieu, comme il a esté dit, ne produit les choses modales que par les causes secondes, & nous ne connoissons aucune cause seconde par laquelle Dieu puisse produire les connoissances & les affections de l'ame separée. Elles ne pourroient l'estre par les corps, car nous sçavons par experience que les corps n'agissent sur l'ame qu'entant qu'ils sont unis avec elle; & nous supposons qu'ils en sont separez. Enfin elles ne pourroient pas estre déterminées à agir par les autres ames, parce que les ames ne peuvent agir les unes sur les autres, qu'en vertu d'une union; & nous n'en connoissons aucune entre les ames separées des corps. Il reste donc que nous ne pouvons point assurer que les ames separées retiennent après la mort aucune des facultez qui dépendent du corps.

Ainsi nous croirons fermement que les ames separées ont le pouvoir de se connoitre les unes les autres, de se communiquer leurs pensées, de mouvoir les corps, de tromper nos sens, &c. toutes les fois que Dieu nous l'aura revelé; parce que sa revelation tiendra lieu d'évidence: mais hors cette revelation nous devons sus-

3. Si elle mouvra les corps.

pendre notre jugement, & n'imiter pas ceux qui déterminent sur ce sujet cent questions inutiles avec autant d'assurance, que s'ils avoient de veritables demonstrations.

4. Que l'ame après la mort retiendra tous les avantages qu'elle a qui ne dépendent pas du corps.

Or comme l'ame perdra par la mort tous les avantages qui dépendent de son union avec le corps, elle retiendra aussi tous ceux qui ne dépendent pas de cette union, & qui sont des suites necessaires de la nature de l'esprit.

Ces avantages sont en general les proprietez de connoître & d'aimer Dieu, & de se connoitre & de s'aimer soy-même : on ne peut concevoir qu'un esprit soit esprit, sans concevoir qu'il connoit Dieu & qu'il se connoit soy-même. Je dis 1. qu'il se connoit soy-même, parce qu'il est également de l'essence de l'esprit & de se connoitre, & de s'appercevoir qu'il se connoit. Je dis 2. qu'il connoit Dieu, parce qu'il connoit necessairement l'Etre parfait, d'autant que l'idée de cet Etre parfait précede en luy l'idée de tous les êtres imparfaits considerez comme tels. Or par la même raison que l'esprit connoit Dieu, & qu'il se connoit luy-même necessairement, il a aussi pour soy-même & pour Dieu un amour necessaire ; car il n'est pas possible de concevoir que l'esprit puisse connoitre son être sans l'aimer, ni qu'il puisse aimer son être sans aimer Dieu qui l'a produit, & qui le conserve.

Concluons donc que la mort détruit tout ce qu'il y a de modal dans l'homme, sans toucher à ce qu'il y a de substantiel qui est essentiellement incorruptible. Par exemple, elle détruit l'homme, l'ame consideréc selon son être respectif, & le corps humain. Elle détruit l'homme, en détruisant le composé qui resulte de l'union de l'esprit & du corps : elle détruit l'ame, en détruisant le rapport que l'esprit a au corps avec lequel il est uni : & enfin elle détruit le corps humain, en détruisant les modifications qui rendent ce corps propre à estre uni avec l'esprit ; mais elle ne touche point à l'esprit ni au corps considerez en eux-mêmes, qui sont tout ce qu'il y a de substantiel dans l'homme.

Voila en general tout ce que la lumiere naturelle nous fait connoitre de l'état de l'ame après la mort. Tout ce que nous en sçavons au delà, dépend de la Foi divine, de laquelle nous allons traiter dans le Livre suivant.

FIN DE LA SECONDE PARTIE
du Premier Livre.

L'USAGE DE LA RAISON, ET DE LA FOY.

OU L'ACCORD DE LA FOY ET DE LA RAISON.

LIVRE SECOND.

Ce que c'est que la Foy divine, quelle est sa certitude, & quel est l'usage qu'on en doit faire dans l'ordre de la Grace.

PREMIERE PARTIE.

Ce que c'est que la Foy divine, & en quoy consiste sa Certitude.

CHAPITRE I.

De l'Origine & des Progrés de la Foy divine.

A Foy divine est aussi ancienne que le monde. Si l'on remonte jusqu'à l'origine des choses, on trouvera qu'aprés qu'Adam eut peché, Dieu releva ses esperances en faisant voir à Eve notre mere, son ennemi vaincu sous la figure d'un serpent, & en luy montrant cette semence benie par

I.
Que la premiere promesse divine touchant le Messie, fut faite à Eve, & quand.

E e

218 L'USAGE DE LA RAISON ET DE LA FOY.

Gen. 3. 1. laquelle son vainqueur devoit avoir la teste écrasée, c'est à dire, devoit voir son orgueil abaissé & son Empire abbatu par toute la terre. Cette semence benie estoit Jesus-Christ qui n'avoit pas peché en Adam, parce qu'il devoit sortir d'Adam d'une maniere divine, conçû non de l'homme, mais du saint Esprit. C'est cette promesse qui a esté le fondement de l'esperance de tous les Patriarches qui ont vécu depuis Adam jusqu'à Abraham. C'est dans cette promesse que tous ceux qui ont esté sauvez, ont trouvé le salut ; quoy qu'en general cette promesse fût fort cachée, à cause que le peché l'avoit presque ... de la memoire des hommes.

2. Que sous Abraham la Foy fut plus manifeste. Les Promesses divines prirent sous Abraham une forme toute nouvelle, & la Foy divine fut plus manifeste. Dieu declara à ce Patriarche, qu'il seroit son Dieu, & celuy de ses enfans, c'est à dire, qu'il seroit leur protecteur, & qu'ils le serviroient non seulement comme Dieu createur du ciel & de la terre, ainsi que l'avoient servi les autres Patriarches, mais comme le Dieu qui s'estoit manifesté à luy. *Gen. 17. 7.* Il luy promit une terre * qui fut celle de Canaan, pour servir de demeure fixe à sa posterité, & de siege à la Religion.

Abraham n'avoit point d'enfans, & sa femme estoit sterile. Neanmoins Dieu luy jura par soy-même & par son éternelle verité, que de luy & de cette femme naitroit une Race qui égaleroit *Gen. 22. 18.* en nombre les étoiles du ciel & le sable de la mer. * Mais voicy l'article le plus remarquable de la promesse divine. Dieu promit à ce saint Patriarche qu'en luy & en sa semence toutes les Nations aveugles qui oublioient leur createur, seroient benies, c'est à dire, rappellées à sa connoissance. Dans cette promesse estoit renfermée la venuë du Messie, tant de fois prédit à nos Peres ; mais toujours prédit comme celuy qui devoit estre le Sauveur de tous les Gentils, & de tous les peuples du monde. Ainsi ce germe beni promis à Eve, devint aussi le germe & le rejetton d'Abraham. Tel est le fondement de l'ancienne Alliance ; telles en sont les conditions. *Gen. 17. 11.* Abraham en reçut les marques dans la Circoncision.

Abraham estoit sans enfans, quand Dieu commença à benir sa Race : il le laissa même plusieurs années sans luy en donner. Après il eut Ismael qui devoit estre pere d'un grand peuple, mais non pas du peuple élu tant promis à Abraham. Le pere de ce peuple élu devoit sortir de luy & de sa femme Sara, qui estoit sterile. Enfin vingt-trois ans après Ismael, la naissance de cet enfant tant desiré, arriva. Il fut appellé *Isaac*, c'est à dire Ris, enfant de joye, enfant

LIVRE II. PARTIE I.

de miracle, enfant de grace & de promesse.

Isaac estoit déja grand, & dans un âge, où son pere pouvoit esperer d'en avoir des enfans, quand tout à coup Dieu luy commanda de l'immoler. Abraham mena Isaac à la montagne que Dieu luy avoit montrée, * & il alloit sacrifier ce fils, en qui seul Dieu promettoit de le rendre pere de son peuple & du Messie. Isaac presentoit son sein à l'épée que son pere tenoit toute preste à fraper. Dieu content de l'obeïssance du pere & du fils, n'en demande pas davantage.

Gen. 22. 2.

Abraham crut avec soumission tout ce que Dieu disoit. Il n'examina point comment une femme sterile pouvoit enfanter, ni comment un enfant estant immolé pouvoit estre le pere d'une Race qui égaleroit en nombre les étoiles du ciel : Il s'en tint uniquement à la promesse de Dieu ; & sçachant bien que Dieu est tout-puissant & incapable de tromper, il n'hesita pas un seul moment à croire qu'il accompliroit sa promesse. Cet acquiescement fut un pur ouvrage de sa foy ; ouvrage si excellent qu'il luy a merité le titre, de *Pere des Croyans*.

Dieu reitera ensuite à Isaac & à Jacob les promesses qu'il avoit faites à Abraham. Jacob meurt, & un peu avant sa mort il fait cette celebre Prophetie, * où decouvrant à ses enfans l'état de sa posterité, il declare en particulier à Juda le temps du Messie qui devoit sortir de sa Race. *Juda*, dit-il un moment avant que d'expirer, *tes freres te loueront : ta main sera sur le col de tes ennemis : les enfans de ton pere se prosterneront devant toy*, &c. *le sceptre, c'est à dire, l'autorité ne sortira point des mains de tes descendans, & on verra toujours des Capitaines, des Magistrats, ou des Juges nez de ta Race, jusqu'à ce que celuy-là vienne qui doit estre envoyé, & qui sera l'attente des peuples*. Ces dernieres paroles, en quelque sens qu'on les veuille prendre, ne signifient autre chose que celuy qui devoit estre envoyé de Dieu pour estre l'interprete de ses volontez, l'accomplissement de ses promesses, & le Roy du nouveau peuple, c'est à dire l'Oint du Seigneur.

3.
Jacob mourant découvre à son fils Juda le temps du Messie.
Gen. 49. 8. & 10.

L'élevation de David & de Salomon à la Royauté fut l'effet de cette même élevation. David en celebra luy-même les merveilles par ces paroles : *Dieu a choisi les Princes dans la maison de Juda. Dans la maison de Juda il a choisi la maison de mon pere. Parmi les enfans de mon pere, il luy a plu de m'élire Roy sur tout son peuple d'Israel ; & parmi mes enfans, (car le Seigneur m'en a donné*

Ee ij

plusieurs) il a choisi Salomon pour estre assis sur le trone du Seigneur, & regner sur Israel. Cette élection divine avoit un objet plus haut que celuy qui paroit d'abord. Ce Messie tant de fois promis com- me le fils d'Abraham, devoit estre aussi le fils de David & de tous les Rois de Juda. * Ce fut en vûë du Messie & de son regne éter- nel que Dieu promit à David que son trone subsisteroit éternelle- ment. Salomon choisi pour luy succeder, estoit destiné à represen- ter la personne du Messie. * C'est pourquoy Dieu dit de luy : *Je seray son pere, & il sera mon fils*; chose qu'il n'a jamais dite avec cette force d'aucun Roy ni d'aucun homme. Aussi du temps de David, & sous les Rois ses enfans, le mystere du Messie se declara plus que jamais par plusieurs propheties qu'il seroit inutile de rappor- ter icy.

Luc 1. 33.

2. Reg. 7. 14.

4. *Que le temps du Messie estoit marqué par un double évenement, & par quel.*

Par la prediction de Jacob, le temps du Messie étoit marqué par un double changement. Par le premier, le Royaume de Juda & du peuple Juif est menacé de sa derniere ruine ; & par le second il doit s'élever un nouveau Royaume, non pas d'un seul peuple, mais de tous les peuples, dont le Messie doit estre le Chef & le Prince. Le moment où l'histoire marque une des principales causes de la ruine des Juifs, fut environ soixante ans avant la venuë du Messie, lors que Pompée assujettit Hircan & Aristobule freres, qui l'a- voient appellé pour regler le different qu'ils avoient touchant le Sa- cerdoce, auquel la Royauté étoit annexée. Ce fut alors que les Juifs furent faits tributaires du peuple Romain.

5. *Que Jesus- Christ vint au monde, & quand.*

Jesus-Christ vint au monde. Il y prêcha la doctrine de son Pere Eternel, & étant devenu par là suspect à la Synagogue, il fut con- damné à mourir. Etant prest à expirer, il regarde dans les Prophe- ties ce qu'il luy restoit à faire ; il l'acheve, & dit : *Tout est con- sommé.* A ce moment tout change dans le monde. La Loy cesse, les figures passent, les sacrifices sont abolis, Jesus-Christ ressusci- te, les Apôtres commencent à prêcher, les Juifs & les Gentils se convertissent. Le Royaume de Jesus-Christ commence. Mais pour garder la succession & la continuité du Royaume de David & de Jesus-Christ, il falloit que ce nouveau peuple fût enté, * pour ainsi dire, sur le premier ; & comme dit saint Paul, l'olivier sauvage sur le franc olivier, afin de participer à la bonne séve. Aussi est-il ar- rivé que l'Eglise, établie premierement sur les Juifs, a reçu enfin les Gentils pour faire avec eux un même peuple Chretien.

Jean. 19. 30.

Rom. 11. 17.

Rom. 1. 16.

Ainsi fut accomplie de point en point l'ancienne tradition de Jacob. Juda a multiplié dés le commencement plus que tous ses frères, & ayant toujours conservé une certaine preéminence, il reçoit enfin la Royauté comme hereditaire. Dans la suite le peuple de Dieu est reduit à sa seule race & renfermé dans sa Tribu; en Juda se continuë ce grand peuple promis à Abraham, à Isaac & à Jacob, en luy se perpetuent les autres promesses, le culte de Dieu, le Temple, les sacrifices, la possession de la terre promise, qui ne s'appelle plus que la Judée. Malgré leurs divers états les Juifs demeurent toujours en corps de peuple & de Royaume, usans de leurs loix. On y voit naître toujours ou des Rois ou des Magistrats & des Juges, jusqu'à ce que le Messie vienne. * Il vient & le Royaume de Juda tombe en ruïne peu à peu. Il est détruit tout-à-fait, & le peuple Juif est chassé sans esperance, de la Terre de ses peres. Le Messie devient l'attente des Nations, & il regne sur un nouveau peuple.

Il paroit par ce qui vient d'estre dit, que la foy commença avec Adam & avec Eve, qu'elle reçut une nouvelle force sous Abraham, qu'elle fut confirmée par la prediction de Jacob, & par l'élection de David & de Salomon à la Royauté, & qu'elle reçut enfin sa plenitude par l'avenement de J. C. & par l'établissement de son nouveau Royaume. Voyez l'histoire universelle de M. de Meaux.

<small>6. Qu'il y accomplit tout ce qu'on avoit prédit de luy, & comment.</small>

<small>Gen. 49. 10.</small>

CHAPITRE II.

Ce que c'est que la Foy divine, & en quoy elle differe de la foy humaine.

LA Foy divine, selon saint Paul, est *la substance ou le fondement des choses que nous esperons, & la conviction ou certitude de celles qui ne sont pas apparentes.* L'Apôtre dit 1. que la foy divine est *la substance des choses*, pour marquer ce qu'elle a de commun avec la foy humaine. Il dit 2. *que nous esperons*, pour distinguer la foy divine de la foy humaine, laquelle ne regarde pas l'objet de nos esperances. Il dit 3. que la foy est *un argument ou une conviction*, pour marquer ce qui la rend differente de l'opinion & du doute, qui n'ont rien d'assuré. Il dit en dernier lieu, que la foy est *une conviction des choses qui ne sont pas apparentes*, pour distinguer la foy divine de la science humaine.

Cette definition a paru si exacte à saint Thomas, qu'il assure

<small>Heb. 11. 1.</small>

<small>1. De la Foy divine selon saint Paul.</small>

<small>2. Selon des</small>

Peres de l'Eglise.

que toutes les autres ne sont que des explications de celle-là. Par exemple, quand saint Augustin dit, que la foy est *une vertu par laquelle nous croyons ce qui n'est point apparent*, & que saint Jean Damascene enseigne que la foy est *un consentement sans examen*, ils n'entendent autre chose que ce que l'Apôtre a exprimé par ces termes : *Une certitude des choses non apparentes.* De même quand S. Denis a dit que la foy est *un fondement solide & permanent qui montre la verité aux Fideles*, il n'a entendu autre chose que ce que saint Paul a voulu dire par ces paroles : *La substance des choses que nous esperons.*

3. Qu'il y a quatre choses qui sont necessaires à la foy divine.

Il paroit donc par cette definition qu'il y a quatre choses qui sont necessaires à la foy divine. La premiere, que Dieu propose mediatement ou immediatement ce que nous devons croire ; car comme ce que nous croyons est au dessus de la raison, nous ne le pourrions croire, si Dieu ne nous le reveloit. Ainsi la foy dépend de Dieu quant aux choses qui sont revelées : C'est pour cela que l'Apôtre dit : *Rom. 10. 14. Comment croiront-ils celuy qu'ils n'ont pas entendu, & comment entendront-ils si personne ne leur parle ?* La seconde est, d'avoir des raisons suffisantes pour nous porter à croire que ce que nous croyons, a esté revelé de Dieu ; car sans cela nous ne serions pas obligez d'y consentir, comme Jesus-Christ l'enseigne luy-même, lors qu'il dit en saint Jean, *Joan. 15. 24. Que s'il n'avoit pas fait parmi les Juifs des œuvres qu'aucun autre n'a faites, ils seroient sans peché*, c'est à dire, d'incredulité. La troisiéme, l'autorité de celuy qui revele : comme ce que nous devons croire ne peut estre démontré par aucun principe naturel, nous ne serions pas aussi obligez de le croire, si nous n'avions de quoy fonder nostre consentement sur une autorité infaillible, telle qu'est celle de Dieu. La quatriéme & derniere est, un secours surnaturel, qui consiste principalement dans une illustration de l'entendement & dans une motion de la volonté, par lesquelles nous sommes portez à croire ce qui est revelé, & sans lesquelles nous ne le croirions pas comme il faut ; ainsi que l'a defini le Concile de Trente *ss. 6. can. 3.* dont la raison est, que les actes de foy estant surnaturels, & la foy estant d'ailleurs le fondement de nostre salut, il est necessaire qu'ils procedent d'un principe surnaturel, ainsi que saint Thomas l'enseigne. C'est pourquoy si l'on vouloit definir la foy par rapport à ce principe, il faudroit dire qu'elle est *un don de Dieu, par lequel l'esprit estant surnaturellement éclairé, croit fermement tout ce que Dieu luy revele immedia-*

LIVRE II. PARTIE I.

tement, ou qu'il luy propose à croire par l'Eglise.

Mon dessein n'est pas de parler principalement de la foy considerée comme estant la substance des choses que nous esperons; mais de la foy prise pour la conviction ou le consentement que nous donnons à une chose, par cette seule raison que Dieu l'a revelée par luy-même, ou par son Eglise. Or il y a deux choses à considerer touchant la foy prise en ce sens; la premiere est, le jugement de celuy qui croit, par lequel il se persuade que Dieu qui parle, dit la verité; & la seconde est l'obscurité même qui est renfermée dans les choses ausquelles il donne son consentement. Nous parlerons dans la suite, de la persuasion que doit avoir celuy qui croit, que le témoignage de Dieu est infaillible : & quant à l'obscurité, il est certain qu'elle est inseparable de la foy : car comme l'évidence n'est autre chose que la connoissance parfaite d'un sujet tirée de la nature même de ce sujet, ou de quelque autre qui luy est attaché par des principes essentiels de cause ou d'effet, il est évident qu'elle ne se peut rencontrer dans la foy : car quoy que la foy soit une espece de connoissance, ce n'est pas une connoissance tirée du fond de la chose que nous croyons, ni d'aucune autre qui luy soit essentiellement attachée, mais du témoignage de Dieu qui est exterieur à tous les objets de la foy. C'est pourquoy quand même nous pourrions prouver par des raisons évidentes, que le témoignage de Dieu est infaillible, & par consequent que notre foy est fondée sur un principe incapable d'erreur, cela ne suffiroit pas pour produire l'évidence de la raison; cela prouveroit seulement que nous sommes assurez que le témoignage de Dieu sur lequel nous fondons la certitude de nos actes de foy, est incapable de nous tromper.

Suivant ces principes, la foy d'Abraham fut une veritable foy, car 1. Dieu revela à ce Patriarche que sa femme, quoy que sterile, luy produiroit un fils, & que dans la semence de ce fils toutes les Nations seroient benies; ce qu'Abraham n'eût jamais pû sçavoir, si Dieu ne luy eût revelé. 2. La foy d'Abraham fut ferme, parce qu'elle fut appuyée sur l'autorité infaillible de Dieu. 3. Abraham eut des raisons suffisantes de croire que Dieu luy parloit par luy-même ou par ses Anges, sans quoy sa foy n'eût pas esté raisonnable, ni par consequent telle que l'Apôtre la demande. Enfin la foy d'Abraham fut l'effet d'un secours surnaturel, sans lequel il n'auroit pû croire comme il faut. D'où il s'ensuit que les actes de la foi

Gen 18. 10. & 15.

4.
Que la foy d'Abraham fut une veritable foy, & comment.

Rom. 11. 1.

d'Abraham, & tous ceux de la foi des Fidelles qui ont crû après luy, & dont il est estimé le Pere à cet égard, ont esté surnaturels & du côté de l'objet, & du côté du principe : du côté de l'objet, entant qu'il faut que Dieu le revele ; & du côté du principe, entant que la volonté ne se determineroit pas à croire cet objet comme il faut, sans le secours d'une grace surnaturelle.

§.
Que les actes de foy résident dans l'entendement & dans la volonté.

Au reste comme les actes de foi procedent de l'entendement & de la volonté, ils resident aussi dans ces deux puissances comme dans leurs propres sujets : Mais la question est de sçavoir dans laquelle ils resident particulierement. Saint Thomas pretend qu'ils resident particulierement dans l'entendement, parce que la verité est l'objet de ces actes, & la verité selon luy, appartient proprement à l'entendement. Au contraire S. Augustin enseigne dans le Livre de la Predestination des Saints, que les actes de la foi resident particulierement dans la volonté ; dont la raison est, que toute la louange qu'on attribue à la Foi procede de l'obeïssance, & que l'obeïssance appartient à la volonté plus particulierement qu'à l'entendement.

Ce qui a porté saint Thomas à dire que les actes de la foi appartiennent à l'entendement, est qu'il a confondu la verité formelle, avec la verité objective. La verité objective consiste dans la conformité de nos idées avec leurs objets, & la verité formelle dans la conformité de nos jugemens avec nos idées. La verité objective appartient proprement à l'entendement, & la verité formelle à la volonté. La verité objective ne merite aucune louange, parce qu'elle appartient à l'entendement qui est purement passif, & la verité formelle en merite, parce qu'elle appartient à la volonté qui est active. Or il est évident que la verité des actes de foi est une verité formelle.

CHAPITRE III.

De l'objet materiel de la Foy Divine, & de l'obscurité qui en est inseparable.

1.
Que l'objet materiel de la foy est toujours obscur.

PAr l'objet materiel de la foy divine, nous entendons tout ce que Dieu nous propose à croire ; & tout ce que Dieu nous propose à croire peut estre consideré en deux manieres : ou selon son existence, ou selon sa nature. Quand on le considere selon son existence,

stence, on le regarde comme une question de fait; & quand on le considere selon sa nature, on le regarde comme une question de droit. Or l'objet materiel de la foy divine, de quelque maniere qu'il soit regardé, est toujours obscur, & il n'a rien de ce qui rend une proposition évidente: Car il faut remarquer qu'une proposition ne peut estre évidente qu'en trois manieres; ou entant que la liaison de son sujet & de son attribut est connuë par la simple exposition des termes; ou entant que ce sujet & cet attribut conviennent avec une troisiéme chose; ou enfin entant que cette verité tombe sous les sens bien disposez. L'objet materiel de la foy divine n'est évident d'aucune de ces trois manieres. 1. La simple exposition des termes ne suffit pas pour faire voir la connexion des attributs essentiels des mysteres; car les mysteres sont au dessus de la raison. 2. Il n'y a point de troisiéme chose qui nous soit connuë, avec laquelle le sujet & l'attribut des mysteres conviennent. 3. Les mysteres ne tombent point sous les sens, quoy qu'ils soient bien disposez. Il s'ensuit donc que cette proposition: *Dieu est un en trois Personnes*, & en general toutes celles qui expriment des mysteres, sont essentiellement obscures: d'où vient que quand les mysteres sont proposez, les uns les croyent & les autres ne les croyent pas; car, comme dit l'Apôtre, *Tous n'obeïssent pas à la foy*; & ils y obeïroient infailliblement si son objet materiel estoit évident, parce qu'il entraineroit par son évidence le consentement de la volonté, par la même raison que toutes les choses évidentes l'entrainent: ce qui n'arrive pas; au contraire nous resistons souvent aux veritez de la foy. *Rom. 10. 16.*

L'évidence & la foy sont donc deux choses incompatibles, car, comme dit saint Gregoire, *On ne peut croire ce qu'on voit*. Saint Thomas Apôtre vit une chose, & en crut une autre; il vit un homme, & crut un Dieu; d'où vient que saint Paul dit, *que pour croire il faut reduire son entendement sous l'obeïssance de la foy*.

2. Que l'évidence & la foy sont incompatibles. 2 Corin. 10. 5.

Il y a donc cette difference entre la foy divine & la foy humaine, que bien que l'objet materiel de la foy humaine doive estre revelé quant à son existence, il peut neanmoins, & il doit estre examiné quant à sa nature, en sorte que nous ne serions pas obligez de croire que cet objet existe, si sa nature estoit inconcevable. Il n'en est pas de même de la foy divine; son objet materiel ne doit estre examiné par la raison ni quant à sa nature, ni quant à son existence; car bien que Dieu ne nous propose rien à croire dont nous

3. En quoy la foy divine differe de la foy humaine.

n'ayons auparavant quelque idée, il peut neanmoins nous reveler qu'une certaine chose a des proprietez telles, que nous ne pouvons découvrir par aucune voye naturelle, comment elles conviennent à la chose à laquelle la revelation divine les attribuë.

4.
Quelles sont les choses que les Theologiens disent estre au dessus de la raison.

Ce sont ces choses que les Theologiens disent estre au dessus de la raison, & non pas contraires à la raison, car ce qui est contraire à la raison se détruit luy-même, & ne peut estre vrai. Ainsi, par exemple, si nous supposons que l'Ecriture enseigne que le monde a esté creé au commencement, nous ne mettons pas pour cela la creation du monde parmi les choses qui sont au dessus de la raison, mais parmi celles qui sont soumises à la raison ; parce que nous pouvons prouver que le monde a esté creé, c'est à dire, qu'il dépend de Dieu, comme de sa cause efficiente. Si nous supposons au contraire que l'Ecriture enseigne l'existence de la Trinité, & que neanmoins de ce que Dieu nous revele de ce mystere, nous ne puissions pas demontrer qu'il est possible, nous devons regarder la Trinité comme une chose qui est au dessus de la raison : sans qu'il servit de rien de dire que l'Ecriture ne peut enseigner la Trinité, tandis qu'on doute si la Trinité est possible : car on peut répondre que l'Ecriture peut estre tres claire touchant l'existence de la Trinité, bien qu'elle soit tres obscure touchant sa nature.

Il n'y a donc rien de plus obscur que les Mysteres de la Foi : ils ne sont connus par eux-mêmes ni par d'autres choses ; nous ne pouvons appercevoir clairement aucune liaison entre leur sujet & leur attribut : Il n'y a que la revelation divine qui puisse nous assurer de leur existence & de leur nature. Par exemple, nous ne pouvons sçavoir que par la revelation *qu'il y a trois Personnes en Dieu*, & même aprés que ce mystere nous a esté revelé, nous n'appercevons pas encore comment, ni pourquoi il y a trois Personnes dans la Nature Divine : car la lumiere naturelle ne nous fait connoitre clairement aucune liaison entre cette Nature & trois Personnes. Ce que je dis de la Trinité en particulier, doit estre entendu en general de tous les Mysteres de la Religion Chretienne ; car il n'y en a aucun qui ne renferme quelque chose d'obscur, & duquel on ne puisse dire ce que l'Apôtre a dit de la Foi en general, sçavoir, *qu'il est la conviction d'une chose non apparente*. Et il ne serviroit de rien de dire que l'obscurité qui se trouve dans la Foi, ne vient pas de son objet materiel, mais de son sujet, c'est à dire, de la disposition particuliere d'esprit où se trouve celuy qui reçoit la foi ; en sorte qu'un

H. 11. 1.

même objet consideré de la même maniere peut estre de foi à l'égard d'une personne, lequel sera connu naturellement par une autre: Car il faut remarquer que ce n'est pas par la mesure d'intelligence de chaque homme en particulier, qu'on juge de ce qui doit estre de foi à son égard; mais par la nature même des choses revelées, qui sont essentiellement au dessus de la raison de tous les hommes.

Outre l'obscurité des choses de la foy, qui procede de leur nature, il y en a une autre, qui procede de la corruption de notre volonté. C'est cette obscurité qui fait que nous n'embrassons qu'avec peine de certaines veritez de foy, non tant parce qu'elles sont au dessus de notre raison, qu'à cause qu'elles sont fort éloignées de notre façon ordinaire de penser & d'agir. C'est pour cela, par exemple, que les Juifs contemporains de Jesus-Christ, refuserent de le reconnoitre pour le Messie; car ce n'estoit pas tant, parce que cette qualité estoit au dessus de leur raison, que parce qu'ils avoient de furieux prejugez d'envie & de haine contre luy. De là vient que quoy que les mysteres soient suffisamment proposez, ils ne sont pas également crûs de tout le monde; car comme, dit l'Apôtre, *Tous n'obeïssent pas à la foy.* Mais il ne s'agit pas icy de cette obscurité qui se tient de notre part, il s'agit de l'obscurité qui est propre à l'objet materiel de la foy, entant que cet objet comprend en general tout ce qui nous est proposé à croire, soit par l'autorité de Dieu, soit par le témoignage des hommes qui nous parlent de la part de Dieu.

Rom.10.16.

CHAPITRE IV.

De l'objet formel de la foy, ou de la revelation divine; & comment elle se fait.

L'Objet formel de la foy n'est autre chose *que l'autorité ou le témoignage de Dieu consideré entant qu'il est la premiere Verité.* C'est là le sentiment de saint Thomas, & celuy de tous les autres Theologiens, à la reserve du Subtil Scot & de Guillaume de Paris, qui enseignent l'un & l'autre que nous croyons les veritez de la foy, non pas precisément parce que Dieu, qui les révele, est infaillible, mais parce qu'il nous commande de les croire.

Quoy qu'il en soit de ces opinions, nous suivrons celle de saint Thomas, & nous tiendrons pour une chose constante, que la rai-

1. Qu'est-ce que l'objet formel de la foy divine.

2. Qu'est-ce qu'il faut entendre par la premiere verité.

son formelle de la foy, c'est à dire, la raison qui fait precisément que nous croyons, est l'autorité de Dieu consideré entant qu'il est la Premiere Verité qui revele ce que nous devons croire : Et il faut remarquer que je n'entens pas par la premiere Verité, la Verité transcendentelle qui se confond avec l'être en general, en sorte que la Premiere Verité soit le Premier Etre ; mais j'entens la veracité, c'est à dire, la fermeté de Dieu à tenir ce qu'il a promis, laquelle est fondée sur sa Sagesse, sur sa bonté & sur sa puissance infinie ; sur sa sagesse, car Dieu connoit tout ce qu'il promet ; sur sa bonté, car il ne peut vouloir tromper ; & sur sa puissance, parce qu'il peut accomplir tout ce qu'il a promis.

3. Qu'est-ce que la revelation divine consideree en elle-même.

Quant à la revelation divine consideree en elle-même, elle n'est autre chose qu'un acte de la volonté de Dieu, par lequel il nous propose quelque chose à croire, & ensuite duquel nous croyons ce que Dieu nous a proposé, non pas parce que nous le concevons clairement, mais parce qu'il est la Premiere Verité.

La revelation divine, telle que je viens de la definir, ne procede pas seulement de Dieu, c'est à dire, des trois Personnes divines, elle procede encore, & principalement de Jesus-Christ, qui a revelé tous les mysteres de la Religion que nous appellons *Chretienne*, qui sont l'objet de notre foy. Mais soit que cette revelation procede de Dieu, soit qu'elle vienne de Jesus-Christ, elle est toujours mediate ou immediate : elle est immediate quand Dieu & Jesus-Christ se manifestent par eux-mêmes ; & elle est mediate, lors que Dieu & Jesus-Christ se servent pour se manifester, du ministere des hommes ou des Anges. Dieu revela par luy-même à *Gal. 1. 12.* saint Paul la divinité de Jesus-Christ, car l'Apôtre assure qu'*il n'a point reçu des hommes la lumiere de l'Evangile, & que Dieu luy-même luy a donné la connoissance de Jesus-Christ.* De même Jesus-Christ a revelé immediatement nos mysteres à ses Apôtres, & nous avons reçu des Apôtres ce que Jesus-Christ leur a revelé.

Quant aux revelations qui ont esté faites dans l'ancien Testament, elles sont la plupart mediates, c'est à dire, que Dieu s'est servi pour reveler ce qu'il a revelé, du ministere des Anges, comme il paroit par les chap. 16 & 17. de la Genese.

4. Comment la revelation divine appartient à la foy.

Personne ne doute que la revelation divine n'appartienne à la foy, mais la question est de sçavoir comment elle luy appartient : Sur quoy les sentimens sont partagez. Les uns disent qu'elle ne luy appartient que comme une simple condition, & d'autres assurent qu'elle luy appartient comme son essence. La raison de ces derniers semble évidente; car afin que la Premiere Verité nous rende une chose croyable, il faut que cette chose nous soit proposée, & cette proposition ne peut se faire que par la revelation divine: d'où il s'ensuit que cette revelation n'est pas moins necessaire pour rendre les veritez de la foy croyables, que la lumiere est necessaire pour rendre les objets de la veuë visibles. Cela se confirme parce que les conditions ne font que rendre les objets presens, sans rien contribuer à leur action, ni à leur passion; au lieu que la revelation divine ne rend pas seulement les objets de la foy presens, elle fait encore qu'ils sont crûs immediatement.

Tout ce que Dieu a revelé immediatement ou mediatement, & qui a esté reduit par écrit, s'appelle *l'Ecriture Sainte*. Ainsi l'Ecriture sainte n'est autre chose qu'un livre qui contient la doctrine que Dieu a revelée par luy-même, ou par le ministere des Anges, ou de certains hommes, qu'on appelle pour cette raison, *Auteurs sacrez*. L'Ecriture sainte prise en ce sens, a trois proprietez considerables. Premierement elle ne peut rien enseigner de faux, (car tout ce qu'elle enseigne a esté divinement inspiré;) c'est pourquoy elle ne peut renfermer aucune contradiction. Secondement l'Ecriture, entant qu'elle procede de Dieu, peut enseigner qu'il y a dans de certains sujets des proprietez qui sont inconcevables: tels sont tous les mysteres de la Religion Chretienne. En troisiéme lieu, le veritable sens de l'Ecriture est toujours inseparable de la verité, ou pour mieux dire, il est la verité même; ce qui met une tres grande difference entre les Auteurs sacrez & les profanes. Dans les écrits de ceux-cy on demande premierement ce que les paroles signifient, on demande ensuite quel est le sens de l'Auteur; & quand on l'a trouvé, on peut douter encore s'il est veritable, c'est à dire, si les choses sont telles qu'il pense. Mais lors qu'on a atteint le veritable sens de l'Ecriture, on est assuré de la verité de ce qu'elle enseigne; & la raison de cette difference est, que le saint Esprit, qui ne peut tromper ni estre trompé, a conduit les Auteurs de l'Ecriture dans toutes les veritez qu'elle contient, qui sont necessaires à notre salut. Je dis, qui sont necessaires à notre salut, pour faire entendre, que bien que l'Ecriture ne contienne rien de faux à cet égard, elle parle neanmoins d'une maniere vulgaire & plus accommodée à l'intelligence du peuple, qu'à la verité des choses naturelles. C'est pourquoy il ne faut s'en servir ni pour établir ni pour

5. Qu'est-ce qu'on entend par le mot d'Ecriture Sainte, & quelle difference il y a entre les auteurs sacrez & les profanes.
2. Timoth. 3. 16.

2. Petr. 1. 20.

combattre la verité de ces choses ; il faut en user seulement pour établir les principes de la foy & des bonnes mœurs. Celuy qui voudroit tirer de l'Ecriture des regles pour la Physique, pour la Metaphysique ou pour les Mathematiques, feroit paroitre qu'il est également mauvais Philosophe & méchant Theologien.

CHAPITRE V.

Que l'Ecriture a besoin d'estre interpretée, & qu'elle ne peut estre interpretée par elle-même.

1. *Que la foy divine est établie sur deux principes, dont l'un est de droit & l'autre de fait.*

IL ne suffit pas de sçavoir que tout ce que Dieu a revelé est vrai, & qu'il doit estre crû, il faut encore estre assuré que tout ce qu'on nous propose à croire de sa part, est revelé par luy ; car tous les Chretiens tombent d'accord que leur foy est établie sur deux principes qui sont le fondement de tout ce que nous devons croire: L'un est de droit, & l'autre de fait. Le premier est celuy que l'on présuppose toujours, & sur lequel on ne conteste jamais. Il est contenu dans cette proposition : *Ce que Dieu dit, est d'une infaillible verité.* Et le second est, *que Dieu a dit & a revelé ce qu'on nous propose à croire.* Le premier principe est reçu sans contestation, & il n'y a point en cela de division ni de diversité des sentimens. Comme Dieu ne se peut tromper, & qu'il ne peut aussi tromper personne, on est fort assuré que ce qu'il dit est toujours vrai, & que l'on est obligé de le croire. Et parce que la foy divine n'a point d'autre motif que la parole de Dieu même, nous tombons aussi d'accord tous, qu'on ne peut nous obliger de croire comme article de foi, que ce que Dieu a manifesté aux hommes par cette divine parole.

2. *Que la difference des Religions vient de la question de fait ; & comment.*

Ce n'est pas donc de la question de droit que vient la difference des Religions parmi les hommes, mais c'est de la diversité des sentimens où ils se sont trouvez de tout temps sur le principe de fait qui renferme deux questions ; sçavoir si l'Ecriture est un livre veritablement revelé, & si le point dont il s'agit, est veritablement contenu dans ce livre. Voilà ce qui partage les Chretiens. On ne convient pas de ce que Dieu a dit ou n'a pas dit. L'un veut que Dieu ait dit une chose, & l'autre le nie ; quelqu'un même soutient qu'il a dit le contraire.

Il faut donc, pour ôter la cause de cette division, faire en sorte que tous les esprits s'accordent sur le point de fait, comme ils conviennent sur celuy de droit ; c'est à dire, que comme ils tombent tous d'accord que tout ce que Dieu dit est vrai, ils soient aussi tous du même sentiment, sur ce que Dieu dit touchant le point qui est proposé. C'est pourquoy comme l'on convient par tout, qu'on doit estre certain d'une certitude infaillible de tout ce qu'on croit de foi divine, on doit aussi estre assuré de la même certitude qu'en effet Dieu a revelé tout ce qu'on dit qu'il a revelé ; car si l'on peut douter que Dieu l'ait revelé, on peut aussi revoquer en doute si cela est, puis qu'on ne le croit qu'à cause qu'on est persuadé que Dieu l'a dit.

3. Qu'est-ce qu'il faut faire pour s'accord.r sur le fait.

Cela estant ainsi, pour avoir cette connoissance infaillible que Dieu l'a dit, il faut connoitre necessairement deux choses, sans lesquelles il est impossible qu'on en soit assuré. La premiere est, si ce qu'on appelle *Parole de Dieu*, l'est en effet. La seconde, si cette Parole est prise dans son vrai sens. Or il est évident que pour avoir cette connoissance certaine & infaillible, il faut qu'il y ait une regle & une autorité suprême & infaillible, qui dans les differens qui peuvent naître sur cela, soit capable de faire discerner à tout le monde la vraie Parole de Dieu, & le vrai sens de cette Parole.

Les sentimens sont fort differens sur ce sujet. Il y en a qui disent que le saint Esprit s'estant proposé d'instruire les hommes de leur salut par les Ecritures, il a voulu aussi que ces mêmes Ecritures fussent la regle de tout ce qu'il faut croire pour estre sauvé ; dont la raison est, que le saint Esprit ne pouvant estre trompé, & ayant sçu ce qu'il falloit croire, il n'a pas manqué de le renfermer dans l'Ecriture : d'où ils concluent que l'Ecriture est évidente par elle-même, c'est à dire, qu'elle est telle qu'il suffit de la lire pour estre assuré qu'elle est une parole divinement inspirée, & quel est le veritable sens de cette Parole ; de sorte que tous ceux qui lisent l'Ecriture avec l'attention & la pieté requise, y trouvent infailliblement de quoy s'instruire de toutes les veritez de foy necessaires au salut. Ainsi, selon ces Auteurs, l'Ecriture ne contient pas seulement tout ce que Dieu a revelé, elle est encore la regle de tout ce que nous devons croire ; car si un mystere nous est revelé, & qu'il n'y ait point d'autre revelation que celle qui est contenuë dans l'Ecriture, ils pretendent que quand il naîtra quelque contestation sur ce mystere, elle ne pourra estre decidée que par une doc-

4. Que les sentimens sont partagez sur ce sujet.

trine aussi revelée, sçavoir par l'Ecriture même.

§. Que l'Ecriture n'est pas évidente par elle-même.

Nous demeurons d'accord que l'Ecriture contient toutes les veritez qui sont necessaires au salut, mais il ne s'ensuit pas de là qu'elle soit évidente par elle-même, car il ne suffit pas de lire les livres qu'on appelle *la Bible* pour estre assuré qu'ils soient la vraie Ecriture. En effet, si nous voulons nier que toute la Bible, ou quelque partie, ne soit pas l'Ecriture, comment nous prouvera-t-on le contraire? Dira-t-on qu'elle porte les marques de la divinité? Pourquoy donc tout le monde ne la reconnoit-il pas à ces marques? Si c'est parce qu'on ne la lit pas avec assez d'attention & de pieté, qui nous assurera que cette attention & cette pieté se trouvent dans tous ceux qui reconnoissent la Bible pour l'Ecriture, c'est à dire pour la vraie Parole de Dieu? Or si on ne peut nous l'assurer, il est necessaire de conclure que la foy qui est fondée sur un tel principe, ne sera pas infaillible.

Mais quand même nous accorderions que l'Ecriture est évidente par elle-même, & qu'elle porte avec soy les caracteres de la divinité, il ne s'ensuivroit pas que les contestations qui naissent sur les mysteres, qu'elle propose, deussent estre decidées par elle-même. En effet, si l'Ecriture estoit l'interprete d'elle-même, elle seroit entenduë par tous de la même maniere, & il n'y auroit parmi les Chretiens aucune diversité d'opinions. Cependant l'experience fait voir qu'il y a eu des esprits dans tous les siecles, qui bien qu'ils reconnussent l'Ecriture, n'ont pas laissé d'abandonner les plus importantes veritez de la foi.

L'Ecriture n'est pas non plus l'interprete d'elle-même. Lors qu'on tire la signification d'une certaine parole de quelque lieu de l'Ecriture où cette parole est souvent employée; si la signification de cette Parole est également obscure dans les deux passages, l'une ne pourra servir à éclaircir l'autre; & si l'une est plus claire que l'autre, la plus claire ne pourra encore servir à expliquer la plus obscure; car de ce qu'une parole a une certaine signification dans un lieu, il ne s'ensuit pas qu'elle ait la même dans un autre. Or il faut remarquer qu'il n'y a point de parole dans l'Ecriture, qui estant considerée en elle-même, ait une signification limitée.

Dira-t-on que dans certains endroits de l'Ecriture on traite plus au long de certaines choses qu'en d'autres, & que les endroits, où on en traite plus au long, servent à expliquer ceux où on en parle plus succintement? Mais cela ne peut estre encore; dont la raison est,

est, que les paroles d'un endroit n'empruntent pas leur signification des paroles d'un autre. Ainsi ce n'est pas la même chose de dire que le saint Esprit découvre plus de proprietez d'un certain mystere dans un endroit de l'Ecriture que dans un autre, ou de dire, que plusieurs Passages de l'Ecriture sont les interpretes d'un seul.

De plus, qui ne voit que les Chretiens mêmes qui reconnoissent l'Ecriture, la pourroient interpreter diversement ? C'est pourquoi s'ils l'interpretent uniformement, cela ne vient pas de l'Ecriture même; car comme dit S. Vincent de Lerins, *(dans son Avertiss.)* l'Ecriture a une telle profondeur, que tous ne l'expliquent pas d'un même sens; mais l'un l'interprete d'une façon, & l'autre d'une autre; tellement que presque autant qu'il y a d'hommes, ce sont autant de sentimens differens. Novatien l'explique d'une certaine maniere, Sabellius d'une autre, Donat d'une autre. L'exposition d'Arius est differente de celle d'Eunomius, & celle d'Eunomius ne s'accorde pas avec celle de Macedonius, de Photin, d'Apollinaire & de Priscilien. Jovinien la veut entendre autrement que Pelage & Cœlestius. Enfin Nestorius l'interprete tout d'une autre maniere. Ce qui arrive necessairement par plusieurs raisons. 1. Parce que l'Ecriture est ambiguë en elle-même, & dans ses circonstances. 2. Parce que la matiere qu'elle traite, est au dessus de la raison. 3. Parce qu'on la lit avec des dispositions d'esprit & de cœur particulieres, qui font qu'on en juge diversement, sans que l'Ecriture elle-même le puisse empêcher.

C'est donc une chose assurée que l'Ecriture n'est pas l'interprete d'elle-même, ni par consequent un moyen propre pour communiquer à tous les Chretiens les dogmes de Foi qu'elle contient. Je ne dis pas à tous les Chretiens, mais non pas même à un petit nombre; car si nous n'avions que l'Ecriture pour decider les controverses qui naissent de l'Ecriture, ces controverses ne finiroient jamais, non plus qu'on ne verroit jamais finir le procez qui est entre deux freres, s'ils n'avoient d'autre juge que le testament de leur pere, qui est celuy qui fournit la matiere de leur contestation. Il faut donc ou trouver un autre Interprete de l'Ecriture que l'Ecriture même, ou avouër franchement qu'il n'y a rien d'assuré dans la Religion Chretienne : Ce qui est proprement dire, qu'il n'y a ni foi ni religion.

Gg

CHAPITRE VI.

Que la Raison & la Philosophie, ni l'instinct particulier du saint Esprit ne sont point la regle ni les interpretes de l'Ecriture.

1.
Que l'Ecriture ne doit estre interpretée par la raison ni par la Philosophie.

APrés avoir prouvé que l'Ecriture n'est pas l'interprete d'elle-même, il reste encore à faire voir qu'elle ne peut estre interpretée ni par la Raison ni par la Philosophie, non pas même par l'instinct particulier du saint Esprit. *(2. Petr. 1. 20.)*

Ceux qui soutiennent que la Philosophie est la regle selon laquelle il faut interpreter l'Ecriture, ne distinguent point la Philosophie d'avec la droite raison, & par celle-cy ils entendent un esprit exempt des prejugez, rempli des principes de connoissance, & accoutumé à tirer de ces principes des consequences exactes : ils croyent que cette raison a droit de juger de toutes choses, parce qu'elle ne peut se tromper, qu'on ne peut appeller de son jugement, qu'elle n'est preoccupée pour aucune partie, & enfin parce qu'elle seule peut attirer notre consentement. C'est elle aussi qui produit en nous cette conscience interieure, qui nous rend témoignage de la verité des choses, & qu'ils croyent qu'on peut appeller à bon droit, une inspiration du saint Esprit, tant à l'égard des choses que nous connoissons par la lumiere naturelle, qu'à l'égard de celles que nous ne connoissons que par la revelation divine.

Bien que l'Ecriture nous manifeste plusieurs choses à la connoissance desquelles nous n'aurions pû parvenir par la lumiere naturelle, ils croyent neanmoins que le vrai sens de l'Ecriture doit estre examiné par la raison. Ainsi bien que nous ne puissions apprendre que par la revelation que Jesus-Christ a institué l'Eucharistie, & que l'homme est justifié par la foy, c'est pourtant par la raison seule que nous connoissons le sens des paroles par lesquelles nous supposons que l'institution de l'Eucharistie & la doctrine de la justification sont enseignées dans l'Ecriture. Par ce moyen ils pretendent soumettre à la raison, non le témoignage ou l'autorité de Dieu, mais le sens des paroles dont les Ecrivains sacrez se sont servis, pour nous communiquer ce que Dieu leur avoit revelé.

Ils ajoutent pour confirmer leur opinion, que nul discours n'est intelligible si l'on n'a auparavant l'idée de ce qu'il signifie ; en sorce que bien que l'Ecriture nous découvre plusieurs choses que la Philosophie n'auroit pû nous enseigner, elle ne peut neanmoins nous en faire connoitre aucune dont nous n'ayons auparavant quelque idée. Par exemple, que signifiroient ces paroles de l'Ecriture, *Jesus-Christ Dieu & homme est une seule Personne*, si je ne sçavois auparavant ce que c'est que Dieu & homme, & ce que c'est que Personne.

Pour répondre à cette difficulté, qui paroit considerable, je demeure d'accord de tous les avantages qu'on attribue à la Philosophie & à la raison. Je reconnois qu'elles sont infaillibles, qu'on ne peut appeller de leur jugement, qu'elles attirent notre consentement, &c. mais je soutiens que tout cela n'est vrai qu'à l'égard des veritez naturelles, entant que ces veritez sont soumises à la raison, & qu'il ne convient point du tout aux veritez surnaturelles, qui sont essentiellement au dessus de la raison.

Ce qu'ils ajoutent pour confirmer leur opinion, que tout discours intelligible suppose que nous avons l'idée de ce qu'il signifie, est vrai en ce sens, que pour entendre clairement ceux qui parlent, il faut avoir une idée claire ou obscure de ce qu'ils disent, sans quoy nous ne les entendrions pas : mais cela ne veut pas dire que ceux qui nous parlent de la part de Dieu, n'ayent droit de nous faire croire des choses que nous ne pouvons pas concevoir clairement.

S'il estoit permis à chaque particulier de prendre dans l'Ecriture pour article de foi, tout ce que sa raison luy feroit paroitre tel, non seulement il n'y auroit rien dans la Religion Chretienne qui fût universellement crû, mais même les particuliers qui croiroient tous nos articles de foy, & qui ne les croiroient que parce qu'ils jugeroient les pouvoir deduire évidemment de l'Ecriture, ne seroient pas pour cela Catholiques, parce qu'ils ne s'appliqueroient la revelation divine que par leur raisonnement ; & leur raisonnement estant particulier, il ne pourroit servir de fondement à des actes d'une foi Catholique & Universelle, telle qu'est la foi des Chretiens.

Quant à ceux qui se persuadent que c'est le saint Esprit qui par un instinct particulier leur revele tout ce qui appartient à la foy, ils ne meritent pas plus d'estre écoutez que ceux que nous venons de rejetter. En effet, ils ne sçauroient dire ni ce que c'est que cet instinct du saint Esprit, ni comment il agit : D'où vient que c'est sans raison qu'ils assûrent que c'est par luy que la Parole de Dieu

2. Réponse à ces raisons.

3. Que ce n'est pas par l'instinct du Saint Esprit que l'Ecriture doit estre interpretée.

& la revelation divine doivent estre appliquées à tous les Chretiens.

De plus, ou l'instinct du saint Esprit est commun à tous les Chretiens, ou il est particulier à quelques-uns que Dieu a choisis. Si c'est le premier, cet instinct n'est donc plus un don particulier ni une grace speciale, ce qui est contre la supposition ; & si c'est le second, que dirons-nous de ceux qui n'ont pas cet instinct ? Comment connoitront-ils les veritez revelées, puis qu'ils n'ont pas le moyen qui est necessaire pour leur en appliquer la revelation ? Que ces Enthousiastes se vantent donc, autant qu'ils voudront, d'avoir l'instinct du saint Esprit ; tandis qu'ils ne pourront pas faire connoitre qu'ils le possedent, ce don sera inutile au bien commun des Chretiens.

Et il ne serviroit de rien de dire qu'à l'égard de tout ce qui est de revelation divine, il n'est pas necessaire de le prouver autrement qu'en faisant voir que c'est veritablement une inspiration qui vient de Dieu : car comment prouveront-ils que cette inspiration vient veritablement de Dieu ; s'ils connoissent que c'est une verité, ils doivent le connoitre, ou par sa propre évidence, ou parce que cela est revelé. S'ils le connoissent par sa propre évidence, ils supposent en vain que c'est une revelation, d'autant qu'ils sçavent que cela est vrai par la même voye que tout autre homme le peut connoitre naturellement sans le secours de la revelation. Au contraire s'ils disent qu'ils sçavent que cela est vray parce que c'est une inspiration qui vient immediatement de Dieu : alors je leur demande comment ils connoissent cela. S'ils disent qu'ils le connoissent par la lumiere que la chose porte elle-même : je répons, que cela ne signifie autre chose si ce n'est, *que c'est une Revelation, parce qu'ils le croyent fortement ; & qu'ils le croyent fortement, parce que c'est une revelation* : ce qui est prouver une chose par elle-même.

Nous ne pouvons donc point prendre une revelation pour une revelation, jusques à ce que quelque autre marque differente de la creance où nous sommes, que c'est une revelation, nous assure que c'est effectivement une Revelation. Ainsi voyons-nous que les saints Personnages tant de l'Ancien que du Nouveau Testament qui ont reçu quelque revelations immediates de Dieu, ont eu quelque autre preuve que l'inspiration interieure pour les assurer que ces revelations venoient de la part de Dieu. Ils ont eu des signes exterieurs & sensibles qui les ont assurez, que Dieu estoit l'Auteur de ces revelations; lors même qu'ils en ont deu convaincre les autres, ils ont reçu un pouvoir particulier pour justifier l'ordre qu'ils en avoient reçu du ciel par des signes visibles tels que sont tous les miracles de l'Ancien & du Nouveau Testament.

CHAPITRE VII.
Que l'Eglise est l'unique regle certaine pour estre assuré des veritables Ecritures, & de leur veritable sens.

IL ne faut pas s'imaginer, comme font quelques-uns, que l'Eglise en elle-même, & selon la verité de ce qu'elle est, soit fondée sur les Ecritures; elle est seulement appuyée sur les témoignages exterieurs, & sur les marques d'approbation qu'il a plû à Dieu de luy donner independamment des Ecritures. Je dis independamment des Ecritures, pour faire entendre que l'Eglise de Jesus-Christ a esté avant les Ecritures que nous avons du Nouveau Testament, comme l'Eglise ancienne du peuple de Dieu a esté plusieurs siecles avant que Moïse & les Prophetes eussent rien écrit de l'Ancien Testament. C'est pourquoy ce n'est point du tout par les Ecritures de l'Ancien Testament que le peuple de Dieu, qui composoit l'Eglise des Juifs, a connu cette Eglise. Ce n'est pas non plus par l'Evangile que les Fideles qui composoient la premiere Eglise, l'ont connuë; car si la foi qu'ils ont reçuë des Apôtres par la seule predication, fût venuë par eux jusqu'à nous par la même voye, (comme assurement cela se pouvoit faire par la predication des Apôtres & des Disciples, & par l'instruction qu'on auroit reçuë de pere en fils) nous connoitrions maintenant la même Eglise qu'ils connoissoient alors sans l'Ecriture; & nous la connoitrions par son autorité humaine, qui est de tres grand poids, considerée precisément comme elle est en elle-même, sans y faire entrer l'assistance du saint Esprit. Nous la connoitrions par sa pureté, par sa sainteté, par l'efficace de sa doctrine, par son merveilleux établissement dans le monde, par la science de tant de Docteurs, par le consentement general de tant de Peres, par la force & la constance de tant de Martyrs qui ont répandu leur sang pour la défense de cette doctrine, & par le nombre infini des miracles qui se sont faits en toutes les parties du monde pour la confirmer.

C'est donc à l'Eglise qui a precedé les Ecritures, à nous enseigner

1. Quels sont les vrais fondemens de l'Eglise.

2. Que c'est à

quelles sont les veritables Ecritures, & à nous en rendre asseurez par son autorité, qui quoy que purement humaine, ne laisse pas de produire une certitude indubitable. Et il ne serviroit de rien de dire, que nous devons croire les Ecritures par une foi divine; car il est constant que la foi divine n'est necessaire que pour croire les veritez qui sont immediatement fondées sur la revelation; mais pour celles qui precedent la revelation, il suffit de les croire par une foi humaine, telle qu'est la foi qui est fondée sur l'autorité de l'Eglise, dont nous venons de parler.

l'Eglise qui a precedé les Ecritures, à nous enseigner quelles sont les veritables Ecritures.

Quand on s'est une fois convaincu de la verité des Ecritures par le témoignage de cette Eglise, il ne reste plus qu'à sçavoir quel est leur vrai sens: car il faut remarquer que les veritez de la foi ne sont pas toujours si clairement exprimées dans les Ecritures, que les Fideles ne puissent disputer si certaines choses ont esté revelées, ou non. Or il paroit par l'Evangile (*Luc.* 24. 45.) que J. C. pour prevenir ces disputes, a donné à l'Eglise le droit d'interpreter sa Parole, c'est à dire, de nous appliquer sa revelation: D'où il s'ensuit que nous sçavons quelles sont les veritables Ecritures par le témoignage de l'Eglise considerée en elle-même, & que nous connoissons leur veritable sens par l'autorité de cette même Eglise fondée sur l'Evangile; en quoy il n'y a aucun cercle; car, comme je viens de le prouver, nous connoissons independamment de l'Ecriture, que Dieu parle par son Eglise, & par consequent qu'elle est infaillible. Nous connoissons ensuite par l'Eglise l'Ecriture, quand elle nous la montre & qu'elle nous assure que c'est la parole de Dieu. Aprés cela, quand nous trouvons dans l'Ecriture que l'Eglise est la colomne & le ferme appuy de la verité, & que J. C. luy promet son assistance jusqu'à la fin, (*Mat.* 28. 20) nous croyons de nouveau qu'elle est infaillible, & nous le connoissons d'une autre maniere, & par un motif que nous n'avions pas auparavant; ce qui, selon tous les sçavans, n'est pas un cercle, mais une connoissance nouvelle d'une chose par une autre voye & par une autre lumiere: car il faut remarquer que l'autorité de l'Eglise à l'égard des veritables Ecritures, n'est qu'humaine; & que l'autorité de la même Eglise par rapport au vrai sens des Ecritures, est divine.

3. Que Jesus-Christ a donné à l'Eglise le droit d'interpreter sa parole.

2. Tim. 3. 15.

Voila la regle infaillible, où il faut necessairement venir, & où l'esprit doit s'arrêter sans passer plus outre. C'est par là aussi que saint Augustin reduit à l'extremité un Manichéen en l'obligeant, ou à rejetter l'Evangile, ou à reconnoitre l'infaillibilité de l'Eglise de qui nous tenons l'Evangile. Chosis, luy dit-il, lequel tu voudras de ces deux partis que je t'offre. Veux-tu que je croye à l'Eglise Catholique, il faut que je te rejette, puis qu'elle me défend de te croire. Ne veux-tu pas que je defere à son autorité, & que je croye ce qu'elle me dit comme tres certain; c'est donc en vain que tu tâches de me persuader ta doctrine par l'Evangile, car ce n'est que par l'Eglise que je crois qu'il est Evangile. Si donc je puis ne pas croire ce qu'elle dit, je puis aussi ne croire pas ce qu'elle me dit estre Evangile. Or je declare, ajoute-t-il, que je ne croirois pas à l'Evangile si l'autorité de l'Eglise ne m'y obligeoit.

Quand nous n'aurions pas le témoignage de l'Ecriture en faveur de l'Eglise, la seule raison naturelle nous obligeroit à la reconnoitre pour juge de toutes les controverses spirituelles. En effet, comme la Parole de Dieu est souvent équivoque, il est absolument necessaire qu'elle soit interpretée par des personnes dont le discours soit reputé pour parole de Dieu, parce qu'autrement ces personnes ne pourroient pas, faute d'autorité, faire cesser les controverses. Or les Interpretes de l'Ecriture dont les decisions sont reçués comme Parole de Dieu, ne sont pas ceux qui la traduisent du Grec ou de l'Hebreu à leurs auditeurs, la leur faisant entendre en Latin ou en François, ou en quelque autre langue vulgaire: & ce ne sont pas non plus ceux qui font des Commentaires sur la même Ecriture; parce qu'au fond, ni les uns ni les autres n'ont aucun droit de nous donner leurs pensées pour la regle des nôtres. D'où il s'ensuit qu'il n'y a que l'Eglise qui puisse estre l'Interprete canonique de la Parole de Dieu. Ce qui a porté le Concile de Trente (*sess. 4.*) à établir cette regle pour arrêter les esprits inquiets : Le saint Concile ordonne que dans les choses de la foy ou de morale, personne n'ait l'audace, en se confiant à son propre jugement, de tirer l'Ecriture sainte à son sens particulier, ni de luy donner des interpretations, ou contraires à celles que luy donne & luy a données la sainte Mere Eglise, (à qui il appartient de juger du veritable sens & de la veritable interpretation des saintes Ecritures,) ou opposées au sentiment des saints Peres.

Nous avons dans l'Ecriture un exemple memorable qui prouve tout à la fois, & que l'Eglise a droit de decider les controverses de la Foi, & que le saint Esprit parle par sa bouche, lors qu'elle prononce ses jugemens. C'est la dispute qui s'éleva sur le sujet des ceremonies de la Loi, du temps même des Apôtres : car leurs Actes

4. Que la seule raison naturelle nous oblige à reconnoistre l'Eglise pour juge de toutes les controverses spirituelles.

apprennent à tous les siecles suivans, par la maniere dont fut decidée cette premiere controverse, que toutes celles qui partageront ensuite les Fideles, seront terminées par l'autorité de l'Eglise, & que les Pasteurs diront aprés les Apôtres : *Car il a semblé bon au S. Esprit & à nous*, &c. (*Act. 15. 28.*)

<small>5. En quel sens on peut dire que l'autorité de l'Eglise est créée & increée.</small>

Il seroit inutile d'examiner icy avec quelques Auteurs, si l'autorité de l'Eglise, pour decider les controverses spirituelles, est créée ou increée ; il suffit de sçavoir que l'Eglise est infaillible à cet égard, & que son infaillibilité procede de ce que Dieu luy a promis de la gouverner : (*Math. 28. 20.*) Car il s'ensuit de là qu'on peut dire en quelque maniere que son autorité est créée & increée : increée, entant qu'elle n'est autre chose que l'autorité même de Dieu, qui preside aux veritez de la Foi que l'Eglise propose ; & créée, entant que la promesse que Dieu a faite à l'Eglise, qu'elle seroit l'organe du saint Esprit, est temporelle. Ainsi l'infaillibilité de l'Eglise ne procede pas de la connoissance ni de la veracité des Pasteurs qui la composent, mais de la sagesse & de la veracité de Dieu, qui a promis à l'Eglise de la diriger, & de ne pas permettre qu'elle propose autre chose à croire que ce qu'il a revelé.

<small>6. Que l'autorité de l'Ecriture & de l'Eglise sont égales, & comment.</small>

Par ce principe, on peut facilement resoudre la question qu'on fait, sçavoir si l'autorité de l'Eglise est plus grande que celle de l'Ecriture ; car il est visible que ces deux autoritez sont égales, l'une & l'autre n'estant que l'autorité même de Dieu, qui parle diversement par l'Ecriture & par l'Eglise : par l'Ecriture, d'une maniere sujette à interpretation ; & par l'Eglise, d'une maniere plus claire à notre égard. Nous ne disons pas aussi que l'Ecriture depende de l'Eglise en elle-même, & selon sa verité & infaillibilité intrinseque, mais seulement quant à nous, c'est à dire, quant à l'explication des choses qu'elle contient. En effet, quoi que l'Eglise détermine par son autorité quelles sont les vrayes Ecritures, & quel est leur vrai sens, elle ne fait pas neanmoins qu'elles soient infaillibles ; elle declare seulement qu'elles sont telles, parce qu'elles procedent de Dieu qui est la premiere Verité.

L'autorité de l'Eglise n'est donc pas moins necessaire dans le nouveau Testament, qu'elle l'estoit dans l'ancien. Or Dieu voulut bien dans celuy-ci, que le Livre de la Loi fût reçu comme la Regle & le Canon de la Parole divine ; mais ce ne fut qu'à cette condition, que les particuliers en laisseroient decider les controverses au Grand Prêtre, comme au souverain arbitre de ces disputes. (*Deuter. 17. 8. 9. 10. 11. 12.*)

CHAPITRE VIII.

De l'origine des Traditions & de l'usage que l'Eglise Catholique en fait pour appliquer la revelation divine aux Fideles.

ON peut dire en un sens, que toutes les veritez que Jesus-Christ a enseignées à ses Apôtres, nous sont venuës par la Tradition, puis qu'il ne leur a rien laissé par écrit, & qu'il ne paroit point même qu'il leur ait commandé d'écrire rien : Mais les veritez que nous avons dans l'Ecriture ne sont pas celles à qui l'on donne quelquefois le nom *de Tradition*. On n'appelle tradition en ce sens, que les veritez qui ne sont pas écrites dans aucun livre canonique, & qui sont venuës à nous par un autre canal, sçavoir par de simples relations, & par des ouy-dire.

1. Qu'est-ce qu'on entend proprement par le mot de Tradition.

Ainsi toutes les Traditions ont une même source, qui est Dieu, mais elles ne viennent pas toutes à nous d'une même maniere. Il y a des veritez qui ne peuvent venir que de Jesus-Christ, qui les a luy-même enseignées à ses Apôtres de vive voix : telles sont les veritez qui regardent les Sacremens, & qui ne se trouvent point dans la Parole écrite. D'autres peuvent avoir pour auteurs les Apôtres, qui éclairez & conduits par le saint Esprit, ont interpreté les Ecritures, declaré des dogmes, & institué des coutumes. Telle est celle de baptiser les enfans, qu'ils ont connu estre renfermée dans ces paroles de Jesus-Christ écrites : *Si quelqu'un n'est regeneré*, &c. (*Joan.* 3. 5.)

Ces deux sortes de traditions, quoy que peu differentes, peuvent estre appellées differemment. On peut nommer les premieres, *Divines*, & les autres, *Apostoliques*. Cependant les traditions divines sont appellées ordinairement Apostoliques, parce que c'est par les Apôtres qu'elles ont esté données à l'Eglise : de même les traditions Apostoliques sont appellées divines, parce qu'encore qu'elles ne viennent pas de Jesus-Christ de la même maniere que les premieres, c'est par la direction de son esprit que les Apôtres les ont données, ou parce qu'elles estoient renfermées dans les ordres generaux qu'ils avoient reçûs de la bouche de Jesus-Christ.

2. Qu'il y a des Traditions divines & des Traditions Apostoliques.

Il y a un troisiéme sens dans lequel on prend le mot de Tradition, & qui la fait nommer *Tradition Ecclesiastique*; & ce n'est autre chose que le témoignage que l'Eglise rend de ce qu'elle a reçu

3. Qu'il y a une Tradition Ecclesiastique.

Hh

des Apôtres, & par laquelle elle transmet à la posterité ce qu'elle reconnoit luy avoir esté laissé par les anciens, comme venant des Apôtres. Or l'Eglise juge qu'une doctrine luy vient des Apôtres, quand elle la trouve dans la plupart des Eglises fondées originairement par les Apôtres. La Tradition Ecclesiastique n'est donc point distincte, quant à ce qu'elle contient, de celle qui s'appelle *Apostolique*, comme si l'Eglise donnoit quelque chose qu'elle n'eût pas reçu des Apôtres ; mais parce que cette tradition Ecclesiastique est le canal par où la tradition Apostolique passe jusqu'aux siecles suivans.

<small>4. Comment se fait le passage de la Tradition Apostolique.</small>

Pour concevoir ensuite comment se fait le passage de la tradition Apostolique, il faut remarquer que la plupart des traditions consistent en coutumes, ceremonies, rits observances, prieres & pratiques ; telles que sont les exorcismes, sur les Catecumenes, la celebration des mysteres de la Passion, de la Resurrection, de l'Ascension & de la descente du saint Esprit, le Baptême des enfans, le signe de la Croix, &c. Or il n'y a aucune de ces sortes de coutumes ou de traditions qui ne soit fondée sur quelque dogme ou point de doctrine. Mais comme les choses d'usage & de coutume se conservent plus aisément que ce qui est de doctrine & de science, il est arrivé souvent que les dogmes ont pû estre moins approfondis & expliquez en de certains temps, pendant que les coutumes & les choses de pratique se sont conservées, & ont servi ensuite à faire reconnoitre toute l'étendüe de la doctrine sur laquelle elles ont esté premierement fondées. Ainsi, par exemple, qu'il y ait un Purgatoire, & qu'il faille prier pour les ames qui ont à satisfaire à la justice de Dieu pour leurs pechez, c'est un dogme Apostolique sur lequel fut premierement établi l'usage de la priere & du sacrifice pour les morts, que l'on trouve dans les anciennes Liturgies, dans les Catechismes des Peres, & dans leurs autres ouvrages. Mais ce dogme se trouve rarement en propres termes dans les Ecrits des premiers siecles ; au lieu que la coutume de prier & d'offrir le sacrifice pour les Morts, qui n'a jamais esté interrompüe, estoit connüe de tous les Fideles, & a servi depuis à établir la verité dont nous parlons, contre les Heretiques qui ont voulu la détruire.

Il s'ensuit de là qu'il peut facilement arriver qu'il y a eu certaines particularitez des Dogmes Apostoliques dont on ne trouve rien d'exprés & de formel dans ce qui nous reste d'écrits des trois ou quatre premiers siecles, parce que n'y ayant pas eu occasion de parler ni d'écrire de ces Dogmes selon toute leur étenduë, la memoire s'en est aisément diminuée; au lieu que les pratiques & les ceremonies d'usage ne peuvent vieillir ni se perdre, estant toujours renouvellées par l'usage même. Ainsi le Baptême des petits enfans s'estant toujours pratiqué dans l'Eglise, la memoire n'a pû en estre effacée; mais toute la doctrine du peché originel qui y est renfermée estant un des articles des plus difficiles à comprendre, on en a moins parlé & moins écrit, jusqu'à ce que les Pelagiens ont donné lieu de s'y appliquer davantage, & d'en rechercher des preuves dans l'Ecriture & dans la Tradition, & sur tout dans les Exorcismes & dans le Baptême des petits enfans. Ainsi ce seroit prendre une fausse idée de la tradition Ecclesiastique qui consiste dans le témoignage que l'Eglise rend de ce qu'elle a reçu des Apôtres, si on se persuadoit qu'il faut pour cela que dans les premiers siecles il se trouve plusieurs Ecrivains qui ayent traité du Dogme contesté, ou qui marquent expressément la tradition Apostolique qui le renferme. Si cela s'y rencontre, tant mieux; mais il n'est pas toujours necessaire: la tradition Apostolique a pû passer jusqu'aux siecles les plus proches sans ce secours: L'Eglise des siecles si voisins de celuy des Apôtres suffisoit pour juger de la tradition, pour y trouver ce qu'elle renferme, & pour la proposer aux Fideles comme l'objet de leur foy, les preuves en estant encore tres faciles: car la tradition Apostolique consistant la plupart du temps en des choses d'usage & de pratique, il est évident qu'elle se pouvoit transmettre aux siecles suivans par le seul usage, sans qu'aucun Ecrivain en ait fait mention d'abord, quoy qu'il n'y en ait pourtant aucune qui n'ait ensuite des témoins suffisans dans le cours des siecles par où elle a passé pour venir à nous.

Les saints Peres ont pû donc dans ces premiers siecles sans le secours d'aucun Ecrivain qui ait vécu auparavant, trouver dans la tradition Apostolique de quoy défendre & établir la doctrine de la foi Catholique, car alors les Evêques assemblez de differentes parties du monde rapportant les coutumes, les prieres & les usages de leurs Eglises qui contiennent les dogmes dont il s'agit, celles qui se sont trouvées uniformes dans toutes les Eglises ou dans le plus grand nombre, ont esté reputées venir des Apôtres, & ensuite considerées comme des regles de la foy Catholique: ou si c'est dans le Concile d'un païs particulier, comme de l'Afrique, cette

Eglife ayant propofé à toutes les autres Eglifes ce qu'elle a trouvé dans fa tradition, & aucune n'y contredifant, mais témoignant au contraire par fon confentement, ou exprés ou tacite, qu'elle a trouvé la même chofe dans la fienne, on en eft demeuré là. Ce fut par ce moyen que dans cinquième fiecle la tradition du Baptême des petits enfans fervit à confirmer la foy du peché originel, fans que les Peres du Concile de Carthage paroiffent faire attention aprés l'Ecriture, qu'à cette tradition Apoftolique du Baptême des enfans ufitée par toutes les Eglifes de ce temps-là. Le feul ufage immemorial des Eglifes fervit de tradition Ecclefiaftique pour rendre témoignage de la tradition Apoftolique, & de la doctrine qu'elle renferme.

5. Qu'il y a deux conditions effentielles à la tradition Ecclefiaftique.

Je dis, & *de la doctrine qu'elle renferme*, pour faire remarquer qu'il y a deux conditions effentielles à la tradition Ecclefiaftique. La premiere eft, qu'elle enfeigne des veritez de fait; & la feconde, que ces veritez renferment les veritez de doctrine que Jefus-Chrift, en qualité de Fils de Dieu, a revelées à fes Apôtres. Selon la premiere condition, la tradition de l'Eglife reffemble à une chandelle pofée fur un chandelier, c'eft à dire, que les faits qu'elle enfeigne font tellement connus aux fens, qu'un Chretien qui les voudroit revoquer en doute pafferoit pour ridicule. Selon la feconde condition, la tradition de l'Eglife eft la colomne & l'appuy de la verité, (2. *Tim. 3. 15.*) c'eft à dire, qu'elle nous enfeigne non feulement que Jefus-Chrift eft le vrai Meffie, mais auffi qu'il a revelé certains dogmes de foy, qui par cette raifon font d'une verité inconteftable.

6. Objection avec la réponfe.

Et il ne ferviroit de rien d'objecter que les Turcs ne font pas moins affurez par la tradition que Mahomet a efté, & qu'il a établi la Religion qui porte fon nom, que les Chretiens font affurez que Jefus-Chrift a efté, & qu'il eft l'Auteur de la Religion Chretienne: car on peut répondre, que fi l'on confidere la tradition des Turcs felon la premiere condition, elle eft auffi évidente que celle des Chretiens: Mais fi on la confidere felon la feconde, qu'elle n'a nulle évidence. En effet, il n'eft pas évident que Mahomet foit envoyé de Dieu: il n'eft pas non plus évident que la miffion de Mahomet foit renfermée dans aucune verité de fait qui foit connuë par elle-même. Mahomet a prétendu qu'on le crût envoyé de Dieu fur fa fimple parole, fans avoir efté promis par aucune Prophetie, fans faire aucun miracle, & même fans raifonner.

Ce qui luy a fait trouver des sectateurs, c'est qu'il ne s'adressa qu'à des Arabes aussi ignorans que luy, que ses armes eurent un succés heureux, & qu'il partagea fidelement le butin. C'est pourquoy si la tradition de Mahomet peut ressembler à une chandelle posée sur un chandelier, elle ne peut pas au moins estre la colomne & l'appuy de la verité : ce qui convient uniquement à la Tradition de l'Eglise Catholique.

CHAPITRE IX.

De la Tradition non écrite, & de l'usage que l'Eglise Catholique en fait contre les Heretiques.

J'Entens par la Tradition non écrite, une intelligence de l'Ecriture que Jesus-Christ a confiée à ses Apôtres, que ses Apôtres ont consignée à leurs successeurs, & que nous avons receuë des successeurs des Apôtres, qui a servi à fixer les dogmes, & à établir plusieurs usages.

1. Qu'est-ce que la tradition non écrite.

La force de cette Tradition est si grande, que toute l'assurance que nous avons que l'Ecriture contient la Parole de Dieu, en dépend. L'observance du Dimanche, de la Feste de la Nativité, de Pasques, de l'Ascension, le Baptême des petits enfans, & beaucoup d'autres choses, que les heretiques observent avec nous, sont des suites de cette tradition.

2. Combien elle a de force.

Quant à la necessité de la tradition non écrite, elle est visiblement fondée, comme il a esté dit, sur ce que l'Ecriture a une telle profondeur, que tous les hommes ne l'expliquent pas de la même maniere ; de sorte que presque autant qu'il y a d'hommes, ce sont autant de sentimens divers. Ce qui prouve évidemment qu'on ne sçauroit quel parti prendre, si on n'établissoit pour regle de l'explication de l'Ecriture, la Tradition non écrite, c'est à dire, le sentiment de l'Eglise universelle, qui est venu depuis les Apôtres jusques à nous, & dont les preuves se trouvent dans les écrits des SS. Peres qui en ont rendu témoignage successivement, à mesure que le cours des siecles a fait éloigner cette tradition de sa source.

3. Combien elle est necessaire.

Cette regle est d'autant plus assurée, qu'elle est la plus simple & la plus naturelle qu'on puisse trouver dans ce genre : car il faut remarquer que personne ne sçait mieux le sens de l'Ecriture que Jesus-Christ. Or Jesus-Christ a confié ce sens aux Apôtres, *(Luc 24.*

27. & 45. 2. Timoth. 2. 2.) les Apôtres l'ont consigné à leurs successeurs, & nous l'avons reçu des successeurs des Apôtres, dans les Ecrits desquels nous reconnoissons quelle a esté la foy & les pratiques de leurs Eglises. C'est pourquoy si nous faisons remonter ce que nous sçavons par cette voye, jusqu'à son origine, nous trouverons que Jesus-Christ en est l'Auteur, & par consequent que ce que la tradition non écrite a enseigné aux Eglises, vient infailliblement de luy.

4. Comment on peut distinguer la vraye tradition non écrite de la fausse.

On dira peut-estre, que la tradition non écrite est une regle tres seure en elle-même, mais que comme nous avons besoin de cette tradition pour expliquer l'Ecriture, nous avons besoin aussi d'une regle pour distinguer la vraye tradition non écrite, de la fausse. Nous demeurons d'accord que cette regle est tres necessaire; mais nous soutenons qu'il est aisé de la trouver, & qu'elle consiste à suivre l'antiquité & l'universalité. On suit l'antiquité, quand on s'attache aux sentimens des saints Peres, sans s'en éloigner en aucune maniere; & on suit l'universalité, quand on reconnoit pour article de foy, tout ce qui est reconnu pour tel par toute l'Eglise.

5. Quel est le devoir d'un vray Catholique lors qu'une partie de l'Eglise se separe de la communion de la foy universelle.

C'est donc le devoir d'un vrai Catholique, lors qu'une partie de l'Eglise se separe de la communion de la foy universelle, de s'en tenir à l'antiquité qui ne peut estre subornée : mais si dans l'antiquité il se trouvoit de l'abus dans quelques personnes, & qu'on remarquât qu'une Ville, & même une Province, ou un Royaume étoient tombez dans l'erreur, pour lors si les choses ont esté universellement decidées par un Concile general, il faut preferer la decision de ce Concile aux sentimens des Particuliers. Que si la difficulté est telle que les Conciles n'en ayent rien decidé, il faut en ce cas conferer ensemble les sentimens des Peres, & s'en tenir, non pas à ce qu'un, ni deux, ni trois ont écrit, mais à ce qu'ont enseigné tous les autres unanimement.

Si la question est touchant un fait, il n'est rien de plus aisé que de suivre la vraye tradition à cet égard. Par exemple, s'il s'agit de sçavoir s'il faut rebaptiser les Heretiques, il ne faut qu'examiner si avant Agrippin, qui passe pour l'auteur de cette nouveauté, l'Eglise avoit coutume de rebaptiser ; car si elle l'avoit, les Donatistes estoient bien fondez ; & si au contraire elle ne l'avoit pas, ils ils ne meritoient pas d'estre suivis, parce que la tradition de l'Eglise enseignoit une pratique toute contraire.

La difficulté est plus grande touchant les questions de droit : car quand les Pasteurs ont des sentimens opposez, & que chacun croit suivre la tradition, on ne sçait quel parti prendre : Mais outre que cela ne peut durer long-temps, il faut en attendant la decision de l'Eglise, s'en tenir par provision à l'antiquité, c'est à dire, suivre le parti qui paroit le plus ancien, & le preferer même au plus grand nombre. C'est par cette raison que le Concile de Rimini ne fut pas suivi par les Catholiques ; car quoique le nombre des Prelats dont il estoit composé, fût plus grand, & que la plupart des Evêques eussent signé une confession de foy contraire à la decision du Concile de Nicée, sa doctrine parut neanmoins toute nouvelle, & par consequent indigne d'estre suivie.

6. *Que la vraye foy a une regle tres certaine & infaillible.*

La vraye Foy a donc une regle tres certaine & tres infaillible, qui est la Parole de Dieu proposée & expliquée par l'Eglise. C'est pour cela que Jesus-Christ aprés sa Resurrection, se presentant au milieu de ses Apostres & de ses Disciples, leur ouvrit l'entendement pour concevoir les Ecritures, (*Luc. 24. 27. & 45. Act. 1. 8.*) & leur dit : *Vous recevrez la vertu du saint Esprit, & me serez témoins en Jerusalem, dans toute la Judée, dans la Samarie, & jusqu'au bout de la terre* : & afin que personne n'ose violer cette regle divinement établie, il ajoute une menace terrible, en disant : *Qui vous écoute, m'écoute, & qui vous rejette, me rejette ; mais qui me rejette, il rejette celuy qui m'a envoyé.* (*Luc. 10. 16.*) C'est pourquoy l'Eglise primitive dans le premier Concile qui devoit servir de modele à tous les autres, prononça avec tant d'assurance cet Arrest infaillible : *Il a semblé bon au saint Esprit & à nous*, &c. afin que tous les Fideles des siecles à venir fussent assurez qu'en tout ce que l'Eglise leur propose à croire, ce qui semble bon au saint Esprit, le semble aussi à l'Eglise, & reciproquement que ce qui semble bon à l'Eglise, semble bon au saint Esprit. (*Act. 15. 28.*)

L'Eglise fondée sur cette regle immuable, a terminé tous les differens qui se sont élevez entre les Catholiques ; ou si elle n'a pû les terminer, elle a retranché de sa Communion ceux qui n'ont pas voulu se soumettre à ses decisions ; sans avoir jamais rien relâché de ses droits.

CHAPITRE X.

Contenant une objection qu'on fait contre la Tradition touchant la Canonicité des Livres sacrez; avec la Réponse.

ON dit que la Tradition suffit pour l'inscription des Livres sacrez, mais qu'à l'égard du fond de ces livres, & de leur canonicité, il faut qu'ils portent des caracteres de divinité qui confirment le témoignage de la Tradition. On dit encore qu'on ne peut alleguer la Tradition à l'égard des Peres, car ils sont eux mêmes les témoins que produit la Tradition : ainsi ils ont decidé de la canonicité de l'Ecriture par des marques de divinité propres & inherentes à l'Ecriture, & non point par une tradition vague qu'on ne pouvoit encore consulter; car alors il estoit impossible de compter les suffrages des Eglises, & de fonder un jugement sur leur consentement uniforme. Ils ajoutent, qu'il est absurde de dire que chaque Eglise ayant dû consulter les autres sur le choix des Livres sacrez, afin de s'assurer de la Tradition, il ait pû resulter une definition decisive de cette incertitude où chacun devoit estre avant le consentement des autres. Cela fait un cercle vicieux, qu'une Eglise crût le nouveau Testament canonique, parce que les autres le croyoient, & que les autres en même temps le crûssent, parce que celle-là le croyoit. On voit bien que tout au moins pour les deux premiers Siecles, l'argument de la Tradition est nul & contradictoire : d'où il s'ensuit qu'en remontant jusques-là, les Peres ont pris les preuves de la divinité de Jesus-Christ dans l'Ecriture même, & que c'est l'unique source dans laquelle ils ont pû les puiser.

Réponse. La resolution de cette difficulté dépend particulierement de la maniere dont la doctrine Chretienne fut d'abord répanduë. Jesus-Christ envoya ses Apôtres en divers lieux. Les Apôtres resterent assez long-temps en ces lieux pour y fonder des Eglises, & y enseigner la doctrine de l'Evangile. Les Fideles furent d'autant plus confirmez dans cette doctrine, qu'elle leur estoit imprimée dans le cœur & dans l'esprit, par une pratique continuelle d'actions qui en dépendoient. La même chose se faisoit en même temps en des regions differentes & fort éloignées, & cela se faisoit sans le secours d'aucun écrit, au moins parmi les Gentils ; car pour
les

les Juifs, ils se servoient du vieux Testament. On ne sçavoit pas dans une Eglise ce qui se faisoit en l'autre, car elles estoient trop éloignées pour avoir quelque commerce, mais l'Eglise de chaque lieu embrassoit par sa foy & par ses œuvres, la doctrine que l'Apôtre qu'elle reconnoissoit pour son fondateur, luy avoit enseignée.

Cela estant supposé, il est aisé de prouver que la Tradition nous peut assurer, non seulement que les Livres sacrez sont Canoniques, mais encore que leurs Auteurs ont esté divinement inspirez. Prenons pour exemple un Livre Canonique, sçavoir l'Epitre de saint Paul aux Romains. Il faut sçavoir que cette Lettre fut écrite par un Auteur particulier (quel qu'il peut estre) & envoyée par un Messager aussi particulier à une certaine Eglise, sçavoir à l'Eglise de Rome. L'Eglise de Rome la communiqua ensuite à plusieurs autres, & celles-cy encore à d'autres, jusqu'à ce qu'elle devint enfin commune à toutes les Eglises. Ainsi cette lettre fut premierement receuë dans une Eglise, puis dans plusieurs, & enfin dans toutes. Cependant chaque Eglise particuliere n'eut pas plutôt reçu cette lettre, qu'elle embrassa la doctrine qui y estoit contenuë, tant parce que cette lettre estoit écrite sous le nom de saint Paul, que parce que tout ce qu'elle contenoit estoit conforme à la doctrine que cette Eglise avoit apprise de l'Apôtre qui l'avoit fondée. Quant à la certitude de l'Auteur de la lettre, l'Eglise même à laquelle elle fut premierement envoyée, n'en eut pas une plus grande que celle qui fut fondée sur le témoignage du porteur, & sur les autres circonstances qui accompagnerent ce témoignage : Mais cette certitude s'augmenta peu à peu, & les Eglises plus éloignées furent successivement plus assurées de cet Auteur, sans toutefois que cette lettre ait pû estre mise au rang des livres canoniques, qu'aprés avoir esté receuë de toute l'Eglise.

1. Quelle Tradition nous peut assurer non seulement que les Livres sacrez sont canoniques, mais encore que leurs Auteurs ont esté divinement inspirez.

Or il paroit par cet exemple, 1. Que l'Auteur de l'Objection prend la Tradition pour quelque chose d'indivisible, au lieu qu'elle est divisée en des parties qui se succedent les unes aux autres, & qui ont differens degrez de certitude.

Il paroit 2. Qu'on peut, & qu'on doit alleguer la Tradition à l'égard des Peres : car rien n'empêche que les Peres d'un siecle ne soient eux-mêmes les témoins que produit la Tradition des siecles suivans.

Il paroit 3. Que les Peres n'ont point decidé de la canonicité des Livres sacrez, ni par des marques de divinité inherentes à ces livres, ni par une tradition vague & indeterminée, mais par la tradition de l'Eglise universelle, qui s'est formée des traditions des Eglises particulieres, dont on a pû compter les suffrages.

Il paroit 4. Qu'il n'a pas esté necessaire que chaque Eglise ait consulté les autres sur le choix des Livres sacrez, afin de s'assurer qu'ils contenoient une doctrine revelée, mais qu'elle a dû les consulter seulement pour sçavoir si ces livres estoient canoniques, parce que la canonicité des livres sacrez suppose le consentement de l'Eglise universelle; au lieu que le choix de ces mêmes livres ne suppose que le consentement de chaque Eglise particuliere.

Il paroit en dernier lieu, que l'argument de la Tradition n'est ni nul ni contradictoire à l'égard des Peres, non pas même à l'égard de ceux des deux premiers siecles; car rien n'empêche que dans les deux premiers siecles les Livres sacrez n'ayent esté receus dans l'Eglise universelle. D'où il s'ensuit qu'en remontant jusques-là, les Peres n'ont pas pris les marques de la divinité de l'Ecriture dans l'Ecriture même, mais dans le témoignage de la Tradition.

2. Ce que c'est que l'Ecriture sainte.

Suivant ces principes, on peut dire *que l'Ecriture sainte n'est autre chose qu'un livre qui contient une doctrine revelée, & qui a esté composé par des Ecrivains que l'Eglise universelle a regardez comme des hommes divins destinez pour l'instruire, c'est à dire, comme des personnes à qui le saint Esprit a inspiré la doctrine qu'ils ont laissée par écrit.* Je dis en premier lieu, *que l'Ecriture sainte est un Livre*, pour marquer ce qu'elle a de commun avec tous les écrits. Je dis en second lieu, *qui contient une doctrine revelée*, pour distinguer l'Ecriture de tous les livres profanes. Je dis en dernier lieu, *& qui a esté composé par des Auteurs que l'Eglise universelle a regardez comme des hommes divins*, pour designer ce que l'Ecriture a de particulier qui la rend differente de tous les livres qui contiennent les revelations de quelques personnes privées, qui sont quelquefois approuvées comme ne contenant rien de prejudiciable aux bonnes mœurs; mais dont l'Eglise n'a pas fait sa regle.

CHAPITRE XI.

Que toutes les veritez de la Religion Chretienne se peuvent reduire en general à trois especes, & à quelles.

SI nous joignons ce qui vient d'estre dit de l'Ecriture, à ce qui a esté dit cy-devant de la Tradition, il sera aisé de voir que toutes les veritez Chretiennes ne sont pas de même espece, & qu'on les peut reduire en general en trois classes.

1. Que toutes les veritez Chretiennes sont des veritez divines & Catholiques.

Les veritez de la premiere classe, sont des veritez *Divines & Catholiques*, c'est à dire, des veritez qui sont fondées immediatement sur l'autorité divine, & dont la connoissance passe successivement de l'Eglise des premiers siecles à l'Eglise du siecle present par une tradition universelle : tels sont tous les articles qui sont proprement *articles de foy*.

2. Que des veritez Catholiques.

Les veritez de la seconde classe, qu'on peut appeller proprement *Catholiques*, sont celles qui sont reçuës par le consentement universel de l'Eglise, & qui bien qu'elles ne soient pas proprement divines ni revelées, sont neanmoins appuyées sur une tradition universelle. Telle est cette verité : *L'Ecriture est la parole de Dieu*. telles sont encore toutes les veritez historiques qui servent de fondement à la croyance de nos mysteres.

3. Que des veritez Canoniques & Ecclesiastiques.

Les veritez de la troisiéme classe peuvent estre nommées *Canoniques* ou *Ecclesiastiques* : telles sont les veritez qui servent de canon & de regle à l'Eglise, ausquelles par consequent nous sommes obligez d'obéïr. Il y a de ces veritez qui ont esté definies par des Conciles, que l'Eglise reconnoit ne proceder immediatement & explicitement ni de la revelation ni de la tradition universelles. Les Conciles ont neanmoins droit de déterminer ces veritez, non seulement contre les Heretiques, mais encore pour appaiser les differens qui naissent entre les Catholiques touchant les questions qui regardent en quelque chose la foy.

4. Qu'il faut deux choses pour établir un article de foy & quelles.

Toutes les veritez de la premiere classe doivent estre cruës de foy divine, & par consequent elles sont de vrais articles de la foy Catholique ; car il faut remarquer que deux choses sont requises pour établir un article de foy. Il faut premierement que ce qu'on croit soit revelé ; & en second lieu, que la connoissance de cette revelation soit communiquée à l'Eglise de tous les siecles par une tradition universelle. C'est pourquoy afin qu'une verité Chretienne soit un dogme de foy, il ne suffit pas qu'elle soit ou seulement revelée, ou seulement communiquée par une tradition universelle, il faut que ces deux choses concourent ensemble : d'où il s'ensuit qu'il n'y a pas tant d'articles de foy qu'on pense.

5. Que tous les Chretiens sont obligez de croire les veritez Catholiques.

Les veritez Chretiennes de la seconde classe n'étant pas revelées, elles ne sont pas aussi, selon le sens que nous avons marqué, proprement des articles ou des dogmes de la foy divine & Catholique : elles sont neanmoins des veritez Catholiques, parce que tous les Chretiens sont obligez de les croire. Entre ces veritez les unes sont le fondement de toutes les veritez revelées, & les autres sont des veritez simplement historiques. Les premieres comprennent non seulement cette verité fondamentale : *L'Ecriture est la parole de Dieu*, mais encore toutes les autres veritez qui sont renfermées dans la Vie de Jesus-Christ, telle qu'elle est décrite dans l'Ecriture depuis le premier moment de sa conception jusqu'au dernier article de sa mort. La foy des Chretiens est fondée sur ces veritez, car bien qu'il y en ait plusieurs qui ne sont pas des mysteres, mais de simples actions humaines produites de la même maniere que celles des autres hommes, si neanmoins il estoit permis d'en douter, la foy des Chretiens en recevroit atteinte. Les secondes comprennent des veritez purement historiques, comme si saint Pierre a esté à Rome, si les Apôtres ont enseigné le Caresme, &c.

6. Quelle est la certitude des veritez Canoniques.

Les veritez de la troisiéme classe, n'ont pas la même certitude que les veritez revelées, ni la même que les veritez Catholiques fondées sur une tradition universelle : elles n'ont d'autre certitude que celle que leur donne l'autorité & la jurisdiction de ceux que Dieu a proposez pour regir l'Eglise, c'est à dire, que nous sommes obligez de croire ces veritez comme des suites de celle qui nous apprend que nous sommes obligez de croire que Dieu a donné à l'Eglise la puissance, qui luy est necessaire, pour se conserver. (*Psalm. 17. 48. Isa. 2. 66. Act. 11. 14.*)

CHAPITRE XII.

En quel sens on peut dire que la foy divine est plus infaillible que la foy humaine, & que la raison même ; & à quels principes on peut reduire sa certitude.

IL paroit par tout ce qui vient d'estre dit de la foy divine, qu'elle peut estre considerée en deux manieres ; ou en elle-même, ou par rapport à nous. Elle est considerée en elle-même, lors qu'on la regarde comme s'appuyant immediatement sur la revelation divine, & on la considere par rapport à nous, entant qu'on la regarde comme s'appuyant sur la tradition de l'Eglise universelle, par laquelle la revelation divine nous est appliquée.

Quand la foy divine est considerée en elle-même, elle est plus certaine que la foy humaine ; d'autant que la foy divine est fondée sur l'autorité de Dieu, & l'autorité de Dieu est appuyée sur trois principes inebranlables ; sçavoir sur la sagesse de Dieu, par laquelle il connoit parfaitement tout ce qu'il promet ; sur sa bonté, par laquelle il ne peut vouloir tromper ; & sur sa toute-puissance, par laquelle Dieu peut accomplir tout ce qu'il a promis ; au lieu que la foy humaine estant fondée sur l'autorité des hommes, ne peut être aussi infaillible que la foy divine, à cause qu'elle est établie sur une sagesse, sur une bonté & sur une puissance finies & limitées.

La Foy divine n'est pas seulement plus certaine en elle-même, que la foy humaine, elle l'est encore à notre égard, c'est à dire, par rapport à la Tradition universelle de l'Eglise, par laquelle la revelation divine nous est appliquée : car cette tradition est plus certaine que la tradition humaine, par plusieurs raisons. 1. Parce qu'elle est plus étenduë. 2. Parce qu'il y a dans toutes les parties du monde des personnes préposées pour la conserver. 3. Parce qu'elle est imprimée dans le cœur & dans l'esprit des Fideles par une pratique continuelle d'actions qui en dépendent.

La Foy divine considerée en elle-même, est encore plus certaine que la raison humaine. La raison humaine s'appuye sur l'évidence, & la Foy divine s'appuye sur l'autorité de Dieu. Or l'autorité de Dieu est plus infaillible que l'évidence de la raison. Donc la certitude de la foy surpasse celle de la raison humaine.

Quand je dis que la certitude de la foy surpasse celle de la raison,

1.
Que la foy divine est plus certaine que la foy humaine.

2.
Et en elle-même.

3.
Et à notre égard.

4.
Que la foy divine considerée en elle-même est plus certaine que la raison humaine.

je n'entens pas qu'elle la surpasse du côté de son principe, qui est Dieu, car Dieu est également l'auteur de la certitude de la foy & de celle de la raison ; j'entens seulement qu'elle la surpasse quant à la maniere dont la foy & la raison nous proposent leur objet ; car il est certain que la foy nous propose son objet d'une maniere bien plus simple & plus debarassée, que la raison ne nous propose le sien. La raison a besoin pour agir, de definitions, de principes & de raisonnemens, au lieu que la foy consideree en elle-même, n'a besoin que d'une simple revelation divine mediate ou immediate.

5. Que la certitude de la foy consideree par rapport à nous, n'est pas plus grande que celle de la raison.

Mais il y a cette difference entre la foy divine consideree en elle-même, & la même foy consideree par rapport à nous, que comme celle-cy s'appuye sur la tradition de l'Eglise universelle, & que la tradition de l'Eglise universelle est fondée sur la raison, il ne se peut faire que la certitude de la foy consideree par rapport à nous, soit plus grande que celle de la raison ; mais aussi elle doit estre égale : ce qu'il faut bien remarquer.

6. Comment on peut faire une analyse exacte de la foy divine.

Suivant ces principes, pour faire une analyse exacte de la foy divine, il faut dire que nous croyons les veritez de foy precisément parce que Dieu les a revelées, & que nous sommes assurez qu'il les a revelées par la Tradition de l'Eglise universelle ; d'où il s'ensuit que la foy consideree en elle-même se reduit immediatement à l'autorité de Dieu, & que l'autorité de Dieu ne se reduit à aucun autre principe, au lieu que la foy consideree à notre égard se reduit immediatement à la tradition de l'Eglise universelle, comme au seul moyen par lequel la revelation divine nous peut estre appliquée.

Par cette analyse de la foy divine, nous évitons le cercle dans lequel tombent ceux, qui lors qu'on leur demande comment l'Ecriture est une parole de Dieu revelée, répondent, qu'ils l'ont appris de la Tradition, c'est à dire, du consentement universel de l'Eglise : & quand on leur demande derechef, comment ils sçavent que le consentement universel de l'Eglise est infaillible ; au lieu de dire qu'ils le sçavent, parce que cela est évident par luy-même, répondent encore, qu'ils l'ont appris de la revelation divine ; ce qui est proprement prouver une chose par elle-même. Je dis, *Parce que cela est évident*, pour marquer que ce que nous recevons par la tradition universelle de l'Eglise, est si aisé à connoitre, que tous ceux qui sont parmi les Catholiques, & qui ont des yeux & des oreilles, ne peuvent ignorer ce qui est cru comme article de foy ;

par exemple, qu'il y a des Sacremens, qu'ils sont administrez au nom de la sainte Trinité, qu'on celebre tous les jours le sacrifice de la Messe, qu'on adore tous les jours dans l'Eucaristie le corps de notre Seigneur, qu'on prie tous les jours Dieu pour les morts, &c. Ces veritez sont connuës de tous les Chretiens, & estant fondées sur une tradition universelle, il est impossible qu'elles n'ayent esté enseignées & répanduës par les Apôtres : Car, par exemple, si nous supposons que dans le quinziéme siecle toute l'Eglise Catholique faisoit profession de croire que le corps veritable de Jesus-Christ estoit offert à la Messe, & qu'elle faisoit profession de croire ce dogme principalement parce qu'elle l'avoit appris de l'Eglise du quatorziéme siecle, il est évident que l'Eglise du quatorziéme siecle ne pouvoit regarder ce dogme comme nouvellement établi, parce que dans le même temps elle faisoit profession de croire qu'elle ne pouvoit recevoir une verité revelée comme dogme de foy, si elle ne l'avoit reçuë de l'Eglise du treiziéme siecle qui avoit enseigné ce dogme à l'Eglise du quatorziéme, faisant profession elle-même de l'avoir reçu de l'Eglise du douziéme siecle, & ainsi de suite jusqu'au temps des Apôtres.

Il seroit même inutile de dire que l'évidence que nous avons de la verité de la Religion Chretienne, est inferieure à celle qu'en ont eu les Apôtres, d'autant que les Apôtres ont eu une évidence physique & sensible, & que la nôtre n'est que morale ; car on peut répondre que notre évidence n'est pas seulement morale, & qu'elle est aussi physique. Car il n'est pas vrai que nous ne connoissons que par la Tradition les faits qui prouvent la verité de la religion Chretienne ; nous en verifions quelques-uns par notre propre experience. Les plus considerables de ces faits consistent dans les évenemens qui accomplissent les Propheties ; & il est certain qu'une partie de ces évenemens se passent tous les jours sous nos yeux.. Par exemple, les faits qui regardent la vocation des Gentils, le renversement de l'idolatrie, le châtiment que Dieu a fait de l'infidelité des Juifs, leur dispersion chez toutes les nations, les malheurs qui les suivent par tout, &c. tout cela a esté predit mot pour mot : nous en voyons l'accomplissement, & nous avons même, à l'égard de ces faits, cet avantage sur les Apôtres, qu'ils n'ont pû voir que le commencement de ces grands évenemens, & que nous en voyons maintenant la plus grande partie, & tout le progrés.

Il ne serviroit encore de rien de dire, que la Religion Chretien-

7. *Que l'évidence que nous avons de la verité de la religion Chretienne n'est pas inferieure à celle qu'en ont eu les Apôtres.*

8.
Objection, avec la réponse.

ne n'est évidente qu'à l'égard des faits sensibles qu'elle contient, & qu'elle ne l'est aucunement à l'égard des faits insensibles qui en font la principale partie : car si l'on peut démontrer, comme il est tres possible, que ceux qui ont rendu témoignage à Jesus-Christ, n'ont esté ni trompez, ni trompeurs, & qu'ils n'ont pas tombé dans l'illusion, ni voulu y faire tomber, il faut demeurer d'accord que la verité de la Mission de Jesus-Christ, qui est un fait insensible, est d'une aussi grande évidence que les faits mêmes sensibles ausquels elle est attachée : d'où il s'ensuit qu'elle produit en nous une certitude qui n'est pas moindre que celle que produit la verité de ces faits sensibles, qui est une certitude physique.

9.
Que l'évidence de la Religion Chretienne doit estre de la portée de tout le monde.

Il falloit aussi que l'évidence de la Religion Chretienne fût à la portée de tout le monde, & qu'elle fût capable de frapper vivement tous les esprits qui voudroient donner quelque attention à ses preuves. Or tous les esprits sont vivement frappez de l'évidence qui resulte de l'usage actuel de la vuë, de l'ouïe, de l'attouchement, &c. sur tout lors que plusieurs personnes concourent dans cet exercice, & conviennent dans leur rapport. Les preuves qu'on tire de là sont de la portée de tous les esprits capables de quelque attention, au lieu qu'une évidence metaphysique, ou des preuves de cette nature n'auroient esté propres qu'à un petit nombre de personnes : d'où il s'ensuit qu'à l'égard de la verité de la Religion Chretienne, l'évidence physique & morale suffisent, & doivent même estre preferées à l'évidence metaphysique.

Quant aux veritez simplement Catholiques, il est visible que leur certitude n'est pas si grande que celle des veritez divines Catholiques. La raison est, que celles-cy sont fondées sur l'autorité immediate de Dieu, & sur le consentement universel de l'Eglise, au lieu que celles-là ne sont fondées que sur ce dernier ; ce qui fait qu'elles ne sont capables que de produire une certitude physique ou morale, telle que celle dont nous venons de parler.

CHAPITRE XIII.

Que tous les actes de la Foy divine sont surnaturels, & en quels sens on peut dire que leur certitude est aussi surnaturelle.

TOut le monde demeure d'accord que les actes de la foy divine Catholique sont surnaturels, mais les sentimens sont partagez

tagez touchant la maniere dont cette qualité leur convient. Les uns disent, qu'elle procede comme de sa cause efficiente, d'un certain don qu'ils appellent *le don de la foy*, lequel est une lumiere celeste de laquelle l'esprit estant surnaturellement éclairé, croit tout ce que Dieu luy revele. D'autres au contraire soutiennent, que les actes de la foy divine Catholique sont surnaturels, par cette seule raison que leurs objets sont divinement revelez, & qu'ils consistent dans des veritez qui sont au dessus de l'ordre de la nature. Selon la premiere opinion, les actes de la foy divine Catholique sont surnaturels à raison de leur cause efficiente; & suivant la seconde, ils sont surnaturels à raison de leur objet: & pour moy je suis persuadé qu'ils sont surnaturels en ces deux manieres. En effet, un acte soit de l'entendement, soit de la volonté, est surnaturel quand il surpasse tout effet qui peut estre produit par les forces naturelles de ces deux facultez; en telle sorte qu'il n'est au pouvoir d'aucun entendement ni d'aucune volonté créez de produire cet effet sans un secours surnaturel. Or il est évident que cela convient aux actes de la foy divine Catholique; car 1. nous croyons les mysteres de la Trinité, de l'Incarnation, &c. parce que Dieu les a revelez : d'où il s'ensuit que le témoignage même de Dieu concourt à ces actes de foy en qualité de cause formelle. Or cela est tellement au dessus des loix de la nature, qu'il est impossible qu'aucune pure creature, par ses seules forces, puisse connoitre ni croire ces veritez: d'où vient que tous les actes de cette qualité meritent d'estre appellez *surnaturels*.

Secundo, les actes de la foy Catholique surpassent tellement les forces naturelles de l'entendement & de la volonté, que ces deux facultez ne peuvent les produire sans le secours de la grace, qui n'est pas compris dans l'ordre de la nature : car quoy qu'il en soit de ce secours, il est évident que Dieu dans l'ordre de la grace, doit produire la substance de tous les actes surnaturels, comme nous avons prouvé dans le Livre precedent, que Dieu dans l'ordre de la nature produit la substance de toutes nos actions naturelles.

Toutefois, bien que les actes de la foy Catholique soient surnaturels aux deux sens que nous venons de dire, il ne s'ensuit pas que leur certitude doive estre aussi surnaturelle. La raison de cette difference est, que les actes de la foy, entant que tels, sont fondez sur l'autorité de Dieu qui revele des choses surnaturelles, & la certitude de ces mêmes actes dépend essentiellement de celle du moyen

K k

par lequel la revelation divine nous est appliquée. Or la certitude de ce moyen n'est pas surnaturelle ; par conséquent celle des actes de foy ne l'est pas aussi, ou si elle l'est, ce n'est que par rapport à la grace de laquelle elle dépend comme de son principe.

Au reste, comme les actes de foy dépendent de l'entendement & qu'il n'y a rien dans l'entendement, qui n'ait passé en quelque façon par les sens, il est necessaire que la certitude de la foy divine Catholique tire son origine de ces mêmes sens, car quel que soit le moyen par lequel la revelation divine nous est appliquée, le corps des Chretiens n'en peut estre asseuré, s'il n'est évident aux sens. D'où vient que l'Apôtre a eu raison de dire, que la foy dépend de l'ouïe: *Fides ex auditu.*

CHAPITRE XIV.

En quel sens on peut dire que le nombre des veritez divines Catholiques, ne peut estre augmenté ni diminué.

1. Que la Religion Chretienne a eu d'abord sa perfection, & comment elle la peut transmettre.

Comme la Religion Chretienne n'est pas une invention des hommes, mais un ouvrage de Dieu, elle a eu d'abord sa perfection, aussi bien que l'univers, & ce seroit une erreur considerable que de croire que dans la suite des siecles on ait trouvé quelque chose touchant la foy & les mœurs de plus utile, de plus sage & de plus sublime que ce que Jesus-Christ a enseigné à ses Apôtres, & ses Apôtres aux Disciples.

2. Qu'est-ce qu'il faut faire pour se maintenir dans la vraie Religion.

Tous ceux qui font profession du Christianisme demeurent d'accord de ce point fondamental, que la foy Catholique est appuyée sur des principes revelez, de sorte que pour se maintenir dans la vraye Religion, il faut necessairement examiner comment ces principes revelez sont parvenus jusques à nous, & comment on les doit suivre de point en point.

Saint Paul Docteur des Nations recommande à Timothée, & en sa personne à tous les Evêques successeurs des Apôtres, de retenir les paroles qu'il avoit ouïes de luy, & de les confier à des personnes qui fussent capables de les enseigner à d'autres. Jesus-Christ luy-même assure les Juifs, qu'il leur a dit la verité qu'il avoit apprise ; & il proteste à ses Disciples qu'il leur a fait connoitre tout ce qu'il avoit reçu de son Pere.

3.

Or comme Jesus-Christ a annoncé à ses Disciples ce qu'il avoit

appris de son Pere, ses Disciples ont aussi annoncé ce qu'ils ont re-　*qui a obligé*
çu de luy, & enfin les successeurs des Disciples ont publié ce qu'ils　*les Apîtres à*
avoient reçu. Puis donc que toute la doctrine de la foy Catholique　*écrire apres*
procede de la revelation divine, & que celle-cy vient par l'ouïe, il　*la mort de*
faut que Jesus-Christ Legislateur de la Loy de Grace, ne se soit pas　*Jesus-Christ.*
mis en peine d'écrire : il ne paroit pas même que pendant sa vie il
ait commandé à aucun de ses Apôtres, ou Disciples, de rediger sa
doctrine par écrit. Il s'est contenté de prêcher simplement les mysteres dont il a voulu que nous eussions connoissance ; de sorte que
si les Apôtres ont écrit aprés sa mort, ce n'a esté que par accident,
& à cause qu'en conversant parmi les hommes qui sont sujets à l'erreur, ils ont esté obligez par le devoir de leur charge Apostolique,
de mettre la main à la plume, non pas à dessein de coucher tout
par écrit & d'en faire un corps de doctrine, mais afin de donner aux
Fideles les instructions qui leur estoient necessaires pour se garantir
de l'erreur dans laquelle ils tomboient touchant quelques sujets particuliers de la foy. On voit ces instructions dans les Epitres de saint
Paul, de saint Pierre, de saint Jacques, de saint Jean & de saint
Jude. C'est pourquoy comme l'impie Cerinthe attaquoit le mystere
de la generation éternelle du Verbe, saint Jean fut contraint d'é-　*Joan. 1. 1.*
crire son Evangile, qu'il commença par le recit de cette émanation
ineffable, sans neanmoins parler de celle du saint Esprit, parce que
la necessité ne le requeroit pas alors. Ce qui est une preuve indubitable de la necessité de la Tradition.

Le different survenu touchant l'observance des ceremonies de　*Qu'a-ce*
l'ancienne loy, donna sujet aux Apôtres de celebrer le premier　*qui donna*
Concile. L'impieté d'Arius fut la cause du Concile de Nicée, &　*sujet de cele-*
de l'institution du mot de *Consubstantiel*, pour expliquer mieux　*brer le pre-*
la croyance de l'Eglise touchant le Fils de Dieu. Je dis, pour ex-　*mierConcile.*
pliquer mieux, car l'Eglise croyoit pour lors, & même auparavant
la consubstantialité du Pere & du Fils dans la Trinité : mais à cause de l'erreur des Ariens, ce point fut beaucoup plus éclairci ; ce qui
ne se pût faire que par la Tradition.

On peut dire la même chose touchant plusieurs autres articles, &
touchant plusieurs mots instituez par l'Eglise, comme sont les mots,
de *Trinité*, d'*Incarnation* & de *Transsubstantiation*, & autres semblables que la necessité a obligé d'établir pour prevenir les équivoques des Heretiques, sans que l'Eglise ait jamais rien changé, ajouté ou diminué à ce qui appartenoit à la foy : Mais les oppositions

des Heretiques l'ont souvent obligée à proposer plus clairement & plus intelligiblement, ce qu'auparavant elle croyoit plus obscurement. Les définitions des Conciles n'ont jamais eu d'autre but que de proposer à croire avec plus de zele, ce qu'on croyoit auparavant avec plus de simplicité.

5.
Quel est l'usage des Conciles.

L'Eglise par ses Conciles n'a jamais fait autre chose, que consigner par écrit à la posterité, ce qu'elle avoit reçu de ses predecesseurs par la seule Tradition. Elle comprend en peu de mots un grand nombre d'instructions tres importantes ; & souvent pour y apporter plus d'ordre & plus de lumiere, elle établit quelques nouveaux mots pour signifier un mystere de foy qui avoit esté crû de toute l'antiquité.

6
Que la doctrine de la foy ne peut estre changée mais seulement expliquée.

Il n'y a rien qui soit plus rigoureusement défendu que de faire le moindre changement à la doctrine de la Foy. Cela est défendu non seulement par les ordonnances de la Discipline Ecclesiastique, mais aussi par la censure & autorité Apostolique ; car chacun sçait avec quelle vehemence & avec quelle severité saint Paul invectiva contre les Galates, qui avoient reçu subitement un autre Evangile par la persuasion de quelques seducteurs, qui courant par les villes & les provinces, estoient enfin parvenus jusques aux Galates, & leur avoient causé un grand dégout pour la verité. Mais alors saint Paul usant du droit que luy donnoit son autorité Apostolique, (*Gal.* 1. *8. & 9.*) prononça cet anatheme avec une tres grande severité : *Quand bien nous-mêmes, ou un Ange du ciel vous précheroit un autre Evangile que celuy que nous avons prêché, qu'il soit anatheme.*

La doctrine Catholique est toujours une & égale à soy-même ; mais ainsi que les membres du corps humain se developent suivant le cours de l'âge, bien que ce corps demeure toujours essentiellement le même, il faut aussi, dit saint Vincent de Lerins, (*dans son Avertiss.*) que la doctrine de l'Eglise suive les mesures de son accroissement, c'est à dire, qu'il faut que la revolution des années la rende plus ferme, plus claire & plus étenduë ; mais il ne faut pas que sa substance, & le nombre de ses parties essentielles soit changé ; il faut que l'Eglise soit invariable dans ses decisions. Avant l'heresie d'Arius elle croyoit la consubstantialité du Fils de Dieu, mais lors que cet Impie osa attaquer ce mystere, elle expliqua plus clairement son sentiment sur cet article. Nous pouvons dire la même chose de ce qu'elle croyoit touchant le peché originel & la nature de la grace, avant Pelage, & ainsi de tous les autres articles de foy qu'elle a declarez depuis son commencement jusqu'au siecle present.

CHAPITRE XV.

Que les Symboles ont esté dressez pour conserver la pureté & l'integrité des veritez de la Foy Divine & Catholique.

CE n'est pas seulement dans ces derniers siecles que les Philosophes ont voulu introduire des nouveautez dans la Religion, & nous debiter leurs fantaisies pour des mysteres ; ce desordre avoit commencé dés le temps des Apôtres, comme il paroit par les lettres de saint Paul aux Hebreux & aux Galates, & sur tout par celle qu'il écrit aux Collossiens, *(Coloss. 2. 8.)* où il les exhorte de prendre garde que personne ne les trompe par la Philosophie, & par une seduction qui est selon la tradition des hommes, selon les élemens du monde, & non pas selon Jesus-Christ. Cette licence des faux Docteurs estoit si grande du temps même des Apôtres, qu'eux, ou les premiers hommes Apostoliques, se crurent obligez de donner une regle abregée de la Foy Catholique, & de composer un Symbole, où ils reduisirent en articles les principaux dogmes de la Foy qui devoient estre crûs explicitement par les Fideles.

1. *Pourquoy le symbole des Apôtres fut établi.*

Ce Symbole, qui porte le nom des Apôtres, fut éclairci par un autre dressé par le Concile de Nicée ; & il a esté ensuite défendu contre les Heretiques, & en particulier contre les Ariens par le Symbole de saint Athanase, en sorte que ces trois Symboles ne contiennent au fond que la même chose, mais plus ou moins expliquée : ce qui fait voir que le principal usage des Symboles est de conserver la pureté & l'integrité de la foy, en nous marquant distinctement les articles que nous devons croire.

2. *Pourquoy celuy de Nicée, & celuy de Saint Athanase.*

Quant à la distinction de ces articles, la premiere se prend de ce que les uns regardent la Divinité, & les autres regardent l'Incarnation. Trois choses nous sont proposées à croire touchant la Divinité : La premiere est la Trinité des Personnes, qui est comprise en trois articles selon le nombre des Personnes, & les ouvrages propres à la Divinité, dont le premier appartient à la nature de Dieu, & est compris dans l'article de la Creation. La seconde appartient à Dieu entant qu'auteur de la grace, & elle est comprise dans l'article qui regarde le salut éternel : & la troisiéme appartient à Dieu comme auteur de la gloire, & elle est contenuë dans l'article de la Resurrec-

K k iij

tion de la chair, & de la vie éternelle. Tous les autres articles regardent immediatement l'Incarnation de Jesus-Christ.

3.
Qu'il pour
eftre sauvé il
faut croire les
articles conte-
nus dans ces
trois Symbo-
les.

Il n'est point de Chretien qui pour estre sauvé, ne soit obligé de sçavoir cette divine creance, depuis qu'il a atteint l'usage de la raison, estant dit dans l'Epitre de saint Paul aux Hebreux : (*Heb.* *11. 6.*) *qu'il est impossible de plaire à Dieu sans la foy.* Quant aux enfans qui n'ont pas atteint l'usage de la raison, chacun sçait que les peres & les meres, aussi-bien que les parains & les maraines, qui font la profession de foy pour eux à l'Eglise, se rendent cautions pour les instruire ou faire instruire des sacrez mysteres de notre Religion.

Outre les douze articles de foy compris dans le Symbole des Apôtres, il y en a d'autres qui ont esté expliquez depuis par l'Eglise dans ses Conciles, & en dernier lieu par le Concile de Trente, qui bien qu'ils ne soient pas reduits en Symbole, ne laissent pas d'exiger la même obeïssance & la même soumission à estre crûs, parce qu'ils sont proposez par l'Eglise, dont l'autorité est infaillible.

L'établissement du Symbole des Apôtres estoit d'autant plus necessaire, que ce Symbole est tres propre à rendre presens à l'esprit des Fideles, les principaux articles qu'ils sont obligez de croire ; & comme, selon l'Apôtre, on ne peut rien connoitre en matiere de foy, sans croire ; il a esté tres convenable que le nombre des Fideles se multipliant, on ait proposé ce Symbole comme le fondement sur lequel tout l'édifice de l'Eglise devoit s'appuyer. Il est composé aussi en des termes si clairs, qu'il semble qu'on peut luy appliquer ce que le Prophete a dit, *que Dieu feroit un discours abregé.* (*Isa. 10. 23.*)

CHAPITRE XVI.

Que les veritez de la Foy Divine sont independantes les unes des autres, au moins à notre égard.

1.
Qu'on ne
peut prou-
ver par le
raisonne-
ment, qu'une
verité sur-
nat relle dé-
pend d'une
autre verité
surnaturelle.

IL y a cette difference entre les choses revelées & celles qui ne le sont pas, que celles-cy dépendent les unes des autres par une suite de loix naturelles que l'Esprit humain connoit, ou du moins qu'il peut connoitre ; au lieu que les veritez surnaturelles sont indépendantes les unes des autres, ou si elles en dépendent, c'est d'une maniere que nous ne pouvons concevoir : Je dis *que nous ne pouvons concevoir,* pour faire entendre que bien qu'il y ait peut-estre entre les veritez surnaturelles une liaison semblable à celle qui se trouve entre les veritez naturelles, cette liaison est neanmoins telle à notre égard, qu'elle ne peut estre connuë à cause qu'elle surpasse notre intelligence naturelle : D'où il s'ensuit que ce seroit une erreur évidente de croire qu'on peut prouver par le raisonnement, qu'une verité revelée dépend d'une autre verité revelée.

Suivant ce principe, les conclusions les plus immediates tirées des articles de foy ne sont point de foy. Par exemple, cette conclusion : *Jesus-Christ a pris la nature humaine*, Donc, *il est animal raisonnable*, n'est point de foy ; tant parce qu'elle est évidente, & que tout ce qui est de foy divine est obscur, qu'à cause qu'elle n'est fondée sur aucune revelation divine particuliere & immediate.

Or si les conclusions immediates ne sont point de foy, à plus forte raison les conclusions mediates n'en seront pas. Par exemple, si je dis : *Jesus-Christ est un animal raisonnable*, Donc *il participe à tout ce qui convient à la nature de l'animal raisonnable* ; Cette conclusion est fausse, parce qu'il convient à la nature de l'animal raisonnable de naître de la conjonction d'un mâle & d'une femelle, & la foy nous enseigne que Jesus-Christ a esté exempt de cette loy commune à tous les animaux raisonnables.

Cela est confirmé par l'exemple du sixiéme Concile de Constantinople : car bien que ce Concile ait conclu de cet article de foy par lequel nous croyons que Jesus-Christ est vrai Dieu & vrai homme, qu'il y a deux volontez en luy, & qu'il ait fait de cette consequence un autre article de foy ; ce second article n'est pas de foy, parce qu'il est tiré du premier par une consequence necessaire, mais seulement, parce que le Concile a decidé qu'il estoit revelé par la premiere Verité.

Ceux mêmes qui reçoivent comme de foy les conclusions qu'on tire immediatement du Symbole des Apôtres, sont obligez de dire que la foy supplée au defaut de ce qui manque à la force de la consequence, c'est à dire, que quand la raison tire une verité de foy d'une autre verité de foy, la verité tirée n'est pas de foy par la force de la consequence, mais seulement par l'autorité de la premiere verité qui revele le second article aprés avoir revelé le premier.

Ceux qui soutiennent que les veritez surnaturelles dépendent les unes des autres, disent que Dieu ne produit rien de modal immediatement par luy-même, qu'il produit tout par les causes secondes ; d'où ils concluent qu'il est de sa nature d'établir un tel ordre dans

2. Objection.

le monde, que tous les êtres modaux de quelque qualité & condition qu'ils soient, procedent les uns des autres par une suite necessaire.

Ils ajoutent, qu'il y a des veritez que nous croyons par elles-mêmes, & d'autres que nous ne croyons que par rapport à quelques mysteres. Par exemple, nous croyons l'Incarnation par elle-même, & nous ne croyons les actions particulieres de J. C. que l'Ecriture sainte raconte, que par rapport à l'Incarnation ; d'où il s'ensuit qu'il y a des veritez surnaturelles qui dépendent d'autres veritez surnaturelles.

3. Réponse. **Réponse.** Si Dieu produisoit toutes les choses modales par les causes secondes, il les produiroit selon les loix immuables du mouvement qu'il a établies, & s'il les produisoit selon ces loix, tous les effets seroient dans l'ordre de la nature, & par consequent il n'y auroit ni mystere ni miracle ; car il a esté prouvé que les mysteres & les miracles sont dans l'ordre de la grace.

Quant à ce qu'on ajoute qu'il y a des veritez de foy qui se rapportent à d'autres, nous en demeurons d'accord ; mais c'est quelque chose de fort different, ou que des veritez se rapportent à d'autres veritez comme à leur fin, ou que des veritez dépendent d'autres veritez comme de leur cause efficiente, ou de leur principe de connoissance ; nous accordons le premier, & nions le second.

4. Que les veritez de la foy supposent les promesses divines. Au reste, de ce que les veritez de la foy ne sont pas sujettes au raisonnement pour estre creuës, il s'ensuit qu'elles appartiennent à l'ordre de la grace, & par consequent qu'elles supposent les promesses divines qui sont le vrai fondement de cet ordre, à raison de quoy saint Paul a dit, (*Heb. 11. 1.*) que la foy est la substance des choses que nous esperons ; & ce que nous esperons est en general le salut éternel. Ce qui est encore confirmé, parce que Dieu ne revele aucune chose qui ne se rapporte directement ou indirectement à la vie éternelle, conformement à la doctrine de saint Jean : (*Joan. 20. 31.*) *Afin que vous croyiez, & que vous ayez la vie éternelle.*

CHAPITRE XVII.

Que la foy divine suppose la raison, en quoy, & comment.

1. Que c'est par la raison que nous sçavons qu'il faut recevoir la foy divine. PErsonne ne doute que la raison n'ait sa lumiere, & que sa lumiere ne luy ait esté donnée pour connoitre la verité. C'est par la raison, par exemple, que nous sçavons qu'il faut recevoir la foy divine, que la foy divine ne repugne jamais à la lumiere naturelle,

relle, que les veritez de la foi quoy qu'obscures, ne laissent pas d'estre croyables, c'est à dire, telles qu'il n'y a aucune raison qui empêche un homme sage de les admettre pour vrayes ; car la foi ne nous oblige jamais à consentir à des choses incroyables. C'est pourquoy, bien que la raison ne soit pas la cause pourquoy nous croyons, ou pour parler le langage de l'Ecole, bien qu'elle ne soit pas l'objet formel de la foy, elle a neanmoins le droit d'examiner si les choses de la Foy meritent d'estre cruës, c'est à dire, s'il est raisonnable de croire que Dieu les a revelées. Ainsi bien que la raison n'appartienne pas à la foi comme son essence, elle ne laisse pas de luy appartenir comme un instrument necessaire à la production de ses actes. Car quand un Fidele croit, par exemple, que Dieu est un en trois Personnes, bien qu'il ne croye cela precisément que parce que la premiere Verité l'a revelé, la raison contribuë pourtant à le luy faire croire, entant qu'elle luy enseigne qu'il doit admettre pour vrai tout ce que la premiere Verité luy a revelé. Ainsi la foy s'appuye sur la raison, non comme sur un principe qui nous fait croire immediatement, (car cela n'appartient qu'à la premiere Verité, entant qu'elle a revelé,) mais comme sur une lumiere qui nous fait voir en general, que nous devons croire tout ce que la premiere Verité revele.

Non seulement la raison sert à la foi entant qu'elle fait que nous croyons les mysteres, parce que Dieu les a revelez, elle y sert encore, entant qu'elle nous découvre les motifs qui nous portent à croire que Dieu a effectivement revelé les mysteres que nous croyons. Je dis, qui nous portent à croire, pour faire entendre que les motifs, qu'on appelle de *credibilité*, ne sont pas la raison formelle qui fait que nous croyons, mais seulement qu'ils nous preparent à croire, entant que les jugemens que nous formons dans notre esprit, à la faveur de ces motifs par lesquels nous concluons que nous pouvons croire prudemment, & même que nous le devons, sont une disposition d'esprit qui precede l'acte de foi, & qui par consequent ne peut estre elle-même un acte de foi. Aprés quoy quand l'Eglise decide une chose, qu'elle declare, par exemple, qu'un Livre est canonique, ou quel est le sens d'un passage, nous croyons ce qu'elle dit, non par aucun de ces motifs qui nous ont humainement persuadez que nous devions croire, mais nous le croyons de foy divine, parce que nous le croyons à cause que Dieu l'a dit par l'Eglise.

2.
Que la raison sert à la foy en decouvrant les motifs qui nous portent à croire.

Il n'y a rien de plus recommandé dans l'Ecriture que le soin de s'instruire par la raison, des motifs qui nous portent à croire. Saint Paul écrivant aux Ephesiens (*Chap. 5. 8.*) leur dit : *Marchez comme des enfans de lumiere cherchant toujours ce qui peut plaire à Dieu*, c'est à dire, *vivez comme la foi le prescrit* ; ce qui ne se peut faire sans la raison. Il dit encore dans la seconde Epitre aux Corinthiens : (*chap. 13. 5.*) *Sondez-vous vous-mêmes si vous estes dans la foi*, c'est à dire, servez-vous de votre raison pour examiner votre foi. Enfin il dit dans la premiere lettre aux Thessaloniciens : (*chap. 5. 20.*) *Ne negligez pas les Propheties, mais examinez toutes choses, & conservez ce qui est bon*, c'est à dire, après que vous avez reçu la foi servez-vous de la raison pour examiner les Propheties, & toutes les autres choses qui peuvent servir à vous confirmer dans la foy. C'est encore à cela que se rapportent les paroles de saint Jean dans sa premiere lettre : (*chap. 4. 1.*) *Mes tres chers Freres, ne croyez pas à tous esprits, jugez si les esprits viennent de Dieu, parce que plusieurs faux Prophetes se sont élevez dans le monde* ; ensuite de quoy S. Jean donne les marques pour connoître par la raison ces faux Prophetes.

Les Conciles mêmes dont l'autorité est si grande, que nous sommes obligez à croire de foi ce qu'ils nous proposent comme tel, ne peuvent conserver leur droit sans le secours de la raison : car, par exemple, si la foi nous oblige de nous soumettre aux decisions du Concile de Nicée, c'est que la raison nous apprend que ce Concile a esté celebré, & elle nous l'apprend, parce que les Ecrivains de de ce temps-là, ceux qui sont venus depuis, & l'Eglise même d'aujourd'huy l'assurent sans que personne y contredise. Or puis que nous ne pouvons pas croire aux decisions des Conciles, si nous ne sçavons auparavant qu'ils ont esté celebrez, c'est une marque infaillible que la foi a besoin de l'usage de la raison touchant même l'autorité des Conciles : d'où vient que l'obeïssance que nous rendons non seulement aux Canons de l'Eglise, mais encore à toutes les veritez que Dieu a revelées, est une obeïssance raisonnable, telle que l'Apôtre la demande.

Cependant il y a des Philosophes qui en matiere de foi ne veulent point du tout entendre parler de raison, comme si ces deux lumieres qui procedent d'un même principe, estoient des ennemies irreconciliables. Nous croyons au contraire qu'il y a un milieu qu'il faut tenir ; & comme ce seroit s'exposer à un grand peril de vouloir assujettir la foi à la raison, de même ce seroit tomber dans une autre extremité non moins dangereuse, de se vouloir conduire sans discernement & sans raison, dans les choses qui nous sont proposées à croire comme de foi divine. C'est pourquoy il faut mettre icy de certaines bornes à la raison ; mais il ne faut pas que ces bornes l'empêchent d'examiner les motifs qui nous portent à croire que c'est veritablement Dieu qui a revelé ce que nous croyons : Car il faut remarquer que comme en observant les regles qui servent à bien conduire sa raison, on découvre des veritez naturelles fort cachées ; en suivant ces mêmes regles on ne manque pas aussi de trouver de quoy s'occuper utilement dans la contemplation des Mysteres, non pas en examinant leur nature ni leur maniere d'estre, (car elles sont impenetrables à la raison,) mais en cherchant des preuves pour faire voir qu'ils meritent d'estre crûs : car on ne peut pas douter que nous ne soyons souvent obligez d'opposer la droite raison à la raison corrompuë par le peché, laquelle prend quelquefois occasion des Mysteres de la Religion, de nous debiter comme de foi divine ses inventions, & d'exiger de nous la même soumission qui est duë à la parole de Dieu.

Il y a donc un milieu entre la presomption de ceux qui se servent de leur raison pour combattre ce qu'ils ne peuvent concevoir, & la credulité excessive de ceux qui croyent tout ce qu'on veut, & qui ne sont pas même choquez des contradictions les plus grossieres, pourveu qu'elles soient couvertes de l'apparence de mystere ou de verité revelée. Ce milieu consiste d'un côté à croire avec soumission tout ce que Dieu revele, & de l'autre à examiner avec soin si Dieu a effectivement revelé tout ce qu'on dit qu'il a revelé.

Ce seroit à la verité attribuer à la raison ce qui est infiniment au dessus d'elle, que de s'imaginer qu'elle puisse inventer de nouveaux Mysteres, ou qu'elle puisse donner des demonstrations de ceux qui nous sont proposez pour estre crûs : mais cela n'empêche pas qu'il ne soit tres possible d'allier la raison avec la croyance des mysteres de la foi, non pas pour expliquer les mysteres, (car il vient d'estre dit qu'ils sont inexplicables,) mais pour faire cesser les difficultez qui viennent de la part de ceux qui les obscurcissent en les voulant expliquer ; ce qui n'est pas si peu de chose qu'on pense, puis qu'on peut tirer de là quatre avantages tres considerables.

Le premier est, que les mysteres estant separez des difficultez qui viennent de notre part, on se forme une idée plus claire & plus distincte de ce qu'ils sont en eux-mêmes.

6. *Il faut d'un côté croire tout ce que Dieu revele, & de l'autre, examiner si Dieu revele tout ce qu'on dit qu'il revele.*

7. *Qu'on tire de cela quatre avantages & quels ils sont.*

Le second est, que par ce moyen on ôte tout pretexte aux Heretiques de corrompre la foy de l'Eglise, ou de demeurer separez de sa Communion ; car nos mysteres estant proposez avec toute leur simplicité, les articles contestez se trouvent si clairement dans l'Ecriture & dans la Tradition, qu'il n'y a qu'une opiniâtreté inexcusable qui puisse empêcher qu'on n'embrasse la croyance de l'Eglise Catholique.

Le troisiéme est, que le soin qu'on prend de separer les Mysteres des inventions humaines qu'on y a ajoutées, met en repos l'esprit des Fideles, qui sont rebutez & scandalisez de tant de choses inconcevables que quelques-uns veulent faire passer pour estre de foi en tout ou en partie ; de sorte que ceux qui sont les mieux disposez, ont besoin de toute la soumission qu'ils doivent avoir pour appaiser le trouble de leur esprit.

Le quatriéme est, que la raison & la foi paroissent parfaitement d'accord, en ce que la raison ne cherche pas à donner des demonstrations touchant le fond des Mysteres, mais seulement à faire voir qu'ils sont croyables, & qu'on ne peut sans temerité refuser de les admettre : Car il faut remarquer que les difficultez des Fideles à se soumettre à l'autorité de la premiere Verité, ne viennent pas de l'obscurité qui est propre aux Mysteres, (car au contraire cette obscurité rend les Mysteres plus venerables,) mais elles viennent de ce que les choses revelées ne sont pas proposées avec assez de simplicité, & de ce qu'elles sont confonduës avec des inventions humaines ; car il est constant qu'on détruit la Foi non seulement en niant ses dogmes, comme font les Heretiques, mais aussi en y ajoutant des choses qu'on fait passer pour estre de leurs appartenances, bien qu'elles ne le soient pas. Ceux qui attaquent les Mysteres de cette derniere sorte, bien loin de les vouloir détruire, ont souvent dessein de les défendre, en quoy ils sont plus excusables que les Heretiques : mais ils ne sont gueres moins dangereux ; car il paroîtra dans la suite que le danger est presque égal, ou de n'admettre pas pour dogme de foi ce qui l'est, ou d'admettre pour dogme de foi ce qui ne l'est pas.

FIN DE LA PREMIERE PARTIE
DU SECOND LIVRE.

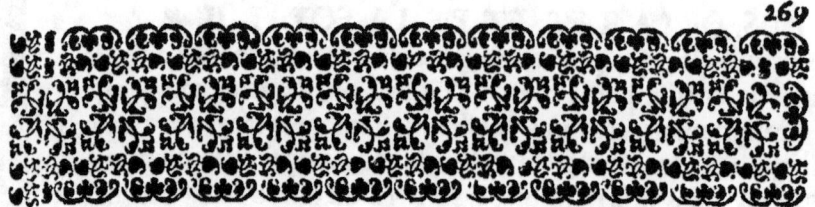

L'USAGE DE LA RAISON, ET DE LA FOY.

ou L'ACCORD DE LA FOY ET DE LA RAISON.

LIVRE SECOND.

Ce que c'est que la Foy divine, quelle est sa certitude, & quel est l'usage qu'on en doit faire dans l'ordre de la Grace.

SECONDE PARTIE.

Quel est l'usage qu'on doit faire de la Foy divine dans l'ordre de la Grace.

CHAPITRE I.

Comment on doit user de la Foy touchant l'existence de Dieu.

L n'y a rien de si commun parmi les hommes, même parmi les Philosophes Chretiens, que la creance qu'il n'y a que la foy qui puisse nous assurer que Dieu existe : cependant il n'y a rien de plus éloigné de la verité que cette opinion, si toutefois on entend parler de l'existence de Dieu consideré comme Auteur de la nature ; car en ce sens Dieu peut estre non seulement l'objet materiel de la Foy, mais encore celuy de

1. Qu'on peut s'assurer de l'existence de Dieu par la raison.

Ll iij

la Raison : il semble même que Dieu, comme Auteur de la nature, peut estre l'objet materiel de la Raison plutôt que celuy de la Foy. En effet, nous ne croyons ce que nous croyons de foy, que parce que Dieu l'a revelé ; & il n'est pas possible que nous soyons convaincus que Dieu a parlé, que nous ne sçachions auparavant qu'il existe. C'est pourquoy la connoissance que nous avons de l'existence de Dieu, precede la connoissance que nous avons de sa Parole & de sa Revelation : d'où il s'ensuit que l'existence de Dieu est presupposée à l'égard de la revelation. C'est ce qui a fait dire à un Theologien moderne, (*Holden*) dans son Analyse de la foy après saint Thomas, que l'existence de Dieu n'est pas tant un article de foy, qu'un preambule de la foy divine & Catholique; car, dit-il, il est impossible d'admettre une verité, parce que Dieu l'a revelée, sans supposer que Dieu existe ; & nous ne pouvons pas supposer que Dieu existe, par cette raison qu'il l'a revelée, car ces termes se détruisent eux-mêmes, Nous sçavons, dit-il, que Dieu existe, & nous le sçavons par la lumiere naturelle, avant que d'admettre aucun article de foy.

Je sçai bien que saint Thomas a enseigné, qu'il estoit necessaire à l'homme de recevoir par la foy, non seulement les veritez qui sont au dessus de la raison, mais encore celles qui y sont soumises, fondé sur ce que la raison humaine est si incertaine, que les Philosophes mêmes ont des sentimens contraires sur le même sujet ; d'où il a conclu, qu'afin que les hommes eussent une connoissance infaillible de l'existence de Dieu, il falloit qu'elle fût crue par la foy : mais il est vrai de dire qu'on ne peut croire par la foy, que Dieu existe, si on ne sçait auparavant par la raison, qu'il est ; quoi qu'après s'estre assuré par la raison qu'il est, on puisse croire son existence par la foy, parce qu'elle est du nombre des veritez qu'il a revelées.

Suarez a cru avoir resolu cette difficulté, en disant que l'objet materiel de la foy se reduit au formel, & que le formel ne se reduit à aucun autre, mais qu'il est crû par luy-même. On accorde cela à ce Docteur ; mais on soutient que Dieu entant qu'auteur de la nature, ne peut estre compris dans l'objet materiel de la foy, & que si l'on vouloit l'y comprendre, on ne pourroit s'empêcher de tomber dans un cercle vicieux ; car il faudroit dire que Dieu existe, parce qu'il l'a revelé, & qu'on sçait qu'il l'a revelé parce qu'il existe ; ce qui est proprement apporter la question pour preuve.

2. *En quel sens Dieu est*

Pour connoitre donc comment Dieu peut estre l'objet materiel de la foy, il faut remarquer que Dieu peut estre consideré en deux manieres, ou comme auteur de la nature, ou comme auteur de la grace. S'il est consideré de la premiere maniere, il vient d'estre prouvé que Dieu ne peut estre l'objet materiel de la foy, parce que cet objet suppose que Dieu l'a revelé, & Dieu ne peut l'avoir revelé si auparavant Dieu n'existe. Dire donc que Dieu existe parce qu'il l'a revelé, c'est dire qu'il existe parce qu'il existe ; ce qui seroit un veritable cercle. Mais rien n'empêche que les Fideles ne croyent par la foy que Dieu existe, si non comme auteur de la nature, au moins comme auteur de la grace, c'est à dire, comme auteur des promesses faites à Abraham, à Isaac & à Jacob, & à toute leur posterité ; car il n'y a que la revelation divine qui puisse nous obliger à croire que Dieu existe ainsi : Mais il est si vrai que Dieu existe de cette maniere, qu'Abraham n'eût pas satisfait à ces paroles de l'alliance qu'il avoit faite avec Dieu : *(Gen. 22. 18.)* *Afin que je sois votre Dieu & celuy de votre posterité*, s'il n'eût regardé Dieu que comme Auteur de la nature, & s'il ne l'avoit reconnu comme celuy qui s'estoit manifesté à luy, & qui luy avoit promis de benir en sa semence toutes les nations de la terre ; *(Gen. 18. 18.)* ce qui fut un pur ouvrage de la foy, auquel la raison humaine n'eut aucune part.

l'objet materiel de la foy.

C'est pourquoy le Dieu d'Abraham, d'Isaac & de Jacob n'est pas Dieu consideré simplement comme auteur de la nature, mais Dieu consideré comme auteur de la grace, c'est à dire, comme celuy qui s'est manifesté à ces Patriarches, & qui leur a promis des choses qui estoient naturellement impossibles : sans qu'il faille s'imaginer qu'il y ait aucune autre difference entre le Dieu d'Abraham, d'Isaac & de Jacob, & Dieu Auteur de la nature, que celle qui consiste en ce qu'il a plû au même Dieu createur du ciel & de la terre, de regner sur Abraham, sur Isaac & sur Jacob, & sur leur posterité, par des pactes & des alliances, & qu'il n'a voulu regner sur les autres hommes que par les seules loix de la raison naturelle.

3. *Quelle difference il y a entre Dieu auteur de la nature, & Dieu consideré comme le Dieu d'Abraham.*

La sainte Ecriture nous fournit une preuve indubitable de cette verité dans le troisiéme chapitre de l'Exode (*v. 14.*) où Moïse demande à Dieu ce qu'il répondra aux enfans d'Israël lors qu'ils luy demanderont qui l'a envoyé : car Dieu répondit à Moïse : Vous direz aux enfans d'Israël, *Celuy qui est, m'a envoyé*. Dieu dit encore à Moïse : Voicy ce que vous direz aux enfans d'Israël, *Le Seigneur & Dieu de vos Peres, le Dieu d'Abraham, le Dieu d'Isaac, le Dieu de Jacob m'a envoyé vers vous*. Dieu declare ensuite que le nom de Dieu, qui signifie celuy qui est, luy appartient de toute éternité, & que celuy qui signifie le Dieu d'Abraham, d'Isaac, & de Jacob, est le nom qui le fera connoitre dans la suite de tous les siecles. Le premier nom que Dieu se donne est celuy de sa grandeur, & le second est celuy de sa grandeur & de sa grace, par lequel il fait ressouvenir les Israelites de l'alliance qu'il a faite avec leurs peres. Sous le premier nom, Dieu est connu par la lumiere naturelle; & sous le second, il n'est connu que par la foy.

C'est encore à cela que se rapportent ces paroles de l'Apôtre: (*Heb. 11. 6.*) *Ceux qui veulent s'approcher de Dieu, doivent croire qu'il est, & qu'il récompense ceux qui cherchent à le connoître*; car il est évident que la premiere partie de cette proposition regarde Dieu connu par la lumiere naturelle, comme auteur de la nature; & que la seconde le regarde comme auteur de la grace & des promesses. Or Dieu ne peut estre connu de cette maniere que par la même foy par laquelle on croit qu'il est le Dieu d'Abraham, d'Isaac & de Jacob.

Nous ne sommes donc point obligez de croire que Dieu existe comme auteur de la nature, car nous ne sommes pas obligez de croire ce qui est évident, & il est tres évident que Dieu existe de cette sorte. Ce qui a fait dire à saint Thomas, (1. *par. q.* 2. *ar.* 2.) que le consentement que nous donnons à l'existence de Dieu, n'est pas tant un article de foy, qu'un préambule à la foy.

4.
1. *Objection, avec la réponse.*

Et il ne serviroit de rien d'objecter que la condition des Philosophes seroit pire que celle du menu peuple, puisque les Philosophes connoitroient l'existence de Dieu par la lumiere naturelle, qui est une maniere de connoitre bien moins seure que la foy par laquelle le peuple la croiroit. Mais il est aisé de répondre, que selon la doctrine de saint Thomas, les sçavans & les ignorans connoissent par la foy que Dieu existe comme auteur de la nature, & que les uns & les autres connoissent aussi par la foy qu'il existe comme auteur de la grace. Ce qui rend leur condition égale.

5.
2. *Objection, avec la réponse.*

On ajoutera peut-estre, qu'un Philosophe Chretien est plus assuré de l'existence de Dieu qu'un Philosophe Payen, dont on ne voit aucune raison, sinon parce que le Philosophe Chretien croit l'existence de Dieu comme auteur de la nature, par la foy, & que le Philosophe Payen ne la connoit que par la raison. Mais on peut encore répondre avec saint Thomas, que si un Philosophe Chretien est plus assuré de l'existence de Dieu qu'un Philosophe Payen, cela

cela ne vient pas de ce que le premier croit l'existence de Dieu consideré comme auteur de la nature, mais de ce qu'il croit d'autres articles qui la supposent. Car il est évident que celuy qui croit, par exemple, que Dieu est un en trois Personnes, suppose que Dieu existe, car s'il n'existoit pas, il ne pourroit estre un en trois Personnes.

Il seroit impossible d'éviter toutes les difficultez qui se presentent sur ce sujet, si l'on ne vouloit recourir à la distinction que nous venons d'établir entre le Dieu d'Abraham, d'Isaac & de Jacob, & le Dieu qui est createur du ciel & de la terre. Or il paroit par cette distinction, que bien que la foy & l'évidence paroissent incompatibles à l'égard du même objet consideré de la même maniere, comme l'enseigne saint Thomas, cela n'empêche pas que nous ne croyons par la foy, l'existence du Dieu d'Abraham, d'Isaac & de Jacob, parce que cette croyance n'a rien d'opposé à l'évidence que nous avons que Dieu existe comme auteur de la nature. Ce qui merite particulierement d'estre remarqué.

CHAPITRE II.
Comment on doit user de la foy touchant la Divinité de Jesus-Christ.

Quand on sçait que la revelation divine est l'objet formel de la foy, on sçait aussi que la raison ne peut estre le motif immediat qui fait que nous croyons; car si nous croyons ce qu'on nous propose de la part de Dieu, ce n'est pas parce que cela est conforme à la raison, mais precisément parce que c'est Dieu qui le propose à croire : D'où il s'ensuit qu'à l'égard de la croyance des mysteres, on ôte à la foy toute la part qu'on donne à la raison ; ce qui est si vray, que si quelqu'un excité par les seuls motifs de credibilité croyoit que Jesus est le Christ, sa foy ne seroit pas divine, mais humaine, parce qu'elle ne seroit pas fondée sur l'autorité de la premiere Verité. Par exemple, si les Apôtres, qui estoient témoins des miracles de Jesus-Christ, eussent crû qu'il estoit le vray Messie, non pas par l'autorité de la revelation divine, mais par celle des miracles, leur foy eût esté purement humaine, & elle n'auroit point du tout esté divine.

Or les preuves de la divinité de Jesus-Christ sont de trois sortes.

1. *Qu'il faut que la foy en Jesus Christ soit fondée sur la revelation divine.*

Les premieres consistent dans des faits qui renferment sa mission. Les secondes consistent dans des faits qui renferment les dogmes qu'il a enseignez à ses Apôtres, & qui sont venus jusqu'à nous; & les troisiémes consistent dans des faits, qui ne renferment ni la mission de Jesus-Christ, ni ses dogmes en particulier, mais qui font voir en general que toute sa doctrine est croyable.

Les faits qui renferment la mission de J. C. & ses dogmes, sont les témoignages que le Pere Eternel, Saint Jean Baptiste, Moïse, les propheties & les miracles rendent à Jesus-Christ. Le Pere Eternel a fait éclater les siens principalement dans le temps de la Transfiguration, (*Matth. 3. 17.*) & du Baptême de Jesus-Christ. (*Matth. 17. 5.*) Il déclara dans la Transfiguration, que Jesus-Christ est son fils bien-aimé, & l'objet de ses complaisances : & quant au fait du Baptême, il a encore quelque chose de plus singulier, parce que les Cieux s'entr'ouvrirent, & que la chose se passa à la vûe d'une foule de peuple avec laquelle Jesus-Christ voulut bien se faire baptiser.

Saint Jean Baptiste n'a perdu aucune occasion de rendre témoignage à Jesus-Christ. Il déclare aux Juifs que luy, ni son Baptême, ne sont rien en comparaison de Jesus-Christ, & de son Baptême. *Pour moy*, dit-il, (*Matth. 3. 11.*) (*Marc. 1. 8.*) *je vous baptise dans l'eau, pour vous porter à la penitence; mais celuy qui vient aprés moy, est plus puissant que moy.* Et ce qui met ce témoignage au dessus de toute exception, est qu'il avoit esté prédit long-temps auparavant dans l'ancien Testament, en ces termes: (*Malac. 3. 1.*) *J'envoye mon Ange devant votre face, qui marchera devant vous, & preparera le chemin.*

Moïse a predit plus d'une fois le vray Messie Jesus-Christ. Il dit en un endroit (*Deut. 18. 15.*) que Dieu suscitera un jour & donnera aux Juifs un grand Prophete semblable à luy, pris de leur nation, pour lequel il les avertit d'avoir beaucoup de creance & de docilité. Ensuite il introduit Dieu même s'en expliquant en ces termes : (*Deut. 18. 18.*) *Je susciteray un Prophete semblable à vous, pris du milieu de leurs freres : je mettray mes paroles dans sa bouche, il ne leur parlera que de ma part, & ne leur dira rien que selon mes ordres. Que si quelqu'un est assez hardi pour ne l'écouter pas avec respect, c'est moy qui l'en vengeray, & qui en feray la justice.* Et parce que Moïse en cet endroit avoit marqué la mission de Jesus-Christ un peu trop generalement, il a pris soin de rapporter une autre Pro-

1. Qu'il y a trois sortes de preuves touchant la divinité de Jesus-Christ.

2. Quels sont les faits qui renferment la mission de Jesus-Christ & ses dogmes.

pherie de Jacob qui détermine plus precisement la sienne, à Jesus-Christ. C'est au chapitre quarante-neuviéme de la Genese, où Jacob dit nettement, que le sceptre ne sera point ôté de Juda, ni le Prince de sa posterité, jusqu'à ce que le Messie soit venu. Ce témoignage doit estre d'une force invincible, non seulement sur les Juifs qui reconnoissent Moïse pour infaillible, mais même sur les Payens; car il est visible que ce n'est point par hazard ni par une lumiere commune & ordinaire, mais par un esprit de Dieu, qui sçait tout & qui voit tout, que les Prophetes ont annoncé la venuë de Jesus-Christ tant de siecles avant qu'elle soit arrivée, & qu'ils en ont marqué precisement le temps.

Les Prophetes qui depuis Moïse sont venus les uns aprés les autres, en donnant à Jesus-Christ la qualité de Messie, l'ont caracterisé d'une maniere qu'il ne s'y peut rien ajouter. Ils ont dit qu'il *établiroit une nouvelle alliance, que les Juifs le reprouveroient, & qu'à leur tour ils seroient eux-mêmes reprouvez de Dieu; qu'il seroit la victime pour les pechez du monde; qu'il renverseroit les idoles & ameneroit les Gentils à la connoissance du vray Dieu: qu'il seroit le precepteur & le docteur des Gentils: qu'il seroit la pierre fondamentale; que cette pierre seroit un sujet de chute & de scandale: que malgré le mépris qu'on en feroit, elle deviendroit la pierre angulaire qui reüniroit en un même culte les Juifs & les Gentils: qu'il mourroit sur une croix: qu'il auroit ses mains & ses pieds percez: que ses habits seroient partagez, & sa robe seroit jettée au sort: qu'il ressusciteroit precisement au troisiéme jour; qu'il monteroit au ciel; qu'il seroit assis à la droite de Dieu son Pere*, &c. Il est impossible de trouver dans la suite des temps un seul homme à qui l'on puisse appliquer avec justesse, je ne dis pas l'assemblage de tous ces caracteres, mais un seul. Qu'on nous dise, par exemple, quel autre que Jesus-Christ a appellé les Gentils au culte du vray Dieu.

Les miracles sont le témoignage que Jesus-Christ a fait le plus valoir, & à la consideration duquel il a le plus excité les Juifs. *J'ay*, dit-il, *(Joan. 5. 36.) un témoignage plus grand que celuy de Jean, car les œuvres que mon Pere m'a donné pouvoir de faire, les œuvres, dis-je, que je fais, rendent témoignage pour moy que c'est le Pere qui m'a envoyé*. On ne peut donc contester que Dieu n'ait eu dessein par les miracles, de nous faire connoitre la mission & la doctrine de Jesus-Christ: Et il ne serviroit de rien de dire, ou que Jesus-Christ n'a pas fait de vrais miracles, ou s'il en a fait, que les

4.
Que la mission de Jesus-Christ est principalement fondée sur les miracles.

miracles ne sont pas une preuve certaine de la verité de la doctrine de celuy qui les fait: Car l'histoire nous apprend, qu'aprés toutes les recherches que les Juifs firent touchant la guerison du Paralitique, & celle de l'aveugle né, ils furent reduits à dire, non qu'il y avoit de l'illusion, mais à reprocher à Jesus Christ qu'il faisoit ces miracles le jour du Sabat; (*Joan. 5. 16.*) ou à l'accuser qu'il les faisoit au nom de Beelzebut Prince des demons. (*Matth. 12. 24.*) Quant à la preuve que les vrais miracles fournissent à la verité de la doctrine, il en faut juger par la fin que leur donne celuy qui les opere: Car s'il opere à dessein d'établir sa doctrine, on peut assurer que la preuve des miracles est convaincante, pourvû que cette doctrine ne soit pas d'ailleurs visiblement fausse, auquel cas ce ne seroient point de vrais miracles, car Dieu ne fera jamais des miracles pour autoriser une fausse doctrine. Que si au contraire les miracles ne se font que par ostentation, pour autoriser une doctrine qui se trouve manifestement fausse, la preuve de ces miracles, quelque vrais qu'ils paroissent, ne doit estre de nulle consideration pour la doctrine & pour la religion. Il faut ajouter que c'est le privilege des miracles de Jesus-Christ, d'avoir esté prédits par les Prophetes. Isaïe avoit predit (*Chap. 61. 4.*) que le Messie rendroit la veuë aux aveugles, l'ouïe aux sourds, le marcher aux boiteux, & la parole aux muets. Jesus-Christ a fait tout cela: il a donc accompli les Propheties dans les miracles; il est donc le vrai Messie.

Ce que Jesus-Christ enseigne est non seulement croyable par cette raison qu'il le revele, il l'est encore par trois autres motifs moins considerables. Le premier est le nombre & l'autorité de ceux qui ont reçu la foy de Jesus-Christ, entre lesquels il y a des personnages si celebres & en si grand nombre, que toute personne prudente se doit sentir incitée à croire ce que tant d'autres personnes illustres ont crû. C'est pour cela que saint Augustin dit de luy-même, que le concours des peuples, & l'autorité des miracles le retiennent dans l'Eglise.

Le deuxième motif est, la sainteté de la Religion Chretienne, qui est exempte de toutes les erreurs dont les autres Religions sont pleines. Cette sainteté est un si puissant attrait pour les cœurs dociles, qu'elle les porte non seulement à croire les choses de la foy, mais encore à souffrir le martyre pour leur défense, ainsi que les Historiens le rapportent de plusieurs Martyrs. Tertullien, saint Augustin & saint Chrysostome se servent particulierement de ce motif, prétendant que tout homme prudent & sage doit estre porté à embrasser la Religion Chretienne, quand il n'y voit rien que de saint & de juste, bien qu'il y ait plusieurs choses qui sont au dessus de la raison : d'où vient que la doctrine Chretienne est appellée dans les Pseaumes : (*Psalm. 18. 8.*) *Une loy immaculée qui convertit le cœur, & un témoignage fidele.*

Le troisiéme motif est l'épanchement de la foy Catholique par tout le monde dans si peu de temps, & sa fermeté inébranlable contre laquelle les portes d'enfer ne prevaudront jamais. (*Matth. 16. 18.*) Car où est l'homme qui faisant reflexion sur la maniere dont les Apôtres ont établi la Religion Chretienne, sans armes, sans richesses, sans credit, ne soit pas persuadé que Dieu a operé avec eux, & par consequent que la foy Catholique estant divine, doit estre embrassée de tout le monde.

On dira peut-estre, que si les motifs de credibilité, dont il vient d'estre parlé, avoient autant de force que nous l'assurons, tous les hommes embrasseroient la Religion Chretienne, parce qu'elle n'enseigne rien qui ne soit évidemment croyable : cependant cela n'arrive point, & la plupart restent dans l'infidelité, bien que ces motifs leur soient proposez. Mais il est aisé à voir, que, de ce qu'un homme prudent ne trouve rien dans la Religion Chretienne que de croyable, il ne s'ensuit pas qu'il la doive embrasser necessairement, parce qu'il peut estre aveuglé par la violence de quelque passion qui l'en détourne ; ainsi qu'il est arrivé aux Juifs, dont il est dit dans la sagesse, (*chap. 2. 21.*) que leur propre malice les a aveuglez pour les empêcher de recevoir la lumiere de l'Evangile.

6. *Objection avec la réponse.*

CHAPITRE III.

Comment on doit user de la foy touchant l'Eucharistie.

C'Est un article de foy, dont tous les Catholiques conviennent, & qu'on ne sçauroit nier sans estre heretique, que le corps & le sang de Jesus-Christ sont réellement & substantiellement dans le Sacrement de l'Eucharistie après la consecration. C'est ce que le Concile de Trente a defini, c'est à dire, que ce qui estoit avant la consecration, pain & vin, est après la consecration, le Corps & le Sang de Jesus-Christ. Mais si ce que l'Eglise appelle Corps & Sang de Jesus-Christ, est une étenduë en puissance, comme les anciens Philosophes le pretendent ; ou une étenduë actuelle, comme

1. *Qu'est-ce que le Concile de Trente a défini comme de foy touchant l'Eucharistie.*

les Philosophes modernes l'enseignent, c'est ce que l'Eglise n'a jamais prétendu déterminer.

C'est encore un article de foy, que les especes ou apparences du pain & du vin restent dans le Sacrement de l'Eucharistie après la consecration, bien que la substance du pain & du vin n'y soient pas : C'est ce que le Concile de Trente a defini, c'est à dire, que ce qui estoit avant la consecration, pain & vin, paroit toujours à nos sens, estre pain & vin, quoique ce ne soit ni pain ni vin. Mais si ce que l'Eglise appelle espece, ou apparence, est un accident réel ou absolu subsistant indépendamment d'un sujet, comme quelques Philosophes l'enseignent ; ou si ces apparences doivent s'expliquer d'une autre maniere, comme d'autres le croyent, c'est ce que l'Eglise n'a jamais defini.

2. Que l'Eglise n'entre point dans les disputes des Philosophes.

L'Eglise n'entre point dans les disputes des Philosophes, pourveu qu'on ne touche pas à la foy. Or, ce qu'il y a de foy dans l'Eucharistie, est d'une part, qu'après la consecration le Corps & le Sang de Jesus-Christ sont réellement & substantiellement dans le Sacrement ; c'est ce que nioit Calvin, & que l'Eglise a defini contre luy : & d'autre part que toute la substance du pain & du vin est changée au Corps & au Sang de J. C. & que cependant J. C. afin que ce fût un mystere de foy, n'a pas voulu que ce changement fût sensible, il a voulu au contraire que ce qui estoit pain avant la consecration, parût encore estre pain après la consecration ; voila ce que nioit Luther, qui pretendoit que la substance du pain & du vin restoit avec le Corps & le Sang de Jesus-Christ après la consecration : Ce que l'Eglise a condanné.

3. Que les Philosophes ont eu differens sentimens sur l'essence du corps.

Les Philosophes ont eu de tout temps des sentimens fort differens touchant l'essence du corps. Les uns l'ont fait consister dans le premier sujet des formes ; les autres dans une substance composée de parties ; d'autres l'ont mise dans le pouvoir d'estre étendu ; d'autres dans l'étenduë même ; d'autres dans le fondement de l'impenetrabilité ; d'autres dans l'impenetrabilité même ; d'autres dans la divisibilité, & d'autres enfin dans d'autres choses.

Quoy que l'Eglise n'ait pris aucun parti touchant ces differentes opinions des Philosophes sur l'essence du corps, chaque Secte de Philosophes ne laisse pas de se persuader qu'elle a pris le sien, & qu'elle a condanné les sentimens de toutes les autres. Voicy comment quelques anciens Philosophes tâchent de prouver qu'elle a condanné la doctrine des Philosophes modernes, qui mettent l'essence du corps dans l'étenduë actuelle. J'entens par les Philosophes anciens, les Disciples de Platon & d'Aristote; & par les Modernes, ceux qui ont embrassé la Philosophie mécanique.

4. Quelle est l'opinion des anciens.

Les anciens disent, que le Concile Trente n'enseigne pas seulement que Jesus-Christ est contenu tout entier sous les especes du pain & du vin, mais encore qu'il est contenu tout entier sous chaque partie des especes du pain & du vin; de sorte que lors que l'on rompt les especes du pain, & qu'on divise les especes du vin, Jesus-Christ n'est point divisé, mais se trouve tout entier sous toutes les parties de chaque espece après que la separation en est faite: d'où ils tirent cette consequence, que toutes les parties du Corps de Jesus-Christ sont penetrées les unes dans les autres sous les especes consacrées; car si sa teste, ses mains, ses pieds & les autres parties de son corps n'étoient pas les unes dans les autres, & toutes dans la même place, elles seroient les unes hors des autres, & dans des places differentes, & par consequent sa teste seroit sous une partie des especes, ses mains sous une autre partie, ses pieds sous un autre, & ainsi son corps ne seroit pas tout entier sous toutes les parties de chaque espece, contre la doctrine du Concile. Afin donc qu'il soit tout entier sous toutes les parties de chaque espece, il faut que sa teste se trouve dans la même place & sous la même partie des especes où sont ses pieds, il faut que ses bras s'y trouvent, il faut que ses mains & toutes les parties de son corps s'y trouvent penetrées les unes dans les autres; ce qui ne seroit pas, si les parties de la matiere estoient impenetrables comme sont celles de l'étenduë prise pour la quantité.

5. Quelle est l'opinion des modernes.

Les Philosophes modernes répondent, que le Concile de Trente ne nous oblige point de croire que les parties du corps de Jesus-Christ se penetrent, mais seulement que Jesus-Christ est tout entier sous les especes & sous chaque partie des especes, après que la separation en est faite, ce qui n'a nulle repugnance avec l'opinion de l'impenetrabilité de la matiere.

Les Philosophes modernes croyent à leur tour, que l'Eglise a condamné le sentiment de ceux qui mettent l'essence du corps hors de l'étenduë actuelle. Ils ne peuvent se persuader qu'on puisse croire que le Corps de Jesus-Christ soit réellement & substantiellement sur nos autels, si l'on ne croit qu'il y est étendu. Ils disent que l'opinion de saint Augustin ne differe pas de la leur, & que selon ce saint Docteur, il n'y a rien qui soit corps que ce qui est dans un lieu, & qui à mesure, qu'il est plus petit ou plus grand, occupe une plus grande ou une plus petite place. Ils ajoutent, que s'il est vrai que toutes les parties du corps de Jesus-Christ n'ayent en soy aucune étenduë, elles seront non seulement penetrées, mais confonduës entre elles, sans aucune distinction, reduites à un point non seulement Physique, qui auroit quelque étenduë, mais à un point Mathematique, qui n'est en nature que par la pensée : ce qui repugne à l'idée d'un corps, qui soit celuy-là même qui a souffert pour nous sur l'arbre de la croix. Mais quelque apparence de raison que puissent avoir les Philosophes modernes, les anciens disent neanmoins qu'ils ont tort de croire que l'Eglise ait condanné leurs principes; & en effet elle ne les a jamais condannez.

Qu'après cela les Philosophes disputent entre eux autant qu'ils voudront sur l'essence du corps & sur les especes du pain & du vin; que les anciens disent que l'essence du corps consiste dans l'étenduë en puissance, & que les especes du pain & du vin sont des accidens réels & absolus, & que les modernes soutiennent au contraire que l'essence du corps consiste dans l'étenduë actuelle, & que les especes ne sont que de simples modes, pourveu qu'ils demeurent d'accord du fond du Mystere, je veux dire, de la Presence réelle du Corps & du sang dans l'Eucharistie, l'Eglise les laissera disputer entre eux autant qu'ils voudront, sans s'interesser dans leurs disputes.

Ce que je dis de l'essence du corps & des accidens réels, peut estre entendu de toutes les autres disputes philosophiques muës à l'occasion de quelques articles de foy. Car, par exemple, combien de questions ne forme-t-on pas tous les jours sur la nature du peché originel, & sur la maniere dont il se communique; sur la nature & sur les effets de la grace, sur la predestination, &c. Et combien les Philosophes ne sont-ils pas partagez sur ces questions? Cependant tout cela ne touche point à la foy, quelque opinion qu'on embrasse, pourveu qu'on demeure d'accord de part & d'autre, 1. *Que tous les hommes naissent avec le peché originel*, c'est à dire, *qu'ils sont tous coupables du peché du premier homme*, & *qu'ils sont tous par consequent enfermez dans la masse de corruption, dont ils ne peuvent estre retirez que par Notre Seigneur Jesus-Christ.* 2. *Que la grace est un don de Dieu, sans lequel l'homme ne peut operer son salut.* 3. *Que tous ceux qui seront sauvez ont esté élus & predestinez par une élection de Dieu purement gratuite.*

Le grand principe qu'il faut garder sur ces matieres est, que
pourveu

LIVRE II. PARTIE II.

pourveu qu'un Philosophe demeure d'accord de tout ce que l'Eglise enseigne comme de foy, & qu'il y souscrive de bon cœur & sans fraude, l'Eglise ne s'embarasse point des explications que luy ou d'autres peuvent donner, quelque opposées qu'elles paroissent estre. Quand elle veut decider quelque chose, elle le fait toujours en sorte qu'elle n'embrasse aucune opinion particuliere. C'est ainsi que les Docteurs ne s'accordant pas quand on leur demande en quoy consiste l'essence de la personne, l'Eglise sans approuver positivement aucune de leurs opinions, s'est contentée de definir, que la nature singuliere n'est pas toute l'essence de la personne. Les Philosophes ayant aussi des sentimens differens sur l'essence du corps, & sur les especes ou apparences du pain & du vin dans l'Eucharistie, l'Eglise ne prend aucun parti entr'eux; mais sur ces questions philosophiques elle les laisse disputer, & ne condanne point leurs opinions, pourveu qu'ils admettent le fond du Mystere, & qu'ils croyent ce qu'elle les oblige de croire touchant l'Eucharistie.

6. Que l'Eglise dans ses decisions n'embrasse aucune opinion particuliere.

CHAPITRE IV.

Que le Mystere de l'Eucharistie n'a rien d'opposé aux sens, ni à la raison; & comment.

A Parler philosophiquement, la foy n'est point contraire à l'évidence des sens, lors qu'elle nous assure que ce n'est point la substance du pain, qui nous fait voir la blancheur qui paroit dans l'Eucharistie; car quoy que la blancheur soit une perception des sens, ce n'est pas aux sens pourtant à nous apprendre si c'est la substance du pain, ou celle de quelque autre corps qui la produit, car, comme il a esté dit, ce n'est pas aux sens, mais à la raison à approprier les sensations à chaque sujet. Par exemple, quand je vois du jaune, je suis assuré que je vois du jaune; mais je ne suis pas assuré que ce soit l'objet que je regarde, & qui me paroit jaune, qui me cause cette couleur, car il se peut faire que je ne vois du jaune que parce que j'ay la jaunisse. C'est pourquoy c'est à la raison, & non pas aux sens, à examiner & à conclure quelle est precisement la cause, qui me fait appercevoir la couleur jaune que je vois.

1. Que c'est à la raison à approprier les sensations à chaque sujet.

Et il ne serviroit de rien de dire, que si la Transubstantiation n'est pas contraire à l'évidence des sens, elle est au moins opposée à celle de la raison, d'autant que celle-cy nous enseigne tres certainement, que la blancheur de l'hostie est produite par la substance du pain, & la foy nous assure d'ailleurs que ce n'est pas la substance du pain qui produit cette blancheur. Car on peut répondre que ces deux veritez n'ont rien de repugnant, puis que, comme il a esté dit, l'évidence de la raison se termine à considerer simplement les choses dans une condition naturelle, dans laquelle on ne peut concevoir que la blancheur du pain ne dépende pas du pain, au lieu que la foy considere les choses dans un estat surnaturel, dans lequel Dieu peut faire par sa puissance absoluë, que la blancheur qui dépendoit du pain avant la consecration, dépende d'une autre cause après la consecration. C'est pourquoy il ne s'agit plus que de sçavoir si Dieu a voulu faire par sa puissance absoluë, que la blancheur de l'hostie après la consecration, dépendît d'un autre corps que du pain.

2. Que la Transubstantiation n'est pas contraire à l'évidence de la raison.

Tout le monde demeure d'accord que pour s'assurer de cela, il faut avoir recours à la revelation divine : mais la difficulté est de sçavoir comment nous sommes assurez de cette revelation. Si nous disons que nous en sommes assurez par la Tradition, on demandera encore comment nous sommes assurez de la Tradition. Si nous répondons, que nous en sommes assurez par l'évidence des sens & de la raison, on repliquera que si l'évidence des sens & de la raison n'est pas infaillible à l'égard de la presence du pain dans l'Eucharistie, comme nous venons de le prouver, elle ne peut pas l'estre aussi à l'égard de la Tradition de l'Eglise. Car, par exemple, si je ne suis pas obligé de croire qu'il y a du pain dans l'Eucharistie, lors que je vois & que je goute du pain, pourquoy croirai-je qu'il y a des Prêtres à l'Autel, qui offrent un sacrifice, bien que je voye ces Prêtres & ce Sacrifice.

3. Que pour s'assurer de cela il faut avoir recours à la revelation divine.

Cette objection est sans doute la plus forte, & en même temps la plus importante qu'on puisse faire sur ce sujet, puis qu'elle attaque directement la Tradition, qui est la seule voye par laquelle la revelation divine nous peut estre infailliblement communiquée. Cependant à regarder la chose de prés, on trouvera que les Fideles y peuvent répondre sans peine ; & ils y répondent en effet, en reconnoissant de bonne foy, que les mêmes sens qui rendent témoignage de la tradition de l'Eglise, rendent aussi témoignage de la presence du pain dans l'hostie avant la consecration. Ils accordent encore que le témoignage des sens est également infaillible à ces deux égards : mais ils soutiennent qu'il n'est pas vrai que les sens qui rendent témoignage de la presence du pain dans l'hostie avant la consecration, en rendent aussi témoignage aprés la consecration. Les Fideles disent qu'il y a cette difference entre le pain avant la consecration, & le pain aprés la consecration, que le pain avant la consecration est dans un estat purement naturel, dans lequel les sens en peuvent rendre un témoignage infaillible, au lieu que le pain aprés la consecration est dans un estat surnaturel, dans lequel les sens n'en peuvent rien témoigner infailliblement. C'est pourquoy les sens nous peuvent bien assurer qu'on celebre tous les jours le sacrifice de la Messe, car rien ne s'oppose à leur évidence à cet égard ; mais ils ne peuvent pas nous assurer que le pain est present dans l'Eucharistie, parce que la revelation divine nous assure qu'il n'y est pas present.

La difficulté que nous venons de resoudre, tombe si naturellement dans l'esprit de ceux qui ne sont pas accoutumez à considerer jusques où s'étend la certitude des sens & de la raison, qu'il n'y a pas lieu de s'étonner que les Payens la proposent d'ordinaire : mais il y a dequoy estre surpris, que les Heretiques, sur tout les Protestans, s'en veulent servir contre les Catholiques pour détruire la foy de l'Eucharistie. Car on peut prouver évidemment, que la même opposition qui se trouve entre la foy & les sens touchant l'Eucharistie, se trouve aussi entre la foy & la raison touchant les mysteres de la Trinité & de l'Incarnation ; de sorte que si les Catholiques estoient obligez d'abandonner la foy pour suivre les sens dans l'Eucharistie, les Protestans seroient aussi obligez d'abandonner la foy pour suivre la raison dans la Trinité & dans l'Incarnation : ce qui renverseroit tous les fondemens de la verité de la Religion Chretienne.

CHAPITRE V.

Comment on peut défendre la foy de Jesus-Christ contre les Spinosistes & les Sociniens.

Spinosa & ses Disciples nous donnent une idée de la foy divine bien differente de celle que nous venons d'établir dans la premiere partie de ce livre. Au lieu de dire avec l'Apôtre (*Heb.* II. 1.) que la foy est la substance des choses que nous esperons, ils enseignent que la foy n'est autre chose qu'une opinion que nous avons

1.
Qu'est ce que la foy selon Spinosa.

de Dieu telle qu'il nous plaist, pourveu qu'elle nous conduise aux bonnes mœurs, & nous porte à obeïr aux loix divines.

2.
Que tous les dogmes de la foy de Spinosa, sont respectifs.

Suivant cette definition, la foy ne consiste pas dans des dogmes revelez par la premiere Verité, ni dans des articles contenus dans quelque Symbole, mais dans de certaines pensées que nous avons de Dieu, qui bien qu'elles ne soient pas vrayes, nous portent à luy obeïr; pourveu toutefois que celuy qui les a, ignore qu'elles soient fausses; car s'il ne l'ignoroit pas, il seroit impossible qu'il obeït à Dieu, en adorant comme une perfection divine, ce qu'il sçauroit estre opposé à la divinité. C'est pourquoy comme, selon Spinosa, la verité & la fausseté de la foy ne se mesurent que par l'obeïssance & par la desobeïssance, & que d'ailleurs les pensées des hommes sont si differentes, qu'il est impossible de les faire tous convenir sur une même chose, il faut conclure, selon luy, qu'il n'y a point de dogmes particuliers & déterminez, qui appartiennent à la foy Catholique; d'autant que les pensées qui portent les uns à obeïr, n'y portent pas les autres, & que chacun est obligé de suivre celles par lesquelles il se sent le plus porté à l'obeïssance.

3.
Quel est le principal dogme de la foy de Spinosa, dont tous les autres dépendent.

Bien qu'il paroisse par cette doctrine que tous les dogmes de la foy divine ne soient rien d'absolu, mais quelque chose de respectif, Spinosa ne laisse pas de faire un dénombrement de certains points fondamentaux & absolus de la foy, entre lesquels il y en a un principal qui comprend tous les autres. Ce point est, *qu'il y a un Estre supreme qui aime la justice, auquel il faut obeïr, & dont le culte consiste dans la charité envers le prochain.* Tous les autres dogmes de foy ne sont, selon cet Impie, que des corollaires de celuy-là.

Le premier corollaire est, que Dieu existe; car celuy qui ne croit pas que Dieu existe, ne peut estre porté à luy obeïr.

Le second, que Dieu est unique, car l'obeïssance suppose que celuy à qui l'on obeït, est plus excellent & plus puissant que tous les autres.

Le troisiéme, que Dieu est present par tout, car quel amour ou quelle crainte pourroit-on avoir pour la justice & pour l'équité, si Dieu ignoroit quelque chose? Et comment pourroit-il sçavoir toutes choses, s'il n'estoit present par tout?

Le quatriéme, qu'il a un pouvoir absolu sur toutes les creatures, & qu'il ne se fait rien que ce qu'il veut; car sans cela on ne se mettroit pas en peine de luy obeïr.

Le cinquiéme, que tout le culte de Dieu consiste dans l'amour

& dans la charité pour le prochain.

Le sixiéme, qu'il n'y a que ceux qui obéissent à Dieu qui soient sauvez, & que tous ceux qui ne luy obeïssent pas, sont perdus pour jamais ; car si les hommes ne croyoient pas cela fermement, ils n'auroient aucune raison d'obeïr à Dieu plutôt que de suivre leurs passions.

Le septiéme & dernier, que Dieu pardonne les pechez à ceux qui s'en repentent, car si cela n'estoit pas, comme il n'y a personne qui ne peche, il n'y auroit aussi personne qui ne desesperât de son salut. Voilà les sentimens de Spinosa touchant la foy divine.

Il seroit inutile pour détruire cette doctrine, de se servir des raisons tirées de l'Evangile, de la tradition des Peres & de l'Eglise, Spinosa ne les recevroit pas ; c'est pourquoy il faut tâcher de la renverser par elle-même, en faisant voir qu'elle renferme des contradictions manifestes, comme il paroîtra, si l'on veut considerer que par la definition que Spinosa donne de la foy, toutes les opinions que les Idolatres ont de leurs faux dieux, quelque ridicules qu'elles soient, sont de veritables dogmes de la foy Catholique, entant qu'elles les portent à la charité envers le prochain, non pas par elles-mêmes, car elles sont souvent opposées les unes aux autres, mais par rapport à la disposition naturelle ou acquise de leur esprit, qui fait qu'ils sont plus excitez par les unes que par les autres à obeïr à la loy divine & à la loy naturelle.

Spinosa prevoyant bien que sa definition donnoit trop d'étenduë à la foy, a voulu la resserrer ; mais il n'a pû le faire sans se contredire : car en effet, selon sa definition, tous les dogmes de la foy sont respectifs ; cependant il en a établi sept qu'il pretend estre absolus à quoy il faut ajouter, que les sept articles pretendus absolus qu'il établit, ne portent point par eux-mêmes à l'obeïssance ni à la charité, & qu'on peut avoir l'obeïssance & la charité sans eux.

Car 1. La consideration de l'unité de Dieu n'est point absolument necessaire pour obeïr à Dieu, & pour aimer son prochain. Les Manichéens, par exemple, qui reconnoissoient deux Dieux, l'un bon, & l'autre méchant, estoient plus portez à l'obeïssance de Dieu & à l'amour du prochain par la duplicité de Dieu, que par son unité.

2. La presence de Dieu par tout n'est pas non plus absolument necessaire pour aimer le prochain. Les hommes se peuvent aimer re-

4. Qu'il ne faut pas combatre Spinosa par l'Evangile, mais par luy-même.

5. Que Spinosa se contredit, & comment.

ciproquement en veuë des seuls avantages qu'ils peuvent se procurer, sans faire aucune attention à la presence de Dieu.

3. Le droit souverain de Dieu sur toutes choses ne nous porte point absolument à la charité, c'est à dire, à chercher les avantages du prochain : Car quel rapport y a-t-il entre aimer son prochain, & croire que Dieu a un droit souverain sur toutes choses.

4. L'opinion que le culte de Dieu consiste seulement dans l'amour du prochain, est encore inutile pour nous porter à la charité; car on peut aimer son prochain sans sçavoir que par là on honore Dieu.

5. La consideration du salut éternel n'est pas non plus absolument necessaire pour nous porter à l'amour du prochain, car on peut l'aimer par des veuës seulement temporelles, mais tres raisonnables.

Enfin on peut aimer le prochain sans sçavoir que Dieu pardonne les pechez à ceux qui s'en repentent. Car quel rapport y a-t-il entre aimer son prochain, & croire que Dieu pardonne les pechez ? Il n'y en a aucun; ou s'il y en a, il est si éloigné, qu'on ne peut pas dire que le pardon que Dieu accorde aux pecheurs repentans, soit la cause de l'amour que l'homme a pour son prochain : d'où il faut conclure que la definition que Spinosa donne de la foy, est fausse, & que la restriction qu'il a voulu apporter à son étenduë, est insoutenable.

6. Comment les Sociniens attaquent la foy divine.

6. Les Sociniens, & la plupart de ceux qu'on appelle *Esprits forts* parmi les Protestans & les Catholiques, attaquent la foy divine d'une maniere à la verité differente de celle dont les Spinosistes la combattent, mais qui n'est pas moins dangereuse. Spinosa & ses Disciples, tâchent seulement de changer la vraye foy en une foy fausse & illusoire, au lieu que les Sociniens & les Esprits forts la veulent entierement détruire, en faisant voir que les veritez qu'on attribuë à la foi, ne sont pas des veritez, mais des illusions de l'esprit, & de pures chimeres.

Pour prouver cela, ils disent qu'il y a trois conditions essentielles à toute vraye proposition, sçavoir l'idée d'un sujet, l'idée d'un attribut, & l'idée des rapports d'égalité ou d'inegalité qui sont entre ce sujet & cet attribut, sans quoy il implique contradiction qu'une proposition soit une vraye proposition, & qu'elle exprime quoy que ce soit. D'où il s'ensuit que les propositions qui n'ont pas ces conditions, ne sont que des chimeres & de purs êtres de raison.

Cela étant supposé, il semble aux Sociniens que si toutes les propositions qui manquent de sujet ou d'attribut, estoient comptées pour rien, on feroit évanouïr une infinité de propositions qui n'ont pas, disent-ils, une ombre de sens ; & en particulier on feroit évanouïr toutes celles qui regardent la foy divine, dont on fait tomber presque toujours l'obscurité sur des termes, dont on n'a aucune idée, & dont il semble toutefois qu'on en devroit avoir une tres claire, parce que toute proposition de foy devant estre une affirmation, elle doit estre composée d'un sujet & d'un attribut, qui soient clairement connus, car autrement l'affirmation seroit de rien, & par consequent elle ne seroit pas une affirmation.

Pour répondre à cette Objection, nous demeurons d'accord avec les Sociniens, que toutes les propositions pour estre de vrayes propositions, doivent avoir un sujet, un attribut & des rapports qui lient ou qui separent ce sujet & cet attribut : mais nous soutenons qu'il n'est pas necessaire que le sujet & l'attribut, & les rapports qui les lient, ou qui les separent, soient connus clairement ; il suffit qu'ils soient connus obscurément. Ainsi, par exemple, ces propositions : *Dieu est un en trois Personnes : Jesus Christ est vrai Dieu & vrai homme : Jesus-Christ est né d'une Vierge*, &c. sont de vrayes propositions : cependant les rapports qui lient le sujet avec l'attribut de ces propositions sont tellement au dessus de la raison, qu'il nous est absolument impossible de les concevoir clairement.

Il faut ajouter, que rien ne nous oblige de dire que l'obscurité des propositions surnaturelles vient uniquement de ce que nous ne pouvons avoir aucune idée distincte de la liaison du sujet & de l'attribut ; elle peut venir aussi de ce que le sujet ou l'attribut de ces propositions sont obscurs : tels sont le sujet & l'attribut de ces deux propositions surnaturelles : *La Trinité est adorable : Jesus-Christ est vrai Dieu & vrai homme* ; car dans la premiere le sujet est obscur, & dans la seconde, l'attribut.

Au reste, comme l'obscurité des propositions surnaturelles n'empêche pas qu'elles ne soient des vrayes propositions, elle n'empêche pas aussi qu'elles ne soient des propositions tres veritables, c'est à dire, qui contiennent des veritez tres constantes ; à cause que celuy qui nous les a revelées ne sçauroit ni tromper ni estre trompé.

Et il ne serviroit de rien de dire avec quelques Scolastiques, que la foy dont nous nous servons sur la terre, répond à la vision beatifique dans le ciel, & que par la vision beatifique on connoit Dieu

7. Réponse aux Sociniens.

8. Confirmation de la réponse.

9. En quel sens on peut dire que la

288 L'USAGE DE LA RAISON ET DE LA FOY.

foy répond à la vision beatifique.

clairement & distinctement. Car il est aisé de répondre, qu'il est vrai que la foy répond à la vision beatifique de la part de l'objet auquel la foy se porte, mais non pas quant à la maniere de le connoître. La vision beatifique est un acte par lequel l'objet est penetré d'une simple vuë, qu'on appelle *intelligence* ; au contraire l'acte de foy qui suit la maniere ordinaire de l'entendement, est un consentement à la verité constant & assuré, mais qui est toujours precedé d'une connoissance que nous avons de l'objet, laquelle en cette vie est necessairement obscure, parce qu'elle est prise sur des idées étrangeres.

C'est ce qui a fait dire à saint Paul (*1. Cor. 13. 12.*) que *nous ne voyons les choses dans cette vie que par enigme & à travers un miroir, & que nous les verrons en l'autre vie d'une vuë claire & distincte.* L'Apôtre dit que nous voyons à travers un miroir, pour montrer que notre connoissance ne touche pas son objet immediatement, mais par le moyen d'un autre objet. Nous voyons par enigme, c'est à dire, que nous ne connoissons pas l'objet clairement, mais qu'il demeure enveloppé sous des idées étrangeres,

CHAPITRE VI.

Comment on peut défendre l'autorité des miracles, contre les Sociniens, & les Spinosistes.

1. *Que les Spinosistes pretendent renverser l'ordre de la grace, & comment.*

LEs Spinosistes, qui mesurent la puissance de Dieu par l'étendue de leur esprit, ne peuvent se persuader qu'il y ait en Dieu une puissance extraordinaire, c'est à dire, une puissance par laquelle Dieu agit d'une maniere que nous ne pouvons concevoir, & par ce moyen ils pretendent renverser l'ordre de la grace, & tous les miracles qui s'y rapportent.

Ils disent que tout se fait suivant les loix immuables de la nature, mais que le vulgaire, qui est persuadé que la puissance de Dieu n'éclate jamais tant que lors qu'elle produit ce qu'il n'a pas accoutumé de voir, établit par cette raison deux puissances distinctes en Dieu ; l'une ordinaire, & l'autre extraordinaire, sans sçavoir pourtant ce qu'il entend par ces deux puissances.

Pour prouver qu'il n'arrive rien contre les loix de la nature, ils disent que tout ce que Dieu veut est d'une necessité absoluë, & que les loix generales de la nature ne sont autre chose que la volonté même de Dieu : d'où ils concluent que s'il arrivoit quelque chose se dans la nature qui fût contraire à ses loix, il faudroit aussi qu'il fût contraire à la volonté de Dieu : Ce qui repugne.

Ils ajoutent, qu'il n'y a aucune bonne raison pour soutenir que la puissance de la nature soit bornée, & que ses loix ne soient pas infinies : car comme la puissance de la nature est la propre puissance de Dieu, il est indubitable que la puissance de la nature est infinie, & que ses loix sont si vastes, qu'elles s'étendent à toutes les choses qui sont l'objet de l'entendement divin; autrement il s'ensuivroit que Dieu auroit créé une nature si impuissante, & dont les loix seroient si steriles, que pour la conserver, & y faire reüssir toutes choses selon sa volonté, il seroit souvent obligé de l'aider d'un nouveau secours : ce qui ne se peut raisonnablement penser.

Or s'il n'arrive rien dans la nature que selon ses loix immuables, & si les loix immuables de la nature s'étendent à toutes choses, il est clair que le mot *de Miracle* ne doit estre entendu que respectivement à l'opinion des hommes, c'est à dire, qu'un miracle n'est autre chose, qu'un effet, dont on ne peut expliquer la cause naturelle par l'exemple d'une autre cause à laquelle on soit accoutumé.

Il est donc indubitable que toutes les merveilles dont l'Ecriture fait mention, s'il est vrai qu'elles soient effectivement arrivées, n'ont esté faites que suivant les loix de la nature; & que s'il se trouve quelque chose de visiblement contraire à ces loix, il ne faut pas douter qu'il n'ait esté ajouté, parce que tout ce qui est contre la nature est contre la raison, & tout ce qui est contre la raison est absurde, & par consequent indigne de nostre creance.

Réponse. Quand nous établissons deux puissances en Dieu, dont l'une est ordinaire & l'autre extraordinaire, nous ne pretendons pas que ces deux puissances soient réellement distinctes; nous croyons au contraire qu'elles ne sont qu'une même puissance considerée diversement, suivant qu'elle agit d'une maniere que nous pouvons concevoir, ou que nous ne pouvons pas concevoir.

Cela posé, nous demeurons d'accord avec Spinosa, que tout ce que Dieu veut, est necessaire (car il ne s'agit pas icy des agens libres :) nous luy accordons encore que les loix generales de la nature ne sont autre chose que la volonté de Dieu ; mais il faut entendre par cette volonté de Dieu, celle par laquelle il agit d'une maniere que nous pouvons concevoir : d'où il s'ensuit que s'il arrivoit quelque chose dans la nature, qui fût contraire à ses loix, il faudroit aussi qu'il fût contraire à cette volonté de Dieu : mais il ne se-

2. Comment on peut répondre aux Spinosistes.

soit pas pour cela contraire à la volonté par laquelle Dieu agit d'une maniere qui est inconcevable à notre esprit, & qui est la vraye cause des miracles. C'est pourquoy bien que Dieu ne puisse rien faire contre les loix de la nature, il peut faire beaucoup de choses au dessus de ces loix : ce qui se déduit des propres principes de Spinosa ; car si les loix de la nature sont infinies, comme il le suppose, elles s'étendent donc à beaucoup plus de choses que nous n'en pouvons concevoir. Or ce sont ces choses ausquelles elles s'étendent, que nous ne pouvons concevoir, que nous appellons *des Miracles*, & que nous attribuons à la puissance extraordinaire de Dieu. Ce qui fait voir qu'en Dieu la puissance ordinaire & la puissance extraordinaire ne different qu'à notre égard, sçavoir entant que nous pouvons, ou ne pouvons pas concevoir leurs effets, ou la maniere dont elles agissent.

Il n'est donc rien de moins raisonnable que de dire, que la puissance de la nature n'est pas bornée, au moins si par la puissance de la nature on veut entendre, comme nous l'entendons, la puissance que Dieu a d'agir d'une maniere que nous pouvons concevoir ; car cela signifieroit proprement que notre connoissance auroit autant d'étenduë que la puissance absoluë de Dieu : ce qui est absurde.

On ne peut pas dire neanmoins que la nature, que Dieu a créée, soit imparfaite, ni que Dieu ait besoin d'un nouveau secours pour y faire reüssir les choses selon sa volonté ; car il est certain que tout ce que Dieu veut qui se fasse dans la nature, s'y fait par les seules loix qu'il y a établies ; mais il ne s'ensuit pas qu'il ne puisse faire plusieurs choses autrement que selon ces loix, car en effet, il fait autrement tout ce qu'il fait d'une maniere que nous ne pouvons concevoir. Ainsi nous reconnoissons bien que rien n'arrive dans la nature que selon le cours de ses loix, mais nous ne tombons pas d'accord que les loix de la nature s'étendent à toutes les choses qui sont l'objet de l'entendement divin : car en effet elles ne s'étendent pas à l'ordre de la grace, qui est un de ces objets.

3. Comment doit estre entendu le mot de Miracle.

C'est pourquoy le mot de *Miracle*, ne doit point estre entendu par rapport à l'opinion des hommes, en telle sorte qu'il ne signifie qu'une chose, dont on ne peut expliquer la cause naturelle, par l'exemple d'une autre à laquelle on soit accoutumé : car à ce compte, les miracles ne seroient des miracles que pour le vulgaire ignorant, au lieu que nous pretendons que les miracles surpassent l'intelligence non seulement du vulgaire, mais aussi des plus grands Philosophes; d'autant qu'ils consistent dans une maniere dont Dieu agit, qui est inconcevable à l'esprit humain.

Il n'est donc rien de moins raisonnable que l'opinion de ceux qui disent que les miracles n'ont esté faits que pour le vulgaire, & que les anciens prenoient pour miracle tout ce qu'ils ne pouvoient expliquer de la façon que le vulgaire a coutume d'expliquer les choses naturelles : Car si c'estoit là la vraye notion du miracle, il s'ensuivroit que ce qui porte ce nom, ne seroit pas ce qui surpasse l'intelligence de l'esprit humain, (comme on l'a toujours crû,) mais ce seroit ce qui surpasse l'intelligence du vulgaire, à l'égard duquel presque tout seroit miraculeux : ce qui est absurde.

Concluons donc que Dieu fait toutes choses suivant certaines loix qu'il a établies ; mais avec cette difference, que quand il fait des choses d'une maniere que nous pouvons concevoir, il agit alors selon les loix qu'on appelle *naturelles*, au lieu que quand il fait des choses d'une maniere que nous ne pouvons pas concevoir, il agit selon les loix qu'on nomme *surnaturelles*, qui sont des loix au dessus des loix de la nature, mais non pas contraires aux loix de la nature.

4. Que Dieu agit selon des loix naturelles, & selon des loix surnaturelles.

CHAPITRE VII.

Comment on peut défendre la Foy Catholique contre les Heretiques.

C'Est à la verité par un motif de charité, que les Docteurs Catholiques ont si souvent tâché de reünir à l'Eglise, les Heretiques qui s'en sont separez, & qu'ils ont écrit tant de livres, dans lesquels ils ont fait entrer tout ce que leur esprit & leur adresse leur a pû fournir de meilleur, pour soutenir la cause de la Religion Catholique. Mais il faut avouer aussi que les Heretiques ont travaillé beaucoup de leur côté, & qu'ils n'ont pas fait paroître moins de vigueur pour défendre leur schisme & leur heresie. Cette resistance ayant échauffé le zele des deux partis, n'a pas manqué de mettre enfin les choses dans l'état où nous les voyons, c'est à dire, dans une espece de confusion, qui est née de la multiplication étonnante des livres qu'on a écrit de part & d'autre. Tous les Docteurs Catholiques n'ont pas apporté les mêmes lumieres à la composi-

1. D'où est venuë la grande difficulté des controverses.

O o ij

tion de leurs ouvrages de controverse : chacun y a fait entrer son fort & son foible. Ceux qui estoient prevenus de fausses opinions, ou qui employoient de mauvais principes, ou manquoient de pruden‑ ce, (laquelle est tres necessaire pour s'empêcher de porter les cho‑ ses trop loin, en des matieres qui sont contestées avec chaleur,) n'ont pas manqué d'augmenter les difficultez que Dieu a voulu laisser dans nos mysteres : de sorte que les Heretiques répandant encore leurs tenebres sur ces obscuritez, il s'est formé comme un grand nuage, qui empêche qu'on ne fasse un juste discernement de ce qui est vrai, & de ce qui est faux.

Ce sont ces difficultez qui ont servi de fondement aux differen‑ tes Sectes d'Heretiques qui se sont formées, & qui donnent enco‑ re occasion d'allier avec la foy quantité d'opinions tres fausses, que les saints Peres, les Ecrivains Ecclesiastiques, & les vrais Theolo‑ giens ont eu en vuë de faire cesser entierement, non en expliquant la nature ni la maniere des Mysteres, mais en separant de leur es‑ sence tout ce que la precipitation & la prevention des hommes y a ajouté. C'est ainsi qu'en a usé un des plus sçavans Prelats de ce sie‑ cle, dans l'exposition qu'il a faite de la doctrine Catholique sur les matieres de controverse ; ouvrage qui a esté approuvé par un grand nombre d'Evêques, admiré de toute l'Europe, & estimé par le Souverain Pontife ; ouvrage enfin qui a reüni plus d'Heretiques à l'Eglise, que tous les autres livres de controverse qui avoient paru devant luy, n'y en avoient ramené.

Mr. l'E‑ vêque de Meaux.

Or de quelque maniere qu'on veuille traiter avec les Heretiques, soit par voye de conference, soit par voye de prescription, il faut premierement employer la methode de Mr. l'Evêque de Meaux, en demêlant sur chaque article, ce qui est precisement de foy, de ce qui ne l'est pas. Il faut faire voir qu'il n'y a rien dans notre croyance qui puisse choquer un esprit raisonnable, à moins de prendre pour notre croyance les abus de quelques particuliers, que nous condamnons, ou des erreurs, qu'on nous impute fausse‑ ment.

2. Metho‑ de dont on doit user de quel‑ que maniere qu'on veuil‑ le traiter avec les He‑ retiques.

Ayant reduit par cette methode les articles de notre foy à leur simplicité naturelle, il faut faire voir aux Heretiques que ces arti‑ cles sont dans l'Ecriture & dans la Tradition. C'est ainsi qu'on a procedé dans les Conciles generaux, & que saint Augustin a agi contre Julien, pour prouver le peché originel.

Il leur faut faire voir en second lieu, qu'il n'y a que l'Eglise Ro‑

malne qui ait les marques indubitables de la vraye Eglise, qui est la perpetuité visible & sans interruption, depuis Jesus-Christ jusqu'à present. C'est le moyen que saint Augustin employe le plus souvent contre les Donatistes. On peut employer dans cette methode les maximes dont Tertullien se sert dans son traité des Prescriptions des Heretiques, & saint Vincent de Lerins dans son Avertissement. Ces deux traitez peuvent suffire, à qui les voudra lire sans prevention, pour faire le juste discernement de la doctrine de la veritable Eglise, d'avec celle de toutes les Societez qui veulent usurper ce titre.

Il faut faire voir en troisième lieu, que ceux qui ont les premiers pretendu reformer l'Eglise, dans laquelle ils estoient avec nous, n'ont eu, ni pû avoir aucune mission ordinaire ni extraordinaire, pour nous apporter une autre doctrine que celle qu'on y enseigne; & par consequent qu'on n'a pas dû les croire, parce qu'ils n'ont eu aucune autorité de prêcher, comme ils ont fait. C'est la methode ordinaire, qui met les Protestans dans la necessité de prouver leur mission : Ce qu'ils ne pourront jamais faire.

Ces trois methodes sont tres propres pour traiter avec les Heretiques, quand on veut agir avec eux par voye de dispute ou de conference : Mais au contraire, quand ils veulent agir contre nous, en nous demandant raison de notre doctrine, la methode des prejugez legitimes paroit la plus raisonnable & la plus decisive, comme nous l'allons faire voir.

CHAPITRE VIII.
De l'usage des Prejugez legitimes de l'Eglise Catholique, contre les Heretiques.

LE livre de la Perpetuité de la foy de l'Eglise Catholique touchant l'Eucharistie, ayant donné occasion d'entreprendre un Ouvrage complet de controverse, on trouva à propos de composer un livre des Prejugez legitimes, dans lequel on a pretendu faire voir que c'est par là qu'il faut commencer la controverse, & que la voye des Prescriptions, & la consideration des prejugez suffisent pour faire retourner à l'Eglise Catholique, un Protestant qui seroit exempt de passion.

Cet ouvrage fut refuté par un autre qui a pour titre : *Défense de*

1. Mr. Arnaud. Mr. Nicole.

la reformation, contre un livre intitulé, *Prejugez legitimes*, &c. C'est sur ce dernier que nous allons faire quelques reflexions, qui serviront à faire voir que l'usage des Prejugez est une methode naturelle, solide, préalable, & suffisante pour maintenir la prescription dans laquelle les Catholiques se trouvent de leurs dogmes, & de leur culte.

Il semble que nous ne sçaurions commencer ces reflexions plus à propos, qu'en faisant remarquer que les pretentions fondamentales des Catholiques d'une part, & des Protestans de l'autre, sont, que les Catholiques soutiennent que la voye des Prescriptions, & l'emploi des prejugez suffit pour convaincre un esprit qui ne seroit pas preoccupé. Les Protestans soutiennent au contraire, que la seule discussion des matieres controversées est la voye naturelle, & que le point des dogmes & du culte estant établi, il est inutile de s'arrêter aux Prejugez. Ils disent encore, qu'ayant renversé tous les livres de controverse des Catholiques qui traitent du fond de la Religion, il faut laisser les Prejugez comme inutiles, & rendre les armes, ou bien il faut entrer dans une nouvelle discussion des dogmes, si l'on a quelque chose de nouveau à proposer. Les Catholiques répondent, que quoy que ç'ait esté par une pure condescendance qu'ils ont traité du fond des questions, ils l'ont fait en sorte que tous les Ouvrages des Protestans sont renversez par les leurs.

Voilà ce qu'on dira toujours de part & d'autre, tant qu'il y aura des partis formez touchant la Religion, sur tout, tandis que ces partis voudront entrer dans la discussion du fond des dogmes ; ce qui donne lieu aux Catholiques de faire grand fond sur les prejugez ; qui font voir clairement & sans discussion, de quel côté on se doit determiner dans une si grande contrarieté de sentimens : ce qui donne un avantage tres considerable aux Catholiques.

L'Auteur de la défense de la reformation ouvre la dispute, par un raisonnement, qui tend à faire passer pour une vaine chicane, tout ce qui a esté avancé par l'Auteur des Prejugez legitimes. Voicy son raisonnement : *Ou les choses que nos Peres ont rejettées, & que nous rejettons avec eux, sont des erreurs, comme nous le croyons, ou elles ne le sont pas. Si elles ne le sont pas, nous serons les premiers à condamner la reformation, dés qu'on nous aura fait voir que ce sont au contraire des veritez: Mais si ce sont en effet des erreurs, comme nous en sommes persuadez, quelle raison y-a-t-il de nous demander par quel droit nous les avons rejettées.*

---

2. Mr Claude, Ministre.

3. Que la voye des prescriptions suffit pour convaincre un esprit non preoccupé.

4. Comment raisonnent les Heretiques.

Ce raisonnement est fort specieux ; mais tant s'en faut que les Catholiques l'approuvent, ils disent au contraire que les Protestans n'ont aucun droit de demander à l'Eglise d'entrer en quelque discussion avec eux, parce qu'estant de ses membres, ils sont obligez de luy obeïr : D'où ils concluent, que le raisonnement de l'Auteur qui défend la reformation, seroit excellent dans la bouche d'un Juif ou d'un Infidele, qui n'auroit jamais esté membre de l'Eglise, & qui par consequent auroit droit d'user de sa raison pour découvrir si les choses que l'Eglise propose, & qu'il rejette, sont vraies ou fausses ; mais qu'il ne peut avoir lieu dans la bouche d'un Heretique, qui a esté baptisé, élevé & instruit dans l'Eglise ; d'autant qu'il a promis en recevant le Baptême, de tenir pour vrai tout ce que l'Eglise luy proposera à croire.

Mais pour répondre par ordre à chaque proposition de l'argument, il faut nier que les Protestans ayent droit de former la premiere, qui est : Ou les choses que nos Peres ont rejettées, & que nous rejettons avec eux, sont des erreurs, comme nous le croyons, ou elles ne le sont pas : car il faut remarquer que cette proposition suppose, que ce que l'Eglise a defini, & que les Protestans rejettent, peut estre une erreur ; les Catholiques au contraire pretendent qu'il ne peut l'être, tant parce que le saint Esprit parle par la bouche de l'Eglise assemblée legitimement, qu'à cause que les Heretiques eux-mêmes, entant qu'ils ont esté élevez, instruits, & baptisez dans l'Eglise, se sont obligez à la tenir pour infaillible.

Comment on leur répond.

Les Heretiques n'ont pas plus de droit de former la seconde proposition, que la premiere : car cela suppose encore, que ce que l'Eglise Catholique approuve, & que les Heretiques rejettent, peut estre une erreur : ce qu'il n'est pas permis de supposer aux Heretiques, qui ont esté des membres de l'Eglise, & qui par consequent doivent estre soumis à ses loix.

Si cette façon d'argumenter avoit lieu, chaque particulier pourroit pretendre se soustraire à l'obeïssance des loix de l'Etat, en disant, comme les Heretiques : Ou les loix ausquelles je refuse d'obeïr, sont justes, ou elles ne le sont pas. Si elles le sont, je veux estre le premier à les observer ; mais si elles ne sont pas justes, pourquoy me demande-t-on par quel droit je refuse de leur obeïr ? Mais l'Etat ne manqueroit pas alors de répondre à ce particulier, qu'il doit obeïr à ses loix, & qu'il y est obligé, non pas parce qu'elles sont justes, mais parce que l'Etat a droit de les luy imposer.

Il ne serviroit de rien de dire, qu'il y a cette difference entre l'Eglise & l'Etat, que nous sommes obligez d'obeïr aveuglement à celuy-cy, parce qu'il ne s'agit que du salut temporel; mais qu'au contraire nous ne sommes obligez d'obeïr à l'Eglise qu'avec connoissance de cause, parce qu'il s'agit de la vie éternelle; car il faut remarquer, que l'obeïssance aveugle des sujets ne dépend pas de ce que l'Etat a pour but le salut temporel des hommes, mais de ce que les hommes en instituant les Societez civiles, se sont soumis à l'Etat. Or il est certain que les Fideles ne se sont pas moins soumis à l'Eglise en recevant le Baptême, que les sujets se sont soumis à l'Etat en formant les Societez civiles: d'où vient que comme l'Etat a droit de se servir du glaive de justice contre ceux qui sont rebelles à ses loix, l'Eglise se sert aussi du glaive de l'excommunication contre ceux qui violent ses ordonnances.

Cette verité est le fondement de la tranquillité publique, & du repos des particuliers, soit dans l'Etat, soit dans l'Eglise. S'il falloit entrer en matiere avec tous ceux qui se vantent d'avoir raison dans le fond, nonobstant qu'on les reconnoisse pour brouillons & mal intentionnez, les heretiques, les schismatiques & les usurpateurs l'auroient gagné. Ce sont tous des reformateurs tres persuadez que les Societez, les Royaumes, les Republiques, & l'Eglise, qu'ils veulent reformer à leur mode, sont absolument corrompus: Ils croyent qu'on n'a aucune raison de les empêcher de remettre les choses comme elles ont esté au commencement, & que les sujets ont une vocation suffisante pour cela, lors que la corruption est extrême, telle qu'ils la supposent.

Les Heretiques ne peuvent donc regarder comme defectueux, le raisonnement que font les Catholiques, en disant: Si Luther, par exemple, a grossierement corrompu l'Ecriture; si ceux qui l'ont suivi de bonne foy, ont esté des personnes seduites, l'Eglise, dont il a esté membre, & dans laquelle il a esté baptisé, a le droit de le rejetter, sans l'entendre sur les raisons qu'il a eu de se separer d'elle. L'Eglise ne peut s'empêcher de dire presentement, comme elle l'a toujours dit, qu'elle est en possession de l'Ecriture & de son sens, du ministere & des autres prerogatives; elle a droit de dire à tous les Reformateurs, que l'Ecriture n'est pas à eux, qu'il ne leur appartient pas de luy en disputer l'intelligence, ni de dogmatiser contre ses ordres. C'est ce qu'elle dit encore aux Protestans avec la même autorité, ne trouvant point d'autre difference entre eux

& les autres Reformateurs, ou heretiques, que celle que le temps & le choix des dogmes y a mis : car quoy que les Protestans disent maintenant, & qu'ils offrent de prouver que ce sont eux qui ont raison, & que tous les autres se sont trompez, on sçait que tous les autres Heretiques ont dit autrefois la même chose ; & l'Eglise croit avoir droit de juger & de condanner les uns & les autres, comme elle l'a fait depuis le commencement jusqu'à la fin.

Ce n'est pas seulement dans les Societez civiles, & dans les Etats politiques qu'on condanne de certaines personnes par la simple vuë des Prejugez ; tous les Tribunaux jugent une infinité de procez sans permettre de plaider au fond, parce qu'il est quelquefois si clair, qu'on ne peut avoir raison dans le fond, que ce seroit donner lieu à une vexation insupportable que d'y vouloir entrer. Aussi les loix ont établi fort sagement cet ordre dans la Jurisprudence, de faire juger ce qu'on appelle *la fin de non recevoir*, avant que de permettre de plaider au fond.

Les Protestans ne peuvent donc prendre aucun avantage de ce qu'ils disent, & de ce qu'on leur accorde, que s'ils avoient raison dans le fond, il seroit inutile d'insister sur les prejugez ; parce que les Catholiques soutiennent que cette proposition est du nombre des impossibles, & que ce n'est qu'un pur cas Metaphysique. Or les Protestans ne peuvent trouver rien d'absurde dans cette pretention des Catholiques, puis que ce sont les Protestans seuls qui disent que tout le corps de l'Eglise peut tomber, & qu'il est tombé en effet dans des erreurs fondamentales ; & que les Catholiques nient formellement l'un & l'autre, au lieu que les Catholiques & les Protestans conviennent qu'il est tres possible que les Protestans, qui ne reconnoissent personne pour infaillible ni dans le corps de l'Eglise, ni en particulier, se soient trompez dans ces choses, & qu'ils ayent agi en seditieux : Ce qui est effectivement arrivé selon les Catholiques.

Il est donc seur que les Catholiques doivent s'arrester aux prejugez, en supposant le fond sans le disputer : Et comme, quand on demande pourquoy on auroit droit de refuser toute audience à ceux, qui s'efforcent de reduire une ancienne Monarchie en Republique, on répond que la connoissance qu'on a par soy-même, ou par la tradition, des droits de cette Monarchie, suffit pour faire juger qu'on ne peut avoir aucune bonne raison de la renverser. Les Catholiques appliquant cette comparaison à l'Eglise, disent que la

Pp

connoissance qu'on a par la Tradition, des droits de l'Eglise suffit aussi pour faire juger que les Protestans n'ont aucune bonne raison de changer sa doctrine, qui est tellement invariable, que saint Paul se servant du droit que luy donnoit son autorité Apostolique, porta cet arrest contre ceux qui la voudroient changer : (*Galat. 1. 8. & 9.*) *Quand bien nous-mêmes, ou un Ange du ciel vous evangeliseroit autrement que nous ne vous avons evangelisez, qu'il soit anatheme.*

Que si l'on demande quelle est l'Eglise dont la foy ne peut estre changée, ni par les hommes, ni par les Anges, il faut répondre en general, que c'est cette Société dont les premiers Heretiques sont sortis, & de laquelle toutes les Societez Schismatiques & Protestantes se sont separées, après qu'elle les a condannées par les formes que l'on y garde depuis le commencement : Enfin c'est cette Société qui après ces separations, s'est maintenuë tantôt en paix, & tantôt en guerre, & que l'on connoit par l'experience, de même qu'on connoit ce que c'est que le Royaume de France & la Republique de Venise.

CHAPITRE IX.

Réponse à l'Objection des Protestans contre l'usage des Prejugez legitimes de l'Eglise Catholique.

LEs Protestans disent, qu'il sied mal aux Catholiques Romains de leur reprocher les Prejugez, eux qui font profession de juger de la Religion par un simple prejugé, & qui traitent les autres d'heretiques, parce qu'ils n'en veulent pas juger de même. Ils trouvent étrange qu'on ait veu depuis quelque temps des Docteurs fameux de l'Eglise Romaine, employer tout leur esprit & toute leur éloquence, pour prouver qu'on peut condanner les Protestans par des simples prejugez, sans descendre dans l'examen des raisons qui les ont obligez de se separer de l'Eglise Romaine : Mais sans s'arrester à des particuliers, quoy qu'approuvez publiquement par les plus habiles gens de leur Communion, ils disent qu'on fait profession dans l'Eglise Romaine d'obeïr aveuglement à ses ordres, & de s'y fier sans sçavoir pourquoy. Or c'est cela qu'on appelle, *juger par prejugé*, c'est à dire, condanner sans sçavoir pourquoy, seulement parce qu'on s'est mis une certaine opinion dans la teste, sans l'avoir jamais examinée, qui sert ensuite de principe pour juger de ce qu'on lit & de ce qu'on entend.

Il ne serviroit de rien d'objecter, que les Catholiques habiles ne croyent pas à l'Eglise sans sçavoir pourquoy, & qu'ils ont examiné son autorité avant que de s'y confier; car les Protestans répondent, que les Catholiques mêmes les plus habiles, n'ont pas fait cet examen sans danger de se tromper, parce que l'Ecriture, selon eux, est si obscure, que sans la Tradition elle ne serviroit presque de rien. Ainsi ce n'est pas par l'Ecriture qu'ils ont examiné l'Eglise : C'est donc par le bon sens. Mais l'Eglise Romaine n'a point des marques si claires de son infaillibilité, qu'il ne faille avoir que du bon sens pour les reconnoitre, & personne jusqu'à present ne nous a donné de si fortes preuves du bon sens, que l'on n'en puisse raisonnablement douter. On peut voir ce raisonnement dans la deuxième lettre d'un livre intitulé, *Sentiment de quelques Theologiens d'Hollande*.

Avant que de répondre à cette Objection, qui est la plus forte que les Protestans ont pû faire contre le traité des Préjugez legitimes, les Catholiques font remarquer, que le mot de *Préjugé* est équivoque, & que les Protestans le prennent icy dans un sens tout different de celuy de l'Auteur des Préjugez. Les Protestans entendent par Préjugé, une opinion qu'on s'est mis dans la teste, sans l'avoir jamais examinée : & par Préjugé, les Catholiques entendent un certain droit que l'Eglise a sur les Heretiques, par lequel elle est dispensée d'entrer dans l'examen des raisons qu'ils ont eu, de se separer d'elle : Ce qui est tout different.

Mais quand même le mot de Préjugé ne seroit pris que dans le premier sens, les Protestans n'auroient pas raison de dire que les Catholiques font profession de juger de la Religion par un simple prejugé : car bien qu'ils reconnoissent que la Tradition est necessaire pour l'intelligence de l'Ecriture, cela ne veut pas dire, qu'on ne puisse rien entendre de l'Ecriture sans la Tradition ; cela signifie seulement, que la Tradition est necessaire pour entendre les lieux de l'Ecriture qui sont obscurs, tels qu'il s'en trouve plusieurs, selon les Protestans mêmes. Les Catholiques ne tombent donc dans aucun prejugé, lorsqu'ils jugent de l'Eglise par l'Ecriture & par le bon sens : Par l'Ecriture, entant qu'elle enseigne qu'elle est la veritable Eglise de Jesus-Christ; & par le bon sens, entant qu'il fait connoitre qu'elle est cette Eglise de Jesus-Christ, par les marques tres visibles que Notre Seigneur y a attachées.

Entre toutes les marques de l'Eglise Catholique, une des plus

Que le mot de prejugé est équivoque, & que les Protestans le prennent en un sens different de celuy des Catholiques.

visibles, est cette succession de Docteurs & de doctrine qui subsiste dans cette Eglise, c'est à dire, que depuis les Apôtres jusqu'à present, on trouve de siecle en siecle un grand nombre d'Evêques, de Martyrs, & de Confesseurs, qui rendent un témoignage irreprochable de la croyance qui estoit dans l'Eglise pendant leur vie, & qui assurent avoir receu cette croyance d'autres témoins dignes de foy.

On sçait le nom de tous les Evêques de l'Eglise de Rome, qui ont succedé à saint Pierre, & qui ont porté ensuite le nom de Papes & de Pontifes Romains : & quant aux Eglises particulieres, on sçait aussi cette succession que l'Histoire Ecclesiastique a conservée à l'egard de plusieurs, comme de Jerusalem, d'Alexandrie, d'Antioche, &c.

Cette suite des saints Peres & d'Evêques, est un des principaux motifs qui doivent retenir les simples sous l'obeïssance de la foy de l'Eglise Romaine, dans laquelle seule ils peuvent trouver la liberté ; car, comme dit saint Augustin, les Heretiques pretendent de se faire preferer à l'autorité immobile de l'Eglise ; qui est si fortement établie, en promettant des preuves certaines, car c'est la temerité ordinaire de tous les heretiques : mais le tres clement Empereur de notre foy a voulu munir son Eglise d'une autorité éminente au dessus des autres, tant par les assemblées nombreuses des peuples, que par les saints Sieges Apostoliques.

Pour montrer que les plus simples n'ont pas besoin des raisons des doctes, & qu'ils doivent se contenter de l'autorité de l'Eglise, il ajoute cette regle importante qui contient tout ce que nous venons de dire. Mais, dit-il, la conduite la plus droite, c'est que les foibles se retirent le plutost qu'ils peuvent dans les forteresses de la foy, afin que, y estant dans une entiere seureté, on combatte pour eux fortement.

Ces principes suffisent pour convaincre les Protestans, que les Catholiques ne font point profession de juger de la Religion par prejugé, & que la raison qui les attache à l'Eglise de Jesus-Christ, n'est pas une simple opinion, qu'ils se sont mis dans la teste sans l'avoir examinée, mais un jugement solide, fondé sur les regles de la prudence la plus exacte & la plus proportionnée à la portée de l'esprit des simples.

CHAPITRE X.

Comment on peut défendre la foy des Chretiens contre les Juifs.

LA methode, dont on se doit servir pour défendre la foy des Chretiens contre les Juifs, est fort differente de celle dont nous nous sommes servis pour défendre la foy des Catholiques contre les heretiques. Les Catholiques ont droit de se servir des préjugez, c'est à dire, du droit de prescription contre les heretiques, & les Juifs semblent avoir droit de se servir de ce même droit contre les Chretiens. En effet, comme les premiers heretiques ont reçu la foy de l'Eglise, lors qu'ils ont esté faits ses membres par le baptême; les premiers Chretiens ont aussi reçu leur foy de la Synagogue, lors qu'ils ont esté faits ses enfans par la circoncision. Et il ne serviroit de rien de dire que les Chretiens ont reçu leur foy des Apôtres, & que les Apôtres n'étoient pas Juifs, ni par consequent soumis à la Synagogue; car outre que cela est à prouver, au moins pour une partie des Apôtres, il faudroit sçavoir de qui les Apôtres auroient reçu leur foy; & s'ils l'ont reçuë de Jesus-Christ, comme il n'en faut point douter, Jesus Christ estant né Juif, il semble qu'il a dû estre soumis à la Synagogue. C'est pourquoy puisque l'Eglise Catholique prétend avoir droit de se servir de la voye de prescription contre les Heretiques, la Synagogue semble aussi avoir droit de se servir de la même voye contre les Chretiens.

1. Que les Juifs prétendent avoir un droit de prescription contre les Chretiens.

C'est là l'ancienne pretention des Juifs: mais il faut la détruire en faisant voir qu'il y a cette difference entre la Synagogue & l'Eglise de Jesus-Christ, que celle-cy doit durer éternellement, & que l'autre n'étoit que pour un temps, qui devoit finir à l'avenement du Messie, comme il paroit par une infinité de propheties, sur tout par celle de Jacob (*Gen.* 49. 10.) qui avant sa mort découvrant à ses enfans l'état de leur posterité, marqua en particulier à Juda, le temps du Messie qui devoit sortir de sa race, en luy disant que le sceptre ne sortiroit point de sa posterité jusqu'à la venuë de celuy qui doit estre envoyé, & qui sera l'attente des peuples.

2. Comment il faut détruire cette pretention.

Par la prediction de Jacob, le temps du Messie estoit marqué par un double changement, ainsi qu'il a esté dit cy-devant. Par le premier, le Royaume de Juda & le peuple Juif est menacé de sa derniere ruine; & par le second, il doit s'élever un nouveau Royaume, non pas d'un seul peuple, mais de tous les peuples, dont le

Pp iij

Messie doit estre le Chef & le Prince. L'histoire remarque, que la premiere cause de la ruine des Juifs, fut environ soixante ans avant la venuë du Messie, & que la destruction totale de la nation & du temple, arriva environ 37 ans aprés sa mort.

Ce fut donc dans cette circonstance de temps que Jesus-Christ vint au monde : Il y prêcha la doctrine qu'il avoit reçuë de son Pere, & étant devenu par là suspect à la Synagogue, il fut condanné à mourir. Au moment de sa mort tout changea dans le monde : La Loy cessa, les figures passerent, les sacrifices furent abolis, les Apôtres commencerent à prêcher, Jesus-Christ ressuscita, un grand nombre de Juifs & de Gentils se convertirent, le Royaume de Jesus-Christ commença : mais pour garder la succession & la continuité du Royaume de David & de celuy de Jesus-Christ, il fallut que le nouveau peuple fût enté sur le premier, c'est à dire, que les Gentils fussent entez sur les Juifs.

Il n'est point vrai que les Historiens profanes qui ont écrit ce qui s'est passé dans le premier siecle de l'Eglise, n'ayent pas parlé de Jesus-Christ. Quand Corneille Tacite décrit (*Ann. 15. n. 44.*) la violente persecution que Neron suscita contre les Chretiens, il dit que Neron fit souffrir de tres rudes supplices à ceux que le vulgaire appelloit *Chretiens*, à cause de Jesus-Christ, qui étoit leur auteur, & qui avoit esté condanné à mort par Ponce Pilate sous le regne de Tibere.

C'est une opinion commune, que Ponce Pilate, Gouverneur de Judée, avoit mandé à l'Empereur Tibere tout ce qui estoit arrivé à Jesus-Christ, & tous les prodiges & les miracles qu'il avoit operez. Tibere persuadé par les actes & par les relations de Pilate, qui estoit Chevalier Romain, voulut mettre Jesus-Christ au nombre des Dieux. Il écrivit au Senat donnant pour cela son suffrage. *Detulit ad Senatum cum prærogativa suffragii sui*, dit Tertullien dans son Apologetique, chap. 5. Le Senat pour flater Tibere, qui quelques années auparavant avoit refusé les honneurs divins, ne voulut pas qu'on mit Jesus-Christ au nombre des Dieux : *Senatus, quia ipse, scilicet Tiberius, non probaverat* : ou comme d'autres lisent, *Quia in se non probaverat, respuit*. C'est le vrai sens du passage de Tertullien, que quelques Modernes ont critiqué sans raison, parce qu'ils ne l'ont pas entendu.

Eusebe a parlé du dessein de Tibere aprés Tertullien, qui avoit pû voir les actes dressez par Ponce Pilate, Gouverneur de Judée, desquels il parle dans son Apologetique. Ces actes subsistoient encore au milieu du deuxiéme siecle de l'Eglise, puisque saint Justin Martyr en a fait deux fois mention dans l'Apologie qu'il presenta à l'Empereur Antonin le Pieux. *Quod hæc omnia gesta sint*, (il parle des merveilles de Jesus-Christ,) *potestis discere ex actis sub Pontio Pilato confectis.* Ce saint Martyr auroit-il osé parler de la sorte à un Empereur, si ces actes n'eussent pas subsisté dans son temps?

De plus, Lampride ne marque-t-il pas que l'Empereur Adrien voulut eriger des temples à Jesus-Christ, & que l'Empereur Alexandre Severe avoit une espece de temple dans son palais, où il avoit mis les statuës des meilleurs Empereurs & des ames les plus saintes, qu'il honoroit comme des Dieux, au nombre desquelles estoient Jesus-Christ, Abraham, Apollon, Jupiter, Orphée, &c.

Il faut même remarquer, que jamais Celse, ni Porphyre, ni Julien l'Apostat n'ont osé, en écrivant contre les Chretiens, nier les miracles marquez dans les Evangelistes: Ils ont seulement dit, que Jesus-Christ les avoit operez par la force de la magie.

Quant au passage de Josephe, il n'est point évident qu'il soit supposé. Eusebe, saint Jerôme, & plusieurs autres l'ont cité comme estant de leur temps dans Josephe. Il semble donc qu'il faut conclure qu'il y a toujours esté, & que c'est en vain qu'on en veut douter de nos jours.

Mais, dira-t-on, qui nous assurera que ce Jesus-Christ, que Tibere vouloit faire mettre au nombre des Dieux, est le Messie, si ce n'est les Ecritures? Et qui interpretera les Ecritures touchant la venuë du Messie, si ce n'est la Synagogue? Or la Synagogue a déterminé que Jesus-Christ n'est pas le Messie promis par les Ecritures. *3. Objection.*

Ce raisonnement seroit convaincant, si la Synagogue n'eût cessé à la venuë de Jesus-Christ, & si nous n'avions d'autres preuves de la verité du Messie que celles qui se tirent des Propheties; parce que quelques claires que soient ces propheties en faveur de Jesus-Christ, leur interpretation appartiendroit à la Synagogue, & ce seroit toujours à la Synagogue à declarer si elles sont accomplies, ou non. Mais outre que la Synagogue a cessé, il y a une raison particuliere qui nous oblige à croire que Jesus-Christ est le veritable Messie. C'est le nombre prodigieux des miracles qu'il a faits dans la Judée & dans la Samarie : car si l'on joint à ces miracles l'accomplissement des Propheties, tout cela ensemble produit une certitude invincible de la Divinité de Jesus Christ. *4. Réponse.*

Les Juifs estoient si persuadez que J. C. ne pouvoit prouver sa mission que par des Miracles, qu'ils ne cessoient de luy en demander; & cette demande estoit si juste, que J. C. parlant de luy-même, *(Joan. 15. 21.)* assure que les Juifs ne meriteroient pas d'estre accusez d'infidelité, s'il n'avoit fait dans leur pays le grand nombre des prodiges qu'il y avoit operé, voulant donner à entendre, que les Propheties qui parloient de son avenement, n'estoient pas si claires, que les Juifs n'en eussent pû pretendre cause d'ignorance, s'il n'y avoit ajoûté ses œuvres, c'est à dire, ses Miracles. Ainsi c'est proprement par ses miracles que J. C. a prouvé sa mission : ce qui est d'autant plus raisonnable, que les Juifs & les Gentils avoient droit de juger par leurs propres yeux de la verité des merveilles qu'il operoit, au lieu que la verité de sa mission par l'accomplissement des Propheties, dependoit uniquement du jugement de la Synagogue.

Il y a donc deux choses qui ont particulierement contribué à établir la verité de l'Eglise de J. C. qui a succedé à la Synagogue : Ce sont les miracles de Notre Seigneur J. C. & l'accomplissement des Propheties. Comme les miracles sont des marques assurées que Dieu parle par la bouche de ceux qui les operent, la prophetie ou la connoissance de l'avenir est aussi le propre caractere de la Divinité, selon le témoignage même de Dieu : *(Isai. 41. 23.) Decouvrez-nous ce qui doit arriver à l'avenir, & nous reconnoitrons que vous estes des Dieux.* C'est pourquoy, on ne peut prouver la Divinité de J. C. d'une maniere plus convainquante, qu'en faisant voir que tout ce que les Prophetes ont predit du Messie plus de huit cens ans avant sa venuë, est accompli à la lettre en la personne de J. C. dans sa naissance, dans sa vie, dans sa mort, & dans sa resurrection. A quoy si l'on ajoute le nombre prodigieux des Miracles qu'il a faits, on est obligé de conclure que comme J. C. est aussi veritablement Dieu que veritablement homme, il faut que son Eglise, sa Religion, son Evangile, & en un mot tout le Christianisme soit tout saint & tout divin comme son Auteur.

Il est vrai que les Payens ont combattu les Propheties; qu'ils sont tombez d'accord qu'elles estoient claires & convaincantes, mais qu'elles avoient esté faites & fabriquées long-temps après les évenemens predits, de la même maniere que les Poëtes ont fait prophetiser à leurs Dieux les revolutions des Empires, & qu'ainsi les Poëtes & les Prophetes n'ont fait que comme une histoire du passé plutôt qu'une Prophetie de l'avenir. Mais les Juifs, comme depositaires des propheties en ont entrepris la défense, en soutenant également & leur utilité & leur antiquité. Ainsi J. C. a tiré sa plus grande gloire de ses plus grands ennemis. Les Payens ont avoué que les Propheties sont convaincantes, mais qu'elles sont inventées; & les Juifs au contraire soutiennent qu'elles sont tres anciennes & non inventées, mais qu'elles ne sont pas convaincantes en faveur de J. C. Tellement que Dieu s'est servi de la confession des uns & des autres pour faire voir que les propheties estoient une preuve invincible de la Religion Chretienne, estant tres claires, selon les Payens, & tres anciennes selon les Juifs.

Il ne serviroit de rien de dire que les Apôtres, de qui nous avons reçu la foy, estoient Juifs ou Gentils, car cela est indifferent; d'autant que s'ils estoient Gentils, ils n'estoient pas soumis à la Synagogue, & ils avoient droit de juger de la verité des propheties comme ils vouloient, malgré même les decisions de la Synagogue; au contraire s'ils estoient Juifs, ils n'estoient obligez d'obeïr à la Synagogue que jusques à ce qu'ils ont esté pleinement convaincus par les miracles de J. C. qu'il estoit le veritable Messie, qui devoit établir la nouvelle alliance predite par tant de Propheties.

Quand les Juifs sont deboutez du droit de prescription, & qu'on les a convaincus de la verité des Propheties en faveur de J. C. il n'y a plus qu'un pas à faire pour les conduire à la croyance de nos Mysteres. Car il suffit de leur faire voir que J. C. a revelé ces Mysteres, & que la foy en est venuë jusqu'à nous par une constante Tradition de l'Eglise universelle.

CHAPITRE XI.

Comment on peut défendre la Foy divine contre les Infideles.

PRemierement, il faut faire voir aux Payens, qu'ils sont dans une ignorance grossiere touchant les choses divines, & que ce qu'on leur debite en general de leurs divinitez, n'est la plupart que des fictions extravagantes, ou des contes infames : qu'il est bien vrai que quelques-uns entre les doctes, veulent raisonner un peu plus spirituellement sur la nature & sur l'estat de nos ames; mais au reste que tout ce qu'ils avancent est si imparfait & si mal fondé, qu'on peut bien assurer qu'ils ne sçavent ce qu'ils disent.

Secondement, il leur faut faire entendre qu'ils voyent bien qu'il faut s'adonner à la pratique de la vertu, mais au reste qu'ils n'en re-

1.
Que pour attirer les infidels a la foy, il faut leur faire remarquer trois choses principales, & quelles.

connoissent point d'autres fruits que l'honneur & que l'avantage qu'on en reçoit dans la vie civile, & que ce que les Poëtes disent de la récompense des bons, & de la punition des méchans après leur mort, ne passe dans l'esprit de ceux qui sont plus éclairez, que pour des fictions ingenieuses, & propres à effrayer le peuple & à le tenir en bride. Le reste du peuple vit sans se proposer aucune fin ; & dans ce qu'on nomme la Religion des Payens, on ne remarque aucune instruction ni aucun formulaire qui renferme les dogmes qui regardent la Divinité.

En troisiéme lieu, il leur faut representer, que la plus grande partie de leur culte ne consiste qu'en sacrifices, qu'en ceremonies, & en certains jours de festes, qu'on donne bien plutôt aux jeux & aux voluptez, qu'à la contemplation des choses divines ; de sorte qu'une telle Religion ne donne aucune édification en cette vie, ni aucune esperance pour l'autre.

2. Il leur faut faire voir que le peuple Juif a esté le premier à qui Dieu a revelé la veritable religion.

Cela posé, il faut faire voir que le peuple Juif a esté le premier à qui Dieu a revelé la veritable Religion qui peut conduire au salut éternel. Il faut prouver cela par la verité des Livres de Moïse, qui a écrit l'histoire de la creation du monde, sans qu'on puisse aucunement soupçonner que peut-estre Moïse n'a pas esté, ou qu'il n'est pas l'auteur des livres, qui portent son nom ; parce que les preuves que nous avons du contraire, sont des demonstrations telles qu'on les peut avoir en matiere de faits, puis qu'en les rejettant on s'engageroit à ne tenir rien d'asseuré dans tous les faits historiques : car le fondement de toute la certitude en fait d'histoire, est que les hommes ne sont pas des foux, & qu'il y a de certaines regles du bon sens, desquelles ils ne s'écartent jamais que par un renversement total de la raison ; & si l'on pouvoit supposer le contraire, il n'y auroit plus rien de ferme & de constant touchant les veritez de fait.

On ne peut donc pas soutenir que Moïse n'ait pas esté, ou qu'il ne soit pas l'Auteur des Livres qu'on luy attribuë ; car toutes les histoires ont parlé de luy, & toutes les raisons, par où on peut prouver la verité des autres histoires à l'égard de leur Auteur, se rencontrent encore bien plus fortement dans la sienne. Il y a même plus de preuves à l'égard des livres de Moïse, qu'il n'y en a pour les autres livres. Ceux-cy sont entre les mains de peu de personnes, peu de gens s'y interessent, ceux qui y prennent part s'y appliquent rarement, & cet interest même ne sçauroit estre que d'une mediocre importance : Mais les livres de Moïse ont esté toujours entre les mains d'un grand peuple ; & comme c'estoit le fondement de sa Religion, il n'y a pas d'apparence que ce peuple eût souffert qu'on luy imposât pour le nom de l'Auteur, & qu'on alterât ces livres par tant de fables qu'on y pourroit supposer.

C'est pourquoy, nous ne pouvons pas douter qu'il n'y ait eu un Moïse, ni qu'il ne soit l'auteur des livres, qui portent son nom. Mais quelqu'un pourroit bien peut-estre soupçonner que Moïse estoit un imposteur, qui trompa le peuple Juif par de faux miracles, par lesquels il le voulut assujettir à sa loy, en la luy faisant recevoir comme venuë du Ciel. Mais cela n'a nulle apparence de verité ; car il faudroit que Moïse eût pretendu pouvoir faire croire tous ses faux miracles aux Juifs, ou du moins qu'il les obligeroit à les autoriser de leur consentement sans les croire ; & il faudroit encore que les Juifs les eussent crus veritables, quoy qu'ils fussent faux ; ou qu'en connoissant leur fausseté, ils eussent tous conspiré à les faire passer pour vrais. Mais il n'y a rien de plus insoutenable que tout cela. Car comment Moïse auroit-il pû se promettre de faire croire aux Juifs ce changement de rivieres en sang, ces tenebres palpables qui couvrirent toute l'Egypte pendant trois jours, ce passage de la Mer rouge, &c. (*Exod. 7. 8. 9. 10. 11.*) Comment auroit-il pretendu sur ces fausses suppositions, faire recevoir une loy si penible & si genante pour sa nation.

Si les Payens objectent, que ce n'est qu'après la mort de Moïse, qu'on a ajouté à ses livres tous les prodiges qu'ils contiennent, & sur tout la creation du monde & celle d'Adam ; que la loy ayant esté donnée fut conservée quelque temps parmi les Juifs par une simple Tradition, & qu'ensuite ceux qui l'ont redigée par écrit, y ont ajouté tous ces miracles. On peut répondre, que cette objection n'est pas mieux fondée que les precedentes : car outre que ce seroit une espece de miracle, que le peuple Juif eût reçu une loy aussi genante & aussi severe que celle-là, d'un homme qui n'eût rien fait d'extraordinaire, il ne se pouvoit pas faire que Moïse, dans un temps où l'art d'écrire estoit sans doute en usage, ne se fût pas avisé d'une chose aussi essentielle que de laisser luy-même par écrit, une loy, qui contenoit tant d'observations, tant de ceremonies, & tant de reglemens, qu'il estoit necessaire d'avoir toujours presens pour ne manquer pas à quelque point. Il faut donc conclure que Moïse est l'Auteur des livres qu'on luy attribuë, qu'il a fait veritablement tous les prodiges qui y sont rapportez, que ce qu'il nous a dit de la creation du monde, & d'Adam, est plein de verité, & enfin que la Religion des Juifs est veritablement revelée de Dieu même.

Lors qu'un Payen sera une fois persuadé que la Religion Judaïque a esté veritablement revelée de Dieu, il sera aisé de le convaincre que J. C. est le Messie, c'est à dire, celuy que Dieu a envoyé pour établir une nouvelle alliance avec les hommes, & pour leur prescrire un nouveau culte. Il ne faut pour cela que luy faire voir que dans l'histoire de la Religion Judaïque, qu'il croit veritable, il y a eu une suite d'hommes durant quatre mille ans, qui constamment, & sans variation, ont predit son avenement : & l'evenement a si bien répondu à toutes ces propheties, qu'il est impossible, si l'on y pense bien, de douter que Jesus-Christ ne soit celuy que Dieu avoit promis d'envoyer.

Et ce seroit en vain qu'on ne voudroit pas croire aux Apôtres, qui sont ceux, qui nous rendent le plus assuré témoignage de la venuë du Messie : car voudroit-on dire qu'ils ont esté trompez, ou trompeurs ? L'un & l'autre est contre toute vrai-semblance. Des hommes peuvent-ils s'abuser à tel point, que de croire qu'un homme a esté battu, fouetté, vendu, trahi, mis à mort, enseveli, qu'enfin il est ressuscité, qu'ils ont mangé avec luy à differentes reprises ? Y a-t-il la moindre trace d'une pareille extravagance dans toute l'histoire ?

Dire que les Apôtres ont esté des trompeurs, est encore une supposition étrangement absurde : car quelle apparence que des hommes de basse condition, pauvres & sans appuy, se soient assemblez après la mort de J. C. ayent comploté de dire, qu'il estoit ressuscité, qu'il estoit le Messie, & qu'ils ayent voulu affronter par là toute la rage des Juifs & la puissance des Romains ? Mais quand ils auroient pu former ce complot, comment l'auroient-ils executé ? Est-il croyable que quelqu'un de ces douze ne se fût enfin démenti, charmé par l'attrait des promesses, ou rebuté des supplices ?

C'est donc une chose assurée que J. C. est le Messie. Mais si cela est, il faut croire absolument tout ce qu'il a enseigné ; il faut croire, par exemple, la Trinité, l'Incarnation, la Resurrection, le Baptême, le peché originel, & generalement tous les mysteres qui sont compris dans la Religion de J. C. Il faut croire ces mysteres, quoy que nous ne les puissions comprendre, par cette seule raison que J. C. les a revelez. Il ne faut pas s'imaginer pourtant que les mysteres pretendent s'établir sans preuves ; il faut penser au contraire que bien qu'ils soient inconcevables, nous ne sçaurions neanmoins en douter que par une espece d'égarement de la raison ; car enfin il ne s'agit pas d'examiner la possibilité de ce que J. C. a revelé, ni de faire surmonter à l'esprit toutes les difficultez qu'il trouve à s'y soumettre ; mais c'est assez que nous appercevions clairement que toutes les veritez que Dieu a revelées, quoy qu'inconcevables, sont jointes, non seulement à d'autres veritez que nous connoissons, mais encore à celles de toutes les veritez, qui sont les plus proportionnées à notre esprit, & dont nous pouvons nous instruire par les voyes les plus connuës, qui sont les histoires.

On peut faire voir ensuite qu'il y a une grande difference entre la Religion Judaïque, & la Religion Chretienne, qui consiste 1. En ce que la Religion Judaïque ne contenoit le Sauveur du monde qu'en promesses & en figures, au lieu que la Religion Chretienne en comprend la realité. 2. En ce que la Religion Judaïque estoit revêtuë de quantité de ceremonies fatigantes, dont plusieurs estoient dirigées à la police de cette Nation, de sorte qu'elle ne pouvoit que tres difficilement estre admise pour la Religion universelle des autres peuples : Mais la Religion Chretienne est exempte des circonstances qui rendent la Religion des Juifs particuliere, & a toutes les qualitez qui sont requises à une Religion universelle. 3. En ce que les Juifs, entant qu'ils estoient le peuple de Dieu, avoient cet avantage par dessus tous les autres, que l'unique Temple de Dieu estoit parmi eux ; au lieu que les Chretiens n'ont point de pays particulier qui soit choisi de Dieu pour luy rendre son culte en public, & Dieu n'a pas donné plus de sainteté à une region qu'à une autre, de sorte que l'une & l'autre nation, Chretienne & Juifve, n'a que faire de se mettre en peine de l'éloignement du Temple de Jerusalem, mais on peut en tous lieux offrir à Dieu des mains pures, (*Malac. 1. 11.*) & l'hostie immaculée qui est J. C. n'y ayant point de pays privilegié, où il ait promis d'exaucer les hommes plutôt que dans un autre. Il n'y a point de prerogative dans la Religion Chretienne, dont on puisse prendre occasion de s'estimer plus que les autres. Il n'y a ni grec, ni esclave, ni affranchi, mais ils sont tous en J. C. (*Galat. 3. 28.*) Il n'y a point de race destinée à faire le service divin à l'exclusion des autres, comme autrefois parmi les Juifs : mais les uns y sont aussi bons que les autres, pourvû qu'ils possedent les qualitez necessaires pour cet effet. Il n'y a rien non plus dans tout le Christianisme, qui nous empêche de conserver la bonne union avec tous les autres hommes, & de leur rendre tous les devoirs que le droit naturel & civil exige.

3. Il faut faire voir en suite qu'il y a une grande difference entre la Religion Judaïque & la Religion Chretienne.

D'ailleurs la Religion Chretienne, confiderée fimplement en elle-même, & détachée de tous les vices & de tous les interefts du monde, n'a rien en foy qui puiffe troubler les loix & les focietez civiles, ou qui leur puiffe prejudicier en aucune maniere, entant qu'elles conviennent avec les loix naturelles ; mais au contraire elle contribuë bien plutôt à les affermir, bien que ce ne foit pas fa fin principale. Elle ne renferme rien non plus qui foit contraire au but qu'on fe propofe dans les Societez politiques, ni qui nous empêche de vivre honneftement, paifiblement, & en feureté fous la protection de nos Souverains ; car fans choquer aucunement le Chriftianifme, on peut parfaitement bien, tant en general qu'en particulier, remplir tous les devoirs de la puiffance feculiere conformement à la loy naturelle & à la loy civile, & exercer toutes les fonctions des charges & des emplois qui font neceffaires dans un Etat bien policé.

Enfin le Chriftianifme ordonne à chacun de s'acquiter de fa charge avec zele, & en toute fidelité, lors qu'elle convient avec les loix de la nature & de l'honnefteté publique. C'eft pourquoy il n'y a aucune Secte de Philofophes, ni aucune forte de Religion dans tout l'univers, qui foit comparable en ce point à la Religion Chretienne, comme il paroîtra évident à tout homme qui les examinera de prés, & qui les conferera avec elle. Ainfi il eft non feulement du devoir de chaque homme en particulier, entant qu'il eft obligé de rendre compte à Dieu pour fon ame, d'embraffer cette Religion, mais auffi tous les Souverains, ou tous ceux qui gouvernent les Etats, font obligez par les raifons que nous venons d'apporter, de l'introduire dans le pays de leur domination, fi elle n'y eft pas encore, & de l'y maintenir en cas qu'elle y foit déja établie, & cela par un devoir qui fuit neceffairement des fonctions de leur charge.

Voilà en general comment on peut rendre raifon de la Foy fans entrer dans aucune difcuffion des dogmes, en s'en tenant uniquement à l'Ecriture & à la Tradition : & voilà à peu prés, comment les anciens Peres de l'Eglife, les Apologiftes des premiers Chretiens, faint Auguftin dans la Cité de Dieu, Saint Chryfoftome dans la vie de faint Bodilas, Tertullien dans fon Apologetique, & Lactance ont défendu la foy des Chretiens contre les Infideles.

FIN DU SECOND LIVRE.

L'USAGE DE LA RAISON, ET DE LA FOY.
OU
L'ACCORD DE LA FOY ET DE LA RAISON.
LIVRE TROISIEME.

Où l'on fait voir que la Raison & la Foy n'ont rien d'opposé, & que la contrarieté qui paroit entr'elles, n'est qu'apparente, mais que leurs objets sont si disproportionnez, qu'il est inutile & même dangereux de les vouloir expliquer les uns par les autres.

CHAPITRE I.

Que la Raison & la Foy n'ont rien d'opposé, mais qu'elles ont des jurisdictions differentes & des bornes distinctes.

NOUS l'avons déja dit plusieurs fois, & je le repete encore : les Theologiens mettent une grande difference entre les choses, entant qu'elles sont conformes à la raison, entant qu'elles sont contraires à la raison, & entant qu'elles sont au dessus de la raison.

1.
Qu'est-ce qu'une chose conforme à la raison.

2.
Qu'est-ce qu'une chose contraire à la raison.

3.
Qu'est-ce qu'une chose au dessus de la raison.

Les choses sont conformes à la Raison, lors qu'elles renferment des attributs essentiels, dont les idées sont claires, & clairement compatibles. Telles sont ces propositions ; *Le tout est plus grand que sa partie ; le neant n'a aucune proprieté*, &c.

Les choses sont contraires à la Raison, lors qu'elles renferment dans leur concept essentiel, des attributs, dont les idées sont claires & clairement imcompatibles. Telles sont ces propositions ; *le tout n'est pas plus grand que sa partie : le neant a quelque proprieté*, &c.

Enfin les choses sont au dessus de la Raison, lors qu'elles renferment des attributs, dont les idées sont essentiellement obscures, & telles par consequent, qu'on ne peut dire precisément si elles sont compatibles ou incompatibles : telles sont ces propositions : *Le Verbe s'est incarné, les morts ressusciteront*, &c.

Suivant ces definitions, les choses, qui sont conformes ou contraires à la raison, embrassent tout l'ordre de la nature, & contiennent toutes les veritez qu'on appelle *naturelles* : au contraire les choses qui sont au dessus de la raison, comprennent tout l'ordre de la grace, & embrassent toutes les veritez qu'on nomme *surnaturelles* ; d'où il s'ensuit que la division des veritez, en veritez *naturelles*, & en veritez *surnaturelles*, est exacte, parce que les termes en sont opposez.

4.
Que ce qui est selon la raison, ne peut estre opposé à ce qui est au dessus de la raison.

Cela supposé, il est évident que ce qui est conforme à la raison, ne peut estre opposé à ce qui est au dessus de la raison, & pareillement que ce qui est au dessus de la raison, ne peut estre opposé à ce qui est conforme à la raison. En effet, l'opposition ne peut se rencontrer qu'entre les choses, dont les idées sont claires, & clairement incompatibles ; & il est certain qu'à l'égard des choses qui sont au dessus de la raison, nous n'en avons point de telles idées : d'où il s'ensuit que la contradiction ou incompatibilité des idées ne se rencontre proprement que dans l'ordre de la nature ; & que s'il paroit quelque opposition entre l'ordre de la nature & l'ordre de la grace, elle n'est qu'apparente.

5.
Que c'est parler improprement que de dire que la raison & la foy sont contraires.

C'est donc une maniere de parler fort impropre en elle-même, que de dire que la raison & la foy sont contraires : cependant elle est si fort autorisée par l'usage ordinaire, que ce seroit une folie de vouloir s'y opposer : Il faut seulement faire remarquer, que de quelque maniere qu'on oppose la foy à la raison, la foy n'est autre chose, qu'un acquiescement de la volonté, lequel estant reglé comme il faut, ne peut estre donné à ce qui est revelé, que sur de bonnes

raisons

LIVRE III. 313

raisons, & qui par consequent ne peut estre opposé à la raison. Pareillement de quelque maniere qu'on oppose la raison à la foy, la raison n'est autre chose qu'un acquiescement que la volonté donne à des idées claires, qui par consequent ne peut estre contraire à la foy, qui a pour objet des choses dont les idées sont essentiellement obscures & imparfaites.

Quoy que la raison & la foy n'ayent rien d'opposé, leurs jurisdictions ne laissent pas d'estre fort differentes & leurs bornes fort distinctes. Dans toutes les choses dont nous avons des idées claires, la raison est le vrai juge competent, c'est à dire, que par tout où nous avons une decision claire de la raison, nous ne pouvons estre obligez d'y renoncer pour embrasser l'opinion contraire, sous pretexte que c'est une matiere de foy : car la foy ne peut avoir aucune autorité contre les conclusions claires & expresses de la raison : ainsi, par exemple, quand on dit que *les trois angles d'un triangle sont égaux à deux droits*, *que deux côtez d'un triangle pris ensemble, sont plus grands que le troisiéme*, ces veritez, & autres semblables, estant parmi celles que la raison peut découvrir, sont proprement des matieres qui appartiennent à la raison, avec lesquelles la foy n'a rien à voir directement ni indirectement.

Pareillement les choses sur quoy nous ne pouvons avoir que des notions imparfaites, & dont nous ne pouvons connoistre l'existence passée, presente, ou à venir que par la revelation divine, sont aussi de propres matieres de foy; ainsi *la Trinité*, *l'Incarnation*, *la Resurrection*, &c. estant au delà de ce que la raison peut découvrir, sont proprement des matieres de foy avec lesquelles la raison n'a rien à voir directement.

Si l'on n'a pas soin de distinguer les differentes jurisdictions de la foy & de la raison, par le moyen de ces bornes, la raison n'aura point de lieu en matiere de Religion; elle n'aura aucun droit de blâmer les opinions extravagantes qu'on remarque dans la plupart des Religions; car c'est à cette coutume d'en appeller à la foy par opposition à la raison, qu'on doit attribuer ces opinions ridicules.

Tandis que nous n'aurons pas déterminé jusques où nous sommes guidez sûrement par la raison, & jusques où nous sommes conduits sûrement par la foy, c'est en vain que nous disputerons, & que nous tâcherons de nous convaincre les uns les autres sur des matieres de Religion; Chaque secte se sert de la raison autant

5. Que les jurisdictions de la foy sont differentes de celles de la raison.

6. Combien il importe de connoistre les bornes de la foy & de la raison.

qu'elle en peut tirer quelque secours ; mais dés que la raison vient à luy manquer, elle s'écrie que *c'est un article de foy ; que cela est au dessus de la raison.* Mais comment pourra-t-elle convaincre son antagoniste, qui se servira de la même défaite ? Elle ne le convaincra jamais assurément, sans poser des bornes precises entre la foy & la raison.

C'est ce qui doit estre le premier point établi dans toutes les questions où la foy a quelque part : sans quoy il seroit impossible de répondre precisément à toutes les difficultez que les Infideles proposent contre la verité de la Religion Chretienne, dont ils regardent les Mysteres comme des choses qui sont contraires à la raison, bien qu'elles ne soient qu'au dessus de la raison, comme il paroit, de ce que les idées que nous avons des attributs essentiels des Mysteres, ne sont ni claires, ni clairement incompatibles ; ce qu'il faudroit pourtant qu'elles fussent, pour que les Mysteres fussent des choses contraires à la raison.

CHAPITRE II.

Qu'il n'y a nul rapport ni proportion, entre les veritez naturelles, & les veritez surnaturelles ; & pourquoy.

1.
Que nous n'aurions jamais connû les mysteres, s'il n'avoit plû à Dieu de nous les reveler.

COmme Dieu est incomprehensible dans son essence & dans sa puissance, personne ne doute qu'il ne renferme en luy-même des perfections que nous ne pouvons concevoir, & qu'il ne produise hors de luy des choses d'une maniere, qui est hors de la portée de notre connoissance. C'est pourquoy, nous avons raison de de croire qu'il y a en Dieu, & hors de Dieu, des choses que nous ne pouvons connoître clairement, & dont nous aurions toujours ignoré l'existence & la nature, s'il n'avoit eu la bonté de nous les reveler : Ce sont en general les choses que nous avons appellé *des Mysteres* ; de sorte que bien loin que l'incomprehensibilité des mysteres soit un fondement pour nous faire douter de leur existence, c'est au contraire un titre tres legitime pour les faire croire, puis qu'il est de la nature d'un Etre incomprehensible, tel que Dieu, de renfermer en soy, & de produire hors de soy des perfections que l'esprit humain ne peut concevoir clairement.

Or c'est une maxime constante & generalement reçuë, que la proportion ne se trouve qu'entre des choses d'un même ordre. C'est pour cela qu'il ne s'en trouve aucune entre les sons & les couleurs, les lignes & les surfaces; parce que les sons & les couleurs, les lignes & les surfaces sont des quantitez & des qualitez de differente espece. Or par la même raison que les sons & les couleurs, les lignes & les surfaces n'ont nulle proportion entre elles, parce qu'elles sont de differente espece ; les veritez naturelles & les veritez surnaturelles n'en doivent avoir aucune, parce qu'elles sont de different ordre : car en effet, les veritez naturelles sont dans l'ordre des choses qui peuvent estre connuës clairement, & les veritez surnaturelles sont dans l'ordre des choses qui ne peuvent estre connuës qu'obscurement. D'où vient qu'il est aussi impossible d'expliquer les veritez naturelles & les veritez surnaturelles les unes par les autres, que de connoitre les sons par les yeux, ou les couleurs par les oreilles.

C'est pourquoy quand nous croyons des veritez surnaturelles, nous ne les croyons pas immediatement parce qu'elles sont conformes à la raison, c'est à dire, parce que la raison les conçoit clairement, (car la raison ne les conçoit pas ainsi ;) mais nous les croyons seulement, parce que Dieu les a revelées. Par exemple, quand je crois qu'il y a trois Personnes en Dieu, je ne crois pas cette verité surnaturelle, parce que je la conçois clairement, car je ne puis la concevoir ainsi; mais je la crois precisément parce que Dieu l'a revelée, & que l'Ecriture & la Tradition m'assurent de sa revelation.

C'est sur ce principe que les Theologiens ont dit, que les veritez de la foy sont au dessus de la raison, mais non pas contraires à la raison. Ils disent qu'elles sont au dessus de la raison, parce que la raison n'y peut atteindre, c'est à dire, qu'elle ne peut les concevoir clairement, & que nous ne les croyons que parce que Dieu les a revelées ; mais elles ne sont pas contraires à la raison, parce que ce qui est au dessus de la raison, ne peut estre opposé à la raison. C'est pourquoy, ce seroit une chose contraire à la raison, si dans l'ordre de la nature, où tout peut estre conçu clairement, trois personnes identifiées avec la même nature, estoient réellement distinctes entre elles; mais ce n'est qu'au dessus de la raison dans l'ordre de la grace, où rien ne peut estre conçu qu'obscurement. Il y a donc cette difference entre les veritez naturelles & les veritez surnaturelles, que les veritez naturelles sont conformes à la raison, parce qu'elles peuvent estre conçuës clairement, & que les veritez surnaturelles n'y sont ni conformes ni contraires, d'autant qu'elles ne peuvent estre conçuës qu'obscurement.

Cependant nous sommes si accoutumez dans l'ordre de la nature, à passer d'une connoissance à une autre, & à juger des proprietez essencielles de chaque chose, par la connoissance que nous avons de sa nature, qu'il nous est presque impossible de retenir ce penchant, même dans les choses qui appartiennent à l'ordre de la grace. D'où vient que quand Dieu a revelé une verité surnaturelle, nous voulons en découvrir les proprietez; & bien que ces proprietez surpassent essentiellement notre connoissance, nous ne laissons pas d'en parler & en raisonner comme si nous en avions une idée claire & distincte, ce qui est directement opposé à la regle que saint Athanase nous donne sur ce sujet dans la seconde Oraison de son second tome où il parle ainsi : *Je confesse*, dit-il, *& nous le sçavons par l'Ecriture, qu'il y a des choses qu'il faut étudier, parce qu'elles peuvent estre apprises : car comme c'est une espece d'impieté de vouloir tout penetrer, c'est aussi un defaut tout opposé, de vouloir tout ignorer. Il faut que l'homme sçache ce qu'il doit croire,* comme dit l'Ecriture ; *mais c'est une vraye folie de vouloir penetrer la nature, la quantité & la qualité de tout ce qui est adorable,* c'est à dire, de tout ce qui est mystere ou verité surnaturelle.

2. Comment on veut prouver que la raison & la foy sont contraires.

Ceux qui ne distinguent pas l'ordre de la nature d'avec l'ordre de grace, se persuadent facilement que les veritez naturelles, & les veritez surnaturelles peuvent estre opposées, & même se détruire les unes les autres. Ils disent que les veritez naturelles sont fondées sur cette fameuse maxime, *Que les choses identifiées avec une troisiéme, sont identifiées entr'elles* ; & que d'ailleurs la foy divine nous oblige de croire que le Pere, le Fils, & le saint Esprit sont une même chose avec la nature divine, & qu'ils sont trois Personnes réellement distinctes entr'elles ; ce qui leur paroit contradictoire : D'où ils concluent, que ces deux propositions ne peuvent estre vraies ensemble, & par consequent qu'il faut abandonner l'une ou l'autre, c'est à dire, qu'il faut estre infidele, ou déraisonnable ; infidele, en niant trois Personnes dans la Trinité, ou déraisonnable, en niant que deux choses identifiées avec une troisiéme ne soient pas identifiées entr'elles.

3. Réponse.

On peut répondre à cet argument, que ce seroit à la verité une chose contraire à la raison, si dans l'ordre de la nature, où toutes les veritez sont proportionnées à la portée de nos esprits, deux choses eſtoient les mêmes avec une troiſiéme, & qu'elles ne fuſſent pas les mêmes entr'elles : mais que ce n'eſt point une choſe contraire à la raiſon, que dans l'ordre de la grace, où tout ſurpaſſe notre connoiſſance claire & diſtincte, les trois Perſonnes divines ſoient les mêmes avec la nature de Dieu, & qu'elles ſoient réellement diſtinctes entr'elles. En effet, s'il y avoit de la contradiction entre ces veritez, nous ſerions obligez ou d'abandonner la raiſon, qui nous perſuade que les choſes qui ſont les mêmes avec une troiſiéme, ſont les mêmes entr'elles ; ou de rejetter la foy, qui nous oblige de croire que les trois Perſonnes divines ſont les mêmes avec la nature de Dieu, & qu'elles ſont réellement diſtinctes entr'elles. Mais ſans faire ni l'un ni l'autre, nous ſommes perſuadez que c'eſt le même Dieu qui parle par la foy & par la raiſon, & qui ne peut ſe contredire : Ce qui fait que nous tenons pour une verité conſtante dans l'ordre de la nature, que les choſes qui ſont les mêmes avec une troiſiéme, ſont les mêmes entr'elles ; ſans toutefois que cela nous empêche de croire que dans l'ordre de la grace, les trois Perſonnes divines ſont réellement diſtinctes entr'elles, bien qu'elles ſoient les mêmes avec la nature divine. C'eſt pourquoy il faut établir pour regle fondamentale en matiere de foy, que ſi Dieu nous découvre une choſe par la raiſon, & une autre par la foy, ces deux choſes ſont telles que Dieu nous les propoſe, quand même elles paroitroient contradictoires ; car c'eſt en cela ſeul que conſiſte le merite de la foy, de croire une choſe revelée par cette ſeule raiſon, que Dieu l'a revelée, bien qu'elle paroiſſe oppoſée à quelque autre verité naturelle & non revelée.

Il y a donc cette difference entre les choſes impoſſibles, & les choſes inconcevables, que les choſes impoſſibles ſont des êtres dont les attributs eſſentiels ſont évidemment incompatibles ; au lieu que les choſes inconcevables ſont des veritez dont les attributs eſſentiels ne ſont ni évidemment compatibles, ni évidemment incompatibles. Par exemple, un tout égal à une de ſes parties, eſt une choſe impoſſible, parce que l'égalité du tout eſt évidemment incompatible avec l'égalité de la partie : au contraire un Dieu en trois Perſonnes eſt une choſe inconcevable, parce que l'unité de la nature divine n'eſt ni évidemment compatible, ni évidemment incompatible avec la trinité des Perſonnes : Ce qu'il faut bien obſerver, pour éviter le defaut où tombent ceux qui confondent les choſes impoſſibles avec les choſes inconcevables, bien qu'elles ſoient fort differentes.

4. En quoy les choſes impoſſibles different des choſes inconcevables.

CHAPITRE III.

Qu'il est également impossible de démontrer, & la possibilité, & l'impossibilité des Mysteres de la Religion Chretienne.

POur prouver que nos Mysteres sont possibles, il faudroit faire voir que leurs attributs essentiels sont évidemment compatibles ; & pour faire voir que leurs attributs essentiels sont évidemment compatibles, il faudroit connoitre clairement ces attributs, & les rapports qui sont entr'eux. Or il est constant que nous ne connoissons point clairement ni les attributs essentiels de nos Mysteres, ni leurs rapports ; car saint Paul nous assure que nous ne les connoissons qu'obscurément. Nous ne pouvons donc connoitre clairement la compatibilité des attributs de nos mysteres, ni par consequent leur possibilité.

Mais par la même raison que les Chretiens ne peuvent prouver que leurs Mysteres sont possibles, les Payens ne peuvent prouver aussi qu'ils sont impossibles. C'est pourquoy quand un Infidele vient dire, que la Trinité est impossible, à cause qu'elle repugne à la raison, il suffit de luy répondre, que la repugnance ne se rencontre qu'entre les choses du même ordre, & qu'il a esté prouvé, que la raison & la foy sont dans deux ordres differens.

Les Payens ne sont pas les seuls, qui croyent que la raison & la foy peuvent estre en contradiction, & se détruire l'une l'autre : Il y a des Chretiens qui sont prevenus de la même opinion, & qui se persuadent que nous ne serions pas obligez de croire nos Mysteres, si nous ne pouvions prouver qu'ils sont possibles ; ce qui est une erreur extrême. Le devoir d'un Chretien n'est pas de prouver que les Mysteres sont possibles, mais de faire voir qu'ils sont de telle nature, qu'il n'appartient pas à la raison de juger s'ils sont possibles, ou impossibles, parce qu'ils sont au dessus de la raison. Par ce moyen on ferme la porte aux objections des Infideles, qui ne combatent nos mysteres que par des impossibilitez ou par des pretenduës contradictions, qu'ils croyent voir entre eux & la raison. Je dis *qu'ils croyent voir*, & non pas qu'ils voyent effectivement ; car il n'y a point de veritable opposition entre la Raison & la Foy. D'où il s'ensuit que quand deux veritez, dont l'une est naturelle & l'autre surnaturelle, paroissent opposées, il n'en faut rejetter aucune, parce que leur opposition n'est qu'apparente.

1. Qu'il y a des Chretiens qui croyent que les mysteres doivent estre conformes à la raison.

LIVRE III.

On dira peut-estre, qu'une verité surnaturelle peut avoir de la contradiction avec une verité naturelle, & pour le prouver, on se servira de la decision du Concile de Latran, qui condamna Pomponace pour avoir osé dire, qu'il croyoit comme Chretien, que *l'ame estoit immortelle*, & qu'il sçavoit comme Philosophe, qu'*elle ne l'estoit pas* : car le Concile apporta pour raison de son decret, que la verité ne pouvant estre contradictoire à la verité, toute proposition contradictoire à la foy est fausse : Ce qui semble faire voir que les veritez surnaturelles peuvent estre en contradiction avec les veritez naturelles, & par consequent, qu'il faut rejetter les unes ou les autres, lors qu'elles paroissent opposées.

Objection pr. se du Concile de Latran.

Pour répondre à cette objection, qui paroit considerable, il faut demeurer d'accord que le Concile de Latran condamna justement Pomponace, pour avoir dit qu'il croyoit comme Chretien, *que l'ame étoit immortelle*, & qu'il sçavoit comme Philosophe, qu'*elle ne l'estoit pas*; & que la vraye raison de cette condamnation, fut celle que le Concile apporta luy-même, sçavoir que la proposition que Pomponace faisoit comme Chretien, estoit veritablement contradictoire à celle qu'il faisoit comme Philosophe. Mais il ne s'ensuit pas de là que les veritez naturelles puissent estre en contradiction avec les veritez surnaturelles; cela fait seulement voir que les deux propositions de Pomponace estoient du même ordre, c'est à dire, qu'elles estoient toutes deux naturelles, & par consequent veritablement opposées. En effet, Pomponace comme Chretien, consideroit l'ame de la même maniere qu'il la consideroit comme Philosophe, par où il la rendoit incapable de recevoir des attributs contradictoires. Au contraire les deux propositions de Pomponace eussent esté de different ordre, & par consequent exemptes de contradiction, s'il eût dit, qu'il sçavoit comme Philosophe que l'ame est mortelle, c'est à dire, qu'elle peut estre separée du corps qu'elle anime; & qu'il croyoit comme Chretien qu'elle estoit immortelle, c'est à dire, qu'après la resurrection elle ne se separeroit plus de son corps, & qu'elle jouïroit d'une beatitude éternelle : Car il est visible que l'état de l'ame en cette vie, & l'état de l'ame après la resurrection, sont deux états differens, dans lesquels elle peut par consequent recevoir des attributs contradictoires, tels que sont ceux d'estre immortelle, & de ne l'estre pas.

3. Réponse.

Il faut donc établir pour regle fondamentale en matiere de foy, que, si Dieu nous découvre une chose par la raison, & une autre par

6. Regle à observer en

matiere de foy, quelle.

la foy, ces deux veritez sont telles que Dieu nous les propose, bien que celle que nous connoissons par la foy, paroisse contradictoire à celle que nous connoissons par la raison. La verité de cette regle se deduit, de ce qu'afin que nous pussions raisonnablement assurer qu'une proposition naturelle est contradictoire à une proposition surnaturelle, il faudroit avoir des idées claires de l'une & de l'autre; car si l'une paroît claire, & l'autre obscure, rien ne nous oblige d'assurer qu'elles sont contradictoires; au contraire nous devons estre persuadez que ces veritez s'accordent ensemble, parce que Dieu nous l'assure, & qu'il ne peut nous tromper.

CHAPITRE IV.

Que les Chretiens sont obligez de rendre raison de leur Foy, mais non pas de leurs Mysteres; & pourquoy.

1. *Qu'on ne peut rendre raison des mysteres.*

IL y a tant de difference entre rendre raison de sa Foy, & rendre raison des Mysteres de sa foy, que le premier est absolument necessaire, & le second est absolument impossible. Chaque Fidele est obligé de sçavoir que sa foy est fondée sur la revelation divine, & que la revelation divine luy est appliquée par l'Ecriture & par la Tradition de l'Eglise; mais chaque Fidele n'est pas obligé de penetrer les mysteres de sa foy; car, selon saint Paul, ces mysteres sont impenetrables, c'est à dire, tels qu'on ne peut démontrer la compatibilité, ni l'incompatibilité de leurs attributs essentiels.

2. *Comment on peut rendre raison de sa foy.*

Suivant cette regle, nous avons enseigné dans le second Livre, comment les Fideles doivent rendre raison de leur foy, soit aux Heretiques, soit aux Juifs, soit aux Payens ou Infideles, sans employer d'autre moyen que l'Ecriture & la Tradition de l'Eglise, avec les autres motifs qu'on appelle de credibilité, qui consistent dans de certains faits ausquels la verité de nos Mysteres est inseparablement attachée. Sur tout nous nous sommes abstenus d'entrer dans l'explication d'aucun Mystere, quoyque les Infideles, les Juifs, & particulierement les Heretiques ayent pretendu que nous y devions entrer. C'est pourquoy, quand les ennemis de la foy viennent dire que nos mysteres sont impossibles; par exemple, que la Trinité & l'Incarnation repugnent à la raison, il suffit de leur faire voir que cela n'est pas vrai, d'autant qu'il a esté prouvé que la repugnance ne se rencontre qu'entre les choses d'un même ordre; & il est evident

LIVRE III.

dent que la raison & la foy sont dans deux ordres differens, l'une dans l'ordre de la nature, où tout peut estre conçu clairement; & l'autre dans l'ordre de la grace, où rien ne peut estre conçu qu'obscurement.

Quand les Infideles sont une fois convaincus que les Mysteres ne peuvent estre démontrez, parce qu'ils sont dans l'ordre de la grace, ils n'ont plus nul moyen pour les combattre : & nous avons l'Ecriture & la Tradition de l'Eglise, qui sont si manifestement pour nos Mysteres, qu'on peut assurer qu'elles en sont le vrai & l'unique fondement. Cependant quelque simples & infaillibles que soient ces deux principes, on ne voit que trop de fideles qui les abandonnent, pour suivre une Philosophie vague & incertaine, qui ne fait qu'augmenter les difficultez.

Ce mélange des veritez naturelles & des veritez surnaturelles, est quelque chose de plus dangereux qu'on ne pense. Il fait qu'on examine les Mysteres comme des questions ordinaires, qu'on parle de leur possibilité & de leur impossibilité comme de celle des simples Etres naturels, & enfin qu'on les soumet à la discussion du raisonnement, comme s'ils étoient des veritez physiques ou metaphysiques.

Qu'il ne faut pas mêler les veritez naturelles avec les veritez surnaturelles.

Il faut ajouter que ce mélange ôte aux Fideles, l'avantage que leur donne l'Ecriture & la Tradition; il les fait combattre avec les Infideles à armes pareilles, sçavoir avec la Philosophie, qui leur est commune. La Philosophie même se declare pour les Infideles contre les Chretiens. Ceux cy regardant les Mysteres, comme des veritez qui sont au dessus de la raison, ne trouvent plus dans la raison dequoy les défendre ni les expliquer : ils sont obligez d'inventer de nouveaux principes, & de recourir à de certaines distinctions virtuelles & formelles, qui n'ont aucun fondement dans la nature, qui ne sont connuës que de ceux qui les ont inventées, & qui n'ayant esté trouvées que pour expliquer les Mysteres, en contiennent toutes les difficultez. Les Infideles au contraire, qui regardent les Mysteres comme des veritez naturelles, ne sont nullement embarassez à les expliquer par leurs principes : ce qui leur donne un avantage infaillible sur les Chretiens.

4. Inconveniens qui suivent de ce mélange.

Ce n'est pas tout; quand des Philosophes Chretiens ont une fois inventé des principes pour expliquer les Mysteres, ils s'en servent encore pour rendre raison des veritez naturelles, & ils ne s'occupent plus qu'à tirer des consequences de l'ordre de la grace à l'ordre de la nature. Par exemple, ils tâchent de prouver qu'il y a des accidens réels dans l'ordre de la nature, par ce raisonnement : *La foy nous enseigne*, disent-ils, *que les especes du pain & du vin dans l'Eucharistie existent sans sujet. Donc les especes de toutes les autres choses naturelles peuvent exister de la même maniere.*

Comme les Fideles tirent des consequences de l'ordre de la grace à l'ordre de la nature, les Infideles à leur tour en tirent de l'ordre de la nature à l'ordre de la grace. Par exemple, de ce que la raison nous enseigne, que quand deux choses sont identifiées avec une troisiéme, elles sont identifiées entr'elles, ils concluent que dans la Trinité les trois Personnes estant identifiées avec la nature divine, ne peuvent estre distinctes entr'elles. Par un semblable raisonnement ils concluent, que Jesus-Christ n'est pas un vrai homme, parce qu'il est de la condition d'un vrai homme, de proceder de la conjonction d'un mâle & d'une femelle, & Jesus-Christ n'en est pas procedé.

Or qui ne voit, qu'il n'est rien de si déraisonnable que ces consequences, par lesquelles on renverse également la foy & la raison; la raison, en l'élevant au dessus d'elle-même pour la faire atteindre à la hauteur des Mysteres; & la foy, en abaissant les Mysteres au dessous de la raison pour les soumettre à son examen.

1. Combien il importe de sçavoir qu'il faut rendre raison de sa foy & non pas des mysteres.

Ce que je viens de dire, que les Chretiens sont obligez de rendre raison de leur foy, mais non pas de leurs Mysteres, est une regle si importante & si necessaire à la Religion Chretienne, qu'on n'en sçauroit trop faire voir l'utilité. C'est pourquoy je choisiray pour exemple quelques Mysteres, afin de faire remarquer combien il est dangereux de mêler ensemble les veritez naturelles & les veritez surnaturelles, pour les éclaircir les unes par les autres; ce qui paroitra clairement par les explications que les Scolastiques ont voulu donner en particulier des Mysteres de l'Eucharistie, de la Trinité, de la Predestination, de la Grace & du peché Originel.

CHAPITRE IV.

Premier Exemple.

Comment les Scolastiques ont expliqué le Mystere de l'Eucharistie.

C'Est une chose constante que l'Eucharistie est celuy de tous les dogmes de foy, qui a donné dans ces derniers siecles, plus d'occasion aux Scolastiques d'employer leurs principes : ce qu'ils ont fait avec tant de chaleur, & si peu de succés, que les explications qu'ils nous ont données, bien loin d'établir la foy de l'Eucharistie, ne font que troubler l'esprit de plusieurs Catholiques, & servir de scandale aux Heretiques, qui prennent occasion de tant de raisonnemens humains, d'insulter aux Catholiques, comme à des gens qui renversent également & la raison & la foy. Voilà cependant ce qui a introduit les divers systemes Eucharistiques que nous avons, & dont il seroit inutile de parler icy particulierement, car il est aisé de voir qu'il n'y en a aucun qui n'ajoute quelque idée étrangere à la veritable notion que nous devons avoir de l'Eucharistie selon les decisions de l'Eglise.

Les premiers Peres ont pris une conduite toute opposée à celle des Scolastiques. Ils n'ont rien dit de l'Eucharistie que ce que la Tradition leur avoit appris, & ils n'ont parlé dans leurs livres que de ce qui porte les Chretiens à assujettir leur entendement à l'autorité de la foy, & à se remplir l'esprit des sentimens que doit inspirer la grandeur d'un si auguste Mystere. Les Scolastiques ont voulu aller plus loin ; ils ont tâché de penetrer la substance & le mode de l'Eucharistie, & ainsi passant au delà de la Tradition, qui devoit estre leur seul guide, ils sont tombez dans des opinions si opposées, qu'elles semblent se détruire les unes les autres.

Cependant ils conviennent tous de la substance de ce Mystere. Ils croyent avec le saint Concile de Trente, que par la consecration toute la substance du pain & du vin est convertie en la substance du Corps & du Sang de Notre Seigneur, par cette sorte d'action qu'on appelle *Transubstantiation* : mais ils ont des sentimens fort differens touchant la maniere dont se fait cette conver-

1. Qu'est-ce qui a introduit les premiers systemes Eucharistiques.

2. Que les premiers Peres ont pris une conduite toute contraire à celle des Scolastiques touchant l'Eucharistie.

3. Que tous les Scolastiques conviennent de la substance de ce Mystere, mais ils l'expliquent

sion, ou transubstantiation. Les uns disent qu'elle se fait de sorte, que la substance du pain & du vin est aneantie, non pas par une action positive, mais par une simple suspension de concours de Dieu ; ce qui fait que l'aneantissement du pain & du vin n'a aucune liaison necessaire avec l'action positive par laquelle Jesus-Christ devient present dans l'Eucharistie. Les autres disent, que la substance du pain & du vin n'est pas aneantie absolument, mais seulement convertie au corps & au sang de Notre Seigneur, de sorte neanmoins que l'action par laquelle la substance du pain & du vin cesse d'estre, n'est point differente de celle par laquelle le corps & le sang de Notre Seigneur sont mis dans l'Eucharistie.

D'autres ajoutent, que le terme formel de la transubstantiation n'est pas la substance du corps & du sang de Jesus-Christ consideree simplement, mais entant que cette substance est ce en quoy la substance du pain & du vin a esté convertie : cependant ils conviennent tous à dire, que non seulement Jesus-Christ est tout entier dans l'Eucharistie, c'est à dire, qu'il y est selon son humanité & selon sa divinité, mais encore que son corps est tout entier dans toute l'hostie, & tout entier dans chaque partie lors que la separation en est faite.

Quant aux especes de l'Eucharistie, qu'ils appellent aussi *Accidens*, ils enseignent que bien qu'après la consecration elles n'ayent plus aucune cause materielle, elles ne laissent pas d'exister & d'agir, comme si elles en avoient une ; de sorte qu'elles peuvent non seulement affecter les yeux & les autres sens, mais même produire & engendrer des substances de la même nature que celles du pain & du vin.

Il y en a même qui disent, qu'au moment que le corps de Notre Seigneur cesse d'estre dans l'Eucharistie, la quantité de l'hostie se convertit en la matiere premiere, de laquelle procede la forme nouvelle qui est engendrée. Enfin d'autres assurent qu'au moment que les especes sont corrompuës, Dieu crée de la matiere premiere. Voila en general les explications qui sont communement suivies par les Scolastiques.

CHAPITRE IV.

Quel jugement on doit faire des explications precedentes.

CE qu'on peut dire en general de toutes ces explications, c'est qu'elles sont inutiles & insuffisantes. Il n'y en a aucune qui prouve, de quelle maniere Jesus-Christ est dans l'Eucharistie ; au contraire elles font toutes naître de nouvelles difficultez, dont les Heretiques se prevalent contre la foy. Ils soutiennent, par exemple, que le corps de Jesus-Christ n'est point dans l'Eucharistie, parce que nous ne pouvons leur justifier clairement de quelle maniere il y est. Quoy que cette consequence soit injuste, nous y donnons en quelque maniere lieu, lors que nous voulons raisonner sur ce Mystere. Ainsi le parti qu'il y auroit à prendre, seroit de ne pas philosopher sur ce sujet, mais de croire simplement que Jesus-Christ est dans l'Eucharistie, parce que Dieu l'a dit, sans examiner de quelle maniere il y est ; car cette maniere est impenetrable, estant impossible de concevoir le mode d'une chose dont on ignore la substance.

Mais, ce qui prouve plus que tout l'insuffisance des explications des Scolastiques, est la diversité de leurs sentimens sur cette matiere. Les Thomistes ne sont pas d'accord avec les Scotistes. Ceux-cy disent que par la consecration la substance du pain est aneantie ; & les autres enseignent au contraire, qu'une chose qui est convertie en une autre, n'est point aneantie, parce que l'aneantissement a pour terme le neant, & il est impossible que l'action par laquelle une chose est convertie en une autre, se termine au neant simplement ; elle ne se peut terminer au neant, qu'entant que le neant est conjoint à l'être positif de la chose en laquelle la conversion se fait.

Comme les Thomistes s'opposent aux Scotistes, Vasquez s'oppose aux Thomistes. Il dit que la conversion qui se fait dans l'Eucharistie, n'a rien d'actif, & qu'elle n'est autre chose qu'un simple rapport qui se trouve entre le pain & le corps de Jesus-Christ, entant que celuy-cy succede à l'autre.

Il y en a qui disent, que le corps de Jesus-Christ est tout entier

1. Que ces explications sont insuffisantes

2. Qu'est-ce qui en fait voir l'insuffisance.

dans chaque partie, avant même que la separation en soit faite. D'autres assurent qu'il n'en est pas ainsi, & que le Concile de Trente ne nous prescrit autre chose, que de croire que Jesus-Christ est tout entier sous chaque partie de l'hostie après que la separation en est faite.

Comme il s'en trouve qui disent que les especes consacrées peuvent agir & patir comme auparavant, il y en a d'autres qui leur opposent qu'Aristote dans sa Metaphysique, chap. 2. assure que toute vraye action procede d'un suppost : & quand ils répondent qu'Aristote n'a pas dit que les actions procedoient des supposts, mais des choses singulieres, sans qu'il soit même necessaire que les choses singulieres soient substantielles, les autres repliquent que ce n'est pas là le sentiment d'Aristote, mais qu'on le fait parler ainsi, seulement pour accorder ses pensées avec les actions de la nature divine, & avec celles des especes Eucharistiques.

Ceux qui disent, que les agens naturels peuvent convertir les especes consacrées en quelques substances, ne trouvent pas moins d'oppositions que les autres : car on leur objecte, que si leur raisonnement estoit bon, on pourroit conclure que le corps de Jesus-Christ, entant que fait de pain, seroit changé en la substance qui prendroit la place des especes consacrées, d'autant qu'il n'y a pas plus de raison de dire que la substance du pain a esté convertie en celle du corps de Jesus-Christ, qu'il y en a de dire, que le corps de Jesus-Christ est changé en la substance qui succede aux especes consacrées.

3. Difficulté fondamentale, quelle.

Outre que les consequences qui suivent des explications precedentes des Scolastiques, sont fort differentes, il y a une difficulté fondamentale, qui regarde la nature de la matiere, qu'on distingue de la nature de la quantité, jusques à dire qu'elles se separent actuellement dans le Saint Sacrement de l'Eucharistie, à cause que le corps de Notre Seigneur n'y est pas si grand que dans le ciel. Il faut faire une si grande violence à la raison pour dire cela, que les Scolastiques mêmes, qui admettent cette distinction, traitant des especes sacramentales, & de la quantité du pain qui reste après la consecration, ne peuvent désigner cette quantité qu'en décrivant effectivement la matiere, lors même qu'ils tâchent de l'en separer.

Ils enseignent expressément, que la quantité sert de sujet à tous les autres accidens Eucharistiques, sans que Dieu crée une nou-

LIVRE III.

velle matiere, ni qu'il rétablisse celle qu'ils supposent estre détruite, & même sans aucun nouveau miracle. Ils ajoutent, que la quantité ainsi separée, devient le sujet de toutes les formes substantielles & accidentelles qui se presenteront dans le cours des generations pendant toute l'éternité, & qu'elle se convertit par la nutrition en la propre substance de ceux qui communient ; d'où il s'ensuit qu'il y auroit des parties de nos corps qui ne seroient faites que de simples accidens, ausquelles neanmoins l'ame seroit unie : & s'il arrivoit qu'un homme ne vecût que de la simple Eucharistie, soit par miracle ou autrement, il deviendroit tout quantité, de sorte que Pierre vivant & agissant, n'auroit plus de corps, & ne seroit plus ni homme, ni animal, ni substance : Ce qui est étonnant.

Cette doctrine donne encore occasion de dire, qu'il doit arriver dans la suite des temps, aprés une infinité de Messes, que la quantité ainsi separée augmentant tous les jours, une partie du monde sera composée d'accidens ou des modes sans substance, & sans que nous ayons aucun moyen de distinguer les vrayes parties du monde, d'avec les fausses & apparentes.

4. Confirmation de cete difficulté.

Il est mal-aisé de mettre des bornes aux consequences que l'on pourroit tirer de cette doctrine ; parce qu'on en pourroit venir jusques à supposer un aneantissement absolu de tout le monde, dont l'image trompeuse resteroit dans ces accidens, comme, selon quelques Philosophes, elle reste dans l'idée de l'étenduë intelligible qu'ils supposent en Dieu, sans pouvoir s'assurer si le monde a jamais esté autrement qu'en apparence, si tout ce que nous voyons ne se passe point comme en songe, s'il y a de vrais hommes, une vraye Religion, &c. Ce qui semble aller trop loin.

Quoy que ces consequences ne soient pas fort à craindre, il est bon neanmoins de faire voir qu'il faut user d'une grande circonspection, lors qu'il s'agit d'allier la foy avec les principes des sciences naturelles, & sur tout avec ceux de la Philosophie, qui sont toujours vagues & incertains.

CHAPITRE VII.

Comment quelques Philosophes Modernes ont expliqué l'Eucharistie.

Quant aux Philosophes Modernes, comme ils se fient beaucoup à la clarté de leurs principes, plusieurs se sont faussement persuadez qu'ils pourroient par leur moyen, découvrir ce qu'il y a de plus caché dans l'Eucharistie. Voici en particulier, le sentiment d'un des plus considerables, & de ses Disciples. *

Dom Robert de Gabais Religieux Benedictin, un des plus grands Metaphysiciens de notre siecle.

Ils disent qu'on ne peut pas revoquer en doute ce qui est une fois arrivé ; sçavoir, que l'ame de Jesus-Christ estant unie avec une certaine substance au moment de l'Incarnation, toute cette substance n'ait esté changée en son corps en la maniere que tout le monde sçait. Ils croyent que cela est si conforme à leur explication, qu'hors le miracle qui fait que toutes choses s'accomplissent tout à coup dans l'Eucharistie, il semble qu'il n'y a rien de plus naturel que de dire, qu'une autre substance que Jesus-Christ a choisie, c'est à sçavoir le pain, devient ce même corps adorable par cette même voye d'union.

Ils prétendent donc que si leur explication est bien entenduë, on verra que non seulement le pain ne demeure point du tout dans l'Eucharistie, mais même que la matiere & la forme n'y demeurent pas non plus ; ce qui doit faire cesser toutes sortes de difficultez : Car quoy qu'il soit vrai que la matiere du corps de Jesus-Christ a esté celle du pain, on ne peut pas nier qu'elle n'ait esté changée substantiellement, si elle a reçu une forme substantielle, & si outre cela elle a esté unie à la personne du Verbe, ce qui l'a renduë la matiere de l'humanité adorable de Jesus-Christ, & lui a ôté l'être de la matiere du pain. Ils disent de même de la forme du pain, que de la matiere. Ils assurent qu'elle est devenuë une simple disposition à l'union de l'ame de Notre Seigneur, qui a choisi cette forme materielle du pain plutôt qu'une autre, pour nous donner son corps sous cette apparence. Cette forme n'est donc plus qu'une disposition à une autre forme substantielle, & aprés que l'information est faite, ce n'est plus qu'une simple espece ou apparence du pain, parce que les choses demeurent les mêmes qu'auparavant à l'égard de nos sens. Ces Philosophes prouvent cela par l'exemple du changement miraculeux qui se feroit, d'une beste en un homme par l'infusion de l'ame, sans changer les organes; car en ce cas, ce qui auroit esté forme de beste, n'en seroit que l'espece ou l'apparence: D'où ils concluent, que dans l'Eucharistie le pain est changé au corps de Jesus-Christ: ce qui est le premier point qu'ils vouloient prouver.

Aprés avoir demontré le changement du pain au corps de Notre Seigneur, ils tâchent de faire voir que ce corps est le même que dans le sein de la Vierge, sur la croix, dans le ciel, & sur nos autels; en sorte que la seule difference, qui se trouve effectivement entre le corps de Jesus-Christ contenu sous les especes du pain, & le même corps contenu sous ses propres especes dans le ciel, est qu'il n'a pas la même forme corporelle dans ces états. Ce qui est si vray que les Scolastiques mêmes modernes n'en sçauroient disconvenir, au moins, s'ils entendent par la forme corporelle, cette disposition, des parties de la matiere, que nous voyons dans l'Eucharistie, & qui est autre que dans le ciel, à cause que le corps de Notre Seigneur y est dans un état naturel. Ces Auteurs disent donc, que c'est un sentiment communément reçu parmi tous les hommes, qu'ils sont toujours les mêmes hommes, & qu'ils ont toujours les mêmes corps individuels pendant toute la vie; & que les Saints Peres, qui ont eu occasion de parler de l'identité du corps de Notre Seigneur, ont dit formellement, que nous avions dans l'Eucharistie le même corps qui est né de la Vierge; & enfin que Notre Seigneur parlant luy-même de son humanité dans le cours de ses Prédications, prend ordinairement la qualité de fils de l'homme, comme ayant tiré de sa mere le corps, qui faisoit la partie materielle de sa nature humaine.

Cela posé, ils croyent pouvoir dire que la vraye raison de cette verité, est la même qu'ils posent pour fondement de leur explication, sçavoir que la matiere qui est unie à la même ame raisonnable, est un même corps humain, & par consequent que la matiere du pain venant à estre unie substantiellement à l'ame de Notre Seigneur, & à sa personne divine, elle devient proprement sa matiere & son corps individuel, c'est à dire, que le corps de Jesus-Christ dans l'Eucharistie est le même, qu'il a pris dans le sein de Marie: Ce qui est le second point que ces Philosophes veulent prouver.

Il ne reste plus rien à faire à ces Auteurs, que de montrer

que le corps de J. C. est parfaitement organisé dans l'Eucharistie. Ils disent pour cela, que si l'union de l'ame & de la divinité de notre Seigneur change le pain en son vrai & unique corps, il s'ensuit necessairement qu'encore que les organes de la chair de ce corps adorable ne fussent pas proprement sur nos autels, neanmoins le corps qui y est, les auroit dans le ciel comme ses propres appartenances. C'est pourquoy il faut reconnoitre icy l'effet de cette maxime : *Les choses qui sont les mêmes avec une troisiéme, sont les mêmes entr'elles.*

Que si on leur dit, que nous devons avoir dans le saint Sacrement un corps qui soit organisé, non seulement à raison de ce qu'il est dans le ciel, mais encore à raison de ce qu'il est sur nos autels, ils pretendent prouver encore que le corps de Jesus-Christ est organisé de cette maniere ; & pour le faire entendre, ils disent qu'il faut sçavoir que l'union du corps & de l'ame consiste dans la dépendance qu'il y a entre certaines pensées de l'ame, & certains mouvemens du corps ; ce qui établit le commerce reciproque des pensées de nos ames & des mouvemens des parties de nos corps, que nous experimentons pendant l'usage continuel de la vie. Ils considerent ensuite la matiere des organes d'un corps humain, & font remarquer que ces organes entant que tels, ne doivent pas necessairement estre formez de la maniere qui est requise, pour les fonctions qui nous sont communes avec les bêtes. Ils ne voyent pas même que l'opinion commune puisse icy s'éloigner de la leur, d'autant que des organes semblables à ceux des bestes, & leurs fonctions ont precedé l'infusion de l'ame raisonnable, & par consequent, ce n'est pas alors des organes humains ; & l'on n'auroit pû leur en donner le nom que fort imparfaitement.

Ces fonctions se font aussi tres souvent dans nos corps sans que nous nous en appercevions, & par consequent sans que l'ame y ait aucune part, & elles ne cessent jamais dans les bêtes que par la mort, sans que pour cela personne s'imagine qu'elles ont des corps & des organes humains. D'où ces Philosophes concluent, qu'afin que les parties d'un corps soient proprement des organes d'un homme, il faut necessairement qu'elles servent au commerce reciproque des mouvemens du corps & des pensées de l'ame ; il n'y a precisément que cela qui soit requis pour l'union d'une ame à un corps, & pour rendre ce corps organique autant que le requiert l'essence d'organe humain entant que tel. Or rien n'empêche que si Jesus-Christ a voulu que les parties de la matiere du saint Sacrement excitassent dans son ame des sentimens qui eussent rapport à ceux que les parties principales de nos corps ont coutume de nous faire sentir, chacune de ces parties ne soit devenuë la teste, le le cœur, la chair & le sang de Jesus-Christ, parce qu'elle aura reçu la vraye forme humaine & essentielle de teste, de cœur, de chair & de sang humain, avec l'usage d'organe d'un homme convenable à chacune de ces parties par rapport aux pensées & aux mouvemens, dans le concert desquels consiste uniquement l'union du corps & de l'ame. Voilà en particulier comment quelques Philosophes modernes pretendent que le pain est changé au corps de Jesus-Christ, que c'est le corps que J. C. a pris dans le sein de Marie, & que ce corps est veritablement organisé dans l'Eucharistie.

CHAPITRE VIII.

Quel jugement on doit faire de l'explication precedente des Philosophes modernes.

IL n'est rien de plus aisé que de faire voir le défaut de cette explication particuliere : Car quant au premier article, qui regarde le changement du pain au Corps de Notre Seigneur, il faut demeurer d'accord qu'au moment de l'Incarnation, l'ame de Jesus-Christ s'est unie à une substance corporelle; non à une substance corporelle consideree comme telle, mais à une substance corporelle revêtuë de differentes formes de chair, d'os, de sang, &c. C'est pourquoy, afin que la comparaison entre l'Incarnation & l'Eucharistie fût juste, il faudroit, qu'outre le miracle, qui fait que les choses s'accomplissent tout d'un coup dans l'Eucharistie, le pain auquel J. C. a voulu s'unir, fût revêtu des mêmes formes de chair, d'os, de sang, &c. Ce qui n'est pas.

De plus, quelque sens que ces Philosophes donnent à leur explication, la matiere & la forme du pain semblent rester aprés la consecration de l'hostie. La matiere semble rester la même, parce que la même étenduë demeure, & c'est proprement l'étenduë de l'hostie qui est la matiere du pain selon leurs principes. La forme demeure encore, parce que la matiere de l'hostie retient les mêmes modifications, & c'est dans les modifications de la matiere du pain que consiste la forme du pain, selon la nouvelle Philosophie. Et

Tt ij

il ne ſerviroit de rien de dire, que la matiere du pain a eſté changée ſubſtantiellement, parce qu'elle a reçu une forme ſubſtantielle ; car quand il ſeroit vrai que l'ame de Jeſus-Chriſt fût la forme ſubſtantielle de la matiere du pain, il ne s'enſuivroit pas que la forme du pain fût changée ſubſtantiellement en la matiere du corps de Jeſus-Chriſt ; il s'enſuivroit ſeulement que l'ame de Jeſus-Chriſt ſeroit unie à la matiere & à la forme du pain, & par conſequent qu'il reſulteroit de cette union un tout different de Jeſus-Chriſt, dont la nature ne conſiſte pas dans l'ame ſeule, mais dans l'ame & dans le corps organiſé joints enſemble. L'union de la matiere du pain à la perſonne du Verbe, ne fait pas non plus, que la matiere du pain devienne la matiere de l'humanité de Jeſus-Chriſt ; elle fait ſeulement que le pain & le Verbe ſont unis enſemble, le pain retenant toujours ſon être de pain.

Ce que les Philoſophes modernes ajoutent, eſt encore inſoutenable : car quoy que la forme du pain devînt par la conſecration une ſimple diſpoſition à l'union de l'ame de Jeſus-Chriſt avec la matiere du pain, cela n'empêcheroit pas que la forme du pain ne reſtât toute entiere & le pain auſſi, avec cette ſeule difference, que le pain avant la conſecration n'eſtoit pas uni à l'ame de Jeſus-Chriſt, & qu'il l'eſt aprés ; en ſorte neanmoins qu'aprés que l'union eſt faite, la forme du pain n'eſt pas une ſimple eſpece ou apparence du pain, mais elle eſt un pain reel & veritable, tout le changement qui eſt arrivé, conſiſtant en cela ſeul, que le pain aprés la conſecration a un rapport d'union avec l'ame de Jeſus-Chriſt, lequel il n'avoit pas avant la conſecration.

L'exemple du changement miraculeux qui ſe feroit d'une beſte en un homme, par l'infuſion de l'ame ſans changer les organes, ne prouve rien : car il n'eſt pas vrai que ce qui auroit eſté la forme de beſte, n'en fût plus que l'eſpece ou l'apparence, il en ſeroit encore la vraie forme ; & l'ame infuſe dans le corps d'une beſte, ne ſeroit point un homme ni une beſte, mais un tout d'une troiſiéme eſpece : Ce qui eſt entierement oppoſé à la pretention des Philoſophes modernes.

Ces Philoſophes ne raiſonnent pas mieux, pour prouver que le corps de Jeſus-Chriſt eſt le même dans le ciel que ſur nos autels, qu'ils ont raiſonné pour prouver que le pain eſt changé en ce corps. Ils diſent que la ſeule difference qui ſe trouve effectivement entre le corps de Jeſus-Chriſt contenu ſous les eſpeces du pain, & le même corps contenu ſous ſes propres eſpeces dans le ciel, eſt qu'il n'a pas la même forme corporelle dans ces deux états. Or c'est par la forme corporelle, & non pas par la forme spirituelle que les corps conviennent ou different les uns des autres. Il suffit donc que les Philosophes modernes avouent que les formes corporelles du corps de Jesus-Christ dans le ciel, & du même corps sous les especes du pain soient differentes, pour estre obligez de reconnoitre de bonne foy, que le corps de Jesus-Christ dans le ciel, & sous les especes du pain, n'est pas un même corps.

Les Philosophes anciens accorderont bien aux modernes, que les hommes sont toujours les mêmes pendant la vie, & qu'ils ont le même corps individuel ; mais ils ne leur accorderont pas que la raison de cette verité soit la même qu'ils posent pour fondement de leur explication, sçavoir que la matiere qui est unie à la même ame raisonnable, est un même corps humain ; car Aristote enseigne expressement, que bien loin que le corps tire son individuation de l'ame à laquelle il est uni, c'est au contraire l'ame qui tire la sienne de son corps.

Ce que les Philosophes modernes disent en dernier lieu, pour prouver que le corps de Jesus-Christ est organisé, n'est pas fondé sur des raisons plus solides que les precedentes : car les Anciens accorderont bien que l'union du corps & de l'ame consiste dans la dépendance qu'il y a entre certaines pensées de l'ame, & certains mouvemens du corps ; mais ils diront que les parties du corps ne servent au commerce mutuel des pensées & des mouvemens, qu'entant qu'elles sont revêtuës de certaines formes qui leur sont propres, & qui leur donnent l'être d'organe humain, telles que sont les formes de chair, d'os, de sang, &c. ce qui manque aux parties de l'hostie. D'où il s'ensuit que le corps de Jesus-Christ n'est pas organisé dans l'Eucharistie.

Ce qui fait encore contre les Philosophes modernes, est que si les Apôtres avoient consacré le pain & le vin pendant les trois jours de la mort de Notre Seigneur, ils les auroient transubstantiez en son vrai corps & sang, & neanmoins pendant ce temps de mort & de separation de l'ame, elle n'auroit pas esté unie à la matiere du pain & du vin, & par consequent le pain & le vin n'eussent pas esté le corps & le sang individuels de Jesus-Christ. S'ils répondent que dans cette supposition l'ame auroit esté unie à la matiere du pain nonobstant la mort du Sauveur, ou que la matiere du pain auroit esté son corps en la maniere que le corps est gisant dans le sepulcre, sçavoir en ce qu'il auroit eu les dispositions convenables pour recevoir son ame ensuite; les anciens Philosophes repliqueront, que ces deux manieres d'être sont également impossibles; car il est évident que si l'ame eût esté unie au pain, & si le pain eût esté le corps individuel de Jesus-Christ, l'ame de Jesus-Christ eût esté en même temps unie & separée du corps individuel de Jesus-Christ : Ce qui repugne. Que si la matiere du pain eût esté le corps de Jesus-Christ, entant qu'elle auroit eu les dispositions convenables pour recevoir l'ame ensuite, il faudroit que cette matiere eût esté organisée d'une certaine maniere, c'est à dire qu'elle eût esté composée de parties revêtuës de la forme d'os, de chair, de sang, &c; ce qui n'a jamais esté. Il faut ajouter que si l'union de l'ame estoit le vrai principe de l'inviduation du corps humain, il s'ensuivroit que comme une seule ame estant unie à plusieurs corps, rendroit tous ces corps un seul corps individuel, de même plusieurs ames estant unies à un même corps, ce même corps seroit plusieurs corps individuels : Ce qui repugne.

Il paroit par ce que nous venons de dire de l'explication des Philosophes modernes, qu'elle n'est pas plus solide que celle des anciens, & que les consequences qu'on en pourroit tirer, renferment pour le moins autant de difficultez, que celles que nous avons tirées des explications communes. C'est pourquoy les Philosophes, tant anciens que modernes, devroient tenir pour une maxime constante, que tous les Mysteres de la Religion Chretienne sont au dessus de la raison, non seulement quant à leur substance, mais encore quant à leur maniere d'estre; & qu'on particulier celuy de l'Eucharistie est tellement impenetrable, qu'il est impossible de l'expliquer par les principes des sciences naturelles, non seulement par ceux qui sont contestez, (comme le sont la plupart,) mais même par ceux, qui sont generalement reçus de tout le monde.

CHAPITRE IX.

Second Exemple.

Comment les Scolastiques ont voulu expliquer le Mystere de la Trinité; & en quoy consiste la difficulté de leur explication.

1. Ce que c'est que la sainte Trinité.

ON a toujours enseigné dans l'Eglise, les veritez qui établissent non seulement la creance d'un Dieu souverainement parfait, dont l'unité a esté défenduë contre les Payens, tant par les Juifs que par les Chretiens ; mais encore celles qui appartiennent au Mystere de la sainte Trinité, qui nous font entrer dans des connoissances infiniment plus parfaites que celles qu'on avoit auparavant, des perfections divines : car les Personnes adorables que la foy nous découvre dans Dieu, appartiennent à son essence, & elles y sont plutôt par identité que par union, quelque étroite qu'on la puisse imaginer ; étant veritable que le Pere, le Fils & le S. Esprit sont un même & vrai Dieu en toute proprieté, sans aucune distinction de nature ni de perfections essentielles. Mais il n'est pas moins assuré que ces personnes divines sont réellement distinguées l'une de l'autre, en sorte qu'il n'est pas moins veritable que le Pere n'est pas le Fils, & que le Pere & le Fils ne sont pas le saint Esprit, qu'il est vrai que le Pere, le Fils & le saint Esprit, sont un même Dieu : D'où il s'ensuit que la sainte Trinité n'est autre chose, *que trois Personnes divines subsistantes dans une seule nature, ou une seule nature divine subsistante en trois Personnes.* Voilà en general ce que la foy nous oblige à croire de ce Mystere, & ce que tous les Philosophes Catholiques en ont cru, & croyent encore, fondez sur l'Ecriture & sur la Tradition, & en particulier sur le Concile de Nicée.

Les Scolastiques ne se sont pas contentez de croire le fond de ce Mystere, ils en ont voulu connoitre la maniere, & l'expliquer. Voicy ce qu'ils ont pensé sur ce sujet. Ils ont cru qu'ils ne seroient pas obligez de croire la sainte Trinité, s'ils ne pouvoient lever toutes les contradictions qu'elle paroit avoir avec la raison naturelle. Pour cet effet, ils ont supposé deux distinctions en Dieu, dont l'une s'appelle *Formelle* & l'autre *Virtuelle*, par lesquelles ils ont pretendu lever ces contradictions ; mais il est aisé de faire voir, que bien loin que ces distinctions servent à éclaircir le mystere de la Trinité, elles ne font que l'enveloper de nouvelles difficultez.

Cela est évident à l'égard de la distinction Virtuelle, car par cette distinction on n'entend autre chose en Dieu, que la proprieté qu'il a d'estre une substance tres simple, mais équivalente à plusieurs choses réellement distinctes, à raison de quoy elle est susceptible de divers attributs contradictoires. C'est pourquoy dire que dans le Verbe la nature divine, & la personalité du Fils sont virtuellement distinctes, ce n'est autre chose, qu'assurer qu'elles sont

2. *Que pour l'expliquer les Scolastiques ont supposé en Dieu deux distinctions, qui sont la Formelle & la Virtuelle.*

3. *Que ces deux distinctions sont insuffisantes pour expliquer le Mystere.*

une substance tres simple, mais équivalente à plusieurs choses distinctes, à raison de quoy elle peut sans contradiction recevoir des attributs opposez, comme par exemple, *estre produite & n'estre pas produite, estre communiquée & n'estre pas communiquée*. Or il est visible que c'est en cela même que consiste le mystere de la Trinité, tel que l'Eglise nous le propose à croire ; car la principale difficulté de ce mystere est, d'expliquer comment dans le Verbe la nature & la personalité du Fils estant réellement un substance tres simple, sont neanmoins équivalentes à des choses réellement distinctes, quant à la proprieté de recevoir des attributs contradictoires, tels que sont ceux d'estre produite & de n'estre pas produite, d'estre communiquée & de n'estre pas communiquée. C'est pourquoy la distinction Virtuelle n'est autre chose que la Trinité même, & par consequent elle ne sert de rien pour éclaircir ce Mystere.

Non seulement la distinction Virtuelle n'est autre chose que la Trinité même, elle couvre encore ce Mystere de nouvelles difficultez, & sur tout elle affoiblit l'argument que les Peres de l'Eglise ont employé pour refuter les Heretiques qui nioient que les trois Personnes divines fussent réellement distinctes, qui est que le Pere produit le Fils, & que le Pere & le Fils produisent le saint Esprit : car voicy comment les Infideles raisonnent. Il n'y a pas plus de contradiction, disent-ils, entre estre produit & n'estre pas produit, entre estre communiqué & n'estre pas communiqué, qu'il y en a entre engendrer & estre engendré. Or est-il que selon les Chretiens, la substance divine, à raison de son infinité, peut estre produite & n'estre pas produite, estre communiquée & n'estre pas communiquée. Donc par une semblable raison, la même Personne divine, à cause de son infinité, pourroit engendrer & estre engendrée ; & par consequent les Peres de l'Eglise ont mal raisonné lors qu'ils ont conclu, que dans la Trinité le Pere est réellement distingué du Fils, parce que le Pere engendre le Fils, & que le Fils est engendré par le Pere.

La distinction Formelle ne sert pas plus à éclaircir le mystere de la Trinité, que la Virtuelle ; car il faut remarquer que la principale difficulté de ce mystere consiste, à faire voir que l'Unité de la nature & la Trinité des Personnes s'accordent avec cet axiome : *les choses qui sont les mêmes avec une troisième, sont les mêmes entr'elles*. Or il est évident que la distinction formelle est insuffisante

pour

LIVRE III.

pour expliquer cela; car qui ne voit que les choses ne sont les mêmes ou distinctes entr'elles, que selon qu'elles sont les mêmes ou distinctes d'une troisième? C'est pourquoy, puis que les trois Personnes divines ne sont que formellement distinctes de la nature divine, elles ne devroient estre que formellement distinctes entr'elles. Cependant la Foy nous enseigne qu'elles sont réellement distinctes. Donc la distinction Formelle est inutile pour expliquer la Trinité.

CHAPITRE X.

Comment quelques Philosophes modernes ont voulu expliquer le Mystere de la Trinité.

CEs Philosophes avant que d'entrer en matiere, ont supposé que Dieu existe, & qu'on le peut prouver par des raisons demonstratives, qui ont cela de propre, qu'outre l'existence de Dieu, elles prouvent aussi ses principaux attributs, & en particulier ceux dont ils ont besoin pour leur dessein; c'est à sçavoir, que Dieu est souverainement parfait, infiniment intelligent, & qu'il est tel par sa nature & par sa propre essence. Ils supposent encore que Dieu a pour objet propre de sa connoissance & de son amour, ses propres perfections, comme étant tres proportionnées à l'étenduë infinie de la puissance qu'il a de connoitre & d'aimer.

Dom Robert de Gabais, & ses Disciples.

C'est en peu de mots, tout ce qu'ils croyent necessaire pour servir de fondement à l'accord de la raison & de la foy dans ce grand Mystere, pourveu qu'on develope peu à peu des veritez si simples; & qu'au lieu d'employer de fausses notions tirées des exemples, qui n'ont rien de rapportant aux actions interieures de Dieu, on se serve avec saint Augustin, de la consideration de ce qui se passe en nous mêmes : ce que personne ne peut improuver, puis que Dieu nous a donné une nature intelligente semblable à la sienne, autant qu'une image imparfaite peut avoir de rapport à un original infini.

Ces veritez étant supposées, il paroit évident aux Philosophes modernes, qu'on doit attribuer à Dieu la faculté de se connoitre & de s'aimer parfaitement, ou plutôt, qu'il faut dire qu'il est luy-même un principe de connoissance & d'amour actuel de ses perfections infinies, & que ce principe de connoissance n'est autre chose que Dieu même, entant que souverainement intelligent. Ils en disent de même de la volonté & du principe de l'amour infini, qu'il

V ij

a pour luy-même, n'étant pas possible de concevoir clairement une nature souverainement intelligente, qu'on ne luy donne aussi la faculté de s'aimer soy-même, & de s'aimer par un acte souverain d'amour de ses propres perfections.

Ils pretendent trouver ensuite sans peine le dénombrement des Personnes divines dans cette nature infiniment parfaite. Ils disent que pour peu qu'on considere l'essence de Dieu, on y trouve un principe de connoissance actuelle de luy-même, laquelle étant la premiere des operations interieures de Dieu, on a grande raison de considerer ce principe comme la premiere Personne de la Trinité, qu'on nomme *le Pere*.

Il est encore fort clair, selon ces Philosophes, que le terme de cette connoissance dans Dieu, est un Verbe interieur, ou une Idée infiniment parfaite, qui contient, comme un miroir fidele, toutes les perfections divines exprimées d'une maniere proportionnée à leur grandeur infinie. Ce qui se fait à peu près comme dans nous-mêmes, où nous voyons que nos idées contiennent les choses qu'elles representent, en la maniere que les choses connuës peuvent estre contenuës dans l'entendement : & ce Verbe, ou cette Idée, est la seconde Personne, que nous appellons *le Fils*.

Enfin il est impossible que de cette connoissance il ne resulte en Dieu une complaisance extrême, & un amour souverain, qui est la troisiéme Personne, qu'on appelle *le Saint Esprit* : D'où ils concluent que ce que nous appellons les Personnes divines, n'est autre chose que Dieu même, qu'elles n'en sont aucunement distinguées, & qu'on ne peut concevoir un Etre souverainement intelligent, sans y voir un Principe de connoissance, une Idée qui en est le terme, & un Amour qui s'en déduit : Ce qui sert à faire comprendre comment le Pere, le Fils & le saint Esprit sont un seul & vray Dieu.

Avant que de traiter en particulier de la distinction des Personnes, ils disent qu'il est necessaire d'expliquer ce que c'est que Personne, & pourquoy l'on donne ce nom aux operations interieures de Dieu. Ils ne pretendent pas neanmoins l'étendre sur ce qu'on en dit communément, se contentant de proposer simplement la notion du mot de Personne, & le sens naturel auquel on l'a toujours pris dans l'Eglise. Il faut sçavoir pour cela, qu'on s'est servi pour expliquer ce mystere, de quelques mots particuliers, que les disputes contre les Heretiques, ont rendu fort celebres. Les principaux sont les mots de *Subsistance*, d'*Hypostase* & de *Personne*, lesquels étant pris dans leur racine, ont à peu prés la même signification, quoy qu'on ait été obligé d'y mettre quelque difference, à cause du peril qu'il y avoit d'alterer les veritez qui regardent le grand mystere de la Trinité.

La raison de cela est, qu'il y a tout ensemble dans Dieu une essence unique & tres simple, & que neanmoins il y a aussi trois Personnes distinguées réellement les unes des autres ; ce qui a obligé les Auteurs Catholiques à s'expliquer en termes precis. Il s'est passé même beaucoup de temps avant qu'on fût d'accord touchant l'usage de ces mots : Mais enfin on s'est accoutumé dans l'Eglise Grecque à dire qu'il y a en Dieu trois Hypostases, & dans l'Eglise Latine à dire, qu'il y a trois Personnes & trois subsistances ; mais dans l'une & dans l'autre Eglise on dit qu'il n'y a qu'une seule substance, essence ou nature. On évite par ces mots, & par le sens qu'on leur donne, le danger qu'il y a de tomber dans l'une de ces deux creances opposées également dangereuses, ou en disant qu'il y a trois Dieux, ou en disant qu'il n'y a qu'une Personne. C'est pourquoy, on n'a pas été peu empêché à tomber d'accord des mots generaux, qui convinssent à toutes les Personnes divines, & qui ne multipliassent pas l'essence, sans identifier les Personnes entr'elles.

Aprés quoy, pour faire entendre ce que signifie le mot de *Personne*, ils disent que les hommes sont portez naturellement à juger de toutes choses par rapport à eux-mêmes, & conformement aux idées qu'ils ont accoutumé de former touchant les objets ordinaires de leurs connoissances ; de sorte que ce qui se fait interieurement en Dieu, qui est tout ensemble semblable & dissemblable à ce qui se passe dans l'homme, il a fallu concevoir les Personnes divines par forme d'action, qu'on appelle *immanente & interieure*, c'est à dire, par forme de connoissance & d'amour, qui se rencontrent en nous à peu prés comme dans Dieu ; & de peur que nous n'attribuions à Dieu nos imperfections, en ne donnant pas à ses operations interieures la perfection infinie qui leur convient, on a été obligé de dire que ce sont des Personnes, par lequel mot on a marqué fort proprement ce qu'elles sont en elles-mêmes, & en quoy elles different de nos actions interieures, ausquelles on ne peut pas donner ce nom, parce qu'elles ne sont que de simples modes.

Il faut donc, selon ces Philosophes, parler tout autrement des actions interieures de Dieu que des nôtres, parce que nous pouvons penser cecy ou cela, & que Dieu est déterminé essentiellement par sa nature immuable, à une maniere de penser precise, singuliere & déterminée, entant qu'elle a pour objet ses propres perfections, sans qu'il soit capable d'en avoir d'autre, ni qu'il puisse estre privé de celle-là ; car son operation étant infiniment parfaite & sans limitation, c'est cela même qui le détermine à agir d'une maniere qui ne peut estre autre qu'elle est, parce qu'elle contient tout ce qui est possible dans ce genre.

Ainsi Dieu étant déterminé par son essence à n'avoir qu'un acte tres simple de connoissance, & un acte d'amour infini, ces actes ne sont aucunement separables de sa substance, & ils y sont necessairement identifiez par cela même qu'ils sont infiniment parfaits. Il a donc esté fort raisonnable de chercher un mot propre pour exprimer une si grande perfection, & pour empêcher que ce qui se passe en nous, n'abaissât nos pensées jusques à attribuer à Dieu quelque chose de rapportant à la mutabilité de nos operations accidentelles & modales. Il n'y avoit aucun mot plus propre que celuy de *Personne*, d'*Hypostase* ou de *Subsistance*, par lesquels on donne à entendre que dans Dieu, les pensées sont Dieu même, que ce sont des choses infinies, substantielles & subsistantes, non pas de simples modes passagers comme dans les hommes : Mais aussi il falloit prendre garde de ne se pas servir de ces mots pour signifier l'essence divine prise absolument, d'autant qu'étant unique & singuliere, cela nous auroit brouillé touchant la distinction des Personnes entr'elles.

Il paroit donc à ces Philosophes qu'il n'en faut pas davantage, pour faire comprendre combien il est raisonnable de dire que les actions interieures de Dieu, (lesquelles ils ne distinguent pas des Personnes divines,) ne sont autre chose que Dieu-même. C'est pourquoy, ils croyent qu'il ne leur reste plus qu'à faire voir que les Personnes divines ne sont pas moins distinguées l'une de l'autre, qu'elles sont identifiées avec l'essence divine. Ce qui leur paroit également conforme aux principes de la foy, & aux lumieres du bon sens : car comme Dieu ne peut estre ce qu'il est, qu'il ne réünisse en soy, tout ce qui se passe en luy même, il est aussi impossible qu'il se connoisse, & qu'il s'aime actuellement que par un acte interieur, lequel enferme un veritable écoulement & une émanation réelle & spirituelle, que l'on doit concevoir à proportion comme les operations de nos ames, que Dieu a creées à son image. Il n'en est pas de même ici que des attributs absolus d'*éternité*, de *sagesse*, de *toute-puissance*, & autres semblables, qu'on trouve dans l'essence divine sans qu'on y suppose aucune action, parce que ce ne sont que de differentes manieres de la concevoir : mais les actes de connoitre & d'aimer sont dans Dieu tres proprement, comme des productions réelles, ausquelles on doit donner ce nom avec d'autant plus de raison, que les termes qui sont produits par ces actions, ne sont pas de simples modes comme dans nous, mais que ce sont des choses subsistantes que nous appellons tres proprement des *Personnes*.

Voilà, selon ces Philosophes, la vraye & unique raison de la distinction réelle des Personnes divines, à laquelle il s'en faut tenir, parce qu'elle ne peut avoir d'autre fondement que l'origine de l'une procedante de l'autre, n'étant pas possible qu'une personne se produise elle-même. C'est pourquoy le Pere produisant le Fils, & le Pere & le Fils produisant le Saint Esprit, il seroit inutile de chercher d'autres raisons de cette distinction, qui est parfaitement établie sur l'origine des Personnes : d'où ils concluent que cela doit satisfaire entierement les personnes judicieuses, qui voyent qu'on peut expliquer un si grand Mystere par des choses tres familieres, sans qu'il soit necessaire de faire aucune violence à notre conception.

Quant à l'ordre des Processions, ils disent qu'ils ont montré cy-dessus qu'il y a necessairement en Dieu un principe de connoissance actuelle, qui est la premiere operation dont les substances intelligentes sont capables : Ce qui suffit d'abord pour établir deux veritez importantes. La premiere est, que ce principe de connoissance se trouve en Dieu par une simple & immediate necessité de nature, sans aucune origine d'un autre principe superieur. La seconde est, que le principe de connoissance produit la premiere operation qui se fait dans Dieu, laquelle se nomme *Generation*, pour les raisons que les Scolastiques apportent, & qui prouvent qu'on a raison de donner le nom de Pere & de premiere Personne au principe de connoissance actuelle. Mais il n'est pas moins certain que le Pere Eternel agissant ainsi par l'entendement & par voye de connoissance, produit un Verbe interieur, ou une idée de ses perfections infinies, en la maniere que nous formons les nôtres, avec cette seule difference, que les nôtres ne sont que des modes

V u iij

passagers, & que l'idée qui se forme dans Dieu, est une chose susistante comme Dieu même, puis qu'il ne seroit pas Dieu s'il n'avoit cette idée.

On voit assez par là que cette Idée ou ce Verbe interieur est proprement le Fils de Dieu, & la seconde personne de la Trinité: C'est une Personne divine, parce que c'est une expression subsistante & infinie de toutes les perfections de Dieu, qui y sont contenuës d'une maniere particuliere & tres réelle. En un mot, ce n'est autre chose que Dieu même, entant que connu parfaitement par soy-même, tout ainsi que le Pere n'est autre chose que le même Dieu entant que se connoissant, ou entant que formant cette idée. Mais si cette idée reçoit de son premier principe une perfection infinie, elle nous fournit aussi une raison pour nous faire connoitre la perfection suréminente de ce même Principe, que nous appellons le *Pere Eternel*, quand bien nous ne le connoitrions pas par d'autres voyes.

Aprés ce qui vient d'estre dit jusqu'à present, il semble à ces Philosophes qu'on peut discourir de la Procession du Saint Esprit avec la même facilité, qu'ils ont parlé de la Generation du Fils. Il ne faut pour cela que considerer les Personnes divines comme des choses subsistantes, & remarquer que le Pere ayant donné à son Fils, ou à son Verbe, toutes ses perfections infinies, il est impossible qu'il ne l'aime infiniment, tant à cause de la propre excellence de ce Fils, que parce que c'est le Pere qui luy a donné tant de perfections; car il est naturel d'aimer une chose avec d'autant plus d'affection, qu'elle est plus parfaite, & qu'elle nous touche de plus prés. Or qu'y a-t-il de plus parfait que le Verbe divin? & qu'est-ce qui peut appartenir plus proprement au Pere Eternel? Qu'y a-t-il donc de plus raisonnable que de luy donner un amour infini pour son Fils.

C'est sans doute pour cette raison que les Grecs Schismatiques n'ont trouvé aucune difficulté dans ces paroles: *Spiritus qui à Patre procedit*: mais ne rencontrant pas la même clarté ni dans l'Ecriture, ni dans la raison naturelle touchant la Procession du Saint Esprit par rapport au Fils, ils n'ont jamais voulu reconnoitre de bonne foy la verité de ces paroles du Symbole comme elles se lisent dans l'Eglise Latine: *Qui à Patre Filioque procedit*. Mais quoy qu'il en soit des Grecs, il paroit à ces Philosophes, qu'il n'est pas moins raisonnable de croire que le Saint Esprit procede du Fils,

LIVRE III.

que de croire qu'il procede du Pere : ce qui est la même chose que si on disoit, que le Fils doit avoir autant d'amour pour son Pere, que le Pere en a pour le Fils.

Or cela étant supposé, il paroit clairement que l'amour subsistant, qui est dans Dieu, ne procede pas moins du Fils que du Pere, & que la spiration active par laquelle le Saint Esprit est produit, doit estre attribuée également à ces deux Personnes divines. Ainsi Dieu entant que se connoissant luy même, est le Pere ; entant que connoissant cette Idée qui le represente, c'est le Fils ; & entant que possedant l'amour qu'il a pour luy-même ensuite de cette connoissance, qu'il a produite & qu'il a reçuë en soy, c'est le Saint Esprit.

CHAPITRE XI.
Quel jugement on doit faire de l'explication precedente de la Trinité.

IL seroit à souhaiter que les Philosophes modernes qui ont proposé cette explication, se fussent contentez d'appliquer leur esprit à apprendre ce que la foy nous enseigne du mystere de la Trinité, sans se mettre en peine de vouloir nous le faire comprendre sous des idées metaphysiques, qui ne font que brouiller notre esprit.

1. Que cette explication est insuffisante, & pourquoy.

Nous tombons d'accord qu'il y a dans l'ame un principe de connoissance, une idée du bien, & un amour de ce même bien : que cette idée & cet amour du bien sont deux operations de l'ame modalement distinctes d'elle. Nous accordons encore que nous avons accoutumé de juger de Dieu, comme nous jugeons de nous-mêmes, & par consequent de luy attribuer un principe de connoissance, un objet connu comme souverainement bon, & un amour parfait qui suit de cette connoissance. Mais il faut remarquer qu'il y a cette difference entre Dieu & l'ame, que dans l'ame la connoissance & l'amour sont deux operations tres réelles & modalement distinctes de l'ame, & qu'en Dieu, ce que nous appellons *connoissance* & *amour*, ne sont point de veritables operations modalement distinctes de Dieu, mais des operations seulement apparentes ou metaphoriques, en sorte que quand nous disons, qu'il y a en Dieu des operations interieures, cela ne veut pas dire qu'en effet Dieu agisse interieurement par des operations modalement distinctes de luy, mais seulement que quand nous jugeons de luy, comme de nous-mêmes, nous le concevons comme s'il agissoit veritablement ; ce qui n'est pas quelque chose de réel en Dieu, mais une simple maniere dont nous le considerons : D'où il s'ensuit, que les operations interieures que nous attribuons à Dieu, ne sont que de simples manieres dont nous concevons Dieu. Or de simples manieres de concevoir Dieu, ne suffisent pas pour établir des personnes réellement subsistantes, telles que sont les Personnes de la Trinité.

Il est vray qu'à juger de Dieu, comme de nous-mêmes, nous trouvons dans son essence un principe de connoissance actuelle, & que cette connoissance est consideréé comme la premiere des operations de Dieu : mais il n'est pas vray que le terme de cette connoissance soit dans Dieu un Verbe interieur ou une Idée ; car comme dans les intelligences creées la connoissance actuelle n'est point differente du verbe ou de l'idée, elle ne l'est pas non plus dans Dieu ; de sorte que c'est renverser l'ordre des choses, de dire qu'en Dieu le Verbe est le terme de la connoissance divine ; il faut dire au contraire, pour parler philosophiquement, que la connoissance divine & le Verbe sont réellement & actuellement une même chose ; ou s'ils sont distinguez, que ce n'est que par une distinction de raison.

Mais quand même nous accorderions aux Philosophes modernes, que les operations divines sont subsistantes, & par consequent qu'elles meritent de porter le nom de Personnes, il faudroit aussi qu'ils nous accordassent que les operations interieures des Anges, par lesquelles ils se connoissent & s'aiment, sont subsistantes, & par consequent qu'il y a dans les Anges trois personnes comme dans Dieu ; car comme Dieu se connoît & s'aime par luy-même & par sa propre substance, les Anges, & tous les purs Esprits se connoissent & s'aiment eux-mêmes par la leur. Or il est également dangereux de dire, ou qu'en Dieu il n'y a pas trois Personnes réellement distinctes, ou de dire, qu'il y a dans les Anges trois personnes réellement distinctes.

Et il ne serviroit de rien de dire que la connoissance & l'amour des Anges ne sont pas des personnes, parce qu'ils ne sont pas infinis, car il est certain que la raison des Personnes en Dieu, ne se tire pas precisément de ce que la connoissance & l'amour divin sont infinis, mais de ce qu'ils sont subsistans : ce qui convient parfaitement à la connoissance & à l'amour des Anges. J'entens parler

LIVRE III.

de la connoissance & de l'amour d'eux-mêmes.

C'est donc sans fondement que ces Philosophes assurent, qu'il est impossible de former l'idée d'un Etre souverainement intelligent, sans appercevoir dans son essence les facultez de connoitre & d'aimer accompagnées de leurs actes proportionnez ; car cela ne se rencontre que dans les substances intelligentes creées, dans lesquelles seules il peut y avoir des puissances qui sont perfectionnées par leurs actes : mais dans la substance increée il n'y a rien de tel, tout ce que nous y concevons est actuel & substantiel, ou s'il y a quelque chose que nous regardions comme en puissance, ce n'est que par analogie ou par metaphore.

Quand ils disent, que Dieu entant que se connoissant luy-même, est le Pere ; qu'entant que contenant cette connoissance, c'est le Fils ; & qu'entant que possedant l'amour qu'il a pour luy-même ensuite de cette connoissance, c'est le Saint Esprit ; c'est précisement la même chose que s'ils disoient, que Dieu consideré, entant qu'il se peut connoitre, est le Pere ; que Dieu consideré, entant qu'il se connoit actuellement, est le Fils ; & que Dieu consideré, entant qu'il s'aime, est le Saint Esprit. Mais ces trois manieres differentes de considerer Dieu, ne peuvent point constituer trois Personnes divines réellement distinctes ; parce que les personnes divines sont des choses subsistantes, au lieu que les differentes manieres, dont on considere Dieu, ne sont que de simples modes exterieurs, ou des dénominations extrinseques, qui n'existent que dans l'entendement de ceux, qui considerent Dieu comme se connoissant & s'aimant luy-même.

Ce que ces Philosophes disent de l'ordre des Processions, ne paroit pas mieux fondé, que ce qu'ils ont avancé touchant la distinction réelle des Personnes. Il est bien vray, que nous concevons en Dieu un principe de connoissance, qui n'est principe que par metaphore, ou par analogie au principe de connoissance qui est dans l'ame. Or il est evident qu'un principe purement metaphorique, ou qui n'est principe que par analogie, ne peut produire qu'une operation interieure aussi metaphorique ; D'où il s'ensuit que la production du Verbe ne doit pas tant estre une veritable production, qu'une production par analogie ou par metaphore : ce qui est entierement opposé à ce que la foy nous enseigne touchant la production du Fils, qui est tres réelle & tres veritable.

Par la même raison que la production du Fils seroit seulement metaphorique, la production du Saint Esprit le seroit aussi ; car comme ce ne seroit que par metaphore que le Pere donneroit au Fils ses perfections, ce ne seroit aussi que par metaphore qu'il aimeroit ces mêmes perfections ; ce qui ne s'accorde pas avec ce que l'Eglise nous enseigne de la Procession du Saint Esprit. Il faut ajouter que la Procession du Saint Esprit du Pere & du Fils, n'est pas une chose aussi claire qu'ils disent : car comment peut-on concevoir que le Saint Esprit soit une seule & unique Personne, puis qu'il consiste en deux amours distincts, mais reciproques, sçavoir dans l'amour du Pere pour le Fils, & dans l'amour du Fils pour le Pere.

Et il n'importe de dire, que l'amour du Pere & du Fils sont un même amour ; car il semble que cela ne peut estre, parce que le Pere & le Fils sont deux Personnes réellement distinctes, & que les actions suivent (comme l'on dit) la nature & l'état des suppôts, c'est à dire, des personnes dont elles procedent.

Qu'on cesse donc d'attribuer à la Philosophie, soit ancienne, soit nouvelle, ce qui est infiniment au dessus d'elle. Qu'on ne s'imagine point qu'elle puisse donner, je ne dis pas des démonstrations, (comme quelques-uns le prétendent,) mais même des explications naturelles du mystere de la Trinité, qui nous est proposé pour estre crû seulement avec soumission à la premiere Verité. Et qu'on ne dise plus qu'il est possible d'allier la raison avec la croyance de ce Mystere consideré en luy-même. Il vaut mieux reconnoitre de bonne foy, que les hommes n'ont rien qui les porte naturellement à mettre en Dieu des operations interieures réellement distinctes entr'elles, & identifiées avec l'essence divine, & croire enfin que les connoissances que nous en avons par la raison, lors que nous jugeons de Dieu comme de nous-mêmes, ne contiennent rien qui soit propre à Dieu: comme il paroîtra par le Chapitre qui suit.

CHAPITRE XII.
Qu'on ne peut démontrer, ni même expliquer le Mystere de la Trinité, par la raison naturelle.

1.
Que la sainte Trinité ne peut estre démontrée par la cause, ni par l'effet.

NOus ne connoissons que deux sortes de démonstrations, dont les unes se font par la cause, & les autres par l'effet. On ne peut démontrer la Trinité par sa cause, car elle n'en a point ; ni par ses effets, car Dieu n'a rien produit au dehors que par sa science, par sa volonté, & par sa puissance, qui sont communes aux trois Personnes: Nous ne voyons donc aucun effet de la Trinité, par lequel elle puisse estre démontrée.

Tout ce qu'on peut démontrer de l'existence de Dieu & de ses attributs, n'a presque aucun rapport à la Trinité des Personnes divines, & si la raison en pouvoit fournir quelque preuve solide, il y a apparence qu'elle se trouveroit dans les écrits des anciens Philosophes. Cependant les Saints Peres n'y en ont pû reconnoître aucune; ils veulent même qu'on ne fasse aucun usage de la raison pour penetrer ce Mystere. Saint Athanase dit expressément, après s'estre servi de quelques comparaisons: *Celuy qui demande quelque chose au delà, & qui a envie de penetrer dans le fond de ce Mystere, obeït mal à celuy qui dit*: Ne soyez pas trop sages, afin que vous ne soyez pas offusquez; *car il faut apprendre les choses de la foy, non par la science, mais par la revelation.* D'autres Peres de l'Eglise ont fait profession de dire, que le mystere de la Trinité ne pouvoit estre exprimé par aucun discours. Saint Augustin dans son troisième livre du Libre Arbitre, parle ainsi: *On dit plusieurs choses de l'ineffabilité de la Trinité, non pour l'exprimer, car autrement elle ne seroit pas ineffable, mais afin de faire entendre qu'elle ne peut estre exprimée.* En effet, ce Mystere paroit d'abord contraire aux loix de la nature, & par consequent, ce n'est pas de la nature qu'il en faut tirer la connoissance.

Et il ne serviroit de rien de dire, que la nature même fournit p'usieurs expressions, ou images de la Trinité, & que ces images nous conduisent facilement à la connoissance de leur cause exemplaire; car on peut répondre, que les images peuvent à la verité rappeller la memoire de ce qu'elles representent, mais qu'il faut que cela soit connu d'ailleurs, sans quoy les images n'en pourroient faire revenir l'idée. Outre que les comparaisons qu'on fait de Dieu avec les creatures, sont si imparfaites, que saint Hilaire avoüe luy-même, qu'elles sont bien des preuves de l'effort que nous faisons pour connoitre la Trinité, mais qu'elles ne luy conviennent pas, & qu'elles marquent plutôt le desir que nous avons de connoitre, qu'elles ne remplissent ce desir.

C'est pour cela qu'un excellent Theologien dit, que si l'on veut parler du mystere de la Trinité avec des Payens, il faut commencer par établir l'excellence de la Religion Chrétienne; aprés quoy il faut tâcher de conduire ces Infideles à la croyance de la Trinité,

2.
Ni par les comparaisons qu'on fait de Dieu avec les creatures.

M. Fen.
3.
Comment il faut parler du mystere de la Trini-

té avec les Payens, avec les Juifs, & avec les Heretiques.

non par des raisons tirées de la nature même de ce Mystere, mais de la verité de la Religion, qui le propose à croire avec soumission à l'autorité divine. Que si l'on a affaire à des Juifs, il faut tirer de l'Ecriture les fondemens de ce Mystere, & aprés avoir examiné ce que les Prophetes ont dit de la necessité de changer l'ancienne alliance, faire voir ce que l'Instituteur de la nouvelle nous a proposé à croire touchant ce Mystere. Si au contraire nous avons à disputer avec des Heretiques, nous nous servirons des preuves tirées de l'Ecriture, que nous interpreterons par la Tradition de l'Eglise Catholique jusqu'au temps de la contestation, ainsi qu'il sera plus amplement expliqué dans la suite.

4. Comment certains Philosophes ont examiné la Trinité.

Il y a cependant des Philosophes, qui sans considerer que la Trinité est au dessus de la raison, ont cru qu'ils pourroient démontrer que tant s'en faut que ce que l'Eglise enseigne touchant ce Mystere, paroisse contraire à aucune verité physique ou metaphysique, il semble au contraire qu'on tombe naturellement, & par un raisonnement humain, dans cette partie fondamentale de la doctrine de l'Eglise. C'est pourquoy ne se contentant pas de ce que la Foy nous apprend d'un si grand mystere, ils l'ont voulu penetrer jusques aux moindres circonstances. Par exemple, ils ont examiné si les trois Personnes étoient de simples relations, ou des êtres absolus ; ils ont demandé s'il y a en Dieu, une existence ou subsistance absoluë, s'il y a un nombre, s'il y a trois substances, trois êtres, trois individus, trois bontez, trois veritez, &c.

Aprés avoir apris de la Tradition qu'il y avoit des Processions en Dieu, ils ont voulu découvrir ce qu'elles sont ; pourquoy celle du Fils s'appelle *Generation*, plutôt que celle du saint Esprit ; pourquoy il convient plutôt à une personne d'estre envoyée, qu'à l'autre, &c. Mais ils ont sur cela des pensées si differentes, qu'elles sont manifestement incompatibles, outre que les plus solides & les meilleures paroissent suspectes aux Theologiens du premier ordre, qui reconnoissent de bonne foy que quand l'Ecriture expliquée par la Tradition ne nous fournit pas de quoy parler des Mysteres, il faut garder le silence, imitant en cela les saints Peres, qui n'ont pas eu honte d'avouer ce qu'en effet ils ne sçavoient pas du mystere de la Trinité. Témoin saint Hilaire, qui parle ainsi de la Generation du Fils : *Je ne la connois pas, je m'en console, les Anges & les Archanges l'ignorent, les Apôtres n'ont pas demandé à la connoître, & Jesus-Christ ne la leur a pas expliquée.*

Non seulement on ne peut pas démontrer le mystere de la Trinité, on ne peut pas même l'expliquer; l'explication n'étant autre chose, que dire en termes plus clairs & plus intelligibles, ce qui est contenu dans la chose qu'on explique : comment expliquer la Trinité, si la Trinité est au dessus de la raison, & par consequent au dessus de toute intelligence humaine ?

4. Qu'on ne peut la démontrer, ni même l'expliquer.

CHAPITRE XIII.
Troisie'me Exemple.

Comment quelques Philosophes Chretiens ont voulu expliquer le Mystere de la Grace & de la Predestination gratuite.

Personne ne doute que la Grace & la Predestination gratuite des hommes, ne soient deux des plus grands Mysteres de la Religion Chretienne. Saint Paul considerant cet abysme s'écrie avec étonnement : *O profondeur de la science & de la sagesse de Dieu!* pour nous faire comprendre qu'il faut adorer ces Mysteres dans le silence, sans en vouloir connoitre les raisons. Cette conduite de l'Apôtre n'a pas empêché qu'il ne se soit trouvé des Philosophes Chretiens, qui ont voulu examiner comment la Grace agit sur le Libre Arbitre, & comment Dieu a predestiné les hommes. Pelage fut un des premiers qui commença à nier la grace de Jesus-Christ, & à soutenir que par les forces naturelles du Libre Arbitre, on peut acquerir la vie éternelle. Il ajouta, qu'il n'y avoit point de peché originel, que le peché n'estoit pas venu d'Adam à sa posterité par propagation, mais seulement par imitation ; d'où il concluoit, que les enfans morts sans baptême seroient sauvez, qu'aprés la regeneration, l'homme est impeccable; que la Grace est donnée aux merites, & que la Predestination n'est pas gratuite.

1. Que la Grace & la Predestination sont deux grands Mysteres, & que Pelage fut le premier qui nia la Grace.

Pelage excita une persecution contre saint Jerôme, qui avoit le premier écrit contre luy ; & dans le même temps ayant publié quatre livres du Libre Arbitre, il tâcha de surprendre saint Augustin : mais ce grand homme, que Dieu avoit donné à l'Eglise pour triompher de Pelage, le poursuivit toujours luy & ses Disciples, jusqu'à ce que les Conciles d'Afrique eurent condamné ses dogmes.

2. Que saint Augustin poursuivit Pelage jusqu'à ce qu'il fut condanné par les Conciles d'Afrique.

A l'occasion de Pelage, & suivant les principes de Platon, saint Augustin enseigna que c'estoit une chose fort conforme à la sainte Ecriture, que Dieu ait d'abord créé le premier homme dans un

3. Qu'elle fut la doctrine de la Grace

Ce que la Prédestination que saint Augustin enseigne à l'occasion de Pelage.

estat de grande perfection, & avec un dessein fort sincere que luy & tous ses descendans se sauvassent s'ils vouloient. Il a crû aussi que Dieu les avoit pourvûs pour cela de moyens tres suffisans, sans que rien leur manquât de sa part. C'est là proprement l'état d'innocence, dans lequel saint Augustin enseigne que l'homme a esté créé pour meriter la vie éternelle, par le bon usage qu'il feroit de la liberté que Dieu luy avoit donnée.

Il dit donc premierement, que dans le premier établissement du monde, Dieu n'avoit dessein que de faire paroitre sa bonté & sa magnificence, & non pas sa justice vindicative & sa misericorde, d'autant qu'il avoit disposé les choses de telle sorte, que le monde pouvoit effectivement estre exempt de tout peché & de tout défaut, auquel cas sa justice seroit demeurée comme suspenduë, & n'auroit jamais eu aucun employ. Il avoit donné aussi à l'homme les forces & les graces necessaires pour l'aimer souverainement, & pour se sauver effectivement sans aucune inégalité ni preference de l'un par dessus l'autre, à cause qu'il n'y auroit rien eu dans les hommes, que ce qu'il y avoit mis, & qu'ils auroient esté également formez de ses mains, & avec une pareille innocence.

Mais, selon saint Augustin, il n'estoit pas moins convenable à la nature de cet état, que Dieu n'excedât pas certaines mesures de graces, de peur d'en troubler toute l'économie. Comme il devoit donner à l'homme la gloire éternelle par forme de récompense, & que l'innocence originelle ne permettoit pas qu'il s'y conduisist par la voye du travail & de la mortification, aussi la grande force qu'il avoit donnée au libre arbitre auroit esté inutile, s'il eût esté necessaire qu'il le gouvernât, & qu'il l'appliquât à son action par des graces efficaces & invincibles. C'est pourquoy saint Augustin a crû avoir raison de dire, que les graces de cet état estoient veritablement suffisantes & completes en toute maniere, & qu'elles donnoient au libre arbitre un vrai pouvoir prochain d'agir, mais qu'elles ne l'appliquoient pas invinciblement à l'action ; ce qui laissoit à Adam une parfaite indifference d'équilibre pour se pencher de quelque côté qu'il voudroit. Cela donnoit aussi à l'homme innocent, un certain droit de se gouverner luy-même, & de s'approprier son action surnaturelle & son merite sans aucune vanité, à cause que n'ayant point de défaut, & que Dieu ne voyant rien en luy que ce qu'il y avoit mis, toute la gloire que l'homme se fût acquise par le bon usage de son libre arbitre, fust retournée

LIVRE III.

à l'Auteur de son être & de ses graces.

C'est pour cela que ce saint Docteur ne veut point de predestination gratuite à l'égard de cet état, disant qu'elle auroit supposé la prevision des merites procedans d'une volonté indifferente; & même on doit dire en suite de cette verité, qu'avant qu'on conçoive que Dieu ait preveu que l'homme se seroit déterminé actuellement à agir, on ne conçoit pas qu'il ait preveu ses actions particulieres; il n'estoit pas même necessaire de les prevoir infailliblement dans la volonté d'indifference, & dans les graces suffisantes; parce qu'elles n'y étoient contenuës que probablement.

Toute cette doctrine paroit fort raisonnable à saint Augustin : il n'a pas aussi de peine à concevoir que le premier homme s'étant perdu avec toute sa posterité, il soit devenu l'objet de la justice vindicative, & soit tombé dans l'aversion de Dieu, & dans une damnation infaillible pour luy & pour tous ses descendans, si Dieu avoit voulu laisser agir sa justice dans toute son étenduë. Ce n'a donc esté que par une grande misericorde, qu'il en a sauvé quelques-uns du naufrage; & il a esté fort convenable pour cela, qu'au lieu de remettre l'homme au premier état d'équilibre, qui luy donnoit un droit naturel de se gouverner selon son bon plaisir, il fût luy-même gouverné par la grace, afin que toute la gloire de son salut fût attribuée à Dieu, l'homme ayant perdu le droit de la partager avec luy.

Voilà proprement, selon saint Augustin, ce qui a attiré les graces efficaces, & la predestination gratuite, qu'il regarde comme une chose sainte, & que la plupart des Philosophes Chretiens ont approuvée. Voilà comment le Libre Arbitre a dû estre assujetti à l'empire de la Grace, quoy que sans aucun prejudice de sa liberté. En un mot, le Systême de saint Augustin touchant la Predestination gratuite des hommes, se trouve par là tout formé & établi d'une maniere qui luy paroit indubitable, parce qu'il semble tirer tout ce qu'il en dit, de l'Ecriture & de la Tradition de l'Eglise universelle, outre qu'il est conforme aux principes de la Philosophie de Platon.

Saint Thomas, qui vivoit au commencement du treiziéme siecle, & qui suivoit la Philosophie d'Aristote, parce qu'elle estoit en usage parmi les Arabes, contre lesquels il vouloit disputer, a esté conduit par les principes de cette Philosophie, à des pensées touchant la Grace & la Predestination fort differentes de celles de

4. *Que saint Thomas a eu des pensées tout à fait differentes de celles de*

saint Augustin. Il a enseigné que Dieu forma le premier dessein de creer le monde, & de le remplir de creatures intelligentes, qui fussent capables du bien & du mal moral : il voulut que sa justice vindicative y parût aussi bien que sa magnificence ; ensuite de quoy il permit que quelques-uns tombassent dans le peché & dans la dannation, en sorte que cet évenement ne manqua pas d'arriver. Il dit aussi que Dieu exerce un domaine absolu sur toutes ses creatures, & même sur celles qui sont doüées de liberté, par le moyen d'une impression invincible qu'il appelle *Predetermination Physique*, laquelle nous applique à nos actions libres, en la même maniere que les outils sont appliquez aux ouvrages par la main de l'Ouvrier; ce que saint Thomas & ses Disciples étendent également à toutes les creatures, enseignant que sans cela Dieu ne seroit pas la Cause Premiere de tout ce qui se fait dans le monde.

Saint Thomas voulant donc traiter de la nature & de la fin derniere des hommes, & estant prévenu de l'opinion d'Aristote touchant la subordination des causes secondes, & du sentiment du vulgaire touchant l'ame des bêtes, il a jugé que s'il estoit vrai, que sans aucun peché de la part des bêtes, Dieu avoit exercé quelque espece de rigueur contre quelques-unes, en violentant les inclinations qu'il leur avoit données, & en les privant de leur fin connaturelle ; on devoit raisonner de même à proportion sur sa providence à l'égard des creatures intelligentes, puis que la volonté & la sainteté de Dieu n'est non plus violée en permettant les grands défauts, qu'en permettant les plus petits. Il a donc posé ce grand fondement, que le dessein de faire éclater la justice vindicative de Dieu, n'entroit pas moins directement, ni moins necessairement dans le premier plan de l'établissement du monde, que celuy de faire paroitre sa magnificence & sa bonté ; & par consequent qu'il estoit convenable, & même necessaire que quelques particuliers manquassent d'obtenir leur propre fin, c'est à dire, qu'ils tombassent dans le peché & dans la dannation éternelle.

De ce principe saint Thomas conclut, 1. Que le peché de nos premiers Peres a esté comme une suite des dispositions de la Providence divine, qui a voulu permettre qu'ils tombassent dans le peché par un premier effet de la reprobation des hommes. 2. Que c'est encore par une disposition particuliere de Dieu, que de tous les hommes qu'il avoit créez, quelques-uns sont demeurez fermes dans leur devoir, pendant que d'autres sont tombez dans le peché.

3. Que la predestination gratuite qui precede la prevision des merites, & la reprobation au moins negative, qui precede aussi la prevision des demerites, se rencontrent dans Dieu à l'égard des hommes innocens. 4. Qu'il n'y a jamais eu dans les hommes innocens aucune liberté d'indifference d'équilibre, telle que saint Augustin & ses Disciples l'ont établie, mais que c'est Dieu qui les a penchez & déterminez invinciblement, à produire les bonnes actions qui les ont rendus bienheureux, & même les mauvaises quant au materiel, lesquelles les ont rendus miserables. 5. Qu'à cet égard il n'y a aucune difference entre l'état d'innocence & de corruption de la nature humaine, & qu'il faut également rapporter au secret jugement de Dieu, le salut des uns & la damnation des autres. 6. Qu'il n'y a jamais eu de grace, qui fût proprement suffisante, au sens qu'on l'entend communement, & qui laisse à l'homme une indifference de parfait équilibre, mais que toute grace qui fait agir, est une prédetermination physique invincible & toute-puissante. Voilà en general, les sentimens de saint Augustin & de saint Thomas touchant la Grace & la Predestination gratuite des hommes.

Ibid. art. 1.

Ibid. art. 5.

Il y a des Philosophes d'une troisiéme espece, dont le Systême de la Grace, pour l'état present, est à peu prés le même que celuy de saint Augustin pour l'état d'innocence, c'est à dire, qui veulent que Dieu donne maintenant la grace dans le simple dessein de nous faire agir, si nous voulons : d'où il s'ensuit que selon leur doctrine, la grace n'est pas efficace par elle-même, mais suffisante. Ils ajoutent que la Predestination suppose la prevision des merites, & qu'elle est plutôt la suite, que le principe de cette prevision.

5. *Sentimens des Philosophes d'une troisiéme espece, quel.*

CHAPITRE XIV.

Quel jugement on doit faire des explications precedentes des mysteres de la Grace & de la Predestination.

LEs Systêmes de saint Augustin & de saint Thomas touchant la Predestination & la Grace, sont si differens, qu'ils inspirent naturellement des sentimens tout contraires de la conduite de Dieu à l'égard des hommes touchant leur salut. Si nous raisonnons avec le premier, nous verrons que Dieu, en créant nos premiers Peres, leur avoit donné tout ce qui leur estoit necessaire pour les rendre heureux. Il avoit agi dans leur creation non seule-

1. *Que le Systême de saint Augustin est fort propre pour donner des sentimens de reconnoissance envers la bonté de Dieu.*

ment avec puissance & magnificence, mais aussi avec douceur, & sans aucun autre dessein que de faire paroitre sa bonté. Or il est évident que cette doctrine est fort propre à donner des sentimens de reconnoissance envers la bonté de Dieu ; mais elle n'excite aucun mouvement de crainte pour sa justice.

2. Que celuy de saint Thomas ne fait paroitre qu'une puissance absoluë.

Au contraire le système de saint Thomas ne nous fait paroitre qu'une puissance absoluë, sans aucun ménagement de la part de ses autres attributs. On voit Dieu, qui dispose les choses de telle sorte qu'il y ait des pecheurs, de peur que son dessein de faire paroitre sa justice vindicative, ne vienne à manquer, & qui donne des moyens pour se sauver, avec lesquels il sçait bien que les hommes ne se sauveront jamais, parce que telle est la nature de ces moyens. Enfin l'homme qui est tout ensemble innocent & miserable, se trouve privé des graces predeterminantes, & tombe dans le peché en suivant le mouvement des appetits naturels, ausquels Dieu a donné plus de force qu'aux graces suffisantes. Or il est évident que cette doctrine est fort propre pour donner des sentimens de crainte pour la justice de Dieu ; mais aussi elle n'inspire aucun mouvement d'amour pour sa bonté.

3. Que ces deux systêmes, outre qu'ils sont opposez, renferment de grandes difficultez.

Ces deux systêmes, outre qu'ils sont opposez l'un à l'autre, renferment encore de grandes difficultez en eux-mêmes : Car en effet, si Dieu a donné à nos premiers Peres tout ce qui estoit necessaire pour les rendre heureux, comment ont-ils pû devenir miserables ? Et si Dieu n'avoit mis aucune imperfection dans le monde, d'où vient que dans les bestes & dans toute la nature, il y a des inclinations qui souffrent de la violence ? Dira-t-on que le peché d'Adam a causé tout cela ? Qu'on nous dise donc comment il l'a causé, & comment il a esté produit luy-même ? Car on ne voit pas que la grace & la nature estant en équilibre en Adam, la nature l'ait pû emporter sur la grace, comme saint Augustin le suppose.

De plus, si Dieu avoit fait le partage des predestinez & des reprouvez avant la prévision du peché, comme le systême de saint Thomas le suppose, ne semble-t-il pas que les hommes qui n'ont point de part au benefice de la redemption, auroient quelque sujet de dire, qu'ils sont plutôt en un état de simple negation d'une perfection que Dieu leur auroit pû donner, que dans l'état de privation d'un bien qu'ils ont perdu par leur faute ?

4. Que le systême des Phi-

Quant au systême des Philosophes de la troisiéme espece, outre qu'il établit dans l'état present une indifference d'équilibre, qui est incompatible avec l'exercice de la liberté, il semble que la prédestination ne seroit pas gratuite, & que Dieu seroit obligé de mettre au nombre des Elus, tous ceux qui voudroient faire un bon usage des graces suffisantes qu'il leur a données. Et il ne serviroit de rien de dire, que la predestination sera toujours gratuite, à cause qu'il est au pouvoir de Dieu de mettre ou de ne mettre pas l'homme dans l'état, où il prevoit qu'il agira bien : car alors je demanderai pourquoi Dieu met l'homme dans l'état où il prevoit qu'il agira bien, plutôt que dans l'état où il prevoit qu'il agira mal. S'ils disent, que telle est la volonté de Dieu ; je demande enfin si les hommes qui ne sont pas predestinez, n'ont point droit de dire qu'ils manquent d'une perfection, que Dieu ne leur a pas voulu donner, plutôt que de dire qu'ils sont privez d'un bien qu'ils ont perdu par leur faute : Ce qui semble revenir à l'opinion de saint Thomas. *losophes de la troisiéme espece, en renferme aussi.*

Mais, quand même nous supposerions que la predestination seroit telle que saint Augustin & saint Thomas l'ont enseigné, il resteroit encore une grande difficulté qui est commune à tous les Systêmes ; c'est d'expliquer ce que c'est que la Grace : car il ne suffit pas de dire en general, que la grace consiste dans des motions surnaturelles de la volonté, ou dans des predeterminations physiques aussi surnaturelles ; il faut encore expliquer comment ces motions surnaturelles de la volonté, ou ces predeterminations physiques aussi surnaturelles peuvent estre reçuës dans l'ame, & venir immediatement de Dieu ; car nous sçavons par experience, que toutes les motions de notre volonté, & toutes les prémotions Physiques, sont quelque chose de successif ; & la raison nous apprend que tout ce qui est successif, dépend du mouvement auquel les operations immediates de Dieu ne peuvent estre soumises, parce que quand Dieu agit immediatement, il agit toujours d'une maniere immuable. *5. Que dans tous les Systêmes il est difficile d'expliquer ce que c'est que la Grace.*

Mais si la grace est inexplicable, quant à la maniere dont Dieu la produit, elle l'est encore plus touchant la maniere dont elle est reçuë dans l'ame : car en effet, je demande si la grace, (j'entens parler de la grace qu'on appelle *actuelle*,) est une substance ou un mode, car il faut qu'elle soit l'un ou l'autre. Si l'on répond que c'est une substance, je demande encore comment elle est successive & passagere, puis que les substances sont des êtres permanens. Si l'on dit que c'est un mode, je demande derechef, si ce mode est naturel ou surnaturel : Il n'est pas naturel par la supposition ; il est donc surnaturel. Or comment conçoit-on qu'un mode surnaturel soit reçu dans une substance naturelle, puis que tout ce qui est reçu, est reçu selon la nature du sujet qui le reçoit.

Pourquoy donc faire des questions sur la nature & sur les proprietez de la Grace ? Car que peut-on découvrir d'une chose qu'on ne connoit que sous une idée generale & indeterminée *de secours divin, necessaire pour operer notre salut ?* On n'en peut certes rien découvrir par la raison, & nous sommes obligez de nous en tenir à ce que les Conciles & la Tradition de l'Eglise en ont déterminé. Par exemple, nous croirons simplement que l'homme ne peut estre justifié par les œuvres de la nature ni de la loy, mais seulement par la grace de Notre Seigneur Jesus-Christ ; que cette grace ne nous est pas seulement donnée pour vivre saintement avec plus de facilité, comme si nous pouvions vivre ainsi par les seules forces de la nature, mais avec peine ; que l'homme ne peut croire, aimer, se repentir comme il faut, sans estre prevenu par la grace ; que l'homme mû & excité de Dieu, coopere quelque chose en donnant son consentement à recevoir la grace de la justification, qu'il peut n'y pas consentir s'il veut, & qu'il ne doit pas estre consideré passivement comme quelque chose d'inanimé, &c. Nous devons croire tout cela, parce que l'Eglise nous l'enseigne ; mais nous ne devons pas examiner comment cela se fait, parce qu'elle ne nous en dit rien.

6.
Que touchant la Grace, il faut s'en tenir à ce que les Conciles & la Tradition de l'Eglise en ont déterminé.

CHAPITRE XV.

Que saint Augustin & saint Thomas ont esté obligez de raisonner comme ils ont fait, sur la Grace & sur la Predestination ; & pourquoy.

1.
Que touchant la Grace & la Predestination saint Thomas & saint Augustin ne proposoient pas leur sentiment par forme de decision absoluë.

TOut le monde sçait que durant les premiers siecles de l'Eglise, les plus sçavans faisoient profession de la Philosophie de Platon, & que les Docteurs Catholiques qui vivoient alors, étoient obligez de s'en servir, parce que les Heretiques qu'ils avoient à combattre, raisonnoient la plupart sur ces principes. On sçait encore que la Philosophie d'Aristote estoit tellement suivie dans le douzième siecle, qu'on ne pouvoit, ni ne devoit s'en départir, tant à cause qu'elle estoit commune à tous les Doctes, que parce que les Heretiques de ce temps-là, n'eussent point entendu les Docteurs Catholiques qui disputoient contre eux, s'ils eussent parlé un autre langage. C'est pourquoy, pour dire quelque chose de raisonnable des opinions de saint Thomas & de saint Augustin, touchant la Predestination & la Grace, il ne faut point regarder ces deux grands hommes, comme des Docteurs, qui proposent leurs sentimens par forme de decision absoluë, qui ne puisse jamais estre reconnuë pour fausse, sur tous les points qui concernent cette matiere ; mais comme expliquant des doctrines qui supposent certains principes, dont ils n'ont pas dû revoquer en doute la solidité, & dont ils se sont servis par forme de provision, pour expliquer les difficultez que les Heretiques ou les Infideles formoient contre nos Mysteres.

Or cela posé, on doit accorder à saint Augustin & à saint Thomas, qui ont suivi, l'un la doctrine de Platon, & l'autre celle d'Aristote, que quand ils auroient parlé comme des Anges, ils n'auroient pas mieux réüssi qu'ils ont fait, parce que leurs consequences sont justes, & qu'on ne peut attribuer la contrarieté de quelques-unes de leurs opinions, qu'à la diversité de leurs principes. En effet, qui a jamais mieux raisonné que saint Augustin, contre les Manichéens, les Donatistes, les Maximianistes, les Rogatistes, les Ariens & les Pelagiens ? Qui a encore mieux raisonné que saint Thomas dans son livre contre les Gentils ? Et à quoy eussent servi les raisonnemens de ces grands Docteurs, si saint Augustin n'eût parlé comme Platon, avec les Heretiques de son temps, qui n'eussent pas entendu un autre langage ; & si saint Thomas n'eût parlé comme Aristote, avec les Heretiques du sien, qui ne reconnoissoient d'autre doctrine que celle de ce Philosophe.

Par la même raison que saint Thomas & saint Augustin ont fait chacun le mieux qu'il pouvoit faire, en se servant de la Philosophie qui estoit commune pendant le temps qu'ils ont vécu ; d'autres feront aussi une chose raisonnable, en se servant d'une nouvelle Philosophie, s'il arrive jamais qu'il y en ait une qui soit plus commune que celle d'Aristote : car par la même raison que les Docteurs de l'Eglise qui ont embrassé la doctrine d'Aristote, ont abandonné ceux qui suivoient la doctrine de Platon, d'autres qui suivront un nouveau Philosophe, pourront abandonner ceux qui suivent Aristote : Ce qui est une preuve évidente que la contrarieté d'opinions qui se trouve dans les explications des Docteurs de l'E-

2. Que saint Thomas & saint Augustin ont fait tout ce qu'ils pouvoient faire de mieux touchant ce sujet.

glise, n'est pas tant un défaut qu'il faille leur attribuer, qu'une suite necessaire du changement qui est arrivé aux principes dont ils se sont servis : mais ce seroit un défaut extrême dans ceux, qui suivent ces explications particulieres, s'ils s'y attachoient comme à des decisions formelles de foy, qui fussent independantes des principes qui peuvent estre changez.

Ce que je viens de dire de saint Augustin, & de saint Thomas, est encore vrai des autres Peres de l'Eglise, qui n'ont pas manqué dans chaque siecle, depuis les Apôtres, en s'opposant aux erreurs qu'on a voulu établir, d'ajouter aux preuves tirées de l'Ecriture & de la Tradition, des explications déduites des principes mêmes des ennemis de la verité, qu'ils avoient à combattre. Ce qui fait voir qu'il y a deux sortes d'explications à distinguer ; les unes qui touchent la substance, ou le mode des Mysteres mêmes ; & les autres, qui ne sont employées que pour aider à surmonter quelques difficultez que font naître ceux qui les attaquent ; & celles-cy sont utiles quand on n'en use que pour cette fin, & sans pretendre que ce qu'il y a de surnaturel dans le Mystere, puisse estre expliqué par nos raisonnemens. Saint Augustin & saint Thomas n'ont jamais pretendu expliquer le fond de la Predestination & de la Grace; ils ont voulu seulement lever les difficultez, que les Heretiques & les Infideles de leur temps, faisoient naître contre ce Mystere. Cela est si vrai à l'égard de saint Thomas, qu'il dit expressément, (*1. p. q. 46. art. 2.*) qu'il faut croire que le monde a commencé, & qu'il ne faut pas entreprendre de le prouver : ce qu'il faut bien remarquer, dit-il, afin d'empêcher que quelqu'un presumant d'expliquer ce qui appartient à la foy, n'apporte des raisons insuffisantes qui fassent rire les Infideles : & les persuadent que nous croyons nos Mysteres fondez sur de telles raisons.

CHAPITRE XVI.

Des inconveniens qui suivent, de ce qu'on veut expliquer la substance, ou le mode des Mysteres.

1. Premier inconvenient.

PRemier inconvenient. Comme les Philosophes n'ont pû traiter des Mysteres de la foy, sans se servir des principes de quelque Philosophie, & que chacun s'est servi des principes de celle qu'il a embrassée, & qu'il a cru estre la meilleure ; chaque Secte de Philosophes s'est imaginée faussement, que ceux qui n'étoient pas satisfaits des principes, dont elle se servoit, pour expliquer les Mysteres de la foy, meritoient de passer pour des heretiques. Voilà la source de tant de disputes qu'on voit dans les Ecoles Chretiennes & Catholiques, où les Auteurs se traitent d'heretiques sans aucun sujet.

Second inconvenient. Et parce que les principes particuliers de chaque Secte de Philosophie, sont sujets à estre changez ou corrigez, il ne faut pas estre surpris, si chaque Secte ne se croit pas obligée de s'en tenir à l'explication d'une autre Secte. Par exemple, la Philosophie d'Aristote n'étant pas connuë du temps des premiers Peres de l'Eglise, ils se sont servis de celle de Platon ; & pareillement la Philosophie Mecanique n'étant pas en usage du temps de saint Thomas, il s'est appliqué à examiner les principes de celle d'Aristote, qu'on suivoit communément, & qui conduit comme naturellement, dans les explications qu'il nous a données touchant plusieurs dépendances de nos Mysteres, en sorte que ne pouvant pas prévoir qu'on pourroit changer cette Philosophie, comme les premiers Peres n'avoient pas prévû qu'on changeroit celle de Platon, il n'a pû raisonner que sur les principes qui estoient connus de son temps, & qui luy estoient communs avec les adversaires, contre lesquels il disputoit. Mais si le changement des principes estoit fait, comme les Philosophes modernes le prétendent, il seroit necessaire de changer tout ce qui en dépend. C'est pourquoy personne ne seroit obligé de suivre les explications particulieres, que les Anciens nous ont laissées, pourvû qu'on ne donnât aucune atteinte à la substance des dogmes.

Troisiéme inconvenient. Les Philosophes modernes, qui se fient trop à la clarté de leurs principes, croyent qu'il n'y a rien de plus necessaire que d'examiner les rapports qui se trouvent entre leur Philosophie & la doctrine de l'Eglise. Pour cet effet, ils entreprennent hardiment de faire voir, qu'en suivant le cours naturel des consequences, qui se tirent des principes de leur Philosophie Mecanique, on peut découvrir la nature & les proprietez de nos Mysteres. Mais l'experience a fait voir jusques ici, qu'ils n'ont pas mieux reüssi que les Scolastiques. Les uns ni les autres n'ont pas atteint le but qu'ils s'étoient proposez ; & il est mesme arrivé que les principes ausquels ils ont fait violence, en les voulant élever jusques aux Mysteres de la foy, leur sont devenus inutiles pour éclaircir les choses même naturelles.

C'est par cette raison que les Disciples d'Aristote, qui ont établi des formes substantielles, des accidens réels, des qualitez occultes, &c. ne peuvent plus expliquer aucun phenomene de la nature, à cause que leurs principes ne sont plus des réalitez, mais des êtres de raison, qui ne sçauroient rien produire. En effet, comment la forme substantielle du feu produira-t-elle le mouvement qui est necessaire pour dissiper le bois, & le convertir en flamme ? Comment les accidens réels de l'Arc-en-ciel produiront-ils la reflexion & la refraction qui est necessaire à la lumiere, pour exciter en nous le sentiment des differentes couleurs ? Et enfin, comment les qualitez occultes de l'aiman, produiront-elles les differentes directions de l'éguille d'une boussole ? C'est encore de cette maniere, que les Philosophes modernes voulant que la transubstantiation du pain se fasse dans l'Eucharistie par son union à l'ame & à la divinité de Jesus-Christ, (ainsi qu'il a esté dit cy-devant) ne peuvent plus expliquer aucune transubstantiation naturelle. Ils ne peuvent pas dire, par exemple, comment les alimens se convertissent en nos corps : car cette transubstantiation ne se fait pas par l'union des alimens à notre ame, mais par leur union avec les parties de nos corps. C'est pourquoy l'on peut dire en general, que les anciens Philosophes ont élevé leurs principes jusques aux Mysteres, & que les Philosophes modernes veulent abaisser les Mysteres jusques à leurs principes : Ce qui est un défaut également dangereux.

4.
Quatriéme inconvenient.

Quatriéme inconvenient. L'explication des Mysteres n'est pas seulement nuisible aux sciences naturelles, elle est encore injurieuse à la foy divine, entant qu'elle semble la vouloir appuyer sur la raison naturelle. Telles sont les explications de ceux qui veulent prouver par des raisons philosophiques, que le Corps de Jesus-Christ peut estre en même temps en plusieurs lieux, que la substance du pain peut estre changée en celle de ce même corps ; ce qui ne peut estre démontré. Il faut avoüer notre ignorance sur les points, qui ne sont comprehensibles ni aux hommes, ni aux Anges. Nous sçavons bien comment le corps est naturellement dans un lieu, mais nous ne sçavons pas comment celuy de Notre Seigneur est sacramentalement en plusieurs lieux en même temps. Ce qui fait voir combien sont inutiles les objections des Heretiques contre nos Mysteres, & combien nous devons nous abstenir de les imiter, & nous éloigner de la coutume qu'ils ont introduite, de mêler nos Mysteres avec les disputes & les subtilitez Philosophiques.

Cinquiéme

Cinquième inconvenient. Les fameuses disputes touchant la Predestination, la Prémotion physique, la Grace & la Liberté, font bien connoitre combien les hommes sont attachez à leurs opinions particulieres. Toutes les fois qu'on a voulu traiter de ces matieres, on y a rencontré tant de difficultez, que les partis contraires qui se sont formez sur ce sujet, n'ont rien voulu retrancher de leurs sentimens particuliers, mais chacun a voulu faire passer le sien pour le propre sentiment de l'Eglise ; & ceux qui se sont trouvez hors de l'interest de tout parti, ont de la peine à entrer dans ces matieres, de peur de tomber dans quelque erreur. En effet, on doit considerer que si d'un côté il paroit fort raisonnable de faire dépendre notre salut d'une faveur toute particuliere de Dieu envers les Predestinez, on doit craindre d'autre part, de blesser leur liberté, & de rien établir qui donne atteinte à l'une ou à l'autre.

Et comme il arrive presque toujours, que quand il y a des partis formez touchant des questions qui sont importantes, l'interest particulier qui s'y mêle, en bannit la bonne foy, on a raison d'avoir pour suspectes les opinions de tous ceux qui dans de nouvelles contestations, embrassent quelque parti ; & de croire que les difficultez qui paroissent invincibles, ne viennent pas seulement de l'élevation de nos Mysteres, mais encore de ce que ceux qui en parlent, ne s'entendent pas bien. C'est pourquoy le point important est d'employer, le plutôt que l'on peut, l'autorité de l'Eglise, par la voye que prescrivent ses regles, pour faire cesser le cours de ces sortes de disputes.

Sixiéme inconvenient. Ceux qui se veulent conserver le droit d'examiner les Mysteres, disent, que comme il est bon de convaincre toute sorte de personnes des veritez de la Religion, on ne doit pas trouver mauvais que les Philosophes dans leurs ouvrages, parlent aux Philosophes le langage qu'ils entendent. Ils ajoutent, que saint Thomas s'est servi des sentimens d'Aristote, & saint Augustin de ceux de Platon, pour prouver aux Sectateurs de ces Philosophes les veritez de la foy, jusques-là qu'ils croyent qu'il est permis à la Chine, de tirer de Confucius, Philosophe du pays, des preuves de la verité de nos dogmes, parce que la charité veut qu'on persuade par toutes les manieres possibles, les veritez qui conduisent à la possession des vrais biens ; & pour persuader promptement les gens, il faut leur parler selon leurs idées, un langage qu'ils entendent bien.

Ils ajoutent, que l'experience apprend, qu'il n'est pas possible de convaincre un Peripateticien par les principes de Platon, qu'il croit faux; ni un Platonicien par les principes d'Aristote. Le plus seur & le plus court moyen pour convertir qui que ce soit, c'est, disent-ils, de se servir du sentiment qu'il embrasse, estre Peripateticien ou Platonicien, Gassendiste ou Cartesien. Si c'est là un défaut, continuent-ils, (car ce n'est pas assez craindre l'erreur que de se rendre à l'autorité des hommes qui y sont sujets,) c'est un défaut que l'Eglise souffre dans ses enfans, pourvû qu'ils reçoivent avec respect les veritez Catholiques, qui sont des veritez essentielles au salut, qu'il faut tâcher de répandre dans tous les esprits.

Ceux, qui soutiennent au contraire, qu'il n'est pas permis de se servir de toute sorte de voyes pour établir la foy, disent, que l'Eglise souffre bien dans ses enfans le défaut d'estre Platoniciens, Peripateticiens, Gassendistes, ou Cartesiens; mais qu'elle ne le souffre qu'à l'égard des veritez naturelles, qui doivent estre reçuës avec soumission & respect. Car comment les enfans de l'Eglise recevroient-ils avec soumission & respect, les veritez surnaturelles, s'il leur étoit permis d'en juger par les principes de leur Philosophie? car ces principes sont toujours vagues & indeterminez; & il n'y a personne qui puisse assurer positivement, que ceux de sa Secte sont infaillibles.

On peut convaincre l'esprit des veritez de la foy en trois manieres, ou en expliquant leur nature & leurs proprietez par les principes de la Philosophie, ou en découvrant seulement les motifs que nous avons de croire ces veritez, ou en détruisant les raisonnemens qu'on fait pour les combattre. Nous avons déja prouvé que la premiere maniere est directement opposée à la nature même des Mysteres, dont le propre est d'estre au dessus de la raison; ce qui ne seroit pas, s'ils pouvoient estre expliquez par la raison. Quant à la seconde maniere, elle ne dépend point de l'autorité ni du raisonnement des Philosophes, mais de la Tradition de l'Eglise, & de certains faits qui ne peuvent estre contestez raisonnablement, ausquels les mysteres de la Foy sont inseparablement attachez. Ces faits sont les Propheties, les Miracles, le consentement unanime de differens peuples, la propagation de la Foy, &c, qui sont des motifs fixes & permanens, & par consequent indépendans de la Philosophie, qui est toujours changeante. Il n'y a donc que la seconde & la troisiéme maniere qui soient permises.

LIVRE III.

La foy Catholique étant infaillible, doit estre fondée sur des principes infaillibles; ce qui ne seroit pas, si elle estoit appuyée sur les differentes Sectes de Philosophie: car comme de toutes ces Sectes il n'y en peut avoir qu'une dont les principes soient veritables, la foy, qui dépendroit des autres Sectes, seroit fausse; outre que ce seroit une chose fort étrange, de voir que la doctrine Catholique, qui est proposée pour tout le monde, dépendit de quelques principes particuliers: car il s'ensuivroit, qu'elle dépendroit dans la Chine, de la secte de Confucius; dans l'Empire Othoman, de celle de Mahomet; parmi nous de celle de Gassendi, de Descartes, & d'autres Auteurs de Sectes particulieres: Ce qui est directement opposé à la doctrine de l'Apôtre, qui dit expressément aux Corinthiens, *qu'il ne leur a point parlé avec des paroles que la sagesse humaine employe pour persuader ce qu'elle desire, mais avec la demonstration de l'esprit, afin que leur foy ne soit pas établie sur la sagesse humaine, mais sur la puissance de Dieu*, c'est à sçavoir, sur les miracles, & sur sa doctrine.

Il est si vrai, que la Foy ne doit estre établie que sur la Tradition, & sur les motifs de credibilité dont nous venons de parler, que quand un Philosophe viendroit à bout, par ses explications, de faire croire nos Mysteres, à ceux à qui il les auroit expliquez, ceux qui le croiroient, ne seroient pas pour cela fideles, si d'ailleurs leur persuasion n'estoit fondée sur l'autorité infaillible de la premiere Verité, comme sur son objet formel. J'oserois dire, que bien loin que ceux qui se laisseroient persuader par des raisonnemens Philosophiques, de la verité de nos dogmes, usassent bien de leur raison, ils s'en serviroient au contraire tres mal, parce qu'ils donneroient leur consentement à des veritez qui ne seroient pas évidentes.

On pourroit permettre neanmoins aux Philosophes, tout ce qu'ils voudroient sur cela, pourveu qu'ils ne prétendissent pas de faire passer leurs opinions particulieres, pour la Tradition de l'Eglise, comme cela n'arrive que trop souvent. Nous en avons un exemple memorable, dans la dispute de M. Arnaud contre M. Claude, touchant la Perpetuité de la foy de la Presence réelle du corps de Jesus-Christ dans l'Eucharistie. M. Claude ayant prétendu prouver que Pascase Radbert, Abbé de Corbie, qui vivoit au neuviéme siecle, estoit le premier qui avoit introduit dans le monde, l'opinion de la presence réelle du corps de Notre Seigneur, & de la Transubstantiation, M. Arnaud mit en desordre ce systême, en prouvant que l'Eglise Grecque, & toutes les Societez Orientales, avoient esté toujours unies avec l'Eglise Romaine dans la créance de ces deux veritez. M. Claude ayant à refuter ce grand Ouvrage, entreprit de faire voir que l'Eglise Grecque n'a jamais enseigné, ni même connu la doctrine de la Transubstantiation.

Traitant donc de l'opinion de l'Eglise Grecque, il s'efforça de prouver que sa creance estoit differente des opinions qui sont communément receuës parmi les Docteurs Scolastiques de l'Eglise Latine ; d'où il conclut que M. Arnaud n'avoit pas eu raison de se prévaloir de la Tradition des Grecs. Mais il faut remarquer que le dessein de M. Arnaud avoit esté, de traiter la controverse en demeurant dans les termes de la foy de l'Eglise, sans prétendre y mêler les explications particulieres des Philosophes, & sans s'arrester à leurs consequences, ni à leurs raisonnemens metaphysiques : Et qu'ainsi M. Claude avoit tort de se jetter sur ces questions, au lieu de s'arrester à ce que l'Eglise Latine enseigne comme de foy touchant ce Mystere ; en quoy elle convient avec l'Eglise Grecque. Du nombre de ces opinions, sont la penetration des parties du corps de Jesus-Christ sous les especes, son existence dans chaque partie de l'hostie avant mesme que la separation en soit faite, & quelques autres, qui ont donné lieu aux premiers Protestans, d'attaquer la realité du Sacrement de l'Eucharistie par des impossibilitez qu'ils faisoient voir dans les pretenduës explications des Philosophes Catholiques, ausquelles les Protestans se seroient éternellement attachez, si Monsieur de Meaux, cet illustre Défenseur de l'Eglise, n'avoit arresté le cours de ce desordre par son Traité de la vraye Exposition de la Foy, dans lequel il a separé des Mysteres, toutes les explications Philosophiques, qu'on regardoit comme de leurs appartenances, & qui ne l'étoient pas.

Non seulement les explications Philosophiques donnent lieu aux Heretiques d'insulter à nos Mysteres, elles fournissent encore un sujet aux Philosophes mêmes Catholiques, de se traiter reciproquement d'heretiques. Les disputes publiques ne retentissent que de ces sortes d'injures, comme il est arrivé en ces derniers temps, dans les disputes sur la Grace efficace, & sur la Grace suffisante ; si bien qu'il a fallu que l'autorité Royale, & la puissance Ecclesiastique, se soient unies pour commander de ne se plus servir de l'accusation vague & odieuse de Jansenisme, pour décrier personne, à moins qu'il ne soit convaincu d'avoir enseigné de vive voix, ou par écrit, quelqu'une

LIVRE III.

des Propositions condannées par l'Eglise.

Les disputes mêmes particulieres ne sont pas exemptes de ces reproches; les Philosophes modernes y sont presque toujours traitez d'heretiques par les Scolastiques. Ceux-cy croyent avoir droit d'insulter un Philosophe moderne, lors que les principes de ce Philosophe ne s'accordent pas avec leurs explications particulieres. La fameuse dispute que les Peripateticiens ont formée contre les Philosophes modernes, touchant l'essence du corps, est une preuve indubitable de cette verité. Les Peripateticiens ayant supposé dans leurs explications Eucharistiques, que l'étenduë est réellement distincte du corps, ont cru avoir droit de reprocher aux Philosophes modernes, que leur doctrine touchant l'essence du corps, ne s'accordoit pas avec la Foy Catholique. Ceux-cy de leur côté, ayant confondu leurs explications avec ce que la Foy nous enseigne de l'Eucharistie, ont cru avoir droit de condanner le sentiment des Peripateticiens sur le même Mystere. En effet, dés que les Philosophes modernes ont pris l'étenduë pour l'essence du corps, ils ne peuvent plus se persuader que les Peripateticiens puissent croire la presence réelle du corps de Jesus-Christ, s'ils nient que ce corps soit étendu.

Les inconveniens dont je viens de parler, & plusieurs autres, dont je n'ay pas fait mention, ont obligé saint Thomas de dire dans sa premiere partie, q. 32. *que celuy qui entreprend de démontrer les Mysteres, déroge doublement à la foy.* 1. Quant à la dignité, qui est d'estre des choses invisibles, qui surpassent la raison humaine: d'où vient que l'Apôtre dit aux Hebreux, chap. 11. *que la foy est des choses non apparentes*: & aux Corinthiens, Epitre premiere, chap. 2. *Nous publions la sagesse entre les parfaits, non la sagesse du siecle, mais la sagesse de Dieu cachée dans le Mystere.* 2. Quant à l'utilité de tirer les autres à la foy: Car quand pour convertir les Infidelles, on se sert de raisons non convaincantes, ils s'en mocquent, & ils croyent que notre foy est fondée sur de telles raisons.

CHAPITRE XVII.

Que les Conciles n'ont jamais fondé leurs décisions sur des opinions Philosophiques : & pourquoy.

1. *Quelle est la fin que se proposent les Conciles.*

Autant qu'il est dangereux d'expliquer la substance, ou le mode des Mysteres, autant il est utile & necessaire d'en défendre la verité, contre l'injustice de ceux qui tâchent de les corrompre. C'est de ce soin principalement que se sont occupez les Conciles, & les Peres de l'Eglise, qui n'ont pas manqué dans chaque siecle, depuis les Apôtres, de combattre les nouveautez qui se sont offertes, & de les combattre par la Tradition constante & universelle de l'Eglise, plutôt que par des raisons tirées de la Philosophie. Les Peres des Conciles sçavoient trop bien que les principes de la Philosophie sont incertains, pour fonder leurs décisions sur un fondement si fragile. Nous trouverions, s'il estoit necessaire, dans tous les Conciles, des exemples manifestes des précautions que les Peres ont prises pour éviter de tomber dans des opinions Philosophiques.

2. *Comment le Conc. le d'Ephese parvint à la sienne.*

Tout le monde peut sçavoir que dans le Concile d'Ephese, où il s'agissoit d'établir la regle de la foy, tous les Evêques & Pasteurs, qui étoient assemblez au nombre de deux cens, jugerent qu'il étoit convenable de proposer sur ce sujet le sentiment des Peres de l'Eglise, dont les uns avoient esté Martyrs, les autres Confesseurs, & tous ensemble de vrais Pasteurs Catholiques ; afin que par leur consentement unanime, l'ancienne doctrine fût confirmée, & la nouvelle condamnée. Ce Concile condamna Nestorius sur le recit que l'on fit des écrits de saint Pierre d'Alexandrie, de saint Athanase, & de saint Theophile ; & afin qu'on ne pût pas penser que ce fût la doctrine d'une seule ville, ou d'une seule province, en y ajouta saint Gregoire, saint Basile, & saint Gregoire de Nisse : Et pour montrer encore que ce sentiment n'étoit pas celuy de la seule Grece, ou de la seule Eglise d'Orient, on fit la lecture des écrits de saint Felix & de saint Jules, tous deux Evêques de Rome. Enfin pour faire voir que tout le monde Chretien avoit le même sentiment, on employa le témoignage de S. Cyprien, pour l'Eglise Latine Meridionale, & celuy de saint Ambroise, pour l'Eglise Septentrionale : ensuite de quoy le Concile s'arrêtant au conseil & au témoignage de ces Peres, prononça ce qu'il falloit prononcer, sçavoir qu'il s'en falloit tenir à la Tradition ancienne, & par conséquent rejetter la doctrine de Nestorius, qui venoit d'estre inventée.

Ce qu'il y eut de plus considerable dans ce Concile, & qui fait le plus à notre sujet, fut, selon saint Vincent de Lerins, (*dans son Avertiss.*) l'humilité & la sainteté des Peres dont il étoit composé: car bien qu'ils fussent pour la plupart Metropolitains, & d'une doctrine si éminente, qu'ils pouvoient presque tous disputer des dogmes de la foy comme d'eux-mêmes, ils eurent neanmoins une telle moderation, qu'ils ne voulurent rien innover ; mais au contraire ils apporterent toutes les precautions possibles, afin de ne laisser rien à leurs successeurs, que la Tradition qu'ils avoient receuë des saints Peres qui les avoient precedez.

Ceux qui ont lû l'histoire du Concile de Trente, peuvent sçavoir qu'il garda la même conduite que celuy d'Ephese. Il laissa disputer les differens partis Catholiques. Il souffrit, par exemple, que les Thomistes disputassent pour leur predetermination Physique, & les Scotistes pour leur Concours simultanée ; mais il n'embrassa aucun parti : Il apporta au contraire, toute la precaution possible pour separer ses decisions des disputes des Philosophes. Ils vouloient, par exemple, que les accidens du pain & du vin restassent dans l'Eucharistie après la consecration, & le Concile s'en tint à la Tradition, qui étoit pour les especes & simples apparences. Il étoit trop sage pour en user autrement ; il sçavoit que les contestations que nous avions avec les Lutheriens, les Calvinistes & les Zuingliens, n'étoient pas touchant des difficultez de Philosophie, qui peuvent estre disputées problematiquement, mais qu'elles étoient touchant la creance Catholique, qui ne peut estre appuyée que sur un fondement inébranlable, tel qu'est la Tradition divine & Apostolique. D'ailleurs, le Concile ne pouvoit s'engager dans des questions Philosophiques sans prendre un parti ; ni prendre un parti, sans s'écarter des regles de la Tradition, & sans condamner tous les Docteurs du parti contraire : Ce qu'il vouloit éviter.

Cela est si vrai, que si l'on examine les Canons de ce Concile, on reconnoitra qu'il n'y en a aucun qui soit fondé sur des principes de Philosophie. C'est pour cela que les differens partis Catholiques, citent également les Canons de ce Concile pour eux contre leurs adversaires. Les Thomistes, par exemple, pretendent que le Concile a parlé en faveur de leur Premotion Physique, dans le quatrié-

3. *Comment le Concile de Trente suivit la conduite de celui d'Ephese.*

me Canon de la Session sixiéme. Les Scotistes disent au contraire, qu'il a parlé en faveur de leurs Concours Simultanée ; & nous pouvons croire qu'il n'a pensé ni à l'un ni à l'autre.

Ce que je dis de ce Canon du Concile de Trente, à l'égard du Libre Arbitre, doit estre entendu par proportion des Canons qui regardent l'Eucharistie, lesquels sont tous appuyez, non sur la Philosophie, mais sur la Tradition. C'est pour cela que le Concile n'a point parlé ni des accidens réels, ni de la penetration des parties du corps de Notre Seigneur, ni de la distinction réelle de la quantité d'avec la matiere, ni de l'aneantissement de la substance du pain. Il n'a pas dit non plus, que le corps de Jesus-Christ fût tout entier sous chaque partie des especes du pain, de la maniere que l'ame est toute dans chaque partie du corps. Le Concile a regardé tout cela comme des questions purement Philosophiques, qui n'avoient aucun rapport avec les dogmes de la presence réelle du Corps de Jesus-Christ dans le Sacrement de l'Eucharistie, lesquels il a voulu establir sur la seule Ecriture & sur la simple Tradition.

Ainsi nous pouvons asseurer que le Concile de Trente a imité la simplicité de ceux qui l'ont precedé, qu'il a conservé l'avantage que la Tradition nous donne sur les Heretiques, & qu'il n'a pas voulu combattre à armes égales, comme il l'auroit fait, s'il s'estoit servi de la Philosophie, qui est commune aux Catholiques & aux Heretiques. Il a employé contre eux l'autorité de l'Eglise, & il ne nous a point obligez de croire de foy aucune opinion Philosophique, sçachant bien que ce ne seroit pas un moindre défaut de croire de foy de telles opinions sur l'autorité des Philosophes, que de retrancher quelque dogme de foy, lors qu'il a été declaré par un Concile Oecumenique.

On dira peut-être, qu'à la verité les Conciles n'embrassent aucune opinion Philosophique particuliere, mais aussi qu'ils n'en condamnent aucune ; ce qui est une preuve indubitable que les opinions Philosophiques particulieres, ne sont ni inutiles, ni dangereuses. A quoi il est aisé de répondre, que bien que l'Eglise souffre que les Philosophes disputent sur les choses qui ne touchent pas la foy, elle trouve neanmoins toujours mauvais que ceux qui ont un sentiment particulier, traitent les autres d'Heretiques ; mais sur tout, elle condanne ceux qui confondent leurs opinions particulieres avec nos Mysteres : Ce qui n'arrive que trop souvent.

Il seroit encore inutile d'objecter, que les Peres dans la plupart de leurs Ouvrages, ne se sont pas bornez à la Theologie Positive ; qu'ils ont tâché d'expliquer ou la substance, ou le mode des Mysteres, & que par consequent les Philosophes, qui les imitent, ne font rien, qui soit contraire à la raison : mais on peut faire voir par les Ecrits des Peres, qu'ils se sont contentez de proposer les Mysteres pour les faire croire, & qu'ils n'ont jamais entrepris d'expliquer aux Fideles, ni leur substance, ni leur mode ; de sorte que s'ils en ont parlé quelquefois, ce n'a été qu'indirectement, entant qu'ils ont été obligez de répondre aux Heretiques, ou aux Infideles, qui insultoient à nos dogmes par des raisons Philosophiques : D'où il s'ensuit, que la seule raison, qu'on doit chercher dans la doctrine des Peres, est la connoissance des dogmes de la Foy, & l'explication de l'Ecriture sainte touchant ces mêmes dogmes, fondée sur la Tradition de l'Eglise. Tout ce qu'on y cherche au delà, ne sont que des questions inutiles.

CHAPITRE XVIII.
De la Theologie Scolastique, & de son bon & mauvais usage.

IL n'est rien de plus équivoque que le mot de *Theologie*. On donne ce nom à tout discours qui traite de Dieu, & de ses attributs ; mais parce que les attributs de Dieu peuvent estre connus par la lumiere naturelle, ou par la revelation divine, les discours qu'on fait de Dieu connu de la premiere maniere, s'appellent *Theologie naturelle*, ou simplement *Metaphysique* ; & les discours qu'on fait de Dieu, entant que connu de la seconde façon, se nomment, *Theologie sacrée*, ou simplement, *Theologie*.

La Theologie sacrée se divise en Theologie *Positive* & en Theologie *Scolastique*. On appelle Theologie Positive, celle qui enseigne les dogmes de la foy, & tâche de les rendre croyables par des raisons tirées de l'Ecriture & de la Tradition ; & l'on nomme Theologie Scolastique, celle qui cherche dans les sciences naturelles, dequoy expliquer les Mysteres, en supposant leur existence.

L'usage de la Theologie Scolastique est toujours bon, quand il est reglé ; & il est toujours reglé, lors qu'il consiste uniquement, ou à expliquer aux Fideles les veritez naturelles, dont il a esté parlé, qui précedent celles de la foy ; ou à détruire dans leur esprit, les faux raisonnemens que les Heretiques, ou les Infideles, ont accou-

1. Qu'est-ce qu'on entend par le mot de Theologie en general.

2. Que l'usage de la Theologie Scolastique est toujours bon quand il est reglé.

tumé d'opposer à nos Mysteres. C'est ainsi qu'on dit, qu'Origene confirma tous les dogmes de la Religion Chretienne par les sentimens de Platon, d'Aristote, de Numenius, & de Cornutus; car cela ne veut pas dire, qu'il appuya ces dogmes immediatement sur l'autorité de ces Philosophes, mais seulement qu'il combatit par leurs propres principes, la vanité des Dieux & de la Religion que ces Philosophes admettoient. Au contraire l'usage de la Theologie Scolastique est toujours dereglé, lors qu'il consiste à expliquer aux Fideles nos Mysteres; car nos Mysteres sont inexplicables.

Il n'est pas concevable en combien d'erreurs sont tombez ceux, qui se sont écartez de cette regle. On en peut juger par celles que Guillaume & Estienne Evêques de Paris, & l'Université de la même Ville ont condannées de temps en temps, qui toutes venoient (comme dit un Auteur moderne) de la subtilité inventieuse des Docteurs Scolastiques.

Ce desordre, qui venoit plutôt des Theologiens, que de la Theologie, avoit prévalu dans les siecles passez; mais on y a enfin remedié dans le nôtre, où nous voyons la Theologie Scolastique plus épurée, traitée avec plus de dignité qu'autrefois, & presque réduite à la Theologie des Peres. On donne moins aujourd'huy au raisonnement qu'à l'autorité, & l'on étudie l'Ecriture & le sentiment des Peres, dans leur source. C'est à ce point que l'Université de Paris, qui depuis son commencement a servi de modele à toutes les Universitez de l'Europe, a réduit la principale partie de sa Theologie. Il est seulement à souhaiter, qu'elle continuë comme elle a commencé; ce qu'il y a lieu d'esperer qu'elle fera, d'autant plus que celuy de ses Docteurs qui a écrit le dernier, déclare expressement au commencement de son Traité de la Trinité, (*quæst. 1. art. ult.*) qu'il a parlé succinctement de toutes les questions, dont on a coutume de traiter avec étenduë, & qu'il s'est arresté particulierement sur les raisons, qui rendent les dogmes de la foy plus croyables, sur lesquelles les Scolastiques ne font que passer.

M. Fen.

Il ajoute, que quand il s'agit des Mysteres, & en particulier de celuy de la Trinité, il n'en faut point tirer les preuves de la Philosophie, comme si elle en pouvoit fournir de suffisantes pour l'établir à l'égard des Payens, & qu'il faut prendre la chose de plus loin, c'est à dire, qu'il en faut tirer les preuves de la raison, entant qu'elle est commune à tous les hommes, & qu'elle peut servir à faire voir l'avantage de notre Religion sur toutes les autres, qui consiste principalement, en ce qu'elle est fondée sur la verité des Livres de Moïse, dont nous avons des preuves aussi évidentes que de toutes les autres veritez de fait, dont nous ne sçaurions douter sans temerité. Quand on a ainsi établi la verité de la Religion Chretienne, on peut reduire par ses principes, ceux qui l'ont embrassée, à la croyance de la Trinité, & de tous les autres Mysteres.

Ce même Docteur enseigne (*quæst. 3. art. 4.*) que les saints Peres font plusieurs comparaisons. Pour prouver, par exemple, que le Fils de Dieu est consubstantiel à son Pere, ils le comparent à un homme qui est engendré d'un autre homme. Pour marquer qu'il est coéternel avec son Principe, ils le comparent avec un rayon du soleil. Mais il assure en même temps, que les saints Peres reconnoissent eux-mêmes que ces comparaisons ne sont que des representations fort grossieres. Il ajoute, que bien que les saints Peres se soient servis de ces comparaisons, il ne croit pas qu'il soit permis aux Philosophes Chretiens, d'y établir leurs opinions, comme si c'estoient des veritez constantes; ni de combattre pour les soutenir, comme si c'estoient des dogmes de foy.

Cependant il prie ceux qui pourroient trouver mauvais, qu'il se soit éloigné des voyes ordinaires, de considerer que lors qu'il s'agit des Mysteres, il n'ose rien avancer qui ne soit tiré de l'Ecriture & de la Tradition des Peres & de l'Eglise, ne voyant pas d'où luy pourroit venir la connoissance de ce que Dieu ne luy a pas revelé, & qu'il semble même avoir eu dessein de luy cacher. C'est pourquoy, pour se servir des mêmes termes dont saint Augustin a usé contre Priscilien, il declare, qu'il croit par une foy inviolable, que la Procession du Fils & du Saint Esprit sont differentes, & que l'une s'appelle proprement Generation, & l'autre Procession; mais qu'il ne sçait pas comment elles different. Voilà le caractere d'un veritable Philosophe Chretien, qui ne veut rien dire que d'utile.

CHAPITRE XIX.

Comment on pourroit retrancher les questions inutiles, qu'on a coutume de faire sur les Anges en particulier.

Comme il n'y a point d'objet de foy sur lequel on fasse tant de questions inutiles, que sur les Anges & sur le peché Originel, nous allons prendre ces deux sujets pour exemple du retranchement qu'on pourroit faire des questions inutiles, dans tous les traitez de la Theologie Scolastique.

Pour commencer par les Anges, nous supposerons d'abord comme des dogmes de foy, declarez par le Concile de Latran, *qu'il y a des Anges: Que les Anges sont des substances intelligentes, separées de toute matiere ; Que les Anges se meuvent ; Qu'ils apparoissent aux hommes sous differentes formes & figures ; Qu'ils veillent sur notre conduite ; Qu'ils experimentent cette suite de pensées qui commencent, qui continuent, & qui finissent avec une durée toute pareille à celle de nos pensées.* Nous croirons encore comme un dogme de foy, qu'au premier moment de leur creation, les Anges n'avoient point formé de pensée de soumission à Dieu, & d'amour surnaturel, qui les a établis dans la beatitude ; que dans le premier instant ils n'avoient pas reçu la lumiere de gloire, & qu'au contraire ils estoient dans cet état, que nous appellons de *Voyageurs* ; & qu'ensuite ils ont formé leur consentement libre, & les actes beatifiques de vision & d'amour de Dieu ; & nous supposerons tout cela comme defini & declaré par l'Eglise.

Quand on a une fois reçu ces veritez, comme de foy, on peut faire plusieurs questions sur les autres proprietez des Anges, touchant lesquelles l'Eglise n'a rien decidé, & qui peuvent estre soumises au raisonnement. On peut demander, par exemple, si les Anges sont éternels, s'ils ont commencé dans le temps, s'ils y finiront, pourquoy ils n'ont pas esté rachetez, comme les hommes, &c.

Quand ces questions sont proposées, rien n'empêche qu'on ne puisse les resoudre par les principes de la raison. On peut dire en premier lieu, que les Anges ne sont pas éternels ; & pour le prou-

---

margin notes:

1. *Qu'il faut croire tout ce que le Concile de Latran a decidé touchant les Anges.*

2. *Qu'on peut examiner ce qu'il n'a pas decidé, & comment.*

LIVRE III.

ver on peut supposer, comme une verité démontrée en Metaphysique, qu'une chose n'est proprement éternelle, que parce qu'elle est souverainement indépendante, & qu'elle a une existence necessaire & absoluë ; ce qui convient si proprement & si uniquement à Dieu, que nous pouvons assurer que l'eternité prise en ce sens, ne peut appartenir à aucune creature, non pas même à la nature Angelique. Mais de ce que l'Ange n'est pas éternel, il ne s'ensuit pas qu'il ait esté créé dans le temps ; car il est prouvé par saint Thomas, que l'eviternité est un milieu entre le temps & l'eternité, & que l'Ange est éviternel, c'est à dire, que l'Ange est tel que son existence est toute à la fois, qu'elle ne coule pas successivement, comme fait celle des êtres modaux ; mais aussi qu'elle n'est pas indépendante, comme celle de Dieu.

Nous dirons en second lieu, que les Anges n'ont point eu de commencement, si par commencement on entend une priorité de temps, car nous ne pouvons concevoir que les Anges dépendent du temps ni du mouvement, ainsi qu'il est prouvé dans la Metaphysique ; mais on ne peut pas assurer qu'un Ange n'ait point de commencement, si par commencement, on entend une cause ou un principe ; car il est constant que les Anges ont un principe, qui est Dieu.

Nous dirons en troisiéme lieu, que l'existence de l'Ange n'aura jamais de fin, non pas, parce que l'Ange a de luy-même quelque force pour exister toujours, mais parce que la volonté de Dieu, qui le produit, est immuable.

Nous dirons enfin que nous concevons que les hommes ont pû estre rachetez, & que nous ne concevons pas la même chose à l'égard des Anges ; parce que les hommes agissant successivement, peuvent, après avoir offensé Dieu, produire des actes de repentir, au lieu que les Anges prevaricateurs estant incapables de se retracter, sont aussi incapables de grace & de misericorde.

On ne peut pas éclaircir de même, les veritez que la foy nous propose touchant les Anges. On ne peut pas dire, par exemple, comment les Anges sont dans un lieu, parce qu'estant de purs esprits, ils sont du tout incapables de contact materiel, qui fait seul qu'une chose est proprement dans un lieu. Et il ne serviroit de rien de dire, que les Anges sont dans un lieu par leur operation ; car il sera prouvé ensuite, que nous ne pouvons concevoir comment

Aaa iij

les Anges operent sur les choses exterieures : d'où il s'ensuit, que tout ce que la foy nous enseigne touchant le lieu des Anges, est inexplicable, & par consequent qu'il le faut croire avec soumission à l'autorité divine, sans entreprendre de l'expliquer.

Ce que je dis du lieu des Anges, se doit entendre par proportion de leur mouvement, c'est à dire, que comme leur mouvement ne peut estre à notre égard qu'un changement continuel de lieu, il suffit d'avoir prouvé que nous ne pouvons concevoir comment les Anges sont dans le lieu, pour conclure que nous ne pouvons pas concevoir aussi comment ils se meuvent. Il est vrai que saint Augustin remarque, que les Anges ont esté créez dans la partie superieure de l'air, & que saint Thomas traitant expressement de cette matiere, dit qu'ils ont esté créez dans le ciel Empirée : mais outre que ces deux Docteurs ne conviennent pas entre eux du lieu particulier, où les Anges ont esté créez, ils ne donnent aucune idée du lieu en general.

Cela estant ainsi, il n'y a rien de plus inutile que de demander, si un Ange peut estre en même temps en plusieurs lieux, ou si plusieurs Anges peuvent estre en même temps dans un même lieu ; si le mouvement local d'un Ange, n'est autre chose que differens contacts virtuels, par lesquels l'Ange s'applique successivement à divers lieux, sans que cette application successive soit interrompuë par aucun repos ; si l'Ange se meut d'un mouvement continu, ou discret ; si en se mouvant, il passe par un, ou par plusieurs milieux ; enfin si son mouvement se fait en un instant, car il est évident que la notion particuliere de toutes ces manieres du mouvement des Anges, suppose la connoissance claire du mouvement même ; laquelle estant impossible, comme il vient d'estre prouvé, il s'ensuit que le mouvement local des Anges, est une chose inconcevable. C'est pourquoy nous devons croire par la foy, que les Anges se meuvent localement, parce que l'Ecriture nous l'enseigne ; mais nous ne devons pas nous mettre en peine de comprendre, ni d'expliquer comment ils se meuvent ; parce que leur mouvement & leur maniere de se mouvoir, surpassent notre intelligence.

Il seroit encore inutile de dire avec saint Thomas, que les Anges different entr'eux en espece, ou de dire avec ses adversaires, qu'ils different en nombre ; car l'un & l'autre est également inconcevable. En effet, selon notre maniere de concevoir, la difference specifique ne se trouve point entre les substances de même attribut, telles que sont les Anges. La difference numerique ne convient pas non plus aux Etres substantiels, mais aux Etres modaux. Or nous ne connoissons point ni l'attribut specifique, ni l'attribut numerique, qui font differer les Anges les uns des autres. C'est pourquoy, si nous admettons une diversité specifique & numerique parmi les Anges, considerez comme de simples substances intelligentes, ce n'est pas, parce que la raison nous fait connoitre clairement cette difference, mais parce que la foy nous oblige de la croire.

Je dis, que la raison ne nous fait pas connoitre la difference qui est entre les Anges; & la preuve en est aisée à l'égard de la difference specifique, car la difference qui se trouve entre deux choses de même genre, doit estre un accident de ce genre, autrement elle conviendroit à tout le genre, & ne le feroit pas differer de luy-même. Or je demande, ce que c'est que cet accident, & comment nous le concevons dans une pure substance intelligente, telle qu'est la nature Angelique: C'est certes ce qu'on n'expliquera jamais.

Il faut raisonner de la difference numerique, à proportion comme de la difference specifique, c'est à dire, que nous ne pouvons concevoir une telle difference entre les Anges: On ne la concevroit pas même entre les ames, si elles n'étoient unies à des corps particuliers, qui sont le principe de leur difference numerique, ainsi que saint Thomas l'a enseigné après Aristote.

L'esprit Angelique & l'esprit humain conviennent donc en genre, entant qu'ils sont l'un & l'autre une substance qui pense, & ils different en espece, entant que l'esprit humain a un certain rapport d'union au corps, & que l'esprit Angelique n'y en a aucun.

Il est encore évident, que l'esprit humain se peut multiplier en nombre, parce qu'outre le rapport general qu'il a à des corps organisez d'une certaine façon, lequel constituë son espece d'esprit humain, il a encore un rapport particulier à un de ces corps, qui constituë sa difference numerique, & qui le fait estre tel ou tel esprit humain; ce qui ne se peut dire de l'Ange, dont la nature ne peut estre déterminée par aucun rapport exterieur general, ni particulier.

Il ne serviroit de rien de dire, qu'il y a cette difference entre les Anges, que les uns sont plus éclairez que les autres; car quoy que nous soyons obligez de croire que cela est ainsi, nous ne concevons pas neanmoins comment cela peut estre. Car comme cette difference est accidentelle à la nature Angelique, on demande d'où elle procede, & on le demande par la même raison, qu'on veut sçavoir pourquoy une ame est plus éclairée qu'une autre : à quoy il est aisé de répondre : car on peut dire qu'une ame est plus éclairée qu'une autre, parce qu'elle est unie à un corps mieux disposé ; mais on ne peut pas dire la même chose d'un Ange à l'égard d'un autre, parce que les Anges ne dépendent d'aucun corps. D'où il faut conclure que la pluralité des Anges est inexplicable, & par consequent qu'elle est un vray objet de foy.

Bien que les Anges n'ayent aucun commerce avec les corps, pour en recevoir des impressions, nous sommes neanmoins obligez de croire qu'ils experimentent cette suite de pensées, qui commencent, qui continuent, & qui finissent avec une durée toute pareille à celle des pensées des hommes. Cette succession de pensées, qui se trouve dans les Anges, n'est pas si aisée à concevoir que l'on pense : J'ose dire qu'il est impossible de l'expliquer clairement, comme il paroit par le dénombrement qu'on peut faire de toutes les connoissances que nous concevons que l'Ange peut avoir, qui se réduisent en general à trois espèces, sçavoir à la connoissance que l'Ange a de Dieu, à la connoissance qu'il a de luy-mesme, & des autres esprits angeliques & humains, & à la connoissance qu'il a des corps ; car il est aisé de faire voir que dans les Anges aucune de ces connoissances ne peut estre successive.

Premierement, la connoissance que l'Ange a de Dieu, n'enferme aucune succession ; car comme les Anges connoissent Dieu naturellement par leur propre substance, & que leur substance est invariable, ils connoissent aussi Dieu d'une maniere permanente & immuable.

Secondement, la connoissance que les Anges ont d'eux-mesmes, & des autres Esprits, n'est point successive ; car il est constant que les Anges se connoissent eux-mêmes, & les autres Anges, par leur propre substance, laquelle est invariable.

En troisiéme lieu, la connoissance que les Anges ont des corps, n'a rien de successif ; car si elle avoit quelque chose de tel, cette succession viendroit, ou des corps mêmes qui sont connus, ou des especes des corps que Dieu imprimeroit aux Anges à mesure que

ces

LIVRE III.

ces corps seroient produits. Or elle ne peut venir des corps mêmes, car nous sçavons par experience, que les corps ne peuvent agir sur les substances intelligentes, qu'entant qu'ils sont unis avec elles ; ce qui ne peut convenir aux Anges, qui de leur propre nature sont separez de toute matiere ; & nous ne connoissons aucun decret de Dieu, par lequel il les y unisse. Elle ne peut pas venir aussi des especes, que Dieu imprime aux Anges successivement, à mesure que les objets sont produits, car Dieu n'agit jamais successivement, que lors qu'il agit à propos de quelque chose successive, & nous ne connoissons aucune chose successive, à propos de laquelle Dieu imprime de nouveau des especes aux Anges.

Il seroit encore inutile de dire, que Dieu imprime successivement des connoissances aux Anges, comme il imprime successivement des idées aux ames ; car il y a cette difference entre les Anges & les ames, que Dieu imprime successivement des idées aux ames, à propos des mouvemens qui se font successivement dans les corps, ausquels elles sont unies : ce qui ne se peut dire des Anges, qui estant separez de toute matiere, & par consequent de tout mouvement, sont incapables de toute succession.

Il est vray que les Peres, qui avoient étudié la Philosophie de Platon, ont dit quelque chose de la corporeïté des Anges, bien-tôt après leur conversion au Christianisme ; mais il est certain qu'ensuite ils ont appellé les Anges, des natures incorporelles ; d'où il faut conclure, ou que ces Saints se sont retractez, ou bien que par ce terme de corporeïté, ils ont parlé metaphoriquement, ainsi que S. Thomas l'a remarqué à l'égard de S. Gregoire.

Or, par la mesme raison que l'Ange separé de tout corps, ne peut recevoir aucune pensée particuliere par le mouvement des corps dont il est separé, il ne peut aussi communiquer aucun mouvement à ces corps. Et il ne serviroit de rien de dire, que l'Ange s'unit aux corps, non à la verité physiquement, & d'une union naturelle, mais d'une union morale & accidentelle ; car il est constant, qu'il n'y a que l'union naturelle & physique, telle qui se trouve entre le corps & l'ame, qui donne pouvoir à l'esprit de communiquer, ou de déterminer le mouvement des corps. D'où il s'ensuit, que tout ce qu'on peut dire du pouvoir, que les Anges ont sur le mouvement des corps, ausquels ils ne sont pas unis physiquement & naturellement, est inconcevable.

Bbb

Il suffit de sçavoir, que les Anges ne sont pas sujets au mouvement, pour estre convaincu qu'on ne peut demander avec raison, s'ils ont un entendement agent, & un entendement patient ; s'ils connoissent les choses passées, & les choses futures, s'ils penetrent les pensées du cœur, si leur entendement est tantôt en acte, & tantôt en puissance ; s'ils connoissent en raisonnant, c'est à dire, en composant & en divisant, parce que toutes ces manieres de connoitre supposent de la succession, la succession suppose le temps, & le temps suppose le mouvement, auquel les Anges ne sont point sujets. C'est pourquoy nous devons croire simplement par la foy, tout ce que l'Ecriture nous enseigne de la creation des Anges en état de Voyageurs, touchant le choix libre qu'ils firent d'un party ; & enfin touchant la gloire, ou la damnation qui s'en est ensuivie. Mais il faut reconnoitre de bonne foy, que nous ne pouvons concevoir la succession qui paroit en tout cela.

Il est vray qu'il y a des Philosophes qui disent, qu'en tout cela il n'y a d'autre succession que celle que nous y mettons nous-mesmes, en considerant plusieurs instans de raison fondez sur la perfection de la connoissance Angelique, laquelle, quoy que tres simple, est équivalente à un nombre infini de pensées des hommes. Ils ajoutent, qu'il ne faut pas mettre non plus aucune durée entre la connoissance de l'Ange, & sa détermination libre, ni s'imaginer qu'il ait eu besoin de temps pour deliberer ; d'autant que toute cette sorte d'operations, ne peut proceder que de l'union de l'esprit à un corps engagé dans les mouvemens de la matiere : d'où ils concluent, que la liberté & l'indifference de l'Ange ne l'ont pas empêché de se résoudre dans un instant, à peu prés, comme nous pensons que Dieu s'est librement déterminé à faire de certaines choses hors de luy, sans que nous voiyons qu'il ait esté un seul moment dans l'irresolution, ni que l'état d'indifference & de détermination actuelle, soient en Dieu deux états distinguez réellement.

On peut répondre à ces Philosophes, que quand il s'agit de la nature & des operations des Anges, il faut bien prendre garde de ne leur donner rien de nos imperfections : mais aussi il faut bien éviter de leur attribuer l'indépendance de Dieu : & il semble qu'il y ait de la contradiction à dire, que la connoissance des

Anges, quoy que tres simple, soit équivalente à un nombre infini de pensées des hommes, & que neanmoins elle ne soit pas indépendante: car il est constant, qu'en Dieu, la simplicité & l'infinité de la connoissance, procede de son indépendance & de sa souveraine perfection. On reconnoit bien aussi, avec ces Philosophes, qu'il n'y a aucune durée ou succession de temps, entre la connoissance de l'Ange & sa détermination libre, quand il ne délibere point; mais on ne sçauroit concevoir que l'Ange n'ait pas besoin de temps pour déliberer, quand il s'agit de choisir entre deux partis contraires, qui paroissent avec des raisons égales: car il faut remarquer, qu'il y a cette différence entre déliberer, & se déterminer, que déliberer est peser successivement les raisons des deux partis contraires, ce qui ne se peut faire qu'avec du temps; au lieu que se déterminer n'est autre chose, que donner son consentement à une, ou à plusieurs choses; ce qui se fait tout à la fois, en sorte que l'idée des choses, ne précede le consentement que d'une priorité de nature dans l'Ange, & que d'une priorité de raison dans Dieu.

Il seroit encore inutile de demander, comment les Anges apparoissent aux hommes; si dans les corps qu'ils ont pris, ils font des actions qu'on appelle *vitales*, s'il est aisé de distinguer les apparitions des démons de celles des Anges; & enfin comment les Anges parlent les uns avec les autres: Car toutes ces questions supposent l'union de l'esprit & du corps, de laquelle les Anges sont incapables.

Je sçais bien que quand on demande, où les Anges prennent les corps, qui ont la figure humaine, il y en a qui disent, qu'ils les prennent des personnes mortes. Ils citent pour cela le cinquiéme chapitre de Tobie, où il demande à l'Ange Raphaël, de quelle Maison & de quelle Tribu il étoit; & l'Ange luy répond: *Azarias Ananiæ magni filius*. Il y en a d'autres à qui il semble plus raisonnable de croire, que les Anges disposent une portion de matiere sous la forme d'un corps humain réel & veritable, & non pas fantastique & imaginaire, comme quelques-uns l'ont pensé. Ils disent qu'il n'y a rien en cela, qui ne soit tres facile à un Ange, qui peut diviser la matiere en des parties extremement petites, qui les peut combiner en une infinité de façons, & qui peut enfin leur donner la forme de corps humain: mais

Bbb ij

tout cela est dit sans fondement ; car nous sçavons par experience, que notre ame ne peut diviser la matiere, ni combiner ses parties que par le moyen de son corps, & qu'elle ne peut se servir de son corps, qu'entant qu'elle est unie physiquement avec luy.

Enfin, il seroit inutile de demander comment les Anges prennent soin de la conduite des hommes, des royaumes, des villes, de l'Eglise, &c. Car il est constant que tout cela suppose dans l'operation des Anges, une durée & une succession, que nous n'y pouvons concevoir. Et il ne serviroit de rien de dire, que la foy ne détruit pas la nature des choses, & qu'elle détruiroit celle des Anges ; si elle nous obligeoit à croire qu'il y a de la succession dans leurs pensées : car on peut répondre, que la nature des Anges ne consiste pas à penser sans succession, mais à penser indépendamment du corps : d'où il s'ensuit que la foy détruiroit la nature des Anges, si elle nous obligeoit à croire qu'ils pensent dépendamment du corps, car cela implique contradiction ; mais elle ne la détruit point en nous obligeant de croire simplement qu'ils pensent avec succession ; car cela n'est point repugnant : cela est seulement inconcevable.

CHAPITRE XIX.

Comment on pourroit retrancher les questions inutiles qu'on fait sur le Peché Originel.

1.
Que les questions qu'on fait sur le peché Originel, ne servent qu'à en affoiblir la croyance, & pourquoy ?

ON ne fait pas moins de questions inutiles sur le peché Originel, que sur les Anges. On ne se contente pas de croire avec soumission à l'autorité divine, tout ce qui nous est revelé de ce peché, on veut encore en penetrer les raisons, & en expliquer le *quomodo* : Mais loin que cette conduite fortifie la foy de ce Mystere, qui est le point fondamental de la Religion Chrétienne, elle ne sert qu'à en affoiblir la croyance, n'y ayant rien qui revolte tant l'esprit humain, que l'effort qu'on fait, pour le convaincre par de fausses raisons.

Tous les Philosophes Chretiens, qui ont entrepris d'expliquer ce Mystere, l'ont tenté vainement, comme il paroit par la contrarieté qu'on voit dans leurs opinions. Ceux, qui ont suivi la doctrine de Platon, ont enseigné que le peché d'Adam consista, en ce qu'il produisit un acte tres vehement d'amour de soy-même: mais la difficulté est de sçavoir comment Adam produisit cet acte; car il ne semble pas que, selon les principes de ces Philosophes, il ait pû le produire. En effet, si Adam a esté creé dans un état de grande perfection, (comme ils le supposent,) si Dieu l'a prevenu de toutes les graces suffisantes pour meriter la gloire éternelle par le bon usage de sa liberté; si les graces qu'il luy avoit données, ne l'appliquoient pas invinciblement à l'action, mais luy laissoient une parfaite indifference d'équilibre, pour se pencher de quelque côté qu'il voudroit; si les appetits naturels, que Dieu avoit donnez à Adam n'avoient pas plus de force que les graces suffisantes, qu'il luy avoit communiquées, comment concevons-nous qu'Adam a pû pecher? Dirons-nous que son libre arbitre s'est déterminé de luy-même à preferer ses interests propres, à l'obeïssance qu'il devoit à Dieu? Mais cela ne peut estre; car tout ce qui est indifferent de luy-même, a besoin d'estre déterminé par une cause étrangere. Dirons-nous que son libre arbitre a esté déterminé par les idées de son entendement, qui luy ont representé ses interests comme un bien plus grand que son obeïssance? Cela ne se peut dire encore; car selon la supposition de ces Philosophes, les lumieres de la nature, & celles de la grace, estoient dans un parfait équilibre. Dirons-nous enfin que son libre arbitre a esté déterminé par un concours de Dieu, qui l'a prevenu? Cela ne peut estre encore; car ce concours ne seroit pas different d'une prédetermination physique, que les Disciples de Platon excluent absolument de l'état d'innocence. Il faut donc conclure que, selon les principes de ces Philosophes, nous ne concevons point par la raison, comment Adam a pû tomber dans le peché, & par consequent que nous devons mettre son peché au nombre des objets de la foy.

Par la même raison qu'on ne conçoit point, comment Adam a pû pecher, on ne conçoit pas non plus, comment son peché le corrompit entierement selon l'ame, ni comment il commença à le corrompre selon le corps. Je sçais bien qu'on dit que cette corruption fut l'effet de l'acte vehement d'amour propre qu'Adam produisit en pechant, qui le pencha vers luy-même, & vers les creatures, en

Bbb iij

le détournant de Dieu : Mais on peut répondre, qu'il est aisé de comprendre, comment l'acte vehement d'amour propre qu'Adam produisit, put laisser en luy une disposition habituelle à se pencher vers les objets sensibles. Mais la difficulté est de concevoir, comment les organes du corps d'Adam commencerent à se corrompre ; car un acte vehement d'amour propre peut bien laisser une disposition dans les organes, mais non pas les changer & les corrompre.

Par la même raison, qu'on ne peut expliquer, comment les sens d'Adam commencerent à se corrompre par son peché actuel, on ne peut pas non plus expliquer, comment son ame, c'est à dire, son entendement & sa volonté furent corrompus : car il faut sçavoir que la corruption de l'entendement suppose celle des sens, comme celle de la volonté suppose celle de l'entendement. Et il ne serviroit de rien de dire, que l'entendement a esté corrompu indépendamment des sens : car outre qu'on ne sçauroit concevoir, comment il a esté corrompu, s'il l'estoit, il faudroit qu'il se conduisist par les sens, au lieu que l'ordre veut que les sens se conduisent par l'entendement, c'est à dire, par la raison : Outre que si la dépravation estoit originaire dans l'entendement, il seroit aveugle dans toutes les sciences, comme il l'est dans la morale, & il ne connoitroit pas mieux les objets indifferens, que ceux qui l'interessent : Cependant l'experience fait voir, qu'un homme qui est capable de comprendre, ce qu'il y a de plus caché dans les sciences, n'a pas plutôt une affaire d'interest, que la droiture de son esprit l'abandonne, & qu'il prend aussitôt le faux pour le vrai. Or, par la même raison, que nous ne concevons pas comment l'entendement a pû se corrompre, nous ne comprenons pas aussi comment la volonté s'est corrompuë ; car il est constant que les penchans de la volonté sont proportionnez aux lumieres de l'entendement.

La plupart des Philosophes Chretiens, qui ont suivi la doctrine d'Aristote, ont raisonné tout autrement que ceux qui ont embrassé celle de Platon. Selon ceux-cy, on ne peut dire comment Adam a peché ; & suivant ceux-là, on ne voit pas comment Adam auroit pû s'abstenir de pecher : Car il est évident par leurs principes, qu'Adam est tombé dans le peché, parce qu'il a esté privé des graces prédeterminantes, & qu'il a suivi les mouvemens des appetirs naturels, ausquels Dieu a donné plus de force qu'aux graces suffisantes. Mais si Adam n'a eu que des graces suffisantes, par rapport aux mouvemens de son appetit naturel, comment conçoit-on qu'il a pû s'abstenir de pecher.

La doctrine des Disciples d'Aristote, n'est donc pas plus propre que celle des Disciples de Platon, pour expliquer comment Adam pecha, & comment il fut corrompu selon l'ame & le corps; les mêmes difficultez se trouvent dans l'une & dans l'autre, & on en trouveroit de tout semblables, & peut-estre de plus fortes, dans quelque autre systême qu'on voulût supposer; car il est certain que les Disciples de Platon & d'Aristote, ont dit tout ce qu'on peut dire de meilleur sur ce sujet. C'est pourquoy, il faut conclure que la foy nous oblige à croire qu'Adam a peché actuellement, & que son peché a corrompu son corps & son ame; mais que cela s'est fait d'une maniere que nous ne sçaurions expliquer, & sur laquelle saint Augustin même n'a jamais pû se satisfaire durant toute sa vie, comme il paroit par ses ouvrages.

Il faut donc demeurer d'accord, que le peché d'Adam est inexplicable, non seulement quant à sa substance, mais encore quant à sa maniere. C'est pourquoy, nous nous contenterons de croire, selon le Concile de Trente, 1. Qu'Adam a perdu, par sa desobéissance, la sainteté, & la justice originelles que Dieu luy avoit données, & que par sa faute, il s'est attiré non seulement la colere & l'indignation de Dieu, & ensuite la mort, dont il avoit esté menacé, mais aussi la corruption de son corps & de son ame. Nous croirons 2. Que le peché d'Adam n'a pas esté seulement nuisible à son Auteur, mais aussi à sa posterité, à laquelle il a transmis la mort & les peines du corps, & encore le peché, qui est la mort de l'ame. Nous croirons 3. Que le peché d'Adam, qui n'est qu'un en origine, & qui s'est communiqué à tous les hommes par l'usage de la generation, ne peut estre effacé que par le merite de Nostre Seigneur Jesus-Christ, lequel nous est appliqué par le baptême, conferé selon la maniere prescrite par l'Eglise. Nous croirons 4. Qu'il faut baptiser les petits enfans, qui viennent de naitre, quoy qu'ils soient nez de parens baptisez, parce qu'ils portent du ventre de leur mere, une coulpe qui doit estre ôtée pour acquerir la vie éternelle, & qui est effectivement effacée par le baptême. Voilà en general, ce que la Foy nous enseigne, & que nous

2. Qu'est-ce qu'il faut croire touchant le Peché Originel.

sommes obligez de croire touchant le Peché Originel, sans pouvoir pretendre d'en concevoir les raisons, ni d'en comprendre le *quomodo*.

Si de chaque sujet, qu'on traite dans la Philosophie Chretienne, on retranchoit les questions inutiles, qu'on a coutume d'y former, comme nous venons de retrancher celles qu'on fait d'ordinaire sur les Anges & sur le Peché Originel ; on reduiroit cette Philosophie à de justes bornes ; & ceux qui tâchent vainement d'expliquer les Mysteres, s'appliqueroient plus utilement, ou à examiner des veritez naturelles, pour lesquelles ils ont des regles & des principes infaillibles, ou à découvrir des raisons pour rendre nos Mysteres plus croyables : ce qui s'accorderoit parfaitement avec ce que dit saint Basile dans sa vingt-cinquiéme Homelie, qui est sur la Naissance de Notre Seigneur, (*ch. 1.*) où il veut que l'on condamne dans l'Eglise, à un silence éternel, les questions inutiles ; qu'on donne tout le jour qui est possible, à ce qu'il faut croire, & qu'on retranche tout ce qu'il faut taire, c'est à dire, ce qui ne sert de rien pour appuyer la foy, ni pour édifier les mœurs.

Je ne crois pas qu'on puisse faire un meilleur usage de la Raison & de la Foy, que celuy que nous venons de proposer : du moins a-t-il cet avantage, qu'il est inseparable de l'Amour de Dieu : car, à parler Philosophiquement, l'Amour de Dieu n'est autre chose, que le bon usage que nous faisons de la Raison & de la Foy, comme nous l'allons faire voir dans le Livre qui suit.

FIN DU TROISIEME LIVRE.

L'USAGE DE LA RAISON, ET DE LA FOY.

OU L'ACCORD DE LA FOY ET DE LA RAISON.

LIVRE QUATRIE'ME.

De l'Amour de Dieu, consideré comme Auteur de la Nature, & consideré comme Auteur de la Grace.

PREMIERE PARTIE.

De l'Amour de Dieu consideré comme Auteur de la Nature.

CHAPITRE I.

Qu'il y a trois Opinions principales touchant l'Amour de Dieu: & en quoy elles consistent.

OUT le monde sçait qu'il est juste, & même necessaire d'aimer Dieu: La Foy & la Raison ne nous laissent aucun doute sur cela, le Fils de Dieu même nous apprend que c'est le premier & le plus grand de tous les preceptes; tout ce que la Loy commande & que les Prophetes enseignent,

Que tout le monde sçait qu'il faut aimer Dieu, mais non pas comment il faut l'aimer.

ne tend qu'à nous faire connoitre que nous devons aimer Dieu, & comment nous devons l'aimer.

On ne peut donc contester, que l'amour de Dieu ne soit un devoir indispensable de l'homme : cela est évident ; mais la difficulté est de sçavoir ce que c'est que cet amour, & comment il est produit en nous ; ce que tout le monde ne sçait pas, & ce qu'on ne peut ignorer sans tomber dans des erreurs tres préjudiciables à la pieté Chretienne.

2. Qu'il y a trois opinions principales touchant l'amour de D. en. Premiere opinion.

Il y a trois opinions principales sur ce sujet.

Selon la premiere, l'amour de Dieu est un mouvement de l'ame purement passif ; la volonté humaine, quoy qu'aidée de la grace, ne contribuë rien à le produire ; & l'ame qui a cet amour, ne fait autre chose que recevoir les impressions divines.

3. Seconde opinion.

Selon la seconde, l'amour de Dieu est un mouvement de l'ame actif & deliberé, par lequel nous nous unissons à Dieu pour sa seule gloire, sans aucun rapport à notre utilité.

4. Troisiéme opinion.

Suivant la troisiéme, l'amour de Dieu est un mouvement de l'ame, actif & deliberé, par lequel nous nous unissons à Dieu pour notre utilité, & pour sa gloire, non comme pour deux fins separées & d'elles-mesmes distinctes, dont l'une est subordonnée à l'autre ; mais comme pour deux fins, qui sont réellement une mesme chose, & qui ne sont distinguées que d'une distinction de raison.

5. Les deux premieres opinions semblent se contredire.

La premiere opinion semble se contredire, en ce qu'elle suppose que l'amour de Dieu est passif & infus : car il ne faut pas s'imaginer que le mouvement de l'ame, dans lequel consiste l'amour de Dieu, soit tellement dépendant du Saint Esprit, qu'il ne procede pas aussi de l'ame : S'il n'en procedoit pas, l'amour de Dieu ne seroit ni libre, ni volontaire ; ce qui répugne : car il sera prouvé qu'il est essentiel à l'amour, d'estre un acte de la volonté.

Il semble que la seconde opinion est encore contraire à elle-mesme, en ce qu'elle suppose que nous aimons Dieu pour sa seule gloire, sans aucun rapport à notre utilité : car il sera prouvé, que l'amour qui n'a nul rapport au bien de celuy qui aime, ne peut estre un veritable amour.

6. Que la troisiéme opinion est la plus vray-semblable, & celle que nous tâcherons d'establir.

La troisiéme opinion, qui veut que nous aimions Dieu pour sa gloire & pour notre utilité, est donc la plus vray-semblable. C'est aussi celle que je tâcherai d'établir dans ce Traité.

Pour cet effet, je remonterai jusques à l'origine de l'amour en general ; & je ferai voir que l'amour est une passion de l'ame. Je démontreray, que les passions de l'ame sont comprises sous deux genres, dont toutes les autres passions sont des especes. Que ces deux genres sont l'amour, & l'admiration. Que l'objet materiel de l'amour, est le même que celuy de l'admiration; mais que son objet formel est fort different. Je feray voir enfin, que l'objet formel de l'admiration, est la nouveauté ou excellence sous laquelle les objets sensibles se presentent à nous, & que l'objet formel de l'amour est la bonté, c'est à dire, la convenance que les choses ont avec nous.

La nature de l'amour, & celle de l'admiration estant ainsi establies, je feray voir que l'homme s'aime toujours, & avec necessité; mais qu'il s'aime quelquefois bien, & quelquefois mal. Qu'il s'aime bien, lors qu'il s'aime dans des choses qui luy conviennent veritablement: Et qu'il s'aime mal, lors qu'il s'aime dans des choses qui ne luy conviennent qu'en apparence, & qui luy sont veritablement contraires.

Quant à l'amour du Prochain, je prouveray qu'il ne consiste pas à nous unir à luy pour son interest, à l'exclusion du nôtre, ni à nous unir à luy pour notre interest, à l'exclusion du sien; mais à s'unir au Prochain pour son interest, & pour le nôtre. Si nous cherchions notre interest seul, ce seroit nous-mêmes que nous aimerions, & non pas le Prochain: & si nous cherchions l'interest du Prochain à l'exclusion du nôtre, notre amour ne seroit plus amour: car il est de l'essence de l'amour, d'avoir pour objet une chose convenable à celuy qui aime: d'où il s'ensuit que l'amour du Prochain n'exclut pas l'amour de nous-mêmes.

De plus, comme l'homme s'aime necessairement, mais tantôt bien, & tantôt mal; je feray voir qu'il aime aussi necessairement Dieu; mais qu'il l'aime tantôt bien, & tantôt mal. Il l'aime bien, quand il l'aime comme Auteur de ses veritables biens; & il l'aime mal, lors qu'il l'aime comme auteur des biens qui ne sont qu'apparens. J'entens par *les veritables biens* de l'homme, toutes les choses dont le bon usage le conduit à la conservation de la vie temporelle, & à l'acquisition du salut éternel; & j'entens par *les biens apparens*, toutes les choses dont le mauvais usage le détourne de ces deux fins.

Enfin, comme Dieu peut estre consideré en deux manieres, ou comme Auteur de la Nature, ou comme Auteur de la Grace; l'homme peut aussi l'aimer en deux façons; sçavoir naturellement, ou surnaturellement : naturellement, par ses propres forces ; & surnaturellement, par le secours de la Foy & de la Grace.

> 7. Qu'on peut aimer Dieu en deux façons, ou comme auteur de la nature, ou comme auteur de la grace.

Nous parlerons de l'amour de Dieu, consideré comme Auteur de la Nature, dans la Premiere Partie de ce quatriéme Livre : & nous traiterons de l'amour de Dieu consideré comme Auteur de la Grace, dans la Seconde Partie : Et parce que l'amour de Dieu, soit que nous considerions Dieu comme Auteur de la Nature, soit que nous le considerions comme Auteur de la Grace, est une espece de passion de l'ame ; il ne sera pas hors de propos, avant que de descendre dans le détail de cet Amour, de donner une idée en general des passions de l'ame.

CHAPITRE II.
Des Passions de l'Ame en general.

> 1. Que Dieu en nous faisant, nous a imposé une necessité indispensable de contribuer autant qui nous pour... à notre conservation.

POur peu de reflexion que nous puissions faire sur la maniere particuliere, dont nous avons esté produits, nous ne pouvons pas ignorer que Dieu, en nous produisant, ne nous ait imposé une necessité indispensable de contribuer de tout notre pouvoir, à la conservation de notre Etre, qui est le fondement de tous nos biens naturels. En effet, si nous examinons bien toutes les facultez de connoître, de vouloir & de sentir, que Dieu nous a départies, en nous formant ; nous reconnoîtrons aisément qu'elles tendent toutes à cette fin, & qu'elles ne s'en écartent jamais, que lors que nous en faisons un mauvais usage. Par exemple, l'entendement nous a esté donné, pour connoître ce que les choses sont en elles-mêmes, & par rapport à nous. La volonté nous a esté donnée, pour nous unir aux choses qui paroissent bonnes, & pour nous separer de celles qui paroissent mauvaises. Les sentimens interieurs nous ont esté accordez, pour nous faire distinguer par la faim & par la soif, les temps ausquels nous avons besoin de manger & de boire, d'avec ceux ausquels nous n'en avons pas besoin. Les sentimens exterieurs nous ont esté donnez, pour nous faire connoître par la douleur & par les plaisirs, les objets exterieurs qui nous sont utiles, ou dommageables, afin de s'approcher des uns, & de s'éloigner des autres. Enfin l'homme a des passions pour exciter son ame à fortifier certains mouvemens, qui sont necessaires à la conservation de l'union de l'esprit & du corps : De sorte que si les passions ont quelquefois un effet tout contraire, ce n'est pas tant un defaut des passions, qu'un vice de la volonté, qui souffre qu'elles aillent dans l'excés.

Et il ne serviroit de rien de dire, que si les passions de l'ame estoient instituées de la nature pour la conservation de l'homme, elles ne luy feroient jamais paroitre les biens & les maux, qu'elles luy representent, plus grands qu'ils ne sont en effet : Car il est aisé de voir, que si les passions estoient si moderées, qu'elles ne representassent jamais que la juste valeur des choses, elles seroient pour l'ordinaire impuissantes à nous porter, autant qu'il est necessaire, à fuir ou à rechercher leur objet : ce qui causeroit un dommage bien plus grand, que n'est celuy que nous recevons de ce qu'elles vont quelquefois dans l'excés ; parce qu'il arrive souvent que nous avons un besoin absolu de toute la force des passions pour nous conserver ; & il n'arrive que rarement, & toujours par accident, que leurs excés aillent jusques à nous détruire. Ce qui fait voir combien sont vaines les exclamations de ceux, qui crient contre les passions de l'ame, comme contre des défauts essentiels à l'homme; ne prenant pas garde que si l'ame estoit entierement dépouillée des passions, elle n'auroit pas plus d'action, ou de mouvement pour faire toutes les fonctions de la vie un peu penibles & difficiles, qu'en a un vaisseau, qui est dépourvû de voiles, pour faire une longue navigation. Les passions de l'ame sont toujours bonnes d'elles-mêmes, & elles ne nuisent jamais que par accident, & par notre defaut.

2. Que les passions de l'ame sont instituées pour la même chose.

Quant à la nature des passions de l'ame en general, l'experience nous apprend, *qu'elle consiste dans des sentimens, ou des émotions de l'ame qu'elle rapporte à elle-même, qui sont causées par des objets exterieurs sensibles, qui paroissent nouveaux, ou conformes, ou contraires à notre nature, & qui sont entretenuës & fortifiées par un cours des esprits animaux, qui dépend de quelque agitation particuliere du cœur, ou de quelque mouvement inusité du cerveau.*

3. En quoy consiste la nature des passions de l'ame en general.

Je dis 1. *Que les passions sont des sentimens*, pour marquer qu'elles consistent dans des manieres de connoitre, qui dépendent de l'étroite liaison qui est entre le corps & l'ame, & qui ne sont pas autrement connuës par l'ame, que les autres sensations. Je dis 2. *Ou émotions de l'ame*, pour marquer que nous n'avons point des façons de penser, qui agitent l'ame si fort que les passions : & aussi pour faire entendre, que les passions ne sont pas des proprietez de l'esprit séparé du corps, ou agissant independamment du corps; mais des proprietez de l'esprit uni au corps, & agissant dépendamment du corps, que nous appellons pour cette raison, *Ame.*

Je dis 3. *Que l'ame rapporte particulierement à elle-même*; afin de distinguer les passions des autres sentimens, que nous rapportons aux objets exterieurs, ou à quelque partie de nos corps. Je dis 4. *Qui sont causées par des objets exterieurs sensibles.* Pour donner à connoitre que les passions de l'ame, dépendent des objets materiels qui agissent sur les sens, & que ce qui est purement spirituel, ne peut produire par luy-même aucune passion dans l'ame. Je dis 5. *Qui paroissent nouveaux, conformes, ou contraires à notre nature*, pour signifier que les passions de l'ame ne dépendent pas des objets sensibles considerez en eux-mêmes, mais des objets sensibles considerez par rapport à nous. Je dis en dernier lieu; *Et sont entretenuës & fortifiées par un cours des esprits animaux*, &c. pour distinguer encore les passions des autres sentimens de l'ame, qui ne sont pas entretenus, ny fortifiez par un cours particulier des esprits animaux.

4. Quelles sont les vrayes causes des passions de l'ame.

Cette definition estant supposée; pour avoir une connoissance entiere des passions de l'ame, il ne reste plus qu'à découvrir quelles en sont les vrayes causes, & sçavoir si ce sont les objets sensibles considerez en eux-mêmes, ou les rapports qu'ils ont entr'eux, ou les rapports qu'ils ont avec nous, qui les produisent immediatement. Or il paroit d'abord, que ce ne sont pas les objets sensibles considerez en eux-mêmes; car nous sçavons par experience, qu'il y a plusieurs objets exterieurs & sensibles qui ne causent aucune passion : Ce ne sont pas non plus les rapports qui sont entre les objets; d'autant que nous voyons ces rapports sans en estre émûs : nous voyons, par exemple, sans emotion, que les deux moitiez d'une pomme sont égales entr'elles; qu'une ville est plus grande qu'un de ses quartiers, &c. Il reste donc que ce sont les rapports que les objets exterieurs & sensibles ont avec nous, qui produisent dans l'ame les passions. Et parce que tous les rapports que les objets exterieurs & sensibles ont avec nous, se reduisent principalement à trois, sçavoir au rapport de nouveauté, au rapport de convenance, ou au rapport de disconvenance; il faut necessairement conclure, que les principales passions de l'ame dépendent des objets exterieurs & sensibles, qui paroissent ou nouveaux, ou convenables, ou contraires à notre nature.

LIVRE IV. PARTIE I.

On dira peut-estre, qu'il est vray que les passions de l'ame dépendent des objets qui paroissent nouveaux, & convenables ou contraires à notre nature; mais qu'il n'est pas necessaire que ces objets soient sensibles, il suffit qu'ils soient intelligibles: D'où vient qu'on a divisé les passions de l'ame en Intellectuelles, & en Corporelles; entendant par les passions de l'ame intellectuelles, celles qui ont pour objet des choses purement intelligibles, telles que sont la justice, la force, la temperance, & en general toutes les vertus qu'on appelle *Morales*; & entendant par les passions corporelles, celles qui dépendent des objets sensibles, tels que sont l'or, l'argent, le boire, le manger, &c. Je demeure d'accord qu'on a eu raison de diviser les passions en Intellectuelles, & en Corporelles: mais je soutiens qu'on ne les a pas divisées ainsi parce qu'on a crû que les passions Intellectuelles estoient absolument independantes du mouvement du corps auquel l'ame est unie, ou que leur objet estoit immateriel; mais seulement pour marquer que l'objet des passions Intellectuelles, n'estoit pas aussi sensible que celuy des passions Corporelles. En effet, l'or, l'argent, le manger, le boire, &c. sont sensibles par eux-mêmes; au lieu que la justice, la force, la temperance, &c. ne sont sensibles qu'à raison de leur sujet, sçavoir à cause des personnes qui sont justes, fortes & temperantes, &c.

Et il ne serviroit de rien d'objecter, que les passions intellectuelles ont souvent pour objet, des choses qui ne sont sensibles ny par elles-mêmes, ny à raison de leur sujet, & que telles sont toutes les choses spirituelles pour lesquelles nous avons quelque passion. Car il est aisé de répondre, que si les choses spirituelles, qui produisent en nous quelque passion, ne sont pas sensibles par elles-mêmes, ny par leur sujet, elles le sont au moins par leurs effets: C'est ainsi que Dieu est sensible; car saint Paul nous assure, que par la connoissance des choses qui ont esté faites, ce qui est invisible en Dieu, devient visible: C'est aussi par ce seul endroit que Dieu peut produire des passions dans l'ame, comme il paroitra dans la suite.

Quant à la maniere particuliere dont les objets sensibles produisent les passions de l'ame, nous sçavons par l'experience, que la nature a tellement lié les traces de ces objets avec le cours des esprits animaux, qui est necessaire pour les fuir, ou pour les poursuivre, qu'il est impossible que ces traces soient imprimées dans le

Comment les objets sensibles produisent les passions de l'ame.

cerveau, sans que l'ame se sente émûë de quelque passion : Par exemple, si la peur fait mouvoir les pieds pour fuir, si la hardiesse dispose les bras à se remuer, ou pour attaquer, ou pour se défendre, cela dépend uniquement de l'étroite correspondance que l'Auteur de la nature a mise entre les mouvemens que les objets de ces passions ont imprimez, & les membres qui doivent estre mûs pour le bien de l'homme, c'est à dire, pour la conservation de l'union de l'ame & du corps, qui est le but unique, où tendent immediatement toutes les passions de l'ame.

Il est si vray que les passions de l'ame dépendent de l'impression que les objets sensibles font sur les organes du corps, que nous experimentons tous les jours, que ce n'est pas en voulant avoir telles ou telles passions que nous les avons ces passions, mais en excitant le même cours des esprits, auquel la nature les a premierement attachées. C'est encore par la même raison, que quand nous voulons nous opposer à une passion, nous sommes obligez d'employer des moyens semblables à ceux qui ont servi à la produire, c'est à dire, à nous representer des choses, dont l'idée reveille dans le cerveau, des traces qui conduisent les esprits animaux dans les muscles destinez à donner au corps des mouvemens contraires à ceux que la premiere passion y avoit excitez.

La nature a donc tellement lié les traces que les objets sensibles impriment dans le cerveau, avec le cours des esprits qui est necessaire pour fuir ou pour suivre ces objets, qu'il est impossible que ces traces soient reveillées, soit par les sens, soit par l'imagination, sans que l'ame soit émûë de quelque passion. Je dis, *Soit par les sens, soit par l'imagination*, pour faire entendre que le cours des esprits, d'où dépendent les passions, ne suit pas seulement des traces qui sont formées nouvellement par les objets exterieurs, mais encore de celles qui sont seulement r'ouvertes par les esprits animaux, lors que les objets n'agissent plus. Ce qui est si vray, qu'entre toutes les choses qui nous ont émûs par leur presence, il n'y en a pas une seule dont le souvenir ne puisse nous émouvoir, lors qu'elle est absente : Mais soit que les passions de l'ame dépendent des sens, soit qu'elles dépendent de l'imagination, elles ont toujours pour cause immediate, quelque mouvement du corps dépendant de l'impression d'un objet sensible. Ce qu'il faut bien remarquer.

Il paroit par tout ce qui vient d'estre dit des passions de l'ame, qu'elles qu'elles sont toutes comprises sous deux genres, qui sont l'Amour & l'Admiration : Que chacun de ces genres a ses especes particulieres. Les especes de l'amour sont, la Joye, le Desir, l'Esperance, la Crainte, &c. & les especes de l'admiration sont, l'Estime, le Mépris, la Modestie, l'Orgueil, &c. Mais de quelque genre, ou de quelque espece que soient les passions de l'ame, elles ont pour objet quelque chose de sensible, soit que cet objet soit sensible par luy-même, soit qu'il soit sensible à raison de son sujet, ou par ses effets. Quand la passion a pour objet une chose qui est sensible par elle-même, on la nomme une Passion *Corporelle* ; & quand elle a pour objet une chose qui n'est point sensible par elle-même, mais par d'autres, on l'appelle Passion *Intellectuelle*. D'où il s'ensuit que les passions intellectuelles ne sont pas des passions qui ont pour objet des choses qui sont absolument insensibles, mais des choses qui sont insensibles par elles-mêmes. Ce qu'il faut bien remarquer.

Que toutes les passions de l'ame sont comprises sous deux genres, qui sont l'amour & l'admiration.

CHAPITRE III.
De l'Amour en particulier.

Mon dessein n'est pas de parler icy ni de l'Amour des Anges, ni de l'Amour des esprits qui sont separez du corps, ou qui agissent indépendamment du corps : L'Amour des Anges & l'Amour des esprits separez du corps, n'ont rien qui ressemble au nôtre que le nom ; c'est pourquoy je n'entreprens point d'en examiner la nature, ni les proprietez : mon but n'est que de traiter de l'Amour de l'homme, c'est à dire, de l'amour qui est propre à l'esprit, entant qu'il est uny au corps, & qui agit & patit dépendamment du corps, je veux dire, de l'Amour humain.

Or l'experience nous apprend, *que l'amour humain en general n'est autre qu'une émotion agreable de l'ame, qu'elle rapporte à elle-même, qui est causée par l'impression d'un objet sensible, entretenuë & fortifiée par un certain cours des esprits, & par un mouvement particulier du cœur, qui incite l'ame à s'unir de desir, ou d'effet, à cet objet sensible, entant qu'il paroit luy estre convenable.*

Je dis 1. *que l'amour est une émotion de l'ame,* pour marquer qu'il est une espece de passion. Je dis 2. *Qui est causée par l'impression d'un objet sensible, qui paroit convenable ;* pour faire entendre qu'un objet, pour causer l'amour, doit estre sensible, & paroître convenable. Je dis 3. *Et entretenuë & fortifiée par un cours particulier d'esprits*; pour designer que l'amour dépend de la continuation d'un mouvement particulier des esprits animaux. Je dis 4. *Qui porte l'ame à s'unir de desir, ou d'effet, à l'objet sensible qui la cause*; pour signifier que par l'amour, l'ame s'unit toujours à son bien, non d'une union physique, telle qu'est l'union de l'ame & du corps; mais d'une union morale, qui consiste en ce qu'elle se considere comme faisant un tout d'une certaine maniere, avec la chose qu'elle aime qui luy paroît convenable.

2. Quels sont les objets formels & specificatifs de l'amour.

Quant aux especes d'amour, nous ne les multiplions pas selon la diversité des objets que nous aimons; parce qu'un seul objet peut causer toutes les passions, & dix mille objets peuvent n'en causer qu'une: Je dis que dix mille objets peuvent ne causer qu'une passion; car quoy que les objets soient differens entr'eux, ils ne sont pas toujours tels, par rapport à nous, & ils n'excitent pas par consequent, des passions differentes. Par exemple, un Evêché est different d'un Gouvernement de Province; cependant ces deux dignitez excitent à peu prés, dans les ambitieux, la même passion, d'autant qu'elles réveillent dans l'ame une même idée du bien; mais un Gouvernement de Province accordé, possedé, ôté, &c. produit des passions toutes differentes, à cause qu'il réveille dans l'ame des idées du bien diversement circonstanciées; d'où il s'ensuit qu'il faut établir autant d'especes d'amour, qu'il y a d'idées accessoires qui accompagnent la principale idée du bien, & qui la changent notablement à notre égard: C'est pour cela que les Philosophes ont dit, Que ce n'est pas la diversité des objets considerez en eux-mêmes, qui fait la diversité, ou la specification de nos amours, mais la diversité des objets considerez par rapport à nous, qu'on appelle par cette raison, *les objets Formels ou Specificatifs de l'Amour*. Ainsi, ce ne sont pas les choses en elles-mêmes, que nous aimons, mais le rapport & la convenance qu'elles ont avec nous; autrement il n'y auroit aucune raison d'user de choix & de preference, à cause que toutes les choses sont également parfaites en elles-mêmes, c'est à dire, qu'elles sont, ce qu'elles sont, aussi parfaitement qu'elles le peuvent estre.

Saint Thomas confirme cette doctrine, lors qu'il dit, que la bonté & l'être ne sont pas distinguez réellement, mais d'une distinction de raison, entant que l'essence de la bonté consiste en ce qu'elle est quelque chose de desirable: D'où vient qu'Aristote, dans le premier livre de sa Morale, definit le bien: *Ce que tout le monde desire*. Or il est évident que nous ne desirons, que ce qui nous rend plus parfaits, & par consequent que ce qui se rapporte à nous.

Nous pouvons donc considerer chaque chose en deux manieres; ou en elle-même, ou par rapport à nous: Quand nous la considerons en elle-même, & selon son être absolu, elle est l'objet de l'entendement; & lors qu'on la considere par rapport à nous, elle est l'objet de la volonté: D'où vient qu'il y a cette difference entre l'entendement, & la volonté, que l'entendement se porte toujours de la même maniere, vers son objet; parce que l'être absolu de chaque chose, lequel est l'objet de l'entendement, demeure toujours le même, au lieu que la volonté ne se porte pas toujours de la même maniere, vers son objet; parce que les rapports de convenance, ou disconvenance, que les choses ont avec nous, changent presqu'à tout moment.

Mais de quelque espece que soit l'Amour, il prend differens noms, selon la differente maniere dont nous considerons les objets ausquels il nous unit; car si nous estimons l'objet de notre amour, moins que nous-mêmes, nous n'avons pour luy qu'une simple *affection*: Si nous l'estimons autant que nous-mêmes, nous avons de *l'amitié*: Et si nous l'estimons plus, la passion que nous avons, s'appelle *devotion*. D'où il s'ensuit qu'à parler philosophiquement, on a de l'affection, pour une fleur, pour un oiseau, pour un cheval; mais on ne peut avoir de l'amitié que pour les hommes, ny de la devotion que pour Dieu. Ainsi, bien loin d'assurer que nous avons de l'amour pour Dieu, il faudroit, ce semble, se contenter de dire, que nous avons de la devotion pour luy: Mais parce qu'on n'a pas autrement defini l'amour en general, qu'en disant, que c'est une passion qui nous fait joindre de desir, ou d'effet, à quelque objet qui nous paroit convenable, sans distinguer s'il est égal, plus grand, ou plus petit que nous; pour parler le langage commun, nous dirons que nous avons de l'amour pour Dieu.

3. Que l'amour prend differens noms: & pourquoy.

Il ne nous reste donc qu'à faire voir, comment l'amour est produit dans l'ame; ce que nous ne pouvons apprendre que de l'experience: Or elle nous apprend cette experience, que quand nous voyons, ou que nous imaginons un objet qui nous touche considerablement, nous nous sentons émûs, non seulement d'esprit,

4. Comment l'amour est produit dans l'ame.

mais même de corps : c'est pourquoy il ne s'agit plus que de sçavoir, d'où procedent ces deux émotions. Quant à celle du corps, il est évident qu'elle dépend premierement, de ce que l'objet vû ou imaginé, imprime sa trace dans le cerveau ; & secondement, de ce que cette trace détermine les esprits animaux à couler en differentes parties du corps, pour les ébranler : Et pour l'émotion de l'ame, il est encore visible, qu'elle est une suite de celle du corps, entant que celle-cy produit dans l'ame 1. Un sentiment agreable. 2. La veuë confuse, ou distincte de l'objet aimé, laquelle est suivie du jugement que nous faisons, que cet objet nous convient. 3. Une certaine pente, ou inclination, qui porte l'ame à s'unir à cet objet. 4. La joye qui resulte en l'ame de cette union.

Pour rendre cecy encore plus intelligible, il faut remarquer, que tous les hommes desirent naturellement d'estre heureux, & que ne pouvant trouver en eux-mêmes leur felicité, ils sont obligez de la chercher dans les objets qui les environnent, & qui sont capables de la leur procurer. Il s'agit donc de découvrir quels sont les objets qui sont capables de nous rendre heureux. Or nous les découvrons ces objets, par des sentimens, ou par des émotions agreables qu'ils produisent en nous : C'est par ces émotions, ou par ces sentimens que nous distinguons les choses qui nous conviennent, d'avec celles qui ne nous conviennent pas ; c'est, par exemple, par le sentiment, ou par l'émotion agreable que les viandes causent en nous, que nous sommes portez à les manger : D'où il s'ensuit qu'il y a trois choses essentielles à tout acte d'amour, sçavoir l'objet, le motif, & la fin. L'objet est la chose même que nous aimons ; le motif est le sentiment agreable qui nous porte à l'aimer ; & la fin est la perfection, ou la beatitude que nous cherchons en l'aimant.

5. Objection, avec la réponse.

On objectera peut-estre, que nous aimons plusieurs choses qui n'excitent aucun plaisir, & qui causent au contraire des émotions tres desagreables : telles sont, par exemple, la prise d'une medecine, & l'extirpation d'un membre pourri. Mais cela n'a rien d'opposé à ce que je dis : car il ne faut pas s'imaginer, que quand nous prenons une medecine, ou que nous faisons extirper un membre pourri, nous y soyons portez par des émotions agreables que ces objets produisent, car ils n'en produisent aucune ; mais nous y sommes portez par l'idée des plaisirs sensibles, qui accompagnent la santé, laquelle nous esperons obtenir par le moyen de ces remedes.

Il seroit inutile de dire, que la santé, qui est future, ne peut causer des plaisirs, ni des émotions presentes; car si les plaisirs, & les émotions agreables que la santé produit, ne sont pas presens aux sens, ils le sont au moins à l'imagination; ce qui suffit pour être les motifs d'un veritable amour.

Il y a donc une grande difference entre la fin de l'amour, & le motif qui nous porte à aimer. La fin de l'amour attire la volonté, comme quelque chose d'exterieur; & le motif de l'amour l'excite, comme quelque chose d'interieur. Le motif de l'amour meut la volonté physiquement, & la fin de l'amour ne la meut que moralement. Ainsi, par exemple, la conservation de la vie & de la santé est la fin prochaine pour laquelle nous mangeons; & le plaisir, ou l'émotion agreable que les alimens causent en les mangeant, est le motif qui nous porte à les manger.

6. *Que le fin de l'amour differe du motif d'aimer.*

Non seulement la fin de l'amour differe du motif; la fin & le motif different encore de l'objet, car l'objet de l'amour est tout ensemble, & la cause du motif qui porte à aimer, & le moyen pour arriver à la fin de l'amour.

C'est pourquoy, quand saint Thomas dit, que le bien est la cause de l'amour, il faut entendre par le bien, l'objet de l'amour, & remarquer que cet objet peut estre consideré en deux manieres; ou en luy-même, ou par rapport à nous, entant qu'il nous convient. Quand il est consideré de la premiere sorte, il s'appelle l'objet materiel de l'amour; & quand il est consideré de la seconde, il se nomme l'objet formel & specificatif de l'amour.

Il faut ajouter que l'amour, à raison de son objet, est tantôt moral, & tantôt naturel. Il est naturel, lors que la chose que nous aimons, nous convient independamment de notre choix : & il est moral, lors qu'il a pour objet, un bien qui consiste dans le bon usage que nous en faisons. Par exemple, l'amour que nous avons pour les richesses que la naissance nous donne, est un amour naturel, & l'amour que nous avons pour les mêmes richesses, entant que nous en usons bien, est un amour moral. Car il faut remarquer, que la moralité de nos actions dépend de la volonté, & ne se prend que de ce qui est libre & raisonnable.

7. *Qu'il y a un amour moral & un amour naturel.*

Enfin, comme toute passion de l'ame suppose un objet qui est sensible par luy-même, ou par un autre; l'amour, qui est une espece de passion, en suppose aussi un, avec cette circonstance, que quand l'objet de l'amour est sensible par luy-même, l'Amour s'ap-

8. *Qu'il y a un amour corporel & un amour spirituel, &*

pelle *Corporel*, au lieu que quand il est sensible par un autre, l'Amour se nomme *Intellectuel*. D'où il s'ensuit, que l'Amour, soit corporel, soit intellectuel, dépend toujours mediatement, ou immediatement de quelque chose qui est sensible, estant naturellement impossible que ce qui ne l'est pas, soit par luy-même, soit par un autre, fasse quelque impression d'amour sur l'ame, tandis qu'elle est unie au corps.

en quoy ils different.

CHAPITRE IV.

De l'Admiration.

Comme l'ame est touchée d'amour pour les choses qui luy sont convenables, elle est aussi frappée d'admiration pour celles qui sont nouvelles, c'est à dire, qui frappent le cerveau dans des endroits où il n'a jamais esté touché : car l'experience fait voir, que lors que nous voyons quelque chose pour la premiere fois, ou que l'ayant déja vuë accompagnée de certaines circonstances, nous la voyons revêtuë d'autres, nous en sommes surpris, & nous l'admirons ; D'où il s'ensuit, que l'admiration n'est autre chose, *qu'une émotion de l'ame causée par un objet nouveau, entretenuë & fortifiée par un cours des esprits animaux, qui dépend de ce que la trace de cet objet, s'imprime dans une partie du cerveau qui n'a pas encore esté touchée ; ou si elle l'a esté, qui est touchée d'une maniere toute nouvelle.*

1. *Ce que c'est que l'Admiration.*

Je dis que *l'admiration est une émotion de l'ame*, pour marquer ce qu'elle a de commun avec toutes les autres passions ; & j'ajoute, *causée par un objet nouveau* ; pour distinguer ce qu'elle a de particulier qui la distingue de l'amour, lequel a toujours pour objet formel, la bonté ; comme l'admiration a toujours pour objet formel, la nouveauté.

Il paroit donc par cette definition, que la chose qu'on admire, est le veritable objet de l'admiration ; mais de telle sorte neanmoins, que cet objet renferme deux parties essentielles, dont l'une tient lieu de matiere, & l'autre de forme : La partie materielle est, l'objet même de l'admiration ; & la partie formelle est, la nouveauté sous laquelle cet objet se presente, ce qui fait que dans l'admiration, la nouveauté est la raison d'admirer, comme dans l'amour, la bonté est la raison d'aimer : Car il faut remarquer, que

2. *Quel est l'objet materiel & formel de l'admiration.*

chaque chose peut estre considerée en deux manieres ; ou absolument & en elle-même, ou respectivement & par rapport à nous. Quand elle est considerée absolument, elle n'est l'objet d'aucune passion, car si elle estoit l'objet d'une seule, elle le seroit, par la même raison, de toutes les autres : au contraire, quand une chose est considerée par rapport à nous, elle est necessairement l'objet de quelque passion ; car ou elle est nouvelle à nostre égard, ou elle nous convient, ou elle nous est contraire : si elle est nouvelle, elle cause l'admiration dont il s'agit ; si elle est convenable, elle produit l'amour ; & si elle est contraire, elle excite la haine.

Suivant ce principe, il faut bien se garder de dire, que nous aimons ou admirons les choses en elles-mêmes ; car la veritable raison de les aimer ou de les admirer, est la convenance, ou la nouveauté qu'elles ont par rapport à nous : c'est pourquoy on ne peut jamais aimer un objet en luy-même, par des actes d'amour qui ne soient pas la possession de cet objet, ou le desir de le posseder ; car autrement l'acte d'amour pourroit estre sans la partie formelle de son objet : Ce qui repugne. Il faut ajoûter, que si les choses en elles-mêmes estoient l'objet specifique de l'amour, elles seroient aussi l'objet specifique de l'admiration, & par consequent l'amour & l'admiration ne seroient plus deux genres differens des passions, mais un seul : ce qui ne se peut dire ; car l'experience fait voir, que l'amour & l'admiration sont deux passions generales, qui ont chacune ses especes particulieres.

Quant à la fin de l'admiration, cette passion tend à nous conserver, ainsi que toutes les autres : En effet, tout son usage consiste à causer, à entretenir, & à fortifier certains mouvemens qui sont necessaires pour appliquer l'ame à considerer particulierement le sujet qu'elle admire, afin de découvrir plus facilement, ce qu'il y a dans ce sujet qui peut luy convenir, ou luy estre contraire : ce qui fait voir que l'admiration elle-même se rapporte à nostre conservation, au moins indirectement : A quoy si l'on ajoûte, que toutes les passions de l'ame sont des especes d'amour & d'admiration, il faut necessairement conclure, que l'ame n'a point de passion qui ne tende à nostre conservation, & par consequent, qu'un objet, qui ne peut nullement servir à nous conserver, ne peut aussi exciter aucune passion dans l'ame.

9. Quelle est la fin de l'admiration.

CHAPITRE V.

De l'Amour de nous-mêmes.

1.
Que l'homme s'aime par nécessité.

SI nous joignons maintenant ce qui a esté dit des passions de l'ame en general, à ce qui vient d'estre établi touchant l'amour, il sera aisé de reconnoitre, que l'homme doit s'aimer luy-même par necessité. En effet, puis que l'amour n'est autre chose qu'un sentiment agreable de l'ame, & une émotion qui nous incite à nous unir à ce qui nous convient; & qu'il n'y a rien dans l'état de la nature, qui nous convienne plus que la conservation de l'être que Dieu nous a donné, c'est à dire, que l'union de l'esprit avec le corps, dans laquelle consiste toute notre essence & notre nature; qui ne voit que l'amour que nous avons pour cette union, est un amour essentiel à l'homme, consideré entant qu'homme ? & qu'il ne repugne pas moins que l'homme soit sans cet amour, qu'il repugne qu'un triangle soit sans trois côtez.

Cela est confirmé par l'experience, qui fait voir que l'amour que nous avons pour tout ce qui paroit bon, c'est à dire, convenable à notre nature, n'est qu'une modification de l'amour que nous avons pour nous-mêmes, je veux dire pour l'union de notre esprit & de notre corps. En effet, pourquoy aimerions-nous les choses qui sont hors de nous, si nous ne les aimions à cause des rapports de convenance qu'elles ont avec nous ? Et quels rapports de convenance pourroient-elles avoir avec nous, si notre esprit n'estoit uni à notre corps, & si elles ne servoient à conserver cette union ?

2.
Qu'est-ce que l'amour propre & l'amour du bien en general.

Or, comme l'on ne peut aimer la fin sans aimer les moyens qui sont necessaires pour l'acquerir, l'ame ne peut aimer son union avec le corps, sans aimer toutes les choses qui sont necessaires à la conservation de cette union : D'où il s'ensuit, que l'homme aime necessairement deux choses, sçavoir son être, & indefiniment tout ce qui peut servir à le conserver. Le premier amour s'appelle, *l'Amour de nous-mêmes*, ou *l'Amour propre* : & le second se nomme, *l'Amour du bien en general*. Ainsi nous nous portons naturellement à aimer tout ce qui paroit nous convenir, & nous nous y portons par l'amour de nous-mêmes, qui est un amour essentiel & necessaire; de sorte que si l'on demande pourquoy l'homme s'aime luy-même, & toutes les choses qui sont necessaires pour sa conservation;

vation; il faut répondre, que telle est sa nature; au lieu que si l'on demande pourquoy il aime telle ou telle chose en particulier, il faut dire, que c'est parce que cette chose luy paroit convenable.

C'est donc une chose constante, que l'amour de nous-mêmes, & l'amour du bien en general, viennent immediatement de la nature de l'ame, & par consequent qu'ils dépendent de Dieu, comme de leur cause efficiente immediate; d'où vient que s'il y a quelque defaut dans nos affections, ce defaut ne vient pas de l'amour de nous-mêmes, ni de l'amour du bien en general, mais seulement de l'amour que nous avons pour de certains biens particuliers, qui n'ont pas avec nous, les rapports de convenance qu'ils paroissent avoir. Il y a aussi cette difference entre l'amour de ces biens particuliers, & l'amour du bien en general, que celuy-cy n'est qu'un simple appetit naturel, c'est à dire, qu'une simple affection necessaire & indeliberée; au lieu que l'amour des biens particuliers, est un amour contingent & deliberé, c'est à dire, un amour qui dépend de notre choix & de notre liberté, & qui est par consequent un amour moral; car, comme il a esté dit, la moralité suppose notre choix.

3. Que ces deux amours viennent immediatement de Dieu.

La plupart de ceux qui écrivent des Livres de pieté, parlent de l'amour de nous-mêmes, comme s'il falloit l'étouffer, ou l'arracher absolument du cœur, pour mettre en sa place l'amour de Dieu, & l'amour du prochain: Mais il est certain, que ce que ces Auteurs disent, n'est ni possible, ni necessaire. Premierement, il n'est pas possible; car l'amour de nous-mêmes est un sentiment naturel, qui a sa source, non dans la corruption de la nature, mais dans la nature elle-même; car enfin, on ne s'aime pas parce que l'on croit qu'on se doit aimer, ou parce que cela paroit utile & raisonnable; mais parce qu'il est impossible de ne s'aimer pas. Secondement, il n'est pas necessaire, d'autant que l'amour de nous-mêmes, est un sentiment naturel, dont l'usage est tres legitime, entant qu'il nous porte à desirer notre conservation, & à souhaiter d'estre aussi parfaits, & aussi heureux que nous le pouvons devenir.

Et il ne serviroit de rien de dire, que si l'amour de nous-mêmes étoit un amour naturel & necessaire, il ne seroit pas en notre pouvoir de le regler; car il faut remarquer, que nous ne reglons pas l'amour de nous-mêmes, entant qu'il est un amour naturel & necessaire, mais entant qu'il est un amour deliberé, c'est à dire, un amour moral, par lequel nous preferons les vrais biens aux biens apparens. C'est pourquoy il ne faut pas confondre l'a-

Ee e

mour de nous mêmes, avec la maniere de nous aimer : Il ne dépend pas de nous, de nous aimer ; mais il dépend de nous, de nous aimer bien ou mal ; & nous nous aimons bien, ou mal, selon que nous usons bien, ou mal, des choses ausquelles l'amour nous unit : D'où vient qu'on a divisé le bien en general, *en bien Apparent*, & *en bien Veritable* : entendant par le bien Veritable, celuy qui se rapporte en effet à notre conservation, parce que nous en usons bien : Et entendant par le bien Apparent, celuy qui ne s'y rapporte qu'en apparence, parce que nous en usons mal.

4. *Que nous nous aimons necessairement nous-mêmes, mais non pas toujours comme nous devons nous aimer.*

Il est donc vray que nous nous aimons avec necessité, mais nous ne nous aimons pas toujours comme nous devons nous aimer, parce que nous nous aimons souvent dans des choses, qui n'ont pas avec nous les rapports de convenance que nous croyons qu'elles ont. Par exemple, quand un hydropique aime à boire, il s'aime à la verité, dans le plaisir qu'il a en beuvant ; mais il ne s'aime pas comme il devroit s'aimer, parce qu'il s'aime dans une chose, qui en effet ne luy convient pas, & qui luy est contraire. Par la même raison, lors que je dérobe, je m'aime à la verité dans la chose dérobée ; mais je m'aime mal, parce que m'aimant ainsi, je m'expose à un danger manifeste d'estre puni : Enfin nous nous aimons toujours; mais nous nous aimons mal, toutes les fois que nous nous aimons dans des choses qui ne nous conviennent qu'en apparence.

Pour découvrir ensuite la veritable raison pourquoy nous nous aimons tantôt bien, & tantôt mal, il faut considerer, que par l'institution de la nature (dont il a esté parlé dans le premier Chapitre,) les sentimens & les passions de l'ame sont les plus ordinaires moyens que nous ayons pour distinguer ce qui est convenable à notre nature, d'avec ce qui lui est contraire. Or chacun sçait par experience, que ces moyens ne sont pas infaillibles, & que les sentimens & les passions nous representent souvent le mal sous l'apparence du bien. En effet, si la douleur & le plaisir étoient des marques assurées de la convenance, & de la disconvenance que les choses ont avec nous, nous ne nous tromperions jamais dans le choix des biens, parce que nous aimerions toujours les choses qui produiroient le plaisir, ou la joye, & nous haïrions celles qui causeroient la douleur & la tristesse : mais comme il arrive souvent que les choses qui sont utiles en de certains temps & lieux, sont nuisibles en d'autres, & que neanmoins les sentimens de plaisir qu'elles causent, sont toujours les mêmes ; cela fait que nous sommes comme dans une espece de necessité de nous tromper, touchant ce que nous aimons dans plusieurs rencontres, du moins si nous ne consultons que les sens & les passions, (comme nous le faisons d'ordinaire,) & si nous ne recourons à la raison, pour apprendre d'elle le veritable rapport de convenance, ou de disconvenance que les choses ont avec nous, dans chaque rencontre particuliere.

C'est par cette raison, qu'on a divisé l'amour de nous-mêmes deliberé, en amour propre *Ignorant*, & en amour propre *Eclairé*; entendant par l'amour propre Ignorant, l'amour par lequel nous nous aimons dans des choses nuisibles, que les sens seuls nous representent comme bonnes; & par l'amour propre Eclairé, l'amour par lequel nous nous aimons dans des choses convenables, que la raison seule, ou les sens & la raison ensemble nous representent comme telles.

5. Qu'il y a un amour propre ignorant, & un amour propre éclairé, & en quoy ils consistent.

Ceux qui n'ont jamais pris garde à cette distinction de l'amour propre deliberé, ne manqueront pas de trouver étrange que j'entreprenne de le justifier; car comme l'amour propre est generalement condamné de tout le monde, & regardé comme l'unique source de la corruption humaine, on croira qu'un tel amour doit estre arraché du cœur, comme une chose tres-dangereuse: mais peut-estre changera-t-on d'opinion, si l'on veut considerer, qu'un tel sentiment procede de ce qu'on confond l'amour propre Ignorant, avec l'amour propre Eclairé, & qu'on tient pour mauvais, & pour corrompu, tout amour qui a quelque rapport à nous; ce qui est également contraire à la raison, & à l'experience, qui font voir qu'il n'y a point d'amour dont la nature ne consiste à nous unir de volonté, ou d'effet, aux choses qui nous conviennent, ou qui paroissent nous convenir.

Il y a donc un amour propre Ignorant, & un amour propre Eclairé: L'amour propre Eclairé, est un reste de la lumiere que Dieu mit dans l'ame de l'homme, en le créant; & l'amour propre Ignorant, est une suite du peché d'Adam, qui a tellement affoibli & renversé l'amour humain, qu'au lieu qu'avant ce peché, l'homme n'aimoit que les choses qui luy étoient convenables, & que la raison luy representoit comme telles, il en aime maintenant plusieurs qui ne luy conviennent pas, & qui au contraire luy sont nuisibles.

On attribuë l'amour propre Eclairé, à la partie superieure de l'ame, qu'on appelle par cette raison l'*Appetit Raisonnable*; & l'on nomme les biens qui sont l'objet de cet amour, les biens de l'ame,

6. Qu'il y a un Appetit raisonnable

ou simplement les biens raisonnables. Au contraire, on rapporte l'a-mour propre Ignorant à la partie inferieure de l'ame, à qui on donne le nom d'*Appetit Concupiscible*; & on appelle les biens qui en sont l'objet, les biens du corps, ou simplement les biens sensibles. D'où il s'ensuit, que dans l'ordre de la nature, tous les biens de l'homme se reduisent aux biens raisonnables, & aux biens sensibles; entendant par les biens raisonnables, ceux qui sont de veritables biens; & par les biens sensibles, ceux qui ne sont que des biens apparens : Ce qu'il faut bien remarquer; car il n'y a rien de plus ordinaire parmi les hommes, que de prendre pour des biens raisonnables, ceux qui sont purement spirituels, & pour des biens sensibles ceux qui sont purement corporels : Quoy que dans le fond les biens corporels & spirituels soient également sensibles, ou raisonnables, selon qu'ils sont conformes ou contraires à la raison.

Je dis, que tous les biens de l'homme, se reduisent aux biens sensibles, & aux biens raisonnables, & non pas tous les biens de l'esprit, ni du corps en particulier; pour faire entendre, que le bien de l'homme regarde l'homme tout entier, & non pas le corps ni l'esprit separément : car en effet, le bien de l'homme, (j'entens le bien moral,) ne peut regarder l'esprit seul, parce que l'esprit seul separé du corps, ne peut avoir pour tout bien, que la connoissance de Dieu, & de soy-même; & il est prouvé en Metaphysique, que cette connoissance & cet amour, sont essentiels à l'esprit separé du corps. Il ne peut pas non plus regarder le corps seul; parce qu'il n'y a rien qui convienne au corps, lors qu'il est separé de l'esprit, dont l'usage dépende de nous. Il s'ensuit donc que le bien moral ne peut regarder l'homme, qu'entant qu'il est composé d'un corps & d'un esprit, tellement unis ensemble, que ce bien peut contribuer à la conservation de leur union par le bon usage que nous en faisons.

Ce n'est donc que par erreur, qu'on dit qu'il y a des biens du corps, qui ne regardent pas l'ame; car il est certain que les biens qu'on appelle biens du corps, ne sont pas tant des biens du corps, qu'ils sont des maux du corps & de l'ame, comme il paroit par l'experience, qui fait voir que tout ce que nous appellons des biens du corps, sont des veritables maux du corps & de l'ame : Par exemple, la gourmandise, qui passe pour un bien du corps, est un veritable mal du corps & de l'ame; du corps, entant qu'elle ruine la santé; & de l'ame, entant qu'elle trouble la raison.

Cela posé, pour donner une idée exacte de l'amour propre Indeliberé, nous dirons, qu'*il n'est autre chose que l'ame même, entant que sans choix & sans deliberation, elle tend à s'unir indefiniment à tout ce qui paroit convenable à sa nature.*

Je dis 1. *Que l'amour propre indeliberé, n'est autre chose que l'ame même*, pour marquer que cet amour n'est pas distingué réellement de la propre substance de l'homme, mais seulement d'une distinction de raison. Je dis 2. *Entant que sans choix & sans deliberation, elle tend à s'unir indefiniment à tout ce qui paroit convenable à sa nature*, pour faire entendre, qu'il n'est pas moins essentiel à l'homme de s'unir à tout ce qui peut servir à le conserver, que de desirer sa propre conservation.

Quant à l'amour propre Deliberé, nous dirons; *Qu'il n'est autre chose qu'une agreable émotion de l'ame, causée par l'impression d'un objet sensible, qui nous incite à nous unir par choix, & avec deliberation, à cet objet sensible, comme à une chose qui convient à notre nature.*

Je dis 1. *Que l'amour propre deliberé n'est autre chose qu'une agreable émotion de l'ame, causée par l'impression d'un objet sensible* : pour marquer ce que cet amour, a de commun avec les autres especes d'amour, qui consistent dans de certaines émotions de l'ame. Je dis 2. *Qui nous incite à nous unir par choix & avec deliberation à cet objet sensible*; pour signifier ce qui distingue l'amour propre Deliberé, de l'amour propre Indeliberé.

De ces deux definitions, il s'ensuit, 1. Que tous les amours particuliers sont des especes, ou pour mieux dire, des manieres d'être de l'amour propre indeliberé ; car si nous aimons un objet nouveau, ce n'est pas qu'il se produise en nous un nouvel amour en substance, mais c'est que connoissant dans cet objet, quelque nouveau rapport de convenance avec nous, nous nous aimons dans cet objet, non d'un amour nouveau, mais d'un amour aussi ancien que nous-mêmes, sçavoir par l'amour propre indeliberé, qui est un amour essentiel & necessaire.

Il s'ensuit 2. Que l'homme est de telle nature, qu'il s'aime toujours & avec necessité ; mais il s'aime tantôt bien, & tantôt mal. Il s'aime bien, lors qu'il s'aime dans des biens veritables, c'est à dire, dans des choses dont il use bien : Et il s'aime mal, lors qu'il s'aime dans des biens qui ne sont qu'apparens, c'est à dire, dans des choses dont il fait un mauvais usage. Quand l'homme s'aime de la premiere sorte, son amour s'appelle, amour propre *Eclairé* : & quand il s'aime de la seconde, son amour s'appelle, amour propre

Ignorant. D'où il s'enfuit que l'amour propre Ignorant est plutôt une haine, qu'un veritable amour de nous-mêmes.

Il s'enfuit 3. Que l'amour propre Indeliberé, est toujours innocent, qu'il n'a rien en luy-même d'imparfait, & qu'il vient immediatement de l'Auteur de la nature; qui l'a gravé au fond de la substance de l'homme, en le creant: au lieu que l'amour propre Deliberé, est tantôt innocent, & tantôt coupable: Innocent, quand il nous unit à des biens veritables: & coupable, lors qu'il nous unit à des biens simplement apparens.

10. Que l'amour propre est tantost interessé & tantost desinteressé.

Enfin l'amour propre Deliberé, est tantôt interessé, & tantôt desinteressé. Il est interessé, lors qu'il tend vers un objet, non pour le bien de cet objet, mais seulement en veuë de quelque utilité propre; & il est desinteressé, lors qu'il tend vers un objet, non seulement en veuë de quelque profit particulier, mais encore pour le bien même de cet objet: Ce qu'il faut bien remarquer; car faute de bien entendre les mots d'*Interest propre*, on prend souvent de mauvais partis.

Ainsi par Interest propre, nous n'entendons pas tout interest absolument; nous entendons seulement, un interest qui nous est particulier, & auquel l'objet aimé n'a aucune part: Car si l'objet aimé y a quelque part, ce n'est plus un interest propre, mais un interest commun. Or l'interest commun ne rend point l'amour interessé, au contraire, plus l'interest est grand, pourveu qu'il soit commun, plus l'amour est pur & parfait; dont la raison est, que l'interest commun, est un veritable interest, au lieu que l'interest propre n'est qu'un interest faux. Je dis, que l'interest propre est un interest faux, parce qu'en separant notre commodité, de celle de l'objet aimé, nous obligeons l'objet aimé à separer sa commodité de la nôtre: Au contraire, l'interest commun, est un interest veritable, parce qu'en joignant notre commodité à celle de l'objet aimé, nous obligeons l'objet aimé, à joindre sa commodité à la nôtre.

Il faut donc distinguer deux sortes d'interest, par rapport à l'amour de nous-mêmes. Il y a un interest vicieux & déreglé, qui n'est point dans l'ordre, & qui n'est point distingué de l'amour propre Ignorant: & il y a un autre interest tres-honnête essentiellement attaché à l'amour propre Eclairé. Or, on ne peut pas dire, que l'amour de nous-mêmes, exclut l'interest essentiellement renfermé dans luy-même: car il est aussi impossible que l'amour de nous-mêmes excluë le veritable interest, essentiellement attaché à luy par l'ordre de Dieu, comme il est impossible que l'amour propre éclairé soit opposé à luy-même. L'amour de nous-mêmes exclut seulement l'interest vicieux & déreglé, qui est l'interest particulier, pris au sens que nous venons de l'expliquer. Ce qui merite d'estre remarqué.

CHAPITRE VI.
De l'Amour envers le Prochain.

PAr le Prochain, il ne faut pas entendre les personnes qui sont dans notre voisinage, ni celles, qui ont quelque liaison particuliere avec nous : il faut entendre tous les hommes sans exception, parce qu'ils ne sont tous ensemble que les parties d'un seul corps, jointes les unes avec les autres, par la possession d'une même vie, & par des offices reciproques qu'elles se peuvent rendre.

Je dis, Par des offices reciproques, pour marquer qu'il est également impossible à tous les hommes, de se passer les uns des autres; car en effet, les plus riches & les plus puissans ne pourroient se soutenir, si tous les autres s'accordoient à ne rien faire pour eux : Il y a tant de choses qui nous manquent, & nous en trouvons si peu en nous-mêmes, que nous avons absolument besoin du secours des autres. C'est par ce secours que nous nous délivrons, en quelque façon, des miseres, qui nous accableroient dans la solitude, ou dans une société dans laquelle chacun ne travailleroit que pour soy : C'est pourquoy, comme dans l'etat de la nature, l'amour propre éclairé nous porte à aimer tout ce qui est necessaire à notre conservation ; il nous porte aussi à aimer notre prochain, comme un moyen sans lequel nous ne pouvons nous conserver.

Il n'est donc rien de plus injuste, que la conduite de ceux qui se regardent comme des personnes, qui ont des interests distincts & separez de ceux de tous les autres hommes, & qui sur cette supposition, ne travaillent que pour eux-mêmes, ou s'ils travaillent pour les autres, ce n'est qu'autant qu'ils esperent qu'il leur en reviendra de l'avantage : car, comme je viens de le dire, nous sommes tous ensemble les parties d'un seul corps, jointes les unes avec les autres par des besoins, & par des offices reciproques.

1. Qu'est-ce qu'il faut entendre par le mot de Prochain.

*2.
Que l'amour du prochain est une espece d'amour propre éclairé.*

Sur ces fondemens, on peut dire, que l'amour du prochain est une espece d'amour propre éclairé, & qu'en aimant le prochain, on s'aime soy-même. En effet, les devoirs des hommes sont si reciproques, que tout ce que chacun fait de bien, ou de mal aux autres, retombe sur luy-même. Par exemple, si nous sommes modestes, notre modestie tourne à notre avantage, parce que nous nous procurons la paix, en nous accommodant aux interests des autres. Si nous sommes reconnoissans, notre reconnoissance retombe encore sur nous, parce que nous nous attirons de nouveaux bienfaits, en témoignant du ressentiment pour ceux que nous avons déja receus : au contraire, si nous sommes cruels, ingrats, & fâcheux, nous nous trahissons nous-mêmes; parce qu'en choquant les autres, nous les rendons contraires à nos veritables interests.

Si les hommes consideroient cela avec assez d'attention, ils s'attacheroient sans doute plus qu'ils ne font, à observer les loix de la nature qui regardent le Prochain : Mais au contraire, comme ils s'abandonnent lâchement à suivre leurs passions, & que celles-cy leur representent, pour l'ordinaire, leurs interests comme separez de ceux des autres hommes, ils croyent qu'ils pourront avancer leurs affaires, sans avoir égard à celles de leur prochain : Ce qui est une erreur extrême; car il faut remarquer, que la loy de la nature ne prescrit la fidelité, la sincerité, la misericorde, la modestie, & en general toutes les autres vertus morales, qu'entant qu'elles servent à établir parmi les hommes, la paix & l'amour, comme deux moyens absolument necessaires, pour arriver à leur conservation.

C'est donc une chose constante, que nous ne pouvons nous aimer comme il faut, si nous n'aimons le prochain comme nous-mêmes; c'est à dire, si nous ne l'aimons d'un amour éclairé, qui consiste à procurer toujours ses interests, lors qu'ils ne sont pas directement contraires aux nôtres : car quand ils le sont, bien loin de nous aimer comme il faut, en les procurant, nous nous trahirions nous-mêmes, & nous violerions par consequent, la loy fondamentale de la nature, qui est le devoir indispensable que Dieu a imposé à tous les hommes dans l'estat de la nature, de se conserver autant qu'ils le peuvent. Hors de là, personne ne peut travailler à sa propre conservation, sans travailler à celle des autres : ce qui estoit absolument necessaire pour entretenir un commerce d'amitié & de bienveillance parmi les hommes; car comme la nature de l'amour consiste

LIVRE IV. PARTIE I.

siste à nous unir au bien, & que le bien est ce qui nous convient, comment nous fussions-nous unis au prochain, s'il ne nous eût esté convenable ? Et comment auroit-il pû nous convenir, si nostre conservation eût esté absolument indépendante de la sienne.

Or, si nostre conservation dépend de celle du prochain, il est visible que, non seulement il nous est défendu de le haïr, mais même, qu'il ne nous est pas permis d'avoir pour luy de l'indifference. En effet, comme chacun s'aime soy-même; s'il n'avoit que de l'indifference pour les autres, il n'y a personne qui ne voulust avoir absolument tout ce qui luy paroitroit utile, ou agreable, & qui ne s'élevât de toute sa force, contre tous ceux qui s'y opposeroient; & comme il n'y auroit personne qui ne s'y opposât, parce qu'en effet, il n'y auroit personne qui ne fût dans les mêmes sentimens, & qui n'eût les mêmes pretentions, on voit bien que la guerre de chacun en particulier contre tous les autres, seroit inévitable.

Cet état de guerre de tous contre tous, estant incompatible avec la conservation du genre humain, la droite raison, (que je ne distingue pas de la loy naturelle,) fait entendre à tous les hommes, qu'il faut rechercher la paix, & elle leur propose cette maxime comme sa loy fondamentale. En effet, tous les autres preceptes de la loy naturelle, qui regardent les devoirs reciproques des hommes, se rapportent à celuy-cy, comme à leur fin immediate: Je dis, *comme à leur fin immediate*, pour faire remarquer, que bien que les loix naturelles, qui regardent le prochain, se rapportent immediatement à la paix; la paix elle-même ne laisse pas de se rapporter à d'autres fins plus éloignées, comme à nostre conservation, & à la gloire de Dieu, dont il sera parlé ensuite.

Par ce qui vient d'estre dit, on comprend aisément, que nous devons aimer le Prochain; mais il reste à sçavoir comment nous devons l'aimer: Car enfin il est de l'amour du prochain, comme du reste de nos actions, que nous pouvons faire bien ou mal: En effet, nous pouvons nous porter à aimer le prochain par des fins, qui rendent nostre amour non seulement inutile, mais même nuisible. Par exemple, si j'aime le prochain par cette seule raison, qu'il me donne le moyen de contenter plus facilement quelque passion dereglée, je l'aime mal, & d'une maniere bien éloignée de la pureté de l'amour propre Eclairé, qui n'a pour objet que des veritables biens. De plus, si je l'aime seulement parce qu'il m'est utile, & que je profite de son amitié, je l'aime encore mal, ou à

3. *Que nous devons aimer le prochain, & comment.*

parler plus proprement, je ne l'aime point, mais je m'aime moy-même. Pour aimer bien le prochain, il faut luy procurer generalement, & sans exception, tous les vrais biens qui sont en notre pouvoir, sans quoy nous devons presumer raisonnablement, qu'il ne nous procureroit pas ceux qui dépendent de luy. C'est sur cela qu'est fondé ce grand precepte de la loy naturelle, qui nous ordonne d'aimer le prochain comme nous-mêmes.

Au reste, quoy que tous les hommes soient compris également sous le nom de Prochain, cette égalité n'empêche pas neanmoins qu'il n'y ait des occasions où nous y pouvons mettre quelque difference : car, par exemple, lors que nous ne pouvons faire du bien qu'à peu de personnes, ou même qu'à une seule, & qu'il s'en presente plusieurs qui auroient le même besoin, il est de notre devoir de preferer ceux à qui la nature nous unit plus étroitement : Dans cette sorte d'occasion, nous devons preferer nos proches à des étrangers, & nos amis à nos ennemis.

Cette regle est si juste, & si conforme à la lumiere naturelle, qu'il ne nous est pas permis de la negliger : mais à cela prés, nous devons aimer tous les hommes également, & leur procurer toutes sortes de biens, de quelque nature qu'ils soient, pourveu qu'ils soient des biens veritables, & d'ailleurs tellement utiles à celuy à qui nous le procurons, qu'ils ne fassent aucun mal à nul autre.

Ces deux conditions sont tres necessaires à garder : car quant à la premiere, il est certain que nous ne devons aimer le prochain que comme nous-mêmes, c'est à dire encore, non comme nous nous aimons, mais comme nous devons nous aimer : Car enfin, ce n'est pas notre amour propre dereglé, que la raison nous donne pour modele de l'amour du prochain ; c'est un amour propre éclairé, qui prefere toujours le bien honnête à l'agreable, & le bien veritable au bien apparent.

La seconde condition se prend, des avantages que la justice a sur l'amour du prochain : L'amour du prochain a bien plus d'étenduë que la justice, car il regarde tous les hommes, & la justice ne regarde que ceux avec lesquels nous sommes liez par quelque convention ; mais aussi la justice a bien quelque chose de plus inviolable : D'où vient que lors que ces deux vertus nous appellent à la fois chacune de son côté, & qu'il nous est impossible de les satisfaire toutes deux, nous devons preferer la justice. Par exemple, j'ay fait tort à une personne ; je me croy obligé de le reparer, j'ay dans mes mains, ce que j'ay resolu d'employer à cela : Dans le temps que je vais faire cette restitution, un pauvre, dont je connois la necessité, me prie de luy donner du secours : Je ne puis le luy accorder, si je fais ma restitution ; je dois sans doute laisser là le pauvre pour m'acquitter de ce que je dois, à celuy à qui j'ay fait tort : dont la raison est, que la charité elle-même m'oblige autant à l'égard de celuy-cy, qu'à l'égard du pauvre. Outre que je suis obligé en particulier, de satisfaire aux conventions que j'ay faites avec luy, lesquelles sont la vraye source d'où derive toute la force de la justice, entant que la justice est une vertu distincte de l'amour du Prochain.

Il est vray qu'il ne semble pas qu'il y ait rien dans la plupart des hommes, qui puisse attirer notre affection : Mais en cela nous nous trompons ; car il y a plusieurs choses qui sont tres propres à produire l'amour, & qui le produiroient en effet, si nous avions l'esprit juste & le cœur droit. Tous les hommes sont nos freres dans l'ordre de la nature, nous sortons tous de la même source, ayant un même Dieu pour Createur, & un même Adam pour Pere : mais ce qu'il y a de plus pressant pour nous faire aimer le prochain, c'est que la paix & notre salut temporel dépendent de cet amour.

On dira peut-estre que l'amour du prochain est une passion de l'ame : que les passions de l'ame dépendent des objets, materiels qui frappent les sens ; que les hommes que nous n'avons jamais veus, n'ont rien de sensible à notre égard, & par consequent, qu'ils sont incapables de causer en nous une veritable passion, telle que doit estre l'amour du Prochain. Je réponds, qu'il n'est point de personne, pour éloignée qu'elle soit de nous, que nous ne puissions nous representer sous l'idée sensible d'une autre personne que nous avons veuë, & de laquelle nous ne puissions recevoir quelques bienfaits, ce qui suffit pour exciter une veritable passion d'amour. Il faut ajoûter, que le precepte d'aimer le prochain que nous ne connoissons pas, demande plutôt l'habitude d'aimer, qui est une simple vertu, que l'amour actuel, qui est une veritable passion de l'ame.

On dira encore, que lors que le prochain nous persecute actuellement, le mal qu'il nous fait, produit dans l'ame la haine, & que tandis que cette passion possede notre cœur, il est impossible que l'amour y trouve place : D'où il s'ensuit, ou que la loy de la nature ne nous commande pas d'aimer tous les hommes sans exception, ou si elle le commande, que son precepte est inutile, & même impossible à l'égard de ceux qui nous font actuellement du mal. Je répons, que le prochain qui nous persecute, peut estre consideré en deux manieres : ou selon le rapport de disconvenance qu'il a avec nous, à raison du mal qu'il nous fait ; ou selon le rapport de convenance qu'il a avec nous, à raison du bien qu'il nous peut procurer, & que nous devons presumer qu'il nous procurera, si nous l'aimons. Nous ne pouvons pas aimer le prochain selon le premier rapport, (car il est impossible d'aimer le mal comme mal,) mais nous pouvons l'aimer selon le second, par la même raison que quoy que nous ne puissions pas aimer une medecine, entant qu'elle produit un goût desagreable, nous pouvons neanmoins l'aimer, & nous l'aimons en effet, entant qu'elle se rapporte à nostre santé. Or il est constant que le prochain ne se rapporte pas moins à nostre conservation, que la medecine se rapporte à nostre santé : c'est pourquoy, puis que nous aimons la medecine, quoy qu'elle produise un goût desagreable, nous pouvons aussi aimer le prochain, quoy qu'il nous fasse du mal : ce qui fait voir que le precepte de la nature, qui commande d'aimer ceux qui nous font du mal, n'est ni inutile, ni impossible. Il n'est pas inutile, puis qu'il commande de faire une chose qui nous est avantageuse : & il n'est pas impossible, parce que l'idée du bien que nous pouvons recevoir du prochain, peut estre plus vive & plus pressante, que celle du mal qu'il nous fait.

4.
Ce que c'est qu'un acte d'amour deliberé du prochain.

Ensuite de quoy, pour donner une idée exacte de l'amour deliberé du prochain, il faut dire, *qu'il n'est autre chose qu'un sentiment ou une émotion agreable de l'ame, causée par une impression sensible, que le prochain fait sur les organes, & entretenuë, & fortifiée par un cours d'esprits animaux, qui dépend de quelque mouvement particulier du cœur, & qui nous porte à nous unir par choix au prochain, pour nostre utilité, & pour son bien.*

Je dis 1. *Que l'amour deliberé du prochain, n'est autre chose qu'un sentiment, ou une émotion de l'ame, &c.* pour marquer ce que cet amour a de commun avec l'amour propre deliberé. Je dis 2. *Qui nous porte à nous unir par choix au prochain*, pour designer ce qu'il a de particulier. Je dis 3. *Pour nostre utilité & pour la sienne* : pour faire voir que si nous n'aimions le prochain que pour nostre interest, nostre amour ne seroit pas une amitié comme il le doit estre, mais une pure concupiscence : comme aussi si nous l'aimions pour sa seule commodité, notre amour ne seroit plus amour ; car la nature de l'amour, est de nous unir à notre bien ; & la commodité de notre prochain n'est pas notre bien, lors qu'elle est entierement separée de la nôtre.

Suivant cette definition, il paroît 1. Que l'amour du prochain, & l'amour de nous-mêmes sont un seul & même amour en substance, mais que cet amour prend deux differens noms, suivant deux differens rapports qu'il a : Par exemple, il s'appelle *Amour de nous-mêmes*, lors que nous cherchons notre interest, sans faire attention à celuy du prochain : & il se nomme *Amour du prochain*, lors que nous cherchons l'interest du prochain sans considerer particulierement le nôtre. Il paroît 2. Que l'amour du prochain est tantôt interessé, & tantôt desinteressé : interessé lors que nous cherchons nos interests au prejudice des siens, ou seulement sans avoir égard aux siens : & desinteressé, lors que nous cherchons nos interests, sans negliger ceux du prochain : Car il faut remarquer, que nos interests, quelque grands qu'ils soient, ne rendent jamais notre amour interessé, tandis qu'ils sont joints avec ceux du prochain ; ils le rendent seulement tel, lors qu'ils en sont separez : Ce qu'il faut bien remarquer, pour éviter l'erreur où tombent ceux qui prennent pour amour interessé, tout amour qui renferme notre interest, soit que notre interest soit joint à celuy du prochain, soit qu'il en soit separé.

1. Que l'amour du prochain & l'amour de nous-mêmes sont un seul & même amour en substance.

CHAPITRE VII.

De l'amour envers Dieu.

JE n'entens pas icy par l'amour de Dieu, un pretendu amour intellectuel, qui n'appartient qu'à l'esprit separé du corps, ou qu'à l'esprit uni au corps, mais qui agit sans le corps : car je ne reconnois point de tel amour dans l'homme. En effet, nous ne ressentons point de passions intellectuelles en cette vie, parce que l'ame, à cause de son union avec le corps, est tellement dependante du mouvement du sang & des esprits, que l'amour même que nous estimons le plus pur & le plus intellectuel, qui est celuy que nous avons pour Dieu, n'est pas exempt de cette dependance, puis qu'il est, (comme les autres passions corporelles,) la suite d'une certaine agitation des esprits, qui fortifie l'idée que nous avons,

1. Que nous ne ressentons point des passions intellectuelles en cette vie.

que c'est un avantage d'aimer Dieu, & de nous unir à luy, comme à l'auteur de nos veritables biens pour sa gloire.

2. Qu'il s'agit icy de l'amour de Dieu consideré comme auteur de la nature.

Je n'entens pas non plus, par l'amour de Dieu, l'amour de Dieu consideré comme auteur de la grace ; je parleray de cet amour dans la seconde partie de ce traité : J'entens parler de l'amour de Dieu consideré comme auteur de la nature, c'est à dire, de l'amour de Dieu qui est produit dans l'homme par les seules forces de la nature, qui est une suite de l'union de l'ame & du corps, qui dépend de quelque agitation particuliere du cœur, & qui est par consequent une veritable passion de l'ame.

3. Qu'est-ce qu'il y a de plus particulier dans cet amour.

Pour concevoir ce qu'il y a de plus particulier dans cet amour, nous avons fait voir au troisiéme Chapitre, que l'homme en quelque état qu'il se trouve, s'aime necessairement luy-même, & non seulement luy-même, mais encore le bien en general, c'est à dire, qu'il aime indefiniment tout ce qui peut luy convenir. Mais par la même raison que l'homme s'aime necessairement luy-même, & le bien en general, il aime aussi necessairement Dieu, entant que Dieu est l'auteur de l'un & de l'autre. On peut donc dire qu'il y a dans l'homme, un amour de Dieu necessaire, & que cet amour n'est autre chose *que l'homme même, qui sans choix & sans deliberation, par le seul penchant de sa nature, tend à s'unir à Dieu, comme à l'auteur de son Etre, & de toutes les choses qui peuvent luy convenir.*

Je dis 1. *Que l'amour de Dieu necessaire n'est autre chose que l'homme mesme*, pour designer ce que l'amour de Dieu necessaire, a de commun avec l'amour propre necessaire & indeliberé. Je dis 2. *Qui sans choix & sans deliberation, tend à s'unir à Dieu* : pour faire entendre ce que cet amour a de particulier qui le distingue de l'amour propre deliberé. Je dis 3. *Comme à l'auteur de son être, & de toutes les choses qui peuvent luy convenir* : pour marquer que l'amour necessaire ne nous unit à Dieu, qu'à raison des biens qu'il nous communique.

L'amour de Dieu necessaire se trouve donc indispensablement dans tous les hommes ; mais ce n'est pas par cet amour que tous les hommes satisfont au devoir que Dieu leur impose de l'aimer : ils ne remplissent ce devoir que par un amour électif, par lequel ils preferent d'aimer Dieu comme auteur des biens veritables, à l'aimer comme auteur des biens apparens.

C'est pourquoy, pour definir l'amour de Dieu Deliberé, il faut dite, que c'est un sentiment, ou une émotion agreable de l'ame causée par l'impression d'un bien sensible, entretenuë & fortifiée par un cours particulier d'esprits animaux, qui excite l'ame à s'unir à Dieu avec choix & deliberation, pour notre bien & pour sa gloire.

4. Qu'est-ce que l'amour de Dieu deliberé.

Je dis 1. *Que l'amour de Dieu deliberé est un sentiment, ou une émotion agreable de l'ame, causée par l'impression d'un bien sensible*: pour marquer ce que l'amour deliberé de Dieu, a de commun avec l'amour propre deliberé. Je dis 2. *Qui excite l'ame à s'unir avec choix à Dieu*: pour marquer ce qu'il y a de particulier. Je dis 3. *Comme à l'auteur de ce bien sensible*: pour signifier que l'ame ne s'unit à Dieu par choix, qu'à raison de ses bienfaits, & par rapport à sa gloire.

5. Comment nous pouvons aimer Dieu avec choix.

Cependant il n'est pas si aisé que l'on pense, d'expliquer comment nous pouvons aimer Dieu avec choix : La raison de cette difficulté est, que l'amour de choix suppose deux objets aimables, dont l'un est preferé à l'autre ; car on ne voit pas qu'il y ait aucun objet créé qui puisse estre comparé à Dieu, pour luy disputer la preference en fait de bonté. Il semble au contraire que Dieu doit estre consideré comme un bien absolu, & par consequent comme un bien qui doit estre aimé avec necessité.

Toutefois nous sommes obligez d'aimer Dieu d'un amour de choix : & en effet, nous l'aimons ainsi, lors que pouvant l'aimer comme auteur des biens simplement apparens, nous l'aimons comme auteur des biens veritables ; car en cela nous usons de choix & de preference. Mais il est bien difficile d'aimer Dieu ainsi ; il faut pour cela, une meditation bien attentive & souvent reïterée, à cause que nous sommes continuellement détournez de cet amour de Dieu, par la presence des biens sensibles, qui nous portent à les aimer beaucoup plus que nous ne sommes portez à aimer les biens raisonnables. Si cette meditation manque, nous ne pouvons nous conserver long-temps dans l'amour de Dieu électif contre l'amour des choses sensibles, si ce n'est que notre volonté se soit fortifiée depuis long-temps par l'habitude d'aimer les biens raisonnables : Je croy même que le plus court chemin qu'on puisse prendre pour contracter cette habitude, est de faire souvent reflexion, que Dieu ne nous commande rien par la raison, que pour notre avantage, & que sa puissance & sa bonté sont si grandes, qu'il a créé une infinité de choses qui servent à nous conserver ; car cela fait que regardant Dieu comme la source de tous nos veritables biens, nous nous unissons à luy d'effet, & l'aimons parfaitement.

6.
Comment cet amour est produit en nous.

Quant à la maniere dont cet amour de Dieu électif & deliberé, est produit dans l'ame, il n'y a que l'experience qui puisse nous l'enseigner: Or elle nous enseigne cette experience, que quand nous voyons ou que nous imaginons un bien sensible, ce bien imprime sa trace dans le cerveau; que cette trace détermine les esprits animaux à couler en differentes parties du corps; que ce cours d'esprits produit dans l'ame une certaine émotion, & que cette émotion nous porte à nous unir d'effet ou de volonté, à ce bien sensible apperceu ou imaginé: Et parce que nous ne pouvons nous unir à ce bien avec choix sans nous unir à sa cause, qui est Dieu, nous aimons Dieu par le même amour, par lequel nous aimons ce bien sensible. Mais jusques-là notre amour est necessaire, & il ne devient libre que lors que nous faisons un bon usage de ce bien sensible, duquel nous pourrions user mal.

Nous pouvons donc aimer Dieu d'une veritable passion d'amour, non pas à la verité comme un bien qui nous convienne immediatement par luy-même, (car sa nature est trop relevée par dessus la nôtre, pour nous convenir dans cette vie,) mais comme la source & l'origine de tous nos veritables biens, c'est à dire, de toutes les choses dont nous faisons un bon usage. C'est pourquoy, nous n'aimons Dieu dans l'ordre de la nature, qu'entant qu'il est l'auteur des biens sensibles dont nous usons bien. Car comme il n'y a rien en Dieu qui puisse estre senti ni imaginé, il n'y a rien aussi qui puisse exciter immediatement dans notre cœur, une veritable passion d'amour.

On dira peut-estre, que l'amour de Dieu n'est pas une passion corporelle, telle que sont les autres passions de l'ame, mais une passion intellectuelle & raisonnable, qui est independante du corps & de tous les objets sensibles. Je demeure d'accord que l'amour de Dieu est une passion intellectuelle, differente des passions corporelles; mais je soutiens que cette difference ne vient pas de ce que l'amour de Dieu, qui est une passion intellectuelle, est absolument independant du corps, mais de ce qu'il n'en dépend que mediatement. Qui dit passion, dit émotion de l'ame dépendante du corps mediatement ou immediatement: D'où il s'ensuit qu'une passion de l'ame absolument independante du corps, seroit une passion qui ne seroit pas passion: Ce qui repugne.

Et il ne serviroit de rien de dire, qu'il y a un amour de Dieu qui est propre à l'esprit consideré en luy-même, & que cet amour est
absolument

absolument independant du corps ; car je demeure d'accord de cela, mais ce n'est pas de cet amour dont il s'agit icy, où nous ne traitons que de l'amour de Dieu qui est propre à l'homme en cette vie, & qui differe de celuy qui convient à l'esprit separé du corps, en ce que celuy-cy est invariable, & que l'autre est sujet au changement. En effet, comment l'amour de l'esprit pur pourroit-il changer? Son changement viendroit-il du côté de l'objet qui est Dieu? Cela ne se peut dire, car Dieu est immuable. Viendroit-il du côté de l'esprit même? Cela ne se peut dire encore, car la substance de l'esprit est invariable. Viendroit-il enfin du côté des corps? Cela ne peut estre encore, car l'esprit pur est independant du corps, & par consequent son amour n'est pas une passion, mais une proprieté essentielle de sa nature.

Il est vray qu'il ne semble pas que nous puissions avoir un amour parfait pour Dieu, si nous ne l'aimons simplement pour luy-même, sans nous regarder en aucune façon, & sans le considerer comme auteur de nos veritables biens : Je sçay même qu'il y a des gens qui croyent aimer Dieu de cette sorte, & peut-estre s'en trouve-t-il qui l'aiment ainsi ; mais comme cet amour est miraculeux, ce n'est pas de luy dont il s'agit icy, où nous ne parlons que de l'amour de Dieu que l'homme peut avoir par des voyes communes & ordinaires, suivant lesquelles l'homme ne peut aimer Dieu qu'afin de se rendre heureux, & de le glorifier.

Et ce seroit en vain qu'on objecteroit, que si l'homme dans l'ordre de la nature, aimoit Dieu pour estre heureux, il seroit luy-même la fin de son amour ; ce qui n'appartient proprement qu'à Dieu : car nous répondons, que quoy que l'homme ne puisse aimer Dieu que par rapport à soy, (parce que telle est la nature de l'amour,) il n'est pas luy-même la fin de son amour, parce qu'en aimant Dieu pour estre heureux, il s'aime luy-même pour la gloire de Dieu, comme pour sa fin derniere.

La morale naturelle n'a rien de plus capital, que de nous apprendre quelle est la derniere fin de toutes nos actions, & en particulier, elle fait son principal fondement de cette maxime, Que cette fin est la gloire de Dieu : D'où il s'ensuit, que rapporter ses actions à une autre fin, c'est renverser tout l'ordre des choses : car enfin, faire les meilleures actions pour des fins qui ne sont pas legitimes, c'est agir mal, & par consequent rendre ses actions mauvaises, d'autant que leur bonté dépend de leur fin, comme leur *mour de Dieu tellement pur qu'il soit sans mélange d'interest propre.*

sans aucun mélange d'interest propre : car un tel amour est impossible, mais il y a un amour de Dieu pur & desinteressé. Si par là, on entend un amour par lequel on s'aime soy-même, & toutes choses pour la gloire de Dieu ; on peut même asseurer qu'il n'y a point d'amour de Dieu qui ne soit pur en ce sens-là ; car il n'y a point d'amour de Dieu dans lequel nous ne cherchions sa gloire, en cherchant nos interests, & ceux du prochain : ce qui fait qu'il est impossible de séparer l'amour de Dieu de l'amour propre éclairé, & de l'amour du prochain : Car dans le fond, l'amour propre éclairé & l'amour du prochain, ne sont pas deux amours réellement distincts de l'amour de Dieu ; ce n'est en substance que le même amour qui prend trois differens noms, à raison de trois differens rapports qu'il a : Il s'appelle *amour propre éclairé*, entant que par précision, il ne regarde que notre interest. Il se nomme *amour du prochain*, entant que par précision, il ne regarde que l'utilité du prochain : & enfin il prend le nom *d'amour de Dieu*, lors que par précision, il ne regarde que Dieu. Je dis *par précision*, pour marquer qu'il est impossible d'ôter réellement à l'amour propre éclairé, & à l'amour du prochain, le rapport qu'ils ont à la gloire de Dieu, comme à leur derniere fin.

Or, quelque pur que soit l'amour de Dieu, il est toujours une passion de l'ame, & par consequent il dépend toujours de quelque impression sensible, laquelle ne peut venir immediatement de Dieu ; car Dieu ne peut estre senti ni imaginé immediatement, entant qu'il est un esprit : Elle vient donc de quelque corps.

Dira-t-on que l'amour de Dieu est un amour intellectuel, independant du corps ? Qu'on nous dise donc comment cet amour, quoy qu'independant du corps, est successif dans ses actes, (comme nous sçavons par experience, qu'il l'est ;) car nous ne connoissons point de succession sans mouvement, ny de mouvement sans corps. Dira-t-on encore que l'amour de Dieu est pur, parce que quoy que nous aimions Dieu, entant qu'il est notre bien, nous ne l'aimons pas par ce motif precis qu'il est notre bien, mais parce que tel est son bon plaisir ? Mais je demande, si c'est un bien pour nous d'aimer Dieu précisément, parce que tel est son bon plaisir ; ou si cela ne l'est pas ? Si c'est un bien, notre amour n'est donc pas pur, car il est mêlé d'interest : & si cela ne l'est pas, la volonté sort donc des limites de son objet, c'est à dire, qu'elle aime ce qui n'est pas son bien, ni ne paroît l'estre : Ce qui est impossible. Dira-t-on enfin que l'amour de Dieu soit pur, parce que nous l'aimons pour luy-même, à cause que ses perfections sont infinies ? Je répons, que les perfections de Dieu infinies peuvent bien estre l'objet de l'admiration, mais elles ne sont point l'objet de l'amour. La raison d'aimer n'est pas la grandeur & l'excellence des choses en elles-mêmes, mais leur bonté relative, c'est à dire, le rapport de convenance qu'elles ont avec nous. En effet, si la perfection de Dieu en elle-même estoit l'objet essentiel & spécifique de l'Amour de Dieu, elle seroit aussi l'objet spécifique de l'Admiration ; D'où il s'ensuivroit que l'admiration & l'amour seroient une même passion de l'ame : Ce qui ne se peut dire.

Enfin, comme l'amour du Prochain est tantôt interessé, & tantôt desinteressé, l'amour de Dieu l'est tout de même. L'amour de Dieu est interessé, lors qu'en aimant Dieu, nous cherchons notre beatitude sans chercher sa gloire, comme il arrive lors que nous nous aimons dans des biens simplement apparens ; car cet amour est manifestement opposé à la gloire de Dieu ; entant que la gloire de Dieu ne diffère pas réellement de notre veritable beatitude, comme il sera prouvé dans la seconde Partie : au contraire l'amour de Dieu est desinteressé, lors que nous cherchons la gloire de Dieu avec notre beatitude, ce qui arrive, lors que nous nous aimons dans des biens veritables ; car il est visible que cet amour sert en même temps, & à nous rendre heureux, & à glorifier Dieu. Ce qui merite particulierement d'estre remarqué.

Que l'amour de Dieu est tantost interessé & tantost desinteressé.

Quant à la maniere particuliere dont l'amour de Dieu est produit en nous, elle ne dépend pas, comme quelques uns le pretendent, de ce que Dieu poussant l'homme sans cesse, vers le bien en general, le desir invincible qu'il a d'estre heureux, le détermine à s'attacher à Dieu comme au seul objet immediat qui est capable de l'en rendre digne. Si cela estoit ainsi, l'amour de Dieu seroit un amour necessaire ; car en effet, comme nous aimons necessairement la fin, nous aimons aussi necessairement le moyen qui nous y conduit, quand il est seul capable de nous y conduire. Or, par la supposition de ces Auteurs, Dieu seul nous peut rendre immediatement heureux : donc nous aimons Dieu avec nécessité. Cependant l'experience nous fait voir, que l'amour de Dieu, que la raison nous conseille, est un amour de choix : Il est donc produit d'une autre maniere, de laquelle il sera parlé ensuite.

CHAPITRE VIII.

Que l'homme par ses seules forces, peut aimer Dieu comme Auteur de la Nature; & comment.

1. Que selon S. Denis & S. Thomas, l'homme peut aimer Dieu naturellement.

Lors que je dis que l'homme peut aimer Dieu par ses seules forces, je n'entens pas parler de Dieu consideré comme auteur de la grace; car Dieu ne peut estre aimé ainsi naturellement. J'entens parler de Dieu consideré comme auteur de la nature; & je pretens qu'en cette qualité, l'homme peut l'aimer par ses forces, sans le secours de la grace.

C'est ce que saint Denis enseigne expressément dans le quatriéme chapitre du livre des Noms divins, où il dit *que tous les hommes peuvent aimer Dieu*; ce qui ne s'entend pas, dit saint Thomas, (*2. 2. q. 24. v. 2.*) de l'amour de Dieu, qu'on appelle *Charité*, qui est fondé sur la communication des biens surnaturels; mais de l'amour de Dieu, qui est fondé sur la communication des biens naturels; d'où il s'ensuit que, selon saint Thomas, il y a un amour naturel de Dieu possible. En effet, d'où viendroit l'impossibilité de cet amour? Elle ne viendroit pas d'un défaut de connoissance; car, selon saint Paul, nous connoissons ce qu'il y a d'invisible en Dieu, par ce qu'il y a de visible dans les creatures. Elle ne viendroit pas non plus d'un défaut de volonté, ou de libre arbitre; car le peché d'Adam n'a détruit ni la volonté, ni le libre arbitre de l'homme; il les a seulement affoiblis. L'homme a donc conservé la puissance d'aimer Dieu; car je ne distingue pas la volonté ni le libre arbitre de l'homme, de cette puissance.

2. Objection, avec la réponse.

Et il seroit inutile d'objecter, que la distinction d'Auteur de la Nature, & d'Auteur de la Grace, ne sert de rien icy, parce que le premier homme s'est revolté contre Dieu, non seulement comme Auteur de la Grace, mais encore comme Auteur de la Nature: Car il est aisé de répondre, que, bien que le premier homme se soit revolté contre Dieu, comme Auteur de la Nature, & que sa revolte luy ait ôté l'exercice de l'amour de Dieu, elle ne luy a pas ôté la puissance de l'aimer. L'homme a toûjours conservé cette puissance; & en effet s'il l'avoit perduë, il auroit pû sans crime, s'abstenir d'aimer Dieu, comme Auteur de la Nature: Car, comme dit S. Augustin dans le premier livre de ses Retractations, *quoy que l'homme fasse, s'il le fait par un mouvement naturel & sans choix; c'est à dire, sans la puissance de ne le faire pas, nous ne concevons point ni qu'il peche, ni qu'il merite.* En effet, en quoy consisteroit le peché ou le merite d'un homme qui aimeroit, ou qui n'aimeroit pas Dieu avec necessité?

C'est pourquoy, quand ce saint Docteur dit que l'homme a perdu son libre arbitre par la grandeur du peché d'Adam, cela ne veut pas dire que nous ayons perdu l'essence de la liberté, qui consiste dans la puissance d'aimer ou de n'aimer pas Dieu ; car nous retenons la puissance, au moins éloignée, d'aimer Dieu comme Auteur de la Grace, & nous retenons la puissance prochaine de l'aimer comme Auteur de la Nature : En effet, si nous avions perdu cette puissance, soit prochaine, soit éloignée, nous n'aurions plus de liberté ; & si la liberté étoit une fois perduë, la grace qui n'en est que le secours & le soutien, ne la rétabliroit jamais : Cela signifie seulement, que le peché d'Adam nous a reduits à un tel état, que nous ne pouvons aimer Dieu surnaturellement sans le secours de la grace, ni l'aimer naturellement sans beaucoup de peine.

Nous demeurons encore d'accord avec le Concile d'Orange, que c'est un don du Ciel, que d'aimer Dieu comme Auteur de la Grace : mais cela n'empêche pas que la puissance de l'aimer comme Auteur de la Nature, ne soit essentielle à l'homme. Il est vray aussi, comme saint Thomas l'enseigne, que la volonté, à cause de la corruption de notre nature, se porte vers le bien particulier ; mais cela n'empêche pas qu'elle ne puisse se porter vers le bien qu'il appelle commun, c'est à dire, vers Dieu, selon luy.

L'amour de Dieu est donc un devoir indispensable à l'égard de tous les hommes : Ce devoir n'est pas fondé sur les bienfaits de la redemption, mais sur celuy de la creation, la nature l'ayant comme gravé dans le fond de la raison. Et il ne serviroit de rien de dire, que l'amour naturel de Dieu est inutile, parce que la foy nous apprend, que l'amour qui dépend de la grace, est le seul meritoire : car je demeure d'accord, que l'amour naturel de Dieu ne merite point de récompenses éternelles ; mais cela n'empêche pas qu'il n'en merite de temporelles.

C'est ce que saint François de Sales prouve par plusieurs exemples tirez de l'Ecriture sainte. Il le prouve premierement par l'exemple des femmes Egyptiennes, qui ne voulurent pas executer le commandement que Pharaon leur avoit fait de tuer tous les enfans mâles des Hebreux. 2. Par l'exemple de Nabucodonosor, qui combatit en une guerre juste contre la ville de Tyr, que Dieu vouloit châtier. Et en troisiéme lieu, par l'exemple de Daniel, qui exhorte ce Roy, quoy qu'infidele, à racheter ses pechez par des aumônes. Ce

3.
Que selon S. François de Sales, l'amour naturel de Dieu merite des récompenses temporelles.

qui fait voir combien Dieu estime les vertus, quoy qu'elles soient pratiquées par des personnes, qui sont d'ailleurs mauvaises & destituées de la foy & de la grace. Si Dieu n'eût pas approuvé la misericorde des Sages-femmes, & la justice de la guerre des Babyloniens, eût-il pris le soin de les récompenser ? Et si Daniel n'eût sceu que l'infidelité de Nabucodonosor n'empêcheroit pas que Dieu n'approuvast ses aumônes, pourquoy les luy eût-il conseillées ?

L'Apôtre ne nous assure-t-il pas que les Payens qui n'ont pas la loy, font naturellement ce qui appartient à la loy ? Et quand ils le font, qui peut douter qu'ils ne le fassent bien, & que Dieu ne les en récompense ? La raison naturelle, continuë saint François de Sales, est un bon arbre que Dieu a planté en nous, les fruits qui en proviennent ne peuvent être que bons, mais ils sont peu estimables, en comparaison de ceux qui procedent de la grace : mais ils ne doivent pas estre méprisez, puis qu'ils sont agreables à Dieu, & que pour eux il a donné des récompenses temporelles ; car, selon S. Augustin, Dieu a récompensé les vertus morales des Romains, de la grande étenduë & de la magnifique reputatiõ de leur Empire.

Et il ne faut pas s'imaginer que les actions des Romains que Dieu a récompensées, n'ayent esté bonnes que quant à l'effet, & à raison de leur office, comme parle saint Augustin. Elles ont esté bonnes aussi quant à leur fin : car faire les meilleures actions du monde par des fins qui ne sont pas legitimes, c'est agir mal, & par consequent se rendre digne de blâme : c'est pourquoy quand Dieu a récompensé les Romains, il ne les a récompensez que pour des actions qui avoient une fin juste & raisonnable, c'est à dire, qui se rapportoient à luy comme à l'Auteur de la Nature. Or il est certain que les Romains ont pû faire de telles actions, sans le secours de la foy & de la grace ; car on ne sçauroit nier qu'ils n'ayent eu une connoissance assez grande de la fin derniere, pour laquelle ils devoient agir, comme l'on en voit des vestiges dans les écrits de plusieurs Philosophes payens.

4.
Quelles sont les vertus que saint Thomas appelle vrayes, mais imparfaites.

Et il ne serviroit de rien de dire, qu'il y a bien loin de cette connoissance jusques à l'execution ; car je demeure d'accord qu'il n'arrive jamais que l'homme accomplisse tous les devoirs que la raison luy prescrit, mais cela ne veut pas dire qu'il ne puisse les accomplir, & qu'il n'en accomplisse quelquefois quelqu'un. Qu'il puisse les accomplir, c'est ce que saint Paul nous enseigne, au premier Chapitre des Romains, où aprés avoir dit que les Infideles connoissent

noissent ce qu'il y a d'invisible en Dieu, par ce qu'il y a de visible
dans les creatures, il ajoute immediatement aprés, que c'est ce qui
les rend inexcusables; parce qu'ayant connu Dieu comme Auteur
de la nature, ils ne l'ont pas glorifié comme tel: c'est à dire, qu'ils
n'ont pas rapporté toutes leurs actions à sa gloire, quoy qu'ils eussent la puissance de les y rapporter. Que l'homme accomplisse quelquefois quelqu'un de ces devoirs, mais rarement, c'est ce que les
partisans mêmes de l'opinion contraire sont obligez d'accorder:
car ils reconnoissent de bonne foy, que par les restes de la lumiere
que Dieu a imprimée dans l'ame du premier homme, laquelle n'a
pû estre tout à fait éteinte dans ses descendans, des Infideles ont
fait quelques actions conformes à la fin pour laquelle l'homme doit
agir, les rapportant à Dieu, avec les circonstances requises; mais
ils veulent que ces actions ayent esté sans suite & sans fermeté, &
en un mot, qu'elles ayent esté des semences de vertu, plutôt que des
vertus constantes; ce que nous accordons aussi: mais cela n'empêche pas de dire, que de telles vertus sont possibles: Qui est tout ce
que nous pretendons.

Ce sont ces vertus que saint Thomas appelle *vrayes*, mais *Imparfaites*, dans la question 23. 2. 2. où se proposant de distinguer
les vertus naturelles de la charité, il parle ainsi: *La vertu, se rapporte au bien, & le bien principal est la fin: car les choses qui se
rapportent à la fin, ne sont bonnes que par le rapport qu'elles ont
à la fin: c'est pourquoy, comme il y a deux fins, l'une derniere &
universelle, & l'autre prochaine & particuliere, il y a aussi deux
biens; l'un dernier & universel, & l'autre prochain & particulier.
Le bien dernier & universel de l'homme est la possession de Dieu;
c'est à cela que l'homme tend par la charité. Quant au bien prochain
& particulier de l'homme, il peut estre de deux sortes; l'un qui est un
vray bien, entant qu'il peut estre rapporté au bien principal, qui est
la fin derniere; & l'autre qui n'est qu'un bien apparent, entant qu'il
nous éloigne du bien principal. Il paroit donc que la vertu, qui est simplement vraye vertu, est celle qui se rapporte au bien principal de
l'homme: D'où il s'ensuit qu'aucune vertu ne peut estre simplement
vraye vertu sans la charité. Mais si on prend pour vertu les actions
qui se rapportent au bien particulier; en ce sens on peut dire qu'il y a
quelque vertu sans la charité: Que si ce bien particulier n'est pas un
vray bien, mais un bien apparent, la vertu aussi qui se rapporte à ce
bien apparent, ne sera pas une vraye vertu mais une fausse vertu. Si
au contraire, ce bien particulier est un vray bien, comme, par exemple,*

la conservation de soy-même, de sa patrie, ou de quelque chose semblable, ce sera une vraye vertu, mais une vertu imparfaite, car il n'y a point de vertu parfaite que celle qui se rapporte au bien final & parfait. Il y a donc, selon S. Thomas, des vertus simplement vrayes, qui ne peuvent estre sans la charité ; & il y a des vertus vrayes, mais imparfaites, qui peuvent estre sans elle : ce qui ne peut estre entendu que des vertus naturelles, dont nous venons de parler.

Concluons donc, qu'il y a un amour de Dieu naturel & deliberé ; que cet amour est un devoir indispensable de tous les hommes, & que c'est de luy dont S. Paul a entendu parler, lors qu'il a dit dans le premier chap. des Romains, *Que les Payens sont sans excuse, parce qu'ayant connu Dieu, ils ne l'ont pas glorifié comme Dieu.*

CHAPITRE IX.
Que l'amour nous unit à Dieu ; & comment ?

1.
Qu'il est mal aisé de déterminer comment l'amour de Dieu nous unit à luy.

L'Amour, dit S. Augustin, est un mouvement, & lors qu'on demande ce qu'il faut aimer, on demande vers quoy il faut se porter ; car de même que le corps est mû par son poids, ainsi l'esprit est meû & porté par son amour, vers ce qu'il aime. Cet amour unit, ainsi qu'un lien, celuy qui aime, avec ce qui est aimé. Voila ce qu'est l'amour, selon S. Augustin. C'est un mouvement, qui unit celuy qui aime, avec celuy qui est aimé, & en fait comme une même chose.

Ce que S. Augustin dit de l'amour en general, doit estre entendu par proportion, de l'amour de Dieu en particulier, c'est à dire, que cet amour nous unit à Dieu. Mais la question est de sçavoir comment il nous y unit, & en quoy consiste cette union : Ce qui n'est pas si facile à déterminer que l'on pense.

Cependant pour en donner quelque connoissance, il faut remarquer que l'union ne peut estre proprement qu'entre les substances. Or comme il n'y a que deux sortes de substances, qui sont le corps & l'esprit, il ne peut y avoir aussi que trois differentes manieres d'union ; car l'union ne peut se rencontrer qu'entre deux corps, ou entre deux esprits, ou entre un corps & un esprit : mais en tous ces sens l'union doit necessairement consister dans une certaine dépendance, à raison de laquelle on considere deux choses distinctes, comme n'en faisant qu'une, d'une certaine maniere, & à quelque égard, ainsi que la mêche & la cire jointes ensemble ne font qu'une bougie.

2.
Comment deux corps sont unis.

Or une chose ne peut avoir cette dépendance d'une autre, que par ses attributs absolus, ou par ses attributs respectifs : mais il est évident que la dépendance qui est entre deux choses selon leurs attributs absolus, n'est pas ce qui les unit ensemble ; car bien que tous les corps ayent cela de commun, qu'ils sont étendus, figurez & mobiles, ils ne sont pas neanmoins tous unis : D'où il s'ensuit, qu'il faut chercher l'union de deux choses dans leurs attributs respectifs. Ainsi nous devons tenir pour une chose asseurée, que deux corps sont unis, autant qu'ils peuvent l'estre, lors que leurs superficies se touchent mutuellement, & avec une telle dépendance, que leurs déterminations se suivent reciproquement : Par exemple, la mêche d'une bougie est réellement unie avec la cire, parce que poussant la mêche d'un côté, la cire la suit ; & poussant la cire d'un autre, elle est reciproquement suivie de la mêche.

Par la même raison deux esprits sont unis réellement, lors qu'il y a un tel rapport entr'eux, que les pensées & les volontez de l'un, suivent necessairement les pensées & les volontez de l'autre, c'est à dire, qu'ils ont reciproquement les mêmes pensées & les mêmes volontez dépendamment l'un de l'autre. Enfin un corps & un esprit sont réellement unis, lors que les mouvemens du corps dépendent des pensées de l'esprit, & que les pensées de l'esprit dépendent reciproquement de quelques mouvemens du corps : C'est precisément dans cette dépendance mutuelle que consiste l'union réelle de notre esprit & de notre corps, ainsi que l'experience l'enseigne.

3. Comment deux esprits, ou comment un corps & un esprit sont unis.

Outre l'union réelle dont je viens de parler, qui consiste dans une dépendance mutuelle des parties unies, il y a une autre union qu'on appelle *Morale*, qui consiste aussi dans une dépendance de parties, mais qui n'est pas reciproque. Ainsi, par exemple, un homme qui navige, est moralement uni au vaisseau dans lequel il navige, entant qu'il suit toutes les déterminations de ce vaisseau, & que ce vaisseau ne suit pas les siennes : Par la même raison, chaque sujet est uni moralement à l'Etat dont il est membre, entant que sa volonté suit la volonté de l'Etat, c'est à dire, de ceux qui gouvernent, au lieu que la volonté de l'Etat ne suit pas celle de chaque sujet.

Il reste donc à sçavoir, si l'amour nous unit à Dieu d'une union réelle & physique, ou s'il nous y unit seulement d'une union morale : Or il ne nous y unit pas d'une union physique, car il n'y a aucune dépendance reciproque entre la volonté de Dieu, & celle de l'homme. Il nous y unit donc d'une union morale, qui consiste en ce que nos volontez dépendent de celle de Dieu, par la conformité qu'elles doivent avoir avec elle, à raison de laquelle nous sommes dits luy estre semblables.

4. Que l'amour nous unit à Dieu d'une union morale, & en quoy elle consiste.

Pour se convaincre de cette verité, il suffiroit de bien concevoir ce principe de S. Augustin, *Que c'est par la ressemblance que nous nous unissons à Dieu, comme nous nous en separons, lors que nous luy venons dissemblables.* La raison de S. Augustin est, que comme la distance qui éloigne les esprits l'un de l'autre, n'est pas une distance de lieu ou d'espace; leur proximité & leur union ne sont aussi que leur ressemblance, ny leur éloignement, que l'opposition qui est entr'eux.

Il reste donc à dire, ce que c'est que cette ressemblance par laquelle l'homme est uni à Dieu ; si c'est une ressemblance de nature, ou si c'est une ressemblance de volonté. Car elle ne peut estre que l'une des deux. Or elle ne peut estre une ressemblance de nature, car la nature de l'homme est infiniment differente de celle de Dieu : C'est donc une ressemblance de volonté. Mais quelle est la volonté de Dieu ? C'est, dit S. Cyprien, (de l'oraiss. Dominic.) *que nous gardions l'humilité dans la conversation, la fermeté dans la foy, la retenuë dans les paroles, la justice dans les actions, la misericorde dans les œuvres, le reglement dans nos mœurs; que nous ne fassions tort à personne, & que nous souffrions avec patience, celuy qu'on nous fait ; que nous conservions la paix avec nos freres, que nous aimions Dieu de tout notre cœur, &c.* C'est là la volonté de Dieu notre Pere, dit ce Saint ; & c'est là un abregé de ce qui plait à Dieu, & un sommaire de la loy naturelle.

C'est donc s'unir à Dieu, que de faire ce qu'il veut. C'est pour cela que l'Apôtre disoit aux Philippiens ; *Que tout ce qui est veritable, tout ce qui est chaste, tout ce qui est juste, tout ce qui est pur & saint, tout ce qui est aimable, tout ce qui nous acquiert de la reputation, s'il y a quelque vertu à pratiquer, s'il y a quelque conduite digne de louange, que ce soit l'occupation de votre esprit ; & le Dieu de la paix sera avec vous ;* c'est à dire, qu'il vous unira à luy. Ainsi un homme demeurant dans le même lieu, s'unit ou se separe de Dieu : Il s'y unit, par ses bonnes mœurs, c'est à dire, par la conformité de sa volonté avec celle de Dieu ; & il s'en separe, par ses mauvaises mœurs, c'est à dire, par l'opposition de sa volonté avec la volonté de Dieu.

Et il ne serviroit de rien de dire, que les bienheureux s'unissent à Dieu dans le ciel, non seulement selon leur volonté, mais encore selon leur nature : car j'en demeure d'accord ; mais je veux qu'on m'accorde aussi que cette union est inexplicable, qu'elle n'a rien qui puisse estre apperçû par les sens, ni par la raison, & que si nous sommes obligez de la croire, ce n'est que parce que la foy nous l'enseigne.

FIN DE LA PREMIERE PARTIE DU IV. LIVRE.

L'USAGE DE LA RAISON, ET DE LA FOY.

OU L'ACCORD DE LA FOY ET DE LA RAISON.

LIVRE QUATRIE'ME.

De l'Amour de Dieu, consideré comme Auteur de la Nature, & consideré comme Auteur de la Grace.

SECONDE PARTIE.

De l'Amour de Dieu consideré comme Auteur de la Grace qu'on appelle *Charité*.

CHAPITRE I.

De la Charité en general, & en particulier de la Charité envers nous mêmes.

AVANT que d'examiner comment l'homme peut aimer Dieu, de l'amour qu'on appelle, *Charité*; il faut remarquer que la Foy & la Grace, qui sont absolument necessaires à la production de cet amour, ne détruisent, ni la nature de l'homme, ni ses facultez, ni les operations de ses facultez. Elles les rendent seulement plus parfaites, en faisant que l'homme se porte à des objets auxquels il n'auroit pû atteindre par ses pro-

1. Que la Foy & la Grace ne détruisent point la nature.

pres forces, sans le secours de la foy & de la grace. Par exemple, dans l'ordre de la grace, l'homme connoit & aime Dieu comme l'auteur de son salut eternel, & comme le principe de tous les biens qui s'y rapportent, lequel il n'auroit jamais pû connoitre ni aimer ainsi dans l'ordre de la nature : Mais du reste, l'homme connoit Dieu par l'entendement, & l'aime par la volonté dans l'ordre de la grace comme dans l'ordre de la Nature.

Il n'y a aucun état dans l'ordre de la grace, qui donne aux hommes un amour miraculeux & extraordinaire; l'amour le plus pur & le plus parfait qui se puisse trouver dans l'ordre de la grace, dépend de la foy, & a pour regle la loy de l'Evangile; comme l'amour le plus pur & le plus parfait qui soit dans l'ordre de la nature, dépend de la lumiere de la raison, & a pour regle les preceptes de la nature. L'amour de Dieu dans l'ordre de la nature, retient le nom d'*Amour de Dieu*; & l'amour de Dieu dans l'ordre de la grace, s'appelle *Charité*. Il y a donc cette difference entre l'amour de Dieu & la charité, que la charité rapporte toutes choses à Dieu comme à l'auteur de la grace, & que l'amour ne les y rapporte que comme à l'auteur de la nature.

Au reste, ce que je dis de la charité envers Dieu, doit estre entendu de la charité envers nous-mêmes, & de la charité envers le prochain : je veux dire, que ces deux especes de charité supposent la foy & la grace, comme la charité envers Dieu les suppose.

2. Comment la charité envers nous-mêmes differe de l'amour propre éclairé

Quant à la charité envers nous-mêmes, il ne faut pas s'imaginer, comme font quelques-uns, qu'elle soit une vertu réellement differente de l'amour propre éclairé. L'amour propre éclairé & la charité envers nous-mêmes, sont en substance une même vertu, mais qui agit pour deux fins differentes : L'amour propre éclairé agit pour conserver notre Etre, & pour glorifier Dieu comme auteur de la nature; & la charité envers nous-mêmes agit pour acquerir le salut eternel, & pour glorifier Dieu comme auteur de la grace. L'amour propre éclairé a pour regle les loix de la nature, & la charité envers nous-mêmes a pour regle les loix de l'Evangile. Il ne faut pas penser neanmoins que les loix de l'Evangile ayent rien d'opposé aux loix de la nature. Elles ont seulement une fin plus relevée, d'autant que la loy de la nature ne regarde que les biens qui se rapportent à la conservation de la vie temporelle, & que la loy de l'Evangile regarde les biens qui se rapportent à l'acquisition du salut eternel. En quoy il faut d'autant plus admirer la bonté de Dieu, que non seulement il ne commande rien aux hommes dans l'Evangile, qui ne soit conforme à la raison, & qui par consequent ne tende à leur conservation temporelle, mais qui leur promet encore, que s'ils gardent les commandemens pour sa gloire, il leur donnera pour récompense la vie éternelle.

Tous les hommes s'aiment donc, sans en excepter les plus saints ; Jesus-Christ luy-même l'a supposé ainsi, lors qu'il nous a ordonné d'aimer notre prochain comme nous-mêmes ; car il a témoigné par là qu'il ne doutoit pas que ceux, à qui il a donné ce precepte, n'eussent de l'amour pour eux-mêmes. Il estoit si éloigné de trouver mauvais qu'ils eussent cet amour, qu'il le leur a donné pour modele de la charité qu'il leur a ordonné d'avoir pour leur prochain.

3. Que tous les hommes s'aiment sans en excepter les plus saints.

Il ne faut que jetter les yeux sur les effets de l'amour propre éclairé, & instruit par la loy de l'Evangile, pour estre convaincu qu'il est necessaire dans l'ordre de la grace : car il nous porte premierement à desirer la Beatitude surnaturelle, & secondement, à desirer indefiniment tout ce qui peut contribuer à acquerir cette beatitude : D'où il s'ensuit que dans l'ordre de la grace, la beatitude surnaturelle est le fondement du droit *Chretien*, comme dans l'ordre de la nature, la conservation de la vie temporelle est le fondement du droit qu'on appelle, *Naturel*, c'est à dire, que comme la conservation de la vie temporelle est le but immediat où tendent toutes les actions que les loix naturelles prescrivent, la beatitude surnaturelle est aussi le terme immediat, où tendent toutes les actions qui sont ordonnées par la loy de l'Evangile. Je dis, *le terme immediat*, & non pas *la fin derniere*, pour faire entendre que notre conservation temporelle, & notre salut éternel se rapportent eux-mêmes à la gloire de Dieu comme à leur derniere fin, ainsi qu'il paroitra dans la suite.

4. Que la charité envers nous-mêmes est necessaire dans l'ordre de la grace.

Il est donc mal aisé de dire ce qui manque à l'homme qui s'aime par charité. Comme la charité nous porte sans cesse à la recherche du salut éternel, elle nous engage aussi à faire tout ce qui peut contribuer à acquerir ce salut, & par consequent à pratiquer tout ce que Dieu commande, & à éviter tout ce qu'il défend : Car il faut remarquer, que Dieu ne nous commande, ni ne nous défend rien par la loy de l'Evangile, que par rapport à notre salut éternel. C'est pourquoy le principal soin qu'un Chretien doit prendre, c'est de bien instruire l'amour propre, c'est de luy faire connoître ses veritables interests surnaturels, c'est dire, ce qu'il y a de bon & de mauvais dans chaque chose, par rapport à sa beatitude surnaturelle, car il n'en faut pas davantage pour s'aimer par charité.

5. Combien il importe de li n distinguer les b. ês naturels des biens surnaturels.

Il n'est donc rien de plus necessaire dans l'ordre de la grace, que de marquer distinctement la difference qui se trouve entre les biens naturels, & les biens surnaturels ; car c'est de là que dépend precisément le choix que nous en devons faire. Or elle consiste cette difference, en ce que toutes les creatures dont nous rapportons l'usage à la beatitude surnaturelle, sont des biens surnaturels ; au lieu que toutes celles dont l'usage ne se rapporte qu'à la beatitude naturelle, sont des biens naturels. Ainsi, par exemple, les richesses, les honneurs, les dignitez, sont des biens naturels, & surnaturels à divers égards. Elles sont des biens surnaturels, lors que nous en usons bien par rapport à la beatitude surnaturelle ; & elles sont des biens naturels, lors que nous en usons bien, seulement par rapport à la conservation de la vie temporelle, ou de la beatitude naturelle.

Je n'excepte pas même du nombre des biens surnaturels, les maladies, les douleurs, les afflictions, les pertes, les jeûnes, les mortifications : car quoy que ces choses-là, & autres semblables, ne soient pas desirables, par elles-mêmes, elles sont neanmoins utiles par l'usage que nous en faisons, pour acquerir la vie éternelle. Par exemple, les mortifications sont bonnes, parce qu'elles servent à affoiblir les passions, & à les soumettre aux loix de la raison & de l'Evangile. Toutes les mortifications qui tendent là, sont de veritables biens : & toutes celles qui s'écartent de ce but, ne sont que des biens apparens. Ce qui a fait dire à saint Paul. *Je châtie mon corps, non pas pour le châtier, mais pour le reduire en servitude, c'est à dire, pour le soumettre à la raison & à l'Evangile.*

Ce que je dis des mortifications en particulier, se doit entendre par proportion, des maladies, des douleurs, des pertes, &c. C'est pourquoy, quand on veut consoler des affligez, il ne faut pas pretendre leur persuader que les maux qu'ils souffrent, soient des biens en eux-mêmes, (car ils ne le sont pas ;) il faut seulement leur representer, qu'il dépend d'eux de convertir ces maux en des biens surnaturels, par le bon usage qu'ils en peuvent faire, par rapport à leur beatitude surnaturelle.

Il n'y a rien surquoy le commun des Chretiens ait de si fausses idées, que sur les mortifications corporelles. Ils s'imaginent la plupart, que plus elles sont grandes, plus elles sont agreables à Dieu, sans autre raison, que parce que Dieu aime à voir souffrir les hommes

LIVRE IV. PARTIE II.

mes : ce qui est une erreur extrême. Comme Dieu n'a pas besoin de nos biens, il n'a pas besoin non plus de nos maux : c'est pourquoy, quand il nous ordonne des mortifications corporelles, il ne les ordonne, qu'entant qu'elles nous sont utiles; & elles ne nous sont utiles qu'entant qu'elles contribuent à conserver la vie temporelle, ou à acquerir la Beatitude surnaturelle. Quand elles ne servent pas à cela; loin d'estre commandées, elles sont défendües, non seulement par la loy naturelle, mais encore par la loy Evangelique, qui prescrit de nous conserver pour la gloire de Dieu.

Par tout ce qui vient d'estre dit, il paroît que comme il y a un amour de nous-mêmes, indeliberé, & un amour de nous-mêmes deliberé, en sorte que celuy-cy est comme l'acte de celuy-là, il y a aussi une charité envers nous-mêmes indeliberée, & une charité deliberée. C'est pourquoy, pour former des idées exactes de ces deux differentes sortes de charité envers nous-mêmes, nous dirons, *que la charité indeliberée n'est autre chose que l'ame même, entant que sans choix & sans déliberation, elle desire de s'unir indefiniment à tout ce qui peut convenir à sa nature, & servir à la rendre plus parfaite & plus heureuse d'une beatitude surnaturelle dépendante de la foy & de la grace divine.*

6. Qu'est-ce que la charité deliberée, & la charité indeliberée.

Je dis que la charité envers nous-mêmes indeliberée, n'est autre chose *que l'ame même, entant que sans choix & deliberation, elle tend à s'unir indefiniment à tout ce qui peut convenir à sa nature* : pour marquer ce qu'elle a de commun avec l'amour de nous-mêmes indeliberé. J'ajoute, *Et servir à la rendre plus parfaite & plus heureuse, d'une beatitude surnaturelle dépendante de la foy & de la grace,* pour signifier ce qu'elle a de particulier.

Quant à la charité deliberée envers nous-mêmes, nous dirons qu'elle est une *agreable émotion de l'ame, causée par l'impression d'un objet sensible, entretenuë & fortifiée par un cours particulier d'esprits animaux, qui incite l'ame à s'unir par son choix à cet objet, comme à une chose qui sert à la rendre plus parfaite & plus heureuse, d'une beatitude surnaturelle dépendante de la foy & de la grace.*

Je dis 1. *Que la charité envers nous-mêmes, est une agreable émotion de l'ame causée par l'impression d'un objet sensible* : pour marquer ce qu'elle a de commun avec l'amour propre éclairé. Je dis 2. *Qui incite l'ame à s'unir par son choix, à cet objet* : pour marquer ce qui distingue la charité deliberée, de la charité indeliberée. Je dis 3. *Comme à une chose qui sert à la rendre plus parfaite & plus*

Iii

heureuse d'une beatitude surnaturelle: pour designer ce que la charité envers nous-mêmes a de particulier qui la distingue de l'amour deliberé de nous-mêmes.

CHAPITRE II.
De la charité envers le Prochain.

1.
Que l'Ecriture entend presque toujours par le mot de charité, l'amour du prochain.

IL n'est point de devoir dont l'Ecriture nous marque plus expressément la necessité, que de celuy de l'amour du Prochain, qui est cet amour qu'elle entend presque toujours par le mot de *Charité*. Saint Paul nous assure, que sans cette vertu, tout ce que nous pouvons faire, est inutile, quand même nous parlerions le langage des Anges, & que nous distribuerions tout notre bien aux pauvres. C'est pour cela que dans l'Evangile, Jesus-Christ n'allegue que la charité pour fondement de l'arrest qu'il prononcera au dernier jour, où il ne parlera aux Elus, que des aumônes qu'ils auront faites, ni aux réprouvez que de celles qu'ils auront refusé de faire. Cela suffit pour comprendre la necessité de la charité envers le Prochain. Et quant à son étenduë, personne ne peut douter qu'elle ne comprenne tous les hommes sans exception, aprés ce que notre Seigneur dit au Docteur de la loy, qui luy avoit demandé, Qui c'estoit qu'il falloit entendre par le Prochain, que Dieu veut que nous aimions comme nous-mêmes : car Jesus-Christ luy répondit par la parabole du charitable Samaritain, qui prit tant de soin de l'Israëlite blessé, & abandonné par le Sacrificateur & par le Levite.

Or il faut remarquer, que les Juifs de ce temps-là estoient prevenus d'une erreur dangereuse sur ce sujet. Ils s'imaginoient qu'ils ne devoient regarder comme leur Prochain, que les personnes de leur nation, & par consequent qu'il n'y avoit que les seuls Israëlites, qu'ils deussent aimer, & à qui ils deussent faire du bien : Ce qu'estant ainsi, Jesus-Christ ne pouvoit s'opposer plus fortement à l'erreur des Juifs, ni faire voir plus directement que tous les hommes sans distinction, sont nos prochains, qu'en forçant le Docteur de la loy qui l'interrogeoit, de luy avouer que les Juifs estoient les prochains des Samaritains, & les Samaritains les prochains des Juifs. C'est pour cela qu'aprés luy avoir arraché cette confession, il luy commande d'imiter l'exemple du Samaritain qu'il vient de luy proposer.

Cette réponse de Jesus-Christ donne assez à entendre, que nous devons regarder tous les hommes comme nos prochains. Nous n'en devons pas mêmes excepter nos ennemis ; car Jesus-Christ nous commande de les aimer ; *Vous avez entendu*, dit-il, *qu'il a esté dit : Tu aimeras ton Prochain, & haïras ton ennemy : mais je vous dis : Aimez vos ennemis, & benissez ceux qui vous persecutent.*

J'avouë qu'il n'y a point de precepte dans l'Evangile qui soit plus opposé aux sens & aux passions que celuy-là, mais il n'y en a point aussi qui soit plus juste ni plus raisonnable. Quand même sa propre justice ne le rendroit pas necessaire, notre seul interest auroit obligé Jesus-Christ à nous l'imposer. Ce precepte est utile, & à celuy qui fait l'injure, & à celuy qui la reçoit. Il est utile au premier, car rien n'est plus propre à luy faire sentir le tort qu'il a d'avoir offensé, que de trouver une personne qui luy pardonne genereusement : Et il est utile au second, en ce qu'il le délivre d'une passion aussi incommode que le desir de la vengeance : car il n'est point de peine égale à celle que reçoit un vindicatif offensé. L'impatience, le depit, la douleur, la colere & la honte, s'élevent tumultuairement dans son ame, & y excitent des agitations si violentes, que nous devons sçavoir gré à l'Evangile de nous avoir obligé d'étouffer cette passion.

Non seulement il est défendu de haïr le prochain, il n'est pas même permis d'avoir pour luy de l'indifference. C'est une loy que Jesus-Christ nous impose, de faire pour les autres ce que nous voulons qu'ils fassent pour nous. Or nous voulons tous estre aimez, & nous nous plaignons de l'indifference qu'on a pour nous, comme d'une injustice qu'on nous fait : Et en effet, elle est injuste, cette indifference, puis qu'elle est contraire à la loy de l'Evangile, laquelle oblige également tous les hommes à s'aimer reciproquement, & à se procurer mutuellement tous les biens naturels & surnaturels, qui sont en leur pouvoir.

Il est donc défendu par l'Evangile, d'avoir de la haine, & même de l'indifference pour qui que ce soit. Jesus-Christ veut qu'on ait de l'amour pour tous : il n'excepte personne, ni du nombre de ceux qui doivent aimer, ni du nombre de ceux qui doivent estre aimez. C'est une loy generale & universelle en tous sens : une loy constante & immuable, fondée sur ce que c'est l'intention de Jesus-Christ, que chacun fasse des efforts pour prendre des senti-

2. Que nous avons interest à aimer nos ennemis, & comment.

mens de tendresse & de cordialité pour le prochain, & qu'il ne tienne pas à luy, que le monde ne jouïsse de toute la paix qui regneroit, si la charité envers le prochain estoit plus commune.

3. Que la charité envers le prochain est une espece d'amour propre.

On peut dire sur ce fondement, que la charité envers le prochain, est une espece d'amour propre, & que c'est soy-même qu'on aime, en aimant le prochain : Ce qui merite d'autant plus d'estre remarqué, que nous nous regardons d'ordinaire comme des personnes qui ont des interests separez, & presque toujours opposez à ceux du prochain. Mais comme rien n'est plus injuste que cette pretention, rien n'est aussi plus faux que l'imagination qui luy sert de fondement : Car, comme il a esté dit, nous ne sommes tous ensemble que les parties d'un seul corps, jointes les unes aux autres, par la possession d'une même vie, par les influences d'une même tête, qui est Jesus-Christ, & par les operations surnaturelles d'un même Saint Esprit.

Quant aux Infideles, s'ils ne sont pas nos freres en Jesus-Christ, ils sont nos prochains ; ils sont par consequent du nombre de ceux que Jesus-Christ veut que nous aimions. Mais, dira-t-on, que voyons-nous dans un Infidele qui puisse attirer notre charité ? Je répons, que nous y voyons diverses choses. 1. Nous y voyons un homme qui peut devenir Chretien, & qui le deviendra peut-estre bien-tôt. 2. Nous y voyons une partie vivante du corps mystique de Jesus-Christ, ou du moins d'une matiere qui peut recevoir cette forme; & qui la recevra en effet, si le saint Esprit veut agir sur elle, de la même maniere qu'il a agi sur nous. 3. Nous y voyons l'objet de l'amour de Dieu ; car Dieu aime celuy qu'il nous ordonne d'aimer.

4. Comment il faut exercer la charité envers le prochain.

Il n'y a donc point d'exception à faire. Il faut aimer generalement tous les hommes, soit Fideles, soit Infideles. Il faut les aimer en tous temps, & en tous lieux ; & voici comment : car enfin il est de l'amour du prochain comme de l'amour de nous-mêmes ; on en peut user bien ou mal, & par là le rendre utile ou inutile au salut. Car il faut remarquer qu'il y a de certaines affections purement humaines, ausquelles Dieu n'a aucun égard par rapport à la vie éternelle: Telles sont toutes les affections qui se trouvent, non seulement parmi les Infideles, mais encore parmi les Chretiens qui s'aiment par des motifs purement temporels. Ce qui fait qu'il faut s'attacher particulierement à découvrir les caracteres qui distinguent la charité de ces affections humaines, qu'on confond si mal à propos avec cette vertu.

Le premier de ces caracteres se prend de la maniere dont nous aimons le prochain. Si nous l'aimons, non pour luy procurer des biens éternels, mais parce qu'il nous en procure de temporels, nous ne l'aimons pas, à proprement parler, mais nous nous aimons nous-mêmes. Si nous l'aimons, non par rapport à son salut, mais parce qu'il nous donne le moyen de contenter plus facilement quelque passion dereglée, nous l'aimons mal, & d'une maniere bien éloignée de la pureté qui est essentielle à la charité : Car la charité ne consiste pas à vouloir des biens simplement naturels, mais à vouloir des biens surnaturels pour soy & pour son prochain. L'amour qui a d'autres sources, quelque pures qu'elles soient, est un amour naturel, qui peut bien estre utile pour la conservation de la vie presente ; mais il ne peut servir de rien à l'acquisition du salut éternel, qui est la vraye récompense de la charité envers le prochain.

Le second caractere de la charité, se prend de l'étenduë de cette vertu. Si nous aimons le prochain, parce qu'il est l'image de Dieu, parce que Dieu l'aime, & parce qu'il nous commande de l'aimer, il est clair que nous aimons tous les hommes sans exception ; car ces motifs n'ont pas plus de pouvoir pour nous déterminer à aimer les uns, que pour nous porter à aimer les autres. Ce qui est une preuve indubitable que l'amour que nous avons pour quelques personnes en particulier, n'est pas d'ordinaire une charité chretienne, mais un amour humain, qui naît des interests particuliers, qui nous lient aux uns sans nous lier aux autres.

Il ne faut pas s'imaginer pourtant que la charité aneantisse les distinctions que la nature & la grace ont mises entre les objets de notre amour. S'il en est quelques-uns ausquels nous soyons unis plus étroitement qu'aux autres, il nous est permis de leur donner la preference. C'est sur ce fondement que saint Paul veut que nous fassions du bien aux domestiques de la foy. Il dit, que c'est estre pire que les Infideles, de n'avoir pas un soin particulier de ses proches : En un mot, plus nous avons de liaisons avec quelques personnes, plus nous sommes obligez de leur faire tous les biens qui dépendent de nous. C'est pourquoy comme nous sommes liez plus étroitement avec nous-mêmes, qu'avec les autres, nous pouvons preferer nos interests aux leurs, sans craindre que cette preference blesse nullement notre charité à leur égard.

5. Que la charité n'aneantit pas les distinctions que la nature & la grace ont mises entre les objets de notre amour.

Il faut, pour avoir de la charité, que les maux du prochain, lors qu'il en souffre, produisent dans notre cœur une compassion qui naît, en partie, de ce que nous voyons dans ces maux l'image de ceux que nous avons soufferts, ou que nous craignons de souffrir; & en partie, du desir que nous avons de secourir le prochain pour satisfaire à la loy de l'Evangile. C'est cette sensibilité & cette tendresse de cœur, que l'Ecriture exprime *par les entrailles de charité*, sans lesquelles on ne fait rien devant Dieu, par rapport au salut éternel.

Comme nous ne nous haïssons jamais, quelque tort que nous nous puissions faire à nous-mêmes, & comme malgré tous les embarras où notre conduite nous peut jetter, nous continuons toujours de nous aimer tendrement ; nous devons faire la même chose à l'égard du prochain. Qu'il en use envers nous comme il voudra, qu'il nous aime, ou qu'il nous haïsse, nous devons l'aimer constamment & également, d'un amour de bienveillance qui consiste à luy procurer tous les biens naturels & surnaturels que nous pouvons.

<small>6. Qu'est-ce que la charité actuelle envers le prochain.</small>

Cette doctrine estant supposée, il est aisé de conclure que la charité actuelle envers le prochain, *n'est autre chose qu'un sentiment ou une émotion agreable de l'ame, causée par une impression sensible que le prochain fait sur les organes, par laquelle avec le secours de la grace nous nous unissons à luy, comme à un bien surnaturel*, pour son utilité & notre avantage.

Je dis *que la charité actuelle envers le prochain, n'est autre chose qu'un sentiment ou une émotion agreable de l'ame causée par* &c. pour marquer ce que cette charité a de commun avec l'amour actuel envers le prochain ; & j'ajoûte, *par laquelle, avec le secours de la grace, nous nous unissons à luy, comme à un bien surnaturel :* pour faire connoître ce que la charité actuelle envers le prochain, a de particulier, qui la distingue de l'amour actuel du prochain.

Quant à la supernaturalité des actes de charité envers le prochain, elle dépend visiblement de ce qu'outre le principe naturel de la volonté dont ils procedent, ils ont encore un principe conjoint, qui est la Grace. C'est par ce comprincipe que ces actes de charité sont surnaturels & élevez à un ordre superieur. Je dis élevez à un ordre superieur, pour faire entendre que la grace ne détruit point la nature, & que ces actes deliberez de charité envers le prochain, ne dépendent pas tellement de la grace, qu'ils ne procedent aussi de la volonté, comme de leur principe naturel. Ce qui merite d'estre remarqué.

On peut donc épurer l'amour du prochain autant qu'on voudra, on ne fera jamais que l'homme, en aimant quelque chose, ne s'aime pas luy-même. Dans quelque état que l'homme se trouve, soit de grace, soit de nature, il s'aime toujours: Il n'est pas en son pouvoir de ne pas s'aimer. Tout ce qui dépend de luy, c'est de s'aimer bien ou mal, comme il a esté dit. Or le Chretien s'aime bien, lors qu'il aime le prochain d'un amour d'amitié ou de bienveillance: & il s'aime mal, lors qu'il l'aime d'un amour de concupiscence.

Il ne reste donc qu'à expliquer en quoy l'amour d'amitié, & l'amour de concupiscence different. Il y a des Auteurs qui disent, qu'on aime une personne d'un amour de parfaite amitié, quand on l'aime, entant qu'elle est elle-même, l'objet immediat qui nous donne de la satisfaction & du contentement, & que ce n'est point par aucun avantage distingué de cette personne, qu'on l'aime. Ils disent, au contraire, qu'aimer une personne pour quelque utilité ou avantage distingué de cette personne qu'on espere en retirer, c'est l'aimer d'un amour de concupiscence. Mais si cela étoit ainsi, il s'ensuivroit visiblement, qu'un brutal, qui aimeroit une femme pour le seul plaisir qu'il recevroit d'elle immediatement, l'aimeroit d'une parfaite amitié; & au contraire, qu'un enfant, qui aimeroit son pere pour en recevoir l'heritage, quelque avantage qu'il pût procurer d'ailleurs à son pere, il l'aimeroit d'un amour de concupiscence, parce qu'il l'aimeroit pour son heritage, qui est une utilité distincte de luy: Ce qui ne se peut dire raisonnablement; car il est certain, que l'amour de cet enfant est une veritable amitié, & que l'amour du brutal est une pure concupiscence. Il faut donc dire que l'amitié & la concupiscence different, en ce que l'amitié cherche l'avantage de l'objet aimé comme le sien propre, & que la concupiscence ne cherche que sa propre utilité.

CHAPITRE III.

De la charité de l'homme envers Dieu, ce qu'elle est, comment elle est produite dans l'ame, & en quoy elle differe de celle des Bien-heureux dans le Ciel.

LA charité envers Dieu differe de l'amour de Dieu, dont il a esté parlé dans la premiere Partie, non seulement quant à l'objet formel, mais encore quant au principe. Elle differe quant à l'ob-

1.
En quoy la charité envers D. est

differe de l'amour de Dieu

jet formel, entant que la charité regarde Dieu comme auteur des biens naturels, & que l'amour le regarde comme auteur des biens surnaturels: & elle differe quant au principe, entant que dans la charité, la volonté se meut elle-même, étant muë par le saint Esprit, comme dit saint Thomas; & dans l'amour la volonté se meut elle-même, étant muë par la raison. Mais de quelque maniere que l'ame se meuve en aimant Dieu, soit qu'elle se meuve étant muë par le saint Esprit, soit qu'elle se meuve étant muë par la raison, elle se meut toujours en sorte qu'elle aime Dieu à raison des biens qu'elle en reçoit, & dont elle fait un bon usage. En effet, si l'ame aimoit Dieu en luy-même, & pour luy-même, elle l'aimeroit avec necessité, & sans choix, parce qu'elle l'aimeroit comme un bien absolu, c'est à dire, comme un bien qui ne renfermeroit aucune raison de mal. En effet, quelle raison de mal pourroit renfermer Dieu consideré en luy-même? Seroit-ce qu'il pourroit cesser d'estre bon? Cela ne se peut dire, car Dieu est immuable. Seroit-ce que quelque creature pourroit devenir meilleure que luy? Cela est encore insoutenable; car il n'y a point d'Etre creé qui puisse disputer à Dieu la preference en fait de bonté. Dieu seroit donc un bien absolu? Nous l'aimerions donc necessairement. Or est-il que la raison & la foy nous enseignent, que nous aimons Dieu librement par la charité: Donc nous ne l'aimons pas en luy-même, ni pour luy-même: Donc nous l'aimons dans les biens qu'il nous communique, & dont nous faisons un bon usage.

2. Ce que c'est que la charité actuelle envers Dieu.

C'est pourquoy pour donner une idée exacte des actes de charité envers Dieu, il faut dire, *qu'ils ne sont qu'une agreable émotion de l'ame, causée par l'impression sensible d'un bien surnaturel, entretenuë & fortifiée par un cours particulier d'esprits animaux, qui fait avec le secours de la grace, que nous nous unissons librement à Dieu comme l'auteur de ce bien surnaturel, pour notre utilité & pour sa gloire.*

Je dis 1. Que les actes de charité sont *une émotion agreable de l'ame causée par l'impression sensible d'un bien*: pour marquer ce que les actes de charité ont de commun avec les actes d'amour de Dieu, dont il a esté parlé dans la premiere Partie. Je dis 2. *Qui fait avec le secours de la grace, que nous nous unissons à Dieu comme à l'auteur de ce bien*; pour faire connoître ce que les actes de charité ont de particulier qui les distingue des actes d'amour de Dieu, &c.

3. Comment

Pour concevoir ensuite comment les actes de charité se forment en

LIVRE IV. *PARTIE II.* 441

en nous, il faut remarquer, qu'eſtant compoſez de corps & d'ame, nous devōs nous aimer par neceſſité. Car puiſque l'amour n'eſt qu'un mouvement de l'ame, qui nous unit à ce qui nous convient, & qu'il n'y a rien dans l'ordre de la nature qui nous convienne plus que la conſervation de l'eſtre que Dieu nous a donné, c'eſt à dire, que l'union de l'eſprit avec le corps, dans laquelle conſiſte toute l'eſſence & la nature de l'homme ; qui ne voit, que l'amour que nous avons pour cette union, eſt un amour eſſentiel à l'homme conſideré entant qu'homme ? D'où vient, que l'homme n'aime d'abord que luy, & que c'eſt là le premier degré de ſon amour. *cette charité ſe forme en nous.*

Mais connoiſſant enſuite qu'il ne peut ſubſiſter par luy-même, il commence à aimer avec ſoy les choſes qu'il croit luy eſtre neceſſaires pour ſe conſerver : Je dis, qu'il croit luy eſtre neceſſaires pour ſe conſerver, car il arrive ſouvent qu'il prend pour neceſſaires à ſe conſerver, des choſes qui ne le ſont pas ; D'où vient que l'homme s'aime toujours, mais qu'il s'aime quelquefois bien, & quelquefois mal. Et parce que l'homme ne peut s'aimer bien, ſans aimer le prochain comme ſoy-même, ni aimer le prochain comme ſoy-même, ſans vouloir eſtre en paix avec luy, l'homme aime donc la paix, & il aime par conſequent les moyens qui ſervent à la procurer. Or ces moyens ſont la ſincerité, la fidelité, la miſericorde, la juſtice, & en general toutes les vertus naturelles, qui ſont comme autant de liens qui nous attachent au prochain. L'homme qui s'aime bien, aime donc toutes ces vertus, & toutes les choſes qui ſont neceſſaires pour ſe conſerver. Voila le ſecond degré de ſon amour.

Mais l'homme ne peut aimer les choſes qui ſont neceſſaires à le conſerver, ſans aimer Dieu, qui en eſt l'auteur : Donc l'homme qui s'aime bien, aime Dieu & le prochain du même amour dont il s'aime luy-même. Ce qui eſt le 3. degré d'amour.

L'homme ayant commencé d'aimer Dieu à l'occaſion des biens naturels, il continuë de l'aimer à l'occaſion des biens ſurnaturels. Et il ne faut pas s'imaginer que les biens ſurnaturels different autrement des biens naturels, que par la fin à laquelle nous les rapportons, qui eſt la gloire de Dieu conſideré comme Auteur de la Grace. En effet, l'amour de nous-mêmes, l'amour du prochain, l'amour de toutes les vertus, qui s'y rapportent, & l'amour même de Dieu ſont des affections ſurnaturelles lors qu'elles ſont reglées par l'Evangile, & qu'elles ſe rapportent à la gloire de Dieu ſurnaturelle. Voila le quatriéme degré d'amour, qui s'appelle *Charité.*

K k k

Suivant ce principe, la charité envers nous-mêmes, la charité envers le prochain, & la charité envers Dieu, ne sont pas trois especes differentes de charité, mais trois parties essentielles d'une même charité en substance: ce qui a fait dire à saint Augustin, que la Charité *est une dilection bien ordonnée*, c'est à dire, une dilection par laquelle nous aimons plusieurs choses, mais chacune dans le rang selon lequel elle doit estre aimée: Par exemple, par la Charité, nous nous aimons nous-mêmes, plus que nous n'aimons le prochain; nous aimons plus nos parens, que les étrangers; les étrangers fideles, plus que les infideles; & enfin nous aimons Dieu par dessus tout, parce que nous aimons toutes choses pour sa gloire, & que sa gloire est la fin derniere de toutes nos actions.

4. En quoy la charité des hommes sur la terre differe de celle des bienheureux dans le ciel.

Outre la charité dont il vient d'estre parlé, qui convient à l'homme sur la terre, il y a une autre charité qui est propre aux Bienheureux dans le ciel. Mais ces deux charitez sont si differentes, qu'elles n'ont rien de commun que le nom. En effet, comme l'homme est composé de corps & d'ame, il faut qu'il aime Dieu selon l'une & l'autre partie de son être. Il l'aime donc selon le corps, par l'impression sensible qu'il reçoit d'un bien surnaturel; & il l'aime selon l'ame, par le choix qu'il fait de s'unir à Dieu comme à l'Auteur de ces biens surnaturels. Au contraire les Bienheureux estant separez des corps, ils n'aiment Dieu que selon l'esprit, *& leur amour n'est par consequent autre chose qu'une connoissance intuitive de Dieu, par laquelle ils sont portez à s'unir à luy, pour en jouir selon l'esprit seul, avant la resurrection; & selon l'esprit & le corps, aprés la resurrection.*

Je dis 1. *Que la charité des Bienheureux n'est autre chose qu'une connoissance intuitive de Dieu, par laquelle les Bienheureux sont portez à s'unir à luy pour en jouir*: afin de marquer ce que la charité des Bienheureux a de commun avec la charité des Anges. Et j'ajoute: *Pour en jouir selon l'esprit seul avant la resurrection, & selon l'esprit & le corps aprés la resurrection*: pour faire entendre ce qu'elle a de particulier; car les Anges ne jouïront jamais de Dieu que selon l'esprit.

Suivant cette definition, la charité des Bienheureux ne differe pas seulement de celle des Anges; elle differe encore plus de celle des hommes. La charité des Bienheureux les unit à Dieu, entant qu'il est leur bien par luy-même: & la charité des hommes les unit

LIVRE IV. *PARTIE II.* 443

à Dieu, entant qu'il est leur bien par ses bienfaits. Les Bienheureux s'unissent à Dieu par la charité, comme à un bien absolu, & les hommes ne s'y unissent que comme à un bien à quelque égard. Les Bienheureux aiment Dieu volontairement, mais avec necessité ; les hommes aiment Dieu aussi volontairement, mais avec choix. Les Bienheureux aiment Dieu d'un amour consommé, & les hommes aiment Dieu d'un amour seulement commencé. Enfin les Bienheureux s'unissent à Dieu par la possession de Dieu même, & les hommes ne s'y unissent que par l'exercice de la vertu.

Ceux qui confondent la charité des Bienheureux avec la charité des hommes, ne peuvent s'accorder avec eux-mêmes. Tantôt ils attribuent à la charité en general, ce qui ne convient qu'à une espece particuliere de charité ; & tantôt ils attribuent à une espece particuliere de charité, ce qui ne convient qu'à l'autre espece. Par exemple, quand ils disent, que la charité est un amour deliberé, ils attribuent à la charité en general, ce qui ne convient qu'à la charité des hommes, car la charité des Bienheureux n'a rien de deliberé. Et quand ils disent, que la charité nous unit immediatement à Dieu, ils attribuent à la charité particuliere des hommes, ce qui n'est propre qu'à la charité des Bienheureux.

Et il ne serviroit de rien de dire, que la foy dont nous nous servons sur la terre, répond à la vision beatifique dans le ciel : & que comme par la vision beatifique on connoit Dieu clairement, distinctement, & immediatement, on doit le connoitre ainsi par la foy. Car on peut accorder que la foy répond à la vision beatifique de la part de l'objet auquel la foy se porte, mais non pas quant à la maniere de connoitre cet objet. La vision beatifique est un acte par lequel l'objet est penetré par une veuë simple & immediate, qu'on appelle *Intelligence* : au contraire l'acte de foy qui suit la maniere ordinaire de l'entendement, est à la verité un consentement assuré & constant, mais il est toujours precedé d'une connoissance que nous avons de l'objet, laquelle est necessairement obscure en cette vie, parce qu'elle est prise sur des idées étrangeres : ce qui a fait dire à saint Paul, que nous ne voyons les choses en cette vie que par enigme & dans un miroir, au lieu que nous les verrons dans l'autre vie d'une veuë claire & distincte, c'est à dire, d'une veuë immediate & intuitive. Voila en general ce qui regarde la charité des Bienheureux.

K k k ij

L'impossibilité où nous sommes dans cette vie, d'aimer Dieu en luy-même, c'est à dire, de nous unir à luy selon son genie & selon sa nature, doit servir à détromper ceux qui, quand on delibere sur le choix d'une chose que Dieu défend, s'imaginent qu'on met en balance Dieu & cette chose, pour examiner lequel des deux doit estre preferé ; ce qu'on ne fait point : car personne ne doute que Dieu ne soit plus excellent en luy-même, que tous les êtres creés: Mais on delibere seulement, si la chose que Dieu défend, est plus excellente à notre egard, que l'opposée qu'il prescrit : ce qu'on ne peut découvrir qu'en comparant ces deux choses : Mais si les ayant comparées, nous preferons celle que Dieu prescrit, à celle qu'il défend, alors nous aimons Dieu comme Auteur de cette chose, & nous l'aimons comme nous devons l'aimer, parce que nous l'aimons comme Auteur d'un veritable bien. Au contraire, si nous preferons la chose que Dieu défend à celle qu'il prescrit, nous aimons encore Dieu, mais nous ne l'aimons pas comme nous devons l'aimer, parce que nous l'aimons comme auteur d'un bien simplement apparent. Saint Augustin explique cela merveilleusement bien par l'exemple de l'adultere & de la chasteté. *L'adultere plait*, dit-il, *mais l'esprit resiste à la chair. La chasteté plaist aussi, mais la chair resiste à l'esprit*. Par où il fait entendre qu'en deliberant si nous serons chastes ou adulteres, nous ne comparons pas l'adultere avec Dieu, ni avec l'obeïssance que nous luy devons, mais avec la charité qui est opposée à l'adultere. Le desir de plaire à Dieu & de luy obeïr, n'est pas la fin par laquelle nous agissons Chretiennement, c'est seulement un motif qui nous porte à agir pour la fin des vertus Chretiennes, qui est la gloire de Dieu.

Toutefois cela n'empêche pas de dire, que Dieu veut que nous le preferions à tout ; car preferer Dieu à tout, ne signifie pas luy donner l'avantage sur quelque bien creé, avec lequel on le compare immediatement : car Dieu ne peut estre ainsi comparé avec aucun bien creé. Cela signifie seulement que nous devons preferer d'aimer Dieu comme auteur des biens veritables, à l'aimer comme auteur des biens apparens ; parce que en l'aimant de la premiere sorte, nous l'aimons pour luy-même, & pour sa gloire ; au lieu qu'en l'aimant de la seconde, nous ne l'aimons pas pour luy-même, mais pour nous ; en quoy nous nous preferons à Dieu, bien qu'il nous commande de le preferer à nous.

Suivant ce principe, l'homme aime Dieu dans l'ordre de la grace

LIVRE IV. PARTIE II. 445

comme dans l'ordre de la nature, à cette différence prés, que dans l'ordre de la nature, l'homme aime Dieu comme auteur des biens naturels, & que dans l'ordre de la grace, il l'aime comme auteur des biens surnaturels. J'entens par les biens surnaturels, non seulement les Sacremens, les graces du Sauveur, les inspirations interieures, les dons gratuits, les revelations, &c. mais encore toutes les choses materielles & spirituelles, dont l'usage se rapporte au salut éternel, & à la gloire de Dieu surnaturelle.

Il y a plusieurs endroits de l'Écriture où la necessité d'aimer Dieu pardessus tout, nous est marquée. Il n'est rien de si exprés que ce que Jesus-Christ prescrit sur ce sujet. Si quelqu'un, dit-il, (*S. Luc. ch. 14. v. 26.*) vient à moy, & ne hait pas son pere, sa mere, sa femme & ses enfans, ses freres & ses sœurs, même sa propre ame, il ne peut estre mon disciple. Saint Mathieu rapportant ce même discours de Jesus-Christ, (*ch. 10. v. 37.*) l'exprime en ces termes : Celuy qui aime son pere & sa mere plus que moy, n'est pas digne de moy ; & celuy qui aime son fils & sa fille plus que moy, n'est pas digne de moy. Or ce que Jesus-Christ exige de nous en ces deux endroits, c'est que nous le preferions à tous les objets dont il vient de parler. Il dit à la verité dans un de ces endroits, qu'il faut haïr ces objets, mais l'autre fait voir que, par haïr, il entend seulement aimer moins, suivant le stile ordinaire de l'Écriture, dont on peut voir ailleurs des exemples.

Jesus-Christ s'explique encore bien fortement là-dessus, lorsqu'il dit à ses auditeurs : Chacun de vous qui ne renonce à tout ce qu'il a, ne peut estre mon disciple. Or renoncer à tout ce qu'on a, ce n'est pas en cet endroit, le quitter actuellement ; ce n'est autre chose que renoncer au mauvais usage qu'on peut faire des creatures. En effet, l'homme ne peut renoncer qu'à trois choses ; ou à son être, ou à ses veritables biens, ou à ses biens apparens. Or il ne peut renoncer à son être ; car un homme sans être, ne peut estre disciple de Jesus-Christ. Il ne peut non plus renoncer aux veritables biens ; parce que ces biens sont necessaires pour conserver la vie temporelle, & pour acquerir le salut éternel. Il s'ensuit donc, que renoncer à tout ce qu'on a, pour estre disciple de Jesus-Christ, n'est autre chose, que renoncer aux biens apparens, pour s'attacher uniquement aux biens veritables.

Saint Mathieu dit la même chose par rapport à la vie, (*ch. 10. v. 39.*) Il declare, que celuy qui aura trouvé sa vie, la perdra ; &

5. Que nous devons aimer Dieu par dessus tout.

que celuy qui l'aura perduë pour l'amour de Dieu, la trouvera. Or trouver la vie, dans le premier endroit, c'est la conserver aux dépens de sa conscience; & en user ainsi, c'est la perdre, c'est à dire, s'assujettir à la mort. Saint Paul nous apprend la même chose, au sujet des plaisirs des sens, lors qu'il dit, que dans peu de temps, on aimera les voluptez bien plus qu'on n'aimera Dieu. C'est pour cela que saint Jean comprend tous les objets que nous preferons à Dieu, sous le nom des biens du monde, de la gloire du monde, ou des plaisirs du monde: entendant par les biens, par les plaisirs, & par la gloire du monde, toutes les creatures dont on fait un mauvais usage.

Au reste, quand Dieu dit, qu'il veut être preferé à tout, il ne faut rien excepter, non pas même la vie temporelle; car si cette vie devient incompatible avec la gloire de Dieu surnaturelle, comme il arrive, lors qu'il s'agit de mourir, ou de confesser Jesus-Christ, alors il faut preferer la gloire de Dieu à sa propre vie. La raison est, que le Chretien a deux vies, dont l'une est comme la fin de l'autre, c'est à dire, que la vie naturelle se rapporte à la vie surnaturelle, comme le moyen à sa fin. Or on doit abandonner le moyen, toutes les fois qu'il devient contraire à sa fin. Il faut donc qu'un Chretien perde la vie naturelle, lors qu'il ne peut la conserver, qu'en perdant la vie surnaturelle.

On dira peut-estre, que non seulement l'homme Chretien est obligé d'abandonner la vie naturelle pour la gloire de Dieu, mais encore la vie surnaturelle, à l'exemple de saint Paul & de Moïse, dont l'un vouloit être anathême pour ses freres, (*Rom.* 9. 3.) & l'autre vouloit estre effacé du Livre de vie pour sa nation, (*Exod.* 32.) Mais il est aisé de répondre que si, par abandonner la vie éternelle pour la gloire de Dieu, on entend se soumettre à la dannation pour cette même gloire, cela enferme une manifeste contradiction, d'autant que l'amour de Dieu ne peut en aucun cas nous faire consentir à notre dannation; dont la raison est, que la dannation emporte essentiellement la haine de Dieu active & passive; ce qui fait qu'en aucun cas elle ne peut estre l'effet de l'amour de Dieu. Quant à saint Paul & à Moïse, dont l'un a souhaité d'être anathême pour ses freres, & l'autre d'estre effacé du Livre de vie pour sa nation, ils n'ont pas pour cela voulu estre dannez. Moïse a voulu dire seulement, que si Dieu avoit resolu d'exterminer tout le peuple d'Israël, il souhaitoit d'estre effacé du Livre où Dieu l'avoit écrit & nommé pour estre le conducteur de ce peuple. Et quant à saint Paul, il a voulu dire seulement, qu'avant que d'estre converti, il souhaitoit de devenir l'execration des Chretiens pour plaire aux Juifs qui estoient ses amis & ses compatriotes.

Cela paroît si clairement dans l'Exode, & dans l'Epitre aux Romains, qu'il est étonnant qu'il se trouve des personnes qui ayent pû entendre ces passages autrement.

Dieu ne nous commande pas seulement de l'aimer par dessus tout; il veut encore que nous l'aimions de toutes nos forces & de tout notre pouvoir: & il est certain que nous l'aimons ainsi, lors que nous nous appliquons autant que nous pouvons, à faire ce qu'il nous commande: Toute notre vie ne doit estre occupée que de cela seul. Il faut, dit saint Augustin, que la vie d'un Chretien soit un effort continuel & un travail sans relâche, pour ôter toujours quelque chose du poids de la concupiscence, & pour ajouter tout autant au poids de la charité.

_{6.}
Que Dieu veut que nous l'aimions de toutes nos forces.

Ce n'est pas tout que d'aimer Dieu de toute son ame & de toutes ses forces, il faut encore n'aimer que luy seul. En effet, si nous aimions quelque chose conjointement avec Dieu, nous partagerions notre cœur entre Dieu & cette chose, & par consequent nous n'aimerions pas Dieu de toutes nos forces, mais d'une partie de nos forces. On peut expliquer par là ce que Jesus-Christ dit dans l'Evangile, Qu'on ne peut servir deux maîtres; & ce que saint Jean nous apprend, que nous ne devons aimer le monde, ny les choses qui sont au monde.

Mais, dira-t-on, pouvons-nous refuser absolument notre amour à mille choses qui paroissent aimables, & qui sont si innocentes? Qui ne sçait que l'amour de Dieu, bien loin d'empêcher cet effet, le produit necessairement. Nous avons receu ce commandement, dit saint Jean, *(ch. 4. 20.)* que celuy qui aime Dieu, aime aussi son frere. C'est pour cela que cet Apôtre assure dans le même endroit, que celuy qui n'aime point son frere qu'il voit, ne sçauroit aimer Dieu qu'il ne voit pas. La réponse à cette objection n'est pas bien difficile, si l'on considere qu'il y a deux sortes d'amour, selon saint Augustin; un amour de jouïssance, & un amour d'usage. Le premier amour se fixe, se termine & se repose dans l'objet aimé, sans reflechir sur d'autres; & le second tend de l'objet aimé vers d'autres objets ausquels il se rapporte. Or cela posé, il est visible qu'il n'y a que la gloire de Dieu qu'il soit permis d'aimer du premier amour; car il n'y a qu'elle qui soit aimable pour elle-même, & sans aucune relation à quoy que ce soit. Les autres choses ne sont aimables que par rapport à cette gloire, entant qu'elles la regardent comme leur derniere fin. Il nous est permis, dit saint Augustin, d'user des creatures; mais il ne nous est jamais permis d'en joüir. Nous pouvons & nous devons nous en servir comme des moyens; mais nous ne devons jamais y attacher notre cœur, comme à notre fin. Ainsi, suivant la doctrine de saint Augustin, tout ce que les Prophetes ont enseigné, & tout ce que l'Evangile commande, ne tend qu'à nous faire aimer Dieu pardessus tout, en faisant que nous n'aimions rien que par rapport à luy. C'est en ce sens que saint Paul dit, tantôt que la charité est la fin de la loy, & tantôt qu'elle en est l'accomplissement: Elle en est la fin, entant que la loy ne prescrit rien qui ne tende à nous unir à Dieu pour luy-même, c'est à dire, pour sa gloire; & elle en est l'accomplissement, entant que nous ne nous unissons à Dieu pour luy-même, qu'en faisant ce qu'il nous commande.

Et il ne serviroit de rien de dire, qu'on peut faire ce que Dieu commande par le seul motif de la beauté, de la droiture, & de la justice de ce qu'on fait; car il seroit mal-aisé de comprendre ce qu'il y a de beau, de droit & de juste dans les actions d'un Chretien, si on leur ôtoit leur conformité aux loix de l'Evangile, & le rapport qu'elles ont à notre salut, & à Dieu même. D'où il s'ensuit, que la charité n'est pas un amour passif, comme quelques Philosophes le prétendent, mais un amour tres agissant, qui consiste dans la pratique effective des Commandemens de Dieu. D'où vient que saint Augustin fait entrer la charité dans la definition de toutes les vertus, même de celles qu'on nomme morales, comme il a esté dit dans la premiere Partie.

Or de ce que l'amour de Dieu est tres agissant, & qu'il consiste dans la pratique effective de ses commandemens, il s'ensuit que l'amour de Dieu a deux parties essentielles; *l'affection*, & *l'obeïssance*. Dieu nous commande de l'aimer de tout notre cœur & de toute notre ame: qui dit tout, n'excepte rien, & qui n'excepte rien comprend tout, affection & obeïssance. L'affection sans obeïssance est un amour inutile, & l'obeïssance sans affection est un amour imparfait, ou plutôt ce n'est pas un amour, car tout amour est une affection. Quiconque aime Dieu par affection, garde infailliblement ses commandemens, parce que l'obeïssance est inseparable

de

LIVRE IV. PARTIE II. 449

de son amour ; mais qui garde les commandemens de Dieu, n'aime pas Dieu infailliblement, parce qu'il peut garder ses commandemens par crainte ou par quelque interest propre ; & alors ce n'est plus un amour de Dieu, mais un amour de nous-mêmes.

Ce n'est pas assez de sçavoir que nous devons aimer Dieu, & comment nous devons l'aimer ; il faut encore découvrir, s'il est possible, quand, & combien de temps nous devons l'aimer. Ce qui n'est pas si aisé à déterminer que l'on pense, sur tout à l'égard de ceux qui supposent que la charité est une vertu particuliere qui a ses actes propres ; car on demande de cette vertu, ce que c'est qui la détermine à agir en un temps, plutôt qu'en un autre : car elle n'est pas obligée d'agir toujours, puis que le commandement d'aimer Dieu est affirmatif : & tout le monde sçait que les commandemens affirmatifs n'obligent pas pour toujours, mais pour un certain temps ; D'où vient que les sentimens des Scolastiques sont partagez là-dessus. Les uns disent, que le precepte d'aimer Dieu, oblige pour le premier usage de la raison ; d'autres disent pour chaque Dimanche ; d'autres, toutes les fois que nous recevons quelque bienfait de Dieu ; d'autres, croyent que cette obligation est pour le temps auquel nous sommes violemment tentez. Mais nul ne peut dire une bonne raison pourquoy nous sommes obligez d'aimer Dieu dans une circonstance de temps plutôt qu'en un autre. Quant à nous, qui prenons la charité pour une vertu generale qui consiste dans l'exercice de toutes les vertus Chretiennes, nous ne sommes nullement en peine de déterminer le temps auquel nous devons aimer Dieu ; car il est visible que nous devons l'aimer actuellement, toutes les fois que nous sommes obligez d'agir ; & que nous sommes obligez d'agir, toutes les fois que la raison ou l'Evangile nous le prescrivent

7. *Quand, & combien de temps nous devons aimer Dieu.*

CHAPITRE IV.

Comment il faut entendre, que les Chretiens s'unissent à Dieu par la Charité, en cette vie.

Quand on sçait une fois comment l'amour nous unit à Dieu dans l'ordre de la nature, on peut concevoir facilement comment la charité nous y unit dans l'ordre de la grace. Or, nous avons fait voir dans le dernier Chap. de la premiere Partie de ce

1. *Que le Chretien s'unit à Dieu en*

faisant ses Commandemens.

Livre, que l'amour nous unit à Dieu dans l'ordre de la nature, en faisant que nous obeïssons à ses commandemens, qui ne different pas des loix naturelles ; nous devons donc conclure à present, que la charité nous y unit dans l'ordre de la grace, en faisant que nous obeïssons à ses commandemens, qui ne different pas des loix de l'Evangile. Cela est confirmé par Jesus-Christ même, qui enseigne dans saint Jean, *que celuy qui l'aime, c'est celuy qui fait ses commandemens*. Par où Jesus-Christ donne à connoitre, qu'obéir à Dieu, & l'aimer par charité, sont la même chose.

Il y a des Philosophes qui croyent, que pour s'unir à Dieu par la charité, il suffit de se souvenir qu'il est present par tout : Mais on peut refuter cette opinion par trois raisons principales : 1. Parce que la charité qui nous unit à Dieu, est un acte qui procede de la volonté, & qui est par consequent libre, au lieu que le souvenir que Dieu est actuellement present, est un acte qui procede de l'entendement, & qui est par consequent necessaire. 2. Parce que si le Chretien s'unissoit à Dieu, à cause que Dieu est present par tout, il arriveroit que les pecheurs, lors même qu'ils offensent Dieu, seroient unis à luy : Ce qui repugne. 3. Il est faux qu'il suffise de se souvenir que Dieu est present pour s'unir à luy, puis que Dieu est toujours present aux Demons ; & ils n'en sont pas moins infiniment éloignez : dont la raison est, dit saint Augustin, (*in Psal. 94.*) que la distance qui éloigne les esprits l'un de l'autre, n'est pas une distance de lieu ou d'espace : c'est pourquoy leur proximité n'est donc que leur ressemblance, ni leur éloignement autre chose que la difference, ou même l'opposition, qui se trouve entre leurs volontez.

Ce saint Docteur ajoute, que le langage même ordinaire est conforme à cette verité : car quand nous comparons deux hommes, & que quelqu'un dit qu'ils sont semblables, que dit celuy qui n'est pas de même sentiment ? Au contraire, dit-il, ils sont bien loin l'un de l'autre. Qu'est-ce à dire : Celuy cy est bien loin de l'autre ? C'est à dire, Il ne luy ressemble point. Il est tout prés de luy, & neanmoins il est loin de luy : ainsi un homme demeurant dans le même lieu, s'approche de Dieu, & il s'en éloigne : Il s'en approche par ses bonnes mœurs ; il s'en éloigne par ses mauvaises mœurs, c'est à dire, qu'il s'en éloigne ou s'en approche, selon qu'il obeït, ou qu'il desobeït à Dieu.

Cela est si vray, que l'experience fait voir que quand nous aimions une personne, non seulement nous voulons luy plaire, mais nous voulons même que toutes nos actions luy soient agreables, ce qu'elles sont infailliblement, lors qu'elles sont conformes à sa volonté. C'est là la disposition où saint Paul vouloit voir les Collossiens, ausquels il disoit, *Nous ne cessons point de prier pour vous, & de demander à Dieu qu'il vous remplisse de la connoissance de sa volonté, afin que vous vous conduisiez d'une maniere digne de Dieu, en luy plaisant en toutes choses*: c'est à dire, dans toutes vos pensées, dans tous vos desirs, dans toutes vos affections, & dans toutes vos actions ; ce qui renferme l'accomplissement du premier & du second Commandement, autant qu'il est possible en cette vie.

La volonté de Dieu est donc contenuë dans ses Commandemens, c'est pourquoy afin de ne rien faire qui ne plaise à Dieu, il faut consulter en toutes choses sa volonté, (j'entens sa volonté signifiée, qui ne differe pas de sa loy,) c'est à dire, qu'il faut prier Dieu sans cesse de nous faire connoistre cette volonté, en luy disant comme David, (*Psal. 142.*) *Seigneur j'ay recours à vous, apprenez-moy à faire votre volonté ; car vous estes mon Dieu.*

Ce que David demandoit pour luy en particulier, l'Eglise le demande pour tous les Fideles dans deux prieres qu'elle adresse à Dieu : l'une, le quatriéme Dimanche aprés Pasques : & l'autre, le treiziéme Dimanche aprés la Pentecoste. Dans la premiere, elle parle ainsi à Dieu : *O Dieu, qui unissez tous les Fideles dans un même esprit & une même volonté, faites leur, s'il vous plaist, la grace d'aimer ce que vous leur commandez, & de desirer ce que vous leur promettez : afin que parmi l'instabilité des choses du monde, nos cœurs demeurent toujours attachez où reside notre veritable joye : par Notre Seigneur Jesus-Christ.* Et dans la seconde, elle luy adresse ces paroles. *Dieu tout puissant & éternel, augmentez en nous la foy, l'esperance & la charité, que vous nous avez données : Et afin que nous puissions obtenir ce que vous nous promettez, faites-nous aimer ce que vous nous commandez: Par Notre Seigneur Jesus Christ.* Sur quoy il faut remarquer, que dans ces deux prieres, l'Eglise ne demande pas seulement à Dieu la charité, qui consiste à aimer ses Commandemens ; mais encore l'esperance, qui consiste à desirer ses promesses, pour nous apprendre que les commandemens de Dieu sont inseparables de la récompense qui est promise à ceux qui les observent.

<small>2. Qu'on ne peut plaire à Dieu sans faire ses commandemens.</small>

2.
Que la charité ne diffère pas réellement de l'obéissance.

Enfin ce qui prouve plus que tout, que la charité ne diffère pas de l'obeïssance à Dieu, c'est la nouvelle alliance qui a esté contractée de telle sorte, que les hommes d'un côté promettent d'aimer & de servir Dieu, selon le culte que Notre Seigneur Jesus-Christ leur enseignera; & Dieu de l'autre côté, promet aux hommes de pardonner leurs pechez, & de les introduire dans le Royaume celeste. La condition qui est requise de la part des hommes, comprend deux choses, *l'obeïssance*, & *la foy* : l'obeïssance, pour faire tout ce que Dieu commande; & la foy, pour croire que Jesus-Christ est le Messie que Dieu avoit promis; car c'est là la seule raison pour laquelle il nous faut suivre ses loix plutôt que celles d'un autre. Ce que Dieu promet aux hommes, est compris en saint Marc, où Jesus-Christ dit luy-même : *Le temps est accompli, & le Royaume de Dieu est proche* : Et ce que les hommes promettent à Dieu, est compris dans le même verset, où Jesus-Christ dit, *Faites penitence, & croyez à l'Evangile*. Or je ne crois pas qu'il y ait quelqu'un qui voulût dire que la charité, qui est la plus excellente de toutes les vertus, ne soit pas comprise entre les conditions de l'alliance Chretienne. Cependant l'Ecriture sainte ne fait aucune mention de la charité, lors qu'elle traite de l'institution de la nouvelle alliance. Elle n'y parle que de la foy & de l'obeïssance; ce qui prouve que la charité ne diffère pas de l'une ou de l'autre de ces deux vertus : Or elle diffère de la foy; car la foy peut estre sans la charité; elle ne diffère donc pas de l'obeïssance. L'obeïssance & la charité sont donc une même vertu; d'où il s'ensuit qu'un Chretien peut s'unir à Dieu en cette vie, autant qu'il est possible par la charité, en desirant ses promesses, & en aimant ses ordonnances.

CHAPITRE V.

De l'objet materiel & formel de la Charité des Chretiens en cette vie.

1.
Que l'excellence de Dieu n'est pas l'objet formel de la charité, ni la bonté relative.

LEs Mystiques, les Scolastiques, & les Philosophes ont des opinions differentes sur ce sujet. Les Mystiques croyent que l'excellence de Dieu consideréé en elle-même, sans aucun rapport à nous, est l'objet formel de la Charité. Les Scolastiques enseignent, que cet objet formel consiste dans la bonté de Dieu relative à nous sans ses bienfaits ; & les Philosophes la font consister dans la bonté de Dieu relative à nous par ses bienfaits.

Pour refuter l'opinion des Mystiques, nous nous contenterons de leur demander, Si l'excellence de Dieu en elle-même, est l'objet formel & specifique de la Charité, ou si elle n'en est que l'objet materiel & generique ? Si elle n'en est que l'objet materiel & generique, qu'ils nous disent donc quel en sera l'objet formel & specifique ? Si au contraire, elle est l'objet formel & specifique, qu'ils nous disent encore quel sera l'objet materiel & generique. Ce qu'ils ne sçauroient faire. En voicy la raison. Le mot de Passion est un genre ; ce genre se divise en deux especes, en amour & en admiration : ainsi l'amour & l'admiration participent également à la passion. Or la passion en general est une émotion de l'ame causée par l'impression d'un objet sensible ; c'est donc ce que l'amour & l'admiration ont de commun. Ce qu'ils ont de particulier, est que l'objet sensible qui cause l'amour, paroît convenable par sa bonté ; & que l'objet qui cause l'admiration, paroit nouveau & surprenant par son excellence : d'où il s'ensuit, que dire, qu'aimer Dieu par charité, c'est l'aimer comme excellent, c'est comme si l'on disoit, qu'aimer Dieu par charité, c'est l'admirer : Ce qui est absurde ; car l'amour & l'admiration sont deux passions de differente nature, qui ont chacune leurs especes particulieres, comme sçavent les Philosophes. Donc nous n'aimons pas Dieu en luy-même à raison de son excellence : Donc nous l'aimons par rapport à nous, à raison de sa bonté. Ce qu'il falloit prouver aux Mystiques.

Quant aux Scolastiques, ils ont tous reconnu que la bonté de Dieu relative à nous, estoit l'objet formel & specificatif de la charité : mais la plupart n'ont osé dire, que cet objet formel & specificatif consistât uniquement dans cette bonté de Dieu relative à nous. Ils l'ont fait consister aussi dans l'excellence de Dieu. Ainsi ils ont établi deux objets formels & specificatifs de la charité, dont l'un a esté appellé *l'Objet formel principal*, & l'autre *l'Objet formel secondaire* : en quoy ils ont imité le defaut de celuy qui diroit, qu'il y a deux raisons formelles dans l'homme ; l'une principale, qui consiste dans l'animal, & l'autre secondaire, qui consiste dans le raisonnable ; car il est certain qu'il n'y a dans l'homme qu'une seule raison formelle, qui est d'estre raisonnable : Estre animal, est plutôt une raison generique ou materielle, qu'une raison specifique ou formelle de l'homme.

ve à nous sans ses bienfaits, mais sa bonté relative à nous par ses bienfaits.

2. *Refutation de la premiere opinion.*

Le défaut des Scolastiques ne consiste pas seulement à mettre dans la definition de la charité, deux differences, dont l'une est la bonté de Dieu relative à nous, & l'autre son excellence en elle-même; il consiste principalement à confondre la bonté de Dieu relative à nous sans ses bienfaits, avec la bonté de Dieu relative à nous par ses bienfaits, d'autant que ces deux bontez sont fort differentes. Car 1. La bonté de Dieu relative à nous sans ses bienfaits, n'est relative que d'une relation de raison, qui ne met rien de réel en nous, au lieu que la bonté de Dieu relative à nous par ses bienfaits, est relative d'une relation réelle, qui consiste dans les biens que Dieu nous communique. La premiere n'est autre chose que Dieu même, entant qu'il est capable de nous faire du bien; & la seconde n'est autre chose que Dieu même, entant qu'il nous fait du bien actuellement.

Cela posé, je dis avec les Philosophes, que la bonté de Dieu relative à nous sans ses bienfaits, n'est aucunement l'objet specificatif de la Charité, parce que si elle l'étoit, la charité n'auroit aucune des proprietez qui sont essentielles au veritable amour de Dieu. 1. Elle ne seroit pas une passion de l'ame, parce que toute passion de l'ame suppose l'impression d'un objet sensible ou imaginable, & il n'y a rien dans la bonté de Dieu relative à nous sans ses bienfaits, qui puisse estre senti ni imaginé. 2. La Charité qui est propre aux hommes, ne differeroit pas de celle qui est propre aux Bienheureux, parce que Dieu seroit également l'objet immediat de l'une & de l'autre. 3. La Charité des hommes ne seroit pas contingente mais necessaire, parce qu'elle auroit pour objet formel la bonté de Dieu relative à nous; & cette bonté, entant que separée des bienfaits de Dieu, est un bien absolu, & par consequent un bien qui se fait aimer avec necessité.

Au contraire, si nous supposons que la Charité a pour objet formel la bonté de Dieu relative à nous par ses bienfaits, il est visible qu'elle a toutes les proprietez d'un veritable amour. Car 1. Elle est tres libre, parce que nous aimons Dieu par ses bienfaits, & nous aimons les bienfaits de Dieu tres librement. 2. La Charité est une veritable passion de l'ame, parce qu'elle est causée par l'impression sensible de quelque bienfait de Dieu.

Et il ne serviroit de rien de dire, que ce n'est pas aimer Dieu purement, que de l'aimer par ses bienfaits; car tant que Dieu ne nous fait pas goûter sa bonté en luy-même, mais seulement en ses effets, nous ne l'aimons pas encore purement ; parce que nous ne l'aimons que par l'amour de ses bienfaits. C'est dans ce sens qu'il faut entendre cette distinction de la bonté de Dieu considerée & goûtée en elle-même, par sa propre douceur, & de la bonté de Dieu considerée par rapport à nous, comme nous faisant du bien, & goûtée seulement dans ses effets & dans ses bienfaits. Aimer la bonté divine de la premiere maniere, c'est l'aimer purement comme nous l'aimerons dans le ciel ; & aimer la bonté de Dieu de la seconde maniere, c'est aussi l'aimer purement, mais comme nous pouvons l'aimer sur la terre.

Je sçay bien, que saint Thomas regarde les bienfaits de Dieu, non comme l'objet formel, mais comme les causes dispositives de l'amour que nous avons pour luy : mais il semble que si ce saint Docteur avoit retranché de Dieu tous ses bienfaits, il seroit bien en peine de nous dire comment & pourquoy Dieu est aimable à l'égard de l'homme en cette vie : car, selon ses propres principes, Dieu n'est aimable que par le rapport qu'il a à nous ; & Dieu ne se rapporte à nous en cette vie, que par ses bienfaits.

Il est donc vray que nous n'aimons pas Dieu comme excellent en luy-même, ainsi que les Mystiques le pretendent ; ni comme bon, relativement à nous d'une simple relation de raison, comme les Scolastiques l'enseignent : mais comme bon relativement à nous d'une relation réelle, qui consiste dans l'actuelle communication de ses bienfaits, comme les Philosophes le prouvent. C'est pourquoy, je défie tous les Mystiques, & tous les Scolastiques ensemble de produire un seul acte de charité, qui soit libre & deliberé, si cet acte n'a pour objet materiel l'excellence de Dieu en elle-même, & pour objet formel & specificatif, la bonté de Dieu relative à nous par quelque bienfait qu'il nous communique, & dont nous faisons un bon usage.

Au reste, par les bienfaits que Dieu nous communique, & dont nous faisons un bon usage, il ne faut pas seulement entendre les biens corporels & les biens spirituels qu'il nous donne, il faut entendre encore les commandemens qu'il nous fait : car comme Dieu ne nous commande rien que pour notre bien, c'est avec raison que nous recevons sa loy comme un present du Ciel. C'est ainsi que la regardoit David, lors qu'il demandoit à Dieu comme une grace particuliere, non seulement de luy faire connoître la voye par laquelle il devoit marcher, mais encore comment il y devoit marcher. *(Ps. 142.)*

3. Qu'est-ce qu'il faut entendre par les bienfaits de Dieu.

4.
Que la sainte Ecriture & les Philosophes parlent diversement de la charité, mais que ce qu'ils en disent revient au même.

Enfin si nous joignons ce qui a esté dit au commencement de ce Chapitre, de l'objet materiel & formel de la Charité, à ce que je viens de dire des bienfaits de Dieu, il paroitra que bien que l'Ecriture sainte & les Philosophes conviennent, *en ce qu'il ne faut aimer que Dieu pour luy-même*, ils parlent neanmoins si diversement de la Charité, qu'ils semblent en avoir des idées differentes. En effet, les Philosophes persuadez qu'il n'y a pas de moyen plus propre pour exciter les hommes à aimer Dieu, que de leur exposer combien il est aimable en luy-même, parlent au long & avec methode des perfections divines, absoluës & relatives, sur tout de sa puissance & de sa bonté, qu'ils regardent, l'une comme l'objet materiel, & l'autre comme l'objet formel de la Charité : au contraire l'Ecriture sainte suit une methode toute opposée : elle ne parle des perfections divines que rarement, par occasion, & en traitant d'autres matieres : elle se contente d'enseigner aux hommes à faire leur devoir, c'est à dire, à conformer toutes leurs actions aux loix naturelles & Evangeliques : ce qui revient au sentiment des Philosophes, à cette difference prés, que les Philosophes regardent la Charité par ce qu'elle a de speculatif, & que l'Ecriture sainte la regarde par ce qu'elle a de pratique.

CHAPITRE VI.

Que la Charité de l'homme en cette vie, est desinteressée ; & en quoy consiste son desinteressement.

1. Quel est l'interest propre que la charité exclut.

LEs sentimens sont encore partagez sur ce sujet. Les Mystiques croyent que le desinteressement de la Charité, consiste dans l'exclusion de tout interest absolument ; ce qui ne peut estre : Et les Philosophes disent, que la Charité n'exclut pas tout interest absolument, mais seulement l'interest propre. Il ne reste donc qu'à sçavoir ce que c'est que l'interest propre, que la charité exclut. Or ce n'est pas l'interest qui nous regarde, nous & l'objet aimé ; car cet interest n'est pas propre, mais commun : outre que si la charité excluoit cet interest, elle ne seroit pas une espece d'amitié, comme elle l'est, selon saint Thomas, d'autant que toute amitié est fondée sur la communication mutuelle des interests de l'amant & de l'objet aimé. C'est donc l'interest qui nous regarde nous seuls, qui est l'interest propre, qui rend la charité interessée,

C'est en ce sens-là qu'Aristote a dit, Qu'avoir de l'amitié, c'est vouloir du bien à quelqu'un, pour l'amour de luy-même, & non pas pour aucun avantage qui nous en revienne : Car par là, il n'a pas voulu exclure de l'amitié, tout avantage absolument, mais seulement tout avantage propre, c'est à dire, qui ne regarde que nous, & non pas l'objet aimé. Si Aristote avoit entendu la chose autrement, il se seroit contredit luy-même ; car il a dit dans sa Morale, *que le bien est ce que tout le monde desire* : Or tout le monde desire son avantage.

C'est au même sens qu'il faut entendre saint Paul, lors qu'il dit, que la charité ne cherche pas ses interests. Car il ne veut pas dire, que la charité exclut tout interest absolument, mais seulement qu'elle exclut celuy qui nous regarde nous, & qui ne regarde pas le prochain. Si saint Paul avoit entendu la chose autrement, il auroit contredit l'Evangile, qui nous prescrit d'aimer le prochain comme nous-mêmes ; car cela suppose que nous nous aimons, & par consequent que nous nous voulons du bien ; parce que telle est la nature de l'amour.

Ainsi quand nous aimons Dieu, premierement & principalement pour sa gloire, nous pouvons aimer secondement, & moins principalement tous les biens de la nature, de la grace & de la gloire. C'est ce que Jesus-Christ a voulu dire par ces paroles : *Cherchez premierement le royaume de Dieu, c'est à dire, sa gloire, & vous trouverez ensuite tous vos interests temporels & spirituels* : D'où il s'ensuit, que la charité envers Dieu n'est mercenaire que lors que nous n'aimons les biens, soit temporels, soit spirituels, que pour nous, & non pas pour Dieu, ni pour sa gloire.

Ce n'est pas aimer Dieu assez purement, dit saint Augustin, que d'aimer avec Dieu ce qu'on n'aime pas pour luy. C'est au contraire l'aimer tres purement, que d'aimer toutes choses pour sa gloire ; car selon les principes du même saint Augustin, quand on aime une chose pour une autre, ce n'est pas la premiere qu'on aime, mais la seconde, à laquelle la premiere se rapporte.

2.
Que c'est aimer Dieu tres purement que d'aimer toutes choses pour sa gloire

Mais, dira-t-on, aimer Dieu par charité, n'est-ce pas l'aimer pour luy-même sans interest ? Et est-ce aimer Dieu sans interest, que de chercher à estre heureux en l'aimant ? Il semble, à la verité, que la beatitude qu'on cherche en aimant Dieu, doit rendre la charité mercenaire, & elle la rendroit en effet telle, si on la consideroit comme la fin derniere de la charité ; mais on ne la regarde

3.
Objection, avec la réponse.

que comme sa fin prochaine, & sans exclusion de la fin derniere, qui est la gloire de Dieu. Mais, repliquera-t-on, si j'aime Dieu pour luy-même, c'est à luy que je veux du bien, & non pas à moy : c'est luy que je cherche pour luy, & non pas pour moy : je veux joüir de luy entant qu'il en est glorifié, & non pas entant que j'en suis heureux. Je répons, que je veux du bien à Dieu & à moy ; je le cherche pour luy & pour moy ; je veux joüir de luy pour sa gloire & pour ma felicité. Qui n'aime point Dieu, peut faire ces distinctions ; mais une ame qui a la charité, n'entend plus ces termes de division entre la gloire de Dieu & sa propre beatitude. En effet il sera prouvé ensuite que notre beatitude & la gloire de Dieu sont réellement & substantiellement une même chose.

Mais que dirons-nous de ceux qui aiment la beatitude de telle sorte, qu'ils ne se soucieroient pas de Dieu, s'ils pouvoient être heureux sans luy ? Il faut dire, qu'il n'y a personne qui soit en cet état ; ou si quelqu'un y est, qu'il merite plutôt d'estre accusé de folie que de malice : car vouloir estre solidement heureux par un autre, ou pour un autre que pour Dieu même, c'est ou ne pas concevoir ce qu'on veut, ou vouloir ce qui est impossible.

4. *Que la beatitude ne rend pas la charité mercenaire.*

Ce qui prouve plus que tout, que la beatitude ne rend pas la charité mercenaire, c'est que l'idée la plus abstraite de la charité, renferme essentiellement notre beatitude. En effet, qu'est-ce que la charité, prise le plus abstractivement qu'il est possible, si ce n'est *un mouvement de l'ame qui la porte à joüir de Dieu pour luy-même ?* Or qu'est-ce que joüir de Dieu, sinon le posseder avec joye ? Et qu'est-ce que posseder Dieu avec joye, sinon joüir de la felicité ? Je sçay bien que les Scolastiques enseignent que joüir de Dieu, c'est s'unir à luy pour luy-même, & non pas pour nous ; mais je sçay aussi, que cette signification du mot de *joüir* est toute opposée à celle que luy donnent les Grammairiens, les Philosophes & les Jurisconsultes. Joüir selon la maniere de parler de ceux-cy, c'est recevoir quelque profit, quelque plaisir, ou quelque honneur d'une chose qu'on possede ; d'où il s'ensuit que joüir de Dieu en cette vie, c'est le posseder avec joye.

C'est donc une chose constante, que la charité la plus pure renferme essentiellement notre felicité ; & que si elle semble l'exclure, c'est seulement, ou parce que l'amour nous ayant transformez en Dieu, ses interests sont devenus les nôtres, ou parce qu'à parler proprement, nous n'aimons que les choses qui sont aimées pour elles-mêmes, & non pas celles qui sont aimées pour d'autres : D'où il s'ensuit, que nous n'aimons pas proprement notre felicité, parce que nous ne l'aimons pas pour elle-même, mais pour la gloire de Dieu : Ce qui rend notre charité tres pure & tres desinteressée.

CHAPITRE VII.
De la Crainte & de l'Esperance Chretiennes, & qu'elles ne sont pas plus interessées que la Charité.

IL y a cette différence entre l'Esperance & la Charité, que la Charité nous unit à Dieu comme à un bien present, & que l'Esperance nous y unit comme à un bien futur ; c'est pourquoy pour donner une idée exacte de l'Esperance Chretienne, il faut dire, *qu'elle n'est autre chose qu'une émotion agreable de l'ame, causée par l'impression d'un bien sensible, qui avec le secours de la grace, incite l'ame à s'unir à Dieu comme à l'Auteur de la beatitude future, pour sa gloire.*

1. Qu'est-ce que l'Esperance Chretienne, & en quoy elle differe de la Charité.

Je dis 1. *Que l'Esperance Chretienne n'est autre chose qu'une émotion agreable de l'ame causée par l'impression d'un bien sensible, qui avec le secours de la grace incite l'ame à s'unir à Dieu :* pour marquer ce que l'Esperance Chretienne a de commun avec la Charité. Je dis 2. *Comme à l'Auteur de la beatitude future*, pour designer ce qu'elle a de particulier. Je dis 3. *Pour sa gloire :* pour faire entendre, que la gloire de Dieu est la fin derniere de l'Esperance Chretienne comme de la Charité.

Cela posé, il ne s'agit plus que de sçavoir ce que c'est que la beatitude future que les Chretiens esperent ; si c'est la simple veuë de Dieu, ou Dieu même entant que veu. Car si c'est le dernier, l'Esperance aura Dieu, qui est un objet increé, pour sa derniere fin : mais si c'est le premier, l'Esperance Chretienne ne sera point une vertu Theologale, parce qu'elle n'aura pas Dieu pour objet, mais la veuë de Dieu, qui est une chose creée & finie.

On dira peut-estre, que ces deux choses sont inseparables, & que ce qui fait la beatitude actuelle, est tout ensemble la veuë de Dieu, & Dieu entant que veu. Je demeure d'accord que ces choses sont inseparables en soy, & au regard des bienheureux, par rapport ausquels, voir Dieu, l'aimer & le glorifier, sont trois choses indivisibles. Mais elles sont tres separables & tres distinctes dans

2. Que voir Dieu, l'aimer & le glorifier, sont trois choses indivisibles & inseparables.

la pensée de la plufpart des Chretiens, qui d'ordinaire (pour parler le langage de faint François de Sales,) efperent plus le Paradis de Dieu, que le Dieu de Paradis ; qui ne cherchent dans le Paradis que leur intereft, & non pas celuy de Dieu ; qui ne regardent dans la beatitude que l'exemption de tous les maux & la poffeffion de tous les biens, fans fonger à la gloire de Dieu : Au contraire, l'Efperance Chretienne nous fait regarder Dieu pour luy-même ; elle nous fait tendre au ciel, plus pour y glorifier Dieu, que pour y eftre beatifiez. Ce n'eft pas pourtant que nous ne puiffions, & que même nous ne devions avoir égard à notre beatitude, qui eft infeparable de Dieu veu ; mais nous ne devons la regarder que comme notre fin prochaine, & non pas comme notre fin derniere. Car Dieu ayant fait toutes chofes pour foy, comme pour fa derniere fin, il n'a pû faire notre beatitude que pour fa gloire : d'où vient que la derniere fin de notre felicité, eft de glorifier Dieu : c'eft pour cela feul que nous devons defirer, attendre & efperer la vie éternelle.

3. Que ce n'eft pas eftre mercenaire, que d'efperer la vie eternelle.

Et il ne faut pas s'imaginer, que ce foit eftre mercenaire, que d'efperer la vie éternelle : ce feroit à la verité l'eftre, fi l'on efperoit cette vie comme fa fin derniere ; mais on ne l'eft point en l'efperant comme fa fin prochaine. La vie éternelle prife dans fon total, embraffe egalement & la gloire de Dieu, & la felicité des bienheureux. Celuy qui efpere dans la veuë de cette totalité, n'efpere point mercenairement, mais filialement ; d'autant qu'il fe propofe la gloire de Dieu pour fa premiere & principale fin, & il ne regarde fa felicité que comme fa fin acceffoire & moins principale.

C'eft donc une chofe conftante, que l'efperance n'eft mercenaire, que lors qu'elle ne regarde pas la gloire de Dieu comme fa fin derniere. Tandis qu'elle la regarde ainfi, elle eft tres pure & tres defintereffée. Telle eftoit l'efperance du Prophete, au Pfeaume 110. où il demande à Dieu, qu'il incline fon cœur à l'execution de fa loy pour la récompenfe ; car il ne faut pas penfer que le Prophete ait regardé la récompenfe comme la derniere fin de fon obeïffance, entant qu'elle luy eftoit avantageufe, mais entant qu'elle comprenoit & fa felicité, & la gloire de Dieu ; celle-là fervant de moyen, pour arriver à celle-cy. Car il eft certain, que nous ne glorifierons Dieu dans le ciel, qu'à proportion des degrez de gloire qu'il luy plaira nous communiquer.

4. Objection.

On dira peut-eftre, que l'efperance eft plus intereffée que la charité, parce que la charité a Dieu pour objet immediat ; au lieu que l'esperance a pour objet immediat notre beatitude. Mais il est aisé de répondre, que ce qui rend notre charité & notre esperance interessées ou desinteressées, n'est pas l'objet immediat que nous aimons, ou que nous esperons, mais la fin pour laquelle nous l'aimons ou nous l'esperons. Or est-il que nous aimons Dieu & que nous esperons la vie éternelle pour la même fin, sçavoir, pour la gloire de Dieu : Notre esperance n'est donc pas plus interessée que notre charité. Il y a seulement cette difference entre la charité & l'esperance, que la charité, quant à l'expression, regarde Dieu directement, & ne regarde notre beatitude qu'indirectement, au lieu que l'esperance regarde notre beatitude directement. Mais cela ne fait pas que dans le fond, l'esperance ne soit un amour qui nous unit à Dieu pour notre beatitude future, comme la charité est un amour qui nous unit à Dieu pour notre beatitude presente.

avec la réponse.

Quant à la crainte Chretienne, elle n'est pas plus interessée que l'esperance : dont la raison est, que si elle nous fait abstenir de pecher, de peur d'estre punis en ce monde ou en l'autre, ce n'est pas principalement pour notre interest que nous nous en abstenons; mais pour une fin plus excellente, qui est la gloire de Dieu. La crainte qui se rapporte à cette gloire, comme à la fin derniere, s'appelle *Filiale* ; & on nomme *Servile*, celle qui se rapporte à toute autre fin derniere que la gloire de Dieu. Nous pouvons donc dire en general, que la crainte Filiale, & non Mercenaire, est celle par laquelle nous nous abstenons de pecher, de peur d'estre punis ; mais sans exclusion volontaire & deliberée d'une plus parfaite fin, qui est la gloire de Dieu. Au contraire, la crainte servile & mercenaire est celle, par laquelle nous ne nous abstenons de pecher que par l'apprehension du supplice, avec exclusion volontaire & deliberée de la gloire de Dieu : ce qui fait voir que ces deux propositions sont fort differentes : *Je m'abstiens de pecher de peur d'estre puni* ; & cette autre, *Je ne m'abstiens de pecher que de peur du supplice*; la premiere est bonne, & enseignée par l'Ecriture sainte ; & la seconde est détestable & condamnée par la même Ecriture.

5. *Qu'il y a une crainte servile & une crainte filiale, & in quoy elles different.*

On objectera enfin, que l'esperance est toujours interessée, & que c'est ce que l'Apôtre a voulu faire entendre, lors qu'il a dit, que la Charité est plus parfaite que l'Esperance. Mais il est aisé de répondre, que l'excellence de la Charité par dessus l'Esperance,

6. *Autre objection, avec la réponse.*

dont parle saint Paul, ne consiste pas en ce que celle-cy est interessée, & que l'autre ne l'est pas ; mais en ce que la charité regarde Dieu comme un bien dont elle joüit pour le temps present, & que l'Esperance le regarde comme un bien dont elle ne joüira que dans le temps à venir.

C'est pourquoy, s'il y a de l'imperfection à servir Dieu par l'esperance des récompenses, & par la crainte des peines, ce n'est que quand cette esperance & cette crainte nous occupent de telle sorte, que nous ne regardons que notre interest, & que nous sommes si peu touchez de la gloire de Dieu, que si elle pouvoit estre separée de notre beatitude, nous nous separerions de Dieu ; comme en effet nous nous en separons toutes les fois que nous aimons des biens apparens pour des biens veritables. C'est là l'interest qui doit estre banni de la crainte & de l'esperance Chretiennes, parce qu'en effet, c'est un interest qui fait que nous nous preferons nous-mêmes à Dieu, entant que nous sommes plus occupez de ce qui nous touche, que de ce qui le regarde. Mais il n'en faut point bannir l'interest qui se rapporte à la gloire de Dieu ; car je l'ay dit cent fois, & je le repete encore, rien ne rend la crainte & l'esperance mercenaires, que l'interest propre ; & il n'y a point d'interest propre, où la gloire de Dieu est la fin derniere.

Ce que je viens de dire de l'esperance, sert non seulement à faire comprendre comment la foy & la grace rendent les actes de l'esperance surnaturels, mais encore à faire voir pourquoy la charité est plus excellente que l'esperance ; & enfin pourquoy l'esperance est détruite dans le Ciel, où la charité subsiste toujours. Car il paroit évidemment, que les actes de charité & d'esperance sont surnaturels, parce qu'ils ont pour objet des choses revelées, & pour principe la grace de Dieu, qui est un don gratuit & surnaturel. Il est encore évident que la Charité est plus parfaite que l'Esperance, parce qu'il est plus avantageux de posseder Dieu comme un bien present, ainsi qu'on le possede par la Charité, que de le posseder comme un bien futur, ainsi qu'on le possede par l'Esperance. Il paroit enfin, que l'esperance sera détruite dans le Ciel, parce que la charité y sera consommée, c'est à dire, que l'ame y possedera Dieu comme un bien present & immediat, & par consequent de la maniere la plus parfaite dont elle peut le posseder.

CHAPITRE VIII.

Que la vie éternelle prise pour récompense, n'est pas la fin, mais le motif de la charité de l'homme en cette vie.

Pour l'intelligence de ce Chapitre, il faut remarquer, que Dieu donne la vie éternelle à deux titres; à titre d'heritage, & à titre de récompense. Il la donne à titre d'heritage à ceux qui meurent dans la charité habituelle, sans avoir fait des actions meritoires; tels sont les petits enfans, qui meurent immediatement après le baptême; & il la donne encore à titre de récompense à ceux qui ont fait de bonnes actions dans la charité habituelle, & par le mouvement actuel de la grace.

Cela posé, comme le plaisir & la douleur meuvent plus fortement l'ame que ne fait la raison, il y auroit sujet de craindre que les sens ne fussent toujours maistres de la raison, si elle n'estoit fortifiée par des secours étrangers. Ces secours sont les preceptes, les exemples, la loüange, le blâme, mais sur tout les punitions, & les récompenses, qui sont sans doute les deux plus puissans motifs qu'on peut trouver pour exciter les hommes à faire leur devoir.

Or il faut raisonner de la vie éternelle, (laquelle Dieu promet à ceux qui auront fait de bonnes actions,) comme des autres récompenses, c'est à dire, qu'il la faut regarder comme un poids que Dieu a ajouté à la raison, pour contrebalancer le plaisir ou la douleur, qui nous détournent de la pratique de la vertu. C'est ce que le Concile de Trente a voulu faire entendre, lors qu'il a dit indefiniment pour tous les Justes, Qu'il leur faut proposer la vie éternelle, pour récompense, parce qu'ils sont excitez à s'avancer dans la carriere de la justice par cette récompense: ce qu'il prouve par l'exemple de Moïse & de David. Mais si la vie éternelle est une récompense, qui ne voit qu'elle suppose une action qui doit estre récompensée; & qui ne voit encore qu'une action qui doit estre récompensée, suppose un agent qui est libre, & par consequent qui agit pour une bonne fin, qui est sa beatitude; car tout agent intellectuel desire d'estre heureux.

Il ne reste donc qu'à dire, ce que c'est que la beatitude temporelle, qui est la fin de la charité, entant qu'elle differe de la beatitude éternelle, qui n'en est que le motif. Or elles different ces

1. Que Dieu donne la vie éternelle à deux titres, à titre d'heritage, & à titre de récompense.

2. Que la vie éternelle

prise pour récompense n'est pas la fin mais le motif de la Charité des Chretiens.

deux beatitudes, en ce que la beatitude temporelle, qui est la fin de la charité, consiste *dans le contentement interieur que l'ame reçoit de ce qu'elle suit librement la vertu*, c'est à dire, de ce que, selon saint Augustin, elle use bien des choses dont elle pourroit user mal; au lieu que la beatitude éternelle, qui est le motif de la charité, n'est autre chose, *que le contentement que l'ame recevra dans le Ciel, par la possession actuelle, immediate & necessaire de Dieu*. La premiere beatitude est une beatitude active, qui consiste dans le bon usage de notre liberté: & la seconde, sera une beatitude purement passive, qui ne dépendra nullement de nous. Ce qu'il faut bien remarquer, pour éviter l'erreur dans laquelle tombent ceux qui confondent ces deux beatitudes, & qui croyent que la beatitude éternelle peut estre la fin de la charité des Chretiens en cette vie: Ce qui n'est pas vray; car elle n'en peut estre que le motif, ou le moyen.

3. Exemple d'un legislateur.

Comme un Legislateur qui ordonne des récompenses pour ceux qui combattront vaillamment pour la Patrie, ne propose pas ces récompenses comme la fin pour laquelle les Citoyens doivent combattre, car cette fin est le salut de la Patrie; mais comme un motif qui les porte au combat: de même, lors que Dieu propose la vie éternelle pour récompense à ceux qui suivront la vertu, il ne leur propose pas cette récompense comme la fin pour laquelle ils doivent estre vertueux; car cette fin est la gloire de Dieu; mais comme un motif qui les porte à vivre vertueusement pour cette gloire: ce qui fait voir que les récompenses sont toujours interessées, lors qu'elles sont la fin pour laquelle nous agissons; & qu'elles sont toujours desinteressées, lors qu'elles ne sont que le motif qui nous fait agir pour la fin. Par exemple, celuy qui combat pour la Patrie, est interessé, lors qu'il ne combat qu'en veuë de la récompense que la Republique propose; & il est desinteressé, lors que cette récompense n'est qu'un motif qui le porte à combattre pour sa Patrie. Il est donc permis d'esperer la récompense comme le motif, mais il n'est jamais permis de l'esperer comme la fin du travail: la récompense est legitimement deuë à celuy qui travaille pour la fin pour laquelle on la luy propose; mais elle n'est point deuë à celuy qui ne travaille que pour la récompense.

4. Que la crainte est

Ce que je dis de l'esperance, se doit entendre par proportion de la crainte, c'est à dire, que la crainte est un motif de la charité, aussi bien que l'esperance: Et comme l'esperance rend la charité tantôt

tantôt interessée, & tantôt desinteressée; la crainte fait la même chose. Elle rend la charité interessée, lors que nous ne craignons Dieu que pour éviter les peines de l'enfer; & elle la rend desinteressée, lors qu'elle n'est qu'un motif qui nous porte à éviter ces peines pour notre beatitude, & pour la gloire de Dieu.

un motif de la charité comme l'esperance.

Suivant cette doctrine, l'Esperance & la Crainte sont les deux plus puissans motifs de la Charité; car rien ne meut plus fortement la volonté, que la veuë des récompenses, & des peines éternelles. Aussi voit-on que ces deux motifs sont si répandus dans tous les livres de l'Ecriture sainte, & dans toutes les prieres de l'Eglise, qu'il est étonnant qu'il se trouve encore des personnes qui osent dire que la crainte & l'esperance Chretiennes, entant que Chretiennes, sont des vertus mercenaires, parce qu'elles vont à Dieu, & qu'elles reviennent à nous. Car il faut remarquer, que ces vertus ne reviennent pas à nous pour s'y arrêter, mais pour retourner à Dieu comme à leur fin derniere, en laquelle elles se fixent & se reposent.

5. *Que la crainte & l'esperance sont les deux plus puissans motifs de la charité chretienne.*

Or si la Charité & l'Esperance ne sont pas mercenaires, à plus forte raison la Charité ne le sera pas. Il y auroit même une espece de contradiction à dire, que la Charité demeurant Charité, peut estre plus ou moins interessée; car toute Charité interessée n'est pas Charité, mais un amour propre ignorant & aveugle, qu'on appelle *amour de concupiscence.*

CHAPITRE IX.

Que la Charité des Chretiens en cette vie, ressemble plutôt à une vertu generale, qu'à une vertu particuliere: & pourquoy.

TOus les Philosophes demeurent d'accord, que la Charité rend plus parfaits les actes de toutes les vertus; mais ils ne conviennent pas tous, si elle a des actes qui luy soient propres, ou si elle n'en a pas. Saint Thomas semble soutenir l'affirmative, en attribuant à la Charité, comme des actes qui luy sont propres, *l'amour du bien en general, la joye de posseder ce bien, & la tristesse d'en estre privé.* Mais il seroit aisé de faire voir à ce saint Docteur, que cet amour, cette joye, & cette tristesse, qu'il prend pour des actes de Charité, ne sont pas tant des actes de charité deliberez que des actes d'un appetit naturel, qui ne differe pas du

1. *Si la charité a des actes qui luy soient propres.*

desir d'estre heureux, qui est essentiel à tous les hommes.

Voicy encore comment saint Thomas tâche de prouver la même chose (22. q. 23.) *Le propre objet de l'amour*, dit-il, *c'est le bien, & par consequent, lors que le bien est particulier il produit un amour particulier. Or est-il que Dieu, entant qu'il est l'objet de la beatitude, est un bien particulier: Donc la charité, qui est l'amour de ce bien, est un amour particulier.* J'accorde à saint Thomas toutes les propositions de son raisonnement; sur tout, je luy accorde que la charité qui a pour objet Dieu, entant que Dieu est l'objet de la beatitude, est un amour particulier: mais je soutiens, que ce n'est pas de cet amour de Dieu dont il s'agit icy. Il est icy question d'un amour de choix & d'un amour deliberé, tel qu'est l'amour des Chretiens en cette vie ; au lieu que saint Thomas parle là d'un amour de Dieu necessaire & indeliberé, tel qu'est l'amour des Bienheureux dans le Ciel. Cela est si vray, que saint Thomas ne fait pas difficulté de dire dans la 3. p. q. 85. *que la charité quant à ses actes deliberez, est une vertu generale, & qu'elle est une vertu particuliere, quant à ses actes indeliberez.*

2. Que la charité en cette vie consiste dans l'exercice de toutes les vertus.

C'est donc une chose constante, que la charité des Chretiens en cette vie, n'est pas tant une vertu particuliere, qu'une vertu generale, qui consiste dans l'exercice de toutes les vertus, entant que leurs actes sont dirigez à la gloire de Dieu surnaturelle. Ainsi, par exemple, rendre à chacun ce qui luy appartient, est un acte de justice ; mais cet acte de justice est aussi un acte de charité, lors qu'il est rapporté à la gloire de Dieu. De même estre touché de compassion pour la misere d'un pauvre, c'est un acte de misericorde ; mais cet acte de misericorde est aussi un acte de charité, lors qu'il se rapporte à la gloire de Dieu. C'est par cette raison que chaque vertu a un vice particulier qui la détruit. Par exemple, la liberalité est détruite par l'avarice, la chasteté par l'impudicité, la sincerité par le mensonge, &c. au lieu que la charité n'a aucun vice particulier qui luy soit opposé ; mais elle est également détruite par le vice opposé à toutes les vertus particulieres.

3. Objection avec la réponse.

On objectera peut-estre, que la haine pour Dieu, est opposée à la charité ; & cela est vray aussi. Mais comme la Charité n'est pas une vertu particuliere, mais une vertu generale, la haine pour Dieu n'est pas non plus un vice particulier, mais un vice general, qui consiste dans le contraire de ce en quoy consiste la Charité. Et il seroit inutile de dire que nous pouvons haïr Dieu, entant qu'il nous fait du mal, & par consequent que nous pouvons le haïr d'une haine qui est un vice particulier : car on peut répondre, qu'outre que Dieu ne nous fait aucun mal, qu'un Chretien ne puisse convertir en bien par le bon usage qu'il en fait ; quand même Dieu nous feroit du mal, dont nous ne pourrions pas bien user, la haine que nous luy porterions pour ce mal, seroit une haine naturelle & indeliberée, qui n'auroit rien d'opposé à la Charité, laquelle est un amour de Dieu deliberé.

Suivant ces principes, la charité envers nous-mêmes, la charité envers le prochain, & la charité envers Dieu, ne sont pas trois especes de charité ; ce sont trois parties essentielles de la même charité en substance : ce qui a fait dire à saint Augustin, *Que la Charité est une dilection bien ordonnée*, c'est à dire, une dilection qui nous fait aimer chaque chose selon qu'elle doit estre aimée, qui fait, par exemple, que nous nous aimons nous-mêmes plus que nous n'aimons le prochain : qui fait que nous aimons plus nos parens que les étrangers : que nous aimons plus les étrangers Fideles que les Infideles : qui fait enfin que nous aimons Dieu par dessus tout, parce que nous l'aimons pour sa gloire, qui est la fin derniere de toutes choses.

La charité qui se presente sous l'idée d'une dilection particuliere de Dieu, paroit bien moins excellente, que celle qui s'offre sous l'idée d'une dilection ordonnée : celle-cy a toutes les proprietez que l'Ecriture sainte attribuë à la veritable Charité ; & celle-là n'en a aucune. 1. La dilection particuliere de Dieu subsisteroit sans choix & sans deliberation, parce qu'elle regarderoit Dieu comme son objet formel, & Dieu est un bien absolu, qui se fait aimer avec necessité : au lieu que la dilection ordonnée dépend de notre choix, parce qu'il est au pouvoir de l'homme d'aimer ou de n'aimer pas chaque chose dans son rang. 2. Si la charité estoit une dilection particuliere de Dieu, il seroit impossible de marquer le temps precis auquel il faudroit aimer Dieu ; dont la raison est, que la bonté de Dieu, qui est l'objet formel des actes de charité, ne change jamais : au lieu que la charité estant une dilection ordonnée, nous sçavons quand nous devons l'exercer, parce que nous sçavons quand nous devons nous aimer, quand nous devons aimer le prochain, & par ce moyen quand nous devons aimer Dieu ; car nous aimons tout cela d'un même amour. 3. Si la charité estoit une dilection particuliere, elle pourroit estre separée de l'amour de

4. Que la charité envers nous-mêmes, la charité envers le prochain, & la charité envers Dieu ne sont pas trois especes de charité mais trois parties essentielles de la même charité en substance, & qu'est-ce que la charité selon saint Augustin.

5. Que la charité des Chretiens est une dilection ordonnée, & non pas une dilection particuliere.

soy-même, & de l'amour du prochain : ce qui ne se peut dire ; car on perd ces trois dilections au même temps. Ce qui fait voir qu'elles ne sont pas trois dilections réellement distinctes, mais trois parties essentielles de la même charité : ce qui convient parfaitement à la charité, qui est une dilection ordonnée. 4. Par la charité nous aimons Dieu, & nous aimons le prochain comme nous-mêmes. Le second commandement d'aimer le prochain, est semblable au premier : Or s'il faut aimer par la charité, le prochain comme nous, il faut aussi nous aimer nous-mêmes par la charité : La charité est donc une dilection ordonnée, & non pas une dilection particuliere. 5. Enfin la charité des Chrétiens est une espece d'amour ; l'amour est une espece de passion de l'ame ; & toute passion de l'ame dépend de l'impression sensible de quelque objet, qui agit mediatement ou immediatement sur les sens. La charité des Chrétiens est donc une dilection ordonnée, & non pas une dilection particuliere de Dieu, parce qu'une telle dilection n'a rien qui soit sensible.

Tout cela est confirmé par l'autorité de saint Paul, qui dit, en parlant de la Charité, *qu'elle est benigne, qu'elle est patiente, qu'elle est humble*, comme s'il vouloit dire, que la charité exerce les actes de la patience, de la douceur, de l'humilité, &c.

6. Que les actes de Contrition ne sont pas des actes propres de la charité.

Et il ne serviroit de rien de dire, que les actes de parfaite contrition, où le pecheur deteste le peché, non pas parce qu'il merite la privation de la beatitude, mais parce qu'il déplait à Dieu, infiniment aimable en luy-même indépendamment de ses bienfaits, sont des actes propres à la charité : car si on considere la chose de prés, on verra bien que ces actes de parfaite contrition, ne sont pas tellement propres à la charité, qu'ils n'appartiennent aussi à quelque autre vertu : dont la raison est, que les actes de contrition ne consistent pas seulement dans le regret d'avoir offensé Dieu, parce qu'il est bon & aimable en soy ; mais aussi dans la protestation qu'on fait de ne l'offenser plus desormais, & au contraire de pratiquer les vertus qui sont opposées au vice qu'on deteste. D'où il s'ensuit, que les actes de contrition appartiennent aussi à ces vertus, & que c'est à leur égard seulement qu'ils sont deliberez & meritoires.

Il ne faut pas s'imaginer aussi, que les actes de charité consistent à concevoir, ou à reciter certaines formules, qu'on appelle *des Actes d'amour de Dieu* : comme quand on dit : *Mon Dieu, je vous aime de tout mon cœur, parce que vous estes infiniment bon en vous-*

même. On peut penser & dire à Dieu qu'on l'aime ainsi, sans l'aimer effectivement ; & au contraire, on peut l'aimer effectivement sans s'en appercevoir par des reflexions distinctes, & sans l'exprimer par des paroles. La raison est, que l'amour de Dieu qui nous est commandé en cette vie, ne consiste pas à nous unir à luy selon son essence, mais à nous y unir par l'observance de ses preceptes, & par la pratique de toutes les vertus Chretiennes ; comme il a esté remarqué cy-devant.

C'est donc une chose assurée, que toutes les vertus ne sont rien sans la charité. *Quand je parlerois le langage des hommes & des Anges*, dit saint Paul, *si je n'ay la charité, je ressemble à de l'airain qui sonne, ou à une Cymbale qui retentit*, (Cor. ch. 13. v. 1.) mais aussi la charité n'est rien sans toutes les vertus. L'aumône, par exemple, n'est rien sans la charité ; parce que la charité est la forme de l'aumône ; & la charité n'est rien sans l'aumône, parce que l'aumône est comme la matiere de la charité.

Toutefois quand je dis, que la charité est la forme de l'aumône, je n'entens pas qu'elle soit sa forme intrinseque ; car l'aumône a sa forme intrinseque particuliere : j'enters avec saint Thomas, qu'elle est sa forme extrinseque, qui consiste en ce que la charité dirige les actes de l'aumône à la gloire de Dieu. Ce qui fait voir, combien s'éloignent de la raison ceux qui regardent la Charité comme la fin de toutes les vertus surnaturelles, & qui s'imaginent que quand on a acquis la Charité, on peut rejetter les vertus comme des moyens inutiles : En quoy ils se trompent, car la Charité n'est pas tant la fin des vertus surnaturelles, qu'elle est la forme de leurs actes : comme il vient d'estre dit.

On peut donc prendre la Charité en deux manieres, ou materiellement, ou formellement. La charité prise materiellement, n'est autre chose que la substance même des vertus surnaturelles ; & la charité prise formellement, &, comme l'on dit, *par abstraction*, consiste dans le rapport de toutes les vertus surnaturelles à la gloire de Dieu. C'est pourquoy, quand on dit, Qu'aimer Dieu par charité c'est l'aimer uniquement pour luy-même, sans aucun rapport à nous, cela est vray, pourveu qu'il soit entendu de la seule Charité formelle : au contraire, s'il estoit entendu de la Charité materielle & formelle, il faudroit dire, qu'aimer Dieu par charité, c'est l'aimer pour luy & pour nous, mais de telle sorte, que nous l'aimons pour nous, par rapport à luy.

7: Que toutes les vertus ne sont rien sans la charité.

Saint Thomas parle de la Charité prise materiellement, lors qu'il dit, (*22. q. 23. a. 1.*) que la charité est une espece d'amitié fondée sur la communication mutuelle des biens de Dieu & de l'homme : & il parle de la Charité prise formellement, lors qu'il dit, (*Ibid. a. 4.*) que la charité est un amour de Dieu qui s'arreste en Dieu même, sans aucun retour sur nous.

Au reste, bien que les raisons par lesquelles je viens de prouver que la Charité n'est pas une vertu particuliere, paroissent solides, je suis neanmoins tout prest à les abandonner, si on me peut produire un seul acte de charité qui soit deliberé & meritoire, qui ne soit pas aussi l'acte de quelque vertu particuliere.

CHAPITRE X.

Que la Charité est le souverain bien Moral des Chretiens, & la cause immediate de leur felicité en cette vie.

1. *Qu'est ce que le souverain bien moral de l'homme.*

IL n'est rien de plus équivoque que le mot de *Souverain bien*. Tantôt il est pris pour signifier le premier Etre, & alors il s'appelle, *le souverain bien Physique*. Tantôt il est pris pour signifier ce qui nous convient, & qui nous convient indépendamment de notre choix ; & alors il s'appelle, *le souverain bien Naturel*. Et tantôt il est pris pour signifier ce qui nous convient dépendamment de notre choix : & alors il se nomme, *le souverain bien Moral*.

Il ne s'agit pas icy du souverain bien physique, ni du souverain bien naturel ; il s'agit seulement du souverain bien moral, & la question est de sçavoir ce que c'est que ce souverain bien moral.

2. *Que Dieu n'est pas le souverain bien moral des Chretiens en cette vie.*

Lors qu'on considere que Dieu est la cause efficiente de toutes choses, on a un grand penchant à croire qu'il est le souverain bien moral des Chretiens en cette vie ; mais quand on examine ensuite ce que c'est que ce souverain bien moral des Chretiens, & qu'on découvre avec saint Augustin, qu'il consiste dans quelque chose qui est au pouvoir des Chretiens, qui ne peut leur estre ôtée malgré eux, & qui les rend les plus parfaits qu'ils peuvent estre dans leur genre, on voit bien que Dieu ne peut estre luy-même le souverain bien moral des Chretiens en cette vie.

Mais, dira-t-on, Dieu n'est-il pas le Bien universel ; & en cette qualité, n'est-il pas le souverain bien de l'homme ? Je réponds que Dieu n'est point le bien universel. Dieu est à la verité la cause du bien universel, entant qu'il produit tous les biens particuliers, tant naturels que surnaturels; mais il n'est pas le bien universel luy-même. Le bien universel est un bien general, qui, comme toutes les autres natures universelles, n'existe que dans l'entendement qui le conçoit; & Dieu est un bien tres positif & tres existant en luy-même. Le bien universel renferme tous les biens particuliers, comme ses parties subjectives, c'est à dire, comme l'espece renferme ses individus, ou le genre ses especes; Dieu au contraire ne renferme ainsi aucun bien particulier: car s'il en renfermoit quelqu'un, ce bien particulier participeroit univoquement à la nature de Dieu: Ce qui repugne.

Il faut ajouter, que si Dieu estoit le bien universel, l'homme ne l'aimeroit jamais d'un amour deliberé: car il a esté prouvé cy-devant, que la volonté est invinciblement portée vers le bien en general, & qu'elle n'use jamais de choix qu'à l'égard des biens particuliers. Il n'y a donc point de sens, auquel il soit vray de dire, que Dieu est le bien universel, si ce n'est qu'on entende par les mots de *bien universel*, que Dieu est le principe & la fin de tous les biens: le principe, entant que tous les biens procedent de Dieu, comme de leur cause premiere; & la fin, entant que tous les biens se rapportent à luy & à sa gloire, comme à leur cause finale.

Mais si Dieu n'est pas le souverain bien moral des Chretiens en cette vie, en quoy le ferons-nous consister, ce souverain bien? Le mettrons-nous dans les richesses, dans les honneurs, dans les dignitez, dans les plaisirs des sens, ou dans les voluptez corporelles? Cela ne se peut dire; car on peut mal user de toutes ces choses, & on n'use jamais mal du souverain bien moral. Le mettrons-nous dans les facultez de l'ame & du corps? Cela ne se peut dire encore; car nous pouvons user mal de ces facultez. Il reste donc que nous ne pouvons établir le souverain bien moral de l'homme en cette vie, que dans la vertu. Mais pour la vertu, elle a toutes les proprietez du souverain bien moral. Personne ne doute, dit saint Augustin, que la vertu ne rende l'ame plus parfaite, & qu'elle ne soit le grand bien de l'homme. On peut user bien ou mal de tous les autres biens; mais on ne peut jamais user mal de la vertu; parce que la vertu consiste elle-même dans le bon usage que nous faisons des choses dont nous pourrions user mal.

C'est donc une chose constante, que Dieu n'est pas le souverain bien moral de l'homme en cette vie, & que ce souverain bien n'est

Que le souverain bien moral des Chretiens en cette vie consiste dans la vertu.

S. Aug: de moribus Ecclesia cap. 6.

autre chose, selon saint Augustin, (*l. 12. de lib. arb. c. 19.*) que le bon usage que nous faisons des choses dont nous pourrions user mal. Or est-il que selon le même Docteur, la vertu Chretienne ne differe pas réellement de ce bon usage, ni de la Charité: la Charité est donc le souverain bien moral de l'homme en cette vie. C'est pourquoy, puis que la beatitude de l'homme en cette vie, n'est autre chose que la possession ou la jouïssance du souverain bien moral, il faut conclure, que la beatitude de l'homme en cette vie, consiste uniquement *dans le contentement interieur que l'ame reçoit de ce qu'elle suit la vertu.*

> 4.
> En quoy consiste la Beatitude des Chretiens en cette vie.

Je dis que la beatitude de l'homme en cette vie, *consiste dans le contentement interieur que l'ame reçoit*: pour faire connoitre ce que la beatitude de l'homme en cette vie a de commun avec la beatitude de la vie future: & j'ajoute, *de ce qu'elle suit la vertu*; pour marquer ce que la beatitude de cette vie a de particulier, qui est que dans la vie future nous nous unirons à Dieu par son essence; au lieu que dans la vie presente, nous ne nous unissons à Dieu que par la pratique de la vertu. C'est dans cette pratique que consiste toute l'union que l'ame peut avoir avec Dieu en cette vie. Toute autre union est imaginaire; ou si elle est réelle, elle est miraculeuse, & ne peut estre expliquée ni enseignée par les hommes.

Suivant cette doctrine, nous ne dirons pas que l'homme jouït en cette vie de la beatitude, quand il possede des richesses, des honneurs & des dignitez; parce qu'il peut posseder toutes ces choses, sans faire aucun bon usage de sa liberté. Et alors il peut estre heureux, mais non pas jouïr de la beatitude: car il est à remarquer, que le bonheur & la beatitude sont deux choses fort differentes; puis que la beatitude dépend du bon usage que nous faisons de notre liberté, & que le bonheur n'en dépend pas.

Nous ne dirons pas en second lieu, que l'homme possede la beatitude, parce qu'il jouït des plaisirs sensibles ou des voluptez corporelles, d'autant que par la beatitude, on entend la possession d'un bien qui remplit tous les desirs de l'homme, reglez par la raison ou par l'Evangile; & l'experience fait voir que les plaisirs des sens, & les voluptez corporelles ne sont dans l'homme que comme des moyens pour arriver à une fin plus éloignée, qui est la conservation de la vie temporelle, & l'acquisition du salut éternel.

Il y a donc une grande difference entre le plaisir des sens & le conten-

contentement interieur de l'ame, qu'on appelle *Beatitude*. Celle-cy est un bien absolu, étant impossible de trouver un seul cas, où il ne soit pas avantageux de la posseder; au lieu que les plaisirs des sens ne sont des biens qu'à quelque égard, sçavoir, entant qu'ils se rapportent au contentement interieur de l'ame. Car s'ils ne s'y rapportent pas, ou s'ils y sont contraires, bien loin qu'ils soient des biens, ils sont des vrais maux, ainsi que l'experience l'enseigne. Les plaisirs des sens sont des suites de l'impression que les objets sensibles font sur les organes, & le contentement interieur de l'ame est un effet du bon usage que nous faisons de la raison. Enfin les plaisirs des sens sont des motifs qui nous portent à chercher la beatitude dans de certains objets, & le contentement interieur de l'ame est la beatitude même que nous trouvons dans ces objets.

Ainsi l'homme ne jouït de la beatitude en cette vie, que lors qu'il s'unit à Dieu par la Charité, c'est à dire, par l'exercice de toutes les vertus. Je dis par l'exercice de toutes les vertus, pour distinguer la beatitude temporelle des Chretiens, de leur beatitude éternelle, qui est fort differente. En effet, la beatitude temporelle est sujette à interruption, & la beatitude éternelle sera invariable: la beatitude temporelle est active & dépendante de notre choix, & la beatitude éternelle est passive & indépendante de notre liberté: la beatitude temporelle ne nous unit à Dieu que mediatement, & la beatitude éternelle nous y unira immediatement.

CHAPITRE XI.

Où l'on fait voir qu'aimer Dieu pour jouïr de la beatitude, c'est l'aimer pour sa gloire, & pour luy même.

TOut le monde sçait que Dieu peut estre glorifié en deux manieres; ou comme Auteur de la Nature, ou comme Auteur de la Grace. Nous avons fait voir dans la premiere Partie de ce Livre, comment il est glorifié comme Auteur de la Nature; il reste maintenant à expliquer comment il peut estre glorifié comme Auteur de la Grace; ce que nous aurions peine de faire voir, si nous ne sçavions auparavant ce que c'est que la gloire de Dieu surnaturelle. Il faut donc entendre par la gloire de Dieu Surnaturelle, celle qui suppose la revelation divine, & qui ne peut estre procurée à Dieu par l'homme sans le secours de la grace.

<small>I.
Qu'est-ce qu la gloire de Dieu surnaturelle.</small>

Mon dessein n'est pas de parler icy de la gloire surnaturelle, qui est essentielle à Dieu : Comme cette gloire ne diffère pas de Dieu même, elle ne peut estre procurée par aucune creature. Je veux seulement parler de la gloire de Dieu accidentelle, qui consiste dans la manifestation des attributs de Dieu, sur tout dans la manifestation de sa bonté, par laquelle il communique aux Chretiens tous les biens de la grace qu'ils possedent.

2. Que les creatures glorifient Dieu en deux manieres, & en quelles.

Or cette bonté surnaturelle de Dieu se manifeste en deux manieres ; sçavoir dans les Chretiens : & par les Chretiens. Elle se manifeste dans les Chretiens, entant que Dieu par sa bonté communique aux Chretiens les biens de la grace ; & elle se manifeste par les Chretiens, entant que les Chretiens font un bon usage des biens de la Grace que Dieu leur communique.

Les creatures inanimées glorifient Dieu de la premiere maniere : car, comme dit saint Paul, *ses grandeurs invisibles, sa puissance & sa divinité, deviennent comme visibles, en se faisant connoitre par ses ouvrages depuis la creation du monde.* Mais il n'y a que les Chretiens qui puissent glorifier Dieu en la seconde ; parce qu'il n'y a qu'eux qui soient capables d'user avec choix des biens que Dieu leur communique.

3. Que la beatitude des Chretiens & la gloire de Dieu surnaturelle, ne different pas reellement l'une de l'autre.

Suivant ces principes, la gloire de Dieu surnaturelle peut estre considerée en deux manieres ; sçavoir par rapport à Dieu, & par rapport aux Chretiens. Si on la considere par rapport à Dieu, elle n'est autre chose que Dieu même, entant qu'il communique par sa bonté les biens de la grace aux Chretiens : & si on la considere par rapport aux Chretiens, elle consiste dans le bon usage qu'ils font des biens de la grace : Or est-il que nous avons prouvé dans le Chapitre precedent, que la beatitude des Chretiens consiste dans le contentement interieur qui resulte en leur ame, du bon usage qu'ils font des biens de la Grace que Dieu leur communique : Donc la beatitude des Chretiens en cette vie ne differe pas réellement de la gloire de Dieu surnaturelle. Ce qu'il falloit prouver.

Et il ne serviroit rien de dire, que si la beatitude des Chretiens ne differoit pas de la gloire de Dieu, lors que Dieu se propose pour fin sa gloire, il se proposeroit une fin bornée & creée : ce qui repugne ; car il faut remarquer, que selon le principe que je viens d'établir, la gloire de Dieu surnaturelle, dont il s'agit icy, peut estre regardée en deux manieres, ou par rapport à son sujet, ou par rapport à son objet. Si on la regarde par rapport à son sujet, elle est quelque chose de borné & de fini, entant qu'elle consiste dans le bon usage que l'homme fait de sa liberté : mais si on la considere par rapport à son objet, elle est infinie & increée, parce qu'elle regarde la bonté de Dieu, qui ne differe pas de Dieu même ; c'est pourquoy on peut prendre la gloire de Dieu objectivement ou formellement : quand on la prend formellement, elle ne differe pas de notre beatitude ; & quand on la prend objectivement, elle en differe autant que le Createur differe de la creature.

Il seroit encore inutile de recourir aux precisions, pour distinguer notre beatitude de la gloire de Dieu : car quoy que je ne doute pas de la possibilité de ces precisions, je sçay neanmoins qu'elles sont insuffisantes pour établir une distinction réelle entre notre beatitude & la gloire de Dieu prise formellement. En effet, tout ainsi qu'on peut dans l'homme separer par precision, l'animal du raisonnable, mais non pas faire que la definition de l'homme ne comprenne indivisiblement l'un & l'autre ; on peut aussi dans la Charité separer par precision la gloire de Dieu prise formellement, de notre beatitude ; mais non pas faire que notre beatitude & la gloire de Dieu prises formellement, ne soient indivisiblement contenuës dans l'idée de la Charité.

Si cela n'estoit, nous pourrions assurer que l'Ecriture ou la raison nous trompent : car l'Ecriture nous enseigne d'un côté, que Dieu nous a faits pour luy, c'est à dire pour sa gloire ; & la raison nous enseigne de l'autre, qu'il nous a faits pour estre heureux. Il faut donc que ce soit une même chose dans l'homme, qu'estre faits pour la gloire de Dieu, & estre faits pour estre heureux.

Ceux qui distinguent réellement notre beatitude de la gloire de Dieu, & qui les regardent comme deux fins subordonnées, ont bien de la peine à répondre aux difficultez qu'on leur propose, quand on leur dit, que selon leurs principes, la beatitude est tellement la raison d'aimer Dieu, que sans elle Dieu ne nous seroit pas aimable ; & par consequent, qu'on ne voudroit pas dans l'acte de Charité la gloire de Dieu, si la beatitude n'y determinoit : ce qui est proprement preferer sa beatitude à la gloire de Dieu : Mais toutes ces difficultez disparoissent, lors qu'on regarde notre beatitude & la gloire de Dieu, comme réellement & substantiellement une même chose.

Il n'est donc point vray, que pour aimer Dieu par charité, il faille l'aimer uniquement pour luy-même, sans aucun rapport à notre beatitude. Il n'y a rien au contraire, de plus éloigné de la raison &

de l'Evangile, que de supposer qu'un être intelligent puisse glorifier Dieu, sinon en le connoissant & en l'aimant, c'est à dire, en jouïssant de la beatitude.

Ainsi, bien loin que le desir d'estre heureux rende la charité interessée, il la rend au contraire plus pure & plus parfaite. La charité n'est pas desinteressée, parce qu'elle exclut de la beatitude; mais parce qu'elle se propose la gloire de Dieu. Or il est prouvé, que la gloire de Dieu ne diffère pas réellement de notre beatitude : il s'ensuit donc que plus nous desirons d'estre heureux, plus notre Charité est pure & desinteressée. En effet, si l'on retranchoit la beatitude de la Charité, la charité ne seroit plus une espece d'amour, ni par consequent une vraye Charité : Si au contraire, l'on regarde la beatitude comme la fin derniere de la Charité, la Charité ne sera plus un amour de Dieu, mais un amour de nous-mêmes. Il faut donc garder un milieu entre ces deux extremitez, qui est de regarder notre beatitude comme la fin prochaine, & non subordonnée de la Charité : car alors la Charité est un vray amour; parce que la beatitude est une vraye raison d'aimer : & elle est un vray amour de Dieu, & non pas de nous-mêmes; parce que nous n'aimons pas notre beatitude pour nous precisément, mais pour la gloire de Dieu, comme pour notre fin derniere.

Si une montre disoit à l'Horloger qui l'a faite, qu'elle l'aime, non parce qu'il l'a renduë parfaite en son genre, mais parce qu'il est honneste homme; l'Horloger ne pourroit-il pas répondre qu'il se soucie peu de cet amour, & que la gloire qu'il peut recevoir en qualité d'Horloger, ne vient pas de ce qu'il est honneste homme, mais de ce qu'il a fait une montre parfaite. Par la même raison, Dieu ne peut-il pas répondre à l'homme qui dit qu'il l'aime pour sa seule excellence, que la gloire qu'il peut recevoir en qualité d'auteur de la nature & de la grace, ne vient pas de sa propre excellence, mais de ce qu'il rend l'homme heureux & parfait.

Toutefois bien que la Charité renferme essentiellement notre beatitude, il y a neanmoins une raison qui fait, qu'on peut & qu'on doit dire, qu'aimer Dieu par charité, c'est l'aimer luy-même pour luy-même. Elle se tire cette raison de la nature de l'amour, dont le propre est de transformer l'amant en l'objet aimé, & de faire par cette transformation, que celuy qui a la Charité est tellement à Dieu, qu'il ne se considere plus luy-même comme separé de Dieu, ni comme ayant d'autres interests que les siens; autrement il ne seroit pas transformé en Dieu. Cependant il ne laisse pas d'estre porté à son bien particulier : mais depuis qu'il a été transformé, il ne se trouve plus qu'en Dieu, à qui la Charité l'a uni.

C'est en ce sens-là seulement qu'on peut permettre aux Mystiques de dire, qu'aimer Dieu par charité, c'est l'aimer pour luymême, sans aucun rapport à nous ; car s'ils entendoient que la Charité exclût absolument tout rapport à nous, cette charité ne seroit pas une espece d'amour, ni par consequent une vraye charité, mais une charité feinte & chimerique.

CHAPITRE XII.

Contenant la conclusion de ce quatriéme Livre.

PAr tout ce qui vient d'estre dit de l'Amour de Dieu, consideré comme Auteur de la Nature & comme Auteur de la Grace, il paroit,

1. Que cet amour est une veritable passion de l'ame, non seulement quand il est dans l'ordre de la nature, mais encore quand il est élevé jusques à l'ordre de la grace. Car il est impossible de supposer de l'amour dans l'ame, tandis qu'elle est unie au corps, sans estre obligé de reconnoître que cet amour dépend de quelque mouvement du corps, causé sur les organes par l'impression d'un objet sensible, naturel ou surnaturel.

2. Que dans cette vie l'homme n'aime point Dieu en luy-même, parce que Dieu est invisible, & que selon l'Apôtre, les choses de Dieu invisibles ne sont connuës, ni par consequent aimées, que par les choses visibles : Ce qui a fait dire à un celebre Philosophe, Qu'il n'y a que la Religion Chretienne, qui, nous enseignant le Mystere de l'Incarnation, par lequel Dieu s'est rendu semblable à nous, fait que nous sommes capables de l'aimer immediatement; & que ceux qui sans la connoissance de ce Mystere, ont semblé avoir de la passion pour quelque Divinité, n'en ont point eu neanmoins pour le vray Dieu, mais seulement pour quelque Idole qui a frappé leurs sens, à laquelle ils ont donné le nom de Dieu. [M. Descartes tom. 1. des lett.]

3. Que la bonté de Dieu relative à nous, n'est l'objet formel de la Charité, qu'entant qu'elle nous est communiquée ; & qu'elle ne nous est pas communiquée par elle-même, mais par les bienfaits de Dieu. Par exemple, Dieu ne nous communique pas immedia-

tement sa Justice, car sa justice est increée, & nous sommes formellement justes par une justice creée : il ne nous communique pas immediatement la Misericorde, car sa misericorde est increée, & nous sommes formellement misericordieux par une misericorde creée ; Ainsi de toutes les autres perfections divines, dont il n'est pas une seule qui nous soit communiquée immediatement par elle-même.

4. Que l'amour interessé est celuy qui ne cherche que son interest, sans se mettre en peine de celuy de l'objet aimé ; & au contraire, que l'amour desinteressé, est celuy qui cherche son interest, sans negliger celuy des autres : d'où vient que l'amour de Dieu n'est jamais interessé, lors que nous cherchons sa gloire & notre beatitude, pourveu que nous ne cherchions notre beatitude que pour sa gloire.

5. Que l'obligation de rapporter toutes choses à Dieu, est un devoir indispensable, non seulement à l'égard des Chretiens, mais encore à l'égard de tous les hommes. Saint Paul nous apprend, que nous ne devons rien faire sans nous proposer la gloire de Dieu : & afin qu'on ne crût pas que cela se devoit entendre seulement des actions les plus importantes, & de celles qui par l'excellence de leur objet, demandent d'avoir Dieu pour fin ; il étend cette obligation aux actions qui sont les plus ordinaires, & qui nous sont même communes avec les bêtes ; telles que sont le boire & le manger.

6. Qu'il n'est pas necessaire que l'intention de rapporter nos actions à Dieu soit toujours actuelle. Non seulement cela n'est pas necessaire, il n'est pas même possible : l'intention virtuelle suffit, & elle consiste en ce qu'ayant commencé une action pour Dieu, on la continuë, & on fait toutes les autres qui en dépendent, par la vertu de la premiere offrande qu'on en fait, encore qu'on n'y pense pas.

7. Que bien loin que le desir d'estre heureux rende la Charité interessée, il la rend au contraire plus pure & plus parfaite. Ce qui rend la charité desinteressée, n'est pas l'exclusion de la beatitude ; c'est la gloire qu'on se propose de procurer à Dieu en l'aimant. Or il a esté prouvé que la gloire que nous procurons à Dieu, ne differe pas réellement de notre beatitude : Il s'ensuit donc, que plus nous desirons d'estre heureux, plus notre charité est pure & desinteressée.

8. Que la gratitude, la charité & l'esperance sont trois vertus tres distinctes, à raison de leur objet formel. En effet, l'objet formel de la gratitude est la bonté de Dieu relative à nous par ses bienfaits passez : l'objet formel de la charité est la bonté de Dieu relative à nous par ses bienfaits presens ; & l'objet formel de l'esperance est la bonté de Dieu relative à nous par ses bienfaits futurs. Ce qui fait voir combien s'éloignent de la raison ceux qui disent que Dieu, selon qu'il est diversement regardé, ou en luy-même, ou par rapport à nous, est l'objet d'un amour interessé, ou desinteressé : car il est certain que l'amour de Dieu, soit interessé, soit desinteressé, se rapporte toujours à nous.

9. Que le souverain bien de l'homme, soit dans l'ordre de la nature, soit dans l'ordre de la grace, consiste dans la vertu ; & que la vertu n'est autre chose, que le bon usage que l'homme fait de toutes les choses dont il pourroit user mal.

10. Que la beatitude de l'homme en cette vie, consiste dans le contentement que l'ame reçoit de ce qu'elle suit la vertu, c'est à dire, de ce qu'elle use bien de toutes choses, & sur tout des facultez du corps & de l'ame que Dieu luy a données ; car il n'est point de plus grande perfection, ni de plus grande vertu pour l'homme, que de bien user de ces facultez.

11. Que la Charité n'est pas une vertu particuliere, mais une vertu generale, qui consiste dans l'exercice de toutes les vertus particulieres dont elle éleve les actes à sa fin derniere ; en sorte qu'on peut asseurer que toutes les vertus sont la propre matiere de la Charité, & que sa forme consiste precisément à nous unir à Dieu pour luy-même : car il faut remarquer, comme il vient d'estre dit, que la Charité éleve la fin de toutes les vertus à la sienne propre, qui est la gloire de Dieu : D'où vient que les Mystiques auroient raison de dire, que la Charité consiste uniquement à s'unir à Dieu pour luy-même, sans aucun rapport à nous, s'ils prenoient cela seulement pour la forme de la charité : Mais le malheur est, qu'ils le prennent pour la matiere & pour la forme ; en quoy ils commettent la même faute que feroit celuy qui croiroit avoir bien defini l'homme, en disant qu'il est raisonnable.

12. Que l'homme Chretien suppose l'homme Raisonnable, & que bien loin que la charité excluë les vertus naturelles, elle les renferme comme sa propre matiere, de sorte qu'il est aussi impossible à un Chretien de retenir la Charité en bannissant les vertus na-

turelles, qu'à un Philosophe de conserver du feu, en bannissant toutes les matieres combustibles.

13. Que si on retranchoit notre beatitude de la Charité, la Charité ne seroit plus une espece d'amour, ni par consequent une vraye Charité: Si au contraire on prend notre beatitude pour la fin derniere de la Charité, la Charité n'est plus un amour de Dieu, mais un amour de nous-mêmes. Il faut donc garder un milieu entre ces deux extremitez, qui est de regarder notre beatitude comme inseparable de la gloire de Dieu; car alors la Charité est un vray amour; parce que notre beatitude est une vraye raison d'aimer: & elle est un vray amour de Dieu, & non pas de nous-mêmes; parce que nous n'aimons pas notre beatitude seulement pour nous-mêmes, mais pour Dieu & pour sa gloire.

En dernier lieu, il paroit que les Chretiens jouïssent de la beatitude en cette vie, en suivant la vertu: qu'ils suivent la vertu en gardant les Commandemens de Dieu: qu'en gardant les Commandemens de Dieu, ils s'unissent à luy: qu'en s'unissant à Dieu, ils l'aiment: & qu'en l'aimant, ils le glorifient. Ce qui fait voir que l'amour de Dieu (que je ne distingue pas icy de la Charité des Chretiens) renferme essentiellement la Beatitude temporelle des Chretiens, & la gloire de Dieu surnaturelle, non comme deux fins réellement distinctes & subordonnées, mais comme deux fins qui ne sont distinctes que d'une distinction de raison. Ce qu'il falloit prouver.

REFUTATION

REFUTATION
DE L'OPINION
DE SPINOSA,
TOUCHANT L'EXISTENCE, ET LA NATURE de Dieu.

CHAPITRE I.
Où l'on propose cette Opinion.

SPINOSA dans la premiere Partie de sa Morale, tâche de prouver qu'il n'y a qu'une seule Substance dans la nature; que Dieu est cette Substance, & que toutes les choses du monde ne sont que des Attributs, ou des Modes de cette Substance : Pour proceder même avec plus d'ordre, il suit la methode des Geometres. Il commence par definir les Mots, & par établir des Axiomes.

Je ne rapporteray pas icy toutes les Definitions, ni tous les Axiomes dont Spinosa se sert pour prouver son opinion : Je proposeray seulement ceux qui regardent precisement l'Existence & la Nature de Dieu. Avant même que de faire aucun usage de ceux-cy, je les examineray en particulier, pour faire remarquer ce qu'ils auront d'obscur ou d'équivoque; après quoy, je tâcheray de faire voir, que Spinosa n'a pû conclure ce qu'il pretend, sçavoir, qu'il n'y a dans la nature qu'une seule Substance, & que cette Substance est Dieu.

P p p

CHAPITRE II.

Contenant les Définitions de Spinosa, avec mes Reflexions sur ces Définitions.

PREMIERE DEFINITION.

J'Appelle cause de soy-même, *ce dont l'essence renferme l'existence, ou dont la nature ne peut estre conçuë que comme existante.*

REFLEXIONS SUR LA I. DEFINITION.

Il n'est rien de plus obscur que l'idée que Spinosa attache au mot de *Cause de soy-même* : il dit qu'il appelle cause de soy-même, ce dont l'essence renferme l'existence, mais il ne dit pas que l'essence d'une chose peut renfermer l'existence en deux manieres ; ou en excluant seulement la cause materielle, ou en excluant tout ensemble, & la cause materielle, & la cause efficiente : Par exemple, le corps & l'esprit (que nous prenons icy pour deux substances) sont des causes de soy-même au premier sens ; car le corps & l'esprit ne supposent aucun sujet pour exister, mais ils n'excluent pas une cause efficiente ; au contraire Dieu est cause de soy-même au second sens, entant que son existence ne suppose aucune cause, ni materielle ni efficiente : d'où il s'ensuit, que Dieu est cause de soy-même absolument, & que l'esprit & le corps ne sont cause de soy-même qu'à quelque égard. Ce qu'il faut bien remarquer, pour éviter l'équivoque du mot de *Cause de soy-même*, duquel Spinosa abusera souvent dans la suite.

II. DEFINITION.

J'appelle une chose finie en son genre, *celle qui peut estre bornée par une autre chose de même nature* : Par exemple, un corps, est dit fini en son genre, parce que nous pouvons en concevoir un autre plus grand que luy, de même une pensée est bornée par une autre pensée, mais un corps n'est pas borné par une pensée, ni une pensée par un corps.

REFLEXIONS SUR LA SECONDE DEF.

Cette definition est encore fort obscure ; car Spinosa ne fait pas remarquer qu'une chose peut estre finie en son genre en deux manieres, ou selon son essence, ou selon sa grandeur. Un corps, par exemple, est fini en son genre en ces deux manieres : Il est fini en son genre selon son essence, entant qu'il est déterminé par sa forme à estre d'une certaine espece ; & il est fini en son genre, selon sa

RÉFUTATION DE L'OPINION DE SPINOSA, &c. 483
grandeur, entant qu'il peut estre borné & circonscript par un autre corps plus grand de même nature : un esprit au contraire est fini en son genre selon son essence, entant qu'il est d'une espece particuliere ; mais il n'est pas fini en son genre selon sa grandeur, car l'esprit n'est ni grand ni petit ; d'où il s'ensuit que Spinosa n'a pas raison de dire qu'une pensée peut estre bornée par une autre pensée, si ce n'est qu'il entende qu'une pensée est réduite à une certaine espece, par une autre pensée d'un ordre superieur ; comme il sera expliqué ensuite.

III. DEFINITION.

Par le mot de Substance, j'entens ce qui existe en soy-même, & ce qui est conçu par soy, c'est à dire, cet être, ou cette chose dont on se peut former l'idée, sans le secours de l'idée d'une autre chose.

REFLEXIONS SUR LA TROISIE'ME DEF.

La definition du mot de *Substance*, n'est pas plus exacte que les deux precedentes. Spinosa dit, que par le mot de Substance, il entend ce qui existe en soy, & il a raison, car c'est là toute la nature de la substance que d'exister en soy : mais il n'a pas raison de dire, que ce qui existe en soy est conçu par soy ; car en effet la substance existe en soy, mais elle n'est pas conçuë par soy ; elle est conçuë par son attribut, comme Spinosa le reconnoit luy-même dans la Definition qui suit. Il n'est pas vray aussi que la substance soit cet être, ou cette chose dont on se peut former l'idée sans le secours de l'idée d'une autre chose ; car il a esté prouvé dans la premiere Partie du premier Livre, que le mot de Substance est correlatif à celuy de Mode, & par consequent que la substance ne peut estre conçuë sans le secours du mode, non plus que le mode ne peut estre conçu sans le secours de la substance.

IV. DEFINITION.

J'appelle, Attribut, ce que l'esprit apperçoit de la substance comme constituant son essence.

REFLEXIONS SUR LA QUATRIE'ME DEF.

Spinosa nous enseigne bien dans cette definition, que l'attribut, est ce que l'esprit apperçoit de la substance, comme constituant son essence ; mais il ne nous dit pas, que comme la substance peut estre consideree en trois manieres, sçavoir selon son genre, selon ses especes, & selon ses individus ; il y a aussi trois sortes d'attributs ; sçavoir, des attributs *Generiques*, des attributs *Specifiques*, & des attributs *Numeriques*. L'Attribut generique distingue les

Ppp ij

substances des modes ; l'attribut specifique distingue les substances d'une espece, des substances d'une autre espece; & l'attribut numerique fait differer entre elles, les substances de la même espece. Ce qui est si necessaire à remarquer, qu'il est impossible sans cela d'éviter la confusion : comme il paroitra dans la suite.

V. DEFINITION.

Par le Mode ou la maniere, *j'entens les modifications ou dispositions accidentelles de la substance, c'est à dire, celles qui sont tellement attachées à un sujet, qu'elles ne peuvent estre, ni estre conçuës sans luy.*

REFLEXIONS SUR LA V. DEF.

Cette définition n'est pas plus exacte que les autres. Dans la premiere Partie, le mot *de Mode* ou *de maniere d'estre*, signifie les dispositions accidentelles de la substance en general : & dans la seconde, il signifie les dispositions accidentelles de la substance en particulier, c'est à dire, de la substance déterminée par un attribut specifique. Or la premiere partie est tres fausse; car la substance en general ne peut recevoir aucun mode ; mais aussi la seconde est tres vraye ; car les modes sont tellement attachez aux attributs specifiques des substances, qu'il est impossible de les concevoir hors d'eux. Par exemple, il est impossible de concevoir la figure hors de l'étenduë, & le desir hors de la pensée. Il faut donc entendre par le mot *de Mode*, une disposition accidentelle, non de la substance en general, mais de la substance en particulier. Ajoutez encore, qu'il n'est pas moins de l'essence de la Substance de pouvoir recevoir des Modes, qu'il est de l'essence des modes d'exister dans les substances ; ce qui fait que les mots de Substance & de Mode, sont correlatifs ; comme il a esté remarqué.

VI. DEFINITION.

J'appelle Dieu, l'Etre absolument infini, c'est à dire, une Substance qui a une infinité d'attributs, dont chacun envelope dans son idée, une Essence eternelle & infinie.

EXPLICATION.

Dieu est *l'Etre absolument infini, & non pas l'être infini en son genre ; car tout ce qui est infini seulement en son genre, peut manquer d'une infinité d'attributs, au lieu que les choses qui sont infinies absolument, renferment toutes les perfections qui expriment l'essence & excluent la negation.*

REFLEXIONS SUR LA SIXIE'ME DEF.
& sur son Explication.

Cette explication supposée, je demande à Spinosa, Si les attributs qui appartiennent à la substance de Dieu, sont infinis en leur genre, ou s'ils sont infinis absolument. S'il dit qu'ils sont infinis absolument, il se contredit luy-même, car il assure le contraire dans la sixiéme proposition qui suit, & dans une réponse à Monsieur d'Oldenbourg : Et s'il dit qu'ils sont infinis en leur genre, je répons que des attributs infinis en leur genre, ne peuvent pas faire une substance infinie absolument. Il faut ajouter qu'il y a de la repugnance à dire, que Dieu est une substance qui a une infinité d'attributs ; car si Dieu est une seule substance, il ne peut avoir plusieurs attributs, d'autant que par la quatriéme Définition même de Spinosa, l'attribut est ce qui constituë l'essence de la substance : outre qu'à parler proprement, Dieu n'est pas une substance ; la substance existe en elle-même, & Dieu existe par luy-même. Il est de l'essence de la substance de pouvoir recevoir des modes ; & il est de l'essence de Dieu de n'en pouvoir recevoir aucun : Si Dieu pouvoit recevoir des modes, il n'excluroit pas toute negation ; ce qui est contraire à l'explication même de Spinosa.

VII. DEFINITION.

Nous appellerons libre, *une chose qui existe par la seule necessité de sa nature, & qui est déterminée à agir par elle-mesme ; & nous appellerons* necessaire, *ou plutôt* contrainte, *une chose qui existe par une autre, & qui agit par cette autre, d'une certaine maniere déterminée.*

REFLEXIONS SUR LA SEPTIE'ME DEF.

Cette définition ne peut convenir qu'à Dieu, parce qu'il n'y a que Dieu qui existe par la necessité de sa nature : Elle est encore tres équivoque à l'égard de Dieu ; car Dieu peut estre déterminé à agir par luy-même en deux manieres ; ou par sa nature, ou par sa volonté : Ce qui est tres different. Si Dieu est déterminé à agir par sa nature, il n'est pas tant un Etre libre qu'un Etre necessaire, parce qu'il est necessité par sa nature à agir comme il agit : Par exemple, il est necessité par sa nature à vouloir estre *Eternel*, *Immense*, *Tout-puissant*, &c. parce que sans cela il ne seroit pas Dieu ; mais il n'est pas tout de même necessité d'aimer le monde qu'il a creé, parce que Dieu ne seroit pas moins Dieu bien que le monde ne fuft pas créé ; d'où il s'enfuit que la creation n'eft pas tant une fuite neceffaire de la nature divine, qu'un effet libre de la volonté de Dieu. Ce qu'il faut bien remarquer.

Il ne ferviroit de rien de dire, que ce qui procede de la volonté de Dieu, eft auffi neceffaire que ce qui procede de fa nature : car il faut remarquer, qu'il y a cette difference entre les chofes qui procedent de la volonté de Dieu, & celles qui procedent de fa nature, que celles-cy font neceffaires d'une neceffité intrinfeque tirée de leur propre nature, au lieu que les autres ne font neceffaires que d'une neceffité extrinfeque tirée de la volonté de Dieu. En ce fens-là l'éternité de Dieu eft neceffaire d'une neceffité intrinfeque ; & la creation du monde eft neceffaire d'une neceffité feulement extrinfeque.

On ne peut pas empêcher Spinofa d'attacher au mot de *libre* telle idée qu'il voudra, car les définitions des mots font arbitraires. Il peut vouloir entendre par le mot de *libre*, ce que les autres entendent par celuy de *neceffaire* ; mais auffi il ne doit pas pretendre que nous recevions les confequences qu'il tirera de cette définition, comme fi c'eftoit des confequences tirées de la vraye notion du mot de liberté.

VIII. DEFINITION.

Par l'éternité, j'entens l'exiftence mefme, entant qu'elle fuit neceffairement de la définition de la chofe éternelle.

EXPLICATION DE LA HUITIEME DEFINITION.

Une telle exiftence eft conçuë comme une verité éternelle, tout ainfi que l'effence : c'eft pourquoy elle ne peut eftre expliquée, ni par le temps ni par la durée, bien que dans la durée on ne conçoive ni commencement, ni fin.

REFLEXIONS SUR LA HUITIEME DEF.
& fur fon Explication.

Cette derniere Définition, avec fon Explication, eft auffi obfcure que la premiere, & par la même raifon. Spinofa dans fa premiere définition appelle *caufe de foy*, ce dont l'effence renferme l'exiftence ; & il appelle icy *éternelle*, une chofe, dont l'exiftence fuit neceffairement de la définition de cette chofe ; ce qui revient au même. D'où il s'enfuit que, felon Spinofa, eftre éternel, & eftre caufe de foy, c'eft une même chofe. Or nous avons fait remarquer touchant la premiere définition, qu'une chofe peut eftre caufe de foy en deux manieres ; ou en excluant feulement la caufe materielle, ou en excluant tout ensemble la cause materielle & la cause efficiente. Il faut donc supposer icy la même chose, & partant conclure qu'une chose est absolument éternelle lors qu'elle exclut la cause efficiente & la cause materielle, car lors qu'elle n'exclut que la cause materielle, elle n'est éternelle qu'à quelque égard : C'est pourquoy pour donner une définition exacte du mot *d'éternité*, il auroit fallu que Spinosa eût entendu l'existence qui suit necessairement de la définition de cette chose, en excluant tout ensemble la cause materielle, & la cause efficiente ; car pour les choses dont l'existence n'exclut que la cause materielle, elles ne sont pas *éternelles* mais *éviternelles* : ce qui a fait dire aux Philosophes, que *l'éviternité* est un milieu entre le temps & l'éternité, c'est à dire, que l'éternité est une existence qui exclut la cause efficiente & la cause materielle : que *l'éviternité* est une existence, qui n'exclut que la cause materielle, & que la durée est une existence qui n'exclut pas la cause materielle ni la cause efficiente. Quant à l'Explication que Spinosa ajoute à cette définition, elle ne contient rien qui ne convienne absolument à *l'éviternité*, qui est telle qu'on ne peut l'expliquer ni par le temps, ni par la durée, non pas même par une durée conçuë sans commencement & sans fin. J'entens parler du commencement & de la fin qui sont parties du temps, & non pas du commencement & de la fin qui sont des rapports de l'effet à sa cause efficiente ; car rien n'empêche qu'une chose éviternelle qui n'a nul rapport au temps, ne dépende d'une cause efficiente ; comme il paroitra dans la suite.

CHAPITRE III.

Contenant les Axiomes de Spinosa, & mes Reflexions sur ces Axiomes.

PREMIER AXIOME.

Tout ce qui existe, existe en soy-mesme, ou dans un autre sujet.

REFLEXIONS SUR LE PREMIER AXIOME.

Cet axiome n'est point un Axiome, c'est une question à prouver ; car Spinosa ne dénombre pas toutes les manieres dont une chose peut exister. Une chose peut exister, non seulement en elle-même, ou dans une autre, mais encore par elle-même ; ce qui est une maniere d'exister tres differente des deux autres. En effet, exister en soy, & exister dans un autre, sont deux manieres qui se rapportent essentiellement l'une à l'autre ; au lieu que la maniere d'exister par soy, est quelque chose d'absolu qui ne se rapporte à rien.

II. AXIOME.

Ce qui ne peut pas estre conçu par un autre, doit estre conçu par soy-mesme.

REFLEXIONS SUR LE SECOND AXIOME.

Cet axiome est tres veritable, pourveu qu'on l'entende des choses qui sont concevables ; mais il ne peut avoir lieu à l'égard des choses qu'on ne peut concevoir : Tels sont, les Mysteres de la Religion Chretienne, qui ne sont pas proposez pour estre conçus, mais pour estre crûs.

III. AXIOME.

D'une cause déterminée suit necessairement un effet ; & au contraire si une cause n'est pas déterminée, l'effet ne peut s'ensuivre.

REFLEXIONS SUR LE TROISIE'ME AXIOME.

C'est une chose seure, que d'une cause déterminée à agir, suit necessairement un effet, & que d'une cause qui n'est pas déterminée à agir, l'effet ne peut s'ensuivre : Mais il faut remarquer, qu'une cause peut estre déterminée à agir en deux manieres, ou par sa propre nature, ou par une cause étrangere. Si elle est déterminée à agir par sa nature, l'effet qui s'ensuit est necessaire d'une necessité absoluë : telle est la chaleur que le Soleil produit, car le Soleil échauffe par sa nature. Au contraire, si une cause est déterminée à agir par un agent exterieur, l'effet qui s'ensuit est necessaire, mais d'une necessité seulement hypotetique : tel est le bois qu'on coupe avec une coignée ; car la coignée ne coupe le bois, qu'à cause qu'elle est déterminée à le couper par la main de celuy qui s'en sert.

IV. AXIOME.

La connoissance de l'effet dépend de celle de la cause, & la renferme en soy.

REFLEXIONS SUR LE IV. AXIOME.

La connoissance d'une chose peut dépendre de la connoissance d'une autre en deux manieres ; ou entant qu'une chose ne peut estre connuë sans l'autre, comme le valet ne peut estre connu sans le maitre ;

maistre; ou entant qu'une chose est conçuë par une autre, comme les modes sont conçus par l'attribut des substances. La connoissance de l'effet dépend de celle de la cause, de la premiere maniere seulement: Ce qu'il faut bien remarquer.

V. AXIOME.

Les choses qui n'ont rien de commun entr'elles, ne peuvent estre conçuës les unes par les autres.

REFLEXIONS SUR LE V. AXIOME.

Il est vray que les choses qui n'ont rien de commun ne peuvent pas estre conçuës les unes par les autres, comme les modes sont conçus par l'attribut des substances; mais cela n'empêche pas qu'elles ne puissent estre conçuës les unes par les autres, comme le maître est connu par le valet, & comme la cause est connuë par l'effet. La premiere connoissance se fait par une identité d'idées, & la seconde par une liaison d'idées,

---

CHAPITRE IV.

Où l'on fait voir que les quinze Propositions, sur lesquelles Spinosa fonde l'existence & la nature de Dieu, sont fausses; ou s'il y en a quelqu'une de vraye, qu'elle ne l'est qu'à quelque égard.

I. PROPOSITION.

Les Substances precedent les Modes, d'une priorité de nature.

DEMONSTRATION DE LA I. PROPOSITION.

Cela paroit par la troisième & la cinquième Definition.

REPONSE A LA I. DEMONSTRATION.

Il y a deux prioritez; l'une de *temps*, & l'autre de *nature*. La priorité de temps se trouve entre deux choses qui sont en divers temps: Telle est la priorité qui est entre Cesar & Charlemagne. La priorité de nature est encore de deux sortes; l'une se trouve entre les choses qui sont en même temps, mais dont l'une dépend de l'autre, comme l'effet dépend de la cause efficiente: telle est la priorité qui se trouve entre le soleil & la lumiere; & l'autre se trouve entre les choses qui sont en même temps, mais dont l'une dépend de l'autre, comme l'effet dépend de la cause materielle: telle est la priorité dont la substance precede le mode. C'est en ce sens seul que la premiere Proposition de Spinosa est veritable.

II. PROPOSITION.

Deux substances qui ont divers attributs, n'ont rien de commun entr'elles.

DEMONSTRATION DE LA II. PROP.

Cela paroit encore par la troisiéme Définition ; car chaque substance doit exister en soy, & estre conçuë par soy, c'est à dire, qu'une n'enferme pas l'idée de l'autre.

REPONSE.

Cela ne paroit point par la troisiéme Définition. Il est vray que par cette définition chaque substance doit exister en soy, mais il n'est pas vray que chaque substance doive estre conçuë par soy ; elle doit estre conçuë par son attribut, après quoy je répons ainsi à cette seconde Proposition : Deux substances qui ont divers attributs generiques, n'ont rien de commun, *je l'accorde*. Deux substances, qui ont divers attributs specifiques ou numeriques, n'ont rien de commun : *je le nie*. En effet, le corps & l'esprit ont divers attributs specifiques, cependant ils ont quelque chose de commun, sçavoir l'attribut generique. Pareillement, Pierre & Paul ont divers attributs numeriques, & ils ne laissent pas d'avoir le même attribut generique & specifique. Il est donc faux, generalement parlant, que deux substances qui ont divers attributs, n'ayent rien de commun.

III. PROPOSITION.

Quand deux choses n'ont rien de commun, l'une ne peut estre la cause de l'autre.

DEMONSTRATION DE LA III. PROP.

Si elles n'ont rien de commun, donc par le cinquiéme Axiome, l'une ne peut estre conçuë par l'autre ; & par consequent par le quatriéme Axiome, l'une ne peut estre cause de l'autre.

REPONSE.

Si deux choses n'ont rien de commun, donc par le cinquiéme Axiome, l'une ne peut estre conçuë par l'autre, *je l'accorde* ; & par consequent par le 4. Axiome l'une ne peut estre la cause de l'autre ; *je le nie* : Car pour qu'une chose puisse estre la cause d'une autre, il n'est pas necessaire que l'une soit conçuë par l'autre, il suffit que l'une ne puisse estre connuë sans l'autre : ce qui est fort

REFUTATION DE L'OPINION DE SP[INOZA], &c.

different. D'où il s'enfuit qu'il eſt faux, abſolu[ment par]lant, que quand deux choſes n'ont rien de commun, l'un[e ne puiſ]ſe eſtre la cauſe de l'autre. Nous avons fait voir au co[ntraire] dans la ſeconde Partie du premier Livre, que Dieu eſt [la cauſe] de toutes les creatures, par cette ſeule raiſon, qu'il n'[a rien] de commun avec elles.

IV. PROPOSITION.

Quand deux ou pluſieurs choſes ſont diſtinctes [elles] ſont diſtinguées entr'elles par les attributs des ſubſtances [ou par] les modes de ces attributs.

DEMONSTRATION DE LA [IV. PROP.]

Tout ce qui eſt, ou il eſt en ſoy, où il eſt dans [autre chose] par le premier Axiome, c'eſt à dire par la Définition tro[iſiéme &] cinquiéme, qu'il n'y a rien hors de l'entendement que des ſ[ubſtances] & des modes. Il n'y a donc rien hors de l'entendement par [quoy p]luſieurs choſes puiſſent eſtre diſtinguées entr'elles, que les ſu[bſtances], & leurs attributs, ou les modes de leurs attributs.

RÉPONSE.

Cette démonſtration eſt convaincante à l'[égard] de toutes les ſubſtances; mais on n'en peut rien conclure [à l'égar]d de Dieu; car il a eſté remarqué dans les Reflexions ſur l[a mesme] Définition, que Dieu n'eſt ni ſubſtance, ni mode, ni [ ], ni accident, mais un Etre ſuperieur à tous les êtres, leque[l nous a]vons appellé par cette raiſon l'*Etre ſuperſubſtantiel*.

V. PROPOSITION.

Il ne peut y avoir dans la nature deux ou [pluſieurs] ſubſtances de même nature ou attribut.

DEMONSTRATION DE [LA V.] PROP.

S'il y avoit pluſieurs ſubſtances diſtinctes [elles] ſeroient diſtinguées ou par la diverſité des attributs, ou par [la diver]ſité des modes des attributs, par la Propoſition precedente. [Si c'eſt] ſeulement par la diverſité des attributs, il s'enſuivroit qu'il [n'y en] auroit qu'une de même attribut: & ſi elles eſtoient diſtinguées [par la div]erſité des modes, la ſubſtance étant plutôt que les modes, [par la pr]emiere Propoſition, ſi on venoit à la ſeparer d'eux, il ſer[oit impoſ]ſible de la concevoir diſtinguée d'une autre ſubſtance: d'où i[l s'enſuit], qu'il ne peut y avoir deux ou pluſieurs ſubſtances de même [attribut.]

RÉPONSE.

S'il y avoit plusieurs substances distinctes, elles seroient distinguées par la diversité de leurs attributs, ou par la diversité des modes de leurs attributs, par la Proposition précedente ; *Je l'accorde*. Si c'est par la diversité des attributs, il n'y a donc qu'une substance de même attribut numerique ; *Je l'accorde*. Il n'y a donc qu'une substance de même attribut generique ; *Je le nie*. Que si c'est par la diversité des modes que les substances sont distinguées, puis que la substance est plutôt que les modes, si on la considere comme separée d'eux, on ne peut pas concevoir, à la verité, comment elle est distincte d'une autre substance de même espece ; mais on conçoit fort bien qu'elle est distincte d'une autre substance de differente espece. On concevra même, si on ne veut pas separer les modes de leurs attributs, qu'il y a deux ou plusieurs substances distinctes en nombre, qui ont un même attribut generique & specifique : Il est donc faux, absolument parlant, qu'il ne puisse y avoir dans la nature, deux ou plusieurs substances de même attribut.

VI. PROPOSITION.

Une substance ne peut produire une autre substance.

DÉMONSTRATION DE LA VI. PROP.

Il ne peut y avoir dans la nature deux substances de même attribut par la Proposition precedente, c'est à dire, par la seconde proposition, qui ayent quelque chose de commun ; par consequent par la troisiéme Proposition, l'une ne peut estre la cause de l'autre.

COROLLAIRE.

Il suit de là qu'une substance ne peut estre produite par une autre chose ; car il n'y a dans la nature que des substances & des modes, comme il paroit par le premier Axiome, & par la troisiéme & la cinquiéme Definition. Or est-il qu'une substance ne peut estre produite par une autre substance par la Proposition precedente : donc une substance ne peut absolument estre produite par une autre chose.

RÉPONSE.

Il ne peut y avoir deux substances de même attribut numerique ; *je l'accorde*. Il ne peut y avoir deux substances de même attribut generique ou specifique ; *je le nie*. Or deux substances qui ont le même attribut generique ou specifique n'ont rien de commun, *je le nie* ; & je nie par consequent que l'une ne puisse produire l'autre. Quant au Corollaire, je demeure d'accord que dans la nature créée il n'y a que des substances & des modes ; j'avouë

RÉFUTATION DE L'OPINION DE SPINOSA, &c.

même qu'une substance ne peut estre produite par une autre substance : mais je nie qu'une substance ne puisse estre produite par quelque chose qui n'est pas substance ; comme, par exemple, le corps & l'esprit sont produits par Dieu, qui n'est ni substance ni mode ; comme il a esté demontré.

VII. PROPOSITION.

Il est de la nature de la substance, d'exister.

DEMONSTRATION DE LA VII. PROP.

Une substance ne peut estre produite par une autre chose, par le Corollaire de la proposition precedente ; elle sera donc la cause de soy, c'est à dire, par la premiere definition, que son essence enferme son existence.

REPONSE.

Une substance ne peut estre produite par une autre substance ; *je l'accorde* : Donc elle ne peut estre produite par une autre chose ; *je le nie* : car elle peut estre produite par Dieu, qui n'est ni substance ni mode. Elle sera donc la cause de soy-même, entant qu'elle exclura la cause materielle ; *je l'accorde :* Entant qu'elle exclura la cause efficiente, *je le nie* ; c'est à dire que son essence renferme son existence comme independante d'une cause materielle, mais non pas comme independante d'une cause efficiente : Donc il n'est pas vray absolument, qu'il soit de la nature de la substance, d'exister ; ou si c'est de sa nature d'exister, c'est d'exister en elle-même, & non pas d'exister par elle-même.

VIII. PROPOSITION.

Toute substance est necessairement infinie.

DEMONSTRATION DE LA VIII. PROP.

Il n'y a qu'une substance de même attribut par la cinquiéme Proposition, & il apparcient à sa nature d'exister par la septiéme Proposition : Elle sera donc par sa nature, finie ou infinie. Or elle ne sera pas finie ; car par la seconde Definition elle devroit estre bornée par une autre de même nature qui devroit aussi exister necessairement par la septiéme Proposition, & par ce moyen il y auroit deux substances de même attribut : Ce qui est absurde par la cinquiéme Proposition : Donc la substance est necessairement infinie.

REPONSE.

Il n'y a qu'une substance de même attribut numerique, *je l'accorde* : Il n'y a qu'une substance de même attribut generique, *je le nie* : Et il appartient à sa nature d'exister independamment d'une cause materielle, *je l'accorde* : d'exister indépendamment d'une cause efficiente, *je le nie*. Elle sera donc par sa nature, finie ou infinie ; *j'en demeure d'accord* ; Mais elle ne sera pas finie, *je le nie*. Si elle estoit finie, elle devroit estre bornée d'une autre de même nature, *je distingue cette proposition* : Si elle estoit finie par sa grandeur, elle seroit bornée par une autre de même nature, *je l'accorde* : Si elle estoit finie par son essence, elle seroit bornée par une autre de même nature, *je le nie*. La substance est donc necessairement infinie ; *je nie cette consequence* : je dis au contraire, que toute substance est necessairement finie en nature, parce que toute substance est déterminée par son attribut à estre d'une certaine espece, sçavoir à estre corps, ou esprit.

IX. PROPOSITION.

Plus une chose a de realité, plus elle a d'attributs.

DEMONSTRATION DE LA IX. PROP.

Cela paroit par la quatriéme Définition.

REPONSE.

Nous avons fait voir dans les Reflexions sur la sixiéme Definition, que le mot d'*attribut* ne convient pas plus à Dieu, que celuy de substance ; d'où il s'ensuit qu'il ne faut pas mesurer la realité de Dieu par le nombre de ses attributs ; car à parler proprement, Dieu est toute realité, & n'a aucun attribut. On ne peut pas dire même que les substances ont plus de realité, à mesure qu'elles ont plus d'attributs ; car chaque espece de substance n'a qu'un seul attribut, à moins qu'on ne veuille prendre pour des attributs des substances, les modes qui ne sont pas tant des attributs que des manieres d'être des attributs. Au reste, quand je dis que le mot d'*attribut* ne convient pas à Dieu, j'entens parler d'un attribut intrinseque, qui distingue la substance du mode, ou la substance d'une espece, de la substance d'une autre espece ; mais je n'entens pas parler de l'attribut extrinseque, qui n'est qu'une maniere de concevoir les choses ; car rien n'empêche que des attributs extrinseques ne conviennent à Dieu. C'est ainsi, par exemple, que *l'éternité & la toute-puissance* luy conviennent, car elles ne sont autre chose que Dieu même, conçu comme agissant par soy, & comme cause de soy-même.

X. PROPOSITION.

Chaque attribut d'une substance, doit estre conçu par luy-même.

DEMONSTRATION DE LA X. PROPOSITION.

L'attribut est ce que l'esprit conçoit dans la substance, comme constituant son essence par la quatrième Définition; & partant par la troisième Définition, il doit estre conçu par luy même.

REPONSE.

L'attribut est ce que l'esprit conçoit dans la substance comme constituant son essence; *je l'accorde*. Donc il doit estre conçu par luy même; *je distingue cette consequente*. Il doit estre conçu par luy même, s'il constitue l'essence d'une substance de telle ou telle espece; *je l'accorde*: s'il constitue l'essence de la substance en general, *je le nie*. Par exemple, l'étendue & la pensée, qui constituent l'essence du corps & de l'esprit, sont connuës par elles-mêmes: au contraire la proprieté d'exister en soy, qui constitue l'essence de la substance en general, n'est point connuë par elle même, mais par la pensée, & par l'étenduë, qui sont les attributs specifiques du corps & de l'esprit. Donc Spinosa n'a pas demontré que chaque attribut d'une substance doit estre conçu par luy même; ou s'il l'a demontré, sa demonstration n'est vraye qu'à l'égard de l'attribut specifique des substances, & non pas à l'égard de l'attribut generique.

XI. PROPOSITION.

Dieu, ou la Substance qui a une infinité d'attributs, dont chacun exprime une essence actuelle & infinie, existe necessairement.

DEMONSTRATION DE LA XI. PROPOSITION.

Concevez, si vous pouvez, que Dieu n'existe pas: donc par le septiéme Axiome son essence ne renferme pas l'existence. Or est-il que cela est absurde par la septiéme Proposition. Donc Dieu existe necessairement.

REPONSE.

J'avoue que si Dieu n'existoit pas, son essence ne renfermeroit pas son existence; ce qui est absurde: Mais cette absurdité ne vient pas, comme Spinosa le pretend, de ce que les substances n'ont point de cause; car Dieu n'est point une substance, mais un Etre superieur à la substance: Elle vient cette absurdité, de ce que Dieu existe par soy même absolument. Il faut ajouter, que non seulement Dieu n'est pas une substance, mais même, qu'il n'a point d'attribut, au moins intrinseque: ce qui fait voir que si Dieu existe necessairement, comme il le fait, ce n'est pas par les raisons que Spinosa en donne.

XII. PROPOSITION.

On ne peut concevoir aucun attribut dans la substance, à raison duquel elle puisse estre divisée.

DEMONSTRATION DE LA XII. PROPOS.

Ou les parties ausquelles la substance seroit divisée, retiendroient la nature de la substance, ou elles ne la retiendroient pas. Si elles la retenoient, chaque partie devroit estre infinie par la huitiéme Proposition, & par la sixiéme chacune devroit estre la cause de soy-même, & par consequent chacune auroit son attribut different par la cinquiéme Proposition, & ainsi d'une substance il s'en feroit plusieurs : ce qui est absurde. Ajoutez que les parties par la deuxiéme Definition n'auroient rien de commun avec le tout, & le tout par la quatriéme Definition & par la dixiéme Proposition, pourroit exister & estre connu sans ses parties ; ce qui est absurde. Si vous supposez au contraire que les parties perdront la nature de la substance ; donc lors que toute la substance sera divisée en parties égales, elle devra perdre la nature de substance : ce qui repugne à la septiéme Proposition.

REPONSE.

Avant que de répondre à cette demonstration, j'accorde à Spinosa qu'on ne peut concevoir aucun attribut dans la substance spirituelle, par lequel elle puisse estre divisée. Il ne s'agit donc plus que de la substance corporelle, à l'egard de laquelle voicy comment je répons : Ou les parties ausquelles la substance corporelle sera divisée, retiendront la nature de substance, ou elles la perdront ; *je l'accorde*. Si elles la retiennent, chaque partie sera infinie, *je le nie* : & si chaque partie est infinie, elle sera cause de soy-même, *je distingue*. Elle sera cause de soy-même par exclusion de la cause materielle, *je l'accorde* ; par exclusion de la cause efficiente, *je le nie*. Si chaque partie est cause de soy-même, chacune aura son attribut different, *je distingue* : son attribut numerique, *je l'accorde* ; son attribut generique & specifique, *je le nie*. Ainsi d'une substance de même genre & de même espece, il s'en fera deux substances numeriques, *je l'accorde* ; il s'en fera deux substances generiques & specifiques, *je le nie*. Ajoutez que les parties n'auroient rien de commun avec leur tout, *je distingue* cette proposition : n'auroient rien de commun quant au nombre, *je l'accorde* ; quant

quant au genre & à l'espece, *je le nie*: Donc le tout pourroit estre connu sans ses parties ; *je nie cette consequence*. Si au contraire, les parties perdoient la nature de substance; donc lors que toute la substance seroit divisée en parties égales, elle perdroit la nature de substance, *je l'accorde*: Donc on ne peut concevoir aucun attribut dans la substance corporelle à raison duquel elle soit divisible, *je distingue* ; dans la substance corporelle consideree comme substance de telle ou telle espece, *je l'accorde* ; dans la substance corporelle consideree comme de telle ou telle grandeur, *je le nie*.

Pour l'intelligence de quoy il faut remarquer, qu'aucune substance, comme substance, ne peut estre divisée, non pas même la substance corporelle : dont la raison est, que par la substance corporelle, nous n'entendons autre chose que l'étenduë consideree comme n'ayant aucune figure, ni grandeur déterminée : & il est évident qu'une telle étenduë est indivisible. Au contraire, si l'étenduë est bornée par une figure qui la détermine à quelque grandeur particuliere, alors l'étenduë ne s'appelle plus *substance corporelle* ; elle se nomme *quantité* ; & c'est cette quantité qui est divisible en parties aliquotes, aliquantes & proportionnelles : D'où il s'ensuit que la substance corporelle, qui est tres indivisible, comme substance étenduë, est tres divisible comme quantité, c'est à dire, comme étenduë bornée par quelque figure, & déterminée à quelque grandeur particuliere. Donc Spinosa n'a pas démontré qu'on ne peut concevoir aucun attribut dans la substance, à raison duquel elle puisse estre divisée ; Car on y peut concevoir l'attribut de la quantité.

XIII. PROPOSITION.

Une substance absolument infinie, est indivisible.

DEMONSTRATION DE LA XIII. PROP.

Si elle estoit divisible, ou les parties ausquelles elle seroit divisée retiendroient la nature d'une substance infinie, ou elles la perdroient. Si elles la retenoient, il y auroit donc plusieurs substances de même attribut : ce qui est contraire à la cinquième Proposition. Si elles la perdoient, donc la substance absolument infinie pourroit perir ; ce qui repugne à l'onzième Proposition. Donc une substance absolument infinie est indivisible.

RÉPONSE.

Cette démonstration est évidente, supposé qu'il y ait une substance absolument infinie : mais il n'y a point de substance qui soit telle : les substances ne sont infinies que dans leur genre ; Dieu est seul infini absolument, & il n'est pas une substance. Donc Spinosa ne démontre pas qu'une substance absolument infinie, est indivisible.

XIV. PROPOSITION.

Il ne peut y avoir, ni on ne peut concevoir aucune substance, excepté Dieu.

DEMONSTRATION DE LA XIV. PROPOS.

Dieu estant un Etre absolument infini qui possede tous les attributs qui expriment l'essence de la substance, & Dieu existant necessairement par l'onziéme Proposition, s'il y avoit quelque substance differente de Dieu, cette substance devroit estre connuë & exprimée par quelque attribut de Dieu ; ainsi il y auroit deux substances de même attribut : ce qui ne peut estre par la cinquiéme Proposition. Donc il n'y a point de substance qui puisse estre, ni estre connuë hors de Dieu.

RÉPONSE.

J'accorde que Dieu est un Etre absolument infini, & qu'il existe necessairement ; mais je nie qu'il possede tous les attributs qui expriment l'essence de la substance. Les attributs qui expriment l'essence de la substance sont, l'étenduë, la pensée, la proprieté d'exister en soy, & celle de recevoir des modes : ce qui ne convient nullement à Dieu, dont le propre est d'exister par soy, & de ne recevoir rien en soy : Donc Spinosa ne démontre pas qu'on ne puisse concevoir aucune substance, excepté Dieu.

XV. PROPOSITION.

Tout ce qui existe, existe en Dieu ; rien ne peut estre, ni estre conçu sans Dieu.

DEMONSTRATION DE LA XV. PROPOS.

On ne peut concevoir aucune substance, c'est à dire, aucune chose, qui existe en soy, excepté Dieu, par la Proposition precedente : mais les modes ne peuvent être, ni être conçus sans la substance par la cinquième Proposition: *Donc les modes doivent être, & être conçûs dans la substance divine. Or est-il qu'il n'y a rien dans la nature que des substances & des modes: Donc il n'y a rien dans la nature qui puisse être, ni être conçû sans Dieu.*

REPONSE.

On ne peut concevoir une substance differente de Dieu ; *je nie absolument cette proposition*: car il a esté prouvé que Dieu n'est pas une substance : Mais les modes ne peuvent exister sans la substance ni estre conçûs hors d'elle, *je l'accorde*. C'est pourquoy les modes ne peuvent exister, ni estre conçûs que dans la substance de Dieu, *je nie cette consequence* : car, comme il vient d'estre dit, Dieu n'est pas une substance. Or est-il qu'il n'y a dans la nature que des substances & des modes ; *Je nie cela encore* : car outre les substances & les modes, il y a l'Etre qui existe par luy-même, que nous avons appellé *Dieu*. Donc rien ne peut estre, ni estre conçû hors de Dieu : *je nie cette consequence* : & partant Spinosa ne prouve pas ce qu'il avoit entrepris de démontrer, sçavoir qu'il n'y a qu'une substance dans le monde, & que Dieu est cette substance.

Au reste, si les Definitions & les Axiomes de Spinosa mal entendus, ne suffisent pas pour prouver que Dieu est une substance étenduë & pensante, comme Spinosa le pretend, ils servent au moins, quand ils sont pris dans un bon sens, à confirmer ce que nous avons dit de la nature & de l'existence de Dieu. En effet, nous avons prouvé dans le Chapitre seiziéme, que Dieu est une Pensée parfaite, c'est à dire, qui existe par elle-même, qui est une, éternelle, infinie, &c. Et Spinosa prouve dans la premiere Proposition de la seconde Partie, que Dieu est une substance qui pense. Il fait voir encore dans la quarantiéme lettre, que la substance qui pense, qui est Dieu, est éternelle, simple, infinie, & c'est à dire, qu'elle a toutes les proprietez que nous avons attribuées à Dieu.

Il ne faut pas s'imaginer pourtant que la pensée qui constituë l'essence de Dieu, soit de même nature que celle qui constituë l'essence de l'esprit : Ces deux pensées n'ont entr'elles rien de semblable que le nom. En effet, selon Spinosa luy-même, l'esprit n'est infini que dans son genre ; & par sa sixiéme Proposition, Dieu est infini absolument. Et il ne serviroit de rien de dire, que la pensée, qui est l'attribut de Dieu, est plus parfaite que celle qui est l'attribut de l'esprit ; car je demande si cet excés de perfection dans la pensée de Dieu, est un accident de la pensée, ou si c'est son essence. Si c'est un accident, la pensée qui est l'attribut de Dieu, est de même nature que celle qui est l'attribut de l'esprit : Ce qui ne se peut dire ; car selon la maxime des Philosophes, les accidens ne changent pas l'espece : Et si c'est son essence ; la pensée, qui est l'attribut de Dieu, est de nature differente de celle qui est l'attribut de l'esprit, c'est à dire, que ces deux pensées n'ont rien de commun que le nom. En effet, la pensée de Dieu existe par elle-même, & la pensée de l'esprit n'existe qu'en elle-même. La pensée, qui est l'attribut de Dieu, ne reçoit aucune modification ; & la pensée qui est l'attribut de l'esprit, en reçoit plusieurs. La pensée qui est l'attribut de Dieu, n'est comprise dans aucun genre ni dans aucune espece ; & la pensée qui est l'attribut de l'esprit, est comprise dans tous les deux. Enfin la pensée de Dieu est une d'une unité suprême & absoluë, & la pensée de l'esprit est une d'une unité de nombre, laquelle démontre pluralité, & par consequent imperfection. Donc la pensée de Dieu est d'un ordre superieur à la pensée de l'esprit. Donc elle est la pensée supersubstantielle, dont il a esté parlé dans la premiere Partie du premier Livre. Donc l'esprit n'est ni l'attribut ni le mode de Dieu, contre la pretention de Spinosa.

Ceux qui voudront voir une plus ample refutation de l'erreur de ce Philosophe, pourront consulter les ouvrages du R. P. Lamy Benedictin ; sur tout celuy qui a pour titre, *Le nouvel Atheïsme renversé*, dans lequel cet Auteur examine au long & fort exactement, toutes les Propositions de Spinosa ; au lieu que je me suis restreint precisément, à celles qui regardent *l'existence & la nature de Dieu.*

FIN DU IV. ET DERNIER LIVRE.

TABLE

TABLE
DES MATIERES
Contenuës en ce Volume.

A

ABraham. La Foy de ce Patriarche estoit une veritable Foy. 113

Action. Ce mot est équivoque entre Dieu & les Creatures, 180. En quel sens l'action de Dieu est une prémotion physique, 181. Que toutes nos actions sont bonnes en elles-mêmes. 184

Admiration. Ce que c'est que l'Admiration, 398. Quel est l'objet materiel & formel de l'admiration. *Ibid.* Quelle est la fin de l'admiration. 399

Ame. Sa definition, & sa difference d'avec l'esprit, 5. Son union avec le corps, 6. Dieu est la cause efficiente de l'union de l'ame & du corps, 7. Conditions de cette union, 8. Les differentes modifications de l'ame dépendent de celles du corps, 128. Il n'est pas de la Nature de l'ame considerée selon son Estre absolu d'estre unie au corps qu'elle anime, 209. On connoist l'ame par les mêmes voyes que l'on connoist le corps, 118. Idées innées de l'ame, 10. Comment l'ame forme des idées fausses, 37. L'ame agit par sa volonté & par le mouvement qu'elle determine, 179. L'ame selon son Estre absolu est immortelle, 211. Changement qui arrive à l'ame par la mort, 214. Aucune faculté de l'ame ne peut nous tromper quand nous en usons bien, 41. Pourquoy une ame est plus éclairée qu'une autre, 376. En quoy les connoissances de l'ame different de celles de Dieu. 111

Amitié. Difference entre l'amitié & la concupiscence. 439

Amour humain, 393. Amour de nous-mêmes, 400. Est dans la nature, 401. Amour propre éclairé & ignorant, 403. Amour propre deliberé & indeliberé, 405. Amour du prochain, 407. Comment nous devons l'aimer, 409

Amour de Dieu. Trois opinions principales sur ce sujet. 385

Amour de Dieu produit dans l'homme par les seules forces de la nature, 414. 422. Comment nous pouvons aimer Dieu avec choix, 415. L'amour nous unit à Dieu d'une union morale, 427. Nous devons aimer Dieu de toutes nos forces, 447. On aime Dieu tres purement lors qu'on aime toutes choses pour sa gloire, 457. Recapitulation de l'amour de Dieu. 477

Des Anges, 371. Questions inutiles touchant les Anges. 374

Difference entre les *Auteurs* sacrez &

TABLE DES MATIERES.

les prophanes. 229
Appetit. Il y a un appetit raisonnable & un appetit déraisonnable, 403.

B

BEatitude temporelle & beatitude éternelle, 463. La beatitude des Chretiens & la gloire de Dieu sont la même chose, 474. En quoy consiste la beatitude des Chretiens en cette vie, 472
Bien apparent de l'homme, 403
Biens raisonnables & biens sensibles sont les biens de l'homme, 404. Le souverain bien moral de l'homme en cette vie est la vertu, 471.

C

C*Auses* necessaires, non necessaires, contingentes, libres, 200. Differentes especes de causes, 201
Certitude humaine & ses principes, qui sont les sens, la foy & la raison, 47. 112
De la charité envers nous-mêmes, 429 *& suiv.* Charité deliberée & indeliberée, 433. Charité envers le prochain, 434. Comment il faut l'exercer, 436. Charité envers Dieu, 439. Comment les Chretiens s'unissent à Dieu par la charité en cette vie, 449. Objet materiel & formel de la charité des Chretiens en cette vie, 452. La charité de l'homme en cette vie est desinteressée, & en quoy consiste son desinteressement, 456. La beatitude ne rend pas la charité mercenaire, 458. L'esperance & la crainte sont les deux plus puissans motifs de la charité, 465. La charité en cette vie consiste dans l'exercice de toutes les vertus, 466. La charité nous fait aimer chaque chose selon qu'elle doit estre aimée, 467. Les actes de Contrition ne sont pas des actes propres de la charité, 470. Toutes les vertus ne sont rien sans la charité, 471
Choses impossibles, differentes des choses inconcevables, 317.
Conception, faculté de l'entendement, 11
Conciles, 260. Leur droit fondé sur la raison, 266. Ils ne fondent point leurs decisions sur les opinions Philosofiques, 366
Concours simultanée de Dieu & des creatures, 190
Corps humain, sa definition, 4. La nature & les proprietez du corps, de la matiere & de la quantité, 135. Union du corps & de l'esprit, 5. Le corps agit physiquement sur l'ame, 109. Le corps n'est pas divisible par son essence, mais par sa quantité, 139. Les differentes modifications des corps dependent des differentes manieres dont ils sont mûs, 128
Creation & conservation, en quoy elles different, 164
Nous connoissons les choses qui sont hors de nous par des idées qui sont en nous, non pas par des idées qui sont en Dieu, 108
Crainte Chretienne, 461

D

D*Ieu*, Sa nature & ses attributs, 64 *& suiv.* Il est une intelligence souveraine & supersubstantielle, 67. Il est l'Etre parfait ou l'esprit

TABLE DES MATIERES.

supersubstantiel, *Ibid.* Son existence demontrée par la raison, 50. Par les Cartesiens, 53. Objection contre cette demonstration, 56 Demontrée par M. Descartes, 58 Objection contre cette demonstration, 59. On peut s'assurer de l'existence de Dieu par la raison, 269

Dieu, connu par les choses visibles, 69

De l'entendement & de la volonté de Dieu, 73. De sa liberté, & en quoy elle est differente de celle des hommes, 77. Souveraine liberté de Dieu, 173. Elle n'empêche pas que la puissance ne soit toujours jointe à l'acte, 176

De l'infinité de Dieu, & de ses proprietez, 80. Son éternité, 168

De la toute-puissance de Dieu, 83 L'incomprehensibilité de la nature & de la puissance de Dieu, 90

Que la possibité & l'impossibité des choses dépendent de Dieu, 85

La maniere particuliere dont Dieu connoit les creatures, 96

L'indifference & la determination de la volonté de Dieu ne sont pas deux états distinguez réellement, 175

Dieu, par une action immuable produit tous les Etres successifs, 178. Il produit immediatement par luy-même toutes les substances & les essences des choses modales, & il ne produit l'existence de ces mêmes choses modales que par les causes secondes, 130

De l'action de Dieu & de l'action des creatures, & en quoy elles different, 178. Concours de Dieu sur les corps & les ames, 190 & *suiv.* Comment Dieu concourt à nos bonnes & à nos mauvaises actions, 183

Dieu concourt avec les corps & avec les ames pour produire leurs effets, 181. En quel sens on peut dire que Dieu est l'auteur du mal naturel & du mal physique, 188

Dieu gouverne les hommes sans blesser leur liberté, 193. A l'égard de Dieu, il n'y a point de causes occasionnelles, mais des causes instrumentales ou secondes, 204

Dieu connoit necessairement les veritez qui sont des suites necessaires de sa nature, 132. Quelle difference il y a entre Dieu auteur de la nature & Dieu consideré comme le Dieu d'Abraham, 271. En quoy les connoissances de Dieu different de celles de l'ame, 111

Dieu & l'ame produisent nos affections, mais par des vuës differentes, 186. Nous devons aimer Dieu par dessus tout, 445. On ne peut plaire à Dieu sans faire ses Commandemens, 451. Qu'est-ce qu'il faut entendre par les bienfaits de Dieu, 455. Voir Dieu, l'aimer & le glorifier sont trois choses inseparables, 459. La gloire de Dieu surnaturelle, 473

Durée des choses modales, 130 & 171 En quoy le mouvement & la durée different, 153

Durée des Estres modaux,

E

Ecriture Sainte, sa definition, 150 Elle a besoin d'estre interpretée, 230. Elle n'est pas évidente par elle-même, 232. Elle ne peut estre interpretée, ni par la raison, ni par la Philosophie, ni par l'instinct particulier du Saint Esprit, 234. L'Eglise est l'unique regle certaine pour l'interpretation de l'Ecriture sainte, 237. L'autorité de l'Ecriture & de l'Eglise sont égales, 240. La seule raison naturelle nous oblige à reconnoître l'Eglise pour juge de toutes les controverses spirituelles, 239

Entendement, Sa definition, 10 Causes qui font tomber dans l'Erreur, 45

De l'Esperance Chretienne, & en quoy elle differe de la Charité, 459

Esprit humain, sa definition & ses proprietez, 1 & suiv. En quoy l'esprit & le corps humain different principalement, 4. Difference de l'Esprit & de l'ame, 5

Comment deux Esprits, ou comment un corps & un esprit sont unis, 427. Etenduë, 139

Nul Etre modal ni substantiel ne peut se modifier luy-même, 127. L'idée de l'Etre parfait suppose qu'il existe, 51. Evidence, 46

L'eviternité est un milieu entre le temps & l'Eternité, 173. Eviternité des substances, 170

Le Mystere de l'Eucharistie, 277 Comment expliqué par les Scolastiques, 323. Jugement sur leur Explication, 325. Comment expliqué par quelques Philosophes modernes, 328. Jugement sur leur Explication, 331. Que ce Mystere n'a rien d'opposé aux sens & à la raison, 281

L'Existence en general, sa definition, 61.

F

LE Fini se connoit par l'infini, 111

Foy divine & sa definition, 221. Sa certitude, 253. Son origine & son progrés, 217. En quoy elle differe de la foy humaine, 225

Regle certaine & infaillible de la vraye Foy, 247. Objet materiel de la Foy divine & de son obscurité, 224. Objet formel de la Foy ou la revelation divine, 227. La Foy divine suppose la raison, 264. Ses veritez sont au dessus de la raison, & non pas contraires à la raison, 315 La Foy est fondée sur la revelation divine, 320. La foy d'Abraham fut une veritable Foy, 223. Tous les actes de la Foy divine sont surnaturels, & leur certitude surnaturelle, 256. Jurisdictions differentes de la Foy & de la raison, 311. Comment on peut rendre raison de sa Foy, 320. Idée de Spinosa & des Sociniens touchant la Foy, 283. Defense de la Foy Catholique contre les Spinosistes & les Sociniens, 283. Contre les Heretiques, 291. Contre les Juifs, 301. Contre les Infideles, 305 Foy humaine, 48.

G

ORdre de la Grace & de la Nature, 93

Le Mystere de la Grace & de la Predestination gratuite expliqué par des Philosophes Chretiens, & par saint Augustin & saint Thomas, 349. Jugement que l'on doit faire de cette explication, 353

Raisons qui ont obligé saint Augustin & saint Thomas d'expliquer ce Mystere, 358. On doit s'en tenir à ce que les Conciles, & la Tradition de l'Eglise ont déterminé touchant la Grace. 356

TABLE DES MATIERES.

H

Défense de la *Foy* Catholique contre les Heretiques, 291
Les Prejugez legitimes de l'Eglise contre eux, 293
Réponse à ce qu'ils disent sur cet article, 298
Homme. Ce que signifient les mots d'homme & d'ame, 5
Causes qui concourent à la production de l'homme, 8
Causes qui portent l'homme à abuser du Jugement & du Libre Arbitre, & le moyen de les éviter, 45
L'homme s'aime par necessité, 400
Comment l'homme connoit les choses en general & en particulier, 33. 102
Ce que c'est que la Personne dans l'homme, 17
Les hommes ne peuvent se passer les uns des autres, 407
L'usage que l'homme fait de l'intelligence, de la raison, du jugement, de la volonté proprement dite, & du Libre Arbitre, 19
L'homme ne peut produire nulle idée par sa volonté, mais il peut par des additions & des soustractions volontaires, diversifier en plusieurs manieres celles qu'il a receuës des objets par les sens, 36. Il doit tout rapporter à la gloire de Dieu, 418

I

Idées, 20
Leur origine, 22
Leurs especes, 26. 56
Elles dépendent de plusieurs causes, 112

Il n'y a point d'idées sans objet, 39
Que nous connoissons ce qui est hors de nous par les idées qui sont en nous, 108
Preuves de la Divinité de *Jesus-Christ,* 273. *& suiv.*
Quand Jesus-Christ est venu au monde, 220
Imagination, 11. 29
Defense de la foy Catholique contre les *Infideles,* 305
Infini, 121, 138
Intelligence, 12
Jugement, 11, 30
L'abus que l'on en fait, 41
Les causes de cet abus, 45
Il agit toujours avec indifference, de même que le Libre Arbitre, 34
Defense de la Foy Catholique contre les *Juifs,* 301
Ils sont les premiers à qui Dieu a revelé la veritable Religion, 306

L

Libre Arbitre, 12. 31. 34
L'abus que l'ame en fait, 42
Les causes de cet abus, 45
Le Libre Arbitre comparé à une balance, 196
Il est la plus excellente de toutes les facultez de l'homme, 198
Il agit toujours avec indifference, aussi bien que le jugement, 34

M

Matiere, 135
Memoire, 11
Le temps *du Messie* predit par Jacob, 219

TABLE DES MATIERES.

Jesus-Christ est le Messie, 308
Miracles, 91. Leur autorité défenduë contre les Spinosistes & les Sociniens, 288
L'idée des Modes, ou façons d'être, ne suppose que leur possibilité. 123
Les choses modales tiennent leur possibilité de Dieu, 130
Les substances & les essences des choses modales sont indefectibles, 158
Moyse, 306 & seq.
Mouvement local, sa nature & ses proprietez, 142. Ses diverses especes, 148
Mouvement par rapport au temps, 150
Dieu concourt avec l'ame & le corps en produisant le mouvement qu'ils modifient, 181
Mysteres, 91
La possibilité & l'impossibilité des Mysteres de la Religion Chretienne ne peuvent se démontrer, 318
Les Chretiens sont obligez de rendre raison de leur Foy, mais non pas de leurs Mysteres, 320
Inconveniens qu'il y a de vouloir expliquer la substance ou le mode des Mysteres, 358
Les anciens Philosophes ont élevé leurs principes jusqu'aux Mysteres, & les Philosophes modernes veulent abaisser les Mysteres jusqu'à leurs principes, 360

O

Ordre de la Nature, ordre de la Grace. 93

P

Des Passions de l'ame en general, 388. Leurs vrayes causes, 390
Peché Originel, & les questions inutiles que l'on fait sur ce sujet, 380
Peché, 183
En quel sens un homme qui peche est une cause defaillante, 185
La Personne dans l'homme, 171
Pomponace condamné par le Concile de Latran, 319
La Precipitation, 45
Predestination gratuite, 349
Prejugez legitimes de l'Eglise Catholique contre les Heretiques, 293
Premotion Physique, 190
Prevention, prejugé, & preoccupation, 46

Q

De la Quantité, 135

R

Raison, 12. 30
Que c'est à la raison à chercher des preuves qui nous portent à croire les Mysteres. 166
Elle sert à la Foy, & comment, 265
Elle n'est pas contraire à la Foy, 312
Comment on peut s'assurer par la raison que Dieu existe, 50
Raisons éternelles, selon saint Augustin, 109

TABLE DES MATIERES.

Toutes les veritez de la *Religion* Chretienne reduites en general à trois especes, 251

Difference entre la Religion Judaïque & la Religion Chretienne, 309

Revelation divine, 228. 267

S

Sens. Ils ne nous trompent point, 43

Ils sont un des principes de la certitude humaine, 47

Tout ce qui est dans l'entendement a passé par les sens, 105

Sens composé & sens divisé, 195 & *suiv.*

Sensations, leur origine, 22. 39

Sentiment ou faculté de sentir, 10

Sociniens, leurs sentimens sur la Foy divine refutez, 286

Spinosa. Ses sentimens sur la foy divine refutez, 283

Son opinion touchant l'existence & la nature de Dieu, refutée, 481

Ses definitions & ses axiomes sur le même sujet refutez, 482 & *suiv.*

Quinze Propositions sur lesquelles il fonde l'Existence & la Nature de Dieu, dont on fait voir la fausseté, 489

Substances. On connoît les substances selon leur genre, leur espece & leur individu, 22

L'idée des substances suppose leur existence actuelle, 123

Difference entre les *Substances* & les modes, & les consequences qu'on en tire, 125

Les substances sont indefectibles, 158

Objections contre l'indefectibilité des substances & leurs solutions, 161

Opinions des Philosophes sur la defectibilité des substances, 165

Symboles. Ils ont esté dressez pour conserver la pureté & l'integrité des veritez de la foy divine & Catholique, 261

T

Temps. Sa definition & ses parties, 151. 172

Le temps ne peut mesurer ni l'existence des substances, ni l'essence des choses modales, mais seulement l'existence ou durée des Etres modaux, 155

Le temps fait tout & consume tout, 167

Il mesure également la durée du repos & celle du mouvement, 167

Theologie. De la Theologie en general, 369

Theologie Scolastique, son bon & son mauvais usage, 369

Traditions. Leur origine, leurs differences, 242

L'usage que l'Eglise Catholique en fait contre les Heretiques, 245

Objection contre la Tradition, touchant la Canonicité des Livres Sacrez, & la réponse, 248

Trinité. Le Mystere de la Trinité, comment expliqué par les Scolastiques, 334

Par les Philosophes modernes, 337

Jugement sur leur explication, 343

Il ne peut estre demontré ni expliqué par la raison naturelle, 346

TABLE DES MATIERES.

V

Eritez. Les veritez font neceſſaires, ou contingentes, 47
Le nombre des veritez divines Catholiques, ne peut eſtre augmenté ni diminué, 258
Veritez de la Foy divine indépendantes les unes des autres, au moins à notre égard, 262
Toutes les veritez immuables dépendent immediatement de la volonté de Dieu, 132
Les veritez naturelles & les veritez ſurnaturelles, n'ont entr'elles nul rapport ni proportion, 314
Il ne faut point les mêler enſemble, 321
Vie éternelle. Ce n'eſt pas eſtre mercenaire que d'eſperer la Vie éternelle, 460
Dieu donne la Vie éternelle à deux titres ; à titre d'heritage, & à titre de récompenſe, 463
La Vie éternelle priſe pour récompenſe, n'eſt pas la fin, mais le motif de la charité des Chrétiens, Ibid.
Volonté. Sa definition, 10
Volonté proprement dite, 12. 30
Cinq eſpeces de volonté dans l'homme, 29
Leurs fonctions, 32

FIN DE LA TABLE DES MATIERES.

DICTIONAIRE
DES TERMES PROPRES
AUX MATIERES
DONT IL EST TRAITÉ
DANS CE LIVRE.

A

BSTRACTION. L'abstraction est une action de l'esprit, par laquelle il divise un tout, en considerant quelques parties, sans faire attention à d'autres. Et connoitre par abstraction, c'est connoitre separément deux choses qui sont naturellement unies.

Accommodation. Connoitre par accommodation, c'est connoitre une chose par l'idée d'une autre.

Acte. On entend par ce mot, l'exercice effectif d'une puissance ou d'une faculté, soit de l'esprit, soit du corps.

Actif. C'est ce qui agit ; c'est à dire, qui communique quelque chose qu'il a de luy-même, ou qu'il a receu de quelque autre sujet. Dieu est actif de la premiere sorte, & les creatures sont actives de la seconde.

Admiration. L'admiration est une émotion de l'ame, causée par un objet nouveau, & entretenue & fortifiée par un cours des esprits animaux dépendant de ce que le cerveau est mû & touché d'une maniere nouvelle.

Agir. Agir proprement, c'est agir par sa propre vertu, & agir improprement, c'est agir par une vertu étrangere. Dieu agit proprement en produisant les substances, & les creatures agissent improprement en les modifiant.

Alliance. L'ancienne alliance est celle qui fut établie sur la montagne de Sinaï, dans laquelle les Israëlites promirent à Dieu de faire tout ce qu'il ordonneroit, & Dieu promit aux Israëlites qu'ils seroient son peuple particulier.

La nouvelle alliance est celle qui a esté établie entre Dieu & les hommes, en telle sorte que d'un côté les hommes promettent à Dieu de le servir, selon le culte que Notre Seigneur Jesus-Christ leur enseignera; & de l'autre côté Jesus-Christ promet aux hommes de pardonner leurs pechez, & de les conduire au Royaume celeste.

Ame. Ce mot est equivoque. Dans l'homme il signifie l'esprit consideré entant qu'uni au corps: Et dans les plantes & dans les bestes, il signifie un certain arrangement des parties, & un certain mouvement des sucs de la terre, & des esprits animaux, qui rendent les plantes & les bestes propres à faire toutes les fonctions qu'elles exercent.

Amour. L'amour en general, n'est autre chose qu'une émotion de l'ame, qui l'incite à s'unir de volonté ou de fait aux choses qui luy paroissent convenables.

Amour de Dieu. Il y a deux especes d'amour de Dieu: il y a un amour de Dieu naturel, & un amour surnaturel. L'amour de Dieu naturel nous unit à Dieu comme à l'Auteur de la Nature; & l'amour surnaturel nous y unit comme à l'Auteur de la Grace.

Ampliation. Connoitre par ampliation, c'est se servir de l'idée d'une chose petite, pour s'en representer une grande.

Analyse. C'est le developpement qui se fait d'une chose, qui n'étant connuë qu'en gros, a besoin que l'on en separe les parties pour les considerer à part, & sçavoir par ce moyen plus precisément la nature du tout.

Apôtres. Ce sont des hommes choisis, & envoyez de Dieu pour prêcher sa parole.

Appetit. Ce mot est pris quelquefois pour signifier le simple desir de manger, & quelquefois il signifie la simple puissance que l'ame a de desirer ce qui luy paroit bon.

Attribut. On appelle ainsi tout ce qui convient à une chose. On appelle attribut generique, celuy qui distingue un genre d'un autre; on appelle attribut specifique, celuy qui distingue une espece d'une autre; & on nomme attribut numerique, celuy qui fait differer entr'elles les choses de même espece.

Attributs. Par les attributs de Dieu nous entendons certaines manieres dont nous le concevons, soit par rapport à luy-même, soit par rapport à nous.

Axiome. On appelle ainsi toutes les Propositions qui sont évidentes par elles-mêmes.

B

BEatitude. C'est un contentement d'esprit, qui provient des choses qui sont en notre pouvoir, & dont nous faisons un bon usage.

Bible. Voyez *Ecriture sainte.*

Bien. Le bien de chaque chose est ce qui convient à sa nature. On appelle le bien *naturel*, ce qui convient à une chose independamment de son choix; & on appelle bien *moral*, ce qui luy convient par sa liberté.

Bienfait. Les bienfaits de Dieu sont tous les biens corporels & spirituels qu'il nous communique, & dont nous faisons un bon usage.

Bienveillance. C'est une espece d'amour, par lequel on joint à l'objet que l'on aime, tout ce qu'on croit luy estre convenable.

Bonheur. On appelle ainsi le contentement d'esprit, qui nous vient independamment de notre choix.

C

CAnonique. Un livre est canonique, lors qu'il est receu par l'Eglise universelle.

Cause. Une cause est dite defaillante, quand elle produit un effet contre son intention.

Cause en general, est tout ce qui contribuë à produire une chose, de quelque maniere qu'il y puisse contribuer.

La cause materielle est ce dont les choses sont faites, ou ce qui est le sujet de quelque autre chose.

La cause formelle est ce qui rend une chose telle ou telle.

La cause finale est la fin pour laquelle une chose est faite.

La cause efficiente est celle qui agit, soit qu'elle agisse par une vertu étrangere, soit qu'elle agisse par elle-même, & par sa propre vertu.

La cause exemplaire, est le modele que l'on se propose, en faisant un ouvrage.

Une cause univoque, est une cause qui produit des effets qui luy ressemblent en genre & en espece.

La cause équivoque, est une cause qui produit des effets qui luy ressemblent en genre seulement.

La cause analogue, est une cause qui produit des effets, qui ne luy ressemblent ny en genre, ny en espece.

La cause occasionelle, est celle qui determine un sujet intelligent à agir; mais qui d'ailleurs ne contribue rien à son action.

La cause instrumentale, est celle qui est determinée par l'agent principal; mais elle contribue à son action.

On appelle cause premiere, celle qui agit par elle-même, & par sa propre vertu, & on nomme cause seconde, toutes celles qui n'agissent que par la vertu qu'elles reçoivent de la cause premiere.

Cause de soy-même. Cause de soy-même absolument, c'est ce qui n'a ny cause efficiente, ny cause materielle : Et cause de soy-même à quelque égard, c'est ce qui a une cause efficiente; mais qui n'a pas une cause materielle.

Certitude. La certitude de la raison, est une certitude metaphysique, fondée sur des idées abstraites, qui ont pour objet des veritez necessaires & immuables.

La certitude des sens, est une certitude physique, qui dépend de l'experience, & qui est fondée sur des idées individuelles, qui ont pour objet des veritez changeantes & muables.

Charité. La charité est une espece d'amour surnaturel. Il y a trois sortes de charité : la charité envers nous-mêmes, la charité envers le prochain, & la charité envers Dieu.

Un acte de charité deliberé envers nous-mêmes, c'est une émotion agreable de l'ame, causée par l'impression d'un objet sensible, entretenue & fortifiée par un cours particulier d'esprits animaux, qui incite l'ame à s'unir par son choix à cet objet, comme à une chose qui sert à la rendre plus parfaite & plus heureuse, d'une beatitude surnaturelle, dépendante de la foy & de la grace.

Un acte de charité envers le prochain, est une émotion agreable de l'ame, causée par une impression sensible que le prochain fait sur les organes; par laquelle, avec le secours de la grace, nous nous unissons à luy avec choix comme à un bien surnaturel, pour son utilité, & pour notre avantage.

Un acte de charité envers Dieu, est une agreable émotion de l'ame, causée par l'impression sensible d'un bien surnaturel, qui fait, avec le secours de sa grace, que nous nous unissons librement à Dieu, comme à l'auteur de ce bien surnaturel, pour notre utilité & pour sa gloire.

Composition.

C

Composition. Connoitre par composition, c'est joindre ensemble plusieurs idées pour se representer une chose, qui est différente de ce que ces idées signifient naturellement : c'est ainsi que l'on connoit une montagne d'or.

Comprehension. La comprehension consiste en ce que la puissance qui connoit, a autant d'étenduë que l'objet qui est connu.

Conception. La conception prise pour une espece d'entendement, est une faculté par laquelle l'homme connoit les esprits dependamment des sens.

Concourir. C'est joindre ses forces à celles d'un autre agent, pour produire ensemble quelque effet, qui ne pourroit estre produit si ces forces étoient separées.

Concours. On appelle concours simultanée, l'action de Dieu consideree au moment de celle des corps & des ames.

Conscience. C'est un témoignage qu'on se rend interieurement à soy-même, touchant quelque chose.

Conservation. La conservation n'est autre chose que l'action de Dieu, qui se termine, non pas à l'être de la substance considerée absolument, mais aux modes qui la diversifient par le mouvement, & qui luy donnent de nouvelles formes, telles que sont celles de *la pierre*, *du bois*, &c.

Contradiction. On nomme ainsi l'opposition de deux idées, qui font le sujet & l'attribut d'une proposition. Par exemple, c'est une contradiction de dire, que le neant est rouge, parce que l'idée de rouge repugne à celle de neant.

Corps. Le corps en general, n'est autre chose que l'étenduë, en longueur, largeur, & profondeur.

Corps humain. Le corps humain est un composé de certaines parties organiques, meuës & disposées de sorte, qu'elles rendent ce corps propre à estre uni à l'esprit.

Crainte. La crainte est une émotion de l'ame, qui la porte à croire que ce qu'elle desire n'arrivera pas.

Creation. On appelle ainsi l'action, par laquelle Dieu produit quelque chose immediatement ; ou bien.

La creation n'est autre chose que l'action indivisible de Dieu, par laquelle il produit l'être absolu des substances, qui est telle, que non seulement on ne luy donne aucune succession ; mais on ne la conçoit pas même comme un commencement indivisible d'une action successive.

Ttt

D

Cruauté. C'est une disposition de l'ame à faire souffrir quelque mal à une personne, sans dessein de la rendre meilleure.

Culte. Le culte de Dieu, est la maniere particuliere dont il veut estre honoré. Le culte de Dieu s'appelle Naturel, lors qu'il est prescrit par la raison de chaque particulier. Il se nomme Civil, quand c'est l'Etat qui l'ordonne : & il s'appelle Divin, lors que Dieu le commande.

D

Définition. C'est ainsi qu'on nomme l'explication d'une chose par ses attributs essentiels ; sçavoir par son genre, & par sa difference.

Deliberer. C'est tâcher de faire un juste choix des moyens qui sont les plus propres pour arriver à la fin qu'on se propose.

Demonstration. La demonstration metaphysique, est celle par laquelle nous sçavons tout ce que nous avons appris par des idées abstraites. La demonstration physique, est celle par laquelle nous sçavons tout ce que nous avons appris par l'experience de nos sens. Et la demonstration morale, est celle par laquelle nous sommes asseurez de tout ce que nous avons appris par des revelations exactes.

Description. C'est l'explication d'une chose par ses accidents.

Devotion. C'est l'amour que nous avons pour des choses que nous estimons plus que nous-mêmes.

Dieu. Est l'esprit parfait & supersubstantiel.

Dieu. Par ce mot, on entend une substance qui pense, & qui veut parfaitement ; ou, pour dire la même chose en d'autres termes, on entend un Esprit parfait & supersubstantiel.

Difference. C'est ce qui distingue une espece d'une autre.

Diminution. Connoitre par diminution, c'est se servir de l'idée d'une chose grande, pour s'en representer une petite.

Distinction. La distinction est réelle, lors qu'elle se rencontre entre deux ou plusieurs choses qui peuvent exister separément les unes des autres. La distinction est modale, quand elle se rencontre entre les modes & les substances. Enfin la distinction est une distinction de raison, lors qu'elle se trouve entre les choses qui sont réellement les mêmes, mais que notre esprit conçoit cõme separées.

Durée. La durée en general n'est autre chose que l'existence des êtres, entant qu'elle dépend de certaines manieres de mouvement, qui se succedent continuellement les uns aux autres.

Durée. La durée des choses modales, n'est que leur perseverance dans l'estre.

E

Ecriture sainte. L'Ecriture sainte, est un livre qui contient la doctrine que Dieu a revelée par luy-même, ou par le ministere des Anges, ou de certains hommes, qu'on appelle pour cette raison Auteurs sacrez.

Effet. Ce mot signifie tout ce qui est produit de nouveau par quelque cause que ce soit.

Eglise. Ce mot pris pour un Concile, est une assemblée de Pasteurs, convoquée legitimement en certains temps & lieux par une certaine Puissance, aux ordres de laquelle tous les Pasteurs sont obligez de se rendre en ce lieu-là, afin d'y resoudre les differens qui regardent la foy & le culte de Dieu.

Entendement. L'entendement pris pour une faculté de l'homme, est la puissance que l'ame a de connoitre tout ce qu'elle connoit, de quelque maniere qu'elle le puisse connoitre.

Esperance. C'est une passion de l'ame, qui la dispose à se persuader, que ce qu'elle desire arrivera.

Esperance. L'esperance chretienne est une émotion agreable de l'ame, causée par l'impression d'un bien sensible, qui avec le secours de la grace, incite l'ame à s'unir à Dieu comme à l'Auteur de sa beatitude future pour sa gloire.

Esprit. L'esprit humain est une substance qui pense, instituée de la nature, pour estre unie à un corps organisé, & meu d'une certaine maniere.

Essence. L'essence en general, est ce sans quoy une chose ne peut estre conceuë.

Essence. L'essence des choses modales separée de l'existence, n'est autre chose que la substance même, entant que capable de recevoir certains modes, sans aucun rapport au temps ny au lieu; qu'on ne considere point quand on regarde les choses dans un simple degré d'essence. L'existence au contraire des choses modales, est cette même substance, consideréе comme engagée dans l'Univers, & assujettie au temps & au lieu, à raison de quelques modes dont elle est revétuë, qui luy donnent non l'être absolument, mais l'être d'une certaine maniere, & dans un certain temps ou lieu.

E

Etenduë. Ce mot signifie ce qui est long, large, & profond.

Eternité. C'est la durée d'un être indépendant, qui existe en luy même, & par luy même.

Etre. Par le mot d'Etre, nous entendons tout ce qui est, de quelque maniere qu'il soit.

L'être substantiel, est l'être qui existe en luy même, mais non pas par luy même.

L'être supersubstantiel, est l'être qui existe en luy même, & par luy même.

L'être modal, c'est celuy qui renferme des modes dans son essence.

L'être metaphysique ou imaginaire, est celuy qui n'existe qu'en idée.

L'être réel & physique, est celuy qui existe hors de l'entendement.

Evidence. L'evidence prise pour le *criterium* de la verité, n'est autre chose qu'un sentiment interieur, qui est produit en nous par le témoignage que la conscience nous rend d'avoir bien premedité nos jugemens.

Eviternité. C'est la durée d'un être dépendant, qui existe en luy même, & non pas par luy même.

Existence. L'existence, est l'attribut par lequel nous concevons qu'un être est hors de sa cause.

Existence. L'existence actuelle en general est un attribut, à raison duquel nous concevons qu'une chose est hors du neant; & l'existence objective, est celle qui ne subsiste que dans l'idée.

Extension. Ce mot signifie la même chose qu'étenduë; & l'étenduë est prise quelquefois pour l'attribut essentiel du corps, & quelquefois pour la quantité, qui n'en est qu'un accident. Ce mot est pris au premier sens, lors qu'on dit simplement l'étenduë du corps. Et il est pris au second, lors qu'on dit qu'un corps a plus d'étenduë qu'un autre.

F

Fidelité. La fidelité, est une disposition d'esprit à garder les conventions qu'on a faites.

Fini. Une chose est finie en grandeur, lors qu'elle est bornée par une autre de même nature. Et une chose est finie en nature, lors qu'elle est déterminée à une espece particuliere d'être.

Force. Ce mot est equivoque : en termes de Morale, il signifie

F

une fermeté d'ame à souffrir ou à repousser les choses qui sont difficiles : & en Physique, il est pris pour ce qui fait mouvoir les corps, qui n'est proprement que la volonté que Dieu a que le corps soit mû.

Forme. C'est ce qui distingue chaque sujet des autres, & qui est la source de tout ce qu'il a de particulier.

Foy. La Foy est une connoissance certaine fondée sur l'autorité de Dieu ou des hommes. Elle s'appelle foy divine, lors qu'elle est fondée sur l'autorité de Dieu ; & foy humaine, quand elle est fondée sur celle des hommes.

La foy divine est, selon saint Paul, la substance ou fondement des choses que nous esperons, & la conviction ou certitude de celles qui ne sont pas apparentes.

Un article de *foy.* C'est une verité revelée par Dieu même, dont la connoissance se communique à l'Eglise de tous les siecles par une tradition universelle.

G

Eneration. On entend par ce mot, l'action ou le mouvement par lequel une chose modale en produit une autre.

Genre. C'est une idée generale qui a sous luy une autre idée generale.

Gloire. La gloire de Dieu, c'est la manifestation de ses attributs & sur tout de sa bonté. Cette gloire est de deux sortes ; l'une naturelle, & l'autre surnaturelle. La gloire de Dieu naturelle, est la manifestation des attributs de Dieu que nous connoissons par la lumiere de la nature, & la gloire de Dieu surnaturelle, est la manifestation des attributs de Dieu que nous ne connoissons que par revelation.

Grace. La grace divine est une delectation interieure, que Dieu produit dans l'ame pour l'exciter à bien user de sa liberté touchant les moyens qui conduisent à la vie éternelle.

Gratitude. C'est une disposition de l'ame à ne recevoir jamais un bienfait qu'en veuë de faire en sorte que le bienfacteur n'ait pas lieu de se repentir de l'avoir conferé. L'ingratitude est une disposition de l'ame toute opposée.

Guerre. Ce mot signifie l'estat où les hommes sont pendant qu'ils declarent de paroles & d'effet qu'ils ont la volonté de combattre les uns contre les autres. Le reste du temps s'appelle la Paix.

H

Habitude. C'est une disposition qu'on a contractée en faisant souvent une chose, de la faire avec facilité.

Homme. C'est un tout composé de corps & d'esprit, de telle sorte que l'esprit dépend du corps pour penser en plusieurs sortes; & le corps dépend de l'esprit, pour estre mû en plusieurs façons.

Hypothese. C'est un mot Grec, qui signifie *Supposition*: c'est ce qu'on établit pour le fondement de quelque verité, & qui sert à la faire entendre, soit que la chose qu'on suppose soit vraye, certaine, & connuë, soit qu'elle soit seulement employée pour expliquer la verité à laquelle elle se rapporte.

I

Idées. Les idées sont des modalitez de l'ame qui representent quelque objet exterieur, soit qu'elles le representent comme actuellement existant, soit qu'elles le representent comme seulement possible.

Idée. On se sert du mot d'idée pour signifier tout ce qui est dans l'ame qui est connu par luy-même, & par quoy l'ame connoit tout ce qui est hors d'elle.

Uune idée est artificielle, lors qu'elle dépend de la volonté, & une idée est naturelle lors qu'elle n'en dépend pas. Les idées generales sont celles qui sont formées par abstraction de quelques idées individuelles.

Imagination. L'imagination prise pour une faculté de l'homme & pour une espece d'entendement, est la puissance qu'il a de connoistre les corps particuliers & les rapports qu'ils ont entre eux ou avec nous.

Imagination. Ce mot est pris, tantôt pour la puissance qu'a l'ame de se representer les corps particuliers; & quelquefois pour une fonction particuliere de cette puissance.

Immensité. L'immensité est une grandeur indefinie, & une grandeur indefinie, est une étenduë telle que quelque grande qu'on se la figure, on la peut imaginer encore plus grande.

Impenetrabilité. On appelle ainsi la propriété qu'ont les corps particuliers d'occuper tellement les lieux où ils sont, qu'un autre corps n'y sçauroit trouver place.

I

Impossibilité. L'impossibilité des choses consiste dans les substances considerées comme incapables de recevoir quelques modes. Il y a deux sortes d'impossibilité ; il y a une impossibilité absoluë, & une impossibilité naturelle. L'impossibilité absoluë est celle qui renferme de la contradiction ; & l'impossibilité naturelle est, celle qui ne renferme aucune contradiction, mais qui surpasse les forces de la nature.

Indefectible. On appelle ainsi tout ce qui pour exister ne depend pas des causes secondes qui sont changeantes, mais de la cause premiere qui est immuable.

Indifference. Estre simplement indifferent, c'est estre indeterminé, & agir avec indifference, c'est agir de telle sorte, qu'on retienne la puissance de ne pas agir dans le sens que l'on appelle divisé. Cette indifference est de deux sortes, l'une est extrinseque, & l'autre intrinseque. L'indifference avec laquelle Dieu agit au dehors, est extrinseque, & elle consiste en ce qu'il ne peut estre déterminé à agir par aucune cause exterieure, mais seulement par sa propre volonté. Cette indifference est purement extrinseque.

Indifference. L'indifference qui accompagne la liberté humaine, est une indifference intrinseque, qui procede de ce que la volonté ne peut se déterminer sans le secours des idées de l'entendement, ni l'entendement avoir des idées que dépendamment des objets ; ce qui rend la liberté humaine defectueuse & dépendante.

Individu. On se sert de ce mot pour signifier les choses particulieres, & pour les distinguer des generales qui se peuvent diviser. Ainsi le mot d'homme est un terme general, & ce qu'il signifie, peut estre divisé en tel ou tel homme ; mais Pierre à qui je parle, est un individu, parce qu'il ne peut estre divisé.

Infini. Dieu est infini en nature, parce qu'il n'est déterminé à aucun genre d'être, & il n'est pas infini en grandeur, parce qu'il n'est ni grand ni petit.

Infini. Une chose est infinie en grandeur, lors qu'elle est conçuë sans bornes ; & une chose est infinie en nature, lors que par sa forme elle n'est déterminée à aucune espece particuliere d'être.

Injure. C'est une action faite sans avoir droit de la faire.

Injustice. C'est une action faite contre les loix civiles.

Intelligence. L'intelligence prise pour une espece de volonté, est la puissance que l'homme a d'affirmer ou de nier qu'il y a entre deux, ou plusieurs choses, des rapports qui sont necessaires & connus par eux-mêmes.

Jugement. Le jugement pris pour une espece de volonté, est la puissance que l'homme a d'affirmer, ou de nier le rapport des choses qui sont contingentes & non necessaires.

Jugement. Ce mot pris pour une simple puissance, signifie la faculté que l'ame a de joindre ou de separer deux ou plusieurs idées; & pris pour l'acte de cette faculté, il signifie l'action par laquelle l'ame joint ou separe ces idées.

L

Liberté. La liberté de Dieu consiste dans la proprieté qu'il a d'agir au dehors sans contrainte & avec une indifference telle, qu'il ne peut estre déterminé à agir par aucune cause exterieure, quoy qu'il soit tres déterminé à agir par luy-même, & par sa propre volonté.

Liberté. La liberté de l'homme en general, est la puissance que l'ame a de se déterminer, ou de ne se pas déterminer à quelque chose, selon que cette chose luy paroit bonne ou mauvaise, ou vraye ou fausse.

Libre-arbitre. C'est la puissance que l'ame a de fuir ou d'embrasser les choses qui ont avec elle des rapports de convenance, ou d'inconvenance, contingents & non necessaires. La liberté a plus d'étenduë que le Libre-arbitre, en ce qu'elle embrasse la verité des choses, & que le Libre-arbitre ne regarde que la bonté.

Loix. Les Loix naturelles sont celles suivant lesquelles Dieu agit d'une maniere que nous pouvons concevoir; & les loix surnaturelles sont celles suivant lesquelles Dieu agit d'une maniere qui est inconcevable à l'esprit humain.

Loix. Les loix naturelles sont des preceptes de la droite raison, qui enseignent à chacun comment il doit user du droit naturel.

M

Mal. Le mal moral consiste dans le mauvais usage que nous faisons des choses. Le mal physique consiste dans la corruption ou destruction de quelque sujet. Le mal naturel consiste dans des sujets considerez entant qu'ils sont contraires à notre nature independamment de notre choix.

Matiere premiere. La matiere premiere est la substance étenduë considerée

M

considerée par rapport aux modes qui la déterminent à estre un tel, ou tel corps particulier.

Matiere. On appelle matiere premiere, la substance étenduë considerée entant qu'elle est le sujet des premieres formes, ou modifications qui constituent les êtres naturels.

Memoire. La Memoire est la faculté ou connoissance que l'homme a de reveiller les idées qu'il a déja euës, avec un sentiment qui le convainc en même temps, qu'il a eu ces sortes d'idées.

Messie. C'est le Verbe que le Pere Eternel a envoyé au monde pour racheter les hommes.

Metaphysique. C'est la connoissance que nous avons des substances intelligentes, & de leurs proprietez, tant absoluës que respectives.

Methode. On appelle ainsi l'art de se servir de la raison, pour découvrir la verité, ou pour l'enseigner aux autres lors qu'on l'a découverte.

Miracle. Le Miracle est un effet dont la production surpasse l'intelligence, non seulement du vulgaire, mais aussi celle des plus grands Philosophes; d'autant qu'il consiste dans une maniere dont Dieu agit, qui est inconcevable à l'esprit humain.

Miracle. C'est tout ce que Dieu fait d'une maniere que nous ne sçaurions comprendre, parce qu'elle est au dessus des loix de la nature.

Mode, Modification. C'est la maniere dont une chose est tournée, en sorte qu'elle est changée seulement à l'égard de quelques accidens, sans que ce qui luy est essentiel, soit changé; ainsi le pli fait à un papier, est une modification qui n'apporte point un changement essentiel, comme pourroit faire l'embrasement, parce qu'un papier brûlé n'est plus papier.

Modes. Le Mode n'est autre chose que le sujet, ou la substance même, entant qu'elle contient en substance toutes les façons & tous les états qui la peuvent diversifier.

Modele. C'est ce qu'on imite en faisant quelque chose.

Mœurs. On appelle ainsi les actions de l'homme, considerées par rapport à leur fin.

Morale. La Morale est speculative, lors qu'elle ne considere que la fin à laquelle l'homme doit rapporter toutes ses actions; & elle est pratique, lors qu'elle rapporte actuellement les actions de l'homme à leur fin.

M

Mort. La mort est la separation de l'ame d'avec le corps.

Motif. Le motif est ce qui porte à agir pour la fin.

Mouvement. Le mouvement consideré en luy-même, est l'application successive des corps les uns aux autres.

Mysteres. Les Mysteres sont des choses inconcevables quant à leur nature & leur existence. On appelle ainsi ce que nous reconnoissons en Dieu qui ne peut estre conçu, parce qu'il est au dessus de la portée de notre esprit.

N

Nombre. C'est l'assemblée de plusieurs unitez. Le nombre nombré ne differe pas des choses nombrées ; & le nombre nombrant, est un nombre abstrait des choses nombrées.

O

Ordre. L'ordre de la nature est l'assemblage de toutes les veritez naturelles : & l'ordre de la grace, est un assemblage de toutes les veritez surnaturelles.

Organique. C'est ce qui sert d'instrument.

P

Partie. C'est ce qui entre dans la composition d'un tout.

Partie aliquote, c'est une partie qui mesure un tout exactement.

Partie aliquante, est celle qui ne le mesure pas exactement.

Et la partie proportionnelle, est celle qui diminuë dans chaque division avec proportion.

Peché. Le peché en general, n'est autre chose qu'une action, qu'un discours, ou qu'un desir qui est contraire à la Loy, soit Naturelle, soit Civile, soit Evangelique.

Personne. La personne dans l'homme n'est autre chose que l'homme même, consideré comme un être complet, c'est à dire, comme un être qui n'est ni la partie, ni l'appartenance d'aucun autre être.

Possibilité. La possibilité des êtres modaux consiste dans les substances, considerées comme capables de recevoir certains modes.

Precipitation. La precipitation est un defaut d'homme, qui fait que sans examiner ce qui se presente à son jugement, il affir-

P

me, ou nie ce qu'il ne connoist pas.

Prejugé ou *prescription*. Le préjugé ou la prescription de l'Eglise en particulier, est un certain droit que l'Eglise a sur les heretiques, par lequel elle est dispensée d'entrer dans l'examen des raisons qu'ils ont eu de se separer d'elle.

Prémotion. La prémotion physique est l'action de Dieu entant qu'elle precede l'action des creatures.

Prévention. La prévention, qu'on nomme aussi préjugé, ou preoccupation, est un vice de l'ame qui ne nous convainc pas moins des opinions qu'il nous fait recevoir, bien qu'elles ne procedent d'aucun veritable principe, que si nous les avions tirées d'une verité incontestable.

Proposition. On entend par ce mot, les termes dont on se sert pour énoncer nos jugemens.

Proposition. Deux propositions sont contradictoires, lors qu'elles sont opposées en quantité & en qualité ; & elles sont contraires, lors qu'elles sont opposées en quantité seulement.

Proprieté. La signification de ce mot est d'une grande étenduë : on s'en sert pour signifier generalement tout ce qui n'est pas l'essence d'une chose, c'est à dire, qui n'est pas ce qu'on y conçoit le premier. Il y a donc des proprietez essentielles, & des proprietez accidentelles. Dans un triangle rectangle, l'égalité de trois angles à deux droits, est une proprieté essentielle; & estre grand ou petit, blanc ou noir, sont des proprietez accidentelles de ce triangle.

Puissance. La puissance de Dieu ne peut estre separée de l'acte. D'où il s'ensuit que Dieu ne cesse jamais d'agir.

La puissance de Dieu ordinaire, est celle par laquelle il produit hors de luy les choses que nous pouvons concevoir clairement, & la puissance de Dieu extraordinaire est celle par laquelle il produit hors de luy les choses que nous ne pouvons concevoir qu'obscurement.

Q

Quantité. La quantité est l'étenduë considerée par rapport à quelque grandeur particuliere.

Question. Une question absoluë, est une proposition qui est à prouver ; & une question hypothetique, est une proposition qui n'est évidente que par supposition.

R

Raison. Ce mot est équivoque : en terme de Mathematique, il signifie le rapport d'une grandeur à une autre; & en Metaphysique, il signifie la faculté, la puissance que l'homme a d'affirmer ou de nier que deux ou plusieurs choses conviennent, ou ne conviennent pas entr'elles, parce qu'elles conviennent, ou ne conviennent pas avec une troisiéme.

Par les *raisons* éternelles, saint Augustin entend de certaines similitudes des choses, selon lesquelles Dieu produit toutes les creatures, & selon lesquelles l'ame connoit tout ce qu'elle connoit.

Les choses sont selon la raison, lors que leurs attributs essentiels, sont clairs & clairement compatibles. Les choses sont contre la raison, lors que leurs attributs essentiels sont clairs & clairement incompatibles. Et les choses sont au dessus de la raison, lors que leurs attributs essentiels, sont si obscurs, qu'on ne peut dire s'ils sont compatibles, ou incompatibles.

Recompense. On appelle ainsi le bien qu'on fait à une personne qui a fait son devoir, pour l'exciter à le faire encore.

Reminiscence. On appelle ainsi la faculté que l'ame a de connoître ce qu'elle a déja connu, & qu'elle sçait avoir connu.

Repentir. Le repentir est une douleur interieure de l'ame qui l'avertit qu'elle n'a pas fait son devoir, & qui l'invite à le faire.

Repugner. Une chose repugne lors qu'elle renferme des idées qui se détruisent.

Revelation. La revelation divine consideréé en elle-même, n'est autre chose qu'un acte de la volonté de Dieu, par lequel il nous propose quelque chose à croire, & ensuite duquel nous croyons ce que Dieu nous a proposé, non pas parce que nous le concevons clairement, mais parce que Dieu qui est la premiere verité, l'a revelé.

S

Science. C'est une connoissance certaine & évidente acquise par une démonstration.

Science. On appelle science de Vision, la connoissance que Dieu a des choses qui existent, ou qui existeront un jour : & on appelle science de simple intelligence, la connoissance que Dieu a des choses qui n'existeront jamais.

Sens composé & sens divisé. On fait un sens composé toutes les fois que dans une proposition modale, c'est à dire, qui con-

T

tient des modes opposés, on compare ensemble les deux modes : & on fait un sens divisé, lors que dans une proposition modale, on prend un des modes opposés, non pas pour le comparer avec l'autre, mais seulement pour le comparer avec leur sujet.

Sentiment. Le sentiment pris pour une faculté de l'homme, & pour une espece d'entendement, est la puissance que l'ame a d'appercevoir les sons, la lumiere, la couleur, le chaud, le froid, &c.

Sophisme ou *Paralogisme*, mauvais raisonnement.

Substance. Ce mot signifie ce qui existe en soy-même, & qui est le sujet de plusieurs proprietez.

Symbole. Le Symbole, qui porte le nom des Apôtres, est une regle abregée de la Foy Catholique, où ils ont reduit en articles les principaux dogmes de la Foy qui doivent estre crus explicitement par les fidelles.

T

Temps. Le temps n'est autre chose que le cours du Soleil, entant qu'il sert à mesurer la durée des choses modales.

Tradition. On appelle tradition, toutes les veritez divines qui ne sont pas écrites dans quelques livres Canoniques, & qui sont venuës à nous par de simples relations.

Il y a des traditions qu'on appelle Divines, d'autres Apostoliques, & d'autres Ecclesiastiques.

Les traditions divines sont celles qui viennent immediatement de Jesus-Christ.

Les traditions Apostoliques sont données à l'Eglise par les Apôtres, & les traditions Ecclesiastiques ne sont autre chose que le témoignage que l'Eglise rend de ce qu'elle a receu des Apôtres.

Tradition non écrite, est une intelligence de l'Ecriture que Jesus-Christ a confiée à ses Apôtres, que les Apôtres ont consigné à leurs successeurs, & que nous avons receu des successeurs des Apôtres.

Trinité. La sainte Trinité n'est autre chose que trois Personnes subsistantes dans la seule nature Divine, ou la seule nature Divine subsistante en trois Personnes.

V

Veritez. Les veritez necessaires sont celles qui suivent de la nature des choses, entant que cette nature est separée de l'existence ; au contraire les veritez contingentes sont celles qui ne conviennent aux choses que par accident.

V

Veritez. Les veritez naturelles sont les choses que Dieu fait & que nous pouvons concevoir clairement; & les veritez surnaturelles, sont des choses que Dieu fait & que nous ne pouvons concevoir qu'obscurement.

Veritez Chretiennes. Les veritez Chretiennes sont, les unes Divines, les autres Catholiques, & les autres Ecclesiastiques.

Les Veritez Divines, sont fondées immediatement sur l'autorité de Dieu, & leur connoissance passe successivement de l'Eglise des premiers siecles à l'Eglise du siecle present par une tradition universelle.

Les veritez Catholiques, sont celles qui sont receuës par le consentement universel de l'Eglise, & qui bien qu'elles ne soient pas proprement divines ni revelées, sont neanmoins appuyées sur une tradition universelle.

Les veritez Ecclesiastiques, sont celles qui servent de Canon & de regle à l'Eglise, ausquelles par consequent nous sommes obligez d'obeïr.

Vertu. Il n'y a pas de mot plus équivoque que celuy de vertu: on s'en sert dans la Morale, pour signifier l'habitude que l'ame a contractée, à faire son devoir; & on s'en sert en Physique pour signifier en general le pouvoir que les choses ont de produire certains objets.

Vie. La vie est le temps pendant lequel l'ame est unie au corps.

Union. C'est une mutuelle dépendance de deux ou de plusieurs choses.

S'Unir à Dieu par charité, c'est conformer sa volonté à la sienne, c'est à dire, c'est faire ses Commandemens.

Volonté. La volonté en general prise pour une faculté de l'homme, est la puissance que l'homme a de donner ou de refuser son consentement à ce qu'il connoit.

Volonté. La volonté proprement dite, qui est une espece de la volonté en general, consiste dans la puissance que l'homme a d'aimer ou de haïr les choses qu'il croit luy estre absolument convenables ou disconvenables.

Volonté. La volonté de Dieu n'est autre chose que Dieu même, entant qu'il veut.

La volonté absoluë de Dieu est celle qui n'est connuë que par les effets, &, comme l'on dit, *à posteriori*: & la volonté de Dieu signifiée, est celle qui est déclarée par Dieu même, par les Prophetes, ou par les Apôtres.

FIN.

Pagination incorrecte — date incorrecte
NF Z 43-120-12

Contraste insuffisant
NF Z 43-120-14

www.ingramcontent.com/pod-product-compliance
Lightning Source LLC
Chambersburg PA
CBHW070841230426
43667CB00011B/1879